해커스PSAT

7급 PSAT
FINAL
봉투모의고사   언어논리+상황판단+자료해석

약점 보완 해설집

 해커스PSAT

실전모의고사 1회

정답

언어논리영역

1	②	독해의 원리	6	③	독해의 원리	11	⑤	독해의 원리	16	⑤	논리의 체계	21	①	논증의 방향
2	①	독해의 원리	7	④	문맥과 단서	12	④	논증의 방향	17	①	독해의 원리	22	③	논증의 방향
3	②	논증의 방향	8	⑤	문맥과 단서	13	③	독해의 원리	18	⑤	독해의 원리	23	②	문맥과 단서
4	②	논증의 방향	9	④	문맥과 단서	14	⑤	논리의 체계	19	④	독해의 원리	24	④	문맥과 단서
5	③	독해의 원리	10	④	문맥과 단서	15	②	논리의 체계	20	④	논증의 방향	25	③	문맥과 단서

상황판단영역

1	④	법조문형	6	④	계산형	11	①	법조문형	16	①	경우의 수	21	③	계산형
2	①	법조문형	7	④	규칙형	12	⑤	법조문형	17	②	계산형	22	⑤	경우의 수
3	④	법조문형	8	③	규칙형	13	②	계산형	18	②	계산형	23	③	경우의 수
4	③	법조문형	9	⑤	텍스트형	14	②	계산형	19	④	규칙형	24	③	계산형
5	⑤	텍스트형	10	④	텍스트형	15	④	경우의 수	20	②	규칙형	25	⑤	법조문형

자료해석영역

1	②	자료판단	6	②	자료판단	11	①	자료판단	16	④	자료판단	21	①	자료판단
2	③	자료판단	7	⑤	자료판단	12	④	자료판단	17	③	자료판단	22	②	자료비교
3	①	자료검토·변환	8	②	자료이해	13	①	자료판단	18	⑤	자료판단	23	⑤	자료판단
4	④	자료판단	9	④	자료판단	14	④	자료비교	19	③	자료판단	24	③	자료검토·변환
5	②	자료비교	10	⑤	자료검토·변환	15	⑤	자료판단	20	③	자료이해	25	④	자료비교

취약 유형 분석표

유형별로 맞힌 개수, 틀린 문제 번호와 풀지 못한 문제 번호를 적고 나서 취약한 유형이 무엇인지 파악해 보세요.

언어논리영역

유형	맞힌 개수	틀린 문제 번호	풀지 못한 문제 번호
독해의 원리	/9		
논증의 방향	/6		
문맥과 단서	/7		
논리의 체계	/3		
TOTAL	/25		

상황판단영역

유형	맞힌 개수	틀린 문제 번호	풀지 못한 문제 번호
텍스트형	/3		
법조문형	/7		
계산형	/7		
규칙형	/4		
경우의 수	/4		
TOTAL	/25		

자료해석영역

유형	맞힌 개수	틀린 문제 번호	풀지 못한 문제 번호
자료비교	/4		
자료판단	/16		
자료검토 · 변환	/3		
자료이해	/2		
TOTAL	/25		

언어논리영역

1 독해의 원리
정답 ②

두 번째 단락에서 광개토대왕이 한강 이북 지역을 차지하고 그의 아들 장수왕이 한강 유역에서 백제와 신라를 밀어내고 한반도 남부까지 영토를 확장했으며, 한강 유역 점령을 위한 전략적 요충지인 장미산성에는 한강 유역을 점령했던 시기의 삼국 유물이 발견된다고 했다. 따라서 장미산성에는 고구려가 한강 유역을 차지하기 전인 광개토대왕 이전 재위했던 왕 시대의 유물은 남아있지 않을 것임을 알 수 있다.

[오답 체크]

① 두 번째 단락에서 백제는 삼국 중 가장 먼저 한강을 차지하며 전성기를 맞이했으나 고구려에 의해 밀려났고, 이후 신라와 손잡고 고구려를 공격해 한강 하류를 되찾았으나 탈환했던 한강 유역을 신라에 다시 빼앗겼다고 했다. 따라서 백제는 고구려에 한강 유역을 빼앗기기 전 전성기를 맞이했으며, 고구려로부터 한강 유역을 탈환하였으나 이를 신라에 빼앗긴 것임을 알 수 있다.

③ 첫 번째 단락에서 한강은 중국과의 해상 교역로로 연결되는 지점이었다고 했고, 두 번째 단락에서 백제가 신라와 손을 잡고 되찾았던 한강 유역은 동맹을 깬 신라에 의해 다시 빼앗겼다고 했다. 따라서 백제가 신라와 손을 잡고 한강 유역을 되찾았음은 알 수 있으나, 이를 다시 빼앗겼기 때문에 중국과의 교류를 재개할 수 있었는지는 제시된 글을 통해 알 수 없다.

④ 세 번째 단락에서 우왕 대와 공양왕 대에 한양으로 천도하였으나 개경으로 환도하였다고 했으므로 고려시대에 한양으로 일시 천도하여 고려의 수도가 개경이 아니었던 시기도 있음을 알 수 있다.

⑤ 세 번째 단락에서 고려를 건국한 왕건은 송악의 호족 출신이었으며, 남경 건설 당시부터 한강 일대의 중요성이 부각되어 고려 말에 들어 한양 천도가 추진되었다고 했다. 따라서 고려 문종 시기에 한강 유역의 중요성이 인식되기 시작한 것이 왕건의 출신 지역이기 때문은 아님을 알 수 있다.

2 독해의 원리
정답 ①

첫 번째 단락에서 석씨 왕족들은 김씨 왕족이었던 내물의 즉위를 탐탁지 않게 여겼으며, 실성은 내물과 같은 김씨 왕족이지만 정치적으로 대립하고 있었다고 했다. 또한, 두 번째 단락에서 내물의 장자는 눌지라고 했다. 따라서 내물, 실성, 눌지 모두 김씨 왕족임을 알 수 있다.

[오답 체크]

② 두 번째 단락에서 석씨 왕족들의 전횡이 날로 심해지고, 신라 내부적으로 불만이 커져가자 신라의 정치적 혼란을 우려한 고구려가 실성에 대한 지지를 철회했다고 했다. 또한, 고구려자 실성에 대한 지지를 철회하자 내물을 지지하던 세력이 실성을 제거하고 내물의 장자인 눌지를 마립간으로 추대하였다고 했다. 따라서 눌지를 마립간으로 추대한 내물 지지 세력은 석씨 왕족들과 대립 관계에 있었음을 알 수 있다.

③ 두 번째 단락에서 내물의 삼남인 미사흔은 왜에 볼모로 보내졌다고 하였고, 세 번째 단락에서 박제상은 복호와 미사흔을 데려오라는 눌지의 명을 받았으나, 외교적 수단만으로는 미사흔을 신라에 데려올 수 없었다고 했다. 이에 박제상은 기지를 발휘해 미사흔을 신라로 탈출시켰고, 이에 감탄한 왕이 자신의 신하가 되기를 청하자 박제상은 거절하고 처형당했다고 했다. 따라서 박제상은 미사흔이 볼모로 보내졌던 왜에서 처형당했음을 알 수 있다.

④ 두 번째 단락에서 미사흔은 내물의 삼남이라고 했고, 세 번째 단락에서 눌지는 박씨 왕족이었던 박제상을 시켜 복호와 미사흔을 신라로 데려오라고 했다. 또한, 눌지는 박제상의 차녀를 미사흔의 아내로 삼게 하였다고 했다. 따라서 내물의 내물의 삼남은 왕족의 딸과 혼인했음을 알 수 있다.

⑤ 첫 번째 단락에서 내물은 실성을 고구려에 볼모로 보내고 고구려로부터 군사적 지원을 받았으며, 이러한 내물의 볼모 정책은 성공했지만, 고구려의 내정 간섭이 심화되었다고 했다. 또한, 세 번째 단락에서 눌지는 신라의 자주성을 회복하기 위해 박씨 왕족이었던 박제상을 시켜 복호와 미사흔을 데려오도록 했다. 따라서 내물의 볼모 정책 성공은 신라의 자주성을 약화하고 고구려에 대한 의존도를 심화시켰음을 알 수 있다.

3 논증의 방향
정답 ②

제시문은 시장주의와 개입주의의 입장 대립에 관한 내용을 제시하고, 시장 실패적 요소를 줄이고 사회적 후생을 극대화할 수 있다면 정부는 시장에 개입할 당위성을 갖게 된다고 주장하는 내용이다. 따라서 이 글의 핵심 논지는 '시장주의자와 개입주의자 모두 사회적 후생을 극대화하기 위한 정부의 개입에는 동의해야 한다'가 가장 적절하다.

4 논증의 방향
정답 ②

두 번째 단락에서 감정은 직관이나 영감이 아니라 철저한 검증 및 계산 과정을 거쳐 발현하는 합리적인 인식 능력이라고 했고, 경쟁심, 양보, 협력 등과 같은 도덕적 감정 역시 인류의 생존 경쟁 속에서 생존 확률을 극대화하기 위해 거듭 발전시킨 인식 능력이라고 했으므로 '감정은 인간이 계산 과정과 합리성을 기반으로 하여 발전시킨 인식 능력이므로 비합리적이지 않다'는 것이 글의 핵심 논지로 가장 적절하다.

[오답 체크]

① 제시된 글에서 감정은 비합리적이지 않다고 주장하고 있으나 과학적 통찰에 있어 감정을 신뢰하는 것이 더 합리적 인지에 대한 견해는 알 수 없으므로 글의 논지로 적절하지 않다.

③ 제시된 글은 감정과 이성을 구분해서는 안 된다는 당위성이 아니라 감정은 비합리적이지 않다는 것을 주장하고 있으므로 글의 논지로 적절하지 않다.

④ 세 번째 단락에서 감정이 비합리적으로 여겨지는 이유는 감정의 계산은 외부 대상을 지각하는 순간에 시작되는 것이 아니라 수백만 년 속에 축적된 데이터에 기반하여 무의식적으로 일어나기 때문이라고 했으므로 글의 논지로 적절하지 않다.
⑤ 제시된 글에서 감정은 이성과 마찬가지로 계산과 합리성에 기반을 둔 인식 능력이라고 주장하고 있으므로 글의 논지로 적절하지 않다.

5 독해의 원리   정답 ③

네 번째 단락에서 인유두종바이러스 자체를 치료하는 방법은 없으며 백신은 인유두종바이러스 감염 전에 감염을 예방하는 역할을 한다고 했다. 따라서 백신인 가다실 4가를 인유두종바이러스 감염 후에 맞음으로써 치료할 수 없음을 알 수 있다.

오답 체크

① 첫 번째 단락에서 인유두종바이러스 저위험군은 암을 일으키지 않는다고 했고, 세 번째 단락에서 인유두종바이러스 2번은 저위험군에 속한다고 했다. 따라서 인유두종바이러스 2번은 암을 일으키지 않음을 알 수 있다.
② 세 번째 단락에서 평편 사마귀는 인유두종바이러스 3번과 10번, 사마귀상표피이상증은 인유두종바이러스 2번, 3번, 10번이 일으킨다고 했다. 따라서 인유두종바이러스 3번, 10번은 평편 사마귀와 사마귀상표피이상증 모두 일으킬 수 있으므로 평편 사마귀와 사마귀상표피이상증을 모두 일으킬 수 있는 바이러스가 있음을 알 수 있다.
④ 네 번째 단락에서 가다실 9가는 인유두종바이러스 6번, 11번, 16번, 18번, 31번, 33번, 45번, 52번, 58번을 예방한다고 했다. 또한, 두 번째 단락에서 인유두종바이러스 16번, 18번, 31번, 33번은 인유두종바이러스 고위험군에 속한다고 했고, 세 번째 단락에서 인유두종바이러스 6번, 11번은 인유두종바이러스 저위험군에 속한다고 했다. 따라서 가다실 9가는 인유두종바이러스 고위험군뿐만 아니라 저위험군 감염 또한 예방함을 알 수 있다.
⑤ 두 번째 단락에서 인유두종바이러스 고위험군이 일으키는 자궁경부이형성증 2단계의 치료로 레이저 치료를 쓸 수 있다고 했고, 세 번째 단락에서 인유두종바이러스 저위험군이 일으키는 질환 중 곤지름에 레이저 치료를 쓸 수 있다고 했다. 따라서 레이저 치료는 인유두종바이러스 고위험군으로 인한 질병뿐만 아니라 저위험군으로 인한 질병에도 쓰일 수 있음을 알 수 있다.

6 독해의 원리   정답 ③

두 번째 단락에서 청년층을 대상으로 한 정신건강검진의 검진 주기는 10년에서 2년으로 단축한다고 하였다. 따라서 2023년 1월 1일에 청년 정신건강검진을 받은 사람은 24개월 뒤인 2025년 1월에 청년 정신건강검진이 가능함을 알 수 있다.

오답 체크

① 두 번째 단락에서 청년의 정신건강 지원을 위해 청년층 정신건강검진도 확대하며, 검진 결과에 따라 치료가 필요한 청년은 정신건강의학과와 전국 정신건강복지센터로 안내 및 연계돼 사후관리를 제공받을 수 있다고 하였다. 따라서 청년층 정신건강검진을 받은 청년이 본인의 의지에 따라 사후관리를 받을 수 있는지는 제시된 글을 통해 알 수 없다.

② 두 번째 단락에서 우울, 불안 등 심리적 문제로 어려움을 겪는 청년들을 위한 청년마음건강 바우처는 3개월간 총 10회에 걸쳐 1대1 전문 심리상담을 제공하고 있으며, 이를 활용하면 좀 더 낮은 비용 또는 무료로 심리상담을 받을 수 있다고 하였다. 따라서 심리적 문제를 겪는 청년이 청년마음건강 바우처를 통해 별도의 비용 지불 없이 심리상담을 받을 수 있는 것은 아님을 알 수 있다.
④ 세 번째 단락에서 대학이 대학생 청년을 지원할 수 있도록 상담심리지원 노력 및 성과를 '대학기관 평가인증'에 반영한다는 것은 알 수 있지만, 직장인 청년을 위한 전문상담 시행 기업에 대한 평가인증을 시행하는지는 제시된 글을 통해 알 수 없다.
⑤ 두 번째 단락에서 청년마음건강 바우처는 3개월간 총 10회에 걸쳐 1대1 전문 심리상담을 제공하고 있다고 하였으며, 세 번째 단락에서 중대산업재해 경험자·감정 노동자를 위한 직업트라우마센터도 지난해 14곳에서 올해 23곳으로 확대 추진한다고 하였으나 청년마음건강 바우처를 통해 직업트라우마센터를 이용 가능한지에 대해서는 제시된 글을 통해 알 수 없다.

7 문맥과 단서   정답 ④

정은 쌍방향 소통형으로 교육을 진행하면 보다 적은 인원을 대상으로 교육을 진행해야 하며, 이때 모집 인원보다 많은 사람이 신청할 수 있어 선착순 모집이 아닌 선발형 모집으로 진행해야 한다고 했다. 따라서 신청 기한을 '모집 인원 마감 시'로 하는 것은 선발형 모집이 아닌 선착순 모집으로 진행할 경우에 적합하므로 신청 기간을 "7. 5.(화) 9:00~모집 인원 마감 시"로 수정하는 것은 적절하지 않다.

오답 체크

①, ② 을은 학부모들 사이에서 관심이 많은 자녀의 디지털 리터러시 역량 강화를 주제로 교육을 진행하자고 했고, 병은 교육 대상을 청소년 자녀를 둔 학부모로 제한하는 을의 의견에 동의하였으므로 적절한 수정이다.
③ 정은 쌍방향 소통형으로 교육을 진행하기 위해서는 운영 규모를 축소해야 하며, 선발형 모집으로 진행하자고 했으므로 적절한 수정이다.
⑤ 무는 온라인 교육을 위해서는 인터넷 연결과 스피커 사용이 가능한 PC를 구비하도록 안내해야 하며, 쌍방향 소통형으로 교육을 진행하면 카메라와 마이크도 필요하다고 했으므로 적절한 수정이다.

8 문맥과 단서   정답 ⑤

㉠ 인간이 추구해야 할 궁극적인 목표는 쾌락이고, 이 쾌락을 즐기기 위해선 욕구가 충족되어야 하지만, 인간은 현실적으로 모든 욕구를 누릴 수 없기 때문에 욕심에서 벗어나서 불안과 몸에 고통이 존재하지 않을 때 이상적 경지인 아타락시아 상태에 도달하게 된다고 했다. 따라서 빈칸에 들어갈 내용은 '인간은 자신의 욕구가 충족될 때 진정한 쾌락을 즐길 수 있다.'가 적절하다.
㉡ A 학파는 참된 행복이란 쾌락에서 나오는 것이 아니며, 인간의 본성인 이성에 맞추어 살아가는 것 그 자체가 덕이 되고 이 덕을 통해 참된 행복을 누릴 수 있다고 했다. 따라서 빈칸에 들어갈 내용은 '인간이란 존재는 이성으로 생긴 덕을 통해 진정으로 행복해질 수 있다고 주장한다.'가 적절하다.

9 문맥과 단서

정답 ④

정책 A, B, C, D의 평가 결과를 정리하면 다음과 같다.

구분	정책 유효성	민원 접수 빈도	최종 평가 결과
정책 A	보통(고용 안정)	많음	낮음
정책 B	유효하지 않음	적음	보통
정책 C	보통(생계 안정)	적음	높음
정책 D	유효함(고용 안정+생계 안정)	많음	보통

ㄱ. 생계 안정을 실현한 정책 C와 D의 최종 평가 결과는 각각 '높음', '보통'
이고, 생계 안정을 실현하지 않은 정책 A와 B의 최종 평가 결과는 각각
'낮음', '보통'이다. 따라서 생계 안정을 실현하지 않은 정책이 실현한 정
책보다 최종 평가 결과가 높지 않다.

ㄷ. 한 개의 평가 요소에서 가장 낮은 평가를 받고, 나머지 한 개의 평가 요
소에서 가장 높은 평가를 받은 정책은 B와 D이다. 정책 B는 정책 유
효성이 '유효하지 않음'으로 가장 낮은 평가를 받았지만 민원 접수 빈
도가 '적음'으로 가장 높은 평가를 받았고, 정책 D는 민원 접수 빈도가
'많음'으로 가장 낮은 평가를 받았지만 정책 유효성이 '유효함'으로 가
장 높은 평가를 받았다. 이때 정책 B와 D의 최종 평가 결과는 각각 '보
통'으로 동일하다.

오답 체크

ㄴ. 정책 유효성의 등급이 '유효함'이 아닌 정책은 A, B, C이고, 이 중 민원
접수 정도가 '적음'인 정책은 B와 C이다. 정책 B와 C의 최종 평가 결과
는 각각 '보통', '높음'이다.

10 문맥과 단서

정답 ④

신규기업이 시장에 진입했을 때 독점기업이 유혈경쟁을 선택할 경우 독점
기업은 $100-c$, 신규기업은 -20만큼의 순이익을 얻고, 독점기업이 유혈경
쟁을 선택하지 않을 경우 독점기업은 50, 신규기업은 $50-20=30$만큼의
순이익을 얻는다. 신규기업이 시장에 진입하지 않을 경우 신규기업의 순이
익은 0이다. 이때 만약 경쟁비용인 c가 50보다 작아 $100-c$가 50보다 커진
다면, 독점기업은 유혈경쟁을 선택할 것이다. 이 경우 신규기업은 해당 시
장에 진입하지 않는다. 반대로 경쟁비용인 c가 50보다 커서 $100-c$가 50
보다 작아진다면, 독점기업은 수용전략을 선택할 것이다. 이 경우 신규기
업은 해당 시장에 진입한다. 따라서 빈칸에 들어갈 내용으로 '유혈경쟁비
용이 50보다 작다는 사실을 알면 신규기업은 해당 시장에 진입하지 않는
다'가 가장 적절하다.

오답 체크

②, ③ 유혈경쟁비용이 30보다 크다면 독점기업은 유혈경쟁비용이 30보다
크고 50보다 작을 경우 유혈경쟁을 선택하고, 50보다 클 경우 수용
전략을 선택할 것이다. 따라서 신규기업은 독점기업의 전략을 알 수
없으므로 신규기업이 해당 시장에 진입하는지는 알 수 없다.

11 독해의 원리

정답 ⑤

세 번째 단락에서 어떤 번호를 사용하는지에 따라 정확도와 신뢰도에 차이
가 발생한다고 했고, 가상번호 전화 걸기 방식은 실제 통신사를 이용하는
이용자의 번호로 조사하는 것이므로 응답률이 높아 더 유효한 결과를 얻
을 수 있다고 했으므로 응답자의 응답률이 높을수록 조사의 신뢰도도 높
아짐을 알 수 있다.

오답 체크

① 첫 번째 단락에서 자동응답 전화조사는 한꺼번에 여러 회선을 돌리며 조
사를 진행할 수 있어 비용이 적게 든다는 점이 가장 큰 장점이라고 했으
나, 두 번째 단락에서 CATI 전화조사가 기계가 아닌 사람이 조사를 하기
때문에 응답률이 높은 편이라고 했으므로 기계가 조사는 자동응답 전화
조사는 응답률이 높지 않음을 알 수 있다.

② 두 번째 단락에서 CATI 여론조사는 기계가 아닌 사람이 조사한다고 했
으나, 이 때문에 조사의 신뢰도가 높은지는 알 수 없다. 오히려 CATI 여
론조사가 신뢰도를 높일 수 있는 이유로 컴퓨터를 통해 무응답의 이유
를 실시간으로 집계하기 때문임을 제시하고 있다.

③ 세 번째 단락에서 무작위 전화 걸기는 임의로 생성되는 번호의 수가 매
우 많고 원하는 지역 또는 원하는 성별을 특정할 수 없다고 했으므로 특
정 지역의 경향을 분석하기에 적절하지 않음을 알 수 있다.

④ 세 번째 단락에서 가상번호 전화 걸기 방식은 주요 통신사로부터 원하
는 지역 유권자들의 휴대전화 가상번호를 구입한다고 했으므로 주요 통
신사가 아닌 사용자들은 조사에서 배제된다. 따라서 통신사별 편향을 최
소화하는 것은 아님을 알 수 있다.

12 논증의 방향

정답 ④

ㄴ. 갑은 변화의 주체가 동일할 때, 변화하기 전 대상과 변화한 대상이 동
일하기 때문에 변화는 불가능하다고 주장한다. 이때 갑은 변화하기 전
대상과 변화한 대상을 시간의 흐름에 영향을 받지 않는 독립적인 주체
로 본다. 이에 따라 변화하기 전 대상은 변화 후 대상을 내포하고 있기
때문에 변화는 존재하지 않는다고 본다. 반면, 을은 변화의 주체가 동일할
때, 시점에 따라서 대상이 변화할 수 있다고 주장한다. 따라서 갑은 시
간의 흐름에 따른 동일 주체의 변화를 부정하지만, 을은 시간의 흐름에
따른 동일 주체의 변화를 긍정한다는 것은 적절하다.

ㄷ. 갑은 두 시점에서 변화의 주체가 동일하다면 또 다른 시점으로의 변화
가 무한히 계속되므로 서로 다른 시점에서 대상을 구별할 수 없다고 주
장한다. 한편 을은 B에서 A로의 변화를 시간의 흐름 속 동일한 주체의
변화로 인식한다면 대상 A와 B가 동일하다 하더라도 변화는 유의미하
다고 주장한다. 따라서 갑과 달리 을은 변화의 주체가 동일하다면 서로
다른 시점에서 대상을 구별하는 것이 유의미하다고 보므로 적절하다.

오답 체크

ㄱ. 갑은 대상이 존재하지 않는 무(無)에서 유(有)로의 변화는 무의미하다고
주장하고, 을은 대상 B가 존재하지 않는다면 B에서 A로의 변화는 불가
능하다고 주장한다. 따라서 갑과 을 모두 무에서 유로의 변화는 가능하
지 않다고 주장하므로 적절하지 않다.

13 독해의 원리

정답 ③

두 번째 단락에서 주관부서는 대외문서 접수대장과 대외문서 발송대장을 비치하고 기록·유지해야 하고, 위임부서는 주관부서의 권한을 위임받아 본부별로 자기 소관부서의 문서관리를 할 수 있다고 했으므로 호남지역본부는 호남지역 현장의 대외문서 접수대장 및 발송대장뿐만 아니라 제주지사의 대외문서 접수대장 및 발송대장을 관리해야 함을 추론할 수 있다.

오답 체크

① 두 번째 단락에서 위임부서는 주관부서의 권한을 위임받아 본부별로 자기 소관부서의 문서관리를 할 수 있다고 했으므로 영업팀 및 해외사업부의 문서 정리·보존·폐기 업무는 소속 문서관리 위임부서인 개발사업본부 관리팀이 관할함을 추론할 수 있다.

② 두 번째 단락에서 주관부서는 각 부서 및 현장의 모든 문서취급 관리에 대해 지도·감독해야 한다고 했고, 총무부가 갑 회사의 문서관리 주관부서이므로 총무부는 갑 회사 소속 모든 부서와 현장의 문서취급 관리에 대해 지도·감독할 의무가 있음을 추론할 수 있다.

④ 두 번째 단락에서 주관부서는 자기 소관부서에 관한 문서관리 업무뿐만 아니라 위임부서의 문서보존창고의 관리 및 문서의 보존과 폐기에 관한 모든 업무를 수행해야 한다고 했으므로 문서관리 주관부서인 총무부는 자기 소관부서인 본사 및 연구소의 문서관리뿐만 아니라 문서관리 위임부서인 개발사업본부 관리팀의 문서보존창고 관리에도 관여할 수 있음을 추론할 수 있다.

⑤ 세 번째 단락에서 위임부서와 지역별 현장은 문서를 종류별로 정리·보존·폐기해야 하고, 타 부서 관계자와 연락 및 협조를 할 경우 문서에 대한 책임 소재를 명확히 해야 한다고 했으므로 중부지역 부서와 영남지역 부서가 문서의 폐기에 대해 협조할 경우, 문서의 책임 소재는 중부 및 영남지역본부 중 어디에 둘 것인지 정립해야 함을 추론할 수 있다.

14 논리의 체계

정답 ⑤

제시된 글에서 기호화가 필요한 문장을 정리하면 다음과 같다.
• A, B, C 중 1건은 최우수상, 나머지 2건은 우수상
• 최우수상 → 시민투표 1위
• '모범실패사례 → A 최우수상'은 거짓
• B 최우수상 → 모두 도시재생과 소속 ∪ 최우수상 만장일치
• C 문화관광과 소속

전건이 참이고 후건이 거짓일 때 조건문이 거짓이 되므로 세 번째 조건에서 '모범실패사례 → A 최우수상'이 거짓이라면 '모범실패사례 ∪ ~A 최우수상'을 도출할 수 있다. 이때 첫 번째 조건에 따라 A가 최우수상으로 선정되지 않는다면 우수상으로 선정됨을 알 수 있다.

ㄱ. 세 번째 조건을 통해 '모범실패사례'를 도출할 수 있으므로 반드시 참이다.

ㄴ. A는 우수상으로 선정되므로 첫 번째 조건에 따라 B와 C 중에 1건이 최우수상, 다른 1건이 우수상으로 선정된다. 따라서 B가 우수상으로 선정된다면, C가 최우수상으로 선정되므로 반드시 참이다.

ㄷ. C가 시민투표에서 1위를 하지 않았다면, 두 번째 조건의 대우 '~시민투표 1위 → ~최우수상'에 따라 C는 최우수상으로 선정되지 않으므로 'B 최우수상'임을 알 수 있다. 이때 다섯 번째 조건에 따르면 공모로 선발된 업무 중 하나인 C는 '문화관광과 소속', 즉 '~모두 도시재생과 소속'이다. 따라서 네 번째 조건에서 '최우수상 만장일치'를 도출할 수 있으므로 반드시 참이다.

15 논리의 체계

정답 ②

용의자 중 세 명의 진술은 참이고, 두 명의 진술은 거짓이다. 갑의 첫 번째 진술은 을의 첫 번째 진술과 모순되고, 갑의 두 번째 진술은 병의 첫 번째 진술과 모순된다. 이에 따라 갑의 진술이 참인 경우와 거짓인 경우로 나누면 다음과 같다.

〈경우 1〉 갑의 진술이 참인 경우
갑의 진술이 참이면 을과 병의 진술은 거짓이므로, 정과 무의 진술은 참이다. 갑과 무의 첫 번째 진술에 따라 목격자는 갑과 무이고, 갑의 두 번째 진술에 따라 범인은 병이다. 이에 따라 을과 정은 범인도 목격자도 아니다.

〈경우 2〉 갑의 진술이 거짓인 경우
갑의 진술이 거짓이면 을과 병의 진술은 참이다. 을의 두 번째 진술에 따르면 범인은 갑 또는 정, 병의 두 번째 진술에 따르면 범인은 정 또는 무이므로 범인은 정이다. 범인인 정의 진술은 거짓이고, 무의 진술은 참임을 알 수 있다. 이에 따라 무는 목격자이고, 갑은 범인도 목격자도 아니다. 이때 진술이 참인 을과 병 가운데 한 명은 목격자이고, 다른 한 명은 범인도 목격자도 아니다.

이상의 내용을 표로 나타내면 다음과 같다.

구분	참만 말한 사람	거짓만 말한 사람	범인	목격자
경우 1	갑, 정, 무	을, 병	병	갑, 무
경우 2-1	을, 병, 무	갑, 정	정	을, 무
경우 2-2	을, 병, 무	갑, 정	정	병, 무

따라서 어떤 경우에도 을은 범인이 아니므로 반드시 참이다.

오답 체크

① 〈경우 2-1〉과 〈경우 2-2〉에 따라 갑은 목격자가 아닐 수 있으므로 반드시 참은 아니다.

③ 〈경우 2-2〉에 따라 정이 범인일 때 을은 목격자가 아닐 수 있으므로 반드시 참은 아니다.

④ 〈경우 1〉에 따라 갑의 진술이 참이고 병의 진술이 거짓일 수 있으므로 반드시 참은 아니다.

⑤ 어떤 경우에도 무는 목격자이므로 반드시 참이 아니다.

16 논리의 체계

정답 ⑤

제시된 조건을 기호화하면 다음과 같다.
• 전제 1: 총무과 → ~기혼
• 전제 2: 3년 이상 ∩ 회계학 → 석사
• 전제 3: ~회계학 ∪ 3년 이상 → 기혼
• 전제 4: 유학 → 회계학 ∪ 기혼
• 전제 5: ~기혼 ∪ 총무과 → ~유학

ㄱ. 전제 1의 대우인 '기혼 → ~총무과'와 전제 3을 연결하면 '~3년 이상 → ~총무과'가 도출된다. 따라서 'A의 근무 기간이 3년 이상이 아니라면, 총무과가 아니다'는 반드시 참이다.

ㄴ. A가 회계학을 전공하지 않았다면 전제 3에 따라 '기혼'이 도출된다. 이때 전제 4의 대우는 '~회계학 ∩ 기혼 → ~유학'이므로 A가 회계학을 전공하지 않았다면 '~유학'이 도출된다. 따라서 'A가 회계학을 전공하지 않았다면, 유학 경험이 없다'는 반드시 참이다.

ㄷ. A가 유학 경험이 있다면 전제 5의 대우에 따라 '기혼 ∩ ~총무과'이고, '기혼'이 참이므로 전제 4에 따라 '회계학'이 도출된다. 또한 A의 근무 기간이 3년 이상이라면 전제 2에 따라 '석사'가 도출된다. 따라서 'A가 유학 경험이 있고 근무 기간이 3년 이상이라면, 석사 학위를 보유하고 있다'는 반드시 참이다.

17 독해의 원리 정답 ①

두 번째 단락에서 제2형 당뇨병은 인슐린 저항성 증가로 인해 인슐린의 작용이 원활하지 않아 혈당이 올라가는 병을 의미한다고 했으므로 인슐린 저항성이 생기면 혈액 내 포도당 농도가 높아짐을 추론할 수 있다.

오답 체크

② 첫 번째 단락에서 글루카곤은 혈액 내 포도당의 농도를 증가시키는 역할을 한다고 했고, 두 번째 단락에서 제1형 당뇨병은 자가 면역반응으로 인해 췌장의 β 세포가 파괴되어 인슐린이 분비되지 않아 발병함을 알 수 있으나 β 세포가 파괴되면 이자가 인슐린과 글루카곤을 과다하게 분비하게 되는지는 추론할 수 없다.
③ 첫 번째 단락에서 α 세포는 글루카곤을 분비한다고 했으며, 글루카곤은 간에 저장된 글리코겐을 포도당으로 분해함을 알 수 있으나 간에서 포도당이 글리코겐으로 저장되면 α 세포 기능에 문제가 발생하는지는 추론할 수 없다.
④ 지문에서 인슐린의 반응 정도와 혈당 간의 상관관계에 대하여 알 수 없으므로 인슐린 반응 정도에 따라 혈액 내 포도당 농도를 추측할 수 있는지는 추론할 수 없다.
⑤ 첫 번째 단락에서 α 세포는 글루카곤을 분비한다고 했으며, 글루카곤은 혈액 내 포도당의 농도를 높임을 알 수 있으나 α 세포 기능에 문제가 발생하면 혈당이 떨어지지 않는지는 추론할 수 없다.

18 독해의 원리 정답 ⑤

ㄱ. 갑의 첫 번째 말에서 빈곤선은 빈곤한 사람과 그렇지 않은 사람을 가르는 기준이며, 절대적 빈곤은 최소한의 인간다운 생활을 유지하기 위해 필요한 상품의 구입을 위한 최저 생계비를 기준으로 판단한다고 했다. 따라서 절대적 빈곤선은 최소한의 인간다운 삶을 유지하는 데 필요한 소득의 한계 수준임을 추론할 수 있다.
ㄴ. 갑의 첫 번째 말에서 절대적 빈곤선은 최저 생계비를 기준으로 한다고 했고, 갑의 두 번째 말에서 상대적 빈곤선은 중위소득의 50%를 기준으로 한다고 했다. 따라서 최저 생계비가 중위소득의 50%보다 낮다면 상대적 빈곤선이 절대적 빈곤선보다 높은 것이므로 절대적 빈곤 가구는 모두 상대적 빈곤 가구에 해당함을 추론할 수 있다.
ㄷ. 갑의 세 번째 말에서 물가 수준은 유지되면서 경제가 성장한다면 절대적 빈곤선은 변하지 않으나 소득 증가로 인해 상대적 빈곤선은 높아지게 되며, 빈곤갭이란 상대적 빈곤선에 해당하는 소득과 하위소득계층에 속하는 사람들의 소득 차이 정도라고 했다. 따라서 경제가 호황으로 상대적 빈곤선은 높아질 때 하위소득계층의 평균 소득은 변함이 없다면 빈곤갭의 값은 커짐을 추론할 수 있다.

19 독해의 원리 정답 ⑤

ㄱ. 세 번째 단락에서 펄스─라벨링 실험에서는 세포에 방사성 동위원소 황을 계속 투여한다고 했다. 실험 1에서는 방사성 동위원소 황을 세포에 계속 투여하므로 실험 1은 펄스─라벨링 실험임을 알 수 있다. 두 번째 단락에서 펄스 추적 실험은 단백질의 구성 요소인 방사성 동위원소 황을 세포에 단시간 투여한다고 했다. 따라서 실험 2의 경우 방사성 동위원소 황을 세포에 단시간 투여하므로 펄스 추적 실험임을 알 수 있다.
ㄴ. 두 번째 단락에서 펄스 추적 실험을 통해 일정 시간 간격으로 세포소기관들을 얻어 방사성 동위원소인 황이 관찰되는지를 분석하여 일정한 단백질의 이동 경로를 파악할 수 있다고 했다. 또한 두 번째 단락에서 방사성 동위원소 황은 단백질로 합성된 후에 이동한다고 하였으므로 특정 세포소기관으로 이동 전에는 세포소기관에서 방사성 동위원소 황이 관찰되지 않다가, 특정 세포소기관으로 이동한 후에 방사성 동위원소 황이 관찰될 것임을 추론할 수 있다. 실험 1의 결과 소포체, 골지체, 소낭에서 방사성 동위원소 황이 검출된 결과를 정리하면 다음과 같다.

구분	소포체	골지체	소낭
5시간 후	O	X	X
10시간 후	O	O	X
15시간 후	O	O	O

실험 1에서 5시간 후 소포체에서만 방사성 동위원소 황이 관찰됐으므로 5시간이 지난 때에는 소포체에만 단백질이 존재하고 골지체와 소낭에는 존재하지 않음을 알 수 있다. 10시간 후 소포체와 골지체에서 방사성 동위원소 황이 관찰됐으므로 5시간 전 소포체에 위치하던 단백질이 골지체로 이동하고, 새롭게 합성된 단백질이 소포체로 이동했음을 알 수 있다. 또한, 15시간 후 소포체에서 골지체로 이동한 단백질이 최종적으로 소낭으로 이동함으로써 10시간 때에는 방사성 동위원소 황이 검출되지 않았던 소낭에서도 15시간 후에는 방사성 동위원소 황이 검출되는 것을 볼 수 있다. 15시간 후 골지체에서 발견되는 방사성 동위원소 황은 10시간 후에 소포체에 있었던 단백질이 골지체로 이동하여 관찰된 것이며, 15시간 후 소포체에서 발견되는 방사성 동위원소 황은 새롭게 합성된 단백질이 소포체에 존재함으로써 관찰되는 것이다. 따라서, 단백질의 이동 경로는 소포체─골지체─소낭임을 알 수 있다.
ㄷ. 두 번째 단락에서 펄스─라벨링 실험은 방사성 동위원소 황을 세포에 단시간 투여한다고 했으므로 황을 투여한 이후 합성되는 모든 단백질에 방사성 동위원소가 있는 펄스 추적 실험과 달리 펄스─라벨링 실험은 방사성 동위원소 황을 투여한 시간에 합성된 단백질에만 방사성 동위원소 황이 관찰됨을 알 수 있다. 따라서 방사성 동위원소 황이 표지된 단백질이 한 세포소기관에서 다른 세포소기관으로 이동하게 되면 이전에 위치했던 세포소기관에서는 더 이상 방사성 동위원소 황이 발견되지 않고, 새롭게 이동한 세포소기관에서만 방사성 동위원소 황이 관찰되게 된다. 실험 1에 따라 단백질의 이동 경로는 소포체─골지체─소낭 순이므로, 실험 2의 결과 소포체, 골지체, 소낭에서 방사성 동위원소 황이 검출된 결과를 정리하면 다음과 같다.

구분	소포체	골지체	소낭
5시간 후	O	X	X
10시간 후	X	O	X
15시간 후	X	X	O

따라서 실험 2에서 방사성 동위원소 황 투입 15시간 후 소낭에서 방사성 동위원소 황이 검출됨을 알 수 있다.

20 논증의 방향   정답 ④

ㄴ. 어린아이에게 '비교'라는 단어를 알려줘도 단어의 의미를 이해하지 못하는 이유는 어린아이가 사물을 같은 것끼리 묶어서 사고하는 능력을 갖추지 않았기 때문이므로 사고가 언어에 영향을 미친다는 것을 의미한다. 따라서 이 연구결과는 언어가 사고에 영향을 미친다는 B의 주장을 약화하므로 적절하다.

ㄷ. 한자가 알파벳에 비해 창의적 사고력을 기르는 데 불리하다는 것은 언어가 인간의 지적 사고를 결정함을 의미한다. 따라서 사고가 언어를 결정한다는 A의 주장을 약화하고, 언어가 사고에 영향을 미친다는 B의 주장을 약화하지 않으므로 적절하다.

오답 체크

ㄱ. 에스키모인이 눈에 대해 수십 가지 이상의 단어를 보유하고 있는 이유는 북극에서 자주 접하게 되는 눈을 세부적으로 인지하게 된 것이기 때문이므로 사고와 사회적 환경이 언어에 영향을 미친다는 것을 의미한다. 따라서 이 연구결과는 사고가 언어를 결정한다는 A의 주장을 약화하지 않으므로 적절하지 않다.

21 논증의 방향   정답 ①

ㄱ. A학파는 올바른 지식을 이룬 뒤에 수양과 실천이 뒤따라야 한다는 '선지후행'을 강조하였다고 했으므로 올바른 지식을 이루기 위해서 실천이 선행되어야 한다는 갑의 주장은 A학파의 입장을 반박한다.

오답 체크

ㄴ. A학파는 올바른 지식을 이룬 뒤에 실천과 수양이 뒤따라야 한다는 '선지후행'을 강조하고, B학파는 학습이 아닌 수양과 실천을 통해 지식에 도달할 수 있다는 '지행합일'을 강조한다. 따라서 올바른 지식을 이루기 위해 학습이 반드시 필요한 것이 아니라는 을의 주장은 B학파의 입장을 반박하지 않지만 A학파의 입장은 반박한다.

ㄷ. A학파는 올바른 지식을 이룬 뒤에 실천과 수양이 뒤따라야 한다는 '선지후행'을 강조하고, B학파는 수양과 실천을 통해 지식에 도달할 수 있다는 '지행합일'을 강조한다. 따라서 실천하기 위해서 올바른 이치를 알아야 한다는 병의 주장은 올바른 지식을 이룬 뒤에 실천을 해야 한다는 것이므로 A학파의 입장을 반박하지 않지만 B학파의 입장은 반박한다.

22 논증의 방향   정답 ③

ㄱ. 두 번째 단락에서 A학파는 올바른 지식을 이루기 위해서는 외부에 존재하는 '물'을 학습하여 사물의 이치인 '이'를 널리 탐구해야 한다고 했으므로 A학파는 학습을 통해 사물의 이치를 깨우쳐야 지식에 도달할 수 있다고 보았음을 알 수 있다.

ㄷ. 세 번째 단락에서 B학파는 사물과 세상의 이치이자 원리라고 할 수 있는 '이'는 이미 개인의 마음에 갖춰져 있다고 보고, '물'은 외부에 존재하는 대상이 아니라 자신의 마음속에 있는 주관적 대상으로 본다고 했으므로 B학파는 사물의 이치와 '물'이 동일한 곳에 존재한다고 보았음을 알 수 있다.

오답 체크

ㄴ. 세 번째 단락에서 B학파는 격물을 통해 도달해야 할 지식은 내면에 존재하는 '이'를 통해 올바르지 못한 '물'을 바로잡아 터득한 '양지'라고 했으므로 '양지'는 태어날 때부터 마음속에 존재하는 것이 아니라 '이'를 통해 터득해야 하는 것으로 보았음을 알 수 있다.

23 문맥과 단서   정답 ②

세 번째 규정에서 1개의 단위사업 내에 일반 및 특별 회계가 혼재할 경우 해당 단위사업을 2개로 분리해야 한다고 했으나 네 번째 규정에서 각각의 단위사업에 적용되는 회계가 서로 다르더라도 단위사업들의 정책사업 목적이 동일하다면 1개의 정책사업에 포함되어야 한다고 했고, 주거환경 개선사업의 단위사업 각각에 적용되는 회계는 1개의 단위사업 내에 혼재된 것이 아니므로 사업 개편을 하지 않아도 되므로 적절하지 않은 판단이다.

오답 체크

① 두 번째 규정에서 1개의 정책사업은 1개의 담당 조직에서만 운영되는 것을 원칙으로 한다고 했고, 대중교통 지원사업은 각 단위사업이 대중교통과와 교통정책과에서 담당하고 있으므로 1개의 담당 조직에서 정책사업이 추진될 수 있도록 사업 개편을 해야 하므로 적절한 판단이다.

③ 세 번째 규정에서 1개의 단위사업은 동일한 회계가 적용되어야 하고, 1개의 단위사업 내에 일반 및 특별 회계가 혼재할 경우 해당 단위사업을 2개로 분리해야 한다고 했으므로 기초생활보장 지원사업을 일반 회계와 특별 회계가 각각 적용받는 2개의 단위사업으로 분리해야 하므로 적절한 판단이다.

④ 두 번째 규정에서 1개의 정책사업은 1개의 담당 조직에서만 운영되는 것을 원칙으로 하며, 동일한 목적을 가진 정책사업이 다수의 조직에서 수행될 경우 정책사업명을 다르게 분리해야 한다고 했으나 주거환경 개선사업과 도시환경 조성사업은 정책목적이 동일하더라도 각 정책사업이 도시정책과와 환경정책과에서 담당하고 있고, 두 정책사업명이 분리되어 있으므로 사업 개편을 하지 않아도 되므로 적절한 판단이다.

⑤ 첫 번째 규정에서 1개의 정책사업이 복수의 목적을 가지고 있을 경우 해당 목적에 맞게 정책사업을 분리해야 한다고 했고, 주민기초생활보장 및 관광 지원사업은 복수의 목적을 가지고 있으므로 주민기초생활보장 지원사업과 관광 지원사업으로 분리해야 하므로 적절한 판단이다.

24 문맥과 단서   정답 ④

을의 말에 따라 희망리턴패키지 중 폐업지원, 취업지원의 자격 요건 및 지원 내용을 정리하면 다음과 같다.

구분	자격 요건	지원 내용
폐업지원	– 지원 제외 업종에 해당하지 않아야 함 – 사업운영기간 60일 이상 – (점포철거비) 임대차계약으로 사업장 운영	사업정리 컨설팅 점포철거비 법률자문
취업지원	– 사업운영기간 60일 이상 – 만 69세 이하	직무탐색 및 취업 맞춤형 교육

갑의 첫 번째 말에서 A씨는 40대이며 3년간 음식점을 운영한 폐업 예정자라고 했고, 을의 첫 번째 말에서 A씨가 운영하는 음식점은 지원 제외 업종이 아니라고 했다. 이때 점포철거비 지원의 경우 임대차계약으로 사업장을 운영하여 임대차계약서를 제출할 수 있어야 하나, 폐업지원은 수혜자의 필요에 따라 세 가지 프로그램 모두 혹은 일부만 신청할 수 있다고 했으므로 A씨는 폐업지원 중 필요한 프로그램을 선택하여 신청할 수 있고 폐업 후 취업을 희망하므로 취업지원도 받을 수 있다. 따라서 빈칸에 들어갈 내용은 '필요에 따라 폐업지원의 세 가지 프로그램을 선택하여 신청하고 취업지원도 받을 수 있다'가 가장 적절하다.

오답 체크

① 을의 두 번째 말에서 사업정리 컨설팅은 재기전략, 세무, 부동산, 직무·직능의 4개 분야 중 기폐업자라면 세무 분야만, 폐업 예정자는 최대 세 가지를 선택할 수 있다고 했으므로 폐업 예정자인 A씨가 세무 분야의 전문가 컨설팅만 받을 수 있다는 것은 적절하지 않다.

② 을의 세 번째 말에서 사업정리 컨설팅 또는 취업교육을 수료하고, 폐업 신고 후 구직활동을 하거나 취업에 성공할 경우 전직장려수당을 지급한다고 했다. 따라서 희망리턴패키지 신청 시 전직장려수당을 받는 것이 아니므로 적절하지 않다.

③ 폐업지원을 받은 뒤에 취업과 재창업·업종전환 지원 중 하나만 신청 가능한지는 제시된 대화를 통해 알 수 없으므로 적절하지 않다.

⑤ A씨는 폐업지원과 취업지원의 자격 요건을 모두 충족하므로 지원 대상에 해당하지 않아 취업지원을 신청할 수 없다는 것은 적절하지 않다.

25 문맥과 단서 정답 ③

A시는 관할구역 전역이 공회전 제한장소로 지정되었으며, 제8조 제1항 및 제2항에 따르면 제한장소에서 공회전 자동차를 발견한 때에 해당 자동차 운전자에게 공회전을 중지하도록 경고하고 그때부터 공회전 시간을 측정하는 방법으로 단속이 진행된다. 이때 갑은 B주차장과 같이 공회전으로 인한 대기오염의 우려가 큰 곳에 대해서는 이보다 엄격한 단속이 필요하다고 민원을 제기하였으므로 특정 지역에 대해 더 엄격한 단속기준을 적용한다는 내용의 개정이 필요하다.

따라서 대기오염의 우려가 큰 일부 지역에 대해 더 철저한 단속이 이루어질 수 있도록 한 조례 개정 내용은 '제8조 제2항에 "다만, 중점 공회전 제한장소(터미널·차고지·주차장 등 특별히 공회전을 제한할 필요가 있는 지역을 말한다)에서는 발견한 때부터 측정한다."를 추가'가 가장 적절하다.

오답 체크

① 대기의 온도가 너무 높거나 낮은 경우에 한정하여 공회전 제한시간을 차별화하는 것이므로 적절하지 않다.

② 실무활동 중인 긴급자동차 및 이에 준하는 자동차를 공회전 제한의 예외 사항으로 두는 것이므로 적절하지 않다.

④ 공회전을 중지하도록 경고할 대상인 운전자가 운전석에 없을 경우 경고를 하지 않는다는 것이므로 적절하지 않다.

⑤ 제한시간을 초과하면 공회전 위반 확인서를 작성 및 교부하는 것은 모든 공회전 제한장소에서의 단속방법에 해당하므로 적절하지 않다.

1 법조문형
정답 ④

두 번째 법조문 제2항 제2호에서 약사는 처방전에 기재된 의약품의 제조업자와 같은 제조업자가 제조한 의약품으로서 처방전에 적힌 의약품과 성분·제형은 같으나 함량이 다른 의약품으로 같은 처방 용량을 대체조제하는 경우에 의사의 사전 동의 없이 대체조제할 수 있다고 했으므로 성분, 함량, 제형 및 처방 용량이 같다 하더라도 제조업자가 다른 경우에는 처방전을 발행한 의사의 사전 동의를 받아야 함을 알 수 있다.

오답 체크

① 첫 번째 법조문 제3항에서 의사는 약국이 없는 지역에서 의약품을 조제하는 경우에 자신이 직접 의약품을 조제할 수 있음을 알 수 있다.
② 두 번째 법조문 제3항에서 약사는 식품의약품안전처장이 생물학적 동등성이 있다고 인정한 품목으로 대체하여 조제한 경우에는 그 내용을 1일 또는 3일 이내에 처방전을 발행한 의사에게 통보하여야 함을 알 수 있다.
③ 두 번째 법조문 제4항에서 처방전을 발행한 의사가 의약품으로 인해 발생한 약화사고의 책임을 면하는 경우는 의사의 사전 동의 없이 처방전에 적힌 의약품을 대체조제한 경우임을 알 수 있다.
⑤ 두 번째 법조문 제3항에서 처방전을 발행한 의사의 사전 동의 없이 대체조제한 경우에 그 내용을 최대 3일 이내에 의사에게 통보하여야 함을 알 수 있다.

2 법조문형
정답 ①

첫 번째 법조문 제4항에서 광산구호대는 2개조 이상 편성을 원칙으로 하되, 사무소장이 광산 구호에 지장이 없다고 인정하는 경우에는 1개조로 편성할 수 있다고 했으므로 사무소장이 광산 구호에 지장이 없다고 인정한 경우, 광산구호대는 1개조로 편성될 수 있음을 알 수 있다.

오답 체크

② 마지막 법조문 제3항에서 광업권자 또는 조광권자는 광산안전관리직원을 선임하거나 해임하였을 때에는 그 사실을 산업통상자원부장관에게 신고하여야 한다고 했으므로 조광권자가 광산안전관리직원을 선임했을 경우, 그 사실을 광산안전사무소장이 아닌 산업통상자원부장관에게 신고해야 함을 알 수 있다.
③ 첫 번째 법조문 제3항에서 광업권자 또는 조광권자는 작업장 부근의 적당한 장소에 응급구호 용품을 준비하고, 광산구호대원을 대상으로 연 2회 이상 자체 광산구호 훈련을 실시하여야 한다고 했으므로 광업권자는 광산구호대원을 대상으로 2년마다 1회 이상이 아닌 광산구호대원을 대상으로 연 2회 이상 자체 광산구호 훈련을 실시해야 함을 알 수 있다.
④ 두 번째 법조문 제2항에서 광업권자 또는 조광권자가 안전규정을 제정하거나 변경하려는 경우 전문기관의 의견서를 첨부하여 산업통상자원부장관의 승인을 받아야 함을 알 수 있다.
⑤ 마지막 법조문 제4항에서 광산안전관리직원은 둘 이상의 광산의 광산안전관리직원을 겸할 수 없지만, 특별한 사유로 인하여 산업통상자원부장관의 승인을 받았을 때에는 겸직할 수 있다고 했으므로 광산안전관리직원은 2개 광산의 광산안전관리직원으로 겸직할 수 있음을 알 수 있다.

3 법조문형
정답 ④

세 번째 법조문 제2항에서 예방위원은 무보수이지만, 특별자치도 또는 시·군·구의 인구 2만 명당 1명의 비율로 유급위원을 둘 수 있음을 알 수 있다.

오답 체크

① 두 번째 법조문 제2항에서 위원장이 감염병의 예방 또는 관리 업무를 담당하는 공무원을 위원으로 임명하거나 위촉할 수 있음을 알 수 있다.
② 네 번째 법조문에서 예방위원의 배치에 드는 경비는 특별자치도와 시·군·구가 부담함을 알 수 있다.
③ 두 번째 법조문 제2항 제4조에서 감염병에 관한 지식과 경험이 풍부한 사람은 위원장이 위원으로 임명하거나 위촉할 수 있음을 알 수 있다.
⑤ 두 번째 법조문 제2항에서 공무원이 아닌 위원이 전체 위원의 과반수가 되도록 하여야 한다고 했고, B시의 보건소 소속 공무원이 15명을 모두 위원으로 임명할 경우 질병관리청장을 포함하여 공무원인 위원이 16명이 되므로 옳지 않음을 알 수 있다.

4 법조문형
정답 ③

제□□조 제1항에서 제○○조 제1항 제2호의 규정을 위반한 학교급식공급업자는 1억 원 이하의 벌금에 처한다고 했으므로 甲이 유전자변형농수산물 표시를 거짓으로 적은 식재료를 공급하였다면 6천만 원의 벌금에 처해질 수 있음을 알 수 있다.

오답 체크

① 제□□조 제3항에서 제○○조 제1항 제4호의 규정을 위반한 학교급식공급업자는 3년 이하의 징역에 처한다고 했으므로 甲이 지리적표시를 거짓으로 적은 식재료를 공급하였다 하더라도 5년의 징역에 처해질 수는 없음을 알 수 있다.
② 제△△조 제1항에서 제○○조 제2항의 규정을 위반한 학교급식공급업자에게는 500만 원 이하의 과태료를 부과한다고 했으므로 甲이 식재료의 영양관리기준을 지키지 않았다 하더라도 600만 원의 과태료가 부과될 수는 없음을 알 수 있다.
④ 제□□조 제1항에서 제○○조 제1항 제1호의 규정을 위반한 학교급식공급업자는 1억 원 이하의 벌금에 처한다고 했으므로 甲이 외국이 원산지인 식재료의 원산지를 국산으로 표기하여 공급하였다 하더라도 과태료가 부과되는 것은 아님을 알 수 있다.
⑤ 제△△조 제2항에서 제○○조 제3항의 규정을 위반한 학교급식공급업자에게는 300만 원 이하의 과태료를 부과한다고 했으므로 甲이 알레르기를 유발하는 식재료를 공급하면서 그 사실을 해당 학교에 알리지 않았다 하더라도 400만 원의 과태료가 부과될 수는 없음을 알 수 있다.

5 텍스트형
정답 ⑤

두 번째 단락에서 상면 발효 맥주는 비교적 고온에서 2주간 발효 후 15℃에서 1주 정도 숙성을 통해 만들어진다고 했고, 세 번째 단락에서 하면 발효 맥주는 저온에서 7~12일간 발효 후 1~2개월간 숙성시켜 만들어진다고 했으므로 맥주의 숙성 기간은 상면 발효 맥주가 하면 발효 맥주보다 더 짧음을 알 수 있다.

① 첫 번째 단락에서 중세 시대 당시 맥주에는 향과 맛이 강한 약초나 약재 등을 첨가하였기 때문에 지금의 맥주 맛과는 차이가 있음을 알 수 있다.

② 두 번째 단락에서 상면 발효 방식의 에일은 비교적 고온에서 2주간 발효 후 1주 정도 숙성을 통해 만들어지고, 에일 계열 맥주에는 아일랜드의 스타우트가 있음을 알 수 있다.

③ 두 번째와 세 번째 단락에서 상면 발효 맥주는 고온에서 2주간 발효하고, 하면 발효 맥주는 저온에서 7~12일간 발효한다고 했고, 세 번째 단락에서 하면 발효 맥주인 라거 맥주는 부산물이 적게 들어있어 깔끔하고 시원한 맛이 특징이라고 했으므로 상대적으로 발효 기간이 짧은 하면 발효 맥주는 부산물이 적게 들어있어 깔끔하고 시원한 맛이 특징임을 알 수 있다.

④ 세 번째 단락에서 라거 맥주는 부산물이 적게 들어있어 깔끔하고 시원한 맛이 특징임을 알 수 있다.

6 계산형
정답 ④

오렌지 8개를 묶음 포장하여 판매한 상자 개수를 x, 낱개 판매한 오렌지 개수를 y, 할인가로 낱개 판매한 오렌지 개수를 z라고 하면

$8x+y+z=150$

$9,000x+1,500y+1,000z=184,000 \rightarrow 9,000x+1,500y=184,000-1,000z$

이때 9,000과 1,500은 3의 배수이므로 $184,000-1,000z$의 값도 3의 배수가 되어야 하고, z는 오렌지 개수가 8개 미만일 때 판매한 개수이므로 z로 가능한 값은 1, 4, 7이다. 또한, 매출과 $184,000-1,000z$는 모두 백의 자릿수가 0이므로 y는 짝수이고, $8x$와 y가 모두 짝수이므로 z로 가능한 것은 짝수인 4뿐이다. 이에 따라 $8x+y=146$개이고, $9,000x+1,500y=180,000$원이므로 x는 13, y는 42임을 알 수 있다.

따라서 甲이 판매한 오렌지 상자의 개수는 13상자이다.

7 규칙형
정답 ④

항목별 점수를 부여하는 방식에 따른 A~E 업체별 점수는 다음과 같다.

경비업체 구분	A	B	C	D	E
비용점수	3	4	1	5	2
경력점수	8	10	10	9	6
고객평가점수	8	7.5	8.5	4.5	5.5
보안성점수	13.5	12	10.5	15	13.5
항목별 점수의 합	32.5	33.5	30	33.5	27

항목별 점수의 합이 가장 큰 업체는 B와 D이고, D의 매출액이 B의 매출액보다 많다.

따라서 甲회사가 고용하는 경비업체는 D이다.

8 규칙형
정답 ③

지원자의 종목별 순위는 다음과 같다.

구분	멀리뛰기	100m 달리기	제자리높이뛰기	윗몸 일으키기
A	4	2	1	3
B	5	3	5	2
C	3	1	3	5
D	1	5	2	4
E	2	4	4	1

• 배드민턴 동아리는 '제자리높이뛰기'와 '멀리뛰기'의 기록을 고려하며, D는 배드민턴 동아리를 비희망하므로 A, B, C, E 중 두 종목의 평균 순위가 2.5위로 가장 높은 A를 선발한다.

• 축구 동아리는 '100m 달리기'와 '윗몸 일으키기'의 기록을 고려하며, A는 타 동아리에 선발되었으므로 B, C, D, E의 두 종목 평균 순위를 확인한다. 평균 순위는 B, E가 2.5위로 가장 높으나, 둘 중 B가 1순위 종목인 '100m 달리기'의 순위가 3위로 더 높으므로 B를 선발한다.

• 농구 동아리는 '제자리높이뛰기'와 '100m 달리기'의 기록을 고려하며, A, B는 타 동아리에 선발되었고 C, E는 농구 동아리를 비희망하므로 두 종목의 평균 순위가 3.5위인 D를 선발한다.

• 암벽등반 동아리는 '윗몸 일으키기'와 '멀리뛰기'의 기록을 고려하며, A, B, D는 타 동아리에 선발되었으므로 C, E 중 두 종목의 평균 순위가 1.5위로 가장 높은 E를 선발한다.

따라서 동아리의 신입부원으로 선발되지 않은 지원자는 C이다.

9 텍스트형
정답 ⑤

세 번째 단락에서 1971년에 화폐개혁이 단행되면서 기존에 열 종류가 넘던 화폐 단위가 모두 폐지되고 파운드와 펜스만 남았다고 했으므로 영국의 화폐 단위 중 1971년 영란은행의 화폐개혁으로 폐지된 것이 그렇지 않은 것보다 더 많았음을 알 수 있다.

① 첫 번째 단락에서 1694년에 영란은행이 창설되었다고 했고, 세 번째 단락에서 영란은행이 설립되기 이전부터 파운드화가 사용되었다고 했으므로 파운드화는 1694년 이전부터 사용되어 왔음을 알 수 있다.

② 첫 번째 단락에서 영국의 국왕이었던 윌리엄 3세는 주식회사 형태의 은행을 설립하여 재정난을 타개하고자 영란은행을 창설했음을 알 수 있다.

③ 두 번째 단락에서 19세기 중반에 이르러 영국 정부는 영란은행 외에 파운드화의 발행권을 가지고 있던 은행들의 발행권을 회수하였다고 했고, 세 번째 단락에서 실링은 16세기부터 사용되었다고 했다. 따라서 실링의 발행이 시작된 시기는 영란은행이 영국 유일의 화폐 발행 기능을 갖게 되기 훨씬 전임을 알 수 있다.

④ 세 번째 단락에서 화폐 단위에 이진법과 이십진법이 혼재되었을 당시에는 1파운드가 20실링, 1실링이 12펜스에 해당하였으며, 십진법 체계가 도입되면서 1파운드는 100펜스가 되고 1실링, 2실링, 5실링은 각각 5펜스와 10펜스, 25펜스로 대체되었다고 했다. 즉, 십진법 체계 도입 후 1파운드에 해당하는 100펜스는 $100/5=20$실링으로 환산된다. 따라서 영국 화폐 단위가 십진법 체계로 전환된 후에도 동일하게 1파운드는 20실링으로 환산되었음을 알 수 있다.

10 텍스트형 정답 ④

- 화폐개혁 전 1파운드는 20실링에 해당하였고, 1파운드 1실링은 1기니, 5실링은 1크라운, 2실링은 1플로린으로 환산되었다고 했다. 즉, 1기니는 21실링이므로 1기니를 크라운과 플로린으로 환산하면 각각 21/5크라운, 21/2플로린임을 알 수 있다.
- 화폐개혁 전 1실링은 12펜스에 해당하고, 화폐개혁 후 1실링은 5펜스에 해당한다고 했다. 즉, 1기니가 화폐개혁 전의 펜스로는 21×12=252펜스, 화폐개혁 후의 펜스로는 252/2.4=105펜스임을 알 수 있다.

따라서 ㉠은 21/5×10=42크라운, ㉡은 21/2×10=105플로린, ㉢은 105×10=1,050펜스이다.

11 법조문형 정답 ①

제□□조 제2항에서 특허청장은 등록취소된 후 2년이 지나지 아니한 사람이 변리사 등록을 신청하면 이를 거부하여야 한다고 했다. 따라서 丙은 2022년 1월 10일에 등록취소되었으므로 특허청장은 2023년 9월 7일에 丙이 변리사 등록을 신청하면 이를 거부하여야 함을 알 수 있다.

오답 체크

② 제◇◇조 제3항에서 업무정지 처분은 징계사유가 발생한 날부터 3년이 지나면 할 수 없다고 했다. 따라서 甲은 2020년 5월 1일에 발생한 징계사유를 근거로 2023년 7월 20일에 업무정지 1년에 처해질 수 없음을 알 수 있다.

③ 제△△조 제4항에서 변리사시험 제1차 시험이 면제되는 대상은 특허청 소속 7급 이상의 공무원으로서 10년 이상 특허행정사무에 종사한 경력이 있는 사람이라고 했다. 따라서 8급 공무원인 乙은 7급 이상의 공무원에 해당하지 않으므로 변리사시험 제1차 시험이 면제되지 않음을 알 수 있다.

④ 제◇◇조 제4항에서 특허청장은 징계사유가 있는 변리사가 제□□조 제3항 제2호에 따라 등록취소의 신청을 하여 등록이 취소된 경우에 자격정지를 명할 수 있다고 했다. 따라서 특허청장은 징계로 등록취소 처분을 받은 변리사에게는 5년의 자격정지를 명할 수 없음을 알 수 있다.

⑤ 제△△조 제3항에서 특허청장은 시험일시 및 방법 등에 관한 사항을 제1차 시험 실시 90일 전까지 공고하여야 한다고 했으므로 변리사시험 제1차 시험이 2025년 2월 18일에 시행되므로 특허청장은 그 90일 전인 2024년 11월 20일까지 공고하여야 한다. 따라서 특허청장은 2025년 2월 18일에 시행되는 변리사시험 제1차 시험에 관한 사항을 2024년 11월 27일에 공고할 수 없음을 알 수 있다.

12 법조문형 정답 ⑤

제△△조 제1항 제5호에서 4년제 대학의 건축관련학과 졸업자로서 3년 이상 건축분야에 종사한 자는 건축지도원으로 지정될 수 있는 자격을 갖추었음을 알 수 있다.

오답 체크

① 제□□조 제1항에서 건축지도원은 해당 지방자치단체에 근무하는 건축직렬 공무원과 건축에 관한 학식이 풍부한 자로서 제△△조에 정하는 자격을 갖춘 자 중에서 지정되는 것을 알 수 있다.

② 제△△조 제2항에서 특별자치시장·특별자치도지사는 건축지도원 중 공무원이 아닌 건축지도원에 대하여는 보수·수당·여비 및 활동비를, 공무원인 건축지도원에 대하여는 수당·여비 및 활동비를 예산의 범위 내에서 지급할 수 있다고 했으므로 공무원인 건축지도원과 공무원이 아닌 건축지도원 모두 수당·여비 및 활동비를 지급받을 수 있음을 알 수 있다.

③ 제△△조 제1항에서 특별자치시장·특별자치도지사 또는 시장·군수·구청장이 건축지도원을 지정하고, 특별시의 경우 관할 자치구 구청장이 건축지도원을 지정하므로 서울특별시의 A자치구에서 근무할 건축지도원은 A자치구의 구청장이 지정함을 알 수 있다.

④ 제□□조 제2항에서 건축지도원의 업무는 건축신고를 하고 건축 중에 있는 건축물의 시공 지도, 허가를 받지 아니하고 용도변경한 건축물의 단속 등임을 알 수 있다.

13 계산형 정답 ②

- A금속 20kg과 B금속 10kg을 혼합하여 30kg의 C금속을 만든다고 했고, C금속과 D금속을 1:1의 비율로 혼합하여 E금속을 만든다고 했으므로 30kg의 C금속과 30kg의 D금속을 혼합하여 60kg의 E금속을 만들 수 있다.
- E금속과 H금속을 1:1의 비율로 혼합하여 X합금을 만든다고 했으므로 60kg의 E금속과 60kg의 H금속을 혼합하여 120kg의 X합금을 만들 수 있다. 이때 F금속과 G금속을 3:1의 비율로 혼합하여 H금속을 만든다고 했으므로 60kg의 H금속은 45kg의 F금속과 15kg의 G금속을 혼합하여 만들 수 있음을 알 수 있다.
- 120kg의 X합금에는 30kg의 D금속과 15kg의 G금속이 혼합되어 있으므로 120kg의 X합금을 만들기 위해 필요한 D금속과 G금속 무게의 합은 45kg이다. 이에 따라 X합금 300kg을 만들기 위해 필요한 D금속과 G금속 무게의 합은 $120:300=45:x$로 x=112.5kg임을 알 수 있다.

따라서 甲공장에서 X합금 300kg을 만들기 위해 필요한 D금속과 G금속 무게의 합은 112.5kg이다.

14 계산형 정답 ②

700W 전자레인지와 1,000W 전자레인지를 이용해 최소 시간으로 주먹밥 3개, 햄버거 3개, 피자 1개를 데우는 방법으로 가능한 경우는 다음과 같다.

구분	전자레인지	음식(개)			시간(초)
		주먹밥	햄버거	피자	
경우 1	700W	1		1	40+5+150=195
	1,000W	2	3		30+5+30+5+45+5+45+5+45=215
경우 2	700W		1	1	60+5+150=215
	1,000W	3	2		30+5+30+5+30+5+45+5+45=200
경우 3	700W	2	2		40+5+40+5+60+5+60=215
	1,000W	1	1	1	30+5+45+5+120=205

따라서 甲이 음식을 모두 데우는 데 걸리는 최소 시간은 215초이다.

15 경우의 수

1시간을 예약한 팀(1시간팀) 4개, 2시간팀 1개, 4시간팀 2개를 나열하는 것과 같다. 1시간팀이 연이어 예약하지는 않았으므로 가능한 경우는 다음과 같다.

〈경우 1〉
1시간팀-4시간팀-1시간팀-4시간팀-1시간팀-2시간팀-1시간팀

〈경우 2〉
1시간팀-4시간팀-1시간팀-2시간팀-1시간팀-4시간팀-1시간팀

〈경우 3〉
1시간팀-2시간팀-1시간팀-4시간팀-1시간팀-4시간팀-1시간팀

이를 시간대별로 정리하면 다음과 같다.

시간	경우 1	경우 2	경우 3
08~09시	1시간팀	1시간팀	1시간팀
09~10시	4시간팀	4시간팀	2시간팀
10~11시			1시간팀
11~12시			
12~13시			4시간팀
13~14시	1시간팀	1시간팀	
14~15시	4시간팀	2시간팀	
15~16시			
16~17시		1시간팀	1시간팀
17~18시			
18~19시	1시간팀	4시간팀	4시간팀
19~20시	2시간팀		
20~21시			
21~22시	1시간팀	1시간팀	1시간팀

따라서 스터디룸 101호를 4시간 예약한 팀만 사용하는 시각은 12~13시와 17~18시이다.

16 경우의 수

甲의 노트북 비밀번호를 ㉠㉡㉢㉣㉤㉥라고 하면
첫 번째 숫자와 네 번째 숫자를 곱한 값은 두 번째 숫자와 세 번째 숫자를 곱한 값과 같고, 첫 번째 숫자와 여섯 번째 숫자를 곱한 값은 세 번째 숫자와 네 번째 숫자를 곱한 값과 같으므로 다음의 식이 성립한다.
㉠×㉣=㉡×㉢
㉠×㉥=㉢×㉣
1부터 6까지의 숫자로 위와 같은 형태의 식을 다음과 같이 2개 만들 수 있다.
2×3=1×6
3×4=2×6
㉠과 ㉢은 서로 다른 변에서 한 번씩 사용되었으므로 3 또는 6이 될 수 있으므로 ㉠과 ㉢의 숫자에 따른 경우를 확인한다.

〈경우 1〉 ㉠이 3, ㉢이 6인 경우
3×㉣=6×㉡
3×㉥=6×㉣
이에 따라 ㉣은 2, ㉡은 1, ㉥은 4이므로 ㉤은 5가 된다. 이 경우 세 번째 숫자는 두 번째 숫자보다 크므로 네 번째 조건을 충족한다.

〈경우 2〉 ㉠이 6, ㉢이 3인 경우
6×㉣=3×㉡
6×㉥=3×㉣
이에 따라 ㉣은 2, ㉡은 4, ㉥은 1이므로 ㉤은 5가 된다. 이 경우 세 번째 숫자는 두 번째 숫자보다 작으므로 네 번째 조건을 충족하지 못한다.
따라서 甲의 노트북 비밀번호는 316254이고, 첫 번째 숫자와 두 번째 숫자를 합한 값은 3+1=4이다.

17 계산형

A~E의 강의시간과 강사수당 지급 기준에 따른 지급액은 다음과 같다.

강사	강의시간	강사 구분	지급액
A	4시간 6분 → 4시간으로 산출	외부 강사 (특급)	30+20×3=90만 원
B	1시간 22분 → 1시간으로 산출	외부 강사 (1급)	20만 원
C	25분 → 1시간으로 산출	내부 강사 (전임 교수)	0원 (지급 제외 대상)
D	2시간 31분 → 3시간으로 산출	내부 강사 (비전임 교수)	4+2×2=8만 원
E	3시간 26분 → 3시간으로 산출	외부 강사 (특급)	30+20×2=70만 원

따라서 A~E에게 지급할 강사수당의 총액은 90+20+8+70=188만 원이다.

18 계산형

〈연수생 평가 기준〉과 〈연수생 甲~戊의 성적〉에 따른 총점은 다음과 같다.

평가항목 연수생	연수원		면접	2차 시험	총점
	분임 평가	개인 평가			
甲	20점	30점	21점	12점	83점
乙	12점	30점	35점	12점	89점
丙	20점	18점	28점	15점	81점
丁	20점	24점	35점	6점	85점
戊	8점	30점	35점	15점	88점

따라서 A부처에서 선발하는 연수생은 총점이 가장 높은 乙이다.

19 규칙형

• 甲: 수온이 영상 9도이고 최대 잠수 깊이가 4m이므로 최대 잠수 깊이 0.2m당 20분의 휴식을 취해야 한다. 이에 따라 甲은 (4/0.2)×20=400분간 휴식을 취해야 한다. 甲이 스쿠버다이빙을 종료한 시각은 7월 13일 04시이고 비행기 탑승시각은 그로부터 18시간 이내이므로 甲은 400분의 120%인 480분간 휴식을 취한 후에 비행기에 탑승할 수 있다. 따라서 7월 13일 04시로부터 480분 후는 7월 13일 12시이므로 甲은 7월 13일 11시 비행기에 탑승할 수 없다.

- 乙: 수온이 영하 2도이고 최대 잠수 깊이가 7m이므로 10m를 잠수한 것으로 간주한다. 이에 따라 최대 잠수 깊이 0.2m당 30분의 휴식을 취해야 하므로 乙은 (10/0.2)×30=1,500분간 휴식을 취해야 한다. 乙이 스쿠버다이빙을 종료한 시각은 7월 12일 11시이고, 비행기 탑승시각은 그로부터 18시간 이후이다. 이에 따라 乙은 7월 12일 11시로부터 1,500분의 90%인 1,350분이 경과한 7월 13일 9시 30분 이후부터 비행기에 탑승할 수 있다. 따라서 乙은 7월 13일 11시 비행기에 탑승할 수 있다.
- 丙: 수온이 영상 3도이고 최대 잠수 깊이가 12m이므로 15m를 잠수한 것으로 간주한다. 이에 따라 최대 잠수 깊이 0.2m당 40분의 휴식을 취해야 하므로 丙은 (15/0.2)×40=3,000분간 휴식을 취해야 한다. 丙은 7월 11일 16시로부터 3,000분의 90%인 2,700분이 경과한 7월 13일 13시 이후부터 비행기에 탑승할 수 있다. 따라서 丙은 7월 13일 11시 비행기에 탑승할 수 없다.
- 丁: 수온이 영상 8도이고 최대 잠수 깊이가 17m이므로 최대 잠수 깊이 0.2m당 40분의 휴식을 취해야 한다. 이에 따라 丁은 (17/0.2)×40=3,400분간 휴식을 취해야 한다. 丁은 7월 11일 05시로부터 3,400분의 90%인 3,060분이 경과한 7월 13일 08시 이후부터 비행기에 탑승할 수 있다. 따라서 丁은 7월 13일 11시 비행기에 탑승할 수 있다.

따라서 주어진 비행기 탑승시각에 비행기에 탑승할 수 있는 사람은 乙과 丁이다.

20 규칙형

정답 ②

세 가지 평가 요소에 대한 브랜드별 점수와 해당 평가 요소의 가중치를 적용하여 계산하면 다음과 같다.

평가 요소	甲	乙	丙	丁
주행거리	10×0.4=4	8×0.4=3.2	7×0.4=2.8	10×0.4=4
안전성	6×0.3=1.8	7×0.3=2.1	9×0.3=2.7	5×0.3=1.5
디자인	8×0.3=2.4	7×0.3=2.1	9×0.3=2.7	10×0.3=3
총점	8.2	7.4	8.2	8.5

- 소비자 A: 가중치가 적용된 평가 요소별 점수 중 1.5점 이하가 있는 경우 그 브랜드는 선택하지 않으므로 丁은 제외한다. 甲, 乙, 丙 중에 총점은 乙이 가장 낮고, 甲과 丙은 동점이다. 따라서 소비자 A는 甲과 丙 중에서 주행거리 점수가 더 높은 甲 브랜드의 전기차를 구매할 것이다.
- 소비자 B: 乙의 각 평가 요소별 점수에 1점씩을 더하여 가중치를 적용하며, 이는 총점에 1점을 더한 것과 같으므로 乙의 총점은 7.4+1=8.4점이 된다. 이때 乙보다 丁의 총점이 더 높아, 소비자 B는 丁 브랜드의 전기차를 구매할 것이다.
- 소비자 C: 가중치가 적용된 평가 요소별 점수가 모두 2.5점 이상인 브랜드는 총점에 0.2를 더하므로 丙은 8.2+0.2=8.4점이다. 또한, 가중치가 적용된 평가 요소별 점수 중 2점 이하가 있는 브랜드는 총점에서 0.2를 빼므로 甲은 8.2-0.2=8점이고, 丁은 8.5-0.2=8.3점이 된다. 따라서 소비자 C는 총점이 8.4점으로 가장 높은 丙 브랜드의 전기차를 구매할 것이다.

21 계산형

정답 ③

甲은 하루 최대 10시간 동안 작업을 진행하고, 목걸이와 반지의 개당 제작시간은 각각 4시간, 3시간이다. 이때 상품 제작에 착수하여도 당일에 완성이 불가능할 경우 새 상품 제작을 시작하지 않고 퇴근하게 되므로 하루 작업 시간을 최대한 사용해야 가능한 빠른 시일 내에 제작을 완료할 수 있다. 이에 따라 최대 작업시간을 모두 사용하여 하루에 목걸이 1개와 반지 2개를 제작해야 한다. 다만 토요일은 최대 작업시간의 1/2 미만인 5시간 미만으로 작업을 하므로 목걸이 1개를 제작해야 하며, 공휴일을 제외하면 5월 10일까지 목걸이는 8개 모두 제작이 완료되고, 반지는 12개 제작할 수 있다.

일	월	화	수	목	금	토
				1	2	3
				목걸이 1개 반지 2개	목걸이 1개 반지 2개	목걸이 1개
4	5	6	7	8	9	10
–	–	목걸이 1개 반지 2개	목걸이 1개 반지 2개	목걸이 1개 반지 2개	목걸이 1개 반지 2개	목걸이 1개
11	12	13	14	15	16	17
–						

남은 반지 5개는 5월 12일부터 제작하는데 반지의 개당 제작시간은 3시간이므로 하루에 최대 3개 제작할 수 있다.

따라서 甲의 의뢰 상품 제작 완료 예정일은 5월 13일이다.

22 경우의 수

정답 ⑤

G가 C와 같은 차에 탈 경우 과장 C는 중형차에 타고, G와 같은 차를 타는 F와 H도 이 차에 타게 된다. 이에 따라 다른 5명은 소형차와 다른 한 대의 중형차에 나누어 타야 한다. 부장 A와 과장 B는 중형차에 타고, 같은 차종의 차를 타지 않는 D와 E는 각각 소형차 또는 중형차에 타야 한다. 이때 I가 B와 같은 차인 중형차에 타게 될 경우 소형차에는 D와 E 중 1명만 타게 되어, 차를 혼자 타고 가는 직원은 없다는 조건이 충족되지 않는다.

오답 체크

① 부장 A와 과장 B는 소형차에 타지 않고, 대리 D와 E는 같은 차종의 차를 타지 않으므로 중형차 한 대에 A, B, D가 타고 소형차에 E가 탈 수 있다. 이때 B와 다른 차에 타는 C가 다른 한 대의 중형차에 타게 되므로 사원 F, G, H와 I는 각각 C가 탄 중형차 또는 E가 탄 소형차에 탈 수 있다.
② 과장 B가 탄 중형차에 F와 H가 타면 G도 같은 차에 타고, C는 다른 한 대의 중형차에 타게 된다. 이때 C가 탄 중형차에 D와 E 중 1명과 A가 타고, I는 D와 E 중 중형차에 타지 않는 1명과 소형차에 탈 수 있다.
③ 대리 D와 E는 같은 차종의 차를 타지 않으므로 E가 중형차에 탄다면 D는 소형차에 탈 수 있다.
④ H가 소형차에 탈 경우 F와 G도 소형차에 타고, D와 E 중 1명도 소형차에 타게 된다. 이에 따라 다른 5명이 두 대의 중형차에 나누어 타야 한다. D와 E 중 소형차에 타지 않는 1명과 A, I가 2명과 1명으로 나뉘어 각각 B, C와 같은 차에 탈 수 있다.

23 경우의 수 ： 정답 ③

- A는 여섯 번째 자리이므로 바로 왼쪽 자리에 위치한 카드에 적혀 있는 수인 9를 2로 나눈 4.5보다 작은 자연수여야 한다. 이때 3과 4는 이미 배열되었으므로 A로 가능한 수는 1 또는 2이다.
- B는 여덟 번째 자리이므로 바로 왼쪽 자리에 위치한 카드에 적혀 있는 수인 7을 2로 나눈 3.5보다 작은 자연수여야 한다. 이때 3과 4는 이미 배열되었으므로 B로 가능한 수 또한 1 또는 2이다.
- C와 D로 가능한 수는 5 또는 10이다. 이때 D는 C를 2로 나눈 수 이하인 수여야 하므로 D가 C보다 더 작은 수이고, 이에 따라 C가 10, D가 5이다. 따라서 C는 10이다.

[오답 체크]

① A로 가능한 수는 1 또는 2 총 2개이다.
⑤ B가 1이라면 A와 D를 곱한 값은 2×5=10, B와 C를 곱한 값은 1×10=10이므로 같다.

24 계산형 ： 정답 ③

甲은 자신의 집에 있는 시계가 5시를 가리키고 있을 때 집을 나와 5분 동안 乙의 집을 향해 걸었고 노트북을 두고 와 집으로 돌아갔으며, 그때까지 걸어온 속도로 다시 집에 갔으므로 돌아갈 때 걸린 시간 역시 5분이다. 이후 3분 동안 노트북을 챙겨서 40분이 걸려 乙의 집에 도착했다. 이에 따라 甲이 乙의 집에 도착한 시간은 甲의 집에 있는 시계 기준으로 5시 53분이고, 이는 실제 시간보다 5분 느린 것이므로 실제 시간은 5시 58분이다. 이때 乙은 甲에게 10분이나 늦었다고 핀잔을 주었으므로 같은 시각 乙의 집에 있는 시계는 6시 10분을 가리키고 있는 것이다. 따라서 乙의 집에 있는 시계가 가리키는 시간과 실제 시간의 차이는 12분이다.

25 법조문형 ： 정답 ⑤

제△△조(주민등록증의 재발급) 제2항에서 주민등록 업무를 수행하는 공무원이 그 내용을 알아보기 어려워 업무수행이 어려우면 그 주민등록증을 회수하고, 본인이 시장에게 재발급 신청을 하도록 해야 한다고 했다. 따라서 주민등록 업무를 수행하는 공무원이 D구민 丁의 주민등록증의 내용을 알아볼 수 없어 업무수행이 어렵다는 이유로 주민등록증을 회수한 경우, 丁은 D구청장에게 주민등록증 재발급을 신청해야 함을 알 수 있다.

[오답 체크]

① 제○○조(주민등록증의 발급 등) 제3항에서 행정안전부장관은 시장에게 주민등록증을 일제히 갱신하거나 검인하게 할 수 있다고 했고, 제□□조(경비의 부담) 제1호에서 행정안전부장관이 시장에게 주민등록증을 일제히 갱신하게 하는 경우 행정안전부장관은 주민등록증을 일제 갱신 발급하는 데 드는 경비의 일부를 부담해야 한다고 했다. 따라서 행정안전부장관이 A시장에게 주민등록증을 검인하게 한 경우에는 행정안전부장관이 검인에 드는 경비의 일부를 부담하지 않음을 알 수 있다.
② 제△△조(주민등록증의 재발급) 제3항의 단서에서 주민등록증의 기재사항 중 주소 외의 사항이 변경되어 재발급하는 경우에는 수수료 징수 대상에서 제외된다고 했고, 제○○조(주민등록증의 발급 등) 제2항에서 주민등록증의 기재사항에는 성명이 포함된다고 했다. 따라서 B구청장은 개명을 하여 주민등록증 재발급 신청을 한 구민 甲에게 수수료를 징수할 수 없음을 알 수 있다.
③ 제○○조(주민등록증의 발급 등) 제4항에서 제△△조에 따른 경우 외에는 주민등록증의 발급을 이유로 수수료를 징수하여서는 아니 된다고 했다. 따라서 생애 최초로 주민등록증을 발급받는 C군민 乙은 주민등록증을 발급받기 위해 C군수에게 수수료를 납부할 필요가 없음을 알 수 있다.
④ 제□□조(경비의 부담) 제2호에서 외과적 시술 등으로 용모가 변하여 본인 확인이 어려워 주민등록증을 재발급받는 경우로서 자연적 재해·재난으로 인한 경우에 해당하면 행정안전부장관이 주민등록증의 발급에 드는 경비의 일부를 부담해야 한다고 했다. 따라서 미용 목적의 성형수술로 용모가 변한 丙이 주민등록증 재발급을 신청한 경우에는 행정안전부장관이 주민등록증 발급에 드는 경비의 일부를 부담하지 않음을 알 수 있다.

1 자료판단
정답 ②

제시된 〈조건〉에 따라 배터리 제조 공정 단계를 정리하면 '믹싱 → 코팅 → 프레싱/절단 → 권취 → 용접 → 화성' 단계이다. 믹싱 단계에 2kg의 재료가 최초로 투입되며, 믹싱 단계와 프레싱/절단 단계에서 각각 투입 재료의 10%가 소실되고, 용접 단계에서 투입 재료의 20%가 소실된다. 이에 따라 공정 단계별 투입 재료 무게에 따른 소실 재료의 무게는 다음과 같다.

단계	투입 재료	소실 재료
믹싱	2,000g	$2,000 \times 0.1 = 200$g
코팅	$2,000 - 200 = 1,800$g	0g
프레싱/절단	1,800g	$1,800 \times 0.1 = 180$g
권취	$1,800 - 180 = 1,620$g	0g
용접	1,620g	$1,620 \times 0.2 = 324$g
화성	$1,620 - 324 = 1,296$g	0g

이때 화성 공정이 완료되면 화성 공정에 투입된 재료 무게 1/3에 해당하는 무게의 배터리가 출하된다.
따라서 출하되는 배터리의 총량은 $1,296 \times (1/3) = 432$g이다.

2 자료판단
정답 ③

당해연도 재고량=직전년도 재고량+당해연도 생산량-당해연도 소비량임을 적용하면 2018년 재고량은 $2,442 + 1,290 - 1,143 = 2,589$톤이다. 또한 직전년도 재고량=당해연도 재고량-당해연도 생산량+당해연도 소비량이므로 2016년의 직전년도 재고량은 $2,151 - 1,848 + 1,495 = 1,798$톤이다. 따라서 2016~2021년 중 직전년도 재고량이 가장 적은 연도는 2016년이므로 옳지 않은 설명이다.

오답 체크

① 2020년 생산량은 $2,772 + 908 - 2,649 = 1,031$톤으로 생산량과 소비량은 전년 대비 매년 감소했으므로 옳은 설명이다.
② 재고량 중 정부비축량의 비중은 2019년이 $(918/2,649) \times 100 ≒ 34.7$%, 2021년이 $(944/2,810) \times 100 ≒ 33.6$%이므로 옳은 설명이다.
④ 2017~2021년 중 2018년 생산량의 전년 대비 감소율이 $\{(1,605-1,290)/1,605\} \times 100 ≒ 19.6$%로 가장 높으므로 옳은 설명이다.
⑤ 소비량은 매년 감소하고 재고량은 매년 증가한다. 따라서 소비량 대비 재고량의 비율은 매년 증가했으므로 옳은 설명이다.

⏱ 빠른 문제 풀이 Tip

③ 당해연도 재고량=직전년도 재고량+당해연도 생산량-당해연도 소비량이므로 생산량이 소비량보다 많은 연도에는 재고량이 전년 대비 증가하는 것을 알 수 있다. 〈표〉에서 2016년 생산량이 소비량보다 많으므로 2016년 재고량은 2015년보다 많고, 마찬가지로 2018년 재고량은 2017년보다 많다. 이에 따라 2016~2021년 중 직전년도 재고량은 2016년이 가장 적다.

3 자료검토·변환
정답 ①

ㄱ. 〈보고서〉의 첫 번째 단락에서 2017년 APEC 가입국 중 한국의 자동차 생산량은 전체 APEC 가입 국가 자동차 생산량 중 4위를 차지하고 있었으나, 자동차 생산량이 점차 감소하여 2019년 전체 APEC 가입 국가 자동차 생산량 중 5위를 차지하였다고 했으므로 추가로 필요한 자료임을 알 수 있다.
ㄴ. 〈보고서〉의 세 번째 단락에서 2017~2018년 APEC 가입국 중 캐나다와 러시아의 한국 자동차 수입량은 각각 전년 대비 매년 증가한 것으로 조사되었다고 했으므로 추가로 필요한 자료임을 알 수 있다.

오답 체크

ㄷ. 〈보고서〉에 제시되지 않은 내용이므로 추가로 필요한 자료가 아니다.
ㄹ. 〈보고서〉의 두 번째 단락에서 국내 자동차 생산량은 2016년 이후 점차 감소하여 2019년 국내 자동차 생산량은 4,000천 대 이하의 생산량을 기록하였다고 했으므로 〈표 1〉에서 확인할 수 있다. 따라서 추가로 필요한 자료가 아니다.

4 자료판단
정답 ④

낙찰률=$\dfrac{\text{낙찰 건수}}{\text{입찰 건수}} \times 100$이고, 경쟁률=$\dfrac{\text{입찰 참가자 수}}{\text{낙찰 건수}}$이므로
낙찰률=$\dfrac{\text{입찰 참가자 수}}{\text{입찰 건수} \times \text{경쟁률}} \times 100$임을 적용하여 구한다.
- A=$\{253/(440 \times 2.3)\} \times 100 = 25$%
- B=$\{360/(750 \times 2.0)\} \times 100 = 24$%
- C=$\{209/(380 \times 2.2)\} \times 100 = 25$%
- D=$\{540/(750 \times 2.4)\} \times 100 = 30$%
- E=$\{456/(800 \times 2.0)\} \times 100 = 28.5$%
따라서 낙찰률이 가장 높은 지역은 D이다.

5 자료비교
정답 ②

ㄱ. 도시지역 면적=주거·상업·공업지역 면적+녹지지역 면적임을 적용하여 구한다. 도시지역 면적은 (1인당 주거·상업·공업지역 면적+1인당 녹지지역 면적)×인구 수이고, 이에 따라 지역 D와 지역 E의 도시지역 면적을 구하면 지역 D가 $(189.5+651.2) \times 2,096 = 1,762,107.2$천m²이고, 지역 E가 $(270.4+871.5) \times 1,349 = 1,540,423.1$천m²이다. 따라서 도시지역 면적은 지역 D가 지역 E보다 더 크므로 옳은 설명이다.
ㄷ. 지역 F의 녹지지역 1인당 면적은 5위인 지역 B보다 작으므로 509.4m² 미만이다. 따라서 지역 F의 1인당 도시지역 면적은 $166.3+509.4 = 675.7$m² 미만, 지역 G의 1인당 도시지역 면적은 $157.3+632.0 = 789.3$m²로 1인당 도시지역 면적은 지역 G가 지역 F보다 더 크므로 옳은 설명이다.

ㄴ. 지역 F의 인구 순위가 8위이고 지역 G의 인구 순위가 14위라면 지역 F의 인구는 1,349천 명 초과 2,096천 명 미만이고, 지역 G의 인구는 1,349천 명 미만이다. 이에 따라 주거·상업·공업지역 면적은 지역 F가 166.3×1,349=224,338.7천m² 초과 166.3×2,096=348,564.8 천m² 미만이고, 지역 G가 157.3×1,349=212,197.7천m² 미만이다. 따라서 지역 G의 주거·상업·공업지역 면적의 최댓값과 지역 F의 주거·상업·공업지역 면적의 최솟값을 비교하면 지역 F가 지역 G의 (224,338.7/212,197.7)×100≒105.7%로 110% 미만일 수 있으므로 옳지 않은 설명이다.

ㄹ. 지역 B와 지역 E의 녹지지역 면적의 합은 (509.4×2,895)+(871.5×1,349)=2,650,366.5천m²이고, 지역 D의 녹지지역 면적은 651.2×2,096=1,364,915.2천m²이다. 따라서 지역 B와 지역 E의 녹지지역 면적의 합은 지역 D의 녹지지역 면적의 2,650,366.5/1,364,915.2≒1.94배로 2배보다 작으므로 옳지 않은 설명이다.

6 자료판단

정답 ②

• 〈보고서〉의 첫 번째 문장에서는 모든 시나리오에서 2030년, 2040년, 2050년 모두 여자 인구가 남자 인구보다 많다고 했으므로 2030년 고위 추계 남자 인구가 여자 인구보다 많은 C는 소거된다.

• 〈보고서〉의 두 번째 문장에서는 고위 추계를 기준으로 남녀 인구의 차이는 2030년과 2040년을 비교하면 증가하고, 2040년과 2050년을 비교하면 감소한다고 했으므로 고위 추계 남녀 인구 차이가 2030년의 742−730=12천 명에서 2040년의 717−706=11천 명으로 감소하는 D는 소거된다.

• 〈보고서〉의 세 번째 문장에서는 2040년 고위 추계 인구와 중위 추계 인구는 남자와 여자 모두 각각 5만 명 이상 차이난다고 했으므로 2040년 고위 추계 인구와 중위 추계 인구 차이가 남자는 698−665=33천 명, 여자는 707−673=34천 명인 E는 소거된다.

• 〈보고서〉의 세 번째 문장에서는 저위 추계를 기준으로 2030년 대비 2050년 전체 인구의 감소율이 25% 미만이라고 했으므로 2030년 전체 인구가 1,463+1,566=3,029천 명, 2050년 전체 인구가 1,054+1,158=2,212천 명으로 2030년 대비 2050년 전체 인구 감소율이 {(3,029−2,212)/3,029)}×100=(817/3,029)×100≒27.0%인 A는 소거된다.

따라서 A~E 중 '갑'시에 해당하는 시는 B이다.

7 자료판단

정답 ⑤

가축 사육량=닭 사육량+소 사육량+돼지 사육량임을 적용하여 구한다. D국의 가축 사육량이 350백만 마리일 경우, D국의 돼지 사육량은 350−150−10=190백만 마리이고, D국을 제외한 A~J국의 돼지 사육량은 A국이 200−155=45백만 마리, B국이 350−300−5=45백만 마리, C국이 250−200−15=35백만 마리 또는 300−200−15=85백만 마리, E국이 200−150−30=20백만 마리, F국이 200−150−25=25백만 마리, G국이 250−150−15=85백만 마리 또는 300−150−15=135백만 마리, H국이 150−100−5=45백만 마리, I국이 250−200−10=40백만 마리, J국이 150−100−25=25백만 마리로 D국의 돼지 사육량이 가장 많으므로 옳은 설명이다.

① A국의 가축 사육량은 닭 사육량과 소 사육량의 합인 150+5=155백만 마리보다 크므로 200백만 마리이고, 이에 따라 H국의 가축 사육량은 150백만 마리이다. 이때 A국의 돼지 사육량은 200−155=45백만 마리이고, H국의 돼지 사육량은 150−100−5=45백만 마리이다. 따라서 돼지 사육량은 A국과 H국이 서로 동일하므로 옳지 않은 설명이다.

② A~J국 중 닭 사육량과 소 사육량, 가축 사육량이 모두 제시되어 있는 B, E, F, J국의 돼지 사육량을 먼저 살펴본다. B국의 돼지 사육량은 45백만 마리, E국의 돼지 사육량은 20백만 마리, F국의 돼지 사육량은 25백만 마리, J국의 돼지 사육량은 25백만 마리이다. 따라서 돼지 사육량이 25백만 마리인 국가는 최소 F국, J국으로 2개 이상이므로 옳지 않은 설명이다.

③ 닭 사육량이 200백만 마리 이상인 국가는 B, C, I국이다. 이때 B국의 돼지 사육량은 45백만 마리, C국의 돼지 사육량은 35백만 마리 또는 85백만 마리, I국의 돼지 사육량은 40백만 마리 또는 140백만 마리이다. 따라서 닭 사육량이 200백만 마리 이상인 국가 중 C국의 돼지 사육량은 35백만 마리가 될 수 있으므로 옳지 않은 설명이다.

④ 소 사육량 상위 3개 국가는 E, F, J국이고, E, F, J국의 닭 사육량의 합은 150+150+100=400백만 마리로 350백만 마리를 초과하므로 옳지 않은 설명이다.

8 자료이해

정답 ②

ㄱ. 2022년 4월 누계 분양실적의 전년동기 대비 감소율은 수도권이 {(43,752−42,374)/43,752}×100≒3.1%, 지방이 {(55,439−36,520)/55,439}×100≒34.1%이므로 옳은 설명이다.

ㄷ. 2022년 4월 누계 분양실적 중 4월 분양실적이 차지하는 비중은 지방이 (9,246/36,520)×100≒25.3%이고, 수도권이 (4,374/42,374)×100≒10.3%이므로 옳은 설명이다.

ㄴ. 2022년 4월 서울의 분양실적은 678호로, 전년동월 대비 증가율이 {(678−194)/194}×100≒249.5%이므로 옳지 않은 설명이다.

ㄹ. 전국의 2022년 4월 일반분양 실적은 11,148호이고, 전국은 수도권과 지방으로만 구분되어, 지방의 전체 분양실적인 9,246호가 모두 일반분양이라면 수도권 일반분양 실적은 최소~1,902호로 2,000호 미만일 수 있으므로 옳지 않은 설명이다.

9 자료판단

정답 ④

• 세 번째 〈조건〉에서 2020년 생산액 상위 10개 업체 중 2018~2020년 동안 순위가 꾸준히 하락한 업체는 2018년 6위, 2019년 7위, 2020년 8위로 하락한 C이므로 C가 'H헬스'이다.

• 첫 번째 〈조건〉에서 2020년 생산액 상위 10개 업체 중 2019년 생산액이 전년 대비 감소하고 2020년 생산액이 전년 대비 증가한 업체는 A, C, D이고, C가 H헬스이므로 A와 D가 'G헬스케어' 또는 'S의료기기'이다.

• 두 번째 〈조건〉에서 2019년 'I헬스'의 생산액은 'S의료기기'의 생산액보다 많았으나 2020년에는 'S의료기기'의 생산액이 'I헬스'의 생산액보다 많았다고 했으므로 D가 'S의료기기', E가 'I헬스'이고, 이에 따라 A가 'G헬스케어', B가 'T임플란트'이다.

따라서 B는 'T임플란트', D는 'S의료기기'이다.

10 자료검토·변환

〈보고서〉의 세 번째 단락에서 음주운전으로 인한 교통사고 사망자수는 2017년 이후 전년 대비 매년 감소하였으며, 그중 음주운전 교통사고 사망자수의 전년 대비 감소율은 2019년 이후 전년 대비 매년 9%p 이상씩 감소하여 2021년에는 4.2%에 그쳤다고 했으므로 〈보고서〉의 내용과 부합하는 자료이다.

오답 체크

① 〈보고서〉의 첫 번째 단락에서 2020~2021년 교통사고 발생건수는 전년 대비 매년 감소했다고 했으나, [연도별 교통사고 발생건수]에서 2021년 교통사고 발생건수는 2020년 대비 증가했으므로 〈보고서〉의 내용과 부합하지 않는 자료이다.

② 〈보고서〉의 첫 번째 단락에서 2021년 교통사고 사상자수에서 사망자수가 차지하는 비중은 1% 미만이라고 했으나, [연도별 교통사고 사상자수]에서 2021년 교통사고 사망자수 30백 명은 사상자수 2,945백 명 중 1% 이상에 해당하므로 〈보고서〉의 내용과 부합하지 않는 자료이다.

③ 〈보고서〉의 두 번째 단락에서 교통사고 사망자수 중 보행사망 비중의 2019년 대비 2020년 감소율은 10% 이상이었다고 했으나, [연도별 교통사고 사망자수 중 보행사망 비중]에서 2020년 교통사고 사망자수 중 보행사망 비중의 전년 대비 감소율은 $(3.7/39.4)\times100 ≒ 9.4\%$로 10% 미만이므로 〈보고서〉의 내용과 부합하지 않는 자료이다.

④ 〈보고서〉의 두 번째 단락에서 2017년 대비 2021년 노인 교통사고 사망자수 감소율은 25% 이상, 어린이 교통사고 사망자수 감소율은 60% 이상이었다고 했으나, [연도별 노인 및 어린이 교통사고 사망자수]에서 2017년 대비 2021년 어린이 교통사고 사망자수 감소율은 $(31/54)\times100 ≒ 57.4\%$로 60% 미만이므로 〈보고서〉의 내용과 부합하지 않는 자료이다.

11 자료판단

• 두 번째 〈조건〉에 따라 2017~2019년 무료 관중 수가 매년 증가한 C 또는 D가 '소울' 축구단임을 알 수 있다.
• 네 번째 〈조건〉에 따라 2019년 이벤트 당첨자 수가 593백 명으로 일일권 구매자 수인 548백 명보다 많은 D가 '사자' 축구단이고, 이에 따라 C가 '소울' 축구단임을 알 수 있다.
• 세 번째 〈조건〉에 따라 2017~2019년 유료 관중 수가 매년 A보다 적은 B가 2017~2019년 유료 관중 수의 합도 A보다 B가 적으므로 B가 '날개' 축구단, A가 '모터' 축구단임을 알 수 있다.

따라서 A는 '모터' 축구단, B는 '날개' 축구단, C는 '소울' 축구단, D는 '사자' 축구단이다.

12 자료판단

주요 7개 지역 중 D 지역의 구조율은 $(28,739/39,125)\times100 ≒ 73.5\%$이고, 구조율이 가장 높은 지역은 구조율이 $(128,830/150,076)\times100 ≒ 85.8\%$인 A지역이므로 옳지 않은 설명이다.

오답 체크

① 전국 소방공무원 수에서 B~G지역의 소방공무원 수가 차지하는 비중은 $\{(9,684+2,995+3,401+3,349+3,472+3,474)/55,964\}\times100 ≒ 47.1\%$이다. 따라서 전국 소방공무원 수에서 B~G지역을 제외한 A지역과 다른 지역의 소방공무원 수가 차지하는 비중은 $100-47.1 ≒ 52.9\%$이므로 옳은 설명이다.

② B지역 구조건수는 176,035건이고, C지역과 D지역 구조건수의 합의 3배는 $(23,450+28,739)\times3 = 156,567$건으로 B지역의 구조건수가 C지역과 D지역 구조건수의 합의 3배 이상이므로 옳은 설명이다.

③ D지역의 소방관서당 출동건수는 $39,125/146 ≒ 268.0$건/개이고, 전국 소방관서당 출동건수는 $893,606/3,074 ≒ 290.7$건/개이므로 옳은 설명이다.

⑤ G지역의 구조율은 $(47,213/60,811)\times100 ≒ 77.6\%$이고, 전국 구조율은 $(719,228/893,606)\times100 ≒ 80.5\%$이므로 옳은 설명이다.

13 자료판단

ㄱ. 토지거래허가구역 면적기준으로 현행 기준을 적용한 '가'행정구역 주거지역의 토지거래허가 최소면적은 $180\times0.5 = 90㎡$로 개정 기준을 적용한 '라'행정구역 주거지역의 토지거래허가 최소면적인 $60\times1.2 = 72㎡$보다 넓으므로 옳은 설명이다.

오답 체크

ㄴ. 토지가 '갑'국의 토지거래허가구역인 '가'~'라' 행정구역에 위치하고, 토지의 면적이 토지거래허가 최소면적보다 큰 경우에만 토지 거래 시 행정당국의 허가가 필요하다. 이때 토지거래허가구역 면적기준이 개정 기준으로 조정되면 토지거래허가 최소면적은 '나'행정구역 상업지역이 $150\times0.8 = 120㎡$, '라'행정구역 상업지역이 $150\times1.2 = 180㎡$가 된다. 토지 E의 면적 170㎡는 '라'행정구역 상업지역의 토지거래허가 최소면적인 180㎡보다 작아 토지 거래 시 행정당국의 허가가 필요하지 않으므로 옳지 않은 설명이다.

ㄷ. 토지 A~J 중 상업지역인 C, D, E, F와 '갑'국의 토지거래허가구역이 아닌 토지 J를 제외하고, 나머지 토지 A, B, G, H, I의 토지거래허가 최소면적을 개정 기준의 토지거래허가구역 면적기준을 적용하여 계산하면 다음과 같다.

구분	면적	개정 기준 토지거래허가 최소면적
A	50	60×0.5=30
B	100	60×1.0=60
G	220	150×1.0=150
H	700	150×1.2=180
I	70	200×0.8=160

토지 거래 시 행정당국의 허가가 필요한 토지는 면적이 토지거래허가 최소면적보다 큰 A, B, G, H 4개이므로 옳지 않은 설명이다.

14 자료비교

ㄱ. 2018~2021년 동안 보훈병원 감면진료 지원액의 전년 대비 증가율은 2018년이 $\{(866-649)/649\}\times100 ≒ 33.4\%$, 2019년이 $\{(1,010-866)/866\}\times100 ≒ 16.6\%$, 2020년이 $\{(1,070-1,010)/1,010\}\times100 ≒ 5.9\%$, 2021년이 $\{(1,104-1,070)/1,070\}\times100 ≒ 3.2\%$로 매년 감소했으므로 옳은 설명이다.

ㄴ. 진료비 지원 인원 중 보훈병원 국비진료 인원이 차지하는 비중은 2017년이 $(2,933/8,432)\times100 ≒ 34.8\%$, 2018년이 $(2,899/8,332)\times100 ≒ 34.8\%$, 2019년이 $(2,957/8,928)\times100 ≒ 33.1\%$, 2020년이 $(2,666/8,103)\times100 ≒ 32.9\%$, 2021년이 $(2,581/7,686)\times100 ≒ 33.6\%$로 매년 30% 이상이므로 옳은 설명이다.

ㄹ. 진료비 지원 인원 1인당 진료비 지원액은 2019년이 8,018/8,928≒0.90 십만 원, 2020년이 7,957/8,103≒0.98십만 원으로, 2020년에 전년 대비 증가했으므로 옳은 설명이다.

오답 체크

ㄷ. 2017~2021년의 연평균 위탁병원 진료 지원액은 (2,231+2,291+2,544 +2,519+2,508)/5=2,418.6억 원이므로 옳지 않은 설명이다.

> ⏱ 빠른 문제 풀이 Tip
>
> ㄱ. 2018~2021년 동안 보훈병원 감면진료 지원액의 전년 대비 증가액은 매년 감소하는 반면, 전년도의 지원액은 매년 증가하므로 증가율은 매년 감소하는 것을 알 수 있다.
> ㄷ. 연도별 위탁병원 진료 지원액을 〈보기〉에 제시된 연평균 진료 지원액 2,400억 원과 비교하여 편차의 합을 확인하면 0보다 크다. 이에 따라 연평균 진료 지원액은 2,400억 원 이상임을 알 수 있다.

15 자료판단
정답 ⑤

ㄱ. 적용 인구 전체 대비 비율= $\frac{\text{65세 이상 건강보험 적용 인구}}{\text{전체 건강보험 적용 인구}}$ ×100임을 적용하여 구한다. 2014년 전체 건강보험 적용 인구는 6,005/0.119≒ 50,462.2천 명이고, 2018년 전체 건강보험 적용 인구는 7,092/0.139 ≒51,021.6천 명이다. 따라서 2014년 대비 2018년 전체 건강보험 적용 인구는 증가했으므로 옳은 설명이다.

ㄴ. 2015~2018년 동안 65세 이상 건강보험 적용 인구의 전년 대비 증가폭이 가장 큰 해는 증가폭이 6,806-6,445=361천 명인 2017년이고, 65세 이상 진료 인원의 전년 대비 증가폭이 가장 큰 해도 증가폭이 6,897 -6,536=361천 명인 2017년이므로 옳은 설명이다.

ㄹ. 65세 이상 급여 건수 대비 지원액은 2015년이 169,241/371,532 ≒ 0.46 억 원/천 건, 2016년이 191,408/385,535 ≒ 0.50 원/천 건, 2017년이 214,479/400,472 ≒ 0.54억 원/천 건, 2018년이 243,484/416,239 ≒ 0.58억 원/천 건으로 2016~2018년 동안 급여 건수 대비 지원액은 매년 증가했으므로 옳은 설명이다.

오답 체크

ㄷ. 진료비 전체 대비 비율= $\frac{\text{65세 이상 건강보험 적용 인구 진료비}}{\text{전체 건강보험 적용 인구 진료비}}$ ×100임을 적용하여 구한다. 이때 2016년 전체 건강보험 적용 인구 진료비는 253,091/0.388 ≒ 652,296.4억 원으로 약 65조 원, 2017년 전체 건강보험 적용 인구 진료비는 283,643/0.4=709,107.5억 원으로 약 71조 원이다. 따라서 전체 건강보험 적용 인구의 진료비가 최초로 70조 원 이상인 해는 2017년이므로 옳지 않은 설명이다.

> ⏱ 빠른 문제 풀이 Tip
>
> ㄹ. 2016~2018년 동안 급여 건수의 전년 대비 증가율은 매년 1~4%인 반면 지원액의 전년 대비 증가율은 매년 10% 이상이다. 이에 따라 분모인 급여 건수보다 분자인 지원액의 전년 대비 증가율이 매년 높으므로 2016~2018년 동안 급여 건수 대비 지원액은 매년 증가함을 알수 있다.

16 자료판단
정답 ④

ㄱ. 진학률= $\frac{\text{진학자}}{\text{졸업자 수}}$ ×100임을 적용하여 구한다. 진학률은 일반학교 내 일반학급이 (669/1,157)×100≒57.8%, 특수학교가 (1,316/2,386)×100 ≒55.2%로 일반학교 내 일반학급이 특수학교보다 높으므로 옳은 설명이다.

ㄷ. 취업률= $\frac{\text{취업자 수}}{\text{졸업자 수-진학자 수}}$ ×100임을 적용하여 구한다. 일반학교 내 특수학급의 취업자 수는 0.342×(3,796-1,705)≒715명, 일반학교 내 일반학급의 진학자 수는 669명으로 일반학교 내 특수학급의 취업자 수가 일반학교 내 일반학급의 진학자 수보다 많으므로 옳은 설명이다.

ㄹ. 취업률은 특수학교가 {64/(2,386-1,316)}×100≒6.0%, 일반학교 내 특수학급이 34.2%이다. 따라서 취업률은 일반학교 내 특수학급이 특수학교의 34.2/6.0≒5.7배로 5배 이상이므로 옳은 설명이다.

오답 체크

ㄴ. 특수교육대상자 전체의 진학률은 {(1,316+1,705+669)/(2,386+3,796+ 1,157)}×100≒50.3%로 55% 미만이므로 옳지 않은 설명이다.

17 자료판단
정답 ③

종사자 규모별 사업체의 전체 매출액=매출 발생 사업체 수×매출 발생 사업체의 평균 매출액임을 적용하여 구한다. 이때 〈그림〉에서 매출 발생 비율은 종사자 규모별 사업체 중 매출이 발생한 사업체의 비율을 의미하므로 종사자 규모별 매출 발생 사업체 수=종사자 규모별 사업체 수×매출 발생 비율로 구할 수 있다.

- A: 120×0.30×3,000=108,000백만 원
- B: 200×0.75×1,400=210,000백만 원
- C: 380×0.75×600=171,000백만 원
- D: 420×0.60×250=63,000백만 원

따라서 종사자 규모별 사업체의 전체 매출액 크기가 가장 큰 것부터 순서대로 나열하면 'B-C-A-D'이다.

> ⏱ 빠른 문제 풀이 Tip
>
> 종사자 규모별 사업체의 전체 매출액 도출 식에서 공통인 수를 찾아 나머지 수의 크기를 비교한다.
> - A: (120×0.30)×3,000=36×3,000=360×300
> - B: (200×0.75)×1,400=150×1,400=300×700
> - C: (380×0.75)×600=285×600=570×300
> - D: (420×0.60)×250=252×250
> 4개의 종사자 규모 중 D는 두 항이 모두 가장 작으므로 곱한 값도 가장 작으며, 300이 공통으로 묶이는 A~C의 나머지 항이 B는 700, C는 570, A는 360으로 나타나므로 전체 매출액은 크기가 큰 것부터 'B-C-A-D' 임을 알 수 있다.

18 자료판단

ㄴ. 보물의 문화재 지정 건수는 2019년이 36건, 2020년이 58건, 2021년이 48건이고, 2018년 이후 문화재 지정 건수에서 보물이 차지하는 비중은 2018년이 (42/56)×100=75.0%, 2019년이 (36/48)×100=75.0%, 2020년이 (58/70)×100≒82.9%, 2021년이 (48/65)×100≒73.8%, 2022년이 (44/64)×100≒68.8%이므로 옳은 설명이다.

ㄷ. 2017년 명승의 문화재 지정 건수는 17건이므로 보물과 명승의 문화재 지정 건수가 같은 해는 2017년이다. 2017년 사적과 국가민속문화재의 문화재 지정 건수도 2건으로 같으므로 옳은 설명이다.

오답 체크

ㄱ. 2014년 사적과 국가무형문화재 각각의 문화재 지정 건수는 모두 1건으로 같으므로 옳지 않은 설명이다.

19 자료판단
정답 ③

- 〈보고서〉의 첫 번째 단락 첫 번째 문장에 따르면 이 제조사의 2021년 자동차 총판매량은 600만 대 이상이라고 했으나, 제조사 D의 2021년 총판매량은 564+5,388=5,952천 대로 600만 대 미만이므로 제조사 D를 소거할 수 있다.
- 〈보고서〉의 두 번째 단락 첫 번째 문장에 따르면 이 제조사의 2018년 대비 2021년 자동차 국내 판매량 증가율은 20% 미만이고, 해외 판매량 증가율은 30% 이상이라고 했으나, 2018년 대비 2021년 제조사 E의 국내 판매량 증가율은 (93/393)×100≒23.7%로 20% 이상이며, 제조사 B의 해외 판매량 증가율은 (1,290/4,820)×100≒26.8%로, 30% 미만이므로 제조사 B와 제조사 E를 각각 소거할 수 있다.
- 〈보고서〉의 두 번째 단락 두 번째 문장에 따르면 이 제조사의 2021년 자동차 총판매량 중 해외 판매량의 비중은 90%를 넘었다고 했으나, 제조사 A의 2021년 총판매량 중 해외 판매량의 비중은 (5,299/6,049)×100≒87.6%로, 90% 미만이므로 제조사 A를 소거할 수 있다.

따라서 〈보고서〉의 내용에 해당하는 제조사는 C이다.

> ⏱ **빠른 문제 풀이 Tip**
> 〈보고서〉의 두 번째 단락 두 번째 문장에 따른 2021년 자동차 총판매량 중 해외 판매량의 비중이 90%를 넘는지는 국내 판매량의 9배한 값과 해외 판매량의 크기를 비교해서 해외 판매량이 더 큰지를 확인한다. 제조사 A의 경우 해외 판매량 5,299천 대가 국내 판매량의 9배인 750×9=6,750천 대보다 적으므로 비중은 90% 미만임을 알 수 있다.

20 자료이해
정답 ③

1인당 GDP=GDP/총인구=1인당 배출량/GDP당 배출량임을 적용한다. 이때 분모에 해당하는 GDP당 배출량은 매년 감소하므로, 분자에 해당하는 1인당 배출량이 전년 대비 감소하는 2012년, 2014년, 2015년의 분모와 분자의 전년 대비 감소율을 비교한다. 2012년 감소율은 분모가 5/517로 분자의 0.1/13.7=5/685보다 크므로 1인당 GDP는 증가하고, 2014년 감소율은 분모가 20/500=1/25로 분자의 0.2/13.8=1/69보다 크므로 1인당 GDP는 증가하며, 2015년 감소율은 분모가 8/480=1/60으로 분자의 0.1/13.6=1/136보다 크므로 1인당 GDP는 증가한다. 따라서 1인당 GDP는 매년 증가하므로 옳은 설명이다.

오답 체크

① 총인구 = $\frac{총배출량}{1인당 배출량}$ 임을 적용한다. 이때 분자에 해당하는 총배출량의 2010년 대비 2017년 증가율은 5,152/65,761로, 분모에 해당하는 1인당 배출량의 2010년 대비 2017년 증가율인 0.6/13.2=1/22=5,000/110,000보다 크다. 따라서 2010년 대비 2017년 총인구는 증가했으므로 옳지 않은 설명이다.

② GDP당 배출량은 2011년부터 2017년까지 매년 전년 대비 감소하지만, 〈표〉에는 2009년 GDP당 배출량이 제시되지 않아 2010년의 전년 대비 증감방향을 판단할 수 없으므로 옳지 않은 설명이다.

④ GDP = 총배출량/GDP당 배출량임을 적용하면, 분모에 해당하는 GDP당 배출량이 2014년에 비해 2015년에 감소하고 분자에 해당하는 총배출량은 2014년에 비해 2015년에 증가하므로 2015년 GDP는 전년 대비 증가한다. 따라서 옳지 않은 설명이다.

⑤ 전년 대비 총배출량의 증가율은 2011년이 {(68,423-65,761)/65,761}×100≒4.0%, 2017년이 {(70,913-69,257)/69,257}×100≒2.4%로 2011년이 더 높으므로 옳지 않은 설명이다.

21 자료판단
정답 ①

메뉴별 이익=메뉴별 판매가격-메뉴별 재료비이므로 대표메뉴를 제외한 5개 메뉴의 메뉴 한 잔당 이익의 합은 (3,500-700)+(3,500-800)+(4,000-900)+(4,300-900)+(4,300-850)=15,450원이고, 6개 메뉴에 대한 메뉴 한 잔당 이익의 합이 18,600원이 되도록 하는 대표메뉴의 한 잔당 이익은 18,600-15,450=3,150원이다. 음료 판매점의 6개 메뉴는 모두 두 종류 이상의 재료로 제조되므로 한 종류 이상의 재료가 공통으로 사용되면서 다른 한 종류의 재료는 서로 다른 메뉴의 재료비를 비교해서 재료별 비용을 도출한다. 탄산수 1개와 자몽 1개가 사용되는 자몽에이드와 탄산수 1개와 레몬 1/2개, 자몽 1개가 사용되는 레몬자몽에이드의 재료비를 비교하면 레몬 1/2개의 비용이 900-800=100원임을 알 수 있다. 레몬 1개의 비용이 200원일 때 탄산수 1개와 레몬 1개가 사용되는 레몬에이드의 재료비는 700원이므로 탄산수 1개의 비용이 500원임을 알 수 있다. 이를 통해 자몽에이드 제조에 사용된 자몽 1개의 비용이 800-500=300원임을 알 수 있고, 자몽모히또에 사용된 민트 1개의 비용이 900-500-300=100원, 라임모히또에 사용된 라임 1개의 비용이 850-500-100=250원임을 알 수 있다. 이에 따라 대표메뉴의 재료비는 500+100+250+100=950원이다. 따라서 대표메뉴의 판매가격은 3,150+950=4,100원이다.

> ⏱ **빠른 문제 풀이 Tip**
> 메뉴별 사용재료를 비교하면 대표메뉴는 라임모히또 사용재료에 레몬 1/2개를 추가로 사용하여 제조한다. 이에 따라 레몬의 비용만 찾아 라임모히또 재료비에 합산하면 재료별 비용을 모두 확인하지 않고도 대표메뉴의 재료비를 찾을 수 있다.

해커스PSAT 7급 PSAT FINAL 봉투모의고사

실전모의고사 1회 자료해석영역 **21**

22 자료비교
정답 ②

ㄴ. 인구 1인당 국내총생산=국내총생산/인구임을 적용하여 구한다. 〈그림 2〉의 X축에 해당하는 인구 대비 Y축에 해당하는 국내총생산의 비율을 의미하므로 그 크기는 원점에서 각 점을 이은 선분의 기울기 크기와 같다. 따라서 〈그림 2〉에서 9개국 중 H국의 기울기가 가장 큼에 따라 인구 1인당 국내총생산이 가장 높은 국가는 H국이므로 옳은 설명이다.

ㄷ. 국가채무=국가채무비율×국내총생산/100이므로 〈그림 3〉에서 X축에 해당하는 국내총생산 값과 Y축에 해당하는 국가채무비율의 값을 곱해서 국가채무 크기를 비교한다. D국은 380×60≒22,800, E국은 200×130≒26,000으로 국가채무는 D국이 E국보다 적으므로 옳은 설명이다.

오답 체크

ㄱ. 인구밀도=$\frac{인구}{면적}$이므로 인구밀도 크기는 〈그림 1〉에서 각 점과 원점을 이은 선분의 기울기 값의 역수와 같다. 따라서 인구밀도는 G국이 가장 낮고, A국이 가장 높으므로 옳지 않은 설명이다.

ㄹ. 국가채무비율이 가장 높은 국가는 B국이고, 9개국 중 C국의 면적이 가장 넓으므로 옳지 않은 설명이다.

23 자료판단
정답 ⑤

ㄱ. 기록 평균값=$\frac{(회차별\ 기록)의\ 합}{5}$이고, 정확도=$\frac{기록\ 평균값}{10}$×100이므로 기록 평균값이 높을수록 정확도가 높고 회차별 기록의 합이 높을수록 기록 평균값이 높다. 따라서 A~E 중 회차별 기록의 합이 8+9+10+10+10=47점으로 가장 높은 C의 정확도가 가장 높으므로 옳은 설명이다.

ㄴ. D의 기록 평균값은 8.8점이므로 회차별 기록의 합은 8.8×5=44점이고, 5회차 기록은 44-7-10-9-10=8점이다. 따라서 B의 5회차 기록인 9점보다 낮으므로 옳은 설명이다.

ㄷ. 기록 평균편차=$\frac{(|회차별\ 기록-기록\ 평균값|)의\ 합}{5}$이므로 B의 기록 평균편차는 $\frac{0.8+0.2+0.2+0.2+0.2}{5}$=0.32이고, 정밀도는 기록 평균편차가 작을수록 높음에 따라 정밀도 상위 3개 슈팅머신은 B, C, E이다. 정확도=$\frac{기록\ 평균값}{10}$×100으로 B의 정확도는 92%, C의 정확도는 94%, E의 정확도는 92%이므로 옳은 설명이다.

오답 체크

ㄹ. A~E 중 1회차 기록이 가장 낮은 슈팅머신은 D이고 5회차 기록이 가장 낮은 슈팅머신은 A이다. 따라서 A와 D 중 기록 평균편차가 더 낮은 D가 정밀도는 더 높으므로 옳지 않은 설명이다.

24 자료검토·변환
정답 ③

제시된 〈표 3〉에 따르면 우주산업 참여주체별 참여기관 구성비는 2019년에 기업체가 (360/449)×100≒80.2%, 연구기관이 (33/449)×100≒7.3%, 대학이 (56/449)×100≒12.5%이고, 2020년에 기업체가 (389/470)×100≒82.8%, 연구기관이 (25/470)×100≒5.3%, 대학이 (56/470)×100≒11.9%, 2021년에 기업체가 (455/541)×100≒84.1%, 연구기관이 (31/541)×100≒5.7%, 대학이 (55/541)×100≒10.2%이다. 하지만 [2019~2021년 우주산업 참여주체별 참여기관 구성비]에서 참여기관 구성비가 2019년과 2021년이 서로 바뀌어 나타나므로 위 〈표〉를 이용하여 작성한 그래프로 옳지 않다.

25 자료비교
정답 ④

ㄱ. '우주활용' 분야의 수출액 중 '위성활용 서비스' 분야가 차지하는 비중은 2017년이 (1,763,740/1,799,635)×100≒98.0%, 2018년이 (1,694,277/1,746,651)×100≒97.0%, 2019년이 (1,217,810/1,230,120)×100≒99.0%, 2020년이 (621,460/634,161)×100≒98.0%, 2021년이 (559,495/568,860)×100≒98.4%로, 매년 95% 이상이므로 옳은 설명이다.

ㄴ. 2021년 수출액은 607,452백만 원으로 2020년 수출액인 688,025백만 원 대비 감소하였고, 2021년 우주산업 참여기관 수는 541개로 2020년 우주산업 참여기관 수인 470개 대비 증가하였으므로 2021년 우주산업 참여기관 1개당 수출액은 전년 대비 감소했음을 알 수 있다. 따라서 옳은 설명이다.

ㄹ. 2018년 이후 전년 대비 '연구기술직' 인력 수 증가폭은 2021년이 5,572-4,922=650명으로 가장 크고, 전년 대비 '연구기술직' 인력 수의 증가율도 2021년이 (650/4,922)×100≒13.2%로 가장 크므로 옳은 설명이다.

오답 체크

ㄷ. 2017~2021년 5년간 '지상장비' 분야의 수출액 합계는 2,373+8,218+4,572+3,663+2,103=20,929백만 원으로, '우주보험' 분야의 수출액 합계인 2,716+2,886=5,602백만 원의 20,929/5,602≒3.7배이므로 옳지 않은 설명이다.

⏱ 빠른 문제 풀이 Tip

ㄱ. '우주활용' 분야는 '위성활용 서비스'와 '과학연구'로만 구분되므로, '우주활용' 분야 수출액 중 '과학연구'가 차지하는 비중이 5% 미만인지로 확인한다. 5%는 10%의 절반이므로 2017년부터 2021년까지 순서대로 '우주활용' 분야의 수출액의 5%인 179,964/2, 174,665/2, 123,012/2, 63,416/2, 56,886/2는 매년 '과학연구'보다 크다. 따라서 '우주활용' 분야의 비중은 5% 미만임을 알 수 있다.

PSAT 교육 1위, 해커스PSAT
psat.Hackers.com

정답

언어논리영역

1	④	독해의 원리	**6**	①	독해의 원리	**11**	②	독해의 원리	**16**	④	논리의 체계	**21**	④	논증의 방향
2	③	독해의 원리	**7**	⑤	문맥과 단서	**12**	②	논증의 방향	**17**	④	독해의 원리	**22**	④	논증의 방향
3	④	논증의 방향	**8**	⑤	문맥과 단서	**13**	③	독해의 원리	**18**	⑤	독해의 원리	**23**	⑤	독해의 원리
4	②	논증의 방향	**9**	③	문맥과 단서	**14**	④	논리의 체계	**19**	④	독해의 원리	**24**	⑤	문맥과 단서
5	②	독해의 원리	**10**	②	문맥과 단서	**15**	①	논리의 체계	**20**	②	논증의 방향	**25**	①	문맥과 단서

상황판단영역

1	⑤	법조문형	**6**	①	계산형	**11**	⑤	법조문형	**16**	⑤	경우의 수	**21**	④	경우의 수
2	④	법조문형	**7**	③	계산형	**12**	④	법조문형	**17**	②	계산형	**22**	①	경우의 수
3	②	법조문형	**8**	⑤	규칙형	**13**	②	계산형	**18**	⑤	계산형	**23**	③	경우의 수
4	③	법조문형	**9**	⑤	텍스트형	**14**	④	계산형	**19**	①	계산형	**24**	⑤	계산형
5	①	텍스트형	**10**	③	텍스트형	**15**	②	경우의 수	**20**	③	규칙형	**25**	②	법조문형

자료해석영역

1	①	자료판단	**6**	③	자료판단	**11**	⑤	자료판단	**16**	①	자료판단	**21**	④	자료검토·변환
2	②	자료판단	**7**	④	자료비교	**12**	③	자료판단	**17**	②	자료비교	**22**	③	자료판단
3	①	자료판단	**8**	⑤	자료이해	**13**	③	자료판단	**18**	③	자료이해	**23**	④	자료판단
4	②	자료판단	**9**	③	자료판단	**14**	⑤	자료검토·변환	**19**	⑤	자료판단	**24**	⑤	자료판단
5	③	자료검토·변환	**10**	⑤	자료이해	**15**	①	자료판단	**20**	②	자료판단	**25**	④	자료판단

취약 유형 분석표

유형별로 맞힌 개수, 틀린 문제 번호와 풀지 못한 문제 번호를 적고 나서 취약한 유형이 무엇인지 파악해 보세요.

언어논리영역

유형	맞힌 개수	틀린 문제 번호	풀지 못한 문제 번호
독해의 원리	/10		
논증의 방향	/6		
문맥과 단서	/6		
논리의 체계	/3		
TOTAL	/25		

상황판단영역

유형	맞힌 개수	틀린 문제 번호	풀지 못한 문제 번호
텍스트형	/3		
법조문형	/7		
계산형	/8		
규칙형	/2		
경우의 수	/5		
TOTAL	/25		

자료해석영역

유형	맞힌 개수	틀린 문제 번호	풀지 못한 문제 번호
자료비교	/2		
자료판단	/17		
자료검토·변환	/3		
자료이해	/3		
TOTAL	/25		

해설

언어논리영역

1 독해의 원리
정답 ④

두 번째 단락에서 동국지도에 사용된 백리척은 100리를 1척으로 하고, 산지나 계곡처럼 굴곡이 있는 지형의 경우에는 1척을 120~130리로 하여 차이를 두었다고 했다. 따라서 동국지도에서 지형이 평평한 곳과 험준한 곳은 축척의 비를 다르게 했음을 알 수 있다.

[오답 체크]

① 첫 번째 단락에서 현재까지 전해지는 가장 오래된 한반도 지도인 조선방역지도는 명종 연간에 제작되었으며, 일본에 유출되었다가 1930년에 되찾아왔다고 했다. 한편 세 번째 단락에서 동양에서 가장 오래된 세계지도인 혼일강리역대국도지도는 태종 2년인 1402년에 제작되었으며, 15세기 후반에 만들어진 것을 포함해 4점의 필사본이 일본에 전해진다고 했다. 따라서 조선시대의 지도 중 현전하는 가장 오래된 지도는 혼일강리역대국도지도이며, 이 지도는 우리나라에 반환되지 않았음을 알 수 있다.

② 첫 번째 단락에서 조선방역지도에는 제주도와 대마도까지 그려져 있다고 했고, 두 번째 단락에서 동국지도는 우산도를 정확히 그려 넣어 독도가 우리 고유의 영토임을 드러낸다고 했다. 따라서 조선방역지도가 제작될 당시 제주도가 조선의 영토로 인식되었음을 알 수 있으나, 독도도 그러했는지는 제시된 글을 통해 알 수 없다.

③ 두 번째 단락에서 영조가 홍문관으로 하여금 정상기의 동국지도를 모사하여 보관하도록 함으로써 동국대지도가 만들어졌다고 했으므로 영조가 정상기에게 지도 제작을 지시한 것은 아님을 알 수 있다.

⑤ 첫 번째 단락에서 조선방역지도의 경우 도에 따라 다른 색으로 칠해 팔도를 구분하였다고 했고, 두 번째 단락에서 동국지도에는 팔도가 각각 서로 다른 색으로 칠해져 있다고 했다. 따라서 동국지도뿐만 아니라 조선방역지도 역시 색깔을 이용해 팔도를 구분한 조선 전도임을 알 수 있다.

2 독해의 원리
정답 ③

두 번째 단락에 따르면 백제의 수도는 사비성이고, 세 번째 단락에서 황산벌에서 계백 장군의 백제군은 죽을 각오로 신라군에 맞섰으나 계백 장군은 전사하고 백제군은 전멸하게 되었다고 하였으므로 계백 장군이 이끈 백제군이 신라와 맞섰던 황산벌 전투가 백제의 수도 방어와 밀접한 관련이 있었다는 것은 글의 내용과 부합한다.

[오답 체크]

① 두 번째 단락에 따르면 당군은 백제의 영토보다 고구려와 더 가까운 덕물도에 머물고 있었고, 백제 조정의 대신이 의견을 모으지 못하는 사이 탄현을 빠르게 통과한 것은 당군이 아닌 신라군이므로 당군이 덕물도에 머무르다가 백제를 공격하기 위해 탄현을 통과하였다는 것은 글의 내용과 부합하지 않는다.

② 두 번째 단락에 따르면 연합군은 남천정과 덕물도에서 상당 기간 동안 병력을 움직이지 않았다. 백제는 연합군의 동향을 의심하지 않았고, 이는 연합군의 기만 전술이었으므로 백제가 북쪽 지역으로 넘어온 연합군의 동향을 파악하여 군사적 대응을 하였다는 것은 글의 내용과 부합하지 않는다.

④ 첫 번째 단락에서 7세기 백제는 의자왕이 사치와 향락에 빠지고, 무리하게 왕권 강화를 시도하면서 귀족 내부에서도 분열이 일어나는 중이라고 했으나, 의자왕이 사치와 향락에 빠진 원인이 백제 귀족의 분열을 막지 못한 것에서 비롯된 것이었는지는 제시된 글에서 알 수 없다.

⑤ 두 번째 단락에 따르면 백제의 군사적 요충지는 백강과 탄현임을 알 수 있다. 또한, 귀양 중인 흥수는 백제군이 백강과 탄현을 먼저 선점하여 연합군이 진입하지 못하도록 막아야 한다고 했으므로 흥수가 백제 조정의 대신에게 군사적 요충지를 먼저 내준 후 연합군에 맞서라고 간언하였다는 것은 글의 내용과 부합하지 않는다.

3 논증의 방향
정답 ④

이 글은 정부의 정책은 개인의 편익과 비용에 영향을 미쳐 개인의 행동 변화를 가져오며, 이로 인해 개인이 합리적인 판단이 사회 전체적으로는 불합리한 결과를 낳는 구성의 오류를 야기할 수 있으므로 사회 전체의 비용을 우선해 개인의 행위를 유도하거나 억제해야 한다고 주장하는 글이다. 따라서 이 글의 논지는 '정부는 구성의 오류가 발생하지 않도록 정책이 개인의 행동에 미치는 영향을 고려해야 한다.'가 가장 적절하다.

4 논증의 방향
정답 ②

제시된 글은 각 개인의 특성은 각자의 독특한 개인사에 의해 형성되므로 문화의 차이로 개인의 특성을 설명하는 시도는 합리적이지 않다고 주장한다. 따라서 글의 논지는 '문화의 차이에 따른 인종의 차이가 통계적으로 입증되더라도 이것으로 개인의 특성을 설명할 수는 없다.'가 가장 적절하다.

[오답 체크]

① 인종의 차이에 대한 규명이 인종 차별을 정당화한다는 것은 문화의 차이만으로 개인의 특성을 설명하려는 것이 합리적이지 않다는 글의 핵심 내용과 무관하므로 글의 논지로 적절하지 않다.

③ 제시된 글은 개인의 특성이 개인사에 의해 형성되므로 문화의 차이만으로 개인의 특성을 설명할 수 없다고 주장하며, 개인의 특성이 결정되는 요인을 설명하기 위해 과학적 근거를 제시해야 한다는 당위성을 주장하고 있지는 않다. 따라서 글의 논지로 적절하지 않다.

④ 첫 번째 단락에서 인종주의는 주장을 입증하는 과학적인 근거를 제시할 수 없다고 했으나 제시된 글의 핵심 내용은 문화의 차이만으로 개인의 특성을 설명하려는 것은 합리적이지 않다는 것이므로 글의 논지로 적절하지 않다.

⑤ 두 번째 단락에서 문화에 따라 다른 행동 패턴을 가지기 마련이라고 했으나 제시된 글의 핵심 내용은 문화의 차이만으로 개인의 특성을 설명하려는 것은 합리적이지 않다는 것이므로 글의 논지로 적절하지 않다.

5 독해의 원리   정답 ②

첫 번째 단락에서 경제적 규제와 사회적 규제는 명확한 구분이 어렵다고 했고, 두 번째 단락에서 경제적 규제는 그 파급효과가 상당하다고 했다. 따라서 경제적 규제의 파급효과가 크다는 것은 알 수 있으나, 경제적 규제이면서 사회적 규제인 경우와 경제적 규제이기만 한 경우 중 어떤 쪽의 파급효과가 더 큰지는 제시된 글을 통해 알 수 없다.

① 두 번째 단락에서 경제적 규제는 바람직한 시장 질서를 실현하고자 하는 정부의 개입이며, 특정 산업 분야에서 신규 사업자의 진입을 막음으로써 기존 사업자를 보호하기 위한 인허가 제도가 그 대표적인 예라고 했다. 따라서 정보 산업 분야의 기존 사업자를 보호하기 위한 진입 제한 규제는 바람직한 시장 질서를 실현하고자 하는 정부규제임을 알 수 있다.
③ 세 번째 단락에 따르면 사회적 규제는 시장실패를 해결하기 위한 것이며, 최근의 규제 완화 흐름 속에서도 사회적 규제는 강화하는 추세임을 알 수 있다.
④ 세 번째 단락에 따르면 산업안전 규제의 경우 이를 준수하기 위하여 사업자의 비용 부담이 발생한다는 점에서 경제적 규제라고 여길 수 있지만, 정부가 사회 구성원의 보건과 안전을 위해 규제하는 것이므로 사회적 규제로 분류됨을 알 수 있다.
⑤ 세 번째 단락에서 과거에 만들어진 규제가 현재 상황에 적절하지 않아 불필요한 비용을 발생시키는 경우가 있어 오늘날에는 양적 측면보다는 질적 측면에서의 규제 개선이 중요시되며, 환경오염과 화학사고 예방을 위한 화학물질 규제는 획일적 규제로 인해 기업의 비용 부담이 가중되는 등 문제가 있어 취급하는 화학물질의 위험성을 고려한 차등적 규제로 개선된 사례가 있다고 했다. 따라서 환경 보호를 위한 규제라고 할지라도 기업의 경제적 부담을 고려하여 규제를 재정비하는 경우가 있음을 알 수 있다.

6 독해의 원리   정답 ①

첫 번째 단락에서 2000년대에는 명품 위주의 소비나 브랜드 상품에 대한 소비가 증가하였다고 했으므로 2000년대에 성행하였던 소비 성향은 명품 위주의 소비임을 알 수 있다. 또한 두 번째 단락에 따르면 2010년대 초반에는 상품을 구매하는 것보다는 상품을 대여하거나 공유하는 등 비용 대비 효율적인 소비를 하는 경우가 많았고, 2010년대 후반에는 소비를 자제하고 절약적인 태도를 유지하는 것에 피로감을 느낀 소비자들이 명품이 아닌 작은 규모의 고급 상품을 구입하거나 자기 계발이나 취미 생활에 아낌없이 투자하는 소비가 증가하였다. 또한 세 번째 단락에서 2020년 이후에는 개인주의화된 소비자들이 한정된 비용으로 많은 경험을 하고 싶어 한다고 했으므로 2000년대에 성행하였던 소비 성향이 2020년대로 갈수록 두드러진 것은 아님을 알 수 있다.

② 두 번째 단락에서 2010년대 초반에는 IT 기술이 발전하며 중고거래 플랫폼이 활성화되었다고 했고, 세 번째 단락에서 2020년 이후에는 디지털 플랫폼이 더욱 발달하여 스트리밍 및 구독 서비스가 활성화되었다고 했으므로 2010~2020년대의 소비 플랫폼 및 서비스가 크게 발달한 주요 요인은 디지털 기술의 발전에 있음을 알 수 있다.
③ 세 번째 단락에서 2020년대 이후에는 비대면 생활로 전환함에 따라 개인 위주의 사회가 극소 단위로 파편화되었다고 했다. 또한 비대면 생활과 개인주의적 사회 경향이 지속될 가능성이 높아 소비 트렌드 역시 개인 위주의 소비 문화로 심화되고, 한정된 비용으로 효율적으로 소비하는 경향이 두드러질 것이라고 했으므로 2020년대 이후의 소비 트렌드는 개인주의적인 소비 성향을 가진 소비자가 더 많아질 것임을 알 수 있다.
④ 두 번째 단락에서 2010년대 초반에는 소비자들이 상품을 구매하는 것보다는 상품을 대여하거나 공유하는 등 비용 대비 효율적인 소비를 하는 경우가 많았다고 했고, 2010년대 미래보다는 현재 자기 자신만의 행복을 중시하려는 경향이 강해짐에 따라 저축을 하는 대신 자기 계발이나 취미 생활에 아낌없이 투자하는 소비가 증가하였다고 했으므로 2010년대에는 효용성을 강조하는 소비 성향과 현재 자신의 행복을 위해 투자하려는 소비 성향이 함께 드러났음을 알 수 있다.
⑤ 첫 번째 단락에서 2000년대에는 주식시장이 호황을 유지하였으므로 정부는 신용카드 사용을 장려하거나 내수진작을 추진하였고, 이에 따라 명품 위주의 소비나 브랜드 상품에 대한 소비가 증가하였다고 했다. 따라서 2000년대에 고급화된 소비가 증가한 이유는 정부가 경제 흐름에 따라 소비 장려 정책을 추진하였기 때문임을 알 수 있다.

7 문맥과 단서   정답 ⑤

ㄱ. 두 번째 단락에서 신속심사 제도가 도입된 첫해에 5품목의 지정 신청이 있었다고 했고, 세 번째 단락에서 2020년 신속심사 지정 의약품 가운데 허가 미신청 1품목을 제외한 4품목 모두 허가가 완료되었다고 했으므로 2020년 신속심사 지정은 "5건"으로 수정하는 것이 적절하다. 한편 세 번째 단락에서 2020~2021년 동안의 신청 건 중에서 근거 자료가 미비한 1품목을 제외하고 총 19품목이 신속심사로 지정되었다고 했으므로 2021년 신속심사 지정은 "14건"으로 수정하는 것이 적절하다.
ㄴ. 첫 번째 단락에서 신속심사 제도는 2020년부터 운영되었다고 했고, 세 번째 단락에서 2020년 신속심사 지정 의약품 가운데 허가 미신청 1품목을 제외한 4품목 모두 2021년에 허가가 완료되었다고 했다. 따라서 2020년 신속심사 허가 완료 의약품은 없으므로 "0품목"으로 수정하는 것이 적절하다.
ㄷ. 두 번째 단락에서 2021년에 신속검사로 지정된 코로나19 백신 6품목 중 2021년 하반기에 신속심사로 지정된 품목을 제외하고는 모두 그해에 허가까지 완료되었다고 했고, 세 번째 단락에서 2021년 하반기 신속심사 지정 의약품은 코로나19 백신 1품목을 포함해 4개 품목 모두 해를 넘겨 2022년에 허가가 완료될 전망이라고 했다. 따라서 하반기 지정 1품목을 제외한 5품목은 2021년에 허가까지 완료된 것이므로 2021년 허가 완료 항목은 "코로나19 백신 5품목 포함"으로 수정하는 것이 적절하다.

8 문맥과 단서　　　　　　　　　　　　　　정답 ⑤

ㄱ. 을은 풍수해보험의 주요 가입 경로를 고려해 지자체 차원에서 적극적으로 홍보해야 한다는 의견을 제시했으므로, 풍수해보험에 대한 지자체의 홍보가 활발할수록 보험 가입률도 높은 상관관계가 있다면 을의 의견이 옳음을 알 수 있다. 따라서 '지자체별 풍수해보험 홍보 예산 규모에 따른 풍수해보험 가입률'을 확인하는 것은 적절하다.

ㄴ. 병은 자연재해 위험도에 대한 인식이 풍수해보험 가입 여부 판단에 영향을 끼치기 때문에 풍수해가 자주 발생하는 지역에 집중해야 한다는 의견을 제시했으므로, 자연재해에 취약한 지역일수록 풍수해보험 가입에 대한 수요가 증가하는 상관관계가 있다면 병의 의견이 옳음을 알 수 있다. 따라서 '자연재해에 취약한 지역과 그렇지 않은 지역의 풍수해보험 수요 차이'를 확인하는 것은 적절하다.

ㄷ. 정은 무상으로 제공되는 재난지원금 수혜 실적이 있으면 풍수해보험에 가입할 유인이 줄어든다는 의견을 제시했으므로, 풍수해로 재난지원금을 받은 적이 있으면 풍수해보험 가입을 꺼리는 상관관계가 있다면 정의 의견이 옳음을 알 수 있다. 따라서 '전년도 풍수해 피해로 인한 재난지원금 수령자와 미수령자 각각의 풍수해보험 가입 희망자 비율'을 확인하는 것은 적절하다.

9 문맥과 단서　　　　　　　　　　　　　　정답 ③

㉠ 자의대비의 복상기간에 대해 서인은 부모가 차자 이하의 아들에게는 기년상으로 한다는 『주자가례』를 근거로 3년이 아닌, 1년의 복상기간을 주장하였다고 했다. 따라서 ㉠에 들어갈 말은 '효종이 왕위를 계승한 적자이지만, 여전히 인조의 둘째 아들이라는'이 가장 적절하다.

㉡ 국왕의 지위가 종법보다 우선시될 수 없기에 차자의 예에 따라 복상기간을 정해야 한다는 것은 효종이 적자이나 장자는 아니라고 본 서인의 주장이고, 왕권 중심론을 강조하며 왕가의 의례에는 변칙적으로 종법을 적용할 수 있다는 것은 남인의 주장이다. 이때 남인은 자의대비의 복상기간에 대해 1차 예송에서 3년, 2차 예송에서 기년복을 주장하였다. 따라서 ㉡에 들어갈 말은 '효종에 대해서는 3년복을, 효종비에 대해서는 기년복을 입어야 한다'가 가장 적절하다.

10 문맥과 단서　　　　　　　　　　　　　　정답 ②

(가) 첫 번째 단락에서 미니멀리즘 패션은 미니멀리즘에서 강조하고 있는 단순함과 최소화에 근간을 둔 채 발전한 패션이라고 했고, 샤넬은 진취적으로 활동하는 여성들을 위해 형태가 단순하여 입고 다니기 편안한 디자인을 발표하였다고 했으므로 (가)에 들어갈 말은 '장식성을 배제하고 실용성을 중시하는 디자인'이 가장 적절하다.

(나) 두 번째 단락에서 미니멀리즘은 어떠한 형태가 일정한 질서를 갖추고 반복적으로 나타나는 디자인을 자주 구사한다고 했고, 미니멀아트 조각의 선구자인 도널드 저드는 자신의 작품이 특수한 조각의 부분으로 보이기보다는 하나의 물체나 구조물처럼 보이길 원하는 의도가 깔려 있다고 했으므로 (나)에 들어갈 말은 '부분보다는 단일화된 전체 질서를 강조하게 되어'가 가장 적절하다.

11 독해의 원리　　　　　　　　　　　　　　정답 ②

ㄴ. 첫 번째 단락에서 제물포 구락부는 1901년에 건축되었다고 했고, 두 번째 단락에서 기독교가 도입 초기에는 박해를 받았으나 1886년 한불수교조약 체결 이후 우리나라에 적극적으로 유입되었다고 했다. 따라서 제물포 구락부에서의 비공식 외교 활동은 1901년 이후의 일이므로 이 시기에는 기독교가 박해를 받지 않았음을 추론할 수 있다.

오답 체크

ㄱ. 두 번째 단락에서 선교를 목적으로 교회나 학교를 지을 때 외국 선교사나 건축가가 짓는 경우가 많았지만, 한국인 건축가들이 이러한 건축물을 설계하기도 하였다고 했으므로 선교나 교육 목적으로 우리나라에 지어진 모든 서양식 건축물이 외국인에 의해 건축된 것은 아님을 추론할 수 있다.

ㄷ. 마지막 단락에서 석조전은 영국인 건축가 하딩이 설계하였으며, 일제에게 국권을 빼앗긴 직후 준공되어 애초의 목적인 고종 황제와 황후가 머무는 황궁의 용도로는 한 번도 사용하지 못하였다고 했다. 따라서 외국인 건축가의 설계로 지어졌기 때문이 아니라, 일제의 국권 침탈로 인해 본래의 목적대로 사용되지 못한 것임을 추론할 수 있다.

12 논증의 방향　　　　　　　　　　　　　　정답 ②

을의 첫 번째 말에서 완전한 쾌락을 추구하려면 불완전한 쾌락을 가려낼 수 있는 이성을 갖추어야 한다고 했다. 따라서 을에 따르면 '완전한 쾌락 추구 → 이성을 갖춤'이므로 이성을 갖추는 것은 완전한 쾌락을 추구하기 위한 필요조건임을 알 수 있다.

오답 체크

① 갑의 두 번째 말에서 쾌락의 극대화를 위해서라면 비도덕적이거나 반사회적인 행위도 행해야 한다고 했으나, 그것이 사회적 규범에 어긋나지 않는 행위보다 더 큰 쾌락을 얻게 하는지는 알 수 없다.

③ 갑의 첫 번째 말에서 고통이 악이고 쾌락은 선이며 쾌락이 삶의 목적이자 행동의 기준이라고 했고, 갑의 두 번째 말에서 더 강렬한 쾌락을 얻기 위해 이성이 필요하다고 했다. 한편 을의 두 번째 말에서 쾌락을 추구하는 것이 삶의 목표가 되어야 한다고 했고, 을의 첫 번째 말에서 완전한 쾌락을 추구하려면 불완전한 쾌락을 가려낼 수 있는 이성을 갖추어야 한다고 했다. 따라서 갑과 을 모두 고통은 회피해야 할 대상이며, 쾌락을 추구하기 위해 이성이 필요하다고 여김을 알 수 있다.

④ 갑의 두 번째 말에서 쾌락을 생산하는 데에 도움이 되는 경우에만 덕이나 우정과 같은 것을 추구해야 한다고 했고, 을의 두 번째 말에서 우정과 덕 자체가 정신적인 고통과 불안이 없는 상태로 이어진다면 쾌락을 추구하는 것으로 봐야 한다고 했다. 따라서 갑과 을 모두 덕과 우정을 추구하는 것이 쾌락을 얻는 행위가 아닐 수 있다고 여김을 알 수 있다.

⑤ 갑의 두 번째 말에서 쾌락을 극대화하기 위함이라면 비도덕적이거나 반사회적인 행위라 할지라도 행해야 한다고 했고, 을의 첫 번째 말에서 도덕적으로 살지 않으면 참된 쾌락에 이를 수 없다고 했다. 따라서 비도덕적이거나 반사회적인 행위가 갑의 입장에서는 쾌락을 위한 것이고 을의 입장에서는 그렇지 않은 행위일 수는 있지만, 그러한 모든 것이 비도덕적이거나 반사회적인 행위는 아님을 알 수 있다.

13 독해의 원리 정답 ③

2019학년도에 입학한 학생은 2019학년도 입학자까지 적용되는 장학제도를 적용받는다. 이때 직전 학기에 12학점 이상을 수강해야만 장학금 지원 대상이 되며, 1~2학년 학생에 대해서는 성적에 대한 제한이 따로 없다. 따라서 2019학년도에 입학한 3급 장애를 가진 1학년 학생이 직전 학기에 15학점을 수강했다면 학점에 관계없이 장학금을 받을 수 있음을 추론할 수 있다.

오답 체크

① 2015학년도에 입학한 학생은 2019학년도 입학자까지 적용되는 장학제도를 적용받는다. 장애등급에 따른 장학금을 차등 지급받는 학생의 경우 장애등급 증빙 서류를 추가로 제출해야 한다. 따라서 2015학년도에 입학한 1급 장애를 가진 3학년 학생이 장학금을 받기 위해서는 장애등급 증빙 서류를 추가로 제출해야 함을 추론할 수 있다.

② 2016학년도에 입학한 학생은 2019학년도 입학자까지 적용되는 장학제도를 적용받는다. 4학년 학생의 경우 직전 학기 평점 평균이 3.0 이상이어야 장학금 선발 대상이 된다. 따라서 2016학년도에 입학한 4급 장애를 가진 4학년 학생의 직전 학기 평점 평균이 2.8이라면 장학금 지원 대상에 해당하지 않음을 추론할 수 있다.

④ 2020학년도에 입학한 학생은 2020학년도 입학자부터 적용되는 장학제도를 적용받는다. 신규 장학제도의 경우 장애등급과 관계없이 110만 원의 장학금을 지급받을 수 있다. 따라서 2020학년도에 입학한 2급 장애를 가진 2학년 학생은 장애등급 증빙 서류 제출 없이도 110만 원의 장학금을 받을 수 있는 대상자임을 추론할 수 있다.

⑤ 2021학년도에 입학한 학생은 2020학년도 입학자부터 적용되는 장학제도를 적용받는다. 직전 학기에 12학점 이상을 수강해야만 장학금 지원 대상이 되며, 장학금 지급을 위한 별도의 성적 기준은 없으나 2020년도 입학자부터는 지원자가 선발 인원보다 많을 시 성적이 높은 순으로 장학금 대상자를 선정하게 된다. 따라서 2021학년도에 입학한 3급 장애를 가진 4학년 학생은 직전 학기에 15학점을 수강했더라도 장학금을 지급받지 못할 수도 있음을 추론할 수 있다.

14 논리의 체계 정답 ④

제시된 조건 중 기호화가 가능한 내용을 정리하면 다음과 같다
- 민기 ↔ 윤후
- 진솔 → ~윤후
- 지윤 → ~(민기 ∩ 진솔)

이때 '민기 ↔ 윤후'이므로 이를 다시 정리하면 다음과 같다.
- 민기 ↔ 윤후
- 진솔 → ~(윤후 ∩ 민기)
- 지윤 → ~(민기 ∩ 윤후 ∩ 진솔)

미국은 한 사람만 여행했고, 민기와 윤후는 여행 내내 동행했으므로 미국을 여행한 사람은 진솔 또는 지윤이다. 또한 '진솔 → ~(윤후 ∩ 민기)'이고 스위스와 스페인은 최소 두 사람이 여행했으므로 진솔이 스위스와 스페인을 여행했다면 지윤도 스위스와 스페인을 여행해야 한다. 그러나 '지윤 → ~(민기 ∩ 윤후 ∩ 진솔)'이므로 진솔과 지윤은 여행한 국가가 겹치지 않아야 한다. 이에 따라 진솔과 지윤은 스위스와 스페인을 여행할 수 없으므로 민기와 윤후가 스위스와 스페인을 여행했음을 알 수 있다. 또한 진솔이 미국을 여행했다면 지윤은 미국을 여행할 수 없으므로 프랑스를 여행해야 하고, 지윤이 미국을 여행했다면 진솔은 미국을 여행할 수 없으므로 프랑스를 여행해야 한다.

구분	민기	진솔	윤후	지윤
스위스	O	X	O	X
스페인	O	X	O	X
미국	X	O	X	X / O
프랑스	X	X / O	X	O / X

따라서 스위스와 스페인은 민기와 윤후 두 사람, 미국과 프랑스는 진솔 또는 지윤 한 사람이 여행했으므로 '프랑스를 방문한 사람은 한 사람이다.'가 반드시 참이다.

오답 체크

① 스위스를 방문한 사람은 두 사람이므로 반드시 참이 아니다.
② 스페인을 방문한 사람은 민기와 윤후이므로 반드시 참이 아니다.
③ 미국을 방문한 사람은 지윤일 수도 있으므로 반드시 참은 아니다.
⑤ 프랑스를 방문한 사람은 진솔일 수도 있으므로 반드시 참은 아니다.

15 논리의 체계 정답 ①

제시된 대화에서 기호화가 필요한 문장을 정리하면 다음과 같다.
- 전제 1: D → ~A ∩ ~B
- 전제 2: C ∪ ~D
- 전제 3: ㉠
- 결론 1: ~D
- 전제 4: ~D → ~A ∪ C
- 전제 5: ㉡
- 결론 2: B

결론 1을 도출하기 위해서는 전제 1의 대우 'A ∪ B → ~D'에 따라 'A ∪ B'가 확정되는 전제가 추가되어야 한다. 또는 전제 1에 따르면 'D → ~B'이고, 전제 2에 따르면 'D → C'이다. 이때 'C → B'라는 전제가 추가되면 'D → (B ∩ ~B)'가 되어 '~D'이므로 결론 1을 도출할 수 있다.
한편 결론 2를 도출하기 위해서는 ㉠에 'A ∪ B'가 들어갈 경우 '~A'를 확정할 수 있는 전제가 추가되어야 하고, ㉠에 'C → B'가 들어갈 경우 'C'를 확정할 수 있는 전제가 추가되어야 한다. 이때 전제 4에서 '~C'라면 '~A'를 도출할 수 있고, 'A'라면 'C'를 도출할 수 있다.
따라서 ㉠에 들어갈 말은 'C를 선정하면 B도 선정해야 하기'이고, ㉡에 들어갈 말은 'A를 선정한다'가 적절하다.

16 논리의 체계 정답 ④

다연의 말에 따르면 월요일, 화요일, 금요일 중 할인율이 10%인 날과 40%인 날이 있고, 라윤의 말에 따르면 화요일과 금요일은 할인율이 20% 이상이므로 월요일의 할인율이 10%이다.
한편 나경의 말에 따르면 할인율이 10%인 월요일의 다음 날인 화요일에 20% 할인이 적용되었음을 알 수 있다. 이에 따라 다연은 화요일에 레스토랑을 갔고, 다연이 가지 않은 금요일의 할인율이 40%이다.
이상의 내용을 표로 나타내면 다음과 같다.

구분	월요일 (10%)	화요일 (20%)	수요일 (30% or 50%)	목요일 (30% or 50%)	금요일 (40%)
가은					
나경	X	O	X	X	X
다연	X	O	O	O	X
라윤	X	O	X	X	O

ㄱ. 나경이 방문했던 화요일과 그 바로 다음 날인 수요일에는 가은이 가지 않았다면, 할인율이 50%인 날은 목요일이므로 반드시 참이다.

ㄷ. 라윤이 방문했던 날 중 할인율이 더 높은 날은 금요일이며, 금요일에는 40% 할인이 적용되었으므로 반드시 참이다.

오답 체크

ㄴ. 다연이 방문했던 사흘 중 화요일은 최소 3명이 방문했다. 그러나 수요일과 목요일 중 가은이 하루만 방문했을 경우 가은이 방문하지 않은 날에는 다연 1명만 방문하게 되므로 반드시 참은 아니다.

17 독해의 원리
정답 ④

ㄱ. 첫 번째 단락에서 혈중 칼슘 농도가 높을 때는 칼시토닌의 분비 촉진과 파라토르몬의 분비 억제를 통해, 반대로 혈중 칼슘 농도가 저하되었을 때 파라토르몬 분비 촉진과 칼시토닌 분비 억제를 통해 체내 칼슘 농도가 일정하게 유지된다고 했다. 또한, 세 번째 단락에서 길항 작용은 하나의 기관에 두 가지 상반된 요인이 함께 작용할 때 한쪽이 기관의 기능을 촉진하면 다른 한쪽은 기관의 기능을 억제하는 것이라고 했다. 따라서 칼시토닌과 파라토르몬을 통한 혈중 칼슘 농도 조절은 길항 작용에 해당함을 추론할 수 있다.

ㄷ. 두 번째 단락에서 신경계의 작용은 매우 빠르게 전달되고 효과가 빠르게 사라지며, 호르몬의 작용은 전달 속도가 느리고 그 효과가 오래 지속된다고 했다. 따라서 신경계의 작용은 호르몬의 작용에 비해 전달 속도는 빠르고 효과의 지속성은 낮음을 추론할 수 있다.

오답 체크

ㄴ. 세 번째 단락에서 혈중 티록신 농도가 높아지면 음성 피드백으로 시상하부에서 TRH 분비와 뇌하수체 전엽에서 TSH 분비가 억제되어 티록신의 분비량이 줄어듦으로써 일정한 농도가 유지된다고 했다. 따라서 혈관에 티록신을 주사할 경우 혈중 티록신 농도가 높아지게 되므로 TRH와 TSH의 분비량이 감소함을 추론할 수 있다.

18 독해의 원리
정답 ⑤

ㄴ. 두 번째 단락에서 대장암 치료에 사용되는 5-FU는 암세포 성장을 억제하는 동시에, 암 줄기세포의 활성화를 유발하여 암의 재발을 야기한다고 했다. 또한, 세 번째 단락에서 대장암 환자 유래 오르가노이드에 5-FU 단독 처리 시에는 치료 후 암 줄기세포가 증가했고, 5-FU와 WNT 억제제 복합 처리 시에는 5-FU에 의한 암 줄기세포 활성화가 저해되었다고 했다. 따라서 WNT 억제제와의 병용치료를 통해 5-FU의 항암 치료 효과를 높이고 대장암 재발 가능성을 낮출 수 있음을 추론할 수 있다.

ㄷ. 세 번째 단락에서 5-FU 치료 과정에서 p53에 의해 WNT 신호전달체계가 활성화되고 치료 후에 암 줄기세포가 증가하였으며, 대부분의 암 환자는 WNT 신호전달체계가 활성화되어 있다고 했다. 따라서 WNT 신호전달계가 암의 줄기세포 활성화에 관여하여 암세포가 재성장하게 됨을 추론할 수 있다.

오답 체크

ㄱ. 첫 번째 단락에서 암 억제인자인 p53은 손상된 DNA를 수선하는 단백질을 활성화한다고 했고, 세 번째 단락에서 5-FU 치료 과정에서 p53이 전사인자로 작용하여 WNT 신호전달체계가 활성화된다고 했다. 따라서 5-FU 기반의 항암제를 사용할 경우 p53에 의해 WNT 신호전달체계가 활성화된다는 것은 알 수 있으나, p53이 DNA 손상 세포를 수선하는 기능을 잃게 되는지는 제시된 글을 통해 추론할 수 없다.

19 독해의 원리
정답 ④

동일하게 1시간 동안 운동하였으나 A 그룹은 유산소 운동만 했고, B 그룹은 근력 운동만 했다. 이때 운동을 전혀 하지 않은 D 그룹과 달리 A 그룹과 B 그룹 모두 총수면 시간이 늘었으나 그 시간이 A 그룹은 평균 23분, B 그룹은 평균 40분으로 B 그룹이 더 많이 증가하였다. 또한, B그룹은 수면 중 깨어나는 횟수가 줄었으나, A 그룹은 변화가 없었다고 했다. 따라서 수면의 질을 높이기 위해 한 가지 운동을 한다면, 유산소 운동을 하는 것보다 근력 운동을 하는 것이 더 효과가 있음을 추론할 수 있다.

오답 체크

① 유산소 운동과 근력 운동을 각 30분씩 한 C 그룹은 총수면 시간이 평균 17분 늘었다고 했으나, 유산소 운동과 근력 운동 중 어떤 것을 먼저 할 경우 수면의 질 개선에 더 도움이 되는지는 제시된 글을 통해 추론할 수 없다.

② A 그룹은 유산소 운동만 1시간 동안 했고, C 그룹은 유산소 운동과 근력 운동을 각 30분씩 했다. 이때 총수면 시간은 A 그룹이 평균 23분, C 그룹이 평균 17분 늘었다고 했으므로 유산소 운동을 30분 동안 할 때와 1시간 동안 할 때 모두 수면 시간이 늘어나는 효과가 있음을 추론할 수 있다.

③ 근력 운동만 한 B 그룹과 유산소 운동과 근력 운동을 병행한 C 그룹 모두 자다가 깨어나는 횟수가 줄어들었다고 했으므로 밤에 자다가 자주 깨는 사람은 근력 운동만 하는 것과 유산소 운동·근력 운동 병행 모두 좋음을 추론할 수 있다.

④ 운동을 한 A 그룹, B 그룹, C 그룹 내에서도 평소에 잠을 잘 자는 사람보다 잠을 잘 자지 못하는 사람들의 수면 시간 증가 폭이 더 크게 나타났다고 했으므로 운동을 통한 수면의 질 향상 효과는 평소 잠을 충분히 자는 사람보다 잠이 부족한 사람에게서 더 크게 나타남을 추론할 수 있다.

20 논증의 방향
정답 ②

ㄴ. 변온동물의 화석은 나오지 않고 항온동물의 화석만이 발견되는 북극 지방에서 공룡 화석이 발견되었다는 연구 결과는 추운 기후에서 체온을 유지할 수 있어 극지방에서 생존했던 공룡이 있었음을 뒷받침한다. 따라서 이 연구 결과는 공룡이 종에 따라 항온동물인 경우와 변온동물인 경우가 있다는 ㉡을 약화하지 않으므로 적절하다.

오답 체크

ㄱ. 수각류인 오비랍토르의 체온이 파충류와 조류의 중간 정도이고 알을 낳았을 당시 해당 지역의 기온보다는 높았다는 연구 결과는 체온이 아주 높지는 않지만 바깥 온도와 관계없이 스스로 체온을 조절하는 공룡이 있었음을 의미한다. 따라서 이 연구 결과는 공룡이 변온동물과 항온동물의 중간 정도로 체온을 일정하게 유지할 수 있다는 ㉠을 약화하지 않으므로 적절하지 않다.

ㄷ. 체온이 높을수록 발생속도도 빨라 변온동물인 파충류는 항온동물인 조류보다 알의 부화기간이 길다고 했으므로 조반류 공룡알의 부화기간이 파충류알의 부화기간과 비슷하거나 더 길었다는 연구 결과는 조반류 공룡이 변온동물인 파충류와 유사성이 있음을 뒷받침한다. 따라서 이 연구 결과는 공룡이 중간 정도의 체온을 일정하게 유지할 수 있었다는 ㉠을 약화하지만, 조반류 공룡은 변온동물에 가까울 정도로 대사율이 낮았다는 ㉡을 약화하지 않으므로 적절하지 않다.

21 논증의 방향

정답 ④

ㄱ. ㉠에 따르면 정서는 신체적 변화를 지각한 뒤에 생겨나서, 웃고 있기 때문에 기쁨을 느끼고 울고 있기 때문에 슬픔을 느낀다. 무표정으로 만화를 보게 한 집단보다 웃는 표정을 짓고 만화를 보게 한 집단이 만화가 더 재미있었다고 평가했다는 실험 결과는 표정이라는 신체적 반응이 정서에 영향을 주었다는 것이다. 따라서 이 실험 결과는 ㉠을 강화하므로 적절한 평가이다.

ㄷ. ㉢에 따르면 신체적 각성과 그 각성이 무엇인지에 대한 인지적 해석을 통해 자신의 감정을 이해한다. 평지에서 이성을 만났을 때와 달리 심장이 뛰게 하는 흔들 다리의 한가운데서 이성을 만났을 때 상대를 더 매력적이라고 평가했다는 실험 결과는 흔들 다리 위에서 나타나는 신체 반응이 이성 때문이라고 생각하는 인지적 해석을 한 것이다. 따라서 이 실험 결과는 ㉢을 약화하지 않으므로 적절한 평가이다.

오답 체크

ㄴ. ㉡에 따르면 감각 정보가 대뇌피질과 시상하부에 동시에 전달되어, 대뇌피질에서는 감정을 느끼고 시상하부에 의해 감정과 관련된 신체적 반응이 일어난다. 따라서 동물의 뇌에서 대뇌피질만을 제거해도 대뇌피질이 제거되기 전과 동일한 감정의 신체 반응을 보였다는 것은, 감정의 신체 반응이 시상하부에서 조절된다는 ㉡을 약화하지 않으므로 적절하지 않은 평가이다.

22 논증의 방향

정답 ④

ㄴ. 두 번째 단락에서 캐논-바드 이론에 따르면 지각과 감정은 동시에 일어나기 때문에 맹수를 마주쳤을 때 심장이 빨리 뛰는 생리와 공포감이 느껴지는 정서적 체험이 동시에 발생한다고 하였다. 또한 척수가 손상되어 신체의 생리적 변화를 뇌에서 감지하지 못하는 사람도 감정을 느낄 수 있다고 하였다. 따라서 캐논-바드 이론에서는 척수가 손상된 사람이더라도 맹수를 마주치면 생리적 상태에 관계없이 무서운 감정을 느끼게 된다고 봄을 알 수 있다.

ㄷ. 세 번째 단락에서 샤흐터-싱어 이론은 신체적으로 각성이 일어나고, 이를 인지적으로 각성을 명명해야 자신의 감정이 무엇인지 이해한다고 하였다. 또한 실험을 진행한 결과 아드레날린을 투약받은 집단이 이를 비타민으로 알 때 주변 환경에 맞는 해석을 통해 자신의 정서를 판단했다고 하였다. 따라서 샤흐터-싱어 이론에서는 신체적 각성이 발생한 뒤 해당 각성을 명명하지 않을 경우 주변 환경에 따라 자신의 정서를 판단할 수 있다고 봄을 알 수 있다.

오답 체크

ㄱ. 첫 번째 문단에서 윌리엄 제임스는 신체적 변화를 지각함에 따라 정서가 생긴다고 주장하였으며, 랑게도 제임스와 동일한 신체적 반응 및 정서의 관련을 주장했다고 하였다. 또한 두 번째 문단에서 제임스-랑게 이론을 비판한 캐논-바드 이론에 따르면 지각과 감정은 순차적으로 일어나는 것이 아니라 지각과 감정이 동시에 일어난다고 하였다. 따라서 제임스-랑게 이론에서는 외부 자극에 대한 지각과 심리적으로 느껴지는 정서는 순차적으로 발현된다고 보았음을 알 수 있다.

23 독해의 원리

정답 ⑤

두 번째 매뉴얼에 따르면 A 부서는 사업부서가 필요한 구비서류를 첨부하였는지 확인하고, 구비서류의 내용과 요청사항의 내용이 일치하는지 확인해야 한다. B 부서 공문에는 A 부서가 C 부서에서 평가한 사업평가서, 업무협약서, 사업비 청구서, 사업위탁기관의 사업자 등록증 및 통장사본을 제출 요청했고, B 부서가 사업위탁기관과의 업무협약서를 첨부하였다고 했으나 구비서류 항목인 '붙임'에는 업무협약서가 첨부되지 않았으므로 A 부서는 B 부서에 사업위탁기관과 진행한 업무협약서 구비서류의 첨부를 재요청할 것임을 추론할 수 있다.

오답 체크

① 첫 번째 매뉴얼에 따르면 A 부서는 사업비 지출 요청에 관하여 지급액이 누락되지 않고 정확히 작성되었는지 확인해야 하고, B 부서 공문에는 지급액이 3천만 원으로 명시되어 있다. 따라서 A 부서는 B 부서에 사업비의 지급액을 명시하도록 재요청하지 않을 것임을 추론할 수 있다.

② 세 번째 매뉴얼에 따르면 보조금과 같은 예산과목은 사업부서의 사전절차 없이 A 부서에 직접 지출 요청이 가능하고, B 부서 공문에는 예산과목이 민간사업보조금으로 명시되어 있다. 따라서 A 부서는 B 부서가 사업비에 관한 사전절차를 진행하도록 답변하지 않을 것임을 추론할 수 있다.

③ 첫 번째 매뉴얼에 따르면 A 부서는 사업비 지출 요청에 관하여 지급처가 누락되지 않고 정확히 작성되었는지 확인해야 하고, B 부서 공문에는 지급처가 주식회사 D로 명시되어 있다. 따라서 A 부서는 B 부서가 아닌 주식회사 D에 사업비를 지출할 것임을 추론할 수 있다.

④ 첫 번째 매뉴얼에 따르면 A 부서는 사업비 지출 요청에 관하여 사업 목적이 누락되지 않고 정확히 작성되었는지 확인해야 하나, 사업비가 사업 목적에 맞게 책정되었는지 평가하는 것은 매뉴얼에 제시되지 않았으므로 추론할 수 없다.

24 문맥과 단서

정답 ⑤

갑의 두 번째 말과 세 번째 말에서 A씨가 거주 중인 주택은 공동주택이며, 수리하려는 부분이 공용 부분이라고 했다. 이때 을의 두 번째 말에서 공동주택의 공용 부분을 수리할 경우 구분 소유자의 동의서를 받아 개별 세대 소유자 중 1명이 대표로 신청할 수 있다고 했고, 을의 세 번째 말에서 공용 부분의 성능개선 집수리는 공사비의 50%, 외부 담장공사 비용은 전액이 지원된다고 했다. 따라서 빈칸에 들어갈 내용은 '해당 건축물의 구분 소유자 동의서를 받아 신청 후 대상자로 선정 시 집수리 공사 비용의 50% 또는 전액이 지원된다'가 가장 적절하다.

① 갑의 두 번째 말에서 A씨가 거주 중인 주택은 30년 전에 준공되었다고
   했으므로 적절하지 않다.
② 을의 세 번째 말에서 공용 부분의 성능개선 집수리는 공사비의 50%, 외
   부 담장공사 비용은 전액이 지원되며 공사비 전부를 지원받은 부분에
   대해서는 2년간 유지해야 한다는 추가 조건이 있다고 했다. 따라서 공용
   부분의 성능개선 집수리 비용이 아닌, 외부 담장공사 비용을 지원받으
   면 해당 부분을 2년간 유지해야 하므로 적절하지 않다.
③ 갑의 세 번째 말에서 A씨가 공사하려는 부분은 공용 부분이나 구체적인
   공사 범위는 파악되지 않았다고 했고, 을의 세 번째 말에서 공용 부분의
   성능개선 집수리는 공사비의 50%, 외부 담장공사 비용은 전액이 지원
   된다고 했다. 따라서 집수리 비용 지원의 대상자가 되어 공동주택 공용
   부분을 수리할 경우 공사 비용 전액 또는 공사 비용의 50%를 지원받을
   수 있는 것이므로 적절하지 않다.
④ 갑의 두 번째 말에서 A씨가 거주 중인 주택은 단독주택이 아니라 공동
   주택이라고 했으므로 적절하지 않다.

25 문맥과 단서   정답 ①

제시된 지문에 따르면 사람의 뇌는 좌뇌와 우뇌의 기능이 분리되어 있는데,
분리 뇌 환자는 좌뇌와 우뇌의 기능을 결합해주는 뇌량을 절제하여 좌뇌와
우뇌가 제 기능을 해도 기능한 결과가 서로 교환되지 않는다.
좌뇌는 우측 신체의 움직임과 오른쪽 눈으로 받아들인 시각 정보의 처리를
담당하므로 오른쪽 시야에 제시된 '지우개'를 좌뇌에서 인식하고 오른손으
로 집어 들 수 있을 것이다. 반면에 우뇌는 좌측 신체의 움직임과 왼쪽 눈
으로 받아들인 시각 정보의 처리를 담당하므로 왼쪽 시야에 제시된 '연필'
를 우뇌에서 인식하고 왼손으로 집어 들 수 있을 것이다. 이때 실험의 결과
는 뇌의 좌반구가 언어를 통제한다는 근거라고 했으므로 말하는 단어는 좌
뇌에 도달한 정보인 '지우개'일 것이다.
따라서 ㉠은 분리 뇌 환자가 "지우개"라고 말하며, 왼손으로 연필을 집어
든다는 내용이 가장 적절하다.

1 법조문형
정답 ⑤

제1항에서 국가계획과 관련된 경우 국토교통부장관은 관계 중앙행정기관의 장의 요청에 따라 도시·군관리계획을 입안할 수 있다고 했으므로 관계 중앙행정기관의 장은 국가계획과 관련된 도시·군관리계획의 입안을 국토교통부장관에게 요청할 수 있음을 알 수 있다.

오답 체크

① 제3항 후단에서 훼손지 복구에 소요되는 비용은 개발사업자가 부담함을 알 수 있다.
② 제1항에서 국토교통부장관은 국가계획과 관련된 도시·군관리계획을 직접 입안할 수 있고, 시·도지사는 광역도시계획과 관련된 도시·군관리계획을 직접 입안할 수 있다고 했으므로 국토교통부장관이 광역도시계획과 관련된 도시·군관리계획을 직접 입안할 수 없음을 알 수 있다.
③ 제2항 후단에서 복구하고자 하는 훼손지의 범위는 해제대상지역 면적의 100분의 10부터 100분의 20까지에 상당하는 범위 안에서 결정되고, 제4항에 따르면 부득이한 사유가 있다고 인정하는 경우에는 복구계획을 제시하지 않을 수 있다고 했으므로 해제대상지역의 면적이 10km²인 도시·군관리계획에 1km² 이상의 훼손지에 대한 복구계획이 반드시 포함되는 것은 아님을 알 수 있다.
④ 제4항에서 국토교통부장관이 중앙도시계획위원회의 심의를 거쳐 부득이한 사유가 있다고 인정하는 경우에 개발사업자는 훼손지의 복구를 하지 아니할 수 있다고 했으므로 입안권자가 부득이한 사유가 있다고 인정한다고 하여 개발사업자의 훼손지 복구 의무가 사라지는 것은 아님을 알 수 있다.

2 법조문형
정답 ④

마지막 법조문(개표관람) 제2항에서 관할위원회는 투표와 개표를 같은 날 같은 장소에서 실시하는 경우에는 관람증을 발급하지 않고, 이 경우 관할위원회는 관람인석과 투표 및 개표 장소를 구분하여 관람인이 투표 및 개표 장소에 출입할 수 없도록 해야 함을 알 수 있다.

오답 체크

① 첫 번째 법조문(투표·개표의 참관) 제3항에서 후보자 또는 후보자의 배우자와 위탁단체의 임직원은 투표참관인·개표참관인이 될 수 없음을 알 수 있다.
② 두 번째 법조문(투표소의 설치 등) 제2항에서 관할위원회는 공정하고 중립적인 사람 중에서 투표소마다 투표에 관한 사무를 관리할 투표관리관 1명과 투표사무를 보조할 투표사무원을 위촉하여야 함을 알 수 있다.
③ 세 번째 법조문(개표소의 설치 등) 제2항에서 관할위원회는 개표사무를 보조하게 하기 위하여 개표사무를 보조할 능력이 있는 공정하고 중립적인 사람을 개표사무원으로 위촉할 수 있다고 했고, 동조 제3항에서 개표사무원은 투표사무원이 겸임하게 할 수 있다고 했으므로 관할위원회가 개표사무를 보조하게 하기 위하여 개표사무원을 위촉하려는 경우, 개표사무원은 투표관리관이 아닌 투표사무원이 겸임하게 할 수 있음을 알 수 있다.
⑤ 첫 번째 법조문(투표·개표의 참관) 제1항에서 후보자는 선거인 중에서 투표소마다 2명 이내의 투표참관인을 선정하여 선거일 전 2일까지 관할위원회에 서면으로 신고해야 함을 알 수 있다.

3 법조문형
정답 ②

첫 번째 법조문 제2호에서 응급의료종사자가 업무수행 중이 아닌 때 본인이 받은 자격의 범위에서 응급의료를 하다가 환자를 사망케 한 경우, 그 민사책임은 면제되고 형사책임은 감면된다고 했으므로 乙의 민사책임은 면제됨을 알 수 있다.

오답 체크

① 첫 번째 법조문에서 응급의료종사자가 업무수행 중이 아닌 때 본인이 받은 면허 또는 자격의 범위에서 한 응급의료로 상해가 발생했을 때 그 형사책임이 면제된다고 했으므로 甲이 응급처치가 아닌 응급의료를 제공하다가 응급환자에게 상해를 입힌 경우에는 甲의 형사책임이 면제되지 않음을 알 수 있다.
③ 두 번째 법조문 제1항 제2호에서 응급의료종사자는 동의 절차로 인하여 환자의 생명이 위험해지거나 심신상의 중대한 장애를 가져오는 경우에는 응급의료에 관한 동의 없이도 응급의료를 할 수 있다고 했으므로 丙은 의사결정능력이 있는 환자 본인의 동의 없이도 응급의료를 제공할 수 있음을 알 수 있다.
④ 두 번째 법조문 제2항에서 응급의료종사자는 의사결정능력이 없는 응급환자의 법정대리인이 동행하지 않은 경우, 동행한 사람에게 설명한 후 응급처치 또는 응급진료를 할 수 있다고 했으므로 丁은 동행한 사람의 동의가 없더라도 응급처치 또는 응급진료를 할 수 있음을 알 수 있다.
⑤ 세 번째 법조문 제3항에서 의료기관의 장은 이송에 든 비용을 환자에게 청구할 수 있다고 했으므로 이송 비용을 반드시 戊가 부담하는 것은 아님을 알 수 있다.

4 법조문형
정답 ③

세 번째 법조문 제4항에서 지방보조사업자가 지방보조금의 전부를 지방자치단체에 반환한 경우에는 지방자치단체의 장의 승인을 받지 않고도 제3항 제3호에 따른 담보의 제공 행위를 할 수 있다고 했다. 따라서 교부되었던 지방보조금 전액을 지방자치단체에 반환하면 중요재산을 담보로 제공할 수 있음을 알 수 있다.

오답 체크

① 세 번째 법조문 제2항에서 중요재산의 취득 현황 보고는 중요재산 취득 후 15일 이내, 변동 현황 보고는 매년 6월 및 12월에 해야 함을 알 수 있다.
② 세 번째 법조문 제2항 단서에서 제2호에 따른 변동 현황 보고의 경우 중요재산의 현황에 변동이 없는 경우에는 생략할 수 있음을 알 수 있다.
④ 세 번째 법조문 제5항 제2호에서 지방자치단체의 장은 지방보조사업자가 지방자치단체의 장의 승인 없이 중요재산에 대하여 제3항 제2호에 따른 대여 행위를 한 경우에는 중요재산을 취득하기 위하여 사용된 지방보조금에 해당하는 금액의 전부 또는 일부의 반환을 명할 수 있다고 했다. 따라서 교부한 지방보조금 전액이 아닌, 중요재산을 취득하기 위해 사용된 지방보조금에 해당하는 금액의 전부 또는 일부의 반환을 명할 수 있음을 알 수 있다.

⑤ 세 번째 법조문 제3항에서 지방보조사업자는 완료한 후에도 지방자치단체의 장의 승인 없이 제3항 제2호에 따른 양도 행위를 해서는 안 된다고 했다. 따라서 지방보조사업자는 지방자치단체의 장이 승인하는 경우 중요재산에 대하여 양도 행위를 할 수 있음을 알 수 있다.

5 텍스트형

정답 ①

두 번째 단락에서 화학 용매를 이용하는 방식은 별다른 기구를 필요로 하지 않기 때문에 여타 다른 방식에 비해 비용이 저렴하다는 특징이 있다고 했고, 세 번째 단락에서 이산화탄소 추출법은 특수 장치를 사용해야 한다는 점에서 비용 부담이 있다고 했으므로 이산화탄소 추출법은 용매 기반 방식에 비해 많은 비용이 듦을 알 수 있다.

오답 체크

② 첫 번째 단락에서 디카페인 커피는 로셀리우스에 의해 1902년에 최초로 개발되었다고 했으므로 최초의 디카페인 커피는 1930년대 이전에 개발되었음을 알 수 있다.

③ 두 번째 단락에서 염화 메틸렌은 휘발성이 높아 커피콩을 볶는 과정에서 대부분 증발된다고 했으나, 커피콩을 볶으면 염화 메틸렌이 모두 제거되는지는 알 수 없다.

④ 세 번째 단락에서 이산화탄소 추출법은 스위스 워터 방식에 비해 일반 커피와 더욱 유사한 맛과 향을 가진 디카페인 커피를 만든다고 했으므로 스위스 워터 방식이 아닌 이산화탄소 추출법으로 만든 디카페인 커피의 향이 일반 커피와 유사함을 알 수 있다.

⑤ 두 번째 단락에서 현재 전 세계에 유통되는 디카페인 커피는 화학 용매를 활용하는지 여부에 따라 용매 기반 방식, 혹은 비용매 기반 방식으로 만들어진다고 했으므로 화학 용매를 이용하지 않고 커피콩에서 카페인을 제거할 수 있음을 알 수 있다.

6 계산형

정답 ①

제시된 글에 따르면 도깨비 마을의 금화 : 은화 : 동화 교환 비율은 1 : 20 : 500이고, 인간 마을의 금 : 은 : 동 교환 비율은 1 : 10 : 1,000임을 알 수 있다. 이때 인간 甲이 과거에 인간 마을의 금 10근을 도깨비 마을의 은화와 교환했다면, 금 10근을 동일한 가치의 은 100근으로 교환한 후 은 100근을 은화 10개로 교환했을 것임을 알 수 있다. 이후 도깨비 마을의 은화를 다시 인간 마을의 금으로 교환하기 위해서는 도깨비 마을에 가서 은화 10개를 동화 250개로 교환한 후 다시 동화 250개를 동 2,500근으로 교환해야 한다. 이때 동 1,000근은 금 1근이고, 이에 따라 동 2,500근은 금 2.5근이므로 甲이 도깨비 마을의 은화를 오늘날 다시 인간 마을의 금으로 교환하고자 한다면 甲이 인간 마을의 금으로 교환할 금의 무게는 2.5근이다.

7 계산형

정답 ③

업체별 대여 비용을 정리하면 다음과 같다.

업체	대여료	보험료	주유비	비용
A	50,000원	10,000원	(120/5)×1,000 =24,000원	50,000+10,000 +24,000 =84,000원
B	45,000원	(120/10)×500 =6,000원	(120/10)×1,500 =18,000원	45,000+6,000 +18,000 =69,000원
C	70,000원	70,000×0.2 =14,000원	(120/20)×2,000 =12,000원	(70,000+14,000 +12,000)×0.7 =67,200원
D	100,000×0.5 =50,000원	20,000원	0	50,000+20,000 =70,000원
E	40,000원	20,000원	{(120−30)/10} ×1,000 =9,000원	40,000+20,000 +9,000 =69,000원

따라서 甲이 차량을 대여할 렌터카 업체는 비용이 가장 저렴한 C이다.

8 규칙형

정답 ⑤

- 甲: 만 15~34세의 청년을 정규직으로 신규 채용한 5인 이상의 중소·중견 기업이 지원할 수 있으므로 만 34세 甲이 근무하는 대기업은 지원 대상이 아니다.
- 乙: 2022.04.22.에 입사한 乙의 경우 채용 후 6개월이 되는 날이 속한 달의 다음 달인 11월부터, 3개월 이내의 2023년 1월까지가 신청기한이며, 그 다음 신청기한은 2023년 5월부터 7월까지이므로 신청기한을 충족하지 않는다.
- 丙: 만 22세 丙이 근무하는 중견기업은 지원 대상이 아니다.
- 丁: 21.12.01.~22.12.31. 기간 동안 신규 채용하고 6개월 이상 고용을 유지해야 하므로 2021.11.01.에 입사한 丁이 근무하는 중소기업은 지원 요건을 충족하지 않는다.

따라서 지원 대상 및 지원 요건을 모두 충족한 戊가 근무하는 회사만이 청년채용장려금 신청이 가능하다.

9 텍스트형

정답 ⑤

ㄴ. 세 번째 단락에서 2017년 3월 통계에 따르면, 발견된 소행성 중 고유 명칭으로 번호가 붙여진 소행성은 488,449개, 번호 외의 이름이 붙여진 소행성은 20,570개가 있고, 임시 명칭이 붙여진 소행성은 241,177개가 있다고 했으므로 총 488,449+20,570+241,177=750,196개의 소행성이 이미 발견되었음을 알 수 있다. 따라서 2022년까지 발견된 소행성의 수는 75만 개 이상일 것임을 알 수 있다.

ㄷ. 네 번째 단락에서 첫 번째 알파벳은 천체를 발견한 반월을 가리키며 반월은 항상 각 달의 15일을 기준으로 나누어 총 24개 문자를 순서대로 사용하여 표시한다고 했고, 숫자 1과 혼동되는 알파벳 'I'는 건너뛰고 표시한다고 했으므로 2022년 5월 13일에 새로운 소행성이 발견되었다면 해당 소행성의 임시 명칭 중 첫 번째 알파벳은 'J'로 표시될 것임을 알 수 있다.

ㄹ. 첫 번째 단락에서 태양으로부터 2.06AU 떨어진 화성과 3.27AU 떨어진 목성의 공전 궤도 사이에 있다고 했으므로 태양으로부터 2.24AU 떨어진 곳에서 소행성이 발견되었다면, 해당 소행성은 화성과 목성의 공전 궤도 사이에 위치할 것임을 알 수 있다.

오답 체크

ㄱ. 두 번째 단락에서 C-형 소행성은 외관이 어둡고 탄소질이 많이 포함되어 있을 것임을 알 수 있다.

10 텍스트형 　　　　　　　　　　　　　　　정답 ③

〈상황〉에 따라 새로 발견된 소행성의 임시 명칭을 정리하면 다음과 같다.

- 소행성의 임시 명칭 중 앞의 숫자는 소행성이 발견된 연도를 가리킨다고 했으므로 2022년에 발견된 소행성의 임시 명칭 중 앞의 숫자는 '2022'이다.
- 첫 번째 알파벳은 천체를 발견한 반월을 가리키며 반월은 항상 각 달의 15일을 기준으로 나눈다고 했고, 숫자 1과 혼동되는 알파벳 'I'는 건너뛰고 총 24개 문자를 순서대로 사용하여 표시한다고 했으므로 4월 27일에 발견된 소행성의 임시 명칭 중 첫 번째 알파벳은 'H'이다.
- 두 번째 알파벳은 해당 반월의 기간 안에서 소행성이 발견된 순서를 가리킨다고 했고, 숫자 1과 혼동되는 알파벳 'I'는 건너뛰고 표시함을 알 수 있다. 이때 'A~Z'까지 모두 사용한 후에는 알파벳 아래에 숫자를 추가로 사용한다고 했으므로 A_1은 $25 \times 1 + 1 = 26$번째 소행성이고, A_2는 $25 \times 2 + 1 = 51$번째 소행성, A_{12}는 $25 \times 12 + 1 = 301$번째 소행성임을 알 수 있다. 이에 따라 해당 반월의 기간 안에서 323번째 발견된 소행성의 임시 명칭 중 두 번째 알파벳은 'X_{12}'이다.

따라서 새로 발견된 소행성의 임시 명칭은 $2022HX_{12}$이다.

11 법조문형 　　　　　　　　　　　　　　　정답 ⑤

제△△조 제3항에서 해진 후에는 해당 토지의 점유자의 승낙 없이 택지 또는 담으로 둘러싸인 타인의 토지에 출입할 수 없다고 했으므로 해가 진 이후에 택지에 출입하려면 택지 점유자의 승낙을 받아야 함을 알 수 있다.

오답 체크

① 제△△조 제1항, 제2항에서 사업시행자는 댐 친환경 활용 사업의 시행을 위하여 필요한 경우에는 타인이 점유하는 토지에 출입할 수 있으며, 이 경우에는 미리 해당 토지의 점유자에게 통지해야 하므로 동의를 받는 것이 아님을 알 수 있다.

② 제○○조에서 사업시행자는 댐 친환경 활용 계획을 수립하여 환경부장관에게 승인을 받아야 하고, 제□□조 제1항과 제2항에서 사업시행자가 댐 친환경 활용 사업을 시행하려는 경우 댐 친환경 활용 계획의 내용을 반영한 실시계획을 수립하여 환경부장관에게 승인을 신청해야 한다고 했다. 따라서 댐 친환경 활용 계획과 실시계획을 각각 수립하여 환경부장관의 승인이 필요함을 알 수 있다.

③ 제△△조 제1항, 제2항에서 사업시행자는 타인이 소유하거나 점유하는 토지를 임시도로로 일시 사용할 수 있으며, 이 경우에는 토지 소유자 또는 점유자의 동의를 받아야 한다고 했다. 또한, 해당 토지의 소유자의 부재로 동의를 받을 수 없는 때에는 행정청인 사업시행자는 관할 시장·군수·구청장에게 그 사실을 통지해야 하므로 관할 시·도지사에게 통지하는 것은 아님을 알 수 있다.

④ 제◇◇조 제3항에서 손실을 받은 자는 토지·물건 등에 관하여 관할 토지수용위원회에 재결을 신청할 수 있으며, 이 경우 재결의 신청은 해당 댐 친환경 활용 사업의 시행기간 내에 할 수 있음을 알 수 있다.

12 법조문형 　　　　　　　　　　　　　　　정답 ④

제△△조 제2항에서 행정관청은 설립신고서가 보완되어 접수된 때에는 3일 이내에 신고증을 교부하여야 함을 알 수 있다.

오답 체크

① 제○○조 제2항에서 종사근로자가 아닌 노동조합의 조합원은 사용자의 효율적인 사업운영에 지장을 주지 않는 범위에서는 사업 혹은 사업장 내에서 노동조합 활동을 할 수 있음을 알 수 있다.

② 제○○조 제3항에서 종사근로자인 조합원이 해고되어 구제신청을 한 경우에는 중앙노동위원회의 재심판정이 있을 때까지는 종사근로자로 봄을 알 수 있다.

③ 제□□조에서 2 이상의 특별시·도에 걸치는 단위노동조합은 신고서를 연합단체인 노동조합과 고용노동부장관에게 제출해야 함을 알 수 있다.

⑤ 제△△조 제3항에서 노동조합이 신고증을 교부받은 경우에는 설립신고서를 제출할 때 노동조합이 설립된 것으로 봄을 알 수 있다.

13 계산형 　　　　　　　　　　　　　　　정답 ②

□□과의 OT에는 2개 반이 참석했고, 각 반에는 조가 ③개 있으므로 조는 총 (2×③)개이다. 각 조에는 새내기가 ⓒ명씩 소속되었으므로 OT에 참석한 새내기는 총 (2×③×ⓒ)명이다.

이에 따라 예산에 대한 정보를 정리하면 다음과 같다.

- 대관비용: $50 \times 2 = 100$만 원
- 간식비용: $10 \times (2 \times ③) = 20 \times ③$만 원
- 웰컴키트비용: $2 \times (2 \times ③ \times ⓒ) = 4 \times ③ \times ⓒ$만 원

$100 + 20 \times ③ + 4 \times ③ \times ⓒ = 496$만 원이므로 단위를 생략하고 식을 정리하면 $③ \times (5 + ⓒ) = 99$이다.

이때 ③과 ⓒ에 들어갈 수 있는 숫자의 조합은 (1, 94), (3, 28), (9, 6), (11, 4) 네 가지이다. OT에 참석한 새내기는 100명 이하이므로 ③×ⓒ은 50 이하가 되어야 하고, 이를 만족하는 조합은 (11, 4)뿐이다.

따라서 ③은 11, ⓒ은 4이므로 ③+ⓒ의 값은 15이다.

14 계산형 　　　　　　　　　　　　　　　정답 ④

A시가 여름축제를 8월 2일부터 7일까지 6일 동안 개최했으므로 여름축제 기간에 발생한 관련 폐기물량은 총 $30 \times 6 = 180t$이다. 甲사는 8월 8일부터 관련 폐기물의 소각처리를 시작했으며, 광복절 축제 전일까지 모두 소각처리 하려면 8월 14일까지 소각처리를 완료해야 한다. 이때 8월 8일부터 14일까지는 총 7일이고, 甲사는 주말에 소각처리를 하지 않으므로 여름축제 기간에 발생한 관련 폐기물은 5일 동안 모두 소각처리 해야 함을 알 수 있다. 따라서 甲사가 하루에 소각처리 해야 하는 최소한의 폐기물량은 $180/5 = 36t$이다.

15 경우의 수
정답 ②

甲과 乙이 서로 같은 카드를 낸 적은 10회 동안 한 번도 없고, 甲과 乙이 풀 카드를 낸 횟수의 합이 10이므로 이를 이용하여 두 사람이 낸 풀 카드를 서로 다른 회차로 배치하면 다음과 같다.

회차	1	2	3	4	5	6	7	8	9	10
甲	풀	풀	풀	풀	풀	풀				
乙							풀	풀	풀	풀

이에 따라 甲이 낸 불 카드 3회와 물 카드 1회, 乙이 낸 불 카드 2회와 물 카드 4회를 임의로 빈칸에 배치한다.

회차	1	2	3	4	5	6	7	8	9	10
甲	풀	풀	풀	풀	풀	풀	불	불	불	물
乙	불	불	물	물	물	물	풀	풀	풀	풀

따라서 甲은 7승 3패, 乙은 3승 7패를 하므로 甲과 乙의 승리 횟수의 차이는 7-3=4이다.

16 경우의 수
정답 ⑤

5개의 숫자 중 홀수가 3개이므로 짝수는 2개이고, 숫자 6이 한 번 이상 사용되므로 나머지 하나의 짝수는 2, 4, 8 중 하나이다. 이때 세 번째로 큰 수가 짝수이므로 나머지 하나의 짝수는 4 또는 8이 된다. 최댓값을 구해야 하므로 전화번호에 사용된 짝수에 따른 경우를 확인한다.

〈경우 1〉 전화번호에 사용된 짝수가 6, 4인 경우

전화번호에 사용된 숫자가 9, 7, 6, 5, 4일 때 11개 숫자의 합이 최대가 된다. 네 번째 자리와 열한 번째 자리에 4를 배치하고, 9와 7을 두 번씩 사용한다. 이때 甲의 전화번호를 구성하는 11개 숫자를 모두 합한 값은 $0 \times 2 + 1 \times 1 + 5 + 6 + (4+7+9) \times 2 = 52$이다.

〈경우 2〉 전화번호에 사용된 짝수가 6, 8인 경우

전화번호에 사용된 숫자가 9, 8, 6, 5, 3일 때 11개 숫자의 합이 최대가 된다. 네 번째 자리와 열한 번째 자리에 5와 3을 배치하고, 9, 8, 6을 2번씩 사용한다. 이때 甲의 전화번호를 구성하는 11개 숫자를 모두 합한 값은 $0 \times 2 + 1 \times 1 + 3 + 5 + (6+8+9) \times 2 = 55$이다.

따라서 甲의 전화번호를 구성하는 11개 숫자를 모두 합한 값의 최댓값은 55이다.

17 계산형
정답 ②

甲 대학교 총 학생회비를 x라고 하면 산하기구에 배분된 학생회비는 $0.4x$원, 산하기구에 배분된 금액 중 동아리 연합회에 배분되는 금액은 $0.4x \times 0.2 = 0.08x$원이고, 네 개의 단과대학 학생회에 기본 운영금으로 지급되는 금액은 $500,000 \times 4 = 2,000,000$원이다.

한편 甲 대학교 총 인원은 $2,800 + 3,100 + 2,200 + 1,900 = 10,000$명이고, 문과대학의 인원 비율은 $(2,800/10,000) \times 100 = 28\%$이므로, 문과대학에 배분되는 금액은 $(0.4x - 0.08x - 2,000,000) \times 0.28 + 500,000 = 6,660,000$원이다. 따라서 총 학생회비의 금액인 x는 7,500만 원이다.

18 계산형
정답 ②

국민 만족도에서 '하'를 받은 정책은 선호도 조사 대상에서 제외되므로 정책 D는 제외된다. 정책 평가 결과에 따른 각 정책의 합산점수에 〈분야별 전문가 피드백〉을 반영하여 계산한 정책별 총점을 정리하면 다음과 같다.

정책 기준	A	B	C	E
1)	5	3	3	1
2)	1	5	1	5
3)	5	5	3	3
4)	3	1	5	3
합산점수	14	14	12	12
총점	14×(1+0.1)=15.4	14+2=16	12	12+2=14

따라서 최종 선호도가 가장 높은 정책은 총점이 16점으로 가장 높은 B이다.

19 계산형
정답 ①

2022년 각 교육시설에 지급되는 전자기기 지원금의 산정방법에 따라 교육시설 가~마의 2012년 총 전자기기 지원금 대비 2022년 총 전자기기 지원금의 증감액을 정리하면 다음과 같다.

교육 시설	2012년도 총 전자기기 지원금 (백만 원)	2012년도 지출액 (백만 원)	추가 지원금 대상 여부	추가 지원금 (백만 원)	2022년도 총 전자기기 지원금 (백만 원)	총 전자기기 지원금 증감액 (백만 원)
가	30	(15×1)+(10×2) =35	O	35×0.3 =10.5	35+10.5 =45.5	45.5-35 =15.5
나	75	(40×1)+(10×2) =60	X	0	60	60-75 =-15
다	55	(20×1)+(15×2) =50	O	50×0.3 =15	50+15 =65	65-55 =10
라	35	(30×1)+(5×2) =40	X	0	40	40-35 =5
마	100	(55×1)+(30×2) =115	X	0	115	115-100 =15

2012년 총 전자기기 지원금 대비 2022년 총 전자기기 지원금이 가장 많이 증가한 교육시설은 '가'이다.

20 규칙형
정답 ③

가족요양비 지급 대상은 ㉮, ㉯, ㉰, ㉱의 합산점수를, 의사소견서 제출 제외 대상은 ㉮, ㉯, ㉲의 합산점수를 기준으로 판단한다. 이때 ㉮의 경우 6km 이상은 1km당 1점씩 가산한다고 했으므로 대중교통수단 이용지점까지의 거리가 7.2km인 A는 2점을 가산하여 7점임을 알 수 있다.

이에 따라 A~E 지역의 기준요소별 점수와 판단기준별 합산점수를 정리하면 다음과 같다.

지역	기준요소별 점수(점)					판단기준별 합산점수(점)	
	㉮	㉯	㉰	㉱	㉲	가족요양비	의사소견서 제출 제외
A	7	1	5	3	1	7+1+5+3=16	7+1+1=9
B	5	4	4	1	4	5+4+4+1=14	5+4+4=13
C	2	3	5	2	2	2+3+5+2=12	2+3+2=7
D	3	2	4	2	5	3+2+4+2=11	3+2+5=10
E	4	3	3	4	4	4+3+3+4=14	4+3+4=11

가족요양비 지급 대상은 ㉮, ㉯, ㉰, ㉱의 합산점수가 12점 이상인 A, B, C, E이고, 의사소견서 제출 제외 대상은 ㉮, ㉯, ㉲의 합산점수가 10점 이상인 B, D, E이다. 따라서 가족요양비 지급 대상이면서 의사소견서 제출 제외 대상에도 해당하는 지역은 B, E이다.

21 경우의 수
정답 ④

甲은 프로젝트가 종료되는 6월 14일의 다음 날인 15일 이후의 날짜 중에서 강수확률이 프로젝트 종료일의 강수확률과 같은 35%이거나 그보다 낮은 날 여행을 떠나므로 여행 시작일은 15일, 18일, 19일, 24일, 26일, 28일이 가능하다. 이때 6월 14일은 월요일이므로 6월의 마지막 수요일인 14+7+7+2=30일에는 미팅에 참석해야 하지만, 26일이나 28일에 여행을 떠날 경우 미팅일 전에 여행에서 돌아올 수 없다. 이에 따라 가능한 여행 기간을 기준으로 해당 기간에 포함되는 강수확률 30% 이하인 날과 강수확률 70% 이상인 날을 정리하면 아래와 같다.

여행 기간	강수확률 30% 이하인 날	강수확률 70% 이상인 날
15~19일	18일, 19일	17일
18~22일	18일, 19일	–
19~23일	19일	–
24~28일	24일, 26일, 28일	25일

여행 기간 중 강수확률이 30% 이하인 날이 이틀 이상이고, 강수확률이 70% 이상인 날은 하루도 없는 것은 18~22일뿐이다. 따라서 甲의 휴가 마지막 날은 22일이고, 이때의 요일은 화요일이다.

22 경우의 수
정답 ①

ㄱ. 甲이 나누어 가진 카드에 적힌 숫자가 3, 4, 7, 8이라면, 이 숫자로 만들 수 있는 100에 가장 가까운 최종숫자는 38+74=78+34=112이다. 이때 乙의 카드는 1, 2, 5, 6이므로 이 숫자로 만들 수 있는 100에 가장 가까운 최종숫자는 51+62=52+61=113이다. 따라서 甲이 나누어 가진 카드에 적힌 숫자가 3, 4, 7, 8이라면, 甲은 게임에서 승리한다.

[오답 체크]

ㄴ. 甲의 최종숫자가 120 이상일 때, 甲이 1~80이 적힌 카드 중 큰 숫자인 5, 6, 7, 8을 갖는 경우를 확인한다. 甲의 카드가 5, 6, 7, 8이고, 乙의 카드가 1, 2, 3, 4일 때 甲의 최종숫자는 57+68=58+67=125가 되고, 乙의 최종숫자는 31+42=32+41=73이 되어 甲이 승리한다. 따라서 甲의 최종숫자가 120 이상이더라도 甲은 게임에서 승리할 수 있다.

ㄷ. 甲의 최종숫자가 99이고, 甲이 나누어 가진 카드에 적힌 숫자 4개 중 3개가 1, 2, 7이라면, 甲의 카드가 1, 2, 7, 8이고, 乙의 카드가 3, 4, 5, 6일 때 甲과 乙의 최종숫자는 모두 99이다. 이때 두 사람의 최종숫자가 같은 경우에는 8이 적힌 카드를 가지고 있지 않은 사람이 게임에서 승리하므로 乙이 승리한다. 따라서 甲의 최종숫자가 99일 때 甲은 게임에서 질 수 있다.

23 경우의 수
정답 ③

원칙에 따라 내용을 정리하면 다음과 같다.
- 첫 번째 원칙에 따라 乙국과 戊국은 1번 자리에 배치하지 않는다.
- 두 번째 원칙에 따라 甲국과 丁국, 乙국과 戊국의 간의 자리는 붙여서 배치하지 않는다.
- 세 번째 원칙에 따라 甲국과 戊국, 丙국과 丁국 간의 자리는 붙여서 배치한다.

이에 따라 甲~戊국 사절단 대표의 자리 배치 순서를 1번 자리를 기준으로 경우의 수를 나누면 다음과 같다.

〈경우 1〉 甲국이 1번 자리에 배치되는 경우
세 번째 원칙에 따라 甲국과 戊국의 자리를 붙여서 배치해야 하므로 戊국이 2번 자리에 배치된다. 이때 두 번째 원칙에 따라 乙국과 戊국의 자리는 붙여서 배치하지 않아야 하므로 乙국은 3번 자리에 배치될 수 없고, 乙국이 4번 자리에 배치될 경우 丙국과 丁국의 자리를 붙여서 배치할 수 없으므로 乙국은 5번 자리에 배치된다. 이에 따라 甲국이 1번 자리에 배치되는 경우 가능한 배치 순서는 (甲국, 戊국, 丙국, 丁국, 乙국) 또는 (甲국, 戊국, 丁국, 丙국, 乙국)으로 2가지이다.

〈경우 2〉 丙국이 1번 자리에 배치되는 경우
세 번째 원칙에 따라 丙국과 丁국은 자리를 붙여서 배치해야 하므로 丁국이 2번 자리에 배치된다. 또한 甲국과 戊국의 자리는 붙여서 배치해야 하고, 두 번째 원칙에 따라 乙국과 戊국의 자리는 붙여서 배치하지 않아야 하므로 甲국, 乙국, 戊국의 가능한 자리 배치 순서는 (乙국, 甲국, 戊국) 또는 (戊국, 甲국, 乙국)이다. 이에 따라 丙국이 1번 자리에 배치되는 경우 가능한 배치 순서는 (丙국, 丁국, 乙국, 甲국, 戊국) 또는 (丙국, 丁국, 戊국, 甲국, 乙국)으로 2가지이다.

〈경우 3〉 丁국이 1번 자리에 배치되는 경우
세 번째 원칙에 따라 丙국과 丁국은 자리를 붙여서 배치해야 하므로 丙국이 2번 자리에 배치된다. 이때 두 번째 원칙에 따라 甲국과 丁국의 자리는 붙여서 배치하지 않아야 하므로 甲국, 乙국, 戊국의 가능한 자리 배치 순서는 (乙, 甲, 戊) 또는 (戊, 甲, 乙) 이에 따라 丁국이 1번 자리에 배치되는 경우 가능한 배치 순서는 (丁국, 丙국, 乙국, 甲국, 戊국) 또는 (丁국, 丙국, 戊국, 甲국, 乙국)으로 2가지이다.
따라서 丙국 사절단의 대표는 5번 자리에 배치될 수 없다.

[오답 체크]
① 甲국 사절단의 대표는 반드시 1번이나 4번 자리에 배치된다.
② 乙국 사절단의 대표는 3번 혹은 5번 자리에 배치되므로 3번 자리에 배치될 수 있다.
④ 丁국 사절단의 대표는 1번, 2번, 3번, 4번 자리에 배치될 수 있으나 5번 자리에 배치될 수 없다.
⑤ 戊국 사절단의 대표는 2번, 3번, 5번 자리에 배치되므로 4번 자리에 배치될 수 없다.

24 계산형
정답 ⑤

- 시침은 12시간 동안 1바퀴, 분침은 1시간 동안 1바퀴, 초침은 1분 동안 1바퀴를 움직인다. 초침은 매분 1바퀴씩 움직이기 때문에 시침과 분침이 이루는 각도와 시침과 초침이 이루는 각도가 같아지는 순간은 매분 발생한다. 이에 따라 3시 정각부터 4시 정각까지 알람은 총 60번 울리므로 ㉠에 해당하는 수는 60이다.

- 3시 정각부터 4시 정각까지 시침은 30°를 이동하고 분침은 360°를 이동하므로 시침은 1분에 0.5°, 분침은 1분에 6°를 이동한다. 이에 따라 3시 15분이 되면 12시를 기준으로 시침은 90+15×0.5=97.5°, 분침은 90°에 위치하여 시침과 분침이 이루는 각도는 7.5°가 된다. 3시 16분에는 시침이 98°, 분침이 96°가 되어 시침과 분침이 이루는 각도는 2°가 된다. 3시 17분에는 시침이 98.5°, 분침이 102°가 되어 시침과 분침이 이루는 각도는 3.5°가 된다. 3시 16분에서 3시 17분 사이에 분침이 시침을 앞서나가게 되었으므로 해당 시간대에 시침과 분침이 겹쳤음을 알 수 있다. 이에 따라 3시 16분에서 3시 17분 사이에 알람이 울렸을 때 시침과 분침이 이루는 각도가 가장 좁았고, 이때 울린 알람은 3시 정각 이후 17번째로 울린 알람이므로 ⓒ에 해당하는 수는 17이다.

25 법조문형 정답 ②

제○○조 제2항에서 법원은 피고인이 빈곤의 사유로 변호인을 선임할 수 없는 경우에 피고인이 청구하면 국선변호인을 선정해야 하고, 제△△조에 따라 국선변호인 선정을 청구하는 경우 기록에 의해 그 사유가 소명되었다고 인정될 때가 아니라면 피고인은 소명자료를 제출해야 하는 것을 알 수 있다.

오답 체크

① 제□□조 제1항 제1호에서 재판장은 공소제기가 있는 때에 변호인이 없는 70세 이상의 피고인에게 변호인 없이 개정할 수 없는 취지와 피고인이 스스로 변호인을 선임하지 아니할 경우에는 법원이 국선변호인을 선정하게 된다는 취지를 고지해야 하고, 제□□조 제2항에 따라 해당 고지는 서면으로 해야 하는 것을 알 수 있다.

③ 제○○조 제3항에서 법원은 피고인의 나이·지능 및 교육 정도 등을 참작하여 권리보호를 위하여 필요하다고 인정하면 피고인의 명시적 의사에 반하지 아니하는 범위에서 국선변호인을 선정해야 한다고 했으므로 피고인이 국선변호인 선정을 희망하지 않는다는 의사 표시를 한 경우 법원은 국선변호인 선정을 할 수 없다.

④ 제□□조 제3항에서 법원이 고지를 받은 피고인이 변호인을 선임하지 아니한 때에는 지체없이 국선변호인을 선정하고, 피고인 및 변호인에게 그 뜻을 고지해야 하는 것을 알 수 있다.

⑤ 제□□조 제4항에서 공소제기가 있은 후 변호인이 없게 된 때에도 제□□조 제1항 내지 제3항의 규정을 준용한다고 했으므로 제□□조 제1항에 따른 각 호의 취지를 고지해야 하는 것을 알 수 있다.

1 자료판단
정답 ①

- 첫 번째 〈조건〉에 따르면 전체 특허의 해외등록 건수 대비 국내등록 건수는 A가 8,837/1,804≒4.9건, B가 9,815/471≒20.8건, C가 2,018/506≒4.0건, D가 3,566/576≒6.2건이므로 B와 D가 '나노 전자' 또는 '나노 장비'임을 알 수 있다.
- 두 번째 〈조건〉에 따르면 전체 특허의 해외등록 건수에서 나노 특허의 해외등록 건수가 차지하는 비중은 A가 (292/1,804)×100≒16.2%, C가 (212/506)×100≒41.9%이므로 A와 C가 '나노 소재' 또는 '나노 바이오'임을 알 수 있다.
- 세 번째 〈조건〉에 따르면 A의 전체 특허 국내등록 건수가 8,837건, C의 전체 특허 국내등록 건수가 2,018건이고, C의 전체 특허 국내등록 건수는 A의 전체 특허 국내등록 건수보다 작으므로 C는 '나노 소재'일 수 없다. 이에 따라 A가 '나노 소재', C가 '나노 바이오'임을 알 수 있다. 또한 B의 전체 특허 국내등록 건수가 9,815건으로 A의 전체 특허 국내등록 건수보다 많으므로 B는 '나노 장비'일 수 없다. 이에 따라 D가 '나노 장비'이고, B가 '나노 전자'임을 알 수 있다.

따라서 A는 나노 소재, D는 나노 장비이다.

2 자료판단
정답 ②

소내전력률=$\frac{소내전력량}{발전량}$×100임을 적용하여 구한다.

소내전력량 계가 58.4GWh이므로 5월 소내전력량은 58.4-(4.5+4.9+4.2+5.1+4.8+4.6+5.3+4.9+5.5+4.5+5.2)=4.9GWh이고, 발전량 계가 2,141GWh이므로 11월 발전량은 2,141-(183+177+172+165+175+181+186+195+172+167+188)=180GWh이다. 이에 따라 소내전력률을 계산하면 5월은 (4.9/175)×100=2.8%, 11월은 (4.5/180)×100=2.5%이다.

따라서 5월과 11월의 소내전력률 차이는 2.8-2.5=0.3%p이다.

3 자료판단
정답 ①

ㄱ. 성비=$\frac{남성인원}{여성인원}$이므로 2020년 여성의 응시인원은 1,500/1.5=1,000명, 합격인원은 600/1.2=500명이다. 따라서 합격률은 남성이 (600/1,500)×100=40%, 여성이 (500/1,000)×100=50%로 남성이 여성보다 낮으므로 옳지 않은 설명이다.

ㄷ. 2021년 여성 합격률이 50%라면 여성 응시인원은 600/0.5=1,200명이고, 성비가 0.9이므로 남성 응시인원은 1,200×0.9=1,080명이다. 따라서 2021년 전체 합격률은 {(840+600)/(1,080+1,200)}×100≒63.2%이므로 옳지 않은 설명이다.

오답 체크

ㄴ. 2021년 남성 합격인원은 600×1.4=840명으로, 각 성별 2021년 합격인원은 2020년 합격인원보다 많으므로 옳은 설명이다.

ㄹ. 2021년 여성 응시인원이 x인 경우, 남성 응시인원은 0.9x이고 전체 응시인원은 1.9x이므로 2021년 전체 응시인원이 1,900명이라면, 여성 응시인원은 (1,900/1.9)×1=1,000명, 남성 응시인원은 1,000×0.9=900명이다. 따라서 합격률은 남성이 (840/900)×100≒93.3%, 여성이 (600/1,000)×100=60%로 합격률 차이는 30%p 이상이므로 옳은 설명이다.

⏱ 빠른 문제 풀이 Tip

ㄷ. 성비를 이용하여 남성의 응시인원과 합격인원을 각각 도출하지 않고도 전체 합격률 크기를 확인할 수 있다. 2021년 여성 합격률이 50%일 때 여성의 합격인원은 600명이므로 응시인원은 1,200명이고, 이때의 응시인원 성비는 0.9, 합격인원 성비는 1.4이다. 이에 따라 전체 합격률은 $\frac{600×2.4}{1,200×1.9}×100=\frac{1×24}{2×19}×100<70$임을 알 수 있다.

4 자료판단
정답 ②

각주의 내용에 따라 〈표〉의 빈칸을 채우면 다음과 같다.

독자＼도서	A	B	C	D	E	독자 만족도 평균
갑	1.8	8.9	3.1	5.9	1.8	4.3
을	1.5	8.8	1.9	4.7	2.1	3.8
병	2.7	6.3	1.7	9.5	2.3	(4.5)
정	(3.1)	9.0	2.6	4.7	(1.1)	4.1
무	2.3	7.9	1.7	8.4	1.2	4.3
기	1.2	4.1	(1.6)	6.4	(1.7)	3.0
도서 만족도 평균	2.1	7.5	2.1	6.6	1.7	–

ㄱ. 도서 C에 대한 독자 '갑'의 만족도인 3.1점은 도서 C에 대한 독자 '기'의 만족도인 1.6점의 3.1/1.6≒1.9배로 1.5배 이상이므로 옳은 설명이다.

ㄷ. 독자 만족도 평균이 4.0점 이상인 독자는 '갑', '병', '정', '무' 총 4명이므로 옳은 설명이다.

오답 체크

ㄴ. 도서 A에 대한 만족도가 가장 높은 독자는 '정'이고, 도서 E에 대한 만족도가 가장 높은 독자는 '병'이므로 옳지 않은 설명이다.

ㄹ. 독자 '기'의 만족도 중 만족도가 가장 낮은 도서는 A이므로 옳지 않은 설명이다.

5 자료검토·변환
정답 ③

〈보고서〉의 세 번째 단락에서 2020년 이후 청년층의 첫 취업 평균 소요기간과 첫 일자리 평균 근속기간은 각각 증가하는 추세이고, 연도별 첫 취업 평균 소요기간과 첫 일자리 평균 근속기간 격차는 매년 줄어들고 있다고 했으나, [청년층 인구의 첫 취업 평균 소요기간 및 첫 일자리 평균 근속기간]에서 첫 취업 평균 소요기간과 첫 일자리 평균 근속기간의 차이는 2020년이 7.5개월, 2021년이 8.1개월, 2022년이 8.0개월으로 매년 줄어들고 있지는 않으므로 〈보고서〉의 내용과 부합하지 않는 자료이다.

오답 체크

① 〈보고서〉의 첫 번째 단락에 따르면 2022년 청년층 취업자는 410.4만 명으로 전년 대비 증가하고, 청년층 실업자는 전년 대비 40.2-32.0=8.2만 명 감소하여, 실업률은 전년 대비 {(9.3-7.2)/9.3}×100≒22.6% 하락했으므로 〈보고서〉의 내용과 부합하는 자료이다.

② 〈보고서〉의 첫 번째 단락에 따르면 2022년 청년층 경제활동참가율은 51.5%로 전년 대비 51.5−49.0=2.5%p 상승하고, 청년층 고용률은 47.8%로 전년 대비 47.8−44.4=3.4%p 상승했으므로 〈보고서〉의 내용과 부합하는 자료이다.

④ 〈보고서〉의 세 번째 단락에 따르면 청년층이 첫 일자리를 그만둔 사유 중 '근로여건 불만족'이 45.1%로 가장 높고, '개인·가족적 이유'의 45.1/15.3≒2.9배이므로 〈보고서〉의 내용과 부합하는 자료이다.

⑤ 〈보고서〉의 두 번째 단락에 따르면 2022년 청년층 비경제활동인구 중 취업시험 준비분야별 비율은 일반직공무원이 29.9%로 가장 높고, 그 다음 일반기업체가 23.8%로 높지만, 전년 대비 감소폭은 일반직공무원이 32.4−29.9=2.5%p로 가장 높으므로 〈보고서〉의 내용과 부합하는 자료이다.

6 자료판단
정답 ③

• 〈보고서〉의 첫 번째 단락 두 번째 문장에서 '조직·인력 규모'의 경우 응답 내용의 비율이 '많다'가 가장 높고, 그다음 '적정하다', '적다' 순으로 나타났다고 했으므로, 응답 내용 중 '적정하다'는 비율이 100−40−17=43%로 가장 높은 D가 소거된다.

• 〈보고서〉의 첫 번째 단락 세 번째 문장에서 '조직·인력 규모'가 '많다'는 응답 비율이 '적다'의 5배 이상이라고 했으므로 '많다'는 응답 비율이 52%로 '적다'는 비율의 5배인 23×5=115%보다 작은 E가 소거된다.

• 〈보고서〉의 두 번째 단락 두 번째 문장에서 '평균보수'의 경우 응답 내용 중 '낮다'의 비율이 가장 높다고 했으므로 응답 내용 중 '낮다'는 비율이 61%로 가장 높은 B가 소거된다.

• 〈보고서〉의 두 번째 단락 마지막 문장에서 '낮다'는 응답 비율은 '적정하다'는 비율과 5%p 이상 차이 난다고 했고, 소거되고 남은 A와 C 중 '적정하다'는 비율은 A가 100−14−44=42%, C가 100−31−39=30%이므로 비율의 차이는 A가 44−42=2%p, C가 39−30=9%p이다. 따라서 비율의 차이가 5% 미만인 A가 소거된다.

• 〈보고서〉의 두 번째 단락 마지막 문장에 따르면 '낮다'는 응답 비율은 '높다'는 비율과는 30%p 이내로 차이 나고, C의 응답 비율 차이는 39−31=8%p이므로 C는 〈보고서〉의 모든 내용과 부합한다.

따라서 〈보고서〉의 내용에 해당하는 '가' 응답 집단은 C이다.

7 자료비교
정답 ④

ㄱ. 〈그림 1〉을 통해 2020년 구축 및 컨설팅 관련 데이터산업 시장 규모는 45,000억 원 미만임을 짐작할 수 있고, 그 값은 114,350×0.382≒43,682억 원이므로 옳은 설명이다.

ㄷ. 〈그림 1〉에서 2017년 판매 및 제공 관련 데이터산업 시장 규모는 20,000억 원보다 작고 2020년 판매 및 제공 관련 데이터산업 시장 규모는 40,000억 원보다 많은 것을 확인할 수 있다. 따라서 2020년 판매 및 제공 관련 데이터산업 시장 규모는 2017년 대비 2배 이상이므로 옳은 설명이다.

ㄹ. 2020년 데이터산업 세부분야 중 정보제공의 구성비가 가장 크고, 정보제공이 속하는 판매 및 제공 관련 분야의 구성비가 가장 크므로 세부분야별 시장 규모는 정보제공이 가장 크다. 마찬가지로 데이터산업 세부분야 중 보안의 구성비가 가장 작고, 보안이 속하는 처리 및 개발 관련 분야의 구성비가 가장 작아 세부분야별 시장 규모는 보안이 가장 작으므로 옳은 설명이다.

ㄴ. 2020년 처리 및 개발 관련 데이터산업의 세부분야 중 수집개발의 시장 규모는 114,350×0.215×0.470≒11,555억 원이므로 옳지 않은 설명이다.

8 자료이해
정답 ⑤

제시된 〈표〉는 1978년 이후 국내에서 발생한 지진 중 규모 기준 상위 11위에 해당하는 지진으로 해당 기간 동안 이보다 높은 규모의 지진은 발생하지 않았다. 따라서 해당 기간 동안 규모가 가장 큰 지진은 2016년 9월 12일 경주에서 발생한 지진이므로 옳지 않은 설명이다.

① 규모 기준 상위 11위 지진 중 경북에서 발생한 지진의 규모는 5.2Ml, 5.1Ml, 5.8Ml, 5.4Ml로 모두 규모 5.1Ml 이상이므로 옳은 설명이다.

② 규모 기준 상위 11위 지진 중 진앙의 위치가 가장 서쪽인 지진은 진앙의 경도가 123.70°E인 지진으로, 2003년 3월 30일에 발생했으므로 옳은 설명이다.

③ 규모 기준 상위 11위 지진 중 해역에서 발생한 지진은 9건으로, 지역에서 발생한 지진 건수의 1.5배인 6×1.5=9건과 같으므로 옳은 설명이다.

④ 규모 기준 상위 11위 지진 15건 중 진앙의 위도가 35.00~37.00°N인 지진은 10건 발생하여, (10/15)×100≒66.7%를 차지하므로 옳은 설명이다.

9 자료판단
정답 ③

ㄱ. 2012~2017년 동안 창업률은 소멸률보다 매년 높으므로 옳은 설명이다.

ㄹ. 창업률= $\frac{\text{해당연도 신생기업 수}}{\text{해당연도 총 활동기업 수}}$ ×100임을 적용하여 구한다. 2017년 신생기업 수는 6,051×0.151=913.7천 개로 90만 개 이상이므로 옳은 설명이다.

ㄴ. 2014년과 2017년 총 활동기업 수의 전년 대비 증가율은 2014년이 {(5,559−5,377)/5,377}×100≒3.4%, 2017년이 {(6,051−5,776)/5,776}×100≒4.8%이고, 2017년 총 활동기업 수의 전년 대비 증가율은 2014년 총 활동기업 수의 전년 대비 증가율의 4.8/3.4≒1.4배로 1.5배 미만이므로 옳지 않은 설명이다.

ㄷ. 연도별 신생기업 수와 소멸기업 수의 합은 2013년이 5,377×(0.139+0.124)≒1,414천 개이고, 2015년이 5,554×(0.146+0.115)≒1,450천 개로 2013년이 2015년보다 작으므로 옳지 않은 설명이다.

10 자료이해
정답 ⑤

4분기의 지급자 1명당 지급액 규모는 (25,215×10,000)/1,631,006≒154.6만 원으로 150만 원을 초과하지만 1분기의 (34,541×10,000)/2,127,614≒162.3만 원이 4분기보다 크므로 옳지 않은 설명이다.

① 1분기 신규 신청자 수 대비 2분기 신규 신청자 수의 감소율은 {(470,196−280,389)/470,196}×100≒40.4%이고, 2~4분기 신규 신청자 수는 매 분기 30만 명 이하이므로 옳은 설명이다.

② 40대 이상 신규 신청자 수는 40대, 50대, 60대 이상 신규 신청자 수의 합이므로 1분기가 315,146명, 2분기가 178,142명, 3분기가 172,374명, 4분기가 173,374명이다. 분기별 신규 신청자 수 중 40대 이상의 비중은 1분기가 (315,146/470,196)×100≒67.0%, 2분기가 (178,142/280,389)×100≒63.5%, 3분기가 (172,374/269,063)×100≒64.1%, 4분기가 (173,374/269,061)×100≒64.4%로 매 분기 60% 이상이므로 옳은 설명이다.

③ 2021년 남성 신규 신청자 수는 224,182+142,606+133,086+130,679=630,553명, 여성 신규 신청자 수는 246,014+137,783+135,977+138,382=658,156명으로 60만 명 이상이고, 여성이 많으므로 옳은 설명이다.

④ 분기별로 30인 이상 사업장에 근무했던 신규 신청자 수는 1분기가 113,713+115,147=228,860명, 2분기가 66,926+53,483=120,409명, 3분기가 60,397+56,482=116,879명, 4분기가 60,926+62,198=123,124명이다. 각 분기별 30인 미만 사업장에 근무했던 신규 신청자 수와 비교할 때 매 분기 30인 미만 사업장의 신규 신청자 수가 많으므로 옳은 설명이다.

> ### ⏱ 빠른 문제 풀이 Tip
> ② 〈표 2〉의 연령대 구분이 5개 구간이며, 매 분기 40대, 50대, 60대 이상의 구직급여 신규 신청자 수의 값은 각각 20대 이하, 30대보다 모두 크다. 40대 이상은 5개 구간 중 3개 구간에 해당하므로 분기별 신규 신청자 수를 100%라 할 때, 40대 이상은 60% 이상임을 알 수 있다.
>
> ③ 분기별로 남성과 여성의 신규 신청자 수를 비교하면 2분기에만 남성이 여성보다 많은데, 1분기의 성별 신규 신청자 수 차이보다 2분기가 더 작으므로 2021년 여성의 신규 신청자 수가 남성보다 많음을 알 수 있다. 이때 크기가 더 작은 남성의 신규 신청자 수만 앞의 세 자리수로 확인하면, 224+142+133+130≒629천 명 이상이다.

11 자료판단　　　　　　정답 ⑤

ㄱ. A수술 1건당 건강보험수가는 상급종합병원이 (115+1,270+35)×73.5×1.3=135,681원, 일반병원이 (115+1,270+35)×73.5×1.2=125,244원이다. 따라서 A수술 1건당 건강보험수가는 상급종합병원이 일반병원 대비 {(135,681−125,244)/125,244}×100≒8.3%로 5% 이상 크므로 옳은 설명이다.

ㄴ. 종합병원에서 A수술 150건을 시행하였다면 건강보험수가는 {(115+1,270+35)×150}×73.5×1.25=19,569,375원이므로 옳은 설명이다.

ㄷ. A수술 1건당 상대가치점수 중 업무량과 위험도 점수가 2배가 된다면, A수술 1건당 상대가치점수는 1,420점에서 150점 증가한 1,570점이 된다. 이에 따라 의원의 A수술 1건당 건강보험수가는 기존 대비 {(150×81.5×1.15)/(1,420×81.5×1.15)}×100≒10.6%로 10% 이상 상승했으므로 옳은 설명이다.

> ### ⏱ 빠른 문제 풀이 Tip
> ㄱ. 일반병원과 상급종합병원의 수술 1건당 상대가치점수와 점수당 단가가 동일하므로 수술 1건당 건강보험수가는 가산율 차이로 확인할 수 있다. 상급종합병원의 가산율은 30%, 일반병원의 가산율은 20%로 차이는 10%p이며, 수술 1건당 건강보험수가는 상급종합병원이 일반병원보다 (0.1/1.2)×100≒8.3% 높음을 알 수 있다.

12 자료판단　　　　　　정답 ③

ㄱ. 2020년 한국의 여성의원 수는 295×0.173≒51명이고, 여성의원 수가 한국보다 적은 국가는 여성의원 수가 150×0.333≒50명인 네덜란드와 여성의원 수가 464×0.099≒46명인 일본이므로 옳은 설명이다.

ㄷ. 2020년 대비 2022년 순위가 가장 큰 폭으로 변동된 국가는 순위가 40−26=14위만큼 상승한 네덜란드이므로 옳은 설명이다.

오답 체크

ㄴ. 2021년 네덜란드의 여성의원 비율은 33.3%이므로, 네덜란드의 순위는 여성의원 비율이 33.9%인 영국의 순위 39위보다 낮고, 여성의원 비율이 31.5%인 독일의 순위 49위보다 높다. 2022년 네덜란드의 순위는 26위이므로 2022년에는 순위가 전년 대비 상승했지만, 2020년 네덜란드의 순위는 40위이므로 2021년에는 순위가 전년 대비 변동이 없거나 하락했음을 알 수 있다. 따라서 2020~2022년 동안 순위가 꾸준히 상승한 국가는 존재하지 않으므로 옳지 않은 설명이다.

13 자료판단　　　　　　정답 ③

• 첫 번째 〈조건〉에 따르면 A구에서 판매된 20L 이하 용량의 쓰레기 종량제 봉투의 양은 A구에서 판매된 20L 초과 30L 이하 용량의 쓰레기 종량제 봉투의 30%이고, A구에서 판매된 20L 초과 30L 이하 용량의 쓰레기 종량제 봉투는 160천 매이므로, A구에서 판매된 20L 이하 용량의 쓰레기 종량제 봉투는 160×0.3=48천 매이다.

• 두 번째 〈조건〉에 따르면 B구에서 30L 초과 50L 이하 용량의 쓰레기 종량제 봉투는 주민 1인당 2매씩 판매되었고, B구 주민은 341천 명이므로, B구에서 판매된 30L 초과 50L 이하 용량의 쓰레기 종량제 봉투는 341×2=682천 매이다. B구에서 판매된 쓰레기 종량제 봉투는 모두 1,839천 매이므로 B구에서 판매된 20L 이하 용량의 쓰레기 종량제 봉투는 1,839−432−682−688=37천 매이다.

• 세 번째 〈조건〉에 따르면 C구에서 판매된 50L 초과 용량의 쓰레기 종량제 봉투의 양은 C구에서 판매된 20L 이하 용량의 쓰레기 종량제 봉투의 13배이므로 20L 이하 용량의 쓰레기 종량제 봉투 판매량을 x라 하면 C구에서 판매된 쓰레기 종량제 봉투는 x+337+361+13x=1,104천 매이다. 따라서 C구에서 판매된 20L 이하 용량의 쓰레기 종량제 봉투는 x=29천 매이다.

• 네 번째 〈조건〉에 따르면 A~H구 중 20L 초과 30L 이하 용량의 쓰레기 종량제 봉투 판매량이 두 번째로 많은 지역이 20L 이하 용량의 쓰레기 종량제 봉투 판매량은 가장 적다. F구의 20L 초과 30L 이하 용량의 쓰레기 종량제 봉투 판매량을 구하면 2,967−160−432−337−219−653−796−247=123천 매이므로 20L 초과 30L 이하 용량의 쓰레기 종량제 봉투 판매량이 두 번째로 많은 E구의 20L 이하 용량의 쓰레기 종량제 봉투 판매량이 가장 적다. 이때 E구와 H구의 20L 이하 용량의 쓰레기 종량제 봉투 판매량 합은 4,215−48−37−29−228−2,940−673=260천 매이고, E구의 판매량은 29천 매 미만이므로 H구의 판매량은 260−29=231천 매 초과 260천 매 이하임을 알 수 있다.

따라서 A~H구 중 용량이 20L 이하인 쓰레기 종량제 봉투 판매량이 네 번째로 많은 구는 D구, 여섯 번째로 많은 구는 B구이다.

14 자료검토·변환   정답 ⑤

ㄱ. 〈보고서〉의 두 번째 단락에서 종사기간이 길수록 업무상 손상자 수가 많았고, 2019년과 2020년 모두 종사기간이 30년 이상인 어업인의 업무상 손상 발생률이 종사기간이 10년 미만인 어업인의 업무상 손상 발생률 대비 2배 이상이었다고 했으므로, [2019~2020년 어업인 종사기간별 업무상 손상자 현황]은 〈보고서〉를 작성하기 위해 추가로 이용한 자료이다.

ㄷ. 〈보고서〉의 네 번째 단락에서 건강수준을 '좋음'이라고 응답한 어업인 수가 가장 많았고, '매우 나쁨'이라고 응답한 어업인의 업무상 손상 발생률은 20% 이상으로 매우 높게 나타났다고 했으므로, [2020년 어업인 건강수준별 업무상 손상자 현황]은 〈보고서〉를 작성하기 위해 추가로 이용한 자료이다.

ㄹ. 〈보고서〉의 세 번째 단락에서 지역에 따른 업무상 손상자 수와 업무상 손상 발생률에 대한 내용이 제시되었으므로 [2020년 지역별 업무상 손상자 현황]은 〈보고서〉를 작성하기 위해 추가로 이용한 자료이다.

[오답 체크]

ㄴ. 〈보고서〉의 두 번째 단락에서 종사기간이 길수록 업무상 손상자의 연령이 높다는 내용이 언급되었으나, [2019~2020년 어업인 연령별 업무상 손상 발생률]에서는 종사기간과 연령 사이의 관계를 파악할 수 없으므로 추가로 이용한 자료가 아니다.

15 자료판단   정답 ①

'갑'국의 지역별 동물 치료소 수를 정리하면 다음과 같다.

동물 치료소 지역	동물병원	축산관련기관	관리단체· 동물보호단체	합
가	17	(2)	0	19
나	(13)	0	1	14
다	3	0	1	4
라	2	0	1	3
마	(10)	(1)	0	(11)
바	5	0	1	6
사	4	0	(1)	(5)
기타	117	18	9	144
전국	171	21	14	206

ㄱ. 전국 동물병원 수에서 '나' 지역의 동물병원의 수가 차지하는 비중은 (13/171)×100≒7.6%로 5% 이상이므로 옳은 설명이다.

ㄴ. 전체 동물 치료소 수는 '마' 지역이 11개소, '사' 지역이 5개소로 '마' 지역이 '사' 지역의 11/5=2.2배로 2배 이상이므로 옳은 설명이다.

[오답 체크]

ㄷ. '사' 지역의 전체 동물 치료소 수에서 동물병원의 수가 차지하는 비중은 (4/5)×100=80.0%, '바' 지역의 전체 동물 치료소 수에서 동물병원의 수가 차지하는 비중은 (5/6)×100≒83.3%로 '바' 지역이 더 크므로 옳지 않은 설명이다.

ㄹ. 축산관련기관의 수는 '가' 지역이 2개소, '마' 지역이 1개소로 '가' 지역이 '마' 지역보다 많으므로 옳지 않은 설명이다.

16 자료판단   정답 ①

총 평가 점수=(어학 능력 분야 평가 점수×0.2)+(친절 분야 평가 점수×0.3)+(청결 분야 평가 점수×0.3)+(체력 분야 평가 점수×0.2)임을 적용하여 구한다. 직원 A~F의 총 평가 점수는 A가 (60×0.2)+(80×0.3)+(90×0.3)+(100×0.2)=83점, B가 81.5점, C가 (70×0.2)+(90×0.3)+(70×0.3)+(60×0.2)=74점, D가 77점, E가 (75×0.2)+(90×0.3)+(80×0.3)+(90×0.2)=84점, F가 (80×0.2)+(80×0.3)+(70×0.3)+(90×0.2)=79점이다.
따라서 메뉴 담당 직원들을 총 평가 점수가 높은 직원부터 순서대로 나열하면 E-A-B-F-D-C이다.

17 자료비교   정답 ②

ㄱ. 2016~2021년 동안 근로자 평균근속년수의 전년 대비 증가량이 가장 많은 해는 0.2년 증가한 2016년, 2018년, 2019년, 2021년이고 근로자 평균근속년수는 2015년이 6.2년으로 가장 작다. 따라서 근로자 평균근속년수의 전년 대비 증가율이 가장 큰 해는 2016년이므로 옳은 설명이다.

ㄷ. 2021년 '대졸 이상' 근로자의 평균 월급은 364만 원으로 '초대졸' 근로자의 평균 월급인 278만 원의 364/278≒1.31배이므로 옳은 설명이다.

[오답 체크]

ㄴ. 근로자 평균연령의 전년 대비 증가율은 2016년에 (0.4/41.1)×100<1%, 2021년에 (0.5/42.9)×100>1%으로 2016년이 2021년보다 작으므로 옳지 않은 설명이다.

ㄹ. '대졸 이상'을 제외한 학력별 평균 월급의 합은 2018년에 176+220+245=641만 원이고, 2019년에 177+210+248=635만 원으로 2018년 대비 감소했으므로 옳지 않은 설명이다.

18 자료이해   정답 ②

2020년 1/4분기 중국의 온라인쇼핑 해외직접판매액은 1,327,577백만 원이고, 화장품 온라인쇼핑 해외직접판매액은 1,312,146백만 원이다. 이때 화장품 온라인쇼핑 해외직접판매액이 모두 중국의 온라인쇼핑 해외직접판매액일 경우 중국의 나머지 상품군 온라인쇼핑 해외직접판매액의 합은 1,327,577-1,312,146=15,431백만 원이다. 따라서 2020년 1/4분기 중국에서 화장품을 제외한 나머지 상품군들의 온라인쇼핑 해외직접판매액의 합은 적어도 150억 원 이상이므로 옳은 설명이다.

[오답 체크]

① 2020년 2/4분기 전체 온라인쇼핑 해외직접판매액 중 아시아의 온라인쇼핑 해외직접판매액의 비중은 {(1,094,521+51,570+27,546+2,519)/1,273,753}×100≒92.3%이므로 옳지 않은 설명이다.

③ 기타 상품군을 제외한 2020년 1/4분기 상위 3개 상품군은 화장품, 의류 및 패션관련 상품, 음반·비디오·악기이고, 상위 3개 상품군의 온라인쇼핑 해외직접판매액의 합은 1,312,146+87,086+32,898=1,432,130백만 원이다. 따라서 2020년 1/4분기 전체 온라인쇼핑 해외직접판매액 중 기타 상품군을 제외한 상위 3개 상품군 온라인쇼핑 해외직접판매액의 합이 차지하는 비중은 (1,432,130/1,525,487)×100≒93.9%로 95% 미만이므로 옳지 않은 설명이다.

④ 2020년 2/4분기 미국의 온라인쇼핑 해외직접판매액은 63,218백만 원이고, 2020년 2/4분기 화장품 온라인쇼핑 해외직접판매액은 1,075,338백만 원, 2020년 2/4분기 전체 온라인 해외직접판매액은 1,273,753백만 원이다. 이에 따라 화장품을 제외한 나머지 상품군들의 온라인쇼핑 해외직접판매액은 1,273,753-1,075,338=198,415백만 원이므로 미국의 온라인쇼핑 해외직접판매액인 63,218백만 원이 모두 화장품을 제외한 나머지 상품군들의 온라인쇼핑 해외직접판매액일 수 있다. 따라서 옳지 않은 설명이다.

⑤ 2020년 2/4분기 중국의 온라인쇼핑 해외직접판매액은 1,094,521백만 원이고, 화장품 온라인쇼핑 해외직접판매액은 1,075,338백만 원이다. 이때 화장품 온라인쇼핑 해외직접판매액이 모두 중국의 온라인쇼핑 해외직접판매액일 경우 중국에서 화장품을 제외한 나머지 상품군들의 온라인쇼핑 해외직접판매액의 합은 1,094,521-1,075,338=19,183백만 원이다. 따라서 2020년 2/4분기 중국에서 화장품을 제외한 나머지 상품군들의 온라인쇼핑 해외직접판매액의 합은 200억 원 미만일 수 있으므로 옳지 않은 설명이다.

19 자료판단
정답 ⑤

역학적에너지=($\frac{1}{2}$×질량×속력^2)+(질량×중력가속도×높이)임을 적용하여 구한다. 이때 중력가속도는 10m/s^{2}이므로 물체 '갑', '을', '병'의 에너지를 정리하면 다음과 같다.

구분\n물체	운동에너지	위치에너지	역학적에너지
갑	$\frac{1}{2}$×10×20^2=2,000	10×10×40=4,000	6,000
을	$\frac{1}{2}$×30×10^2=1,500	30×10×20=6,000	7,500
병	$\frac{1}{2}$×20×25^2=6,250	20×10×10=2,000	8,250

따라서 역학적에너지 크기가 가장 큰 물체부터 순서대로 나열하면 '병, 을, 갑'이다.

⏱ 빠른 문제 풀이 Tip

'운동에너지=$\frac{1}{2}$×질량×속력^2', '위치에너지=질량×중력가속도×높이'에는 '질량'이 공통으로 곱해지고, 중력가속도는 10m/s^{2}임을 적용하여 역학적에너지 식을 정리하면, 역학적에너지=$\frac{1}{2}$×질량×{속력^2+(20×높이)}이다. 이에 따라 두 물체 간 '질량'과 '속력^2+(20×높이)'의 각 크기를 비교하면 역학적에너지 크기를 확인할 수 있다.
갑: 10×{20^2+(20×40)}
을: 30×{10^2+(20×20)}
병: 20×{25^2+(20×10)}
'질량'은 '을'이 '갑'의 3배인 반면, '속력^2+(20×높이)'는 '갑'이 '을'의 3배 미만이므로 역학적에너지는 '을'이 '갑'보다 크고, '질량'은 '병'이 '갑'의 2배인 반면, '속력^2+(20×높이)'는 '갑'이 '병'의 2배 미만이므로 역학적에너지는 '병'이 '갑'보다 크며, '질량'은 '을'이 '병'의 1.5배인 반면, '속력^2+(20×높이)'는 '병'이 '을'의 1.5배 이상이므로 역학적에너지는 '병'이 '을'보다 크다.

20 자료판단
정답 ②

• 두 번째 〈조건〉에 따르면 칭찬대와 도전대의 2022년 1학기 대비 2022년 2학기 장학금 지급액의 증가율은 10% 이상이고, 대학 A~D의 2022년 1학기 대비 2022년 2학기 장학금 지급액의 증가율은 대학 A가 {(44,850-41,069)/41,069}×100≒9.2%, B가 {(46,410-38,994)/38,994}×100≒19.0%, C가 {(37,100-34,176)/34,176}×100≒8.6%, D가 {(33,500-28,310)/28,310}×100≒18.3%이므로 B와 D가 각각 칭찬대 또는 도전대이고, A와 C가 각각 성취대 또는 믿음대임을 알 수 있다.

• 세 번째 〈조건〉에 따르면 2022년 1학기 장학금 지급액은 믿음대가 소망대보다 10% 이상 적으므로 2022년 1학기 장학금 지급액이 소망대의 90%인 39,175×0.9=35,257.5백만 원보다 적은 대학 C가 믿음대, A가 성취대임을 알 수 있다.

• 네 번째 〈조건〉에 따르면 칭찬대와 정의대는 2022년 1학기 장학금 지급액이 2021년 2학기 장학금 지급액보다 각각 40억 원 이상 많고, 2021년 2학기 장학금 지급액은 B가 46,410/1,275=36,400백만 원, D가 33,500/1,400≒23,929백만 원이다. 따라서 B의 2022년 1학기 장학금 지급액은 2021년 2학기 장학금 지급액보다 38,994-36,400=2,594백만 원=25.94억 원 더 많고, D의 2022년 1학기 장학금 지급액은 2021년 2학기 장학금 지급액보다 28,310-23,929=4,381백만 원=43.81억 원 더 많으므로 D가 칭찬대, B가 도전대임을 알 수 있다.

따라서 A는 성취대, B는 도전대, C는 믿음대, D는 칭찬대이다.

21 자료검토·변환
정답 ④

2021년 대비 2022년 희곡의 국내도서 아동 단행본 출판 권수의 증가율은 출판 건수가 2021년 9건에서 2022년 8건으로 감소하여 증가율은 (-1/9)×100≒-11.1%이지만, [2021년 대비 2022년 국내도서 아동 단행본의 장르별 출판 권수의 증가율]에서는 -12.5%로 나타나므로 옳지 않은 그래프이다.

오답 체크

① 일반 단행본 출판 권수는 2018년이 6,846+2,214=9,060권, 2019년이 7,409+2,097=9,506권, 2020년이 7,727+2,293=10,020권, 2021년이 8,048+2,223=10,271권, 2022년이 9,024+1,727=10,751권이므로 옳은 그래프이다.

② 2021년 중등 아동 단행본의 장르별 출판 권수는 시가 42+3=45권, 소설이 148+99=247권, 수필이 30+4=34권, 평론이 5+1=6권, 희곡이 1권이고, 중등 아동 단행본 전체 226+107=333권 중 장르별 비중은 시가 13.5%, 소설이 74.2%, 수필이 10.2%, 평론이 1.8%, 희곡이 0.3%이므로 옳은 그래프이다.

③ 번역도서 출판 권수 대비 국내도서 출판 권수 비는 2018년이 8,317/3,468≒2.4, 2019년이 8,877/3,278≒2.7, 2020년이 9,701/3,450≒2.8, 2021년이 10,161/3,563≒2.9, 2022년이 11,224/3,043≒3.7이므로 옳은 그래프이다.

⑤ 2022년 장르별 국내도서 출판 권수의 일반 단행본 비중은 시가 (3,628/3,973)×100≒91.3%, 소설이 (1,883/3,612)×100≒52.1%, 수필이 (3,048/3,161)×100≒96.4%, 평론이 (361/365)×100≒98.9%, 희곡이 (97/105)×100≒92.4%, 기타가 (7/8)×100≒87.5%이므로 옳은 그래프이다.

22 자료판단 정답 ③

종합 순위 1~10위 업종 중 업종별 각 항목 순위에서 '정보화 전략수집' 항목 순위가 가장 높은 업종은 C 업종과 F 업종 총 2개이므로 옳지 않은 설명이다.

오답 체크

① B 업종의 '정보화 구축현황' 항목 순위가 15위이므로 정보화 수준 평가대상 업종은 15개 이상임을 알 수 있다. 따라서 옳은 설명이다.
② 점수가 높을수록 순위가 높으므로 종합 순위 2위인 E 업종의 종합 점수는 58.88점 미만, 종합 순위 5위인 B 업종의 종합 점수는 56.19점 미만, 종합 순위 8, 9, 10위인 H, F, I 업종의 종합 점수는 각각 55.03점 미만임을 알 수 있다. 따라서 종합 순위 1~10위 업종의 종합 점수의 합은 (58.88×2)+56.84+(56.19×2)+55.14+(55.03×4)=562.24점 미만이므로 옳은 설명이다.
④ I 업종의 종합 순위는 10위, '정보화 구축현황' 항목 순위는 6위, 항목 점수는 38.8점이다. 이때 점수가 높을수록 순위가 높고, 종합 순위 1~9위 업종 중 '정보화 구축현황' 항목 순위가 4위인 업종은 없으므로 종합 순위가 I 업종보다 낮은 업종 중 '정보화 구축현황' 항목 점수가 I 업종보다 높은 업종이 있음을 알 수 있다. 따라서 옳은 설명이다.
⑤ F 업종의 '정보화 추진환경' 항목 점수가 G 업종의 '정보화 추진환경' 항목 점수로 같아지면 G 업종의 종합 점수는 55.03점, F 업종의 종합 점수는 67.2×0.5+52.6×0.2+36.8×0.3=55.16점이므로 종합 순위가 바뀜을 알 수 있다. 따라서 옳은 설명이다.

23 자료판단 정답 ④

ㄴ. 출판의 합법저작물 이용량은 82-22=60천 개이고, 이는 게임 합법저작물 이용량의 2배인 28×2=56천 개보다 많고, 출판 불법복제물 이용량은 게임 불법복제물 이용량의 22/9≒2.4배이므로 옳은 설명이다.
ㄹ. 게임 콘텐츠 이용량 대비 영화 콘텐츠 이용량 비율인 126/37≒3.4는 방송 불법복제물 이용량 대비 전체 불법복제물 이용량 비율인 1,467/462≒3.2보다 크므로 옳은 설명이다.

오답 체크

ㄱ. 콘텐츠 이용량=합법저작물 이용량+불법복제물 이용량, 합법저작물 이용률=$\frac{\text{합법저작물 이용량}}{\text{콘텐츠 이용량}}$×100이므로 합법저작물 이용률=100-불법복제물 이용률이고, 불법복제물 이용률이 높을수록 합법저작물 이용률이 낮은 것을 알 수 있다. 이때 영화의 불법복제물 이용률은 (54/126)×100≒42.9%로 방송의 불법복제물 이용률보다 높다. 따라서 영화의 합법저작물 이용률이 가장 낮으므로 옳지 않은 설명이다.

ㄷ. 음악 불법복제물 이용량은 4,950-4,030=920천 개이고, 전체 합법저작물 이용량에서 음악이 차지하는 비중인 (4,030/5,200)×100≒77.5%는 전체 불법복제물 이용량에서 음악이 차지하는 비중인 (920/1,467)×100≒62.7%보다 높으므로 옳지 않은 설명이다.

24 자료판단 정답 ⑤

ㄱ. 11개 분야 중 2022년 사업체 수 상위 5개 분야와 종사자 수 상위 5개 분야는 출판, 음악, 게임, 광고, 지식정보로 동일하므로 옳은 설명이다.
ㄴ. 부가가치율=$\frac{\text{부가가치액}}{\text{매출액}}$×100임을 적용하여 구한다. 2022년 분야별 부가가치율은 방송이 (7,700/21,965)×100≒35.1%, 콘텐츠솔루션이 (2,820/5,635)×100≒50.0%이다. 따라서 부가가치율이 가장 높은 분야는 콘텐츠솔루션이므로 옳은 설명이다.
ㄹ. 2018년 수출액이 가장 큰 분야인 게임의 2018년 대비 2022년 수출액 증가율은 {(819,356-327,735)/327,735}×100≒150.0%로 140% 이상이므로 옳은 설명이다.

오답 체크

ㄷ. 2022년 캐릭터 분야 매출액은 (4,864/40.0)×100=12,160십억 원이고, 2022년 콘텐츠산업 평균 매출액은 128,228/11≒11,657십억 원이다. 따라서 2022년 매출액이 콘텐츠산업 평균 매출액보다 큰 분야는 출판, 게임, 방송, 광고, 캐릭터, 지식정보로 총 6개이므로 옳지 않은 설명이다.

25 자료판단 정답 ④

• 〈보고서〉의 두 번째 단락 두 번째 문장에 따르면 2018년 대비 2022년 수입액이 증가한 콘텐츠산업 분야는 게임, 애니메이션, 지식정보, 콘텐츠솔루션 4개 분야이고, 나머지 7개 분야의 수입액은 감소하였다. A~E 중 2018년 대비 2022년 수입액이 증가한 B와 E는 '애니메이션' 또는 '지식정보'이고, 2018년 대비 2022년 수입액이 감소한 A, C, D는 '음악' 또는 '방송' 또는 '광고'이다.
• 〈보고서〉의 두 번째 단락 세 번째 문장에 따르면 2022년 수입액이 전년 대비 증가한 콘텐츠산업 분야는 지식정보가 유일하므로 B와 E 중 B가 '지식정보', E가 '애니메이션'이며, 2022년 수입액의 전년 대비 감소율이 가장 큰 콘텐츠산업 분야는 광고이므로 감소율이 {(27,603-9,867)/27,603}×100≒64.3%로 가장 큰 C가 '광고'임을 알 수 있다.
• 〈보고서〉의 두 번째 단락 마지막 문장에 따르면 2022년 콘텐츠산업 분야별 수입액 대비 수출액이 콘텐츠산업 전체보다 큰 분야는 음악, 게임, 애니메이션, 지식정보, 콘텐츠솔루션이다. 2022년 콘텐츠 산업 전체 수입액 대비 수출액은 1,192,430/92,082≒12.9이므로 음악 분야의 수출액 67,963만 달러를 이용하여 A와 D의 수입액 대비 수출액을 계산해보면, A가 67,963/1,215≒55.9, D가 67,963/6,097≒11.1로 12.9보다 큰 A가 '음악'이고, D가 '방송'이다.

따라서 〈표 3〉에서 '방송'에 해당하는 콘텐츠산업 분야는 D이다.

PSAT 교육 1위, 해커스PSAT
psat.Hackers.com

정답

언어논리영역

1	④	독해의 원리	6	①	독해의 원리	11	③	독해의 원리	16	⑤	논리의 체계	21	②	논증의 방향
2	④	독해의 원리	7	④	문맥과 단서	12	②	독해의 원리	17	④	독해의 원리	22	③	논증의 방향
3	①	논증의 방향	8	⑤	문맥과 단서	13	③	논증의 방향	18	①	독해의 원리	23	②	문맥과 단서
4	⑤	논증의 방향	9	④	문맥과 단서	14	③	논리의 체계	19	③	독해의 원리	24	③	문맥과 단서
5	①	독해의 원리	10	①	문맥과 단서	15	②	논리의 체계	20	⑤	논증의 방향	25	③	문맥과 단서

상황판단영역

1	⑤	법조문형	6	①	계산형	11	④	법조문형	16	④	계산형	21	③	경우의 수
2	①	법조문형	7	④	계산형	12	③	법조문형	17	②	계산형	22	③	경우의 수
3	①	법조문형	8	②	규칙형	13	①	계산형	18	②	규칙형	23	⑤	경우의 수
4	②	법조문형	9	⑤	텍스트형	14	⑤	계산형	19	①	경우의 수	24	④	계산형
5	②	텍스트형	10	⑤	텍스트형	15	④	규칙형	20	③	계산형	25	④	법조문형

자료해석영역

1	②	자료판단	6	④	자료비교	11	②	자료판단	16	②	자료판단	21	②	자료판단
2	①	자료비교	7	⑤	자료판단	12	④	자료판단	17	①	자료판단	22	④	자료이해
3	①	자료검토·변환	8	④	자료판단	13	③	자료이해	18	①	자료비교	23	⑤	자료판단
4	③	자료판단	9	④	자료판단	14	⑤	자료판단	19	③	자료판단	24	②	자료판단
5	①	자료판단	10	①	자료검토·변환	15	③	자료검토·변환	20	④	자료이해	25	⑤	자료판단

취약 유형 분석표

유형별로 맞힌 개수, 틀린 문제 번호와 풀지 못한 문제 번호를 적고 나서 취약한 유형이 무엇인지 파악해 보세요.

언어논리영역

유형	맞힌 개수	틀린 문제 번호	풀지 못한 문제 번호
독해의 원리	/9		
논증의 방향	/6		
문맥과 단서	/7		
논리의 체계	/3		
TOTAL	/25		

상황판단영역

유형	맞힌 개수	틀린 문제 번호	풀지 못한 문제 번호
텍스트형	/3		
법조문형	/7		
계산형	/8		
규칙형	/3		
경우의 수	/4		
TOTAL	/25		

자료해석영역

유형	맞힌 개수	틀린 문제 번호	풀지 못한 문제 번호
자료비교	/3		
자료판단	/16		
자료검토·변환	/3		
자료이해	/3		
TOTAL	/25		

언어논리영역

1 독해의 원리
정답 ④

첫 번째 단락에서 중국 고대의 한문 문체인 사륙변려체는 국내외 문서에서 빈번히 쓰였기 때문에 고려 광종 대에 치러진 과거시험에서 사륙변려체의 작성 능력을 평가하는 과목이 포함되어 있었다고 했다. 따라서 고려시대에 사륙변려체는 대(對)중국 외교 시뿐만 아니라 국내 문서에서도 사용되었음을 알 수 있다.

오답 체크

① 첫 번째 단락에서 고려 광종의 과거 시행이 왕권을 강화하기 위한 것으로 알려져 있으나, 외교 역량을 강화하기 위한 목적도 존재했다고 했다. 따라서 광종의 과거 제도 시행에 왕권 강화의 목적이 없었던 것은 아님을 알 수 있다.

② 두 번째 단락에서 조선시대에는 관직의 수가 부족하여 식년시 문과 급제자도 등용되지 못하는 상황에서 비정기 문과가 자주 열려, 과거에 급제하였음에도 관직을 얻지 못하는 이들도 많았다고 했다. 따라서 고려시대가 아닌 조선시대에는 과거에 급제한 뒤에 임용되지 못하는 사람이 크게 늘었음을 알 수 있다.

③ 두 번째 단락에서 조선 전기에는 식년시 문과로 선발되는 인원이 더 많았으나 조선 후기에는 비정기 문과로 급제하는 인원이 더 많아졌다고 했다. 따라서 조선 전기와 달리 조선 후기에 비정기 문과의 급제자 수가 더 많아졌음을 알 수 있으나, 조선 전기에는 식년시 문과가 더 많이 시행되고 조선 후기에는 비정기 문과가 더 많이 시행되었는지는 제시된 글을 통해 알 수 없다.

⑤ 두 번째 단락에서 고려시대와 달리 조선시대의 과거 제도는 양반 관료층의 특권을 유지하는 데에 기여하여, 명종 대까지는 비정기 문과가 서울에 거주하는 일부 특권계층에게 유리하게 시행되었으며 양반의 요구에 부응해 비정기 문과가 자주 열렸다고 했다. 따라서 조선시대에 과거 제도가 양반층의 특권을 유지하는 데에 일조하였음을 알 수 있으나, 과거 응시자격이 일부 특권층에게만 부여되었는지는 제시된 글을 통해 알 수 없다.

2 독해의 원리
정답 ④

세 번째 단락에서 지방 사회에서 불교와 관련된 제사 등은 호장층의 주도로 이루어졌다고 했고, 두 번째 단락에 따르면 호장층은 향리층 중에서 상층부에 속하는 세력이므로 일부 향리에게 불교 제사를 주도할 수 있는 권한이 있었음을 알 수 있다.

오답 체크

① 두 번째 단락에서 향리와 수령 모두 수취한 조세의 양이 정액에 모자란 경우 이를 채우거나 파면되기도 한다고 했다. 따라서 향리가 조세 수취에 대한 책임을 져야 했음을 알 수 있다.

② 두 번째 단락에서 사법권은 수령에게만 부여되었으나 고려 초기에는 일부 속현에서 향리층 중에서도 상층부에 속하는 호장층에게 제한적으로 판결의 권한을 부여하였다고 했으므로 모든 향리에게 사법권이 있었던 것은 아님을 알 수 있다.

③ 세 번째 단락에서 향리가 지방 사회에서 행해지는 대부분의 제사를 주도적으로 담당하였다고 했으나 주현과 속현을 막론하고 자연적으로 중요한 곳에는 중앙 관료를 파견하여 제사를 지내게 하였다고 했으므로 지방 사회의 제사 중 중앙 관료가 담당하는 제사도 있었음을 알 수 있다.

⑤ 첫 번째 단락에서 수령이 파견되지 않는 속현 또는 향·소·부곡 등에서는 수령의 지휘 및 통제를 받는 향리가 행정을 처리하도록 했다고 하였다. 따라서 속현보다 규모가 작은 향·소·부곡에 대해서 수령의 지휘 및 통제를 받는 향리가 행정을 처리했음을 알 수 있다.

3 논증의 방향
정답 ①

첫 번째 단락에 따르면 현대 사회의 문제를 본질적으로 해결하기 위해서는 고전 작품을 통해 과거의 경험에서 답을 찾아야 한다. 또한 두 번째 단락에 따르면 독자는 고전 작품을 통해 스스로를 성찰하고, 옛사람들의 삶을 자신의 삶에 맞게 반영하여 현재의 삶을 개선할 수 있으며, 세 번째 단락에 따르면 고전 작품에 내재된 인류 보편적 가치를 이해하여 현대 사회 문제의 해결책을 찾기 위한 통찰력을 기를 수 있다. 따라서 글의 핵심 논지는 '고전 작품에 제시된 과거의 경험을 바탕으로 현대 사회의 문제점을 해결할 실마리를 찾아야 한다.'가 가장 적절하다.

오답 체크

② 세 번째 단락에서 고전 작품에서 드러난 시대적 특징은 현재와 차이가 있을 수 있으나, 옛사람들과 현재의 우리가 추구해야 할 가치는 크게 다르지 않다고 했다. 따라서 고전 작품에 등장하는 시대상은 현대 사회를 살아가는 사람들의 삶과 관련이 없다는 내용은 제시된 글과 일치하지 않으므로 글의 핵심 논지로 적절하지 않다.

③ 첫 번째 단락에서 현대 사회의 문제를 본질적으로 해결하기 위해서는 고전 작품을 통해 과거의 경험에서 답을 찾아야 한다고 했으므로 고전 작품이 현대 사회에서 발생하는 문제점을 해결할 방안을 제시하지 못한다는 내용은 제시된 글과 일치하지 않으므로 글의 핵심 논지로 적절하지 않다.

④ 세 번째 단락에서 고전 작품을 읽으면 당시 동·서양 문화를 간접적으로 체험하여 그 시대의 역사적 상황과 특수성을 이해할 수 있다고 했으나, 글 전체를 포괄할 수 없으므로 글의 핵심 논지로 적절하지 않다.

⑤ 두 번째 단락에서 작품의 주제나 등장인물의 삶에는 독자에게 전달하는 메시지가 있고 독자는 고전 작품이 전달하는 메시지를 통해 스스로를 성찰할 수 있다고 했으나, 글 전체를 포괄할 수 없으므로 글의 핵심 논지로 적절하지 않다.

4 논증의 방향
정답 ⑤

두 번째 단락에 따르면 지역화폐를 활용한 소비가 현재처럼 일시적인 현상에 그친다면 그 효과는 감소하므로 효과를 높이기 위해서는 지역화폐가 반복·순환적으로 활용될 수 있도록 접근성을 개선할 필요가 있다. 또한 첫 번째 단락에 따르면 우리나라는 현재 거의 모든 지자체에서 지역화폐를 발행하고 있고, 세 번째 단락에 따르면 지역화폐는 낙후지역에 한해 유통 범위를 좁게 설정해야 경제적 효과가 더 높아진다. 따라서 글의 논지는 '지역화폐를 통해 지역 및 국가 경제를 활성화하기 위해서는 접근성과 유통 범위를 개선해야 한다.'가 가장 적절하다.

오답 체크

① 세 번째 단락에서 인접 지역에서도 모두 지역화폐를 발행하여 시행한다면 어느 지역도 경제적 이익을 얻지 못한다고 했으나, 접근성과 유통 범위를 개선해야 장기적인 경제 활성화를 기대할 수 있다는 내용을 포함하지 않으므로 글의 논지로 적절하지 않다.

② 두 번째 단락에서 지역화폐는 대형마트를 제외하여 사용처가 한정되기 때문에 장기적으로는 지역화폐를 통해 경제 활성화를 기대하기 어렵다고 했으나, 유통 범위를 개선해야 경제적 실효성을 높일 수 있다는 내용을 포함하지 않으므로 글의 논지로 적절하지 않다.

③ 첫 번째 단락에서 지역화폐는 지역 내 소상공인을 보호하여 지역경제를 활성화할 목적으로 발행된다고 했으나, 제시된 글은 지역화폐가 접근성과 유통 범위를 개선해야 경제적 실효성을 높일 수 있음을 주장하고 있으므로 글의 논지로 적절하지 않다.

④ 두 번째 단락에서 지역화폐의 취득과 사용의 번거로움을 상쇄할 혜택이 없다면 지역화폐를 통해 개별 지자체 내의 장기적인 경제 활성화를 기대하기 어려우며 지역화폐의 효과를 높이기 위해서는 지역화폐가 반복·순환적으로 활용될 수 있도록 접근성을 개선할 필요가 있다고 했으나 유통 범위를 개선해야 경제적 실효성을 높일 수 있다는 내용을 포함하지 않으므로 글의 논지로 적절하지 않다.

5 독해의 원리
정답 ①

첫 번째 단락에서 보툴리눔 독소는 치명적이기 때문에 0.1µg만 주입해도 성인 한 명이 사망에 이를 수 있다고 했으나, 세 번째 단락에서 시술 시 주사량에 대한 기준이 아직 정립되지 않았다고 했으므로 보툴리눔 독소 시술 시 주입되는 주사량이 국제적인 기준에 따라 적용되는 것은 아님을 알 수 있다.

오답 체크

② 두 번째 단락에서 미용을 목적으로 한 보툴리눔 독소 시술은 안면윤곽 개선 및 주름 개선에 사용된다고 했고, 안면윤곽 개선을 위해서는 턱 근육, 주름 개선을 위해서는 표정 근육에 보톡스를 주사해야 함을 알 수 있다.

③ 세 번째 단락에서 보툴리눔 독소의 경우 혈관 내부로 흡수될 경우 분해 효소의 대사 작용만으로는 해독을 기대할 수 없다고 했고, 첫 번째 단락에서 보툴리눔 독소는 현재 알려진 독성 단백질 중 가장 치명적이라고 했으므로 보툴리눔 독소는 단백질 분해 효소의 대사 작용만으로 해독할 수 없음을 알 수 있다.

④ 첫 번째 단락에서 보툴리눔 독소를 근신경치료에 사용할 경우 부작용의 위험이 있어 상대적으로 위험이 적은 미용 시술에 대중적으로 활용되고 있다고 했으므로 미용 목적으로 보툴리눔 독소를 사용하는 것은 근신경치료보다 상대적으로 부작용 위험이 적음을 알 수 있다.

⑤ 두 번째 단락에서 사각턱을 완화하기 위한 보톡스 시술이라면 턱 근육에 보톡스를 주사하여 안면윤곽을 부드럽게 개선할 수 있으나, 골격적인 원인이 크다면 성형수술을 병행해야 한다고 했으므로 사각턱 개선을 위한 시술이라도 골격적인 원인이 큰 경우에는 보톡스 외에 성형수술을 병행해야 함을 알 수 있다.

6 독해의 원리
정답 ①

두 번째 단락에서 맞벌이 가구의 경우 신혼·신생아 Ⅰ유형은 가구당 월평균 소득의 90% 이하, 신혼·신생아 Ⅱ유형은 가구당 월평균 소득의 120% 이하를 충족해야 한다고 하였다. 따라서 맞벌이 신혼부부의 가구당 월평균 소득이 110%라면 신혼·신생아 Ⅱ유형에 신청할 수 있음을 알 수 있다.

오답 체크

② 두 번째 단락에서 신혼·신생아가구 매입임대주택은 다가구주택 등에서 시세의 30~40%로 거주할 수 있는 Ⅰ유형에 1,490가구를, 아파트·오피스텔 등에서 시세의 70~80%로 거주할 수 있는 Ⅱ유형에 1,212가구를 모집할 예정이라고 하였으나 시세 금액은 파악할 수 없으므로 Ⅰ유형 이용시 Ⅱ유형 이용 시보다 저렴한 임대료로 이용할 수 있는지 여부는 알 수 없다.

③ 세 번째 단락에서 신생아가구는 1순위 입주자로 우선 공급 대상자에 해당한다고 했으므로 무주택자인 25세 미혼 청년이 아닌 신생아가구가 1순위 입주자에 해당함을 알 수 있다.

④ 두 번째 단락에서 청년 매입임대주택은 최대 10년 동안 거주할 수 있다고 했으며, 세 번째 단락에서 결혼 7년 이내 신혼부부는 신혼·신생아 매입임대주택 입주자 모집에 신청할 수 있다고 하였으나 결혼 7년 이내 신혼부부도 매입임대주택에서 최대 10년까지 거주할 수 있는지는 알 수 없다.

⑤ 첫 번째 단락에서 ○○부는 전국 16개 시도에서 청년과 신혼부부, 신생아 출산 가구를 대상으로 매입임대주택 입주자를 모집한다고 하였다. 따라서 청년가구와 신혼부부·신생아가구 모두 전국 16개 시도 모두에서 매입임대주택 입주자 신청을 할 수 있음을 알 수 있다.

7 문맥과 단서
정답 ④

정은 참가자가 안내판을 찍어서 수정한 안내문안과 함께 제출하도록 했던 다른 공모전의 참여율이 높지 않았기 때문에 공모 대상이 되는 문화재를 선정하여 기존 문안을 홈페이지에서 확인할 수 있게 하자고 했고, 무는 정의 의견이 시민들의 쉬운 참여를 가능하게 하여 좋은 방안이라고 했다. 따라서 응모 방법에 안내문안 제출 시 수정이 필요한 안내판의 사진을 첨부한다는 내용을 추가하는 것은 적절하지 않은 수정이다.

오답 체크

①은 을의 의견, ②와 ⑤는 병의 의견, ③은 무의 의견이 반영된 적절한 수정이다.

8 문맥과 단서

㉠ 2020년을 기준으로 40세 남자의 기대여명은 41.53세, 60세 남자의 기대여명은 23.41세라고 했으므로 현재 연령과 기대여명의 합은 40세 남자의 경우 81.53세, 60세 남자의 경우 83.41세이다. 이에 비해 80.49세인 남자의 기대수명이 더 짧으며, 이는 0세에 죽지 않고 다음 연령까지 생존할 확률이 0세의 기대여명인 기대수명에 추가적으로 반영되었기 때문이라고 했다. 따라서 빈칸에 들어갈 내용은 '기대수명보다 길다'가 적절하다.

㉡ 1970년 대비 2020년에 40세 남자의 기대여명은 41.53-26.68=14.85세, 60세 남자의 기대여명은 23.41-12.74=10.67세 늘어난 반면에 남자의 기대수명은 80.49-58.74=21.75세 늘었으며, 이는 유아 사망률 감소가 기대수명의 증가에 큰 영향을 끼치기 때문이라고 했다. 따라서 빈칸에 들어갈 내용은 '기대수명만큼 많이 증가하지 않는다'가 적절하다.

9 문맥과 단서

조례 제11조 제3항에서 군수는 정착지원금을 지원받은 사람이 정착지원금을 목적 외의 용도로 사용하거나 부정한 방법으로 지원받은 사실이 발견되는 경우에는 정착지원금의 전액을 회수하여야 한다고 했으나, 규칙 제5조 제1항 제1호에서 조례 제11조 제3항의 정착지원금을 목적 외의 용도로 사용한 경우 일부 회수하고 부정한 방법으로 지원받은 사실이 발견되는 경우 전액 회수한다고 했으므로 조례와 규칙이 불일치한다. 따라서 갑이 지원받은 정착지원금의 전액을 회수하는 내용으로 조례와 규칙이 일치되기 위해서는 규칙 제5조 제1항 제1호의 '목적 외의 용도로 사용한 경우 일부 회수하고'를 '목적 외의 용도로 사용한 경우 전액 회수하고'로 개정하는 것이 가장 적절하다.

오답 체크

① 조례 제11조 제2항의 '혼인신고를 하고 신부가 입국하여 외국인으로 등록한 날부터'를 '혼인신고를 한 날부터'로 개정하더라도 조례와 규칙이 불일치하므로 ㉠의 내용으로 적절하지 않다.

② 조례 제11조 제3항의 '정착지원금을 지원받은 날로부터'를 '정착지원금을 신청한 날로부터'로 개정하더라도 조례와 규칙이 불일치하므로 ㉠의 내용으로 적절하지 않다.

③ 조례 제11조 제3항의 '2년 내에 군 이외의 지역으로 전출한 때'를 '2년 내에 군 이내의 지역으로 전출한 때'로 개정하더라도 조례와 규칙이 불일치하므로 ㉠의 내용으로 적절하지 않다.

⑤ 규칙 제5조 제1항 제1호의 '목적 외의 용도로 사용한 경우 일부 회수하고 부정한 방법으로 지원받은 사실이 발견되는 경우 전액 회수한다'를 '부정한 방법으로 지원받고 목적 외의 용도로 사용한 경우 전액 회수한다'로 개정하더라도 조례와 규칙 조례와 규칙이 불일치하므로 ㉠의 내용으로 적절하지 않다.

10 문맥과 단서

㉠ 비둘기집 원리에 따르면 비둘기 (n+1)마리가 n개의 비둘기집에 들어가면 적어도 하나의 비둘기집에는 2마리 이상의 비둘기가 들어가고, n개의 물건을 m개의 상자에 나누어 담을 경우 적어도 한 상자에는 n/m개 이하의 물건이 담기게 된다고 했다. 즉, 4개의 물건을 3개의 상자에 나누어 담을 경우 4/3≒1.3으로 물건이 많이 들어간 상자에는 2개 이상의 물건이 들어가게 되고, 물건이 적게 들어간 상자에는 1개 또는 0개의 물건이 들어가게 된다. 따라서 ㉠에 들어갈 진술은 '버림을 하면 된다.'가 가장 적절하다.

㉡ A와 모르는 사이인 D, E, F 중 E와 F가 서로를 모른다면 A, E, F 3명은 서로 모르는 사이이므로 모두 서로를 모르는 사이인 사람이 적어도 3명 존재하여 (1)은 참이다. 한편 D, E, F 세 사람이 서로서로 안다면 모두 서로를 아는 사이인 사람이 적어도 3명 존재하여 (1)은 참이다. 따라서 ㉡에 들어갈 진술은 '(1)은 참이다.'가 가장 적절하다.

11 독해의 원리

세 번째 단락에서 1996년부터는 차종을 두 자릿수로 표시하였으며, 이때 차종 기호는 지역별로 할당되어 두 자릿수의 차종 기호가 등록한 시·군·구를 나타내었다고 했다. 따라서 1999년에 '서울 50 가 1234'와 '서울 50 나 9876'의 등록 번호가 부여된 두 차량은 차종 기호가 50으로 같으므로 같은 구청에서 등록하였음을 추론할 수 있다.

오답 체크

① 두 번째 단락에서 초록색 바탕에 흰색 글씨로 된 자동차 번호판은 1973년부터 2004년까지 사용되었다고 했고, 세 번째 단락에서 차종을 두 자릿수로 표시한 것은 1996년부터라고 했다. 따라서 흰색 바탕에 검은색 글씨로 된 자동차 번호판은 차종 기호가 두 자릿수로 변경된 1996년이 아닌, 2004년 이후에 사용되었음을 추론할 수 있다.

② 두 번째 단락에서 1973년 개편에 따라 렌터카를 나타내는 용도 기호로는 '허'가 쓰였다고 했으므로 1980년에 등록 번호를 부여받은 '경기 3 하 5678'은 렌터카가 아님을 추론할 수 있다.

④ 마지막 단락에서 2004년부터는 번호판에서 지역명을 빼고, 차종 기호와 용도 기호를 윗줄에 넣는 것으로 변경되었다고 했으므로 2005년에 등록한 자동차는 용도 기호인 '나'가 아랫줄이 아닌, 윗줄에 기재될 것임을 추론할 수 있다.

⑤ 첫 번째 단락에서 현재 자동차 번호판의 차량 등록 번호 중 앞의 세 자리는 차량의 종류를 나타낸다고 했고, 세 번째 단락에서 두 자릿수의 차종 기호는 2019년까지 사용되었다고 했다. 또한, 마지막 단락에서 2006년에 한 줄로 된 자동차 번호판이 도입되었다고 했다. 따라서 2021년에 등록한 자동차 번호판에서 차량 등록 번호는 두 줄로 되어 있지 않으며, '07'의 두 자릿수 차종 기호를 쓰지 않을 것임을 추론할 수 있다.

12 독해의 원리

두 번째 단락에서 진단서 발급일을 근로활동 불가기간의 시작일로 본다고 했고, 표에 따르면 C 지역에서 수행하는 모형 2는 대기기간이 14일이다. 따라서 상병수당 신청용 진단서를 발급받은 12월 5일부터 31일까지의 27일이 근로활동 불가기간이고, 여기에서 대기기간을 제외한 27-14=13일이 급여기간임을 추론할 수 있다.

[오답 체크]

① 첫 번째 단락에서 상병수당의 지급 금액을 산정할 때 근로활동 불가기간에서 대기기간을 제외하고 급여기간을 계산한다고 했고, 표에 따르면 A 지역에서 수행하는 모형 1은 대기기간이 7일이다. 따라서 상병수당 급여기간은 근로를 하지 못한 10일 중 대기기간 7일을 제외한 3일임을 추론할 수 있다.

③ 표에 따르면 F 지역에서 수행하는 모형 3은 의료이용일수에 대해 급여하는 모형이고, 두 번째 단락에서 의료이용일수에 대해 급여하는 모형은 입원한 경우에만 상병수당을 신청할 수 있다고 했다. 따라서 F 지역에서 상병수당을 신청하는 근로자는 입원 사실을 증명해야 함을 추론할 수 있다.

④ 세 번째 단락에서 2단계 시범사업에 해당하는 모형 4는 G와 H 지역에서 수행한다고 했으므로 거주지와 근무지 모두 G 지역인 근로자는 다른 조건을 충족하더라도 해당 지역의 시범사업 기간이 아닌 2023년 5월 25일부터 6월 10일까지의 근로활동 불가기간에 대해 상병수당을 신청할 수 없음을 알 수 있다.

⑤ 두 번째 단락에서 신청 대상은 시범사업이 진행되는 지역에 거주하거나 해당 지역에 소재한 사업장에 근무하는 근로자라고 했고, 표에 따르면 H 지역에서 수행하는 모형 4는 근로활동 불가기간, I 지역에서 수행하는 모형 5는 의료이용일수에 대해 급여한다. 이때 의료이용일수에 대해 급여하는 모형은 입원한 경우에만 상병수당을 신청할 수 있다. 따라서 업무 외 부상으로 근로하지 못한 기간에 입원하지 않았다면 모형 5를 운영하는 I 지역에서는 신청할 수 없으므로 모형 4를 수행하는 I 지역에서 신청해야 함을 추론할 수 있다.

13 논증의 방향

ㄱ. 갑은 인간이 자유의지를 가지며 필연적 인과법칙으로 인간의 행동을 설명하거나 예측할 수 없다고 주장한다. 한편 을은 인간의 행동을 포함한 모든 자연 현상에는 원인이 존재하며 그 원인은 태어나기 전의 어떤 일에서 비롯된 것일 수 있어 인간이 자신의 의지에 따라 자유롭게 선택할 수 없다고 주장한다. 따라서 갑은 인간의 의지가 필연성에 의해 지배받지 않는다는 점에 동의하지만, 을은 동의하지 않으므로 적절한 분석이다.

ㄴ. 을은 인간이 자신의 의지에 따라 자유롭게 선택할 수 있다는 것은 착각일 뿐이라며 결정론을 긍정하며 자유의지를 부정한다. 한편 병은 자유의지와 원인이 서로 대비되는 것이 아니며 결정론적으로 정해져 있었다 하더라도 자신이 원하는 것을 선택하였다면 자유의지가 훼손되지 않는다고 주장한다. 따라서 을은 자유의지와 결정론이 양립할 수 없다는 것에 동의하지만, 병은 동의하지 않으므로 적절한 분석이다.

[오답 체크]

ㄷ. 갑은 인간이 자유의지를 가지며 자신의 선택과 행동에 따르는 책임도 진다고 주장했다. 따라서 갑은 인간이 자유의지를 갖기 때문에 선택에 따른 책임을 져야 한다는 것에 동의하므로 적절하지 않은 분석이다.

14 논리의 체계

갑에 따르면 병은 청렴성 강의를 수강했고, 을에 따르면 병은 어떤 강의도 수강하지 않았으므로 갑과 을 중 1명은 거짓을 말했다. 이때 갑의 말이 참이라면 을과 정의 말 모두 거짓이 되어 1명만이 거짓을 말했다는 조건에 위배된다. 이에 따라 갑의 말이 거짓이고, 병은 어떤 강의도 수강하지 않았으며, 정은 도덕성 강의를 수강했다. 한편 참인 정의 말에 따라 갑은 공익성 강의를 수강했음을 알 수 있다. 따라서 '을은 청렴성 강의를 수강했다.'는 반드시 참이다.

[오답 체크]

①, ② 갑은 공익성 강의를 수강했으므로 반드시 참이 아니다.

④ 병은 어떤 강의도 수강하지 않았으므로 반드시 참이 아니다.

⑤ 정은 도덕성 강의를 수강했으므로 반드시 참이 아니다.

15 논리의 체계

세 가지 강좌를 신청할 수 있는 모든 경우의 수를 정리하면 다음과 같다.

구분	경우 1	경우 2	경우 3	경우 4	경우 5	경우 6	경우 7	경우 8
요가	O	O	O	O	X	X	X	X
탁구	O	X	O	X	O	O	X	X
테니스	O	O	X	X	O	X	O	X

갑의 첫 번째 말에 따라 세 강좌를 모두 신청한 사람은 없으므로 〈경우 1〉은 가능하지 않고, 을의 첫 번째 말에 따라 탁구만 신청한 사람도 없으므로 〈경우 6〉도 가능하지 않다. 한편 갑의 두 번째 말에 따라 요가와 테니스를 함께 신청한 〈경우 2〉는 가능하지 않고, 요가는 신청하지 않고 테니스는 신청한 〈경우 5〉와 〈경우 7〉은 가능함을 알 수 있다. 이때 적어도 한 명은 탁구 교실과 테니스 교실을 함께 신청했다는 것은 〈경우 5〉가 반드시 존재한다는 것이다. 따라서 ㉠은 〈경우 7〉을 소거할 수 있는 '요가 교실을 신청하지 않은 사람은 모두 탁구 교실을 신청했다.'가 적절하다.

[오답 체크]

① 요가 교실을 신청한 사람은 모두 탁구 교실을 신청했다는 것은 〈경우 4〉를 소거하는 전제이므로 적절하지 않다.

③ 탁구 교실을 신청한 사람은 모두 요가 교실을 신청했다는 것은 〈경우 5〉를 소거하는 전제이므로 적절하지 않다.

④ 탁구 교실을 신청하지 않은 사람 중 요가 교실을 신청한 사람은 없다는 것은 〈경우 4〉를 소거하는 전제이므로 적절하지 않다.

⑤ 테니스 교실을 신청하지 않은 사람 중 탁구 교실을 신청한 사람은 없다는 것은 〈경우 3〉을 소거하는 전제이므로 적절하지 않다.

16 논리의 체계

제시된 조건을 기호화하여 정리하면 다음과 같다.

- 조건 1: $\sim$A → E
- 조건 2: B → $\sim$C
- 조건 3: $\sim$B → $\sim$D ∩ $\sim$E
- 조건 4: (D ∩ $\sim$E) ∪ ($\sim$D ∩ E)

조건 4와 조건 3의 대우 'D ∪ E → B'에 따라 'B'가 참이고, 조건 2에서 '$\sim$C'를 도출할 수 있다. 이에 따라 갑이 수강하는 강의로 가능한 경우를 나타내면 다음과 같다.

구분	A	B	C	D	E
경우 1	O	O	X	O	X
경우 2	O	O	X	X	O
경우 3	X	O	X	X	O

ㄴ. 〈경우 3〉에 따라 갑이 2개의 강의만 수강한다면 E가 포함되므로 반드시 참이다.

ㄷ. 〈경우 1〉에 따라 A, B, D 3개의 강의를 수강할 수 있으므로 반드시 참이다.

ㄱ. 〈경우 2〉에 따라 A를 수강할 때 D는 수강하지 않을 수 있으므로 반드시 참은 아니다.

17 독해의 원리   정답 ④

좌측과 우측, 안쪽과 바깥쪽 등 네 가지 시야를 통해 들어온 정보가 전달되는 경로를 정리하면 다음과 같다.

구분	좌측 바깥쪽 시야	좌측 안쪽 시야	우측 바깥쪽 시야	우측 안쪽 시야
시신경	왼쪽 눈의 안쪽	왼쪽 눈의 바깥쪽	오른쪽 눈의 안쪽	오른쪽 눈의 바깥쪽
시각로	우측	좌측	좌측	우측

ㄴ. 첫 번째 단락에서 양쪽 눈의 안쪽에 위치한 2개의 시신경은 뇌하수체가 있는 곳에서 서로 교차된다고 했으므로 뇌하수체 부위가 손상되면 양쪽 눈의 안쪽에 위치한 시신경에 문제가 생겨 양측의 바깥쪽 시야를 인식할 수 없음을 추론할 수 있다.

ㄷ. 좌측 시각로가 손상될 경우 좌측 안쪽 시야와 우측 바깥쪽 시야를 통해 들어온 정보가 뇌로 전달되지 않아 좌측 안쪽과 우측 바깥쪽 시야를 통해 들어온 정보를 인식할 수 없음을 추론할 수 있다.

ㄱ. 좌측 안쪽 시야만 까맣게 보이는 경우 장애 부위는 왼쪽 눈의 바깥쪽에 위치한 시신경임을 추론할 수 있다.

18 독해의 원리   정답 ①

두 번째 단락에서 성염색체 XY의 일부인 SRY 유전자가 TDF라는 인자를 만들어 미분화된 성선을 정소로 발달시키고, 정소는 MIS를 만들어 뮐러관을 퇴화시키고 테스토스테론을 만들어 볼프관을 발달시킨다고 했다. 또한 세 번째 단락에서 정소에서 만들어진 테스토스테론은 알파환원효소에 의해 디하이드로테스토스테론으로 바뀌고, 디하이드로테스토스테론은 디하이드로테스토스테론에 노출되지 않았다면 대음순으로 발달할 미분화된 외부 생식기를 음낭으로 바꾼다고 했다. 따라서 성염색체 XY를 가졌지만 알파환원효소가 작동하지 않는 경우에는 정소의 발달, 볼프관 발달, 뮐러관 퇴화는 정상적으로 이루어지지만 디하이드로테스토스테론은 생성되지 않아 음낭, 음경, 귀두는 발달하지 않았을 것임을 추론할 수 있다.

② 첫 번째 단락에서 일반적인 경우에는 3가지 정의에 따른 성별이 일치하며, 여성은 성염색체가 XX라고 했다. 또한 두 번째 단락에서 정소는 MIS를 만들어 원래 MIS에 노출되지 않았더라면 발달했을 뮐러관을 퇴화시키고, 테스토스테론을 만들어 원래 테스토스테론에 노출되지 않았더라면 퇴화돼 사라졌을 볼프관을 발달시킨다고 했다. 또한 같은 두 번째 단락에서 여성의 경우 정소 대신 난소가 발달하기 때문에 MIS와 테스토스테론이 생성되지 않는다고 했다. 따라서 여성의 경우 테스토스테론이 없으므로 볼프관이 퇴화하고, MIS가 없으므로 뮐러관이 발달할 것임을 추론할 수 있다.

③ 두 번째 단락에서 TDF에 노출되지 않으면 미분화된 성선은 난소로 발달한다고 했다. 또한 첫 번째 단락에서 미분화된 성선이 난소로 발달하는 경우는 여성으로 본다고 했다. 따라서 성염색체 XY를 가진 사람에서 SRY 유전자의 문제로 TDF가 생성되지 않으면 성선 기준에 따른 성별은 여성이 됨을 추론할 수 있다.

④ 세 번째 단락에서 남성과 여성은 음핵과 귀두처럼 형태나 기능은 다르나 기원이 같은 기관인 상동기관을 가진다고 했으며, 디하이드로테스토스테론은 디하이드로테스토스테론에 노출되지 않았다면 대음순으로 발달할 미분화된 외부 생식기를 음낭으로, 소음순으로 발달할 미분화된 외부 생식기를 음경으로 발달시킨다고 했다. 따라서 대음순과 음낭, 소음순과 음경이 서로 형태는 다르지만 기원은 같은 기관임을 추론할 수 있다.

⑤ 첫 번째 단락에서 일반적인 경우에는 3가지 정의에 따른 성별이 일치한다고 했고, 미분화된 성선이 정소로 분화하는 경우 남성으로 정의한다고 했다. 세 번째 단락에서 정소에서 만들어진 테스토스테론은 알파환원효소에 의해 디하이드로테스토스테론으로 바뀌고 디하이드로테스토스테론은 디하이드로테스토스테론에 노출되지 않았다면 대음순으로 발달할 미분화된 외부 생식기를 음낭으로, 소음순으로 발달할 미분화된 외부 생식기를 음경으로, 음핵으로 발달할 미분화된 외부생식기는 귀두로 발달시킨다고 했다. 따라서 정상적인 성 분화 과정을 거친 사람이 정소를 가지고 있다면 외부 생식기는 디하이드로테스토스테론에 노출되었음을 추론할 수 있다.

19 독해의 원리   정답 ③

〈실험〉에서 죽은 절지동물은 개미의 단백질 공급원이 되므로 죽은 절지동물이 많은 공간 1은 단백질의 공급이 충분한 환경이고, 상대적으로 죽은 절지동물이 적은 공간 2는 단백질의 공급이 부족한 환경이다.

ㄷ. 공간 1보다 공간 2에서 유충이 등장한 후 개미에 의해 제거되는 데까지 걸린 시간이 짧고 개미가 유충을 공격하는 빈도가 높았다고 했으므로, A 식물 주변의 곤충에 대한 개미의 공격은 단백질이 부족한 환경에서 더 활발해졌음을 알 수 있다. 따라서 단백질의 공급이 충분한 환경보다 단백질의 공급이 부족한 환경에서, 개미는 더 적극적으로 A 식물 가까이에 몰려들어 다른 곤충을 공격한다는 것은 적절한 추론이다.

ㄱ. 공간 1과 공간 2 모두 동시에 여러 종의 개미가 출현하였으며, 공격성이 강한 종의 비중은 공간 1과 공간 2 사이에 유의미한 차이가 없었다고 했다. 따라서 식물 A 주변에 공격성이 강한 종의 개미가 더 많이 모여들 확률은 단백질의 공급이 부족한 환경보다 단백질의 공급이 충분한 환경에서 더 높은지 알 수 없으므로 적절하지 않은 추론이다.

ㄴ. A 식물이 분비하는 탄수화물이 풍부한 수액은 개미의 먹잇감이라고 했고, 〈실험〉에서 공간 1과 공간 2에 동일한 수의 A 식물을 심었다고 했으므로 탄수화물의 공급이 부족한 환경에 대해서는 알 수 없다. 또한, 개미가 유충을 공격하는 시간은 공간 1보다 공간 2가 짧았다고 했으나, 공격성이 강한 종의 비중은 공간 1과 공간 2 사이에 유의미한 차이가 없어 어떤 종의 개미가 더 빠르게 공격했는지는 알 수 없으므로 적절하지 않은 추론이다.

20 논증의 방향   정답 ⑤

ㄱ. ㉠은 소련이 대내외적으로 공격적인 행보를 보임으로써 서방 세계에 위협 요인이 되었고, 미국이 이에 정당한 대응을 하면서 냉전이 발생했다는 입장이다. 따라서 소련이 동유럽 국가인 폴란드의 독립을 저지하기 위해 폴란드 사회지도층 학살 사건을 일으켰으며 냉전 당시 이 사건이 소련의 만행임을 밝힌 미국과 영국의 내부 문서가 있었다는 사실은, 냉전의 책임이 소련에 있다는 ㉠을 강화하므로 적절한 평가이다.

ㄴ. ㉡은 미국이 막강한 군사력과 경제력을 바탕으로 국제사회에서 패권을 잡고 자본주의 세계를 확대하려 하자, 소련이 수비 전략을 취하여 냉전이 발생했다는 입장이다. 따라서 미국이 군대 및 무기 생산 규모에 있어 절대적 우위에 있었다는 조사는, 냉전의 책임이 미국에 있다는 ㉡을 강화하므로 적절한 평가이다.

ㄷ. ㉢은 미국과 소련 중 어느 한쪽에 냉전의 책임이 있지 않으며, 안보 딜레마에 빠지는 등 양 진영의 상호 작용으로 냉전이 발생했다는 입장이다. 따라서 미국과 소련이 안보를 위해 경쟁적으로 핵을 개발하려 한 행동이 결과적으로 상대국에 대한 불신을 극대화시켰다는 연구는, 냉전의 책임이 양국 모두에 있다는 ㉢을 강화하므로 적절한 평가이다.

21 논증의 방향   정답 ②

ㄴ. 갑은 동물을 기르고 죽이는 과정에서 동물에게 고통이 가해지기 때문에 육식은 정당화될 수 없다고 주장한다. 즉, 육식이 정당화되려면 동물에게 고통이 가해지지 않아야 한다는 것이므로 갑의 논증에 따르면 동물을 고통 없이 기르고 고통 없이 죽일 수 있을 때에만 육식이 정당화될 수 있다는 분석은 적절하다.

오답 체크

ㄱ. 갑은 채식이 오히려 육식을 했을 때보다 건강한 삶을 영위할 수 있게 돕는다고 주장하고 있으나, 을은 인간이 완전히 채식을 하는 것은 불가능하다고 주장할 뿐, 채식이 육식보다 인간의 건강 증진에 더 도움이 된다고 보는지는 알 수 없다. 따라서 적절한 분석이 아니다.

ㄷ. 을은 자연법칙에 따라 인간이 육식을 하는 것은 순리라고 주장하므로 자연법칙에 따르는 것이 정당하다고 보고 있음을 알 수 있다. 그러나 갑은 동물이 자연 상태에서는 겪지 않아도 되는 고통을 인간의 육식 때문에 겪게 된다고 주장하고 있을 뿐, 자연법칙에 따르는 것이 정당하다고 보는지 그렇지 않은지는 알 수 없다. 따라서 적절한 분석이 아니다.

22 논증의 방향   정답 ③

ㄱ. 갑에 따르면 인간은 육식을 하지 않아도 영양학적으로 문제없이 살아갈 수 있으며, 신체 활동에 필요한 영양소는 채식으로도 섭취할 수 있다고 한다. 이때, 채식만 한 인간의 영양 상태가 채식과 육식을 고루 섭취한 인간의 영양 상태보다 나쁘다면 갑의 주장을 약화하므로 적절하다.

ㄴ. 을에 따르면 동물의 개체 수가 과도하게 많아지면 생태계의 먹이 사슬이 무너질 수 있으며, 인간의 육식은 자연계의 흐름을 정상 범주로 하기 위한 주요 수단으로 활용될 수 있다고 한다. 이때, 지중해 바다 생태계를 파괴하는 외래종 파란 꽃게를 인간이 요리하여 먹음으로써 지중해 내 파란 꽃게의 개체 수가 줄어들었다면, 을의 주장을 뒷받침하는 근거가 된다. 따라서 을의 주장은 약화되지 않는다.

오답 체크

ㄷ. 갑에 따르면 단순히 인간의 쾌락만을 위한 육식은 윤리적으로 정당화될 수 없다고 한다. 이는 갑이 인간이 육식을 할 때 쾌락을 느낀다는 사실을 기반으로 쾌락만을 목적으로 육식을 해서는 안 된다고 주장하는 것임을 나타낸다. 따라서 육식을 통해 인간의 쾌락이 증대되었다는 실험 결과는 을의 주장을 강화하지 않는다.

23 문맥과 단서   정답 ②

제시된 글에 따라 개편 전후의 부가가치세 간이과세 제도 적용 기준을 정리하면 다음과 같다.

〈개편 전〉

연매출 기준	3,000만 원 미만	3,000만 원 이상 4,800만 원 미만	4,800만 원 이상 8,000만 원 미만
과세 방법	간이과세	㉠ 간이과세	㉡ 일반과세
부가가치세 납부	면제	㉢ 납부	납부
세금계산서 발급 의무	㉣ 없음	㉤ 없음	㉥ 있음

〈개편 후〉

연매출 기준	3,000만 원 미만	3,000만 원 이상 4,800만 원 미만	4,800만 원 이상 8,000만 원 미만
과세 방법	간이과세	간이과세	Ⓐ 간이과세
부가가치세 납부	면제	Ⓞ 면제	Ⓧ 납부
세금계산서 발급 의무	없음	없음	있음

따라서 부가가치세 납부 여부는 ㉢과 Ⓧ이 '납부'로 같고, Ⓞ이 '면제'로 ㉢과 다르므로 적절하다.

오답 체크

① ㉠과 동일한 과세 방법이 들어가는 것은 ㉡이 아니라 Ⓐ이므로 적절하지 않다.

③ Ⓞ에는 '없음'이 들어가므로 적절하지 않다.

④ 두 번째 단락에서 개편된 기준에 따르면 부동산 임대업을 하는 사업자는 연매출 4,800만 원 미만인 경우에만 부가가치세 간이과세 적용 대상이 된다고 했다. 따라서 연매출이 5,000만 원인 부동산 임대업자는 개편 이후 Ⓐ이 아니라, 일반과세가 적용되므로 적절하지 않다.

⑤ 네 번째 단락에서 이 개편으로 일반과세자가 간이과세자로 전환된 연매출 4,800만 원 이상 8,000만 원 미만 사업자의 경우 세금계산서 발급 의무가 유지된다고 했다. 따라서 ㉥에는 개편 후와 마찬가지로 '있음'이 들어가므로 적절하지 않다.

24 문맥과 단서

갑의 첫 번째와 두 번째 말에 따르면 A씨는 5차 긴급고용안정지원금을 받았으며, 최근 6개월간 고용보험 가입 이력이 없다. 이때 을의 첫 번째 말에 따르면 기수급자는 지난달 10일을 기준으로 고용보험에 가입되어 있지 않았다면 지원금을 받을 수 있다고 했으므로 A씨는 지원 대상에 해당한다. 한편 을의 세 번째 말에 따르면 수령 신청은 계좌정보 확인을 위한 절차로 별도 신청하지 않은 경우에는 신청한 것으로 간주하여 기존 수급 계좌로 지급되므로 계좌정보가 변경되지 않았다면 신청하지 않아도 되지만, 계좌 정보가 변경된 경우에는 신청해야 한다. 또한, 을의 세 번째와 네 번째 말에 따르면 지방자치단체 자체 사업은 중복으로 지급되지만, 2차 추경에서 지원하는 유사 사업은 중복으로 지원되지 않으므로 중복 수급이 안 되는 다른 지원금을 수급하고자 할 경우에는 수령 거부를 신청해야 한다.

따라서 빈칸에 들어갈 내용은 '기존과 다른 계좌로 긴급고용안정지원금을 받고자 하는 경우 또는 중복 수급 불가한 다른 지원금을 수령할 예정인 경우'가 가장 적절하다.

오답 체크

① 을의 세 번째 말에서 별도로 신청하지 않은 경우에는 신청한 것으로 간주하여 기존 수급 계좌로 지급된다고 했으므로 적절하지 않다.

② 을의 두 번째 말에서 신규 신청하는 경우에만 소득 심사를 한다고 했으며, A씨는 기수급자이므로 적절하지 않다.

④ 을의 두 번째 말에서 지난달 10일을 기준으로 고용보험에 가입되어 있지 않아야 지원 대상이 된다고 했고, 갑의 두 번째 말에서 A씨는 최근 2개월간 고용보험 가입 이력이 없다고 했으므로 적절하지 않다.

⑤ 을의 네 번째 말에서 지방자치단체 자체적으로 진행하는 프리랜서 대상 지원 사업은 중복으로 지급받을 수 있다고 했으므로 적절하지 않다.

25 문맥과 단서

ㄱ. 을은 대여소별 자전거 재분배 문제에 초점을 맞춰야 한다는 의견을 제시했으므로 대여 건수가 많은 대여소와 반납 건수가 많은 대여소가 일치하지 않는다면 공공자전거 대여 서비스의 이용률을 높이기 위한 개선점으로 볼 수 있다. 따라서 'A시 공공자전거 대여 건수가 많은 상위 10% 대여소와 반납 건수가 많은 상위 10% 대여소 목록'을 확인하는 것은 적절하다.

ㄴ. 병은 공공자전거와 자전거도로의 조명을 보강하여 자전거의 야간 운행 안전성이 낮은 문제를 해결해야 한다는 의견을 제시했으므로 자전거 교통사고가 주간보다 야간 시간대에 많이 발생한다면 공공자전거 대여 서비스의 이용률을 높이기 위한 개선점으로 볼 수 있다. 따라서 'A시의 자전거 교통사고 중 주간 시간대 발생률과 야간 시간대 발생률의 차이'를 확인하는 것은 적절하다.

오답 체크

ㄷ. 정은 다양한 연령대의 이용자를 확보해야 하며, 특히 10대 청소년의 이용률을 높여야 한다는 의견을 제시했으므로 10대의 공공자전거 이용률이 특히 저조하다면 공공자전거 대여 서비스의 이용률을 높이기 위한 개선점으로 볼 수 있다. 따라서 A시 공공자전거 이용자 중 10대부터 20대까지가 아닌, 10대 이용자의 비중을 파악하는 것이 적절하다.

1 법조문형

다섯 번째 법조문 제2항에서 배심원의 평결결과와 다른 판결을 선고하는 때에는 판결서에 그 이유를 기재하여야 한다고 했으므로 판결의 선고를 배심원의 평결결과와 다르게 한 경우, 판결서에 배심원의 평결결과와 다른 판결을 선고한 이유를 기재해야 함을 알 수 있다.

오답 체크

① 세 번째 법조문에서 배심원 또는 예비배심원은 법원의 증거능력에 관한 심리에 관여할 수 없음을 알 수 있다.

② 두 번째 법조문 제2항에서 법원은 사임 신청에 이유가 있다고 인정하는 때에는 당해 배심원 또는 예비배심원을 해임하는 결정을 할 수 있다고 했고, 동조 제3항에서 제2항의 결정을 함에 있어서는 검사·피고인 또는 변호인의 의견을 들어야 한다고 했으므로 법원이 배심원의 사임 신청이 이유가 있다고 인정한 경우, 법원은 배심원의 해임을 결정하기 위해 검사·피고인 또는 변호인의 의견을 들어야 함을 알 수 있다.

③ 네 번째 법조문 제3항에서 배심원은 유·무죄에 관하여 전원의 의견이 일치하지 아니하는 때에는 평결을 하기 전에 심리에 관여한 판사의 의견을 들어야 한다고 했고, 이 경우 유·무죄의 평결은 다수결의 방법으로 하며 심리에 관여한 판사는 평의에 참석하여 의견을 진술한 경우에도 평결에는 참여할 수 없다고 했으므로 배심원의 유·무죄에 관하여 전원의 의견이 일치하지 않은 경우, 배심원은 심리에 관여한 판사를 포함하지 않고 다수결의 방법으로 유·무죄의 평결을 해야 함을 알 수 있다.

④ 마지막 법조문 제1항에서 배심원 또는 예비배심원이 직무상 알게 된 비밀을 누설한 때에는 6개월 이하의 징역 또는 300만 원 이하의 벌금에 처한다고 했고, 동조 제2항에서 배심원 또는 예비배심원이었던 자가 직무상 알게 된 비밀을 누설한 때에도 제1항과 같으나 연구에 필요한 협조를 한 경우는 그러하지 아니하다고 했으므로 배심원이었던 자가 직무상 알게 된 비밀을 누설하더라도 사법 연구에 필요한 협조를 하기 위함이었다면 벌금에 처해지지 않음을 알 수 있다.

2 법조문형

'2023년 5월 17일'은 A 제조 시 사용된 원재료 B의 제조일이며, 원재료의 제조일은 甲이 기록·보관해야 하는 내용에 해당하지 않는다.

오답 체크

② 제□□조 제4호에 따라 A 제조 시 사용된 원재료의 명칭인 'B'와 원산지인 '대한민국'은 기록·보관해야 하는 사항에 해당한다.

③ 제□□조 제2호에 따라 A의 판매일자인 '2023년 10월 5일'은 기록·보관해야 하는 사항에 해당한다.

④ 제□□조 제6호에 따라 제품 판매처의 명칭인 '丙기업'과 연락처인 '02-0000-XXXX'는 기록·보관해야 하는 사항에 해당한다.

⑤ A의 소비기한은 제조일로부터 2년이므로 제□□조 제3호에 따라 2023년 7월 22일에 제조된 A의 소비기한인 '2025년 7월 21일'은 기록·보관해야 하는 사항에 해당한다.

3 법조문형

첫 번째 법조문(회원 탈퇴와 자격 제한 및 상실) 제2항에서 이러닝콘텐츠를 복제하는 경우 회사는 회원자격을 제한 또는 정지시킬 수 있다고 했고, 동조 제3항에서 회원자격의 제한·정지 후에도 회원이 동일한 행위를 반복하는 경우 회사는 회원자격을 상실시킬 수 있다고 했으므로 회원이 회원자격의 정지 후에도 이러닝콘텐츠를 반복하여 복제하는 경우, 회사는 회원의 회원자격을 상실시킬 수 있음을 알 수 있다.

오답 체크

② 세 번째 법조문(이러닝서비스의 변경) 제1항에서 회사는 상당한 운영상 또는 기술상의 필요가 있는 경우에 이용자에게 제공되고 있는 이러닝서비스의 이용방법·이용시간을 변경할 수 있다고 했고, 동조 제2항에서 제1항의 경우에 이용자는 회사에 대하여 변경 이전의 서비스 제공을 요구할 수 있다고 했으므로 회사가 기술상의 필요가 있어 이러닝서비스의 이용방법을 변경한 경우, 이용자는 회사에 대하여 변경 이전의 서비스 제공을 요구할 수 있음을 알 수 있다.

③ 두 번째 법조문(이러닝서비스 복습기간) 제1항에서 이러닝서비스 이용계약 시 복습기간을 제공하기로 약정한 경우에는 복습기간을 무료로 제공한다고 했고, 동조 제2항에서 제1항의 약정이 없는 경우라도 회사는 이용자가 복습기간을 요청하면 저작권 등의 문제가 없는 한도에서 이를 제공할 수 있으나 이 경우 회사는 이용자에게 적절한 추가 이용대금을 청구할 수 있다고 했으므로 이용자가 복습기간을 요청하더라도 회사가 반드시 복습기간을 무료로 제공해야 하는 것은 아님을 알 수 있다.

④ 마지막 법조문(이용자의 계약해제 및 해지) 제1호에서 제공된 이러닝서비스가 표시·광고 등과 현저한 차이가 있는 경우 이용자는 그 사실을 안 날로부터 30일 이내 또는 해당 이러닝서비스를 공급받은 날로부터 90일 이내에 이러닝서비스 이용계약을 해제할 수 있다고 했으므로 제공된 이러닝서비스가 광고와 현저히 차이가 있는 경우, 이용자는 해당 사실을 안 날로부터 30일 이내에 이러닝서비스 이용계약을 해제할 수 있음을 알 수 있다.

⑤ 첫 번째 법조문(회원 탈퇴와 자격 제한 및 상실) 제2항에서 자신의 이러닝콘텐츠를 타인이 이용하도록 한 경우 회사는 회원자격을 제한 또는 정지시킬 수 있다고 했으므로 회원이 타인에게 자신의 이러닝콘텐츠를 이용하게 한 경우, 회사는 회원자격을 정지시켜야만 하는 것은 아님을 알 수 있다.

4 법조문형

법조문(특별휴가) 제3항에서 행정기관의 장은 소속 여성 공무원이 유산하거나 사산한 경우 해당 공무원이 신청하면 유산휴가 또는 사산휴가를 주어야 함을 알 수 있다. 이때 乙이 임신 170일째에 사산하였고, 임신기간 1주를 7일로 산정하면 乙의 임신기간은 170/7 ≒ 24.3주이다. 따라서 동조 제3항 제3호에 따라 임신기간이 22주 이상 27주 이내인 경우에 해당하므로 乙은 사산한 날부터 60일까지 휴가를 받을 수 있음을 알 수 있다.

① 법조문(특별휴가) 제4항에서 체외수정 등 난임치료 시술을 받는 공무원은 시술 당일에 1일의 휴가를 받을 수 있고, 체외수정 시술의 경우 여성 공무원은 난자 채취일에 1일의 휴가를 추가로 받을 수 있다고 했으므로 甲이 난임으로 체외수정 시술을 받을 예정이라면 시술 당일과 난자 채취일에 휴가를 받을 수 있음을 알 수 있다.

③ 법조문(특별휴가) 제1항 제2호에서 임신 중인 공무원이 유산·사산의 위험이 있다는 의료기관의 진단서를 제출한 경우에 출산 전 어느 때라도 최장 44일(한 번에 둘 이상의 자녀를 임신한 경우에는 59일)의 범위에서 출산휴가를 나누어 사용할 수 있도록 하여야 한다고 했으므로 丙이 쌍둥이를 임신 중인 상태에서 유산의 위험이 높다는 진단서를 제출하였다면 출산 전에 출산휴가 59일을 나누어 사용할 수 있음을 알 수 있다.

④ 법조문(특별휴가) 제2항에서 5세 이하의 자녀가 있는 공무원은 자녀를 돌보기 위하여 24개월의 범위에서 1일 최대 2시간의 육아시간을 받을 수 있음을 알 수 있다. 이때 丁의 자녀는 현재 2세이고, 향후 24개월이 지나더라도 나이가 4세로 5세 이하이므로 육아시간을 받은 적 없는 丁은 자녀를 돌보기 위해 향후 2년 동안 매일 최대 2시간의 육아시간을 받을 수 있음을 알 수 있다.

⑤ 법조문(특별휴가) 제5항 제2호에서 자녀가 있는 공무원은 자녀의 병원 진료(건강검진 또는 예방접종을 포함한다)에 동행하는 경우 연간 2일(자녀가 2명 이상인 경우에는 3일)의 범위에서 자녀돌봄휴가를 받을 수 있다고 했으므로 자녀돌봄휴가를 받은 적 없는 戊는 외동 아들(6세)의 병원 진료에 동행하기 위해 연간 최대 2일의 휴가를 받을 수 있음을 알 수 있다.

> ⏱ **빠른 문제 풀이 Tip**
> 선택지에서 핵심적인 키워드를 찾아 해당 키워드가 등장하는 법조문의 조항을 확인하여 문제를 풀이한다. 선택지에 '체외수정', '사산', '진단서', '육아시간', '병원 진료'가 핵심 키워드이므로 해당 용어가 등장하는 조문을 빠르게 확인한다.

5 텍스트형 정답 ②

첫 번째 단락에서 기존에 사용되던 소총 Kar98k와 달리 StG44에는 소총탄의 길이를 57mm에서 33mm로 줄인 7.92x33mm 탄이 사용되었다고 했으므로 Kar98k에 사용된 탄환의 규격은 7.92x57mm임을 알 수 있다. 또한, 세 번째 단락에서 5.56mm 탄의 영향으로 소련이 AK-47에 사용되는 7.62x39mm 탄보다 소구경의 탄환을 사용하는 AK-74를 개발하였다고 했다. 따라서 Kar98k에 사용된 탄환은 AK-74에 사용된 탄환에 비해 길이가 길고 구경도 더 크다는 것을 알 수 있다.

① 첫 번째 단락에서 제2차 세계대전 당시 사용되던 소총은 탄의 위력은 크지만 한 발 쏘고 다시 장전하는 단발식이었으며, 기관단총은 연사가 가능했지만 유효사거리가 짧고 살상력이 낮은 문제가 있었다고 했다. 따라서 연사능력 측면의 한계는 소총의 문제이고, 사거리와 파괴력 측면의 한계는 기관단총의 문제였음을 알 수 있다.

③ 세 번째 단락에서 M16은 1950년대에 개발된 AR-15를 1963년에 미국 육군의 제식 소총으로 채택하면서 부여된 명칭이라고 했으므로 AR-15를 개량하여 M16을 개발한 것이 아님을 알 수 있다.

④ 첫 번째 단락에서 StG44의 유효사거리는 300m라고 했고, 두 번째 단락에서 AK-47의 유효사거리는 350m라고 했다. 따라서 300m 이내의 표적은 StG44와 AK-47 모두 유효사거리를 벗어나지 않으므로 어느 쪽의 명중률이 더 높은지 알 수 없다.

⑤ 세 번째 단락에서 AK-47에 사용되는 7.62x39mm 탄에 비해 2배 이상 가벼운 구경 5.56mm의 탄환을 사용하여 부드러운 표적에 대한 파괴력이 더 뛰어나다고 했으므로 구경 7.62mm 탄보다 구경 5.56mm 탄이 사람의 피부에 더 큰 상처를 낼 수 있음을 알 수 있다.

6 계산형 정답 ①

A팀 점수가 74점보다 낮으면서 각 자리 수의 합이 B팀 점수의 각 자리 수의 합인 11보다 큰 경우는 다음과 같다.

A팀 점수	39	48	49	57	58	59	66	67	68	69
각 자리 수의 합	12	12	13	12	13	14	12	13	14	15

3점 슛을 하나 더 성공시켰을 때 A팀의 점수와 각 자리 수의 합은 다음과 같다.

A팀 점수	42	51	52	60	61	62	69	70	71	72
각 자리 수의 합	6	6	7	6	7	8	15	7	8	9

이때 여전히 각 자리 수의 합이 11보다 큰 경우는 3점 슛을 하나 더 성공시켜 69점이 되는 경우뿐이다.

따라서 현재 A팀의 점수는 66점이며 B팀을 이기기 위해서는 최소 74-66+1=9점을 추가로 획득해야 하므로 3점 슛을 3개 이상 성공시켜야 한다.

7 계산형 정답 ④

甲, 乙, 丙 세 사람이 채소가게에서 구매한 채소 박스 무게의 합은 총 39kg이었으며 각자 구매한 채소 박스의 무게는 같았으므로 각자 구매한 채소 박스의 무게는 39/3=13kg이다. 이에 따라 1박스당 무게가 무거운 채소부터 박스 개수를 줄이면서 한 사람이 구매한 채소 박스의 무게가 13kg인 경우를 정리하면 다음과 같다.

구분	고구마 박스 (10kg)	옥수수 박스 (5kg)	감자 박스 (3kg)	당근 박스 (1kg)	합계
경우 1	1박스		1박스		2박스
경우 2	1박스			3박스	4박스
경우 3		2박스	1박스		3박스
경우 4		2박스		3박스	5박스
경우 5		1박스	2박스	2박스	5박스
경우 6		1박스	1박스	5박스	7박스
경우 7		1박스		8박스	9박스
경우 8			4박스	1박스	5박스
경우 9			3박스	4박스	7박스
경우 10			2박스	7박스	9박스
경우 11			1박스	10박스	11박스
경우 12				13박스	13박스

이에 따라 세 사람이 같은 개수의 박스를 구매하는 경우는 5박스를 구매한 〈경우 4〉, 〈경우 5〉, 〈경우 8〉이며, 이때의 지불 금액은 다음과 같다.

구분	지불 금액
경우 4	옥수수 2박스+당근 3박스 : 9,500×2+15,700×3=66,100원
경우 5	옥수수 1박스+감자 2박스+당근 2박스 : 9,500×1+6,300×2+15,700×2=53,500원
경우 8	감자 4박스+당근 1박스 : 6,300×4+15,700×1=40,900원

세 경우 중 채소가게에 지불한 금액이 가장 많은 〈경우 4〉가 甲, 두 번째로 많은 〈경우 5〉가 乙, 가장 적은 〈경우 8〉이 丙이 구매한 채소 박스 조합에 해당한다.
따라서 甲과 乙이 지불한 금액의 차이는 66,100−53,500=12,600원이다.

8 규칙형
정답 ②

- 조건 1에서 무상 A/S를 받으려는 시점을 기준으로 제품의 구매 연월은 2년 이내여야 한다고 했고, 현재 시점은 2021년 3월이므로 구매 연월이 2019년 2월로 2년을 초과하는 E는 제외된다.
- 조건 2에서 무상 A/S를 받으려는 시점을 기준으로 제품의 제조 연월은 3년 이내여야 한다고 했으므로 제조 연월이 3년을 초과하는 C는 제외된다.
- 조건 3에서 무상 A/S를 받으려는 부분의 손상 원인이 사고나 무단개조 이외의 것이어야 한다고 했으므로 손상 원인이 사고인 B는 제외된다.

따라서 무상 A/S를 받을 수 있는 제품은 A, D이다.

9 텍스트형
정답 ⑤

ㄴ. 두 번째 단락에 따르면 과의교위는 정5품 무신 상계이고, 전력부위는 종9품 무신임을 알 수 있다. 첫 번째 단락에서 종6품 이상의 관료들은 참상관, 정7품 이하의 관료들은 참하관이라고 불렸고, 참상관이 되면 여러 특권들이 주어졌다고 했으므로 과의교위에게는 전력부위에 비해 여러 특권들이 주어졌을 것임을 알 수 있다.

ㄷ. 첫 번째 단락에서 정1품, 종1품, 정2품, 종2품 관료를 비롯해 정3품 관료 중 높은 지위에 있는 관료들이 당상관에 해당하였고, 세 번째 단락에서 당상관 중 가장 낮은 관품을 가진 관료는 무신인 경우 절충장군이라는 관계가 주어졌음을 알 수 있다. 또한 종2품 당상관부터는 무신에 대한 관계가 없었기 때문에 무신이 종2품 이상으로 승진하는 경우 문신으로 그 소속을 변경하게 되었다고 했으므로 당상관 중 정3품 무신의 경우 문신으로 소속을 변경하지 않았음을 알 수 있다.

ㄹ. 첫 번째 단락에서 당상관이란 국가의 대소사를 결정하는데 직접 참여할 자격을 갖춘 관료들로, 정1품, 종1품, 정2품, 종2품 관료를 비롯해 정3품 관료 중 높은 지위에 있는 관료들이라고 했고, 세 번째 단락에서 종2품 상계는 가정대부라고 했으므로 가정대부는 국가의 대소사를 결정하는데 직접 참여할 자격을 갖춘 관료일 것임을 알 수 있다.

오답 체크

ㄱ. 첫 번째 단락에서 정3품 관료 중 낮은 지위에 있는 관료들부터 그 이하의 관품을 가진 관료들은 당하관이라고 불렸다고 했으므로 정5품 관료의 관리는 당하관이라고 불렸을 것임을 알 수 있다.

10 텍스트형
정답 ⑤

문과의 경우 4등부터 10등까지는 정8품으로 임명되었다고 했으므로 1482년 甲은 정8품 문신이 되었다. 1501년 甲은 1482년보다 관품이 5단계 승진하였다고 했으므로 정8품 → 종7품 → 정7품 → 종6품 → 정6품 → 종5품으로 승진하여 관품은 종5품이며, 하계의 관계를 받았다고 했으므로 관계는 봉훈랑이다.
따라서 1501년 甲의 관품은 종5품이고, 관계는 봉훈랑이다.

11 법조문형
정답 ④

제○○조 제2항에서 제1항의 등록 기준에 미달하지 않는 범위에서 인력에 관한 사항을 변경하려는 경우에는 기상청장에게 변경신고를 해야 한다고 했다. 따라서 제1항에 따른 기상감정업의 등록 기준은 기상감정사 1명 이상이므로 기상감정사 1명을 고용하여 기상감정업을 하던 기상사업자가 기상감정사 1명을 추가 고용하는 경우에는 기상청장에게 변경신고를 해야 함을 알 수 있다.

오답 체크

① 제○○조 제3항에서 휴업 후 영업을 재개하고자 하는 기상사업자는 기상청장에게 신고를 해야 함을 알 수 있다.

② 제○○조 제1항에서 기상감정업을 하려는 자는 인력으로 기상감정사 1명 이상을 갖추고 기상청장에게 등록해야 한다고 했다. 따라서 인력 조건을 갖추었더라도 기상청장에게 등록이 아닌 신고만 하는 것으로는 기상감정업체를 운영할 수 없음을 알 수 있다.

③ 제□□조에서 기상청장은 기상업자가 제□□조 제1호 또는 제5호에 해당하는 경우에는 등록을 취소해야 하고, 나머지 경우에는 등록 취소 또는 3개월 이내의 사업 정지를 명할 수 있다고 했다. 따라서 기상예보업체에서 근무하던 모든 기상예보사가 해고된 것은 제○○조 제1항에 따른 등록 기준을 충족하지 못하게 된 경우로, 이는 제□□조 제2호에 해당하므로 기상청장이 반드시 그 등록을 취소해야 하는 것은 아님을 알 수 있다.

⑤ 제□□조 제5호에서 기상청장은 기상사업의 등록이 취소된 후 1년이 지나지 아니한 자가 임원으로 재직 중인 법인의 등록을 취소해야 한다고 했다. 따라서 2023년 2월 1일에 기상사업의 등록이 취소된 자가 1년이 지나지 않은 2023년 6월 1일 현재 기상감정업체의 임원으로 재직 중이라면 기상청장은 해당 기상감정업체의 등록을 취소해야 함을 알 수 있다.

12 법조문형
정답 ③

세 번째 법조문 제2항에서 어선의 소유자는 어선의 수리 또는 개조로 인하여 총톤수가 변경된 경우에는 해양수산부장관에게 총톤수의 재측정을 신청해야 하므로 총톤수 측정을 했었더라도 변경에 대한 재측정을 신청해야 함을 알 수 있다.

오답 체크

① 첫 번째 법조문 제3항 제2호에서 시장·군수·구청장은 제1항에 따른 등록을 한 어선에 대하여 총톤수 5톤 미만의 무동력어선을 제외한 총톤수 20톤 미만인 어선은 선적증서를 발급해야 함을 알 수 있다.

② 첫 번째 법조문 제1항의 단서에서 총톤수 100톤 이상의 부선인 어선은 선박등기를 한 후에 어선의 등록을 해야 함을 알 수 있다.

④ 두 번째 법조문에서 총톤수 20톤 미만의 소형어선에 대한 소유권의 득실변경은 등록을 해야 그 효력이 생기므로 매매 즉시 소유권이 이전되는 것은 아님을 알 수 있다.

⑤ 첫 번째 법조문 제1항에서 어선의 소유자는 선적항을 관할하는 시장·군수·구청장에게 어선원부에 어선의 등록을 해야 함을 알 수 있다.

13 계산형

정답 ①

평가항목별 가중치는 배터리가 2, 가격이 1이고, 무게의 가중치를 x라고 하면 노트북 A~D의 종합점수는 다음과 같다.

- A: $6×2+5×1+7×x=7x+17$
- B: $9×2+1×1+6×x=6x+19$
- C: $7×2+8×1+4×x=4x+22$
- D: $2×2+9×1+8×x=8x+13$

ㄴ. 무게의 가중치가 1이라면 노트북 A~D의 종합점수는 각각 24점, 25점, 26점, 21점이므로 甲은 노트북 C를 구매한다.

오답 체크

ㄱ. 甲이 노트북 A를 구매하기 위해서는 노트북 A의 종합점수가 노트북 B, C, D의 종합점수보다 높아야 하므로 $7x+17>6x+19$, $7x+17>4x+22$, $7x+17>8x+13$ 세 부등식을 모두 만족해야 한다. 이를 모두 만족하는 x의 범위는 $2<x<4$이므로 x가 4 이상일 때는 甲이 노트북 A를 구매하지 않는다. 따라서 무게의 평가항목별 가중치가 3보다 크다고 해서 甲이 반드시 노트북 A를 구매하는 것은 아님을 알 수 있다.

ㄷ. 노트북 D의 배터리 점수가 6점으로 상승하면, 노트북 D의 종합점수는 $6×2+9×1+8×x=8x+21$이 된다. 이때 노트북 A와 노트북 B의 종합점수는 상수항과 미지수항 모두 노트북 D보다 작으므로 노트북 C와 노트북 D의 종합점수만 비교한다. 甲이 반드시 노트북 D를 구매하기 위해서는 노트북 D의 종합점수가 노트북 C의 종합점수보다 높아야 하므로 $8x+21≥4x+22$ 부등식을 만족해야 한다. 이를 만족하는 x의 범위는 $x≥0.25$이므로 x가 0.25 이상일 때 甲이 노트북 D를 구매한다. 따라서 $0<x<0.25$일 때는 노트북 D를 구매하지 않는다.

14 계산형

정답 ⑤

둘레가 36m인 정육각형의 한 변의 길이는 6m이고, 정육각형은 정삼각형 6개가 합쳐진 모양과 같으므로, 6개의 정삼각형이 한 점에서 만나는 정육각형의 중앙을 기준으로 아래의 그림처럼 정삼각형 한 변에 사과나무를 최대 (6/3)+1=3그루 심을 수 있다.

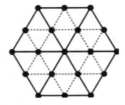

따라서 甲의 밭에 최대로 심을 수 있는 사과나무는 3+4+5+4+3=19그루이다.

15 규칙형

정답 ④

A~G의 정량평가 및 정성평가 점수를 정리하면 다음과 같다.

(단위: 점)

기업	재무 안전성	산업재산권 확보 수준	우수기업 우대사항	정량평가 점수	정성평가 점수	최종점수
A	20	20	10	50	35	85
B	20	20	0	40	30	70
C	15	10	5	30	40	70
D	30	5	10	45	20	65
E	25	15	10	50	25	75
F	30	0	5	35	20	55
G	25	10	5	40	35	75

이에 따라 최종점수가 85점으로 가장 높은 A가 지원대상으로 선정되고, 75점으로 동점인 E와 G 중에서 정량평가 점수가 더 높은 E가 선정된다.

이때 정성평가에서 '미흡'을 받은 D와 F, '보통'을 받은 E의 등급이 한 등급씩 상향 조정되면 최종점수는 D가 65+5=70점, E가 75+5=80점, F가 55+5=60점이 된다. 따라서 정성평가의 '보통' 이하 등급이 한 등급씩 상향 조정되어도 최종점수가 가장 높은 A와 두 번째로 높은 E가 선정된다.

오답 체크

① A의 부채비율이 300%라면 재무 안전성에서 5점이 줄어들어 A의 최종점수는 85-5=80점이 된다. 이 경우에도 A의 최종점수가 가장 높아 A와 E가 선정되고, G는 선정되지 않는다.

② 지원대상을 3개 기업으로 늘리면 A, E, G가 선정된다.

③ C의 기관표창 수상이력이 추가되면 우수기업 우대사항에서 5점이 늘어나 C의 최종점수는 70+5=75점이 된다. 이 경우 75점으로 동점인 C, E, G 중에서 정량평가 점수가 가장 높은 E가 선정되므로 C는 선정되지 않는다.

⑤ F가 4건의 특허를 보유했다면 산업재산권 확보 수준에서 20점이 늘어나 F의 정량평가 점수는 35+20=55점, 최종점수는 55+20=75점이 된다. 이 경우 75점으로 동점인 E, F, G 중에서 정량평가 점수가 가장 높은 F가 선정된다.

16 계산형

정답 ④

㉠, ㉡, ㉢, ㉣을 차례대로 나열하여 만든 네 자릿수를 A라 하고, ㉡, ㉢, ㉣, ㉤을 차례대로 나열하여 만든 네 자릿수를 B라고 하면 A의 맨 앞자리 수는 5이므로 B에 4를 곱한 값이 A가 되기 위해서는 B의 맨 앞자리 수가 1이어야 한다. 이에 따라 ㉡은 1이므로 A는 51㉢㉣, B는 1㉢㉣㉤이다.

51㉢㉣을 4로 나누면 B가 12㉣㉤임을 알 수 있으므로 ㉢은 2이다. 이에 따라 A는 512㉣, B는 12㉣㉤이다.

512㉣을 4로 나누면 B가 128㉤임을 알 수 있으므로 ㉣은 8이다. 이에 따라 A는 5128, B는 128㉤이다.

5128을 4로 나누면 B가 1282임을 알 수 있으므로 ㉤은 2이다. 이에 따라 A는 5128, B는 12820이다.

따라서 ㉠+㉡+㉢+㉣+㉤=5+1+2+8+2=18이다.

17 계산형

ㄱ. 만약 C의 창의력 개별 점수가 34점인 경우, C의 총합 점수는 (34×2) $+130=198$점이다. 이에 따라 A의 창의력 개별 점수는 $60-34=26$점, A의 종합 점수는 $(26 \times 2)+155=207$점이고, B의 종합 점수는 $(25 \times 1)+(40 \times 2)+(30 \times 3)=195$점이다. 이때 종합 점수 순위에 관계없이 종합 점수가 200점 이상인 작품에는 작품상이 부여된다고 했으므로 B, C는 작품상을 받지 못한다. 또한 평가 기준 중 어느 하나의 개별 점수가 30점 미만인 작품에는 작품상이 부여되지 않는다고 했으므로 창의력 개별 점수가 26점인 A도 작품상을 받지 못한다. 따라서 창의력 개별 점수에 따라 A, B, C 모두 작품상을 받지 못할 수 있다.

ㄹ. 만약 A와 C의 종합 점수가 같다고 가정하고 C의 창의력 개별 점수를 x라고 하면, $(60-x) \times 2+155=2x+130 \rightarrow x=36.25$점이다. 이에 따라 C의 종합 점수는 $(36.25 \times 2)+130=202.5$점으로 B의 종합 점수인 195점보다 높다. 이때 작품별 개별 점수는 0 이상의 정수라고 했고 C가 최우수상을 받기 위해서는 A의 종합 점수보다 높아야 하므로 C는 창의력 개별 점수로 37점 이상을 받아야 한다.

오답 체크

ㄴ. A와 C의 종합 점수의 합은 $(60 \times 2)+155+130=405$점이므로 A 또는 C의 종합 점수는 종합 점수가 195점인 B보다 항상 높다. 따라서 B는 최우수상을 받을 수 없다.

ㄷ. A가 창의력 개별 점수로 25점을 받는다면 A의 종합 점수는 $(25 \times 2)+155=205$점, B의 종합 점수는 195점, C의 종합 점수는 $\{(60-25) \times 2\}+130=200$점이다. 따라서 A의 종합 점수가 가장 높아 최우수상을 받으므로 C는 최우수상을 받을 수 없다.

> ⏱ **빠른 문제 풀이 Tip**
>
> ㄹ. C가 창의력 개별 점수로 36점을 받을 경우, 최우수상을 받는지 확인한다. C의 창의력 개별 점수가 36점일 경우, C의 종합 점수는 $(36 \times 2)+130=202$점, A의 종합 점수는 $\{(60-36) \times 2\}+155=203$점으로 A의 종합 점수가 C의 종합 점수보다 높다. 따라서 C가 최우수상을 받기 위해서는 창의력 개별 점수로 37점 이상을 받아야 함을 알 수 있다.

18 규칙형

공모를 통해 신청 접수된 관광지 A~E 중 매력도가 70점 미만인 곳은 B, D이지만, B는 대표 관광지로 선정된 이력이 있고 매력도가 65점 이상이다. 이에 따라 D를 제외한 A, B, C, E만 2단계의 평가를 진행하며, 이때의 평가 요소별 점수는 다음과 같다.

관광지	A	B	C	E
지역	가	나	다	나
휠체어 대여	0점	5점	0점	5점
음성 안내	5점	5점	5점	0점
체험 콘텐츠	2점	2점	6점	14점
정보제공 채널	9점	6점	3점	0점
총점	16점	18점	14점	19점

총점이 높은 관광지부터 E, B, A, C 순이지만, B와 E는 모두 나 지역에 해당하여 둘 중 총점이 높은 E와 그 다음으로 총점이 높은 가 지역의 A가 열린관광지로 선정한다.

따라서 甲부처가 열린관광지로 선정할 곳은 A, E이다.

19 경우의 수

- 조 구성 및 조장 선발 기준의 세 번째 조건에서 같은 학과 학생들은 같은 조 구성원이 되나 영어영문학과 학생과 정치외교학과 학생이 모두 하나의 조로 편성될 수는 없다고 했으므로 '다, 라, 마, 바'가 모두 같은 조일 수 없다. 이에 따라 '다'와 '바', '라'와 '마'가 각각 같은 조 구성원이 된다.
- 조 구성 및 조장 선발 기준의 첫 번째 조건에서 같은 조 내 구성원은 학번이 모두 달라야 한다고 했고, '라'와 '마'는 각각 15학번, 17학번, '다'와 '바'는 각각 19학번, 16학번이므로 '가, 다, 바', '사, 라, 마'가 각각 같은 조 구성원이 된다. 이때 조 구성 및 조장 선발 기준의 두 번째 조건에서 같은 조 내에 하나의 성별로만 구성될 수 없다고 했고, '가, 다, 바'는 모두 남자이므로 '가, 나, 다, 바'가 같은 조 구성원이 된다. 이에 따라 '가, 나, 다, 바', '라, 마, 사'가 각각 한 조를 이룬다.
- 조 구성 및 조장 선발 기준의 네 번째 조건에서 재수강을 하는 학생은 조장이 될 수 없으므로 '가', '라', '바'는 조장이 될 수 없고, 재수강을 하는 학생을 제외하고 각 조 내에서 학번이 가장 높은 학생이 조장이 되므로 '나'와 '다' 중 '나'가 조장이 되고, '사'와 '마' 중 '사'가 조장이 된다.

따라서 각 조의 조장은 '나', '사'이다.

20 계산형

乙의 첫 번째 대화와 甲의 두 번째 대화를 통해 2023년 9월 30일에 甲은 만 30살이 됨을 알 수 있다. 이에 따라 甲의 생년은 $2023-30=1993$년, 생월일은 9월 30일이므로 甲의 주민등록번호 앞 6자리 숫자는 9309300이다. 甲의 주민등록번호 앞 6자리 숫자를 각각 더하면 $9+3+0+9+3+0=24$가 되므로 乙의 두 번째 대화를 통해 乙의 만 나이가 24살임을 알 수 있다. 乙의 첫 번째 대화와 두 번째 대화를 통해 이번 주 목요일이 9월 28일이므로 다음 주 수요일은 10월 4일임을 알 수 있다. 이에 따라 乙의 생년은 $2023-24=1999$년, 생월일은 10월 4일이므로 乙의 주민등록번호 앞 6자리 숫자는 9910040이다.

따라서 乙의 주민등록번호 앞 6자리 숫자를 각각 더한 값은 $9+9+1+0+0+4=23$이다.

21 경우의 수

세 번째 조건에 따르면 날짜가 5의 배수인 5일, 10일, 15일, 20일, 25일, 30일 중 2일 이상 행사를 개최해야 한다. 5일에는 개최가 확정되었고, 15일은 봄꽃 축제기간, 20일은 주말이라 행사를 개최할 수 없다. 24일에 행사 개최가 확정되었으므로 바로 그 다음 날인 25일에는 행사를 개최할 수 없다. 30일에 행사를 개최한다면 마지막 주에는 2번의 행사를 개최할 수 없으므로 29일과 31일에 행사를 개최하고, 30일에는 개최할 수 없다. 이에 따라 10일에 행사를 개최함을 알 수 있다.

10일에 행사를 개최하면 9일과 11일에는 행사를 개최할 수 없고, 12일은 봄꽃 축제기간이므로 행사를 개최할 수 없다. 이에 따라 8일에 행사를 개최함을 알 수 있다.

이상의 내용을 표로 나타내면 다음과 같다.

일	월	화	수	목	금	토
	1	2	3	4	5	6
				X	행사	X
7	8	9	10	11	12	13
X	행사	X	행사	X	X	X
14	15	16	17	18	19	20
X	X	X	행사	X	행사	X
21	22	23	24	25	26	27
X			행사	X		X
28	29	30	31			
X	행사	X	행사			

둘째 주와 다섯째 주 월요일에는 행사를 개최하고, 셋째 주 월요일에는 행사를 개최할 수 없다. 첫째 주와 넷째 주 월요일에는 행사를 개최할 수도 있고 개최하지 않을 수도 있으므로 甲 구청의 5월 행사 일정에 따르면 월요일에는 최소 2번, 최대 4번의 행사가 개최될 수 있다.
따라서 ㉠은 2, ㉡은 4이다.

22 경우의 수
정답 ③

아홉 판 모두에서 두 사람이 낸 카드에 적힌 숫자의 차이는 2라고 했으므로 甲이 1을 냈을 때 乙은 3을, 甲이 4를 냈을 때 乙은 2 또는 6을 낸 것이다. 이에 따라 甲의 카드를 기준으로 2만큼 차이가 나게 乙의 카드를 조합하여 승패를 정리하면 다음과 같다.

甲	乙	승자
1	3	乙
3	5	乙
4	2	甲
5	3	甲
5	7	乙
6	4	甲
6	8	乙
8	6	甲
9	7	甲

따라서 甲의 승패 결과는 5승 4패이다.

23 경우의 수
정답 ⑤

후보들은 남녀 2명씩이고 학번이 같은 학생은 2명뿐인데, 첫 번째 조건에 따르면 홀수 학번인 사람은 서로 성별이 같으므로 학번이 같은 2명은 22학번임을 알 수 있다. 이에 따라 22학번의 성별에 따른 경우를 확인한다.
〈경우 1〉 22학번이 남자인 경우
컴퓨터공학과 학생은 여자이고, 통계학과 학생보다 학번이 높으므로 컴퓨터공학과 학생은 21학번이다. 이때 회장보다 부회장의 학번이 더 낮고, 둘은 성별이 다르므로 회장은 22학번 남자, 부회장은 23학번 여자이고, 영문학과 학생은 부회장보다 학번이 높으므로 22학번 남자이다. 통계학과 학생은 회장이나 부회장으로 선출되지 않았으므로 22학번 남자이고, 부회장은 23학번 경제학과 여자이다.

구분	21학번	22학번	22학번	23학번
성별	여자	남자	남자	여자
학과	컴퓨터공학과	영문학과	통계학과	경제학과
선출	X	회장	X	부회장

〈경우 2〉 22학번이 여자인 경우
컴퓨터공학과 학생은 여자이므로 22학번이고, 컴퓨터공학과 학생이 통계학과 학생보다 학번이 높으므로 회장이나 부회장으로 선출되지 않는 통계학과는 23학번 남자이다. 이때 회장보다 부회장의 학번이 더 낮고, 영문학과 학생은 부회장보다 학번이 높으므로 영문학과 학생은 21학번은 남자이고 회장임을 알 수 있다. 이에 따라 부회장은 컴퓨터공학과 또는 경제학과 학생이다.

구분	21학번	22학번	22학번	23학번
성별	남자	여자	여자	남자
학과	영문학과	경제학과	컴퓨터공학과	통계학과
선출	회장	부회장 또는 X	부회장 또는 X	X

따라서 〈경우 2〉에 따라 통계학과 학생이 23학번일 경우, 영문학과 학생과 성별이 남자로 같음을 알 수 있다.

오답 체크
① 어떤 경우에도 회장은 영문학과 학생임을 알 수 있다.
② 〈경우 1〉에 따라 영문학과와 통계학과 학생의 학번은 같고, 〈경우 2〉에 따라 영문학과 학생이 통계학과 학생보다 학번이 더 높으므로 영문학과 학생이 통계학과 학생보다 학번이 낮을 수 없음을 알 수 있다.
③ 〈경우 2〉에 따라 학번이 가장 높은 학생은 영문학과일 수도 있음을 알 수 있다.
④ 〈경우 2〉에 따라 21학번 학생이 회장일 경우, 부회장은 22학번임을 알 수 있다.

24 계산형
정답 ④

甲과 乙은 카페에서 2시간 30분 동안 대화를 나눈 후 카페에서 나왔다고 했으므로 A카페에 들어간 시각과 A카페에서 나온 시각의 차는 2시간 30분이다. A카페의 시계를 거울을 통해 확인했을 때 A카페에 들어간 시각과 A카페에서 나온 시각이 동일하고, 거울은 좌우 반전이 발생한다고 했으므로 12시 또는 6시를 기준으로 각각 150/2=75분 전, 후 시각임을 알 수 있다. 이에 따라 甲과 乙이 A카페에 들어간 시각으로 가능한 경우는 오전 또는 오후 10시 45분, 오전 또는 오후 4시 45분이다. 이때 甲과 乙은 오후에 A카페에 들러 음료를 마셨다고 했고, 甲과 乙은 오늘 중으로 A카페에서 나왔다고 했으므로 甲과 乙이 A카페에 들어간 시각은 오후 4시 45분이다.

25 법조문형
정답 ④

ㄴ. 두 번째 법조문(입학자격) 제2항에 따르면 국방대학교의 학위과정에 입학할 수 있는 사람은 현역에 복무하는 장교이다. 동조 제3항에서 기타 국방대학교에서 교육을 실시하는 것이 필요하다고 인정되는 자를 국방부장관의 승인을 얻어 입학시킬 수 있다고 했으므로 퇴역한 육군장교인 乙은 국방대학교에서 교육을 실시하는 것이 필요하다고 인정되는 경우에 육군참모총장이 아니라 국방부장관의 승인을 얻어 입학할 수 있음을 알 수 있다.
ㄷ. 두 번째 법조문(입학자격) 제1항 제2호에 따르면 국방대학교의 기본과정에 입학할 수 있는 공무원은 4급 이상의 공무원 또는 고위공무원단에 속하는 일반직공무원이다. 따라서 6급 공무원인 丙이 국방대학교 기본과정에 입학하기 위해서는 동조 제3항에 따라 기타 국방대학교에서 교육을 실시하는 것이 필요하다고 인정되어 국방부장관의 승인을 받아야 함을 알 수 있다.

ㄱ. 두 번째 법조문(입학자격) 제2항 제2호에 따르면 공무원은 국방대학교 의 학위과정 입학대상자에 해당한다. 이때 세 번째 법조문(입학추천) 제 2호 가목에 따르면 국회에 소속된 공무원의 경우에는 국회사무총장의 입학추천을 받은 사람이 국방대학교에 입학할 수 있다. 따라서 국회 소 속 7급 공무원인 甲은 국회사무총장의 입학추천이 있으면 국방대학교 의 학위과정에 입학할 수 있음을 알 수 있다.

1 자료판단
정답 ②

제시된 각주에 따르면 ( )는 각 항목의 상위 개념에 대한 비중을 나타내므로, 미처분 인원=접수 인원−처분 인원이고, 기소 인원=처분 인원−(불기소 인원+이송 인원)임을 알 수 있다.

2022년의 미처분 인원인 A는 1,855−1,484=371천 명, 기소 인원인 B는 1,484−(445+297)=742천 명이다.

따라서 〈그림〉의 A, B에 해당하는 값의 차이는 742−371=371이다.

> ⏱ **빠른 문제 풀이 Tip**
>
> 기소 인원은 접수 인원의 80×0.5=40%, 미처분 인원은 접수 인원의 20%이므로 두 값의 차는 접수 인원의 20%임을 알 수 있다. 따라서 1,855×0.2=371명이다.

2 자료비교
정답 ①

2021~2023년 원인별 가스사고 발생 건수를 계산하면 다음과 같다.

(단위: 건)

원인 \ 연도	2021	2022	2023
인적 과실	120×0.40=48	160×0.30=48	120×0.35=42
시설 결함	120×0.35=42	160×0.45=72	120×0.40=48
시설 파손	120×0.05=6	160×0.10=16	120×0.10=12
기타 원인	120×0.20=24	160×0.15=24	120×0.15=18
계	120	160	120

ㄱ. 2023년 '인적 과실'로 발생한 가스사고 건수는 42건으로 2021년 '시설 파손'으로 발생한 가스사고 건수인 6건보다 42−6=36건 더 많으므로 옳은 설명이다.

ㄷ. '인적 과실'로 발생한 가스사고 건수는 2021년과 2022년 모두 48건이고, '기타 원인'으로 발생한 가스사고 건수도 2021년과 2022년 모두 24건으로 동일하므로 옳은 설명이다.

오답 체크

ㄴ. 2023년 '시설 결함'으로 발생한 가스사고 발생 건수의 전년 대비 감소율은 {(72−48)/72}×100≒33.3%로 30% 초과이므로 옳지 않은 설명이다.

ㄹ. '시설 결함'과 '시설 파손'으로 발생한 가스사고 건수의 합은 42+72+48+6+16+12=196건으로 2021~2023년 동안 발생한 전체 가스 사고건수의 {196/(120+160+120)}×100≒49.0%이므로 옳지 않은 설명이다.

3 자료검토·변환
정답 ①

2016~2019년 동안 A지역의 전년 대비 오존 농도 증감률은 2016년이 {(0.025−0.022)/0.022}×100≒13.6%, 2017년이 {(0.038−0.025)/0.025}×100≒52.0%, 2018년이 {(0.026−0.038)/0.038}×100≒−31.6%, 2019년이 {(0.028−0.026)/0.026}×100≒7.7%이므로 〈표〉를 이용하여 작성한 그래프로 옳지 않다.

4 자료판단
정답 ③

ㄷ. 2020년 고등학교 진로체험 참여율은 77.5%로 진로상담 참여율 70.2%의 77.5/70.2≒1.1배에 해당한다. 진로활동별 참여인원과 참여율은 비례하므로 2020년 고등학교 진로체험 참여인원은 6,701×1.1≒7,371명이다. 따라서 2020년보다 2017년 고등학교 진로체험 참여인원이 많으므로 옳은 설명이다.

ㄹ. 향후 참여희망인원이 참여인원보다 많은 진로활동만 참여인원 대비 향후 참여희망인원 크기를 비교한다. 이때 진로체험 참여인원은 진로상담 참여인원의 1.1배 이상임을 고려하면 향후 참여희망인원은 진로체험이 8,476명이며, 이는 진로상담 7,948명의 1.1배보다 적으므로 진로체험의 참여인원 대비 향후 참여희망인원이 진로상담보다 적다. 따라서 참여인원 대비 향후 참여희망인원은 진로상담이 7,948/6,701≒1.19명, 진로동아리가 6,945/5,498≒1.26명으로 진로동아리가 가장 많으므로 옳은 설명이다.

오답 체크

ㄱ. 해당 진로활동 참여율=$\frac{\text{해당 진로활동 중학교 참여인원}}{\text{'갑'시 전체 중학교 학생 수}}$×100임을 적용하여 구한다. 2017년 중학교 진로상담 참여율은 59.7%로 약 60%로 간주하고 계산하면 2017년 '갑'시의 전체 중학교 학생 수는 6,405×(100/60)≒10,675명이므로 옳지 않은 설명이다.

ㄴ. 2017년 중학교 참여인원이 가장 많은 진로활동은 진로와 직업 수업이다. 이때 중학교 참여인원 중 진로와 직업 수업 참여인원인 9,409명은 진로상담과 진로동아리 참여인원 합인 6,405+3,390=9,795명보다 적으므로 진로와 직업 수업 참여율은 진로상담과 진로동아리 참여율의 합 59.7+31.6=91.3%보다 작다. 따라서 진로와 직업 수업 참여율은 2017년이 91.3% 미만, 2020년이 93.6%로 2020년에 2017년 대비 증가했으므로 옳지 않은 설명이다.

5 자료판단
정답 ①

- A: 2022년 대비 2023년 대학 지원액이 감소한 고용노동부, 보건복지부를 제외하고 나머지 부처의 2022년 대비 2023년 대학 지원액의 증가율을 계산하면 교육부가 {(95,153−91,482)/91,482}×100≒4.0%, 과학기술정보통신부가 {(24,242−22,480)/22,480}×100≒7.8%, 산업통상자원부가 {(3,462−3,282)/3,282}×100≒5.5%, 중소벤처기업부가 {(1,961−1,825)/1,825}×100≒7.5%로 과학기술정보통신부가 가장 높으므로 과학기술정보통신부이다.

- B: 2022년 대비 2023년 수도권 대학 지원액이 증가한 부처는 교육부와 중소벤처기업부 2개뿐이므로 중소벤처기업부이다.

- C: 고용노동부는 대학 지원액에서 지방 대학 지원액이 차지하는 비중이 2022년에 (4,333/5,906)×100≒73%, 2023년에 (4,164/5,341)×100≒78%로 정부 부처 중 유일하게 매년 65%를 초과하므로 고용노동부이다.

- D: 2023년 지방 대학 지원액이 전년 대비 감소한 보건복지부를 제외하고 교육부, 산업통상자원부, 기타부처 중 2023년 지방 대학 지원액이 전년 대비 10% 이상 증가한 부처는 산업통상자원부 뿐이므로 산업통상자원부이다.

따라서 부처 A~D에 해당하는 2023년 수도권 대학 지원액의 합은 9,316+819+1,177+1,643=12,955억 원이다.

6 자료비교 정답 ④

ㄱ. 월별 식중독 발생 1건당 환자 수는 8월이 12,217/365≒33명, 9월이 10,651/319≒33명이고, 이외 나머지 월은 식중독 발생 환자 수가 매월 식중독 발생 건수의 30배보다 작다. 따라서 상위 2개는 8월과 9월이므로 옳은 설명이다.

ㄷ. 식중독 발생 장소별 건수는 그 비중에 비례하고, '학교 외 집단급식'에서 발생한 식중독 건수의 비중은 100-(56.6+1.8+12.5+14.5+7.8)=6.8%이다. 따라서 '음식점'에서 발생한 식중독 건수는 '학교 외 집단급식'에서 발생한 식중독 건수의 56.6/6.8≒8.3배이므로 옳은 설명이다.

ㄹ. 봄(3~5월)에 발생한 식중독 건수는 210+260+293=763건, 연간 '학교'에서 발생한 식중독 건수는 (257×12)×0.125≒386건이다. 따라서 연간 '학교'에서 발생한 식중독이 모두 봄에 발생했다면, 봄에 발생한 식중독 건수 중 발생 장소가 '학교'인 식중독의 비중은 (386/763)×100≒50.6%이므로 옳은 설명이다.

오답 체크

ㄴ. 월별 식중독 발생 건수는 8월이 365건으로 가장 많고, 2월이 141건으로 가장 적다. 따라서 8월의 식중독 발생 건수는 2월의 141×2.5=352.5건보다 많으므로 옳지 않은 설명이다.

> ⏱ **빠른 문제 풀이 Tip**
>
> ㄹ. '학교'에서 발생한 식중독 건수의 비중은 12.5%로, 봄(3~5월)에 발생한 식중독 건수 중 발생 장소가 '학교'인 식중독의 비중이 50% 이상이려면, 봄에 발생한 식중독 건수의 비중은 12.5×2=25% 이하여야 한다. 즉, 봄에 발생한 식중독 건수의 4배가 연간 식중독 발생 건수보다 작은지 확인한다. 봄에 발생한 식중독 건수의 4배는 (210+260+293)×4=763×4=3,052건으로, 2021년에 발생한 식중독 건수인 257×12=3,084건보다 작으므로 옳은 것을 확인할 수 있다.

7 자료판단 정답 ⑤

- 네 번째 〈조건〉에 따르면 B와 C의 사업체 수의 합은 D와 E의 사업체 수의 합과 같고, 사업체 수의 합이 같아질 수 있는 도시의 조합은 합이 823,600+234,400=1,058,000개인 '가'와 '마', 934,300+123,700=1,058,000개인 '다'와 '라'이다.
- 첫 번째 〈조건〉에 따라 A~E 중 인구가 가장 많은 도시는 인구가 823,600/84≒9,805천 명인 '가'이므로 '가'가 B이다. 이에 따라 '마'는 C이고, '다'와 '라'는 각각 D 또는 E이며, 나머지 '나'가 A이다.
- 세 번째 〈조건〉에 따라 B(가)와 C(마)의 종사자 수 합은 5,827+1,150=6,977천 명으로, A(나), D, E의 종사자 수의 합인 868+5,003+932=6,803천 명보다 보다 큰 것을 확인할 수 있다.
- 두 번째 〈조건〉에 따르면 D는 C(마)와 E에 비해 사업체 1개당 종사자 수가 많고, 사업체 1개당 종사자 수는 '다'가 5,003,000/934,300≒5.4명, '라'가 932,000/123,700≒7.5명, '마'가 1,150,000/234,400≒4.9명이므로 이 중 사업체 1개당 종사자 수가 가장 많은 '라'가 D, '다'가 E이다. 따라서 '다'는 E, '마'는 C이다.

8 자료판단 정답 ④

ㄱ. 3월 20일 '갑'극장의 총 예약자 수가 1,150명이므로 3월 20일 C영화의 예약자 수는 1,150-345-115-230=460명이고, 3월 21일 '갑'극장의 총 예약자 수가 1,450명이므로 3월 21일 A영화의 예약자 수는 1,450-145-290-435=580명이다. 따라서 3월 20일 대비 3월 21일 예약자 수의 증가율은 A영화가 {(580-345)/345}×100≒68.1%, B영화가 {(145-115)/115}×100≒26.1%, D영화가 {(435-230)/230}×100≒89.1%로 D영화가 가장 높으므로 옳은 설명이다.

ㄴ. 3월 18~21일 동안 영화별 예약자 수의 합은 A영화가 315+135+345+580=1,375명, B영화가 420+270+115+145=950명, C영화가 105+405+460+290=1,260명, D영화가 210+540+230+435=1,415명이다. 따라서 3월 18~21일 동안 영화별 예약자 수의 합이 많은 영화부터 순서대로 나열하면 D-A-C-B 순이므로 옳은 설명이다.

ㄹ. '갑'극장의 3월 19일 총 예약자 수는 135+270+405+540=1,350명이다. 따라서 3월 19일 방문율은 (1,062/1,350)×100≒78.7%로 75% 이상이므로 옳은 설명이다.

오답 체크

ㄷ. 3월 20일 C영화의 예약자 수는 460명이고, 3월 19일 B영화 예약자 수는 270명으로 3월 20일 C영화의 예약자 수의 460/270≒1.7배로 2배 미만이므로 옳지 않은 설명이다.

9 자료판단 정답 ④

ㄱ. 2019년 원장 수는 332,217-235,704-56,428=40,085명이고, 2019년 대비 2023년의 원장 수는 {(40,085-33,087)/40,085}×100≒17.5% 감소했으므로 옳은 설명이다.

ㄴ. 보육교사 수가 보육교사를 제외한 보육시설 종사자 수의 2배 이상이면 보육시설 종사자 수는 보육교사 수의 1.5배 이하이다. 2019~2022년 동안 보육시설 종사자 수는 매년 보육교사 수의 1.5배 이하이므로 옳은 설명이다.

ㄹ. 2023년 보육교사 수는 297,116-33,087-43,994=220,035명임에 따라 2024년 원장 수와 보육교사 수가 각각 전년 대비 5%씩 증가하고 기타 종사자 수가 전년 대비 10% 증가한다면 2024년 원장 수는 33,087×1.05≒34,741명, 보육교사 수는 220,035×1.05≒231,037명, 기타 종사자 수는 43,994×1.1≒48,393명이 되어 2024년 보육시설 종사자 수는 34,741+231,037+48,393=314,171명이므로 옳은 설명이다.

오답 체크

ㄷ. 2023년 보육시설 종사자 수에서 기타 종사자 수가 차지하는 비중은 (43,944/297,116)×100≒14.8%로 15% 미만이므로 옳지 않은 설명이다.

> ⏱ **빠른 문제 풀이 Tip**
>
> ㄹ. 2024년 보육시설 종사자 수가 전년 대비 5% 증가한다면 297,116×1.05≒311,972명으로 31만 명보다 많다. 2024년 원장 수와 보육교사 수가 각각 전년 대비 5%씩 증가하고 기타 종사자 수가 전년 대비 10% 증가했을 때의 보육시설 종사자 수는 2024년 보육시설 종사자 수가 전년 대비 5% 증가한 것보다 많으므로 옳은 설명이다.

10 자료검토·변환 정답 ①

ㄱ. 〈보고서〉의 첫 번째 단락에서 2021~2023년 3년 동안의 외부투자 유치실적 보유기업의 비율은 인공지능산업 전체가 37.6%였으며, 세 부문 중 AI 소프트웨어의 비율이 42.4%로 가장 높았다고 했으므로 [2021~2023년 동안의 부문별 외부투자 유치실적 보유기업 비율]은 〈보고서〉의 내용과 부합하는 자료이다.

ㄴ. 〈보고서〉의 세 번째 단락에서 2021~2023년 3년간 외부투자 유치실적 보유기업의 외부투자 유치 방법으로는 인공지능산업 전체에서 '벤처캐피탈/엔젤투자'라고 응답한 비율이 45.3%로 가장 높았으며, 부문별로 보더라도 '무응답'을 제외하면 '벤처캐피탈/엔젤투자'라고 응답한 비율이 각 부문에서 가장 높았다고 했으므로 [2021~2023년 동안의 부문별 외부투자 유치실적 보유기업의 외부투자 유치 방법]은 〈보고서〉의 내용과 부합하는 자료이다.

오답 체크

ㄷ. 〈보고서〉의 두 번째 단락에서 인공지능산업 전체의 외부투자 유치금액은 2022년에 전년 대비 70% 이상 증가하여 1.1조 원을 상회했다고 했으나, [2021~2023년 전체 외부투자 유치금액]에서는 2022년 전체의 외부투자 유치금액의 전년 대비 증가율이 $\{(1,197-725)/725\}\times100\fallingdotseq65.1\%$로 나타나므로 〈보고서〉의 내용과 부합하지 않는 자료이다.

ㄹ. 〈보고서〉의 두 번째 단락에서 연도별 외부투자 유치건수는 인공지능산업 전체가 2022년에 582건으로 가장 많았다고 했으나, [2021~2023년 부문별 외부투자 유치건수]에서는 2022년 인공지능산업 전체의 외부투자 유치건수가 374+201+12=587건으로 나타나므로 〈보고서〉의 내용과 부합하지 않는 자료이다.

11 자료판단 정답 ②

- 네 번째 〈조건〉에 따라 각 통화의 대외금융자산 규모가 큰 유형부터 순서대로 나열했을 때, A통화는 증권투자 – 직접투자 – 기타투자 – 파생금융상품 순이고, B, C, D통화는 직접투자 – 증권투자 – 기타투자 – 파생금융상품 순이므로, B, C, D통화가 각각 위안화, 엔화, 유로화 중 하나이고, A통화는 파운드화임을 알 수 있다.
- 세 번째 〈조건〉에 따라 증권투자 규모의 대외금융부채 대비 대외금융자산 비중은 B통화가 $28,267/1,254\fallingdotseq22.5$, C통화가 $96,769/16,525\fallingdotseq5.9$, D통화가 $16,380/1,184\fallingdotseq13.8$로 이 중 비중이 가장 낮은 C통화가 유로화임을 알 수 있다.
- 첫 번째 〈조건〉에 따라 B통화의 대외금융자산 증권투자 규모는 기타투자 규모의 $28,267/6,462\fallingdotseq4.4$배, D통화의 대외금융자산 증권투자 규모는 기타투자 규모의 $16,380/11,162\fallingdotseq1.5$배이고, A통화는 파운드화, C통화는 유로화이므로 대외금융자산의 증권투자 규모가 기타투자 규모의 4배 이상인 B통화가 엔화이고, 이에 따라 D통화가 위안화임을 알 수 있다.
- 두 번째 〈조건〉에 따르면 순대외금융자산 규모는 위안화가 두 번째로 많으며, 각 통화의 순대외금융자산 규모는 다음과 같다.

(단위: 백만 달러)

통화	A	B	C	D
대외금융자산	42,290	79,217	290,038	148,590
대외금융부채	1,363	11,894	36,539	10,148
순대외금융자산	40,927	67,323	253,499	138,442

이에 따라 D통화가 위안화임을 확인할 수 있다.

따라서 A는 파운드화, B는 엔화, C는 유로화, D는 위안화이다.

12 자료판단 정답 ④

ㄱ. 승차인원이 5인인 A, B, C는 승차인원이 7인인 D에 비해 배기량과 최대출력이 모두 작으므로 옳은 설명이다.

ㄴ. 사용기간 대비 금액은 A가 $1,480/30\fallingdotseq49.3$만 원/개월, C가 $1,070/93\fallingdotseq11.5$만 원/개월로 A가 C의 $49.3/11.5\fallingdotseq4.3$배이므로 옳은 설명이다.

ㄹ. 연비$=\dfrac{주행거리}{소비연료}$임을 적용하여 구한다. A~D가 30L의 연료로 고속도로를 주행한다면, 주행거리는 중고차 A가 $14.6\times30=438$km, 중고차 B가 $17.5\times30=525$km, 중고차 C가 $19.3\times30=579$km, 중고차 D가 $21.4\times30=642$km이고, 주행거리가 500km 이상인 중고차는 B, C, D로 총 3대이므로 옳은 설명이다.

오답 체크

ㄷ. 제조연도가 두 번째로 오래된 중고차는 D이고, 중고차 D의 사용기간 대비 총 주행거리는 $94,500/68\fallingdotseq1,389.7$km/개월이므로 옳지 않은 설명이다.

13 자료이해 정답 ③

2019년 지방자치단체의 녹색제품 구매금액은 7,645억 원, 이외 기관의 녹색제품 구매금액은 22,004−7,645=14,359억 원이며, 2019년 '토목·건축·자재'와 '전자·정보·통신' 구매금액의 합은 10,299+5,064=15,363억 원이다. 만약 지방자치단체 이외 기관에서 '토목·건축·자재'와 '전자·정보·통신' 제품유형의 녹색제품만 구매했다면 최소 15,363−14,359=1,004억 원만큼은 지방자치단체에서 구매했음을 알 수 있다. 따라서 지방자치단체의 녹색제품 구매금액 중 제품유형이 '토목·건축·자재' 또는 '전자·정보·통신'인 구매금액의 비율은 최소 $(1,004/7,645)\times100\fallingdotseq13.1\%$이므로 옳지 않은 설명이다.

오답 체크

① 2019년 '갑'국 전체 기관의 총 구매금액은 $22,004/0.397\fallingdotseq55,426$억 원으로 5.5조 원 이상이므로 옳은 설명이다.

② 2020년 제품유형별 녹색제품 구매금액의 전년 대비 상승액은 '사무·교육·영상·가전'이 4,361−3,511=850억 원, '토목·건축·자재'가 11,065−10,299=766억 원이고, 나머지 제품유형은 모두 700억 원 미만이므로 옳은 설명이다.

④ 2019~2020년 동안 매년 녹색제품 구매율이 전체 녹색제품 구매율보다 높은 제품유형은 '전자·정보·통신', '사무·교육·영상·가전', '전기·시험·계측', '화학·소방·안전', '기계·설비'로 총 5개이므로 옳은 설명이다.

⑤ 2019~2020년 녹색제품 구매율이 높은 기관을 순서대로 나열하면 시장형 공기업과 기금관리형 준정부기관의 순위만 서로 다르고 나머지 기관의 순위는 동일하다. 따라서 순위가 매년 동일한 기관은 8개이므로 옳은 설명이다.

14 자료판단 정답 ⑤

- 남자 육아휴직자 수는 2020년에 32,040명, 2021년에 39,249명이므로 2021년 남자 육아휴직자 수의 전년 대비 증가율은 $\{(39,249-32,040)/32,040\}\times100=22.5\%$이다.
- 2022년 여자 육아휴직자 수는 135,125명, 2023년 여자 육아휴직자 수의 전년 대비 증가율은 8.0%이므로 2023년 여자 육아휴직자 수는 $135,125\times1.08=145,935$명이다.

따라서 A는 22.5, B는 145,935이다.

15 자료검토·변환 정답 ③

ㄴ. 〈보고서〉의 세 번째 단락에서 구급대의 구급대원 수는 매년 큰 폭으로 증가하며 2017년 대비 2023년 구급대원 수의 증가율은 2017년 대비 2023년 구급대 출동 건수의 증가율보다 30%p 이상 크다고 했으므로 [구급대 구급대원 수]는 〈보고서〉를 작성하기 위해 추가로 필요한 자료이다.

ㄷ. 〈보고서〉의 두 번째 단락에서 구조대가 출동하여 구조 처리한 구조 인원은 2018년 이후 매년 감소하여 2023년 연간 구조 인원은 853백 명인 것으로 나타났다고 했으므로 [구조대 연간 구조 인원]은 〈보고서〉를 작성하기 위해 추가로 필요한 자료이다.

[오답 체크]

ㄱ. 〈보고서〉의 2017~2023년 동안 매년 출동 건수의 15% 이상이 미처리 건수로 나타난다고 했으나, 이는 〈표 1〉의 구조대 연간 출동 건수와 구조 건수를 통해 도출할 수 있으므로 [구조대 연간 출동 건수 중 미처리 건수의 비율]은 〈보고서〉를 작성하기 위해 추가로 필요한 자료가 아니다.

ㄹ. 〈보고서〉의 첫 번째 단락에서 2023년의 1일 평균 출동 건수는 구조대가 2.9천 건, 구급대가 8.6천 건이라고 했으나, 이는 〈표 1〉과 〈표 2〉의 연간 출동 건수를 365일로 나누어 도출할 수 있으므로 [구조대 및 구급대 1일 평균 출동 건수]는 〈보고서〉를 작성하기 위해 추가로 필요한 자료가 아니다.

16 자료판단 정답 ②

ㄱ. 미인증 전시회 개최 건수는 169건, 인증 전시회 개최 건수는 119건이므로 전체 전시회 개최 건수는 169+119=288건이다. 이때 6월 미인증 전시회 개최 건수는 31건으로, 전체 전시회 개최 건수의 10%인 288×0.1=28.8건보다 많으므로 옳은 설명이다.

ㄹ. 전시산업별 전시회 개최 건수 중 인증 전시회가 차지하는 비중은 '정보통신'이 (14/21)×100≒66.7%, '금융'이 (2/13)×100≒15.4%이므로 옳은 설명이다.

[오답 체크]

ㄴ. 인증 전시회 개최 건수 중 '레저'가 차지하는 비중은 (19/119)×100≒16.0%이고, 미인증 전시회 개최 건수 중 '레저'가 차지하는 비중은 (36/169)×100≒21.3%이므로 옳지 않은 설명이다.

ㄷ. 월별 전시회 개최 건수는 1~12월 중 11월이 60건으로 가장 많고, 7월이 48건으로 두 번째로 많다. 따라서 11월의 전시회 개최 건수는 7월의 60/48=1.25배이므로 옳지 않은 설명이다.

17 자료판단 정답 ①

• 2023년 건설업 취업자수에서 여자 취업자수가 차지하는 비중은 A가 (17/194)×100≒8.8%, B가 (39/413)×100≒9.4%, C가 (35/312)×100 ≒11.2%, D가 (43/324)×100≒13.3%이므로 2023년 건설업 취업자수에서 여자 취업자수가 차지하는 비중이 큰 국가부터 순서대로 나열하면 D, C, B, A 순이다.

• 첫 번째 〈조건〉에 따르면 2023년 벨기에의 전체 취업자수는 전년 대비 증가하고 건설업 취업자수는 전년 대비 감소하며, 이에 해당하는 국가는 C와 D이므로 C 또는 D가 벨기에임을 알 수 있다.

• 두 번째 〈조건〉에 따르면 2022년 오스트리아의 전체 남자 취업자수에서 제조업 남자 취업자수가 차지하는 비중은 20% 이상이고, 국가별 비중은 A가 (226/1,514)×100≒14.9%, B가 (927/2,928)×100≒31.7%, C가 (450/2,556)×100≒17.6%, D가 (494/2,277)×100≒21.7%이므로 B 또는 D가 오스트리아임을 알 수 있다.

• 세 번째 〈조건〉에 따르면 2022년 건설업 여자 취업자수 대비 제조업 여자 취업자수의 비가 두 번째로 높은 국가는 덴마크이고, 국가별 비는 A가 95/16≒5.9, B가 472/36≒13.1, C가 141/32≒4.4, D가 177/46≒3.8이므로 A가 덴마크임을 알 수 있다.

• 네 번째 〈조건〉에 따르면 2023년 제조업 및 건설업 취업자수의 합계가 가장 많은 국가는 체코이고, 제조업 취업자수가 가장 많은 국가는 B이며, 건설업 취업자수가 가장 많은 국가도 B이므로 B가 체코이고, 이에 따라 D가 오스트리아, C가 벨기에임을 알 수 있다.

따라서 A는 덴마크, B는 체코, C는 벨기에, D는 오스트리아이고, 2023년 건설업 취업자수에서 여자 취업자수가 차지하는 비중이 큰 국가부터 순서대로 나열하면 '오스트리아 – 벨기에 – 체코 – 덴마크'이다.

18 자료비교 정답 ①

ㄱ. 2012년 A~E가구의 금 보유량을 모두 합하면 4+6+5+9+5=29돈으로, 그램 단위로 변환하면 29×3.75=108.75g이므로 옳은 설명이다.

ㄴ. 2013년 이후 전년 대비 금 보유량의 증가량은 매년 C가구가 E가구보다 많으므로 옳은 설명이다.

[오답 체크]

ㄷ. 2013년 이후 A가구의 전년 대비 금 보유량의 증감률은 2014년에 (2/5)×100≒40%로 가장 크므로 옳지 않은 설명이다.

ㄹ. A~E가구 중 2021년 금 보유량이 가장 많은 D가구와 B가구의 금 보유량 차이는 3냥–1냥 9돈=1냥 1돈으로, 그램 단위로 변환했을 때 11×3.75=41.25g에 해당한다. 이에 따라 B가구의 금 보유량이 40g만큼 증가하여도 D가구의 금 보유량이 가장 많으므로 옳지 않은 설명이다.

19 자료판단 정답 ③

• 한 해 동안 다른 달에 비해 9월 배합사료 생산실적이 가장 낮았다고 했지만 E는 8월 배합사료 생산실적이 가장 낮았으므로 E는 소거된다.

• 배합사료 생산실적이 가장 높은 달과 가장 낮은 달의 배합사료 생산실적 차이가 50천 톤 미만이라고 했지만 A의 배합사료 생산실적이 가장 높은 12월과 가장 낮은 9월의 배합사료 생산실적 차이는 446–370=76천 톤이므로 A는 소거된다.

• 4분기 배합사료 생산실적이 같은 해 3분기 배합사료 생산실적보다 높다고 했지만 B의 배합사료 생산실적은 3분기에 121+118+100=339천 톤, 4분기에 126+104+107=337천 톤으로 3분기가 4분기보다 높으므로 B는 소거된다.

• 전체 배합사료 생산실적에서 7월 배합사료 생산실적이 차지하는 비중은 8% 미만이라고 했지만 D의 전체 배합사료 생산실적에서 7월 배합사료 생산실적이 차지하는 비중은 (278/3,367)×100≒8.3%이므로 D는 소거된다.

따라서 〈보고서〉의 내용에 부합하는 축종은 C이다.

20 자료이해　　　　　　　　　　　　　　정답 ④

연간 독서량이 1~5권인 사람 중 어학을 가장 선호하는 사람의 수는 883×0.026≒23명이고, 연간 독서량이 6~10권인 사람 중 자기계발서를 가장 선호하는 사람의 수는 239×0.086≒21명이므로 옳은 설명이다.

오답 체크

① 여성의 자기계발서 선호도는 9.1%이고, 남성의 자기계발서 선호도는 9.2%이므로 옳지 않은 설명이다.

② 기타를 제외하고 연간 독서량이 11~15권인 집단과 16권 이상인 집단 간의 선호도 차이는 장르 소설이 13.2-11.1=2.1%p, 취미가 12.2-9.1=3.1%p로 취미의 선호도 차이가 가장 크므로 옳지 않은 설명이다.

③ 전체 선호도 조사 인원 중 1년 동안 1권의 종이책을 읽지 않은 사람이 차지하는 비율은 (1,433/3,592)×100≒39.9%이므로 옳지 않은 설명이다.

⑤ 여성 조사 인원 중 자기계발서를 가장 선호하는 조사 인원의 수는 1,852×0.091≒169명으로 160명을 초과하므로 옳지 않은 설명이다.

21 자료판단　　　　　　　　　　　　　　정답 ②

• 첫 번째 〈조건〉에 따르면 '유선 ARS'와 '모바일 패널 조사'는 1월 대비 6월의 접촉실패 사례 수 증가율이 50% 이상이며, 1월 대비 6월의 접촉실패 사례 수 증가율은 A와 B가 각각 50% 미만, C가 {(1,103-709)/709}×100≒55.6%, D가 {(1,889-1,030)/1,030}×100≒83.4%이다. 이에 따라 C와 D가 각각 '유선 ARS' 또는 '모바일 패널 조사'임을 알 수 있다.

• 두 번째 〈조건〉에 따르면 '모바일 패널 조사'의 4월 접촉률과 응답률의 차이는 15%p 이상이고, '유선 ARS' 또는 '모바일 패널 조사'인 C와 D 중 C의 4월 접촉률은 {490/(898+490)}×100≒35.3%, 응답률은 (125/490)×100≒25.5%로 그 차이는 10%p 미만인 반면, D의 4월 접촉률은 {365/(1,495+365)}×100≒19.6%, 응답률은 (144/365)×100≒39.5%로 그 차이는 15%p 이상이므로 D가 '모바일 패널 조사'이고, 이에 따라 C가 '유선 ARS'임을 알 수 있다.

• 세 번째 〈조건〉에 따라 D를 제외한 A~C가 1~6월 중 1월의 응답완료 사례 수가 가장 낮지만, C는 '유선 ARS'이므로 A와 B가 각각 '무선 ARS' 또는 '무선 전화면접'이다. 응답률의 경우 A는 1월이 (12/69)×100≒17.4%, B는 1월이 (8/71)×100≒11.3%로 각각 1~6월 중 가장 낮지만, C는 6월이 (127/553)×100≒23.0%로 가장 낮다.

• 네 번째 〈조건〉에 따라 A의 5월 접촉률은 {124/(951+124)}×100≒11.5%로 15% 미만이고, B의 5월 접촉률은 {95/(217+95)}×100≒30.4%이므로 A가 '무선 ARS'이고, 이에 따라 B가 '무선 전화면접'이다.

따라서 A가 무선 ARS, B가 무선 전화면접, C가 유선 ARS, D가 모바일 패널 조사이다.

22 자료이해　　　　　　　　　　　　　　정답 ④

정보·통신 산업의 기술무역수지는 857백만 달러로 모든 산업 중 흑자 규모가 가장 크지만, 기술무역규모는 전체 산업의 (11,057/31,633)×100≒35.0%이므로 옳지 않은 설명이다.

오답 체크

① 전체 기술무역규모 31,633백만 달러 중 기업의 기술무역규모는 31,316백만 달러로 전체의 (31,316/31,633)×100≒99.0%이고, 대기업의 기술무역규모는 기업 전체의 (16,540/31,316)×100≒52.8%이므로 옳은 설명이다.

② 중소기업은 중견기업보다 기술수출액은 3,679-3,472=207백만 달러 크고, 기술도입액은 3,918-3,707=211백만 달러 크며, 기술무역규모도 크므로 옳은 설명이다.

③ 기술수출액과 기술도입액 상위 3개 산업은 기계, 전기·전자, 정보·통신이므로 옳은 설명이다.

⑤ 전기·전자 산업은 기술도입액이 기술수출액의 2배 이상이고, 기술무역수지 적자 규모는 4,097백만 달러로 화학의 392백만 달러 대비 10배 이상이므로 옳은 설명이다.

23 자료판단　　　　　　　　　　　　　　정답 ⑤

〈표 2〉의 각주에 따르면 차시별 면접시험의 등급은 3가지 평가요소에서 모두 '상'을 받는 경우 '우수', 3가지 평가요소 중 1개 이상에서 '하'를 받는 경우 '미흡', 그 외에는 '보통' 등급을 부여하며, 면접시험의 최종등급은 1차, 2차 면접시험에서 모두 '우수' 등급을 받은 경우 '우수', 모두 '미흡' 등급을 받은 경우 '미흡', 그 외에는 '보통' 등급을 부여한다. 또한 면접시험의 최종결과는 최종등급이 '우수'이면 합격, '미흡'이면 불합격이므로 지원자별 면접시험 등급 및 최종결과를 정리하면 다음과 같다.

구분	1차등급	2차등급	최종등급	최종결과
A	보통	우수	보통	불합격
B	보통	미흡	보통	합격
C	미흡	보통	보통	(　　)
D	우수	우수	우수	합격
E	미흡	미흡	미흡	불합격
F	우수	미흡	보통	(　　)

이때 〈표 2〉의 각주 3)에서 최종등급이 '보통'이면 필기시험 평균점수가 높은 지원자부터 순서대로 합격정원까지 합격시키는 것을 알 수 있고 최종등급이 '보통'이면서 최종결과가 '합격'인 B의 경우 평균점수가 83점이므로 평균점수가 이보다 높은 지원자는 합격한다. 최종등급이 '보통'인 C와 F는 평균점수가 83점보다 높으므로 최종결과는 '합격'이고, 이에 따라 합격한 지원자는 B, C, D, F이다. 이때 D의 필기시험 평균점수는 (75+80+90+21)/3.5=76점이다.

따라서 필기시험 평균점수가 낮은 지원자부터 순서대로 나열하면 D, B, F, C이다.

24 자료판단　　　　　　　　　　　　　　정답 ②

ㄷ. 1~2차 면접시험 평가 총 6개의 등급에서 '상' 등급을 받은 횟수가 '중' 또는 '하' 등급을 받은 횟수보다 많은 지원자는 A, D, F이고, F의 필기시험 4개 과목 점수의 합은 87×3.5=304.5점이므로 한국사 점수는 304.5-(70+95+44.5)=95점이다. 이에 따라 A, D, F 중 한국사 점수가 가장 높은 지원자는 F이며, F의 평균점수는 87점이므로 옳은 설명이다.

오답 체크

ㄱ. 1차, 2차 면접시험의 등급이 동일한 지원자는 D와 E 2명이고, 이는 전체 지원자 중 (2/6)×100≒33.3%이므로 옳지 않은 설명이다.

ㄴ. A는 B보다 국어 점수는 높지만 평균점수는 낮으므로 옳지 않은 설명이다.

ㄹ. 〈표 2〉에 따르면 최종결과 '합격'인 지원자는 B, C, D, F로 합격정원이
   4명이었음을 알 수 있다. 최종등급이 '우수'인 D는 최종결과 '합격'이
   고, 최종등급이 '보통'인 지원자 A, B, C, F 중 3명만 최종결과 '합격'이
   다. A의 영어점수가 90점이라면, A의 평균점수는 (90+80+90+30)/
   3.5≒82.9점이며, 이보다 B, C, F의 평균점수가 높다. 따라서 A의 최종
   결과는 '불합격'이므로 옳지 않은 설명이다.

25 자료판단   정답 ⑤

제시된 〈정보〉에 따르면 2021년 특별저감대책 시행 시기를 판단하기 위해
2020년의 대기오염도를 대입해서 월별 '통합대기오염판단지수'를 산출해
야 한다. 선택지에 제시된 월만 산식에 따라 산출하면 다음과 같다.

구분	상반기			하반기	
	1월	2월	3월	11월	12월
미세먼지(PM10) 농도	41.6	49.6	47.2	39.2	37.6
미세먼지(PM2.5) 농도	38.4	42.0	45.6	32.4	36.0
메탄 농도	19.84	19.72	19.75	19.77	19.87
판단지수	99.84	111.32	112.55	91.37	93.47

따라서 2021년에 특별저감대책이 시행되었던 월은 상반기에 3월, 하반기
에 12월이다.

⏱ 빠른 문제 풀이 Tip

제시된 〈표〉의 농도와 〈정보〉의 산식을 비교하면, 메탄 농도에 0.01을 곱
하여 산출되는 값은 매월 19.xx임을 알 수 있다. 이는 월별 통합대기오염판
단지수의 크기에 영향을 주지 않으므로 미세먼지(PM10) 농도 값과 미세먼
지(PM2.5) 농도 값만 산출하여 크기를 비교할 수 있다.

실전모의고사 4회

모바일 자동 채점 및
성적 분석 서비스

정답

언어논리영역

1	②	독해의 원리	6	②	논증의 방향	11	⑤	논증의 방향	16	②	독해의 원리	21	②	문맥과 단서
2	⑤	독해의 원리	7	②	문맥과 단서	12	⑤	논리의 체계	17	③	논리의 체계	22	③	논증의 방향
3	④	독해의 원리	8	③	문맥과 단서	13	①	문맥과 단서	18	④	논리의 체계	23	⑤	논증의 방향
4	③	독해의 원리	9	④	독해의 원리	14	③	논증의 방향	19	③	논리의 체계	24	①	문맥과 단서
5	②	독해의 원리	10	①	문맥과 단서	15	③	논증의 방향	20	④	독해의 원리	25	③	논증의 방향

상황판단영역

1	⑤	법조문형	6	③	계산형	11	①	법조문형	16	⑤	규칙형	21	③	계산형
2	②	법조문형	7	⑤	경우의 수	12	⑤	법조문형	17	②	경우의 수	22	⑤	경우의 수
3	④	법조문형	8	⑤	규칙형	13	①	규칙형	18	④	경우의 수	23	①	경우의 수
4	③	법조문형	9	③	텍스트형	14	④	계산형	19	⑤	계산형	24	②	계산형
5	③	텍스트형	10	③	텍스트형	15	②	계산형	20	④	계산형	25	④	법조문형

자료해석영역

1	⑤	자료판단	6	③	자료판단	11	①	자료판단	16	②	자료판단	21	①	자료판단
2	④	자료비교	7	③	자료판단	12	②	자료판단	17	④	자료판단	22	⑤	자료검토·변환
3	②	자료판단	8	⑤	자료비교	13	③	자료검토·변환	18	①	자료비교	23	②	자료비교
4	②	자료판단	9	⑤	자료판단	14	③	자료이해	19	④	자료이해	24	⑤	자료판단
5	④	자료검토·변환	10	④	자료판단	15	①	자료판단	20	③	자료판단	25	④	자료판단

취약 유형 분석표

유형별로 맞힌 개수, 틀린 문제 번호와 풀지 못한 문제 번호를 적고 나서 취약한 유형이 무엇인지 파악해 보세요.

언어논리영역

유형	맞힌 개수	틀린 문제 번호	풀지 못한 문제 번호
독해의 원리	/8		
논증의 방향	/7		
문맥과 단서	/6		
논리의 체계	/4		
TOTAL	/25		

상황판단영역

유형	맞힌 개수	틀린 문제 번호	풀지 못한 문제 번호
텍스트형	/3		
법조문형	/7		
계산형	/7		
규칙형	/3		
경우의 수	/5		
TOTAL	/25		

자료해석영역

유형	맞힌 개수	틀린 문제 번호	풀지 못한 문제 번호
자료비교	/4		
자료판단	/16		
자료검토·변환	/3		
자료이해	/2		
TOTAL	/25		

해설

언어논리영역

1 독해의 원리　　　　　　　　　　정답 ②

첫 번째 단락에서 동빙고는 총 10,244정의 얼음을 저장할 수 있었고, 서빙고는 총 134,974정의 얼음을 저장할 수 있었다고 했다. 또한, 동빙고의 용도는 왕실의 제사에 사용되는 얼음을 보관하는 것이고, 서빙고의 용도는 왕실과 고위 관료들의 식용 또는 의료용으로 사용되는 얼음을 보관하는 것이라고 했다. 따라서 동·서빙고 중 고위 관료 지급용 빙고인 서빙고는 왕실 제사용 빙고인 동빙고보다 10배 이상 많은 양의 얼음을 저장할 수 있었음을 알 수 있다.

오답 체크

① 첫 번째 단락에서 동빙고와 서빙고는 1396년 수도 한양에 건설되었다고 했다. 또한 두 번째 단락에서 빙고를 축조할 때에는 목재 또는 석재가 사용되었으나 오늘날에는 석빙고만 남아 있으며, 해주 석빙고를 제외한 현존하는 모든 석빙고는 18세기 이후에 만들어진 것이라고 했다. 따라서 동빙고와 서빙고가 석재로 만들어졌는지는 제시된 글을 통해 알 수 없다.

③ 첫 번째 단락에서 동빙고에 얼음을 보관하는 작업에는 제사를 담당하는 봉상시의 관원이 참여하였다고 했고, 세 번째 단락에서 춘분에 빙고를 열 때 개빙제라는 제사를 지내며 얼음이 출하되기 시작하였다고 했다. 따라서 매년 춘분에 동빙고를 열 때는 봉상시 관원의 주도하에 개빙제가 진행되었는지는 제시된 글을 통해 알 수 없다.

④ 첫 번째 단락에서 동빙고는 왕실의 제사에 사용되는 얼음을 보관하고 서빙고는 왕실과 고위 관료들의 식용 또는 의료용으로 사용되는 얼음을 보관하였으며, 종친과 대신들이 빙패를 서빙고에 가져가면 해당하는 만큼의 얼음을 받을 수 있었다고 했다. 따라서 조선시대에 궁궐에서 제사가 있으면 서빙고가 아닌 동빙고의 얼음이 사용되었음을 알 수 있다.

⑤ 세 번째 단락에서 매년 1월 소한과 대한 사이에 채취한 얼음을 볏짚과 쌀겨 등으로 포장해 장빙하였다가, 3월 말 무렵인 춘분부터 얼음이 출하되어 그해 가을의 마지막 절기인 상강까지 공급하였다고 했다. 따라서 1월에 채취한 얼음을 같은 해 가을까지 사용했음을 알 수 있으나, 이듬해 장빙까지 보관할 수 있었는지는 제시된 글을 통해 알 수 없다.

2 독해의 원리　　　　　　　　　　정답 ⑤

두 번째 단락에서 정군은 교대로 근무하며 근무를 하지 않을 때는 농사를 지었다고 했고, 보인은 비상시에만 전투에 투입되고 평상시에는 농사를 지었다고 했으므로 조선의 정군과 보인은 농사와 국방의 의무를 모두 수행했음을 알 수 있다.

오답 체크

① 두 번째 단락에서 조선의 중앙군과 지방군은 모두 병적이라는 군적에 등재되었다고 했으나, 첫 번째 단락에서 고려의 지방군은 군적에 오르지 못한 군인들로 편제되었다고 했으므로 고려와 조선의 모든 군역 대상자가 군적에 등재되었던 것은 아님을 알 수 있다.

② 첫 번째 단락에서 고려의 중앙군에는 군적에 등재된 직업군인이 소속되었고, 군역에 대한 대가로 군인전이라는 토지를 지급받았음을 알 수 있다. 그러나 두 번째 단락에서 조선의 중앙군은 녹봉이라는 경제적 보상은 갑사와 특수병이 지급받았다고 했으나 토지를 지급받았는지는 알 수 없다.

③ 첫 번째 단락에서 고려의 중앙군은 별도의 호적인 군적에 등재된 직업군인이고, 군역에 대한 대가로 군인전이라는 토지를 지급받았음을 알 수 있다. 그러나 고려의 지방군은 군적에 오르지 못한 군인들로 편제되었으며, 이들의 대부분은 전투나 방어보다는 노동과 잡역을 주로 담당하였다고 했으므로 고려의 지방군에는 군인전을 지급받는 직업군인이 포함되지 않았음을 알 수 있다.

④ 두 번째 단락에서 조선의 중앙군은 정군과 갑사, 특수병으로 나뉘었다고 했고, 중앙군은 복무기간에 따라 품계를 인정받았으나 녹봉이라는 경제적 보상은 갑사와 특수병만이 지급받았다고 했으므로 조선의 중앙군 모두가 녹봉을 지급받았던 것은 아님을 알 수 있다.

3 독해의 원리　　　　　　　　　　정답 ④

두 번째 단락에서 목표수질은 하천의 단위유역을 기준으로 지정된다고 했고, 세 번째 단락에서 하천의 단위유역을 쪼개어 소유역으로 나눈 후 소유역별 할당부하량을 산정한다고 했다. 즉, 하천의 소유역은 단위유역보다 좁은 범위이다. 따라서 특정 소유역이 할당부하량을 초과하여 오염물질을 배출하더라도 다른 소유역의 오염물질 배출량이 할당부하량보다 적으면 단위유역 전체로는 목표수질을 맞출 수 있음을 알 수 있다.

오답 체크

① 두 번째 단락에서 하나의 하천 내에서도 단위구역에 따라 상이한 목표수질이 적용될 수 있다고 했고, 세 번째 단락에서 하천의 단위유역을 소유역으로 나누어 소유역별 할당부하량이 산정된다고 했다. 따라서 동일한 하천 내에서도 단위유역에 따라 목표수질이 다르게 설정될 수 있고, 소유역별로 할당부하량이 다르게 설정될 수도 있음을 알 수 있다.

② 첫 번째 단락에서 TMDL의 핵심 개념은 실제로 배출된 오염물질의 총량을 오염물질 배출 허용량 이내에서 관리하는 것이라고 했다. 따라서 TMDL에 따르면 오염물질의 양이 동일하게 유지되지 않더라도 정해진 범위 이내에서의 변동은 허용될 수 있으므로 목표수질설정과 기본계획수립이 TMDL에서 오염물질의 양을 동일하게 유지하기 위한 수단은 아님을 알 수 있다.

③ 세 번째 단락에서 수질모델링을 통해 단위유역에서 배출해도 되는 오염총량을 설정하여 소유역별 할당부하량이 산정된다고 했고, 마지막 단락에서 QUAL2E와 같은 모델링 기법의 운용에 있어 그 정확성이나 예측도가 떨어져 목표한 수질 개선을 달성하지 못한다는 문제가 있다고 했다. 따라서 TMDL에 참여한 모든 자치단체가 수질모델링을 통해 도출된 소유역별 할당부하량을 준수하더라도 수질모델링 과정에서의 오류로 인해 수질 개선 목표를 달성하지 못할 수 있음을 알 수 있다.

⑤ 두 번째 단락에서 BOD는 미생물이 물속 유기물을 분해할 때 사용하는 산소의 양을 의미하며, BOD가 높을수록 수질이 좋지 않음을 나타낸다고 했다. 따라서 BOD 항목의 수치를 주변 지역보다 더 높게 잡은 지역이 아니라, BOD 항목의 수치가 더 낮은 지역이 보다 강화된 수질 기준을 적용한 것임을 알 수 있다.

4 독해의 원리 정답 ③

첫 번째 단락에서 왕세자의 곤룡포는 서연복, 왕세손의 곤룡포는 강서복이라 불렀으며 왕세자와 왕세손은 같은 색깔의 곤룡포를 입었다고 했다. 또한, 두 번째 단락에서 왕세자는 사조원룡보를 가슴과 등, 양쪽 어깨에 붙였으며, 왕세손은 삼조방룡보를 가슴과 등에만 붙였다고 했다. 따라서 왕세자의 서연복은 용보가 4개, 용보 속 용의 발톱은 4개이고 왕세손의 강서복은 용보가 2개, 용보 속 용의 발톱은 3개이므로 용보의 개수와 용보 속 용의 발톱 개수로 서연복과 강서복을 구분할 수 있음을 알 수 있다.

오답 체크
① 첫 번째 단락에서 왕은 세종 이후부터 대한제국 시기 전까지 대홍색의 곤룡포를 입었다고 했다. 또한, 왕세자와 왕세손은 같은 색깔의 곤룡포를 입었으며, 중종 대에는 아청색의 곤룡포를 착용하였다고 했다. 따라서 중종 대에 왕의 곤룡포는 대홍색으로 구별되지만, 왕세자와 왕세손의 곤룡포는 아청색으로 같아 신분 차이가 드러나지 않음을 알 수 있다.
② 두 번째 단락에서 태조어진 속의 곤룡포는 가슴에 있는 용보의 크기가 매우 크고 어깨의 용보는 그보다 작은 데 비해, 영조어진 속 곤룡포의 용보는 가슴에 있는 것은 크기가 약간 작아지고 어깨에 있는 것은 크기가 약간 커진 형태라고 했다. 따라서 어진 속 태조의 곤룡포에 비하여 영조의 곤룡포에서 가슴의 용보는 작아지고 어깨의 용보는 커졌음을 알 수 있으나, 영조의 곤룡포에서 어깨의 용보가 가슴의 용보보다 큰지는 제시된 글을 통해 알 수 없다.
④ 첫 번째 단락에서 어진을 통해 청색의 곤룡포를 입은 태조의 모습은 확인할 수 있지만, 그 외에는 조선 초기 왕들의 곤룡포가 어떤 색이었는지에 대한 사료가 남아 있지 않다고 했다. 또한, 세종 26년에 명으로부터 대홍색 곤룡포를 사여받아 입었다고 했다. 따라서 세종이 명에서 사여받은 이후에 붉은색 곤룡포를 입었다는 것은 알 수 있으나, 집권 초기에 어떤 색의 곤룡포를 입었는지는 제시된 글을 통해 알 수 없다.
⑤ 두 번째 단락에서 황태자의 곤룡포에는 오조룡보를 사용하였으며, 고종과 순종 황제의 용보에는 5개의 발톱을 가진 용이 여의주를 물고 있는 모습이 그려져 있다고 했다. 따라서 대한제국 시기에 황제와 황태자의 용보 속 용의 발톱 수는 같으나, 황제의 용보 속에는 여의주를 물고 있는 용이 그려져 있으므로 황태자의 것과 동일하지 않음을 알 수 있다.

5 독해의 원리 정답 ②

첫 번째 단락에서 제품의 품질이나 가격만이 아니라 기업 윤리까지 생각하는 소비자가 윤리적 소비자라고 했고, 두 번째 단락에서 코즈 마케팅을 한다는 이유만으로 구매를 결정하지 않기 때문에 기본적으로 품질이 뒷받침되어야 한다고 했다. 따라서 제품 및 서비스의 품질이 보장되지 않는다면 코즈 마케팅은 성공할 수 없음을 알 수 있다.

오답 체크
① 첫 번째 단락에서 윤리적 소비자는 품질이 비슷한 제품들을 비교할 때 가격뿐만 아니라 윤리적 가치 판단을 한다고 했다. 따라서 윤리적 소비자가 제품이나 서비스의 가격을 고려하지 않는 것이 아닌, 가격뿐 아니라 윤리적 측면도 함께 고려하는 것임을 알 수 있다.
③ 두 번째 단락에서 증가하는 윤리적 소비자는 기업으로 하여금 윤리적 소비자의 의견에 동참하도록 유도한다고 했으므로 소비자가 기업에 영향력을 끼쳐 오늘날 윤리적 소비 경향이 나타나게 되었음을 알 수 있다.
④ 첫 번째 단락에서 윤리적 소비자는 자신들의 소비 행태가 기업에 윤리적인 제품을 만들어내도록 이끌 수 있다는 생각을 가진다고 했으므로 윤리적인 제품을 만들도록 요구하는 소비자는 합리적 소비자가 아니라 윤리적 소비자임을 알 수 있다.
⑤ 두 번째 단락에서 코즈 마케팅은 사회의 공익적 가치와 기업의 경제적 가치를 동시에 추구한다고 했으므로 코즈 마케팅을 하는 기업이 자신들의 이익보다 공공의 이익을 증대시키는 것을 목표로 하지는 않음을 알 수 있다.

6 논증의 방향 정답 ②

ㄴ. 남녀 간 고용 기회와 임금 수준의 차별은 정보가 불완전한 상황에서 특정 그룹의 평균적인 생산성에 관한 통계 정보 또는 개인의 경험을 바탕으로 의사결정을 내리기 때문에 발생하는 것이라고 했다. 따라서 특정 집단에 관한 통계적 차이는 남녀 간의 임금 격차가 발생하게 만드는 요인으로 작용한다는 것은 글의 주장으로 볼 수 있다.

오답 체크
ㄱ. 통계적 차별은 특정 성별이나 인종에 대한 개인적 편견에서 비롯된 차별과는 다르며, 고용주가 특정 그룹에 대한 선호를 갖지 않아도 통계적 차별이 발생한다고 했다. 따라서 여성 혹은 남성이라는 그룹에 대한 고용주 개인의 편견은 성별에 따른 통계적 차별을 야기한다는 것은 글의 주장으로 볼 수 없다.
ㄷ. 사용자가 남녀 근로자의 주당 근로시간이나 근속연수 차이와 같은 통계 정보를 바탕으로 채용과 임금을 결정함으로써 노동시장에서 남녀 간 차별이 발생한다고 했으므로 실제 통계에 기반하지 않은 고용주의 잘못된 의사결정 때문에 여성 근로자에 대한 차별이 발생한다는 것은 글의 주장으로 볼 수 없다.

7 문맥과 단서 정답 ②

을의 첫 번째 말에서 1시간 이내의 외부강의등 사례금 상한액은 40만 원으로 외부강의등과 관련하여 제공받은 일체의 사례금이 포함되며, 상한액을 초과하는 사례금을 받으면 초과사례금에 대해 소속 기관의 장에게 신고하고 초과금액을 제공자에게 반환해야 한다고 했다. 갑의 세 번째 말에서 Y기관의 요청으로 진행한 강의는 1시간짜리이므로 상한액은 40만 원이고, 강의료 30만 원과 원고료 20만 원을 지급받았으므로 10만 원의 초과사례금이 발생하였다. 따라서 빈칸에 들어갈 내용은 'Y기관에서 받은 사례금의 경우 소속 기관의 장에게 신고 및 10만 원을 해당 기관에 반납해야 합니다.'가 가장 적절하다.

① 을의 두 번째 말에서 외부강의등을 요청한 주체가 국가나 지방자치단체인 경우에는 신고 의무가 없다고 했으므로 시에서 진행한 회의 참석 수당에 대해 신고해야 한다는 것은 적절하지 않다.

③ 을의 두 번째 말에서 사례금을 받는 경우라면 신고해야 한다고 했으므로 원고료를 지급받는지 여부와 관계없이 신고 의무가 발생한다는 것은 적절하지 않다.

④ 을의 두 번째 말에서 사례금을 받는 경우라면 외부강의등을 마친 날로부터 10일 이내에 신고해야 한다고 했으므로 사전에 신고했어야 한다는 것은 적절하지 않다.

⑤ 을의 첫 번째 말에서 외부강의등의 대가로 받는 사례금에는 강의료, 원고료, 출연료 등 명목에 관계없이 외부강의등과 관련하여 제공받은 일체의 사례금이 포함된다고 했으므로 Y기관과 Z잡지사에서 제공하는 원고료를 사례금으로 보지 않는다는 것은 적절하지 않다.

8 문맥과 단서   정답 ③

ⓒ의 앞에서 명제에 대한 관찰과 경험이 실제 사실과 일치할 때 그 지식 혹은 판단을 진리라고 할 수 있는데, 관찰과 경험을 통해 얻은 명제의 참거짓을 판단하기 위해서는 또 다른 진리를 필요로 하여 진리에 대한 정의를 내리기 위한 노력이 논리적 오류를 만들게 된다고 하였으므로 ⓒ을 '진리를 정의하기 위해 진리를 정의해야 한다'으로 수정하는 것이 가장 적절하다.

① ⓐ의 앞에서 새로운 지식 또는 판단이 우리가 진리로 여기는 지식이나 판단에 부합하면 해당 명제는 참이 되고 그렇지 않으면 거짓이 되며, 진리의 기준은 고정적이라고 했으므로 ⓐ은 명제의 참과 거짓 여부는 바뀌지 않는다는 내용이 적절하다.

② ⓑ의 앞에서 진리는 관찰과 경험이 축적되어 만들어진다고 했으므로 ⓑ은 명제에 대한 관찰과 경험이 실제 사실과 일치할 때 그것을 진리라고 할 수 있다는 내용이 적절하다.

④ ⓓ의 뒤에서 어떤 명제가 진리인 이유는 해당 명제를 진리라고 정의하였을 때 현상을 설명하는 데 가장 유용한 결과가 도출되기 때문이라고 했으므로 ⓓ은 진리를 정의하는 최선의 방법은 결과론적인 관점에서 정의하는 것이라는 내용이 적절하다.

⑤ ⓔ의 앞에서 어떤 명제가 진리인 이유는 그것이 논리적·경험적으로 모순이 없기 때문이 아니라, 해당 명제를 진리라고 정의하였을 때 현상을 설명하는 데 가장 유용한 결과가 도출되기 때문이라고 했으므로 ⓔ은 진리가 상황에 따라 결정되는 특수한 것이라는 내용이 적절하다.

9 독해의 원리   정답 ④

두 번째 단락에서 예산결산특별위원회는 상임위원회에서 삭감한 세출예산 각 항의 금액을 늘리거나 새 비목을 설치할 때 소관 상임위원회의 동의를 얻어야 한다고 했다. 따라서 예산결산특별위원회 심의 과정에서 정부가 제출한 세출예산을 증액하려는 경우가 아니라, 상임위원회의 예비심사에서 삭감한 세출예산 각 항의 금액을 증액하려는 경우에 소관 상임위원회의 동의를 받아야 함을 추론할 수 있다.

① 첫 번째 단락에서 정부가 국회에 예산안을 제출하는 기한이 「헌법」에 의하면 회계연도 개시 90일 전까지, 「국가재정법」에 따르면 회계연도 개시 120일 전까지라고 했고, 마지막 단락에서 국회의 예산 의결 법정시한은 회계연도 개시 30일 전까지라고 했다. 따라서 정부가 「헌법」과 「국가재정법」 중 어떤 것에도 위배되지 않게 예산안을 제출했다면, 국회는 최소 120−30=90일 동안 심의·의결을 진행할 수 있음을 추론할 수 있다.

② 세 번째 단락에서 종합정책질의에서는 국정 전반에 대하여 각 위원이 질문하고 관계 국무위원이 출석하여 답변하며, 부별심사에서는 경제부처와 비경제부처로 나누어 각 위원이 질의하고 출석한 관계 국무위원이 답변한다고 했다. 따라서 종합정책질의와 부별심사 모두 심사 대상 예산안의 관계 국무위원이 참석함을 추론할 수 있다.

③ 첫 번째 단락에서 의장이 정한 예비심사기간 내에 심사가 완료되지 않으면 바로 예산결산특별위원회에 회부하여 종합심사를 진행할 수 있으며, 시정연설과 관계없이 예산안을 상임위원회에 회부할 수 있다고 했다. 따라서 소관 상임위원회에서 의결이 완료되지 않았거나 시정연설 전에 예비심사를 시작한 예산안도 종합심사의 대상이 될 수 있음을 추론할 수 있다.

⑤ 마지막 단락에서 예산 의결이 지연되는 것을 막기 위해 기한 내 예산안 심사가 완료되지 않으면 그다음 날 본회의에 예산안이 부의되도록 하는 예산안 자동부의제도가 도입되었으며, 이 제도가 신설된 후에도 예산 의결의 법정시한을 넘긴 해가 있다고 했다. 따라서 예산 의결의 법정시한은 회계연도 개시 30일 전인 12월 2일이므로 예산안 자동부의제도를 시행해도 12월 2일까지 본회의에서의 예산 의결이 완료되지 못할 수 있음을 추론할 수 있다.

10 문맥과 단서   정답 ①

제시된 글에 따라 <개정 근로제도 시행 시기>를 정리하면 다음과 같다.

	기업 규모	ⓐ 공공기관 및 300인 이상 사업장 (특례제외업종 미포함)	ⓑ 50인 이상 300인 미만 사업장	5인 이상 50인 미만 사업장
주52시간제				
	시행 시기	2018년 7월	2020년 1월	ⓒ 2021년 7월
관공서 공휴일의 민간적용	기업 규모	공공기관 및 300인 이상 사업장	ⓓ 30인 이상 300인 미만 사업장	ⓔ 5인 이상 30인 미만 사업장
	시행 시기	2020년 1월	ⓕ 2021년 1월	2022년 1월
가족돌봄등 근로시간 단축제도	기업 규모	공공기관 및 300인 이상 사업장	30인 이상 300인 미만 사업장	5인 이상 30인 미만 사업장
	시행 시기	ⓖ 2020년 1월	2021년 1월	ⓗ 2022년 1월

첫 번째 단락에서 주52시간제는 공공기관 및 300인 이상 사업장의 경우 2018년 7월부터 시행하지만, 특례제외업종 중 300인 이상 사업장은 이듬해 7월, 즉 2019년 7월부터 시행한다고 했다. 따라서 2019년 상반기에, 특례제외업종인 300인 이상 사업장은 주52시간제가 시행되기 전으로 1주 최대 근로시간은 ⓐ이 아닌 ⓑ의 1주 최대 근로시간과 같으므로 적절한 설명이다.

② ⓑ에는 '50인 이상 300인 미만 사업장', ⓓ에는 '30인 이상 300인 미만 사업장'이 들어가 서로 다르므로 적절하지 않다.

③ ⓒ에는 '2021년 7월', ⓔ에는 '2021년 1월', ⓕ에는 '2020년 1월'이 들어가 모두 다르므로 적절하지 않다.

④ 40인 규모의 사업장은 '30인 이상 300인 미만 사업장'인 ⓔ에 해당하여, 2021년 1월부터 관공서 공휴일의 민간적용이 시행되므로 적절하지 않다.

⑤ 세 번째 단락에서 근로시간 단축의 사유를 기존의 임신·출산에서 가족돌봄, 본인건강, 은퇴준비, 학업 등으로 확대했다고 했다. 따라서 20인 규모의 사업장에 근무하는 사람은 ⓒ 전에도 임신을 사유로 근로시간 단축제도를 활용할 수 있었으므로 적절하지 않다.

11 논증의 방향
정답 ⑤

ㄱ. 갑은 본래 선한 본성을 갖고 태어났음에도 인간은 살면서 외부적인 무언가에 부족함을 느껴 욕망을 갖게 된다고 했고, 을은 욕망이 인간의 악한 본성에서 나오는 것이라고 했다. 따라서 갑은 인간이 욕망을 추구하게 된 계기가 외부 요인에 있다고 보지만, 을은 그렇지 않으므로 적절한 판단이다.

ㄴ. 갑은 욕망으로 인해 권력이나 부귀영화를 좇다 인의(人義)를 저버리기도, 침략과 정복 전쟁이 일어나기도 한다고 했고, 을은 인간의 악한 본성을 교화할 수 있는 수단이자, 욕망으로 인해 혼란해진 사회를 바로잡을 규범이 되는 예(禮)를 배워야 한다고 했다. 한편 병은 욕망을 추구하는 것이 반드시 해롭다고 볼 수는 없으며, 욕망 추구의 이기적인 본성이 삶의 동기 부여와 부국강병 도모의 역할을 할 수 있다고 했다. 따라서 갑과 을은 인간의 욕망이 개인이나 국가에 유해하다고 보지만, 병은 그렇지 않으므로 적절한 판단이다.

ㄷ. 을은 스스로 욕망을 다스리는 노력과 함께 예를 통해 인위적으로 선을 발현해야 내면에 깃든 욕망과 악한 본성을 제어할 수 있다고 했고, 병은 욕망 추구의 목적과 수단이 공정한지 스스로의 판단으로 따질 수 없어 엄격한 원칙과 기준을 법(法)으로 설정하여 인간의 악한 본성과 욕망을 다스려야 한다고 했다. 한편 갑은 욕망을 절제하고 의로운 일을 꾸준히 실천하여 스스로의 선한 본성을 깨우쳐야 한다고 했다. 따라서 을과 병은 인위적인 수단으로 인간의 욕망을 다스려야 한다고 보지만, 갑은 그렇지 않으므로 적절한 판단이다.

12 논리의 체계
정답 ⑤

㉠~㉤을 기호화하여 정리하면 다음과 같다.
㉠ 행복 → ~후회
㉡ 취약 인정 → 현재 즐김
㉢ 현재 즐김 → 행복
㉣ 현재 즐김 → ~후회
㉤ ~행복 → ~취약 인정

ㄱ. ㉢과 ㉠을 차례로 연결하면 '현재 즐김 → 행복 → ~후회'이므로 ㉣인 '현재 즐김 → ~후회'는 반드시 참이다.

ㄴ. ㉡과 ㉤이 참이라고 할지라도 '현재 즐김'과 '행복'의 관계를 알 수 없으므로 ㉢이 반드시 참이 되는 것은 아니다.

ㄷ. ㉤의 대우 '취약 인정 → 행복'과 ㉠을 차례로 연결하면 '취약 인정 → 행복 → ~후회'이므로 "삶에 있어서 우리에게 취약한 점이 있다는 사실을 인정하는 것이 후회 없는 삶이다."를 도출할 수 있다.

13 문맥과 단서
정답 ①

(가), (나) 유아기 기억상실은 7~8세를 기점으로 급격하게 어린 시절의 기억 소멸이 일어난다고 했으므로 7~8세 이전에는 어린 시절을 잘 기억하지만 이후에는 기억하지 못한다는 것을 뒷받침하는 실험 결과임을 알 수 있다. 따라서 빈칸에 들어갈 말은 "처음에 이야기했던 경험에 대해 '7세까지는' 60~70%를 기억한 반면, '8세 이후에는' 약 35%를 기억해 냈다"가 적절하다.

(다), (라) 실험에 사용한 사진 속 인물은 아이들의 4년 전 친구들이거나 낯선 사람들로 어느 쪽이든 아이들은 그게 누구인지 알아보지 못했지만, 이 실험을 통해 3세 무렵에 봤던 친구들의 모습을 의식적으로 회상하지는 못해도 기억의 파편이 머릿속에 남아 있음을 짐작할 수 있다고 했다. 따라서 빈칸에 들어갈 말은 "'낯선 사람의' 얼굴보다는 '기억나지 않는 친구의' 얼굴을 보여줬을 때 더 정확하게 비교해 냈다"가 적절하다.

14 논증의 방향
정답 ③

ㄱ. ㉠에 따르면 유아기 기억상실은 언어능력과 밀접한 관련이 있어, 언어 발달이 충분히 이루어지기 전에는 기억의 저장이 불안정하고 언어가 발달한 유아기 이후에는 언어적 사고를 통해 저장되지 않은 기억을 끄집어낼 수는 없게 된다. 따라서 언어를 사용하지 않는 원숭이에게서도 유아기의 기억이 소멸되는 현상이 발견된다는 것은 사람만이 갖는 언어능력으로는 유아기 기억상실을 설명할 수 없다는 것으로, ㉠을 약화하므로 적절한 평가이다.

ㄷ. ㉠에 따르면 언어능력이 발달하기 이전의 기억은 회상할 수 없으나 무의식이나 암시적 기억으로 남아 있게 되고, ㉡에 따르면 해마에서 새로운 뉴런이 만들어지는 과정에서 오래된 기억이 파괴되지만 완전히 소멸되는 것이 아니라 기억의 파편이 머릿속에 남아 있게 된다. 즉, ㉠과 ㉡ 모두 어린 시절의 경험이 저장은 되어 있지만 이를 의식적으로 회상할 수 없다는 내용이다. 따라서 영아기에는 뇌의 정보처리능력과 기억을 담당하는 회로가 발달하지 않아 이때의 기억이 저장되지 않는다는 사실이 밝혀지더라도 ㉠과 ㉡ 모두 강화되지 않으므로 적절한 평가이다.

오답 체크

ㄴ. ㉡에 따르면 기억 형성에 관여하는 해마에서 새로운 뉴런이 만들어짐에 따라 기존 뉴런 간의 연결이 끊어져 기억이 소멸한다. 따라서 태어난 지 얼마 안 된 어린 쥐는 하루 전에 받은 자극도 기억하지 못하였지만, 해마의 뉴런 생성을 억제하였더니 몇 주가 지나서도 이전에 받은 자극을 기억했다는 실험 결과는 해마의 뉴런 생성이 생애 초기의 기억 존속 및 소멸과 관련 있음을 뒷받침하여 ㉡을 약화하지 않으므로 적절하지 않은 평가이다.

15 논증의 방향
정답 ③

ㄱ. 사람의 평균 목소리가 소리 2, 높은 톤의 여성 목소리가 소리 3인데, 종류 1은 소리 3에서 소리가 나는 방향으로 이동하고, 종류 2는 소리 2~3 모두 소리가 나는 방향으로부터 멀어졌다. 〈실험 결과〉에 따르면 종류 1은 크기가 크고 공격성이 강한 뱀, 종류 2는 포식자를 피해 먹이활동을 하는 뱀이므로 뱀의 성향을 고려하면, 종류 1은 소리를 따라 공격하기 위해, 종류 2는 사람을 피하기 위해 움직인 것으로 추측할 수 있다. 따라서 종류 1과 종류 2의 〈실험 결과〉는 모두 사람의 목소리를 감지할 수 있을 것이라는 가설을 강화한다.

ㄴ. 종류 3과 종류 5의 〈실험 결과〉는 소리가 나는 방향으로 움직이거나 공격한 것이 아니라, 소리가 나는 방향으로부터 멀어지거나 아예 움직이지 않는 반응을 나타냈으므로 뱀이 소리가 나는 방향에 공격성을 드러낼 것이라는 가설을 약화한다.

오답 체크

ㄷ. 종류 4의 〈실험 결과〉는 소리 1~3에서 모두 소리가 나는 방향으로부터 멀어진 것이므로, 종류 4가 특히 소리 2에서 머리를 급히 움직이는 행동이 증가한 것은 불안 또는 경계 행동이 증가한 것으로 추측할 수 있다. 이 결과만으로 소리 2의 감지를 더 빠르게 했는지는 알 수 없으므로, 종류 4의 〈실험 결과〉가 특정 소리를 다른 감각보다 더 빠르게 감지할 것이라는 가설은 강화하지도 약화하지도 않는다.

16 독해의 원리
정답 ②

ㄴ. 두 번째 단락에서 기온이 낮을 때는 빙하 속 산소동위원소비가 낮아지고, 기온이 높아질 경우 빙하 속 산소동위원소비가 높아진다고 했다. 따라서 빙하 속의 산소동위원소비는 당시의 기온과 양의 상관관계를 보임을 추론할 수 있다.

오답 체크

ㄱ. 첫 번째 단락에서 관측 기록이 남아 있지 않은 시대의 기후는 빙하나 해저 퇴적물과 같은 자연물을 분석하여 추측할 수 있다고 했으나, 기록이 남아 있지 않은 시대의 대기 상황만을 분석할 수 있는 것은 아님을 추론할 수 있다.

ㄷ. 두 번째 단락에서 기온이 낮을 때는 바닷속에 존재하는 산소 중 질량이 무거운 것은 증발이 잘 이루어지지 않아 해수에서 대기로의 ^{18}O 이동이 약해지고, 기온이 높아질 경우 바닷속 산소는 질량과 상관없이 증발이 활발히 이루어져 해수 속 산소동위원소비는 낮아진다고 했다. 따라서 기후가 온난할 때에 비해 한랭할 때 해수 속 $^{18}O/^{16}O$의 값이 더 높게 나타날 것임을 추론할 수 있다.

17 논리의 체계
정답 ③

제시된 조건을 기호화하여 정리하면 다음과 같다.
- 조건 1: 갑 ∪ 정
- 조건 2: 갑 ∩ 정 → ~병
- 조건 3: ~을 → ~병 ∩ ~정
- 조건 4: ~정 → ~무
- 조건 5: 을 → 무
- 조건 6: ~을 → ~갑 ∪ 병

조건 1에 따라 갑과 정 가운데 한 명만 선정되거나 둘 다 선정되는 것이 가능하므로, 이를 기준으로 경우의 수를 나누면 다음과 같다.
〈경우 1〉갑은 선정되고 정은 선정되지 않는 경우
정이 선정되지 않으므로 조건 4에 따라 무도 선정되지 않는다. 조건 5의 대우 '~무 → ~을'에 따라 '~을'이 참이고, 조건 3에 따라 '~병'이 참이다. 이때 조건 6의 대우 '갑 ∩ ~병 → 을'에 따르면 '을'이 도출되므로 모순이 발생한다. 따라서 가능하지 않은 경우이다.
〈경우 2〉갑은 선정되지 않고 정은 선정되는 경우
조건 3의 대우 '병 ∪ 정 → 을'에 따라 '을'이 참이고, 조건 5에 따라 '무'가 참이다. 이때 병의 선정 여부는 확정되지 않으므로 최소 인원은 을, 정, 무 3명이고, 최대 인원은 을, 병, 정, 무 4명이다.

〈경우 3〉갑과 정 둘 다 선정되는 경우
갑과 정이 모두 선정되면 조건 2에 따라 병은 선정되지 않는다. 조건 6의 대우 '갑 ∩ ~병 → 을'에 따라 '을'이 참이고, 조건 5에 따라 '무'가 참이다. 이에 따라 선정되는 인원은 갑, 을, 정, 무 4명이다.
따라서 면접 대상자는 최소 3명, 최대 4명이다.

18 논리의 체계
정답 ④

갑~무의 추측을 각각 명제 1~5로 하여 기호화하면 다음과 같다. 이때 추측이 맞은 경우를 참, 추측이 틀린 경우를 거짓이라고 한다.
- 명제 1: 을C ∩ 정A
- 명제 2: ~갑A ∩ ~을C
- 명제 3: 정B ∪ ~무A
- 명제 4: 무B
- 명제 5: 갑A ∪ 병C

명제 1과 명제 2가 각각 '을C', '~을C'로 모순이므로 둘 중 하나는 반드시 거짓이다. 따라서 명제 1이 참인 경우, 명제 2가 참인 경우로 나누어 가능한 경우를 확인한다.
〈경우 1〉명제 1이 참인 경우
명제 2가 거짓, 명제 3~5가 참이다. 명제 1에 따라 을은 C부서, 정은 A부서에 배치되고, 제시된 조건에 따라 1명만 C부서에 배치된다고 했으므로 갑, 병, 무는 C부서에 배치되지 않는다. 병이 C부서에 배치되지 않으므로 명제 5에 따라 갑이 A부서에 배치되고, 명제 4에 따라 무가 B부서에 배치된다. 이때 제시된 조건에서 A부서에 2명, B부서에 2명을 배치한다고 했으므로 병은 B부서에 배치된다.

구분	갑	을	병	정	무
A부서	O	X	X	O	X
B부서	X	X	O	X	O
C부서	X	O	X	X	X

〈경우 2〉명제 2가 참인 경우
명제 1이 거짓, 명제 2~5가 참이다. 명제 2에 따라 갑과 을은 각각 A부서, C부서에 배치되지 않고, 명제 4에 따라 무가 B부서에 배치된다. 갑이 A부서에 배치되지 않으므로 명제 5에 따라 병이 C부서에 배치되고, 제시된 조건에 따라 1명만 C부서에 배치된다고 했으므로 갑, 을, 정은 C부서에 배치되지 않는다. 갑은 A부서, C부서에 배치되지 않으므로 B부서에 배치되고, 제시된 조건에 따라 2명은 A부서, 2명은 B부서에 배치된다고 했으므로 을과 정은 A부서에 배치된다.

구분	갑	을	병	정	무
A부서	X	O	X	O	X
B부서	O	X	X	X	O
C부서	X	X	O	X	X

따라서 '정은 A부서에 배치된다.'가 반드시 참이다.

19 논리의 체계
정답 ③

제시된 조건을 기호화하여 정리하면 다음과 같다.
- 조건 1: 빨간색 → ~파란색
- 조건 2: ~초록색 → 보라색
- 조건 3: 빨간색 ∪ ~남색 → 주황색
- 조건 4: ~노란색 ∪ ~파란색 → ~남색 ∩ 초록색
- 조건 5: ~보라색

조건 5와 조건 2의 대우 '~보라색 → 초록색'에 따라 초록색을 구매하고, 조건 4의 대우 '남색 ∪ 초록색 → 노란색 ∩ 파란색'에 따라 노란색과 파란색도 구매한다. 또한, 조건 1의 대우 '파란색 → ~빨간색'에 따라 빨간색은 구매하지 않는다. 한편 조건 3에 따라 주황색과 남색 중 한 가지만 구매하거나 둘 다 구매하는 것이 가능하다.

이상의 내용을 표로 나타내면 다음과 같다.

구분	빨	주	노	초	파	남	보
경우 1	X	O	O	O	O	X	X
경우 2	X	X	O	O	O	O	X
경우 3	X	O	O	O	O	O	X

ㄱ. 〈경우 1〉과 〈경우 2〉에 따라 네 가지 색깔의 풍선을 구매하고, 〈경우 3〉에 따라 다섯 가지 색깔의 풍선을 구매하므로 반드시 참이다.

ㄴ. 〈경우 1〉과 〈경우 3〉에 따라 주황색과 초록색을 모두 구매할 수 있으므로 반드시 참이다.

오답 체크

ㄷ. 〈경우 1〉에 따라 빨간색과 남색 모두 구매하지 않을 수 있으므로 반드시 참은 아니다.

20 독해의 원리
정답 ④

두 번째 단락에서 RNA 바이러스에서 유전자 변이가 일어날 확률은 DNA 바이러스보다 최대 100만 배 높다고 했고, 세 번째 단락에서 RNA 바이러스의 경우 지속적인 유전자 변이로 인해 바이러스의 생존력이 높아지고 숙주에 쉽게 침투할 수 있게 되어 DNA 바이러스와 달리 감염자 수가 대폭 증가한다고 했으므로 바이러스 감염이 크게 확산될 확률은 DNA 바이러스보다 RNA 바이러스가 더 높음을 추론할 수 있다.

오답 체크

① 두 번째 단락에서 DNA 및 RNA 바이러스는 숙주 세포에 침투하여 자신의 유전물질을 복제하는 과정에서 오류가 발생함은 알 수 있으나, 숙주의 유전물질을 복제하는 과정에서 오류가 발생하는지는 추론할 수 없다.

② 두 번째 단락에서 DNA 바이러스는 유전물질의 복제 과정에서 숙주 DNA의 종합효소를 사용한다고 했으나, RNA 바이러스는 이러한 종합효소가 없다고 했으므로 RNA 바이러스는 DNA 바이러스와는 달리 숙주의 종합효소를 사용할 수 없음을 추론할 수 있다.

③ 세 번째 단락에서 에이즈 바이러스는 RNA 바이러스에 속한다고 했고, 두 번째 단락에서 RNA에 유전물질을 저장한 바이러스는 숙주 세포에 침투하여 자신의 RNA를 복제한다고 했으나, 에이즈 바이러스가 다른 RNA 바이러스보다 숙주 세포에 쉽게 침투할 수 있는지는 추론할 수 없다.

⑤ 세 번째 단락에서 인플루엔자 바이러스와 코로나 바이러스가 RNA 바이러스에 속한다고 했고, 두 번째 단락에서 RNA 바이러스에서 유전자 변이가 일어날 확률은 DNA 바이러스보다 최대 100만 배 높음을 알 수 있으나, 인플루엔자 바이러스의 유전자 변이 확률이 코로나 바이러스 유전자 변이 확률의 100만 배 이상인지는 추론할 수 없다.

21 문맥과 단서
정답 ②

㉠ 첫 번째 단락에서 컨트롤로지는 몸과 마음을 통제하는 운동법이란 뜻을 가지고 있다고 했고, 두 번째 단락에서 요가와 체조 등 제자리에서 할 수 있는 운동을 조합하여 만들어진 초창기의 컨트롤로지는 마음의 안정을 가져다주는 정신치료의 성격도 함께 가지고 있었다고 했으므로 필라테스는 컨트롤로지를 통해 신체회복과 정신안정의 조화를 추구했음을 알 수 있다.

㉡ 세 번째 단락에서 오늘날 '필라테스'는 아름답고 건강한 몸을 만들 수 있는 운동이라는 인식이 널리 퍼져있고, 근력단련과 미용관리 중심으로 이루어지고 있다고 했으므로 현대식 '필라테스'는 주로 정신회복보다는 건강과 아름다움을 추구하고 있음을 알 수 있다.

22 논증의 방향
정답 ③

ㄱ. 갑은 소비자들이 식품을 구매한 후 섭취 전에 보관하는 기간을 고려해 다소 보수적으로 산정된 유통기한을 표기해야 한다고 주장하고, 을은 유통기한으로 식품 폐기 여부를 결정하게 되면 품질에 이상이 없음에도 폐기되는 경우가 많으므로 그보다 길게 설정되는 소비기한을 함께 표기해야 한다고 주장한다. 이때 유통기한 표기제를 소비기한 표기제로 변경하되 기존 유통기한을 날짜 연장 없이 그대로 소비기한으로 표기한다면, 명칭은 달라지지만 유통기한에 따라 식품의 폐기 여부를 결정하는 것은 동일함을 알 수 있다. 따라서 갑은 이에 동의하지만, 을은 동의하지 않을 것이므로 적절한 분석이다.

ㄴ. 을은 유통기한 표기가 익숙한 국내 소비자를 위해 유통기한과 소비기한을 함께 표기해야 한다고 주장하고, 병은 소비자의 혼란을 야기할 수 있으므로 제품의 특성을 고려한 표기법을 사용해 한 가지 날짜만 써야 한다고 주장한다. 따라서 유통기한만 표기된 미국산 통조림을 한국에서 판매할 때 그 옆에 소비기한이나 품질유지기한이 표기된 라벨을 붙일 경우 소비기한에 대한 이해도를 높일 수 있어 을은 동의하지만, 소비자의 혼란을 야기할 수 있어 병은 동의하지 않을 것이므로 적절한 분석이다.

오답 체크

ㄷ. 갑은 오늘날 포장 기술과 유통 환경이 좋아져 유통기한이 약간 지난 식품이라도 섭취 시 문제가 발생할 가능성이 낮지만, 유통 및 판매 과정에서 적정 온도, 습도 등이 지켜지지 않을 수 있어 유통기한을 준수해야 한다고 주장하므로 보관 조건이 지켜진 식품은 유통기한이 지났더라도 소비기한 내에는 섭취해도 된다는 데에 동의할 것이다. 한편 병은 특정 식품은 적절한 보존방법만 준수한다면 유통기한이나 소비기한에 따른 기간보다 훨씬 더 오랜 기간 해당 식품 고유의 품질이 유지될 수 있다고 했으나, 어떤 식품이든 유통기한 이후에 섭취해도 된다는 견해는 아니므로 적절하지 않은 분석이다.

23 논증의 방향 {정답 ⑤}

ㄱ. 갑은 인공지능의 발전으로 인간의 업무 효율성이 증대되었으며, 의미 없이 반복적으로 해야 했던 일에서 벗어나 창의적이고 진보된 활동을 통해 자아실현을 이룰 수 있게 될 것이라고 주장한다. 따라서 갑은 인공지능의 발전으로 인간의 삶이 더 나아질 것임을 전제로 하고 있으므로 적절하다.

ㄴ. 을은 인공지능이 자동차와 같이 한정적인 분야에 영향을 끼치는 기술 혁신과는 차원이 다르며, 발전 속도나 양상 측면에서 기존의 기술 진보와 차이가 있다고 했다. 따라서 을은 인공지능이 기존의 기술 진보와는 다른 차원의 기술임을 주요 근거로 삼고 있으므로 적절하다.

ㄷ. 갑은 기술의 진보로 감소하는 일자리보다 새롭게 창출되는 일자리가 더 많았음을 근거로 인공지능이 인간의 일자리를 대체할 것을 우려하지 않아도 됨을 주장하고, 을은 인공지능으로 인해 새롭게 생겨나는 일자리 또한 인공지능이 차지하여 인간의 일자리가 줄어들 것임을 주장한다. 따라서 인공지능으로 인해 이전에 없던 새로운 일자리가 생겨날 것이라는 데에는 갑과 을 모두 동의할 것이므로 적절하다.

24 문맥과 단서 {정답 ①}

을의 첫 번째 말에 따르면 「지방자치법」 제30조에 따른 효력우위의 원칙이 적용되는 경우가 아니면, 시·도의 조례와 시·군 및 자치구의 조례는 상하관계에 있는 것이 아니다. 이때 을의 세 번째 말에 따르면 한옥 지원과 관련한 사무는 광역지방자치단체뿐만 아니라 기초지방자치단체에서도 자율적으로 수행할 수 있으므로 B시 조례는 A도 조례와 별개의 자치법규로서 지위를 가진다.

한편 을의 세 번째 말에 따르면 B시 조례로 규정하려는 내용은 「한옥 등 건축자산의 진흥에 관한 법률 시행령」에서 시도와 시·군 및 자치구를 구분하지 않고 지방자치단체의 자치법규로 정하도록 위임한 것으로서, 조례로 제정할 수 있는 법령의 범위도 벗어나지 않는다.

따라서 빈칸에 들어갈 내용은 'A도 조례에도 불구하고 융자지원까지 포함하여 B시 조례로 규정할 수 있습니다'가 가장 적절하다.

오답 체크

② 을의 세 번째 말에 따르면 한옥 지원과 관련한 사무는 A도와 B시가 공동으로 수행하는 사무에 해당하지 않으므로 적절하지 않다.

③ 을의 첫 번째 말에 따르면 광역지방자치단체로부터 위임받은 사무, 광역지방자치단체와 기초지방자치단체가 공동으로 수행하는 사무가 아니라면 광역지방자치단체와 기초지방자치단체 자치법규는 별개의 자치법규로서 지위를 가지므로 적절하지 않다.

④ 을의 세 번째 말에 따르면 「한옥 등 건축자산의 진흥에 관한 법률 시행령」에서 시·도와 시·군 및 자치구를 구분하지 않고 지방자치단체의 자치법규로 정하도록 위임한 사무이므로 적절하지 않다.

⑤ 을의 세 번째 말에 따르면 보조지원뿐만 아니라 융자지원도 조례로 제정할 수 있는 법령의 범위를 벗어나지 않으므로 적절하지 않다.

25 논증의 방향 {정답 ③}

ㄱ. 쟁점 1은 제1호에 따라 박람회 국제사무국 총회에 등록하거나 박람회 국제사무국 총회에서 승인한 박람회에 해당해야 한다고 했으므로 A가 박람회 국제사무국 총회에 자신이 개최한 박람회를 등록했다면 박람회 국제사무국 총회의 승인 여부와 무관하게 전시산업발전법으로 정하는 박람회의 종류에 해당한다. 따라서 갑의 주장은 옳지 않고, 을의 주장이 옳으므로 적절하다.

ㄷ. 쟁점 3은 제3호에 따라 옥내와 옥외 전시면적이 1천 제곱미터 이상이거나 10개 이상의 전시부스를 갖춘 상설 또는 비상설 전시회 중 전시주최사업자의 신청에 의하여 산업통상자원부장관이 전시산업 발전이 필요하다고 인정하는 전시회에 해당해야 하나 20개의 전시부스를 갖추고 있다고 했으므로 전시주최사업자의 신청에 의하여 산업통상자원부장관이 전시산업 발전이 필요하다고 인정하는 전시회인지를 두고 발생한 논쟁이다. 따라서 갑은 C가 개최한 전시회를 전시주최사업자의 신청에 의해 산업통상자원부장관이 전시산업 발전이 필요하다고 인정하지 않은 전시회라고 생각하지만 을은 그렇지 않다고 생각하기 때문이라고 하면, 갑과 을 사이의 주장 불일치를 설명할 수 있으므로 적절하다.

오답 체크

ㄴ. 쟁점 2는 제2호에 따라 옥내와 옥외 전시면적이 2천 제곱미터 이상이거나 100명 이상의 외국인 구매자가 참가 등록한 상설 또는 비상설 전시회에 해당해야 하나 옥내와 옥외 전시면적이 1천 5백 제곱미터인 전시회라고 했으므로 참가 등록을 한 외국인 구매자의 규모가 전시산업발전법으로 정하는 규모에 해당하는지를 두고 발생한 논쟁이다. 이때, B가 개최한 전시회에 참가 등록을 한 180명의 구매자 중 내국인 구매자는 $180 \times (2/5) = 72$명이고, 외국인 구매자는 $180 \times (3/5) = 108$명이다. 따라서 갑의 주장은 옳지 않고 을의 주장은 옳으므로 적절하지 않다.

1 법조문형
정답 ⑤

첫 번째 법조문 제2항에 따르면 간호조무사 국가시험을 공고할 때 응시원서의 제출 장소는 반드시 포함해야 하는 내용이 아님을 알 수 있다.

2 법조문형
정답 ②

두 번째 법조문(영업의 인가) 제3항에서 금융위원회에 예비인가를 신청한 경우 금융위원회는 2개월 이내에 심사하여 예비인가 여부를 알려야 한다고 했으나 금융위원회가 정하는 바에 따라 그 기간을 연장할 수 있다고 했으므로 금융위원회는 정해진 바에 따라 2개월을 초과하여 예비인가 여부를 알릴 수 있음을 알 수 있다.

오답 체크

① 첫 번째 법조문(상호저축은행의 자본금) 제1항 제2호에서 본점이 광역시에 있는 경우 상호저축은행의 자본금은 80억 원 이상이어야 한다고 했으므로 대전광역시에 A상호저축은행의 본점이 있을 경우, A상호저축은행의 자본금은 80억 원 이상일 것임을 알 수 있다.

③ 두 번째 법조문(영업의 인가) 제4항에서 금융위원회는 상호저축은행의 본인가를 하려는 경우에 건전한 운영과 거래자 보호 등을 위하여 필요한 조건을 붙일 수 있다고 했으므로 금융위원회는 본인가를 신청한 乙에게 거래자 보호를 위하여 필요한 조건을 붙여 본인가를 할 수 있음을 알 수 있다.

④ 첫 번째 법조문(상호저축은행의 자본금) 제2항에서 각 호의 어느 하나에 해당하는 지역으로부터 다른 각 호의 지역으로 이전하는 경우에는 이전한 해당 지역에 적용되는 자본금 요건을 갖추어야 한다고 했고, 동조 제1항 제1호에서 본점이 특별시에 있는 경우 자본금이 120억 원 이상이어야 한다고 했으므로 자본금 85억 원의 B상호저축은행이 세종특별자치시에서 서울특별시로 본점을 이전한다면 35억 원의 자본금을 추가로 갖추어야 함을 알 수 있다.

⑤ 두 번째 법조문(영업의 인가) 제6항에서 조건이 붙은 상호저축은행 예비인가를 받은 자는 정당한 사유가 있는 경우에는 조건의 취소를 신청할 수 있다고 했고, 이 경우 금융위원회는 2개월 이내에 조건의 취소 여부를 결정하고, 그 결과를 지체 없이 신청인에게 문서로 알려야 한다고 했으므로 조건이 붙은 예비인가를 받은 丙이 정당한 사유가 있어 조건의 취소를 금융위원회에 신청한 경우, 금융위원회는 2개월 이내에 조건의 취소 여부를 결정하고 그 결과를 신청인에게 문서로 알려야 함을 알 수 있다.

3 법조문형
정답 ④

ㄴ. 제△△조 제2항 제2호에서 반환하여야 할 보조금이 장애수당인 경우, 중앙관서의 장은 재량에 따라 제재부가금을 부과하지 않을 수 있다고 했다. 따라서 반환하여야 할 보조금이 장애수당이라 하더라도 제재부가금을 부과할 수 있음을 알 수 있다.

ㄹ. 제△△조 제3항과 제4항에서 납부기한이 경과한 날부터 1개월이 경과한 날까지는 체납된 금액의 100분의 2, 1개월이 경과한 날의 다음 날부터 2개월이 경과한 날까지는 100분의 3, 2개월이 경과한 날의 다음 날부터 3개월이 경과한 날까지는 100분의 4, 3개월이 경과한 날의 다음 날부터는 100분의 5를 가산금으로 징수한다고 했다. 따라서 납부기한인 2023.4.1.로부터 2023.10.10.까지는 3개월 이상이 경과하였으므로 가산금은 체납된 금액인 제재부가금 전액 2천만 원의 100분의 5에 해당하는 금액인 1백만 원임을 알 수 있다.

오답 체크

ㄱ. 제△△조 제1항에서 제재부가금은 반환하여야 할 보조금 총액의 5배 이내의 범위에서 부과·징수할 수 있고, 특별한 사유가 있다면 면제·삭감 또는 취소할 수 있다고 했다. 따라서 반환하여야 할 보조금 총액의 5배를 초과하여 제재부가금을 부과·징수할 수 없음을 알 수 있다.

ㄷ. 제△△조 제1항에서 제재부가금은 반환하여야 할 보조금 총액의 5배 이내 범위에서 부과·징수할 수 있다고 했고, 제2항 제4호에서 제재부가금의 부과·징수에 드는 비용이 부과·징수하려는 제재부가금보다 큰 것으로 인정되는 경우에는 제재부가금을 부과하지 않는다고 했다. 따라서 제재부가금의 부과·징수에 드는 비용이 반환하여야 할 보조금 총액보다 크더라도 제재부가금은 그 5배까지 부과·징수할 수 있으므로 제재부가금의 부과·징수에 드는 비용이 반환하여야 할 보조금 총액보다 크다고 해서 제재부가금을 부과할 수 없는 것은 아님을 알 수 있다.

4 법조문형
정답 ③

두 번째 법조문(정정보도 청구권의 행사) 제4항 제2호에서 청구된 정정보도의 내용이 명백히 사실과 다르거나 위법한 내용인 경우에 언론사는 정정보도 청구를 거부할 수 있다고 했으므로 甲이 청구한 정정보도의 내용이 명백히 사실과 다르다면, □□TV는 甲의 정정보도 청구를 거부할 수 있음을 알 수 있다.

오답 체크

① 첫 번째 법조문(정정보도 청구의 요건) 제1항에서 피해자는 해당 언론보도 등이 있음을 안 날부터 3개월 이내에 정정보도를 청구할 수 있다고 했으나 해당 언론보도 등이 있은 후 6개월이 지났을 때에는 그러하지 아니하다고 했으므로 甲이 2020. 05. 05.에 언론보도가 있었음을 알았더라도 해당 언론보도가 있은 2020. 01. 18 이후 6개월이 지난 2020. 08. 04.에는 정정보도를 청구할 수 없음을 알 수 있다.

② 첫 번째 법조문(정정보도 청구권의 행사) 제2항에서 정정보도 청구에는 언론사 등의 고의·과실이나 위법성을 필요로 하지 아니한다고 했으므로 甲에 관한 □□TV의 보도에 고의성이 없더라도 甲은 정정보도를 청구할 수 있음을 알 수 있다.

④ 두 번째 법조문(정정보도 청구권의 행사) 제5항에서 언론사 등이 하는 정정보도는 공정한 여론형성이 이루어지도록 그 보도가 이루어진 같은 채널, 지면 또는 장소에서 같은 효과를 발생시킬 수 있는 방법으로 하여야 한다고 했으므로 □□TV는 2020. 01. 18.에 처음 甲에 관한 보도를 했던 같은 뉴스 방송에 정정보도문을 발표해야 함을 알 수 있다.

⑤ 두 번째 법조문(정정보도 청구권의 행사) 제3항에서 언론사 등이 정정보도 청구를 수용할 때에는 지체 없이 피해자 또는 그 대리인과 정정보도의 내용·크기 등에 관하여 협의한 후, 그 청구를 받은 날부터 7일 내에 정정보도문을 방송하거나 게재하여야 한다고 했으므로 □□TV가 甲의 정정보도 청구를 수용할 경우, 청구를 받은 날부터 3일 이내가 아닌 7일 이내에 정정보도문을 방송해야 함을 알 수 있다.

5 텍스트형
정답 ③

세 번째 단락에서 그래서 한 원이 회로는 12회, 운으로는 360운, 세로는 4,320세가 된다고 했다. 따라서 1원은 12회, 1회는 360/12=30운, 1운은 4,320/360=12세임을 알 수 있다.

오답 체크

① 첫 번째 단락에서 소강절의 휘는 '옹', 자는 '요부'이며, 강절선생으로 불렸다고 했으나, 주돈이는 소옹과 함께 북송시대에 성리학을 전개한 북송오자 중 한 사람임을 알 수 있다.

② 두 번째 단락에서 소강절은 이지재를 만나 그를 스승으로 삼게 되고, 이를 계기로 과거 시험 준비를 중단하였다고 했고, 마지막 단락에서 여러 차례 벼슬과 관직이 주어졌으나 모두 거절하였음을 알 수 있다.

④ 두 번째 단락에서 소강절의 저서인 『황극경세서』는 우주와 세상의 모든 추상적인 현상을 수에 근거하여 해석하였고, 『관물내외편』은 허심과 내성의 도덕 수양법을 설명하였다고 했다. 따라서 『황극경세서』는 수에 근거해 추상적인 세계관을, 『관물내외편』은 도덕 수양법을 설명한 저서임을 알 수 있다.

⑤ 세 번째 단락에서 우주의 시간 단위인 원은 지구의 시간으로는 12만 9600년에 해당하며, 한 원이 우주의 하루에 해당하는 운으로는 360운이라고 했다. 따라서 우주의 하루는 129,600/360=360년에 해당함을 알 수 있다.

6 계산형
정답 ③

군사조직의 총원이 50,000명 이상이 되어야 한다고 했고 일반병사와 온이 가장 높은 비중을 차지하므로 일반병사와 온의 수가 50,000명에 근접하는 수를 기준으로 삼는다.

일반병사가 45,000명이라고 하면 온은 최대 4,500명, 위즈는 최대 450명, 빙은 최대 90명, 튀멘은 최대 18명, 타르칸은 1명이 된다. 이 경우 甲국의 군사조직 총원은 45,000+4,500+450+90+18+1=50,059명이다. 이때 일반병사를 54명, 온을 5명 줄이면 나머지 지휘관 수는 변동 없이 군사조직 총원을 50,000명으로 편성할 수 있다. 이 경우 지휘관의 수는 온이 4,495명, 위즈가 450명, 빙이 90명, 튀멘이 18명, 타르칸이 1명이다.

따라서 甲국 군사조직 내 지휘관의 수는 4,495+450+90+18+1=5,054명이다.

7 경우의 수
정답 ⑤

제시된 4가지 질문 중 乙의 생일에 대해 옳은 내용은 1가지, 옳지 않은 내용은 3가지이고, 이를 토대로 乙의 생일이 언제인지 확실히 알 수 있었으므로 '예'로 대답한 질문을 가정하여 乙의 생일로 가능한 일자가 하나인 경우를 찾는다.

〈경우 1〉 생일의 월에 해당하는 숫자가 한 자릿수인 경우
생일의 일에 해당하는 숫자는 짝수도 아니고 한 자릿수도 아니므로 두 자릿수인 10~31 중 홀수가 가능하고, 생일의 월에 해당하는 숫자는 한 자릿수이며, 일에 해당하는 숫자보다 크기는 크지 않아 작거나 같으므로 1~9가 가능하다. 이 경우 乙의 생일은 1~9월의 10~31일 중 홀수일에 있으므로 언제인지 파악할 수 없다.

〈경우 2〉 생일의 일에 해당하는 숫자가 짝수인 경우
생일의 월과 일에 해당하는 각 숫자는 한 자릿수가 아닌 두 자릿수이고, 생일의 월에 해당하는 숫자의 크기는 일에 해당하는 숫자보다 작거나 같으므로 월에 해당하는 숫자는 10~12가 가능하고, 일에 해당하는 숫자는 10~31 중 짝수가 가능하다. 이 경우 乙의 생일은 언제인지 파악할 수 없다.

〈경우 3〉 생일의 월에 해당하는 숫자의 크기가 일에 해당하는 숫자보다 큰 경우
생일의 월에 해당하는 숫자는 두 자릿수이므로 10~12가 가능하고, 일에 해당하는 숫자는 두 자릿수인 10~31 중 홀수이면서 10~12보다 작은 숫자가 가능하므로, 이 경우 乙의 생일은 12월 11일임을 알 수 있다.

〈경우 4〉 생일의 일에 해당하는 숫자가 한 자릿수인 경우
생일의 월에 해당하는 숫자는 두 자릿수이므로 월에 해당하는 숫자가 일에 해당하는 숫자보다 반드시 크다. 이 경우 질문에 대한 대답이 '예' 1번, '아니요' 3번이라는 조건에 모순된다.

따라서 乙의 생일은 12월 11일이다.

8 규칙형
정답 ⑤

• 甲의 여행 일정은 수요일, 목요일, 금요일 3일간이며, 한 곳에서 계속해서 머무를 예정이므로 금요일에 예약할 수 없는 A 호텔은 예약하지 않을 것이다.

• 甲은 10층 이상의 객실에서 머무를 수 없다고 했으므로 객실의 층수를 의미하는 객실 번호 앞의 두 자리가 10인 C 호텔은 예약하지 않을 것이다.

• 바다를 보기 위해서는 5층 이상의 객실에 머물러야만 하므로 객실의 층수를 의미하는 객실 번호 앞의 두 자리가 03인 D호텔은 예약하지 않을 것이다.

• 객실 창문이 나 있는 방향을 의미하는 객실 번호 뒤의 두 자리 수가 짝수인 10으로 창문이 서쪽으로 나 있으나 호텔의 위치가 동해안인 B 호텔은 바다를 볼 수 없으므로 예약하지 않을 것이다.

• 객실 창문이 나 있는 방향을 의미하는 객실 번호 뒤의 두 자리 수가 짝수인 14로 창문이 서쪽으로 나 있고 호텔의 위치가 서해안인 E 호텔은 바다를 볼 수 있으므로 예약할 것이다.

따라서 甲이 예약할 호텔은 E이다.

9 텍스트형
정답 ③

ㄷ. 세 번째 단락에서 연동형 비례대표제에서는 총 의석 수가 300석, 정당 득표율이 10%, 지역구 당선자가 10명이라면 남은 20명은 비례대표로 채우는 방식으로 배분한다고 했으므로 총 의석수가 100석, 지역구 당선자가 10명, 정당 득표율이 20%라면, 비례대표는 (100×0.2)-10=10명임을 알 수 있다.

ㄹ. 첫 번째 법조문 제3항에서 공정거래위원회는 직권으로 조사를 한 결과 이 법에 따른 처분을 하거나 처분을 하지 아니하는 경우에는 그 근거, 내용 및 사유 등을 기재한 서면을 해당 사건의 당사자에게 통지해야 하나 의결서를 작성하는 경우에는 해당 의결서 정본을 송부한다고 했으므로 공정거래위원회가 A사건을 직권으로 조사한 결과 공정거래법에 따른 처분을 하지 않기로 하여 의결서를 작성한 경우, 해당 의결서 정본을 A사건의 당사자에게 송부함을 알 수 있다.

12 법조문형 정답 ⑤

ㄱ. 두 번째 법조문(성명표시권) 제1항에서 저작자는 저작물의 원본이나 그 복제물에 또는 저작물의 공표 매체에 그의 실명 또는 이명을 표시할 권리를 가진다고 했으므로 A학원 원장 甲이 학원에서 사용할 교재의 원고를 집필하고 출판한 경우, 甲은 해당 교재에 자신의 실명 또는 이명을 표시할 수 있음을 알 수 있다.

ㄷ. 첫 번째 법조문(공표권) 제3항에서 원저작자의 동의를 얻어 작성된 2차적 저작물 또는 편집 저작물이 공표된 경우에는 그 원저작물도 공표된 것으로 본다고 했으므로 C학원 강사 丙이 후배 강사 丁의 동의를 얻어 丁이 집필하였으나 아직 출판하지 않은 교재의 내용 일부를 편집하여 자신이 집필한 교재에 수록하고 출판하였다면, 아직 출판하지 않은 丁의 교재도 공표된 것으로 봄을 알 수 있다.

ㄹ. 첫 번째 법조문(공표권) 제2항에서 저작자가 공표되지 아니한 저작물의 저작재산권을 양도한 경우에는 그 상대방에게 저작물의 공표를 동의한 것으로 추정한다고 했으므로 화가 戊가 자신이 창작하였으나 아직 공표하지 않은 그림의 저작재산권을 D미술관에 양도하였다면, 戊가 D미술관에 해당 그림의 공표를 동의한 것으로 추정할 수 있음을 알 수 있다.

ㄴ. 두 번째 법조문(성명표시권) 제1항에서 저작자는 저작물의 원본에 그의 실명 또는 이명을 표시할 권리를 가지며, 동조 제2항에서 저작물을 이용하는 자는 그 저작자의 특별한 의사표시가 없는 때에는 저작자가 그의 실명 또는 이명을 표시한 바에 따라 이를 표시하여야 함을 알 수 있다. 따라서 저작자인 乙이 특별한 의사표시 없이 그의 이명을 표시한 문제집의 원고를 B출판사에 전달했음에도 B출판사가 문제집을 출판하면서 문제집에 乙의 실명을 표시했다면, B출판사는 乙의 성명표시권을 침해한 것임을 알 수 있다.

ㄱ. 첫 번째 단락에서 연동형 비례대표제는 지역구 의석과 비례대표 의석에 각각 한 표를 행사하지만 정당 득표율에 비례해 정당별 총 의석 수를 할당하고, 할당된 총 의석 수에서 비례대표 의석을 할당한다고 했으므로 별개로 산출해 합산하는 방식은 아님을 알 수 있다.

ㄴ. 마지막 단락에서 비례대표제에서는 봉쇄 조항을 설정한다고 했으므로 병립형 비례대표제와 연동형 비례대표제 모두 봉쇄 조항을 설정할 수 있음을 알 수 있다.

10 텍스트형 정답 ③

제시문과 〈상황〉에 따라 乙 정당의 19대, 20대 비례대표 인원을 계산하면 다음과 같다.

- 세 번째 단락에 따르면 병립형 비례대표제는 총 의석 수 중 일부가 비례대표 의석이고 정당 득표율은 비례대표 의석 배분에만 사용하므로 乙 정당의 19대 비례대표 인원인 ㉠은 60×0.15=9명이다.
- 세 번째 단락에 따르면 연동형 비례대표제는 정당 득표율에 비례하여 총 의석 수를 배분한 후 정당별로 배분된 총 의석 수에서 지역구 당선자를 뺀 나머지 의석을 비례대표로 채우므로 乙 정당의 비례대표 인원인 ㉡은 300×0.27−70=11명이다.

따라서 ㉠과 ㉡에 들어갈 수의 합은 9+11=20이다.

11 법조문형 정답 ①

ㄱ. 첫 번째 법조문 제5항 제1호에 따르면 공정거래위원회가 부당한 공동행위에 대하여 조사를 개시한 경우 조사 개시일부터 5년이 지나면 시정조치를 명하거나 과징금을 부과할 수 없다고 했으므로 공정거래위원회가 부당한 공동행위에 대한 조사를 개시하여 조사 개시일부터 5년이 지난 경우, 공정거래위원회는 해당 행위에 대해서 시정조치를 명하거나 과징금을 부과할 수 없음을 알 수 있다.

ㄴ. 첫 번째 법조문 제4항에서 공정거래위원회는 이 법 위반행위에 대하여 해당 위반행위의 종료일부터 7년이 지난 경우에는 시정조치를 명하거나 과징금을 부과할 수 없다고 했으나 동조 제6항에서 제4항은 법원의 판결에 따라 시정조치 또는 과징금 부과처분이 취소된 경우로서 그 판결이유에 따라 새로운 처분을 하는 경우에는 적용하지 아니한다고 했으므로 공정거래위원회가 공정거래법 위반행위에 대하여 과징금을 부과하였으나 법원의 판결에 따라 과징금 부과처분이 취소된 경우, 공정거래위원회는 해당 위반행위 종료일로부터 7년이 지났더라도 판결이유에 따라 새로운 과징금을 부과할 수 있음을 알 수 있다.

ㄷ. 두 번째 법조문에서 당사자 또는 신고인 등은 공정거래위원회에 이 법에 따른 처분과 관련된 자료의 열람 또는 복사를 요구할 수 있고, 이 경우 공정거래위원회는 다음 각 호의 어느 하나에 해당하는 자료를 제외하고는 이에 따라야 함을 알 수 있다. 이때 동조 제2호에 자진신고와 관련된 자료가 있으므로 공정거래위원회의 시정조치 당사자가 공정거래위원회에 자진신고와 관련된 자료에 대한 열람을 요구하는 경우 공정거래위원회가 이에 따라야 하는 것은 아님을 알 수 있다.

13 규칙형 정답 ①

상품별 제조원가와 보유량에 따른 총 제조원가는 다음과 같다.

상품	A	B	C	D	E
제조원가(만 원/개당)	50	60	80	60	40
보유량(개)	15	10	5	20	30
총 제조원가(만 원)	750	600	400	1,200	1,200

상품 판매 방식에 따른 수익 여부는 다음과 같다.

[방식 1] 개당 제조원가가 낮은 상품을 월요일부터 순서대로 판매

요일	월	화	수	목	금
판매상품	E	A	D	B	C
총 제조원가(만 원)	1,200	750	1,200	600	400
매출액(만 원)	900	500	1,500	600	2,000
수익 여부	손실	손실	수익	−	수익

[방식 2] 개당 제조원가가 높은 상품을 월요일부터 순서대로 판매

요일	월	화	수	목	금
판매상품	C	B	D	A	E
총 제조원가(만 원)	400	600	1,200	750	1,200
매출액(만 원)	900	500	1,500	600	2,000
수익 여부	수익	손실	수익	손실	수익

ㄱ. 방식 1을 선택했을 경우 화요일에 매출액은 500만 원, 총 제조원가는 750만 원이므로 손실이 났음을 알 수 있다.

ㄴ. 방식 2를 선택했을 경우 수익이 난 날은 3일, 손실이 난 날은 2일로 수익이 난 날수가 더 많음을 알 수 있다.

[오답 체크]

ㄷ. 방식 1과 방식 2 어느 것을 선택했더라도 수요일에는 상품 D를 판매했을 것이고 수익이 났음을 알 수 있다.

ㄹ. 수익이 난 날수에서 손실이 난 날수를 뺀 값은 방식 1이 2−2=0, 방식 2가 3−2=1로 방식 2가 더 큰 것을 알 수 있다.

14 계산형
정답 ④

설문조사를 진행한 직장인은 1,000명이고, 1번 설문에서 a라고 답한 응답자는 20%였으므로 1번 설문에서 a라고 답한 응답자는 1,000×0.2=200명이다. 이에 따라 1번 설문에서 b 또는 c라고 답한 응답자는 800명이고, b라고 답한 응답자가 c라고 답한 응답자의 3배라고 했으므로 b라고 답한 응답자는 $800 \times \frac{3}{4}$=600명, c라고 답한 응답자는 $800 \times \frac{1}{4}$=200명임을 알 수 있다.

1번 설문에서 a라고 답한 응답자의 80%가 2번 설문에서 a라고 답했으므로 1번 설문에서 a라고 답한 응답자 중 2번 설문에서 a라고 답한 응답자는 200×0.8=160명이고, 1번 설문에서 b 또는 c라고 답한 응답자의 40%가 2번 설문에서 a라고 답했으므로 1번 설문에서 b 또는 c라고 답한 응답자 중 2번 설문에서 a라고 답한 응답자는 800×0.4=320명이다.

1번 설문에서 c라고 답한 응답자의 25%가 2번 설문에서 a라고 답했으므로 1번 설문에서 c라고 답한 응답자 중 2번 설문에서 a라고 답한 응답자는 200×0.25=50명임을 알 수 있다.

이상의 내용을 표로 나타내면 다음과 같다.

1번 설문 답변	응답자 수	2번 설문 답변	응답자 수
a	200명	a	160명
		b	40명
b	600명	a	270명
		b	330명
c	200명	a	50명
		b	150명

따라서 회사에 만족하는 응답자는 160+270+50=480명이고, 회사에 불만족하는 응답자는 1,000−480=520명이므로 회사에 만족하는 응답자보다 불만족하는 응답자가 더 많다.

[오답 체크]

① 초과근무를 하는 응답자 중 일주일 평균 10시간 미만의 초과근무를 하고 회사에 만족하는 응답자는 1번 설문에서 b, 2번 설문에서 a라고 답했으므로 해당하는 응답자는 270명으로 300명을 넘지 않는다.

② 일주일 평균 10시간 이상의 초과근무를 하고 회사에 불만족하는 응답자는 1번 설문에서 c, 2번 설문에서 b라고 답했으므로 해당하는 응답자는 150명으로 120명을 넘는다.

③ 회사에 만족하는 응답자는 160+270+50=480명이고, 이 중 초과근무를 하지 않는 응답자는 160명이므로 회사에 만족하는 응답자 중에서 초과근무를 하지 않는 응답자의 비율은 (160/480)×100≒33.3%로 40%를 넘지 않는다.

⑤ 일주일 평균 10시간 미만의 초과근무를 하는 응답자 600명 중 회사에 만족하는 응답자는 270명이고 회사에 불만족하는 응답자는 330명이므로 회사에 만족하는 응답자가 회사에 불만족하는 응답자보다 적다.

15 계산형
정답 ②

제시된 글에 따르면 A~F 대학의 2023년 예산은 다음과 같다.

구분	점수 비교	성과 점수 순위	2023년 예산
A	중장기 > 성과	4	40×1.15=46억 원
B	중장기 < 성과	1	40×0.75+1=31억 원
C	중장기 > 성과	3	40×1.15=46억 원
D	중장기 < 성과	6	40×0.75−1=29억 원
E	중장기 < 성과	5	40×0.75−1=29억 원
F	중장기 > 성과	2	40×1.15+1=47억 원

ㄱ. 2023년 예산이 2022년 예산보다 낮은 대학은 B, D, E 대학 3곳이다.

ㄹ. D대학의 '중장기 계획과의 연계성' 점수가 3점 높은 73점이 되면 D대학의 성과 점수는 76점이 되지만, '중장기 계획과의 연계성' 점수는 여전히 성과 점수보다 낮으므로 2023년 예산은 변함없음을 알 수 있다.

[오답 체크]

ㄴ. A대학의 2023년 예산은 47억 원이 아닌 46억 원이 편성될 것이다.

ㄷ. A~F 대학에 편성하는 2023년 예산의 합은 228억 원으로 2022년 예산의 합인 240억 원보다 12억 원 낮다. 따라서 2023년 예산의 합은 전년 대비 12억 원 줄어드는 것을 알 수 있다.

16 규칙형
정답 ⑤

직원을 차출하는 기준에 따라 TF팀 구성 조건을 정리하면 다음과 같다.
• 조건 1: 과장급 직원 1명 포함
• 조건 2: 대리급 직원 1명 이상, 사원급 직원 2명 이상 포함
• 조건 3: 한 부서에서 차출된 전임 인력은 2명 이하로 구성
• 조건 4: 차출 후 각 부서에 1명 이상의 사원급 직원이 남아야 함
• 조건 5: 과장급 차출 부서에는 대리급 직원이 남아야 함
한편 차출 대상인 각 부서 직원을 직급에 따라 정리하면 다음과 같다.

직급	甲부서	乙부서	丙부서
과장	A	F	K
대리	B	G, H	L, M, N
사원	C, D, E	I, J	O

E, F, H, J, M으로 TF팀을 구성할 경우 과장급 직원은 F, 대리급 직원은 H와 M, 사원급 직원은 E와 J이므로 조건 1과 조건 2를 충족한다. 또한, 甲부서에서 사원급 직원 1명, 乙부서에서 대리급과 사원급 직원 1명씩, 丙부서에서 대리급 직원 1명을 차출하였으므로 조건 3과 조건 4를 충족하고, 과장급 직원을 차출한 乙부서에 대리급 직원 G가 남아 있으므로 조건 5도 충족한다.

① A와 B를 차출할 경우 甲부서에 과장급과 대리급 직원이 1명도 남지 않아 조건 5가 충족되지 않는다.

② 사원급 직원이 E 1명만 포함되어 조건 2가 충족되지 않는다.

③ O를 차출할 경우 丙부서에 사원급 직원이 1명도 남지 않아 조건 4가 충족되지 않는다.

④ 과장급 직원 A, F, K 중 1명도 포함되지 않아 조건 1이 충족되지 않는다.

17 경우의 수
정답 ②

A의 모국어는 한국어이고, D의 전공어는 영어이다. 이때, C와 D는 스페인어를 알지 못하고 A~D는 서로 다른 모국어와 전공어를 가지므로 A의 전공어와 B의 모국어는 스페인어이다. 또한 모국어와 전공어가 같은 교수는 없으므로 C의 모국어는 영어, D의 모국어는 러시아어이고, B와 D는 동일한 언어로 대화가 가능하므로 B의 전공어는 러시아어, C의 전공어는 한국어이다.

구분	A	B	C	D
모국어	한국어	스페인어	영어	러시아어
전공어	스페인어	러시아어	한국어	영어

따라서 C의 모국어는 영어, 전공어는 한국어이다.

18 경우의 수
정답 ④

ㄱ. 甲이 만들 수 있는 세 자리 수는 뒷면에 적혀있는 숫자를 고려하지 않으면 총 3×3×3×3×2=162개이다. 이때 빨간색 카드의 뒷면이 0일 경우 빨간색 카드를 첫 번째 자리에 배치할 수 없다고 했으므로 3×3×2=18개는 만들 수 없는 세 자리 수이다. 따라서 甲이 만들 수 있는 세 자리 수는 162−18=144개이다.

ㄷ. 甲이 뽑은 빨간색 카드의 숫자가 0일 경우, 파란색 카드는 2, 5, 7이 가능하므로 甲이 만들 수 있는 세 자리 수는 3×3=9개이다. 甲이 뽑은 빨간색 카드의 숫자가 4일 경우, 파란색 카드는 5, 7이 가능하므로 甲이 만들 수 있는 세 자리 수는 2×3=6개이다. 甲이 뽑은 빨간색 카드의 숫자가 6일 경우, 파란색 카드는 7이 가능하므로 甲이 만들 수 있는 세 자리 수는 1×3=3개이다. 따라서 甲이 만들 수 있는 세 자리 수는 총 9+6+3=18개이다.

ㄴ. 카드를 빨간색−초록색−파란색 순으로 배치 순서를 정하고, 甲이 만들 수 있는 세 자리 수 중 4의 배수가 되기 위해서는 초록색−파란색 수로 만들어진 두 자리 수가 4의 배수가 되어야 한다. 이에 따라 초록색 카드가 1이고, 파란색 카드가 2인 경우와 초록색 카드가 3이고, 파란색 카드가 2인 경우가 가능하다. 이때 빨간색 카드는 첫 번째 자리에 0이 올 수 없으므로 甲이 만들 수 있는 세 자리 수는 총 2×2=4개이다.

19 계산형
정답 ⑤

화폐 개혁이 시행되고 난 이후 甲의 한 달 봉급은 1관 5냥이 되었고, 甲의 한 달 봉급은 화폐 개혁 이전과 같이 쌀 4가마니의 가치와 동일했다고 했으므로 1관 5냥=24돈 48푼이 된다. 또한 화폐 개혁 이후 1냥은 10돈의 가치를, 1관은 4돈의 가치를 가지고 있다고 했으므로 1관 5냥=54돈이 되고, 54돈=24돈 48푼으로 30돈=48푼이 된다. 이때 30돈=48푼이므로 1돈=1.6푼이고, 쌀 1가마니의 가격은 6돈 12푼=13.5돈이 된다. 甲이 현재 가지고 있는 10관 6냥 35돈을 화폐 단위 돈으로 정리하면 (10×4)+(6×10)+35=135돈이므로 甲이 현재 가지고 있는 화폐로 구매 가능한 쌀 가마니 수는 135/13.5=10가마니이다.

20 계산형
정답 ④

A의 비밀번호는 두 가지 숫자로 구성되고, A의 비밀번호 네 자리 숫자를 모두 더한 값은 5이므로 A의 비밀번호는 '1' 3개, '2' 1개로 구성됨을 알 수 있다. 이에 따라 A의 비밀번호로 가능한 경우는 1112, 1121, 1211 세 가지이다.

〈경우 1〉 A의 비밀번호가 1112인 경우
B의 비밀번호 첫째 자리 숫자는 0 또는 1이 될 수 있다. 첫째 자리 숫자가 0이라면 둘째 자리 숫자는 1~9 중 하나가 될 수 있고, 첫째 자리 숫자가 1이라면 둘째 자리 숫자는 0, 2 중 하나가 될 수 있다. 셋째 자리 숫자는 0, 1, 2, 3 중 하나가 될 수 있고, 셋째 자리 숫자가 3이라면 넷째 자리 숫자는 0 또는 1이 될 수 있고, 셋째 자리 숫자가 0, 1, 2 중 하나라면 둘째 자리 숫자는 3~9 중 하나가 될 수 있다.

이에 따라 B의 비밀번호 각 자리 숫자를 모두 더한 값이 최대가 되게 하려면 첫째 자리 숫자는 0, 셋째 자리 숫자는 0, 1, 2 중 하나가 되어야 함을 알 수 있다. 이때 B의 비밀번호 네 자리 숫자 중 가장 큰 숫자는 짝수이므로 셋째 자리 숫자는 1112의 셋째 자리 숫자인 1이 되어야 한다.

B의 비밀번호 네 자리 숫자 중 가장 큰 숫자는 짝수이므로 둘째 자리 또는 넷째 자리 숫자는 9가 될 수 없고, 네 자리 숫자를 모두 더한 값이 최대가 되게 하려면 7 또는 8이 되어야 함을 알 수 있다.

이에 따라 B의 비밀번호로 가능한 것은 0718 또는 0817이고, 이때 각 자리 숫자를 모두 더한 값은 16이다.

〈경우 2〉 A의 비밀번호가 1121인 경우
A의 비밀번호가 1112인 경우와 마찬가지 방법으로 네 자리 숫자를 모두 더한 값이 최대가 되게 하려면 첫째 자리는 0, 셋째 자리는 2이고, 둘째 자리와 넷째 자리는 7 또는 8이 되어야 한다.

이에 따라 B의 비밀번호로 가능한 것은 0728 또는 0827이고, 이때 각 자리 숫자를 모두 더한 값은 17이다.

〈경우 3〉 A의 비밀번호가 1211인 경우
A의 비밀번호가 1112인 경우와 마찬가지 방법으로 네 자리 숫자를 모두 더한 값이 최대가 되게 하려면 첫째 자리는 0, 셋째 자리는 1이고, 둘째 자리와 넷째 자리는 7 또는 8이 되어야 한다.

이에 따라 B의 비밀번호로 가능한 것은 0718 또는 0817이고, 이때 각 자리 숫자를 모두 더한 값은 16이다.

따라서 B의 비밀번호 네 자리 숫자를 모두 더한 값의 최댓값은 17이다.

21 계산형
정답 ③

제시된 글과 상황에 따라 시간대별 배터리 사용량과 충전량, 잔여 배터리를 정리하면 다음과 같다.

시간	노트북으로 한 일	사용량	충전기 상태	충전량	잔여 배터리
09:00~09:30(30분)	영상 시청	7.5%	연결되지 않음	–	20-7.5=12.5%
09:30~10:30(60분)	없음	6%	연결됨	60%	12.5-6+60=66.5%
10:30~12:30(120분)	인터넷 서핑	20%	연결되지 않음	–	66.5-20=46.5%
12:30~13:30(60분)	없음	6%	연결됨	60%	46.5-6+60=100% (최대)
13:30~15:30(120분)	게임	60%	연결되지 않음	–	100-60=40%
15:30~16:30(60분)	영상 시청	15%	연결되지 않음	–	40-15=25%
16:30~17:00(30분)	없음	3%	연결됨	30%	25-3+30=52%

따라서 오늘 17시에 甲의 노트북에 남은 배터리의 양은 52%이다.

22 경우의 수
정답 ⑤

ㄱ. 바위를 내서 2번 이기고 보를 내서 1번 이기면 총 11칸 이동하여 3번의 가위바위보로 11번 돌다리에 도착할 수 있음을 알 수 있다.

ㄴ. 제시된 순서로 내면 甲-乙-乙 순서로 반복해서 이기게 되고, 이때 甲은 바위로 이기고 乙은 바위-가위로 이기게 된다. 이 경우 甲은 계속해서 3칸씩만 이동할 수 있고 乙은 3칸, 2칸씩 번갈아 이동한다. 甲은 3번-6번-9번-10번-9번-10번… 돌다리로 이동하게 되어 11번 돌다리에 멈출 수 없으며, 乙은 3번-5번-8번-10번-9번-11번 돌다리로 이동하게 되어 아홉 번째 게임에서 乙은 11번 돌다리에 도착하여 게임에 승리함을 알 수 있다.

ㄷ. 甲이 가위-바위-보 순서를 반복해서 5번의 가위바위보를 모두 이겼다면 甲은 가위-바위-보-가위-바위로 각각 2번-5번-10번-10번-9번 돌다리로 이동하게 되고, 이때 2칸을 더 이동하여 11번 돌다리에 도착하면 게임에서 승리하므로 甲은 여섯 번째에 가위를 내서 이겼음을 알 수 있다.

23 경우의 수
정답 ①

8명이 2명 또는 3명으로 3개 조를 편성하기 위해서는 각 조의 조원이 각각 2명, 3명, 3명이어야 한다.
A와 B, A와 D는 원수 관계이므로 B와 D는 친구 관계이다. 또한 F와 D가 친구 관계이므로 B, D, F는 한 조에 편성되고, C와 E는 친구 관계이므로 한 조에 편성된다.

ㄱ. B와 F는 친구 관계이므로 같은 조에 편성됨을 알 수 있다.

ㄴ. H와 G가 원수 관계라면, H는 A와 같은 조에 편성되어 친구 관계이거나 A와 다른 조에 편성되어 친구 관계가 아닐 수도 있다.

ㄷ. C와 친구 관계인 학생이 E 1명이라면, E와 G는 다른 조에 편성되어 있으므로 친구 관계는 아니지만 반드시 원수 관계도 아님을 알 수 있다.

24 계산형
정답 ②

戊가 도착한 후 1분이 지나 회의실에서 안전 교육이 실시되었다고 했으므로 戊, 丁, 丙, 乙, 甲 순으로 손목시계의 시각과 실제 시각을 정리하면 다음과 같다.

• 戊: 7분 늦게 도착했다고 했으므로 戊가 회의실에 도착했을 때 손목 시계의 시각은 오전 10시 7분이고 戊가 실제 도착한 시각은 오전 9시 59분이다.

• 丁: 5분 늦게 도착했다고 했으므로 丁이 회의실에 도착했을 때 손목 시계의 시각은 오전 10시 5분이고 戊는 丁보다 2분 늦게 도착했다고 했으므로 丁이 실제 도착한 시각은 오전 9시 57분이다.

• 丙: 5분 일찍 도착했다고 했으므로 丙이 회의실에 도착했을 때 손목 시계의 시각은 오전 9시 55분이고 丁은 丙보다 1분 늦게 도착했다고 했으므로 丙이 실제 도착한 시각은 오전 9시 56분이다.

• 乙: 6분 일찍 도착했다고 했으므로 乙이 회의실에 도착했을 때 손목 시계의 시각은 오전 9시 54분이고 丙은 乙보다 2분 늦게 도착했다고 했으므로 乙이 실제 도착한 시각은 오전 9시 54분이다.

• 甲: 8분 일찍 도착했다고 했으므로 甲이 회의실에 도착했을 때 손목 시계의 시각은 오전 9시 52분이고 乙이 10시 정각에 도착했다고 했으므로 甲이 실제 도착한 시각은 오전 9시 46분이다.

따라서 실제 시각과 손목 시계의 시각이 일치하는 사람은 乙이고, 甲이 실제 도착한 시각은 오전 9시 46분이다.

25 법조문형
정답 ④

두 번째 법조문 제4항에서 소속 장관은 5급 공무원을 장으로 하는 소속 기관의 장에게 그 소속 기관의 8급 이하 공무원의 임용권을 위임할 수 있다는 제3항에도 불구하고 각 기관의 장에게 그 기관의 고위공무원단에 속하지 않는 임기제공무원의 임용권을 위임할 수 있다고 했다. 따라서 E지역본부의 장인 5급 공무원 戊는 소속 장관 甲으로부터 7급 임기제공무원 己에 대한 임용권을 위임받을 수 있음을 알 수 있다.

① 두 번째 법조문 제1항에서 대통령은 소속 장관에게 3급부터 5급까지의 공무원에 대한 임용권을 위임한다고 했으므로 A부 장관인 甲은 1급 공무원 乙에 대한 임용권을 위임받을 수 없음을 알 수 있다.

② 두 번째 법조문 제2항에서 소속 장관은 고위공무원 이상을 장으로 하는 소속 기관의 장에게 그 소속 기관의 4급 및 5급 공무원의 전보권을 위임할 수 있다고 했으므로 B본부의 장인 乙은 2급 공무원 丙에 대한 전보권을 위임받을 수 없음을 알 수 있다.

③ 두 번째 법조문 제2항에서 소속 장관은 고위공무원 이상을 장으로 하는 소속 기관의 장에게 그 소속 기관의 6급 이하 공무원의 임용권을 위임할 수 있다고 했으므로 B본부의 장인 乙은 5급 공무원 戊에 대한 임용권을 위임받을 수 없음을 알 수 있다.

⑤ 두 번째 법조문 제3항에서 임용권을 위임받은 사람은 위임자의 승인을 받아 고위공무원을 장으로 하는 소속 기관의 장에게 그 소속 기관의 6급 이하 공무원의 임용권을 위임할 수 있다고 했으므로 C부의 장인 丙은 5급 공무원 丁에 대한 전보권을 위임받을 수 없음을 알 수 있다.

1 자료판단
정답 ⑤

1차 면접 응시자 수를 x명이라고 하면, 1차 면접 합격자 수와 자격시험 응시자 수가 각각 0.5x명이다. 이에 따라 자격시험 합격자 수는 0.5x×0.1=0.05x명, 자격시험 불합격자 수는 0.5x×0.9=0.45x명이고, 2차 면접 응시자 수는 0.5x+0.05x=0.55x명, 최종 합격자 수는 0.55x×0.6=0.33x명이다. 이때 최종 합격자 수가 198명이면 1차 면접 응시자 수 x는 198/0.33=600명이다.

따라서 자격시험 불합격자 수는 600×0.45=270명이다.

2 자료비교
정답 ④

ㄱ. 2024년 3월 식품 온라인쇼핑 거래액은 21,945억 원이고 상품군 전체 온라인쇼핑 거래액의 20%는 142,445×0.2=28,489억 원이므로 옳은 설명이다.

ㄴ. 2023년 3월 모바일쇼핑 거래액은 패션이 26,382/1,049≒25,150억 원, 식품이 15,747/1,517≒10,380억 원이고, 그 거래액 차이는 25,150−10,380=14,770억 원=1조 4,070억 원이므로 옳은 설명이다.

오답 체크

ㄷ. 2024년 3월 온라인쇼핑 거래액이 세 번째로 많은 상품군은 가전이고, 모바일쇼핑 거래액이 세 번째로 많은 상품군은 식품이므로 옳지 않은 설명이다.

3 자료판단
정답 ②

ㄱ. 2017년 대비 2020년 '병'의 시간당 노동생산성은 감소하였고, 나머지 3개국의 2017년 대비 2020년 시간당 노동생산성의 증가폭은 '갑'이 41.5−40.8=0.7달러, '을'이 36.8−35.3=1.5달러, '정'이 32.8−31.1=1.7달러이다. 따라서 '정'의 증가폭이 가장 크므로 옳은 설명이다.

ㄴ. 2015~2021년 동안 연도별 '갑'의 시간당 노동생산성은 '병'의 시간당 노동생산성 대비 2015년에 39.6/31.2≒1.27배, 2016년에 40.0/31.0≒1.29배, 2017년에 40.8/31.4≒1.30배, 2018년에 40.8/31.1≒1.31배, 2019년에 41.4/31.5≒1.31배, 2020년에 41.5/31.0≒1.34배, 2021년에 41.5/32.0≒1.30배이다. 따라서 '갑'의 시간당 노동생산성은 '병'보다 매년 20% 이상 높으므로 옳은 설명이다.

오답 체크

ㄷ. 시간당 노동생산성= $\dfrac{\text{1인당 GDP}}{\text{총 노동시간}}$ 임을 적용하여 구한다. 2018년 '정'의 총 노동시간을 x라고 하면 '을'의 총 노동시간은 0.7x이므로 1인당 GDP는 '정'이 31.8x달러, '을'이 (35.3×0.7x)달러이다. 따라서 2018년 '을'의 1인당 GDP의 1.5배는 35.3×0.7×x×1.5≒37.1x달러로, '정'보다 크므로 옳지 않은 설명이다.

4 자료판단
정답 ②

• <보고서>의 두 번째 문장에 따르면 '가' 산업의 사업장 1개당 근로자 수는 5명보다 많고, 근로자 수 대비 재해자 수의 비율은 10% 이상이므로 2023년 사업장 1개당 근로자 수가 5,289/1,633≒3.2명인 D는 소거되고, 근로자 수 대비 재해자 수 비율이 (5,551/76,033)×100≒7.3%인 E도 소거된다.

• <보고서>의 세 번째 문장에 따르면 '가' 산업의 사업장 1개당 재해자 수는 0.9명 미만이므로 A, B, C 중 사업장 1개당 재해자 수가 959/1,054≒0.91명으로 0.9명 이상인 A는 소거된다.

• <보고서>의 네 번째 문장에 따르면 '가' 산업의 사망자 수는 200명 이상이므로 B와 C 중 2023년 사망자 수가 9,124×0.014≒128명으로 200명 미만인 C는 소거된다.

따라서 A~E산업 중 '가' 산업에 해당하는 산업은 B이다.

5 자료검토·변환
정답 ④

ㄱ. <보고서>의 첫 번째 단락에서 인터넷신문 사업체 수는 2019년을 제외하고는 2015년부터 매년 전년 대비 증가하고 있다고 했으므로 2014~2017년 인터넷신문 사업체 수에 대한 자료가 추가로 필요한 자료임을 알 수 있다.

ㄷ. <보고서>의 두 번째 단락에서 2018년 일간 종이신문 사업체 중 기타 일간의 경우 건설 분야 일간신문 사업체 수가 식품 분야 일간신문 사업체 수보다 많았다고 했으므로 2018년 일간 종이신문 사업체 중 건설 및 식품 분야 일간신문 사업체 수가 추가로 필요한 자료임을 알 수 있다.

ㅁ. <보고서>의 두 번째 단락에서 주간 종이신문 사업체 중 전문 주간신문의 사업체 수가 2018년 이후 매년 전년 대비 감소하고 있다고 했으므로, 2017년 주간 종이신문 사업체 중 전문 주간신문 사업체 수가 추가로 필요한 자료임을 알 수 있다.

오답 체크

ㄴ. 2020년 신문산업별 사업체 수 구성비는 <표 1>의 종이신문 사업체 수와 인터넷신문 사업체 수를 통해 도출할 수 있으므로 추가로 필요한 자료가 아니다.

ㄹ. 2017년 주간 종이신문 사업체 중 지역종합 주간신문 사업체 수는 제시된 〈보고서〉에서 설명하고 있지 않으므로 추가로 필요한 자료가 아니다.

6 자료판단
정답 ③

ㄴ. 확산 전 근무형태가 대면인 회사의 비율은 77.3%이고, 확산 후 근무형태가 대면인 회사의 비율은 $100-(16.3+23.4)=60.3\%$이다. 따라서 확산 후 근무형태가 대면인 회사의 확산 전 대비 감소율은 $\{(77.3-60.3)/77.3\}\times100\fallingdotseq22.0\%$이므로 옳은 설명이다.

ㄷ. 확산 전 근무형태가 대면이었으나 확산 후 비대면인 회사의 비율은 $23.4-(2.2+4.5)=16.7\%$로, 그 회사의 수는 $1,600\times0.167\fallingdotseq267$개이므로 옳은 설명이다.

[오답 체크]

ㄱ. 확산 전후 근무형태에 변화가 있는 회사의 비중은 $4.1+1.4+5.8+0.5+(23.4-4.5)=30.7\%$이므로 옳지 않은 설명이다.

ㄹ. 확산 전 근무형태가 혼합이던 회사의 비율은 $100-77.3-(1.4+0.5+4.5)=16.3\%$이다. 따라서 확산 후 근무형태가 대면인 회사의 비율인 60.3%는 확산 전 근무형태가 혼합이던 회사의 비율의 4배인 $16.3\times4=65.2\%$보다 작으므로 옳지 않은 설명이다.

> ⏱ **빠른 문제 풀이 Tip**
>
> ㄷ. 확산 전 근무형태가 대면이었으나 확산 후 비대면인 회사의 비율인 16.7%는 전체의 1/6에 해당한다. 이때 〈보기〉에 제시된 250의 6배인 $250\times6=1,500$은 전체 조사대상인 1,600보다 작으므로 1,600의 16.7%에 해당하는 회사의 수가 250보다 많은 것을 알 수 있다.

7 자료판단
정답 ③

ㄱ. 농가소득은 2019년이 $10,068+15,252+8,783+3,095=37,198$천 원, 2023년이 $11,820+16,609+14,263+2,337=45,029$천 원이다. 따라서 2019년 대비 2023년 농가소득의 증가율은 $\{(45,029-37,198)/37,198\}\times100\fallingdotseq21.1\%$이므로 옳은 설명이다.

ㄹ. 농업외소득 대비 이전소득의 비율은 2021년이 $(9,891/16,952)\times100\fallingdotseq58.3\%$, 2022년이 $(11,230/17,327)\times100\fallingdotseq64.8\%$, 2023년이 $(14,263/16,609)\times100\fallingdotseq85.9\%$로 매년 증가했으므로 옳은 설명이다.

[오답 체크]

ㄴ. 농업소득률은 2020년이 $(10,047/30,580)\times100\fallingdotseq32.9\%$, 2022년이 $(10,261/34,436)\times100\fallingdotseq29.8\%$로 2020년보다 2022년이 낮으므로 옳지 않은 설명이다.

ㄷ. 2021년 사적보조금은 $9,891-9,262=629$천 원, 2022년 사적보조금은 $11,230-10,569=661$천 원이며, 2021년 사적보조금은 전년 대비 감소했으므로 옳지 않은 설명이다.

8 자료비교
정답 ⑤

ㄱ. 조정총자산은 7개 신용카드사 평균인 175조 원보다 적고 조정자기자본은 7개 신용카드사 평균인 35조 원보다 많은 신용카드사는 A와 G이므로 옳은 설명이다.

ㄴ. 조정총자산 상위 2개 신용카드사 B와 C의 조정총자산 합은 $280+250=530$조 원으로, 조정총자산 하위 2개 신용카드사 D와 E의 조정총자산 합인 $80+105=185$조 원의 $530/185\fallingdotseq2.9$배이므로 옳은 설명이다.

ㄹ. 조정자기자본 비율은 C가 $(55/250)\times100=22.0\%$, E가 $(20/105)\times100\fallingdotseq19.0\%$로, C의 조정자기자본 비율이 E보다 $\{(22-19)/19\}\times100\fallingdotseq15.8\%$ 더 높으므로 옳은 설명이다.

[오답 체크]

ㄷ. 조정총자산이 150조 원 이상인 A, B, C, F, G 중 B는 조정자기자본 비율이 $(41/280)\times100\fallingdotseq14.6\%$이므로 옳지 않은 설명이다.

> ⏱ **빠른 문제 풀이 Tip**
>
> ㄷ. 조정자기자본 비율 $=\dfrac{조정자기자본}{조정총자산}\times100$임을 적용하여 〈그림〉에서 기울기가 $\dfrac{1}{5}$인 선을 그리면, 선 아래 영역에 분포한 신용카드사는 조정자기자본 비율이 20% 미만, 선 위 영역에 분포한 신용카드사는 조정자기자본 비율이 20% 초과이므로 A, B, C, F, G 중 선 아래 영역에 분포한 B는 조정자기자본 비율이 20% 미만임을 알 수 있다.
>
> ㄹ. C의 조정자기자본 비율은 $(55/250)\times100=22.0\%$이고 E의 조정자기자본 비율은 $(20/100)\times100\fallingdotseq20.0\%$ 미만이므로 C의 조정자기자본 비율이 E보다 10% 이상 높음을 알 수 있다.

9 자료판단
정답 ⑤

• 첫 번째 〈조건〉에 따르면 2014년 요양기관의 전문의약품 품목 수 대비 공급금액은 $17,944/16,238\fallingdotseq1,105$십억 원/개이므로 2015년 요양기관의 전문의약품 품목 수 대비 공급금액은 $18,948/A<1.105$이다. 따라서 2015년 요양기관의 전문의약품 품목 수는 $A>17,148$이다.

• 네 번째 〈조건〉에 따르면 요양기관의 일반의약품 품목 수는 매년 감소했으므로 $B<7,781$이다. 또한 전문의약품과 일반의약품의 품목 수 합은 매년 증가했으므로 $(18,705+7,781)<B+19,170$이 성립해야 한다. 따라서 2018년 요양기관의 일반의약품 품목 수는 $7,316<B<7,781$이다.

• 두 번째 〈조건〉에 따르면 2017년 요양기관 외의 일반의약품 공급금액은 $34,951-31,743=3,208$십억 원이고, 2015~2018년 동안 요양기관 외의 일반의약품 공급금액은 매년 증가했으므로 2018년 요양기관 외 일반의약품 공급금액은 3,208십억 원을 초과해야 한다. 따라서 2018년 요양기관 외의 공급금액 소계는 $C>38,238$이다.

• 세 번째 〈조건〉에 따르면 2018년 요양기관 외의 전문의약품과 일반의약품 공급금액의 합은 2014년 대비 40% 미만 증가했으므로 2018년 요양기관 외의 전문의약품과 일반의약품 공급금액의 합은 $C<28,460\times1.4$ 즉, $C<39,844$가 성립해야 한다. 이때 두 번째 〈조건〉에 따라 $C>38,238$이 성립해야 하므로 2018년 요양기관 외의 전문의약품과 일반의약품 공급금액의 합은 $38,238<C<39,844$이다.

따라서 A는 17,203, B는 7,576, C는 38,379이다.

10 자료판단
정답 ④

제시된 〈조건〉에 따르면 모든 심사위원은 각 지원자에게 서로 다른 점수를 부여하므로 심사위원 '갑'이 지원자 A에게 부여한 점수는 60점부터 100점까지 중 60점 또는 90점이 가능하다. 이때, 지원자 A의 평가 점수 중 최고점 100점을 제외한 점수의 합은 80+90+70=240점으로, 최고점과 최하점을 제외한 점수의 합인 240점과 같으므로 심사위원 '갑'이 지원자 A에게 부여한 점수는 최하점인 60점임을 알 수 있다. 또한, 중앙값은 주어진 값들을 크기순으로 배열했을 때 한가운데 위치하는 값을 의미하여 지원자 B의 평가 점수 중앙값은 80점이며, 지원자 C의 평가 점수 중앙값은 지원자 D의 중앙값과 같고, 지원자 B의 중앙값보다 낮으므로 지원자 C와 D의 평가 점수 중앙값은 60점 또는 70점이 가능하다. 심사위원 '병'이 지원자 D에게 부여한 점수는 70점 또는 100점이 가능하고, 심사위원 '병'이 부여한 D의 점수가 70점인 경우 D의 중앙값은 70점, 심사위원 '병'이 부여한 D의 점수가 100점인 경우 D의 중앙값은 90점이므로, 심사위원 '병'이 지원자 D에게 부여한 점수는 70점임을 알 수 있다. 이에 따라 C와 D의 평가 점수 중앙값은 70점이고, 심사위원 '을'이 지원자 C에게 부여한 점수는 100점임을 알 수 있다.

ㄱ. 지원자 A~D 중 평가 점수의 총합이 가장 높은 지원자는 70+90+80+100+80=420점인 B이므로 옳은 설명이다.

ㄴ. 지원자 C의 평가 점수 중앙값은 70점이므로 옳은 설명이다.

ㄷ. 심사위원 '을'은 지원자 C에게 100점을 부여하여 지원자 중 D에게 가장 낮은 점수를 부여했으므로 옳은 설명이다.

오답 체크

ㄹ. 지원자 D에 대한 심사위원 '병'의 평가 점수는 70점으로, '갑'의 평가 점수인 100점과 같지 않으므로 옳지 않은 설명이다.

11 자료판단
정답 ①

• 업체 A~D의 2023년 12월 기준 이용 요금제에 따른 이용 요금은 다음과 같다.

이용 인원 \ 업체	A	B	C	D
1명	25,500	21,500	16,000	14,200
2명	31,000	28,000	22,800	21,400
3명	36,500	34,500	29,600	28,600
4명	42,000	41,000	36,400	35,800
5명	47,500	47,500	43,200	43,000
6명	53,000	54,000	50,000	50,200
7명	58,500	60,500	56,800	57,400
8명	64,000	67,000	63,600	64,600
9명	69,500	73,500	70,400	71,800
10명	75,000	80,000	77,200	79,000
11명	80,500	86,500	84,000	86,200
12명	86,000	93,000	90,800	93,400

하나의 계정을 공유하여 함께 이용하는 인원이 1~5명일 때는 D업체가, 6~8명일 때는 C업체가, 9명 이상일 때는 A업체가 가장 저렴하다. 이에 따라 (가)에 해당하는 업체는 'B'임을 알 수 있다.

• B업체가 2024년 1월부터 이용 인원 1명에 대한 인원당 이용료를 면제함에 따라 이용 요금은 하나의 계정을 공유하여 함께 이용하는 인원이 1~2명일 때는 D업체가, 3~11명일 때는 B가, 12명 이상일 때는 A업체가 가장 저렴하다. 이에 따라 (나)에 해당하는 업체는 'C'임을 알 수 있다.

• 하나의 계정을 공유하여 함께 이용하는 인원이 5명일 때 2024년 1월 기준 이용 요금제에 따른 이용 요금은 B업체가 15,000+(6,500×4)=41,000원, C업체가 9,200+(6,600×5)=42,200원이다.

따라서 (다)에 해당하는 값은 '1,200'이다.

> ⏱ **빠른 문제 풀이 Tip**
>
> 업체별 이용 요금이 동일해지는 이용 인원을 구한다.
> 2023년 12월을 기준으로 하나의 계정을 공유하여 함께 이용하는 인원이 1명일 때 D업체의 이용 요금이 가장 저렴하며, 특정 인원 이상부터는 인원당 이용료가 가장 저렴한 A업체의 이용 요금이 가장 저렴하므로 (가)에 해당하는 업체는 'B' 또는 'C'임을 알 수 있다. 이에 따라 B업체와 C업체의 이용 요금을 비교하면, B업체와 C업체의 가입비는 15,000−9,200=5,800원 차이 나며, 인원당 이용료는 6,800−6,500=300원 차이 나므로 이용 인원이 5,800/300≒19.3명일 때 이용 요금이 동일해지고, 20명 이상부터 B업체가 C업체보다 저렴해진다. 이때 이용 인원이 20명 이상일 때 업체별 이용 요금은 A업체가 가장 저렴하므로 B업체는 가장 저렴한 이용 요금을 제공하지 못한다. 이에 따라 (가)에 해당하는 업체는 'B'임을 알 수 있다.

12 자료판단
정답 ②

ㄱ. 좌석 점유율=$\frac{\text{입장 인원}}{\text{수용 인원}}$×100임을 적용하여 구한다. A구단과 B구단의 좌석 점유율은 A구단이 (17,000/68,700)×100≒24.7%, B구단이 (8,800/43,900)×100≒20.0%로 A구단이 B구단보다 높으므로 옳은 설명이다.

ㄹ. 입장 수입=입장 인원×입장료임을 적용하여 구한다. C구단의 입장료는 104,250/13,900=7.5천 원이고, 구단별 입장료는 연중 동일하므로 3월 31일 C구단의 좌석 점유율이 80%였다면, 3월 31일 C구단의 입장 인원은 42,400×0.8=33,920명, 이에 따라 입장 수입은 33,920×7.5=254,400천 원이다. 따라서 3월 31일 C구단의 좌석 점유율이 80%였다면, C구단의 입장 수입은 3월 31일이 4월 1일의 254,400/104,250≒2.4배이므로 옳은 설명이다.

오답 체크

ㄴ. 입장료는 A구단이 204,000/17,000=12천 원, B구단이 123,200/8,800=14천 원, C구단이 104,250/13,900=7.5천 원, D구단이 117,700/10,700=11천 원이다. 따라서 입장료가 가장 높은 구단은 B구단이므로 옳지 않은 설명이다.

ㄷ. A~D구단을 입장료가 낮은 순서대로 나열하면 C구단−D구단−A구단−B구단 순이고, 입장 수입이 낮은 순서대로 나열하면 C구단−D구단−B구단−A구단이므로 옳지 않은 설명이다.

13 자료검토·변환
정답 ③

〈보고서〉의 두 번째 단락에서 친환경차 중 하이브리드차의 2022년 2분기 기준 누적등록대수는 1,000천 대 이상으로 가장 많았으며, 전기차, 수소차, 하이브리드차 모두 2020년 기준 누적등록대수의 2배 이상이었다고 했으나, [친환경차 누적등록대수]에서는 하이브리드차 누적등록대수가 2022년 2분기 기준 1,041,737대이고, 이는 2020년 기준 674,461대의 2배보다 적게 나타나므로 〈보고서〉의 내용과 부합하지 않는 자료이다.

14 자료이해   정답 ③

개인기업 투자액 대비 기타법인기업 투자액의 비율은 2021년이 356/2,493≒0.14, 2022년이 481/2,254≒0.21이다. 따라서 2022년 개인기업 투자액 대비 기타법인기업 투자액의 비율은 전년 대비 2배 미만이므로 옳지 않은 설명이다.

오답 체크

① 2022년의 기타법인기업 투자액의 전년 대비 증감률은 {(481−356)/356}×100≒35.1%, 회사법인기업 투자액의 전년 대비 증감률은 {(112,439−98,636)/112,439}×100≒12.3%이므로 옳은 설명이다.

② 2022년 종사자 규모 '10~49명'의 기타법인기업 투자액은 회사법인기업 투자액의 (248/15,490)×100≒1.6%이고, 나머지 종사자 규모의 기타법인기업 투자액은 모두 회사법인기업 투자액의 1% 미만이므로 옳은 설명이다.

④ 법인기업 투자액은 2021년이 112,439+356=112,795십억 원, 2022년이 98,636+481=99,117십억 원으로, 2022년에 전년 대비 {(112,795−99,117)/112,795}×100≒12.1% 감소했으므로 옳은 설명이다.

⑤ 2022년 종사자 규모 200명 이상의 회사법인기업 투자액은 10,236+57,962=68,198십억 원으로, 2022년 회사법인기업 투자액에서 (68,198/98,636)×100≒69.1%를 차지하므로 옳은 설명이다.

빠른 문제 풀이 Tip

③ 경영조직별 투자비율은 경영조직 전체에 대한 투자액의 비율이므로 수치가 간단한 〈표 1〉의 투자비율로 확인한다. 개인기업 투자비율 대비 기타법인기업 투자비율은 2022년이 $\frac{0.5}{2.2}$, 2021년의 2배는 $\frac{0.3}{2.2}×2=\frac{0.6}{2.2}$으로, 2022년이 더 작은 것을 알 수 있다.

④ 〈표 1〉에서 2021년과 2022년의 법인기업 투자비율은 각각 97.8%로 동일한 것을 확인할 수 있다. 이에 따라 전체기업 투자액을 비교하면, 2022년 전체기업 투자액은 2021년 전체기업 투자액의 90%인 115,288×0.9≒103,759십억 원보다 작으므로 10% 이상 감소한 것을 알 수 있다.

15 자료판단   정답 ①

ㄱ. 2005년 대비 2020년 취업자 수의 증가율은 {(26,905−22,832)/22,832}×100≒17.8%로 20% 미만이므로 옳은 설명이다.

ㄴ. 임금근로자 수=상용근로자 수+임시근로자 수+일용근로자 수이므로 상용근로자 수가 임금근로자 수에서 차지하는 비중을 확인하면, 2005년이 (7,923/15,187)×100≒52.2%, 2010년이 (10,178/17,111)×100≒59.5%, 2015년이 (12,716/19,402)×100≒65.5%, 2020년이 (14,521/20,332)×100≒71.4%로 5년마다 증가하는 것을 알 수 있다. 따라서 임시근로자 수와 일용근로자 수의 합이 임금근로자 수에서 차지하는 비중은 감소했으므로 옳은 설명이다.

오답 체크

ㄷ. 2015년 자영업자 수에서 고용원이 있는 자영업자 수가 차지하는 비중은 (1,609/5,622)×100≒28.6%로, 비임금근로자 비율인 (6,775/26,177)×100≒25.9%보다 크므로 옳지 않은 설명이다.

ㄹ. 2005년 임금근로자 비율은 (15,187/22,832)×100≒66.5%이므로 옳지 않은 설명이다.

빠른 문제 풀이 Tip

ㄴ. 2010~2020년의 5년 전 대비 근로자 증가 인원은 다음과 같다.

연도	2010년	2015년	2020년
상용근로자	2,255명	2,538명	1,805명
임금근로자	1,924명	2,291명	930명

각 연도의 상용근로자 수는 임금근로자 수보다 적고 상용근로자의 증가 인원은 임금근로자 증가 인원보다 많으므로 상용근로자의 증가율이 임금근로자의 증가율보다 높다. 이에 따라 임금근로자 수에서 상용근로자 수가 차지하는 비중은 5년마다 증가하고, 반대로 임금근로자 수에서 임시근로자 수와 일용근로자 수의 합이 차지하는 비중은 5년마다 감소했음을 알 수 있다.

16 자료판단   정답 ②

• 세 번째 〈조건〉에 따르면 직급별 전체 조사결과 중 '그렇다'의 비중은 A가 (163/224)×100≒72.8%, B가 (401/993)×100≒40.4%, C가 (407/657)×100≒61.9%, D가 (1,092/2,237)×100≒48.8%로 A가 가장 크므로 A가 1~4급이다.

• 두 번째 〈조건〉에 따르면 '그렇지 않다'에 응답한 공무원 수는 B가 180명, C가 34명, D가 232명이므로 B 또는 D가 8~9급이고, B 또는 C가 5급이다.

• 네 번째 〈조건〉에 따르면 '그렇다'에 응답한 공무원 수 대비 '그렇지 않다'에 응답한 공무원 수의 비는 B가 180/401≒0.45, C가 34/407≒0.08, D가 232/1,092≒0.21로 B가 가장 크므로 B는 5급이 될 수 없다. 따라서 C가 5급이다.

• 첫 번째 〈조건〉에 따르면 전체 조사결과 중 '보통이다'에 응답한 공무원의 비중은 B가 (412/993)×100≒41.5%, D가 (913/2,237)×100≒40.8%로 B가 D보다 더 크므로 B가 6~7급, D가 8~9급이다.

따라서 A는 1~4급, B는 6~7급, C는 5급, D는 8~9급이다.

17 자료판단   정답 ④

전체 학생 1인당 연평균 사교육비=$\frac{사교육비 총액}{전체 학생 수}$이고, 이때 전체 학생 수=$\frac{사교육 참여학생 수}{사교육 참여율}×100$이므로 전체 학생 1인당 연평균 사교육비=사교육비 총액×$\frac{사교육 참여율}{사교육 참여학생 수}×\frac{1}{100}$임을 적용한다. 국가 A~E의 전체 학생 1인당 연평균 사교육비 크기를 비교하면 다음과 같다.

• A: 238,198×$\frac{82.7}{454,950}×\frac{1}{100}$≒0.43백만 달러
• B: 37,630×$\frac{68.1}{90,466}×\frac{1}{100}$≒0.28백만 달러
• C: 117,492×$\frac{79.6}{227,927}×\frac{1}{100}$≒0.41백만 달러
• D: 180,106×$\frac{83.0}{241,003}×\frac{1}{100}$≒0.62백만 달러
• E: 374,936×$\frac{41.5}{301,897}×\frac{1}{100}$≒0.52백만 달러

따라서 국가 A~E 중 전체 학생 1인당 연평균 사교육비가 가장 큰 국가는 D이다.

18 자료비교

ㄱ. 실험 4회차에 A등급과 B등급 인원의 합은 5+11=16명으로, C등급과 D등급 인원의 합인 10+4=14명보다 많고, 실험 5회차에도 A등급과 B등급 인원의 합인 11+10=21명이 C등급과 D등급 인원의 합인 9명보다 많으므로 옳은 설명이다.

ㄷ. 실험 3회차의 등급 상승 인원수 5명 중 D등급에서 등급이 상승한 인원 3명이 차지하는 비중은 (3/5)×100=60%이므로 옳은 설명이다.

오답 체크

ㄴ. 〈그림〉에 따르면 실험 2회차에 10명의 등급이 상승했고, 〈표〉에서 실험 2회차에 A등급이 없으므로 이때 A등급으로 상승한 인원은 없으며, C등급에서 B등급으로 상승한 인원수는 6명, D등급에서 C등급으로 상승한 인원수는 4명이다. 따라서 실험 2회차에 B등급으로 상승한 인원수는 C등급으로 상승한 인원수의 2배 미만이므로 옳지 않은 설명이다.

ㄹ. 실험 5회차에 15명의 등급이 상승했고, B등급에서 A등급으로 상승한 인원수가 D등급에서 C등급으로 상승한 인원수의 1.5배가 되려면 실험 5회차에 등급이 상승한 인원은 모두 한 등급씩만 상승해야 한다. 이에 따라 D등급에서 C등급으로 4명, C등급에서 B등급으로 5명, B등급에서 A등급으로 6명의 등급이 상승된 것을 알 수 있다. 직전 회차 C등급에서 실험 5회차에 B등급으로 상승한 인원은 5명이므로 옳지 않은 설명이다.

19 자료이해

ㄱ. 2023년 전국 토지 필지수의 1.5%는 39,367×0.015≒591천 필지이고, 주요 7개 도시 중 2023년 토지 필지수가 591천 필지보다 적은 도시는 광주, 대전, 울산으로 3개이므로 옳은 설명이다.

ㄷ. 2023년 서울의 '군유지'를 제외한 소유구분별 토지는 각각 필지수가 2022년 대비 적거나 같고 토지 가액은 2022년 대비 크다. '군유지'의 1필지당 토지 가액은 2022년이 75,246/73,000≒1.03십억 원, 2023년이 86,969/74,000≒1.18십억 원으로 2023년이 2022년보다 큼에 따라 2023년 서울의 토지 소유구분별 1필지당 토지 가액이 모두 전년 대비 증가했으므로 옳은 설명이다.

ㄹ. 2022년 대비 2023년 서울 '민유지'의 토지 가액 증가분은 1,119,951−1,001,673=118,278십억 원으로, '민유지'를 제외한 토지의 가액 증가분인 2,008,916−1,791,158−118,278=99,480십억 원보다 크므로 옳은 설명이다.

오답 체크

ㄴ. 2023년 울산의 토지 가액은 107,440십억 원으로, 2022년의 1.1배인 98,753×1.1≒108,628십억 원보다 작으므로 옳지 않은 설명이다.

⏱ 빠른 문제 풀이 Tip

ㄷ. 서울 '군유지'의 경우 2022년 대비 2023년 필지수의 증가율은 (1/73)×100, 토지 가액의 증가율은 약 (11/75)×100으로 필지수의 증가율보다 토지 가액의 증가율이 더 크므로 서울 '군유지'의 1필지당 토지 가액은 증가함을 알 수 있다.

---

20 자료판단

제시된 〈조건〉에 따라 A와 B가 배트에 공을 맞춘 횟수는 다음과 같다.

구분 \ 라운드	1	2	3	4	5
A	2회	4회	4회	4회	5회
B	3회	4회	5회	5회	4회

이때 두 번째 〈조건〉에 따라 A와 B 모두 1~5라운드 동안 성공 타수의 최솟값은 1, 최댓값은 5, 세 번째 〈조건〉에서 A의 4라운드 성공 타수는 4회, B의 3라운드 성공 타수는 3회라고 했고, 네 번째 〈조건〉에서 개인별로 1회만 성공 타수를 기록한 라운드는 2개 이하라고 했으므로 이를 고려하여 A의 총 성공 타수의 최솟값과 B의 총 성공 타수의 최댓값으로 가능한 경우를 구해보면 다음과 같다.

- A의 총 성공 타수의 최솟값
  A의 총 성공 타수가 최솟값이 되려면 1~5라운드 중에서 성공 타수의 최댓값인 5회가 한 라운드뿐이어야 한다. 이때 개인별로 1회만 성공 타수를 기록한 라운드는 2개 이하라고 했으므로 성공 타수가 5회인 한 라운드와 성공 타수가 4회인 4라운드를 제외한 남은 세 라운드의 성공 타수가 각각 1, 1, 2회라면 A의 총 성공 타수는 최솟값이 된다. 이에 따라 A의 총 성공 타수의 최솟값은 1+1+2+4+5=13회이다.

- B의 총 성공 타수의 최댓값
  B의 총 성공 타수가 최댓값이 되려면 1~5라운드 중에서 성공 타수의 최솟값인 1회가 한 라운드뿐이어야 한다. 이때 배트에 공을 맞춘 횟수는 1라운드에서 3회로 가장 적으므로 1라운드의 성공 타수가 1회이고, 1라운드와 성공 타수가 3회인 3라운드를 제외한 남은 세 라운드의 성공 타수가 모두 배트에 공을 맞춘 횟수와 같다면 B의 총 성공 타수는 최댓값이 된다. 이에 따라 B의 총 성공 타수의 최댓값은 1+4+3+5+4=17이다.

따라서 A의 총 성공 타수의 최솟값과 B의 총 성공 타수의 최댓값의 합은 13+17=30이다.

21 자료판단

제시된 〈정렬 기준〉에 따라 상품 A~E의 평균평점을 정리하면 다음과 같다.

상품	평균평점
A	(1×2+3×1+4×5+5×22)/30=4.5점
B	(4×10+5×10)/20=4.5점
C	(4×1+5×7)/8=4.875점
D	(3×7+4×36+5×7)/50=4.0점
E	(3×5+4×15+5×30)/50=4.5점

- 다섯 번째 기준에 따르면 리뷰 총계가 20개 이상인 상품이 20개 미만인 상품보다 상품 목록의 높은 위치에 노출되므로 리뷰 총계가 8개인 C는 상품 목록의 가장 낮은 위치에 노출된다.

- 첫 번째 기준에 따르면 평균평점이 높은 상품일수록 상품 목록의 높은 위치에 노출되므로, A, B, D, E 중 평균평점이 가장 낮은 D가 상품 목록의 네 번째로 높은 위치에 노출된다.

- 두 번째 기준에 따라 평균평점이 4.5점으로 같은 A, B, E 중 가격이 가장 낮은 A는 상품 목록의 첫 번째로 높은 위치에 노출되고, 세 번째 기준에 따라 평균평점과 가격이 같은 B, E 중 등록일이 최신인 E가 상품 목록의 두 번째로 높은 위치에, B가 세 번째로 높은 위치에 노출된다.

따라서 상품 목록 상단부터 노출 순서가 첫 번째인 상품은 A, 세 번째인 상품은 B이다.

22 자료검토·변환
정답 ⑤

2017~2020년 전체 취업자 수에서 제조업 취업자 수가 차지하는 비중은 2017년이 (4,542/13,871)×100≒32.7%, 2018년이 (4,473/13,912)×100≒32.2%, 2019년이 (3,658/11,830)×100≒30.9%, 2020년이 (4,377/13,736)×100≒31.9%이므로 〈표〉를 이용하여 작성한 그래프로 옳지 않다.

23 자료비교
정답 ②

ㄱ. 농림어업 취업자 수 대비 제조업 취업자 수는 2017년이 4,542/1,340 ≒3.4명, 2019년이 3,658/1,406≒2.6명이므로 옳은 설명이다.

ㄷ. 2018~2020년 동안 보건업 여성 취업자 수는 매년 증가하므로 옳은 설명이다.

오답 체크

ㄴ. 2020년 숙박·음식점업 취업자 수 중 남성 취업자 수는 2,077−1,270=807명이고, 숙박·음식점업 취업자 수에서 남성 취업자 수가 차지하는 비중은 (807/2,077)×100≒38.9%로 40% 미만이므로 옳지 않은 설명이다.

ㄹ. 도·소매업 취업자 수가 가장 적은 해는 2019년이고, 도·소매업 여성 취업자 수가 가장 적은 해는 2020년이므로 옳지 않은 설명이다.

> ⏱ **빠른 문제 풀이 Tip**
> ㄴ. 2020년 숙박·음식점업 취업자 수에서 여성 취업자 수가 차지하는 비중이 (1,270/2,077)×100≒61.1%이므로 2020년 숙박·음식점업 취업자 수에서 남성 취업자 수가 차지하는 비중은 100.0−61.1≒38.9%임을 알 수 있다.

24 자료판단
정답 ⑤

- 세 번째 〈조건〉에 따르면 2020년과 2021년의 생산품목 1개당 생산액이 같고, 2021년 생산품목 1개당 생산액은 22,400/28,000=0.8백만 달러이므로 2020년 생산액은 30,000×0.8=24,000백만 달러이다.

- 두 번째 〈조건〉에 따르면 2016년과 2020년의 생산액이 같고, 2020년 생산액이 24,000백만 달러이므로 2016년 생산액은 24,000백만 달러이다. 이때 2017년 생산액의 전년 대비 증감액은 0백만 달러이므로 2017년 생산액은 24,000백만 달러이다.

- 네 번째 〈조건〉에 따라 2016년 생산액의 전년 대비 증감액이 1,500백만 달러이므로 2018년 생산액의 전년 대비 증감액은 2016년의 1.2배인 1.2×1,500=1,800백만 달러이다. 이에 따라 2018년 생산액은 24,000+1,800=25,800백만 달러이므로 A는 25,800임을 알 수 있다.

- 첫 번째 〈조건〉에 따라 2019년 생산액의 전년 대비 증감액은 2018년과 같은 1,800백만 달러이므로 2019년 생산액은 25,800+1,800=27,600백만 달러이고, B는 27,600임을 알 수 있다.

따라서 A는 25,800, B는 27,600이다.

25 자료판단
정답 ④

A지역의 각 검사항목 수치는 A지역 검사지점별 수치의 산술평균값으로 산출된다. A지역의 수돗물이 '먹는물 수질기준'에 적합하다고 판정되기 위해서는 검사지점별 잔류염소 합계가 (4.10−4.00)×4=0.40mg/L 이상 감소해야 하고 검사지점별 탁도 합계는 (0.58−0.50)×4=0.32NTU 이상 낮아져야 한다. A지역 '나' 검사지점 수돗물의 잔류염소와 탁도가 각각 10%씩 낮아지면 잔류염소는 0.51mg/L, 탁도는 0.08NTU 낮아져 여전히 탁도 기준을 충족하지 않는다. 따라서 A지역 수돗물의 '먹는물 수질기준'에 대한 적합 판정 여부가 달라지지 않으므로 옳지 않은 설명이다.

오답 체크

① A~H지역 수돗물의 pH는 모두 5.8 이상 8.5 이하에 해당하여 '먹는물 수질기준'을 충족하므로 옳은 설명이다.

② A~H지역 중 A지역은 잔류염소와 탁도가 기준을 충족하지 않으며, C지역은 탁도, G지역은 총대장균군, H지역은 일반세균 기준을 충족하지 않는다. 따라서 수돗물이 '먹는물 수질기준'에 적합하지 않은 지역은 A, C, G, H 4개이므로 옳은 설명이다.

③ A지역 '가'~'라' 검사지점 수돗물의 일반세균 합계는 64×4=256CFU/㎖임에 따라 A지역 '다' 검사지점 수돗물의 일반세균은 256−50−4−104=98CFU/㎖로 100CFU/㎖ 미만이므로 옳은 설명이다.

⑤ 수돗물이 '먹는물 수질기준'에 적합하다고 판정된 지역 B, D, E, F의 잔류염소가 10%씩 높아지더라도 잔류염소가 4.0mg/L를 초과하는 지역은 없다. 따라서 이 중 수돗물이 '먹는물 수질기준'에 적합하지 않다고 판정되는 지역이 없으므로 옳은 설명이다.

실전모의고사 5회

정답

언어논리영역

1	③	독해의 원리	**6**	⑤	논증의 방향	**11**	⑤	논증의 방향	**16**	④	문맥과 단서	**21**	⑤	논증의 방향
2	③	독해의 원리	**7**	①	문맥과 단서	**12**	⑤	논리의 체계	**17**	②	논리의 체계	**22**	③	논증의 방향
3	①	독해의 원리	**8**	⑤	문맥과 단서	**13**	③	문맥과 단서	**18**	③	논리의 체계	**23**	③	논증의 방향
4	①	독해의 원리	**9**	②	독해의 원리	**14**	①	독해의 원리	**19**	④	논리의 체계	**24**	⑤	문맥과 단서
5	①	독해의 원리	**10**	⑤	독해의 원리	**15**	②	독해의 원리	**20**	④	논증의 방향	**25**	②	논증의 방향

상황판단영역

1	①	법조문형	**6**	②	경우의 수	**11**	②	경우의 수	**16**	④	법조문형	**21**	①	경우의 수
2	①	법조문형	**7**	①	경우의 수	**12**	③	계산형	**17**	⑤	법조문형	**22**	③	경우의 수
3	③	법조문형	**8**	④	계산형	**13**	⑤	규칙형	**18**	②	법조문형	**23**	⑤	텍스트형
4	①	텍스트형	**9**	⑤	규칙형	**14**	③	계산형	**19**	②	규칙형	**24**	③	텍스트형
5	③	규칙형	**10**	④	규칙형	**15**	②	법조문형	**20**	③	규칙형	**25**	⑤	계산형

자료해석영역

1	④	자료검토·변환	**6**	③	자료이해	**11**	④	자료판단	**16**	②	자료비교	**21**	②	자료검토·변환
2	②	자료이해	**7**	②	자료이해	**12**	①	자료검토·변환	**17**	⑤	자료판단	**22**	⑤	자료판단
3	①	자료비교	**8**	⑤	자료판단	**13**	⑤	자료이해	**18**	③	자료판단	**23**	⑤	자료비교
4	③	자료판단	**9**	③	자료판단	**14**	②	자료비교	**19**	④	자료판단	**24**	③	자료판단
5	①	자료판단	**10**	④	자료판단	**15**	①	자료판단	**20**	④	자료판단	**25**	②	자료판단

취약 유형 분석표

유형별로 맞힌 개수, 틀린 문제 번호와 풀지 못한 문제 번호를 적고 나서 취약한 유형이 무엇인지 파악해 보세요.

언어논리영역

유형	맞힌 개수	틀린 문제 번호	풀지 못한 문제 번호
독해의 원리	/9		
논증의 방향	/7		
문맥과 단서	/5		
논리의 체계	/4		
TOTAL	/25		

상황판단영역

유형	맞힌 개수	틀린 문제 번호	풀지 못한 문제 번호
텍스트형	/3		
법조문형	/7		
계산형	/4		
규칙형	/6		
경우의 수	/5		
TOTAL	/25		

자료해석영역

유형	맞힌 개수	틀린 문제 번호	풀지 못한 문제 번호
자료비교	/4		
자료판단	/14		
자료검토 · 변환	/3		
자료이해	/4		
TOTAL	/25		

해설

언어논리영역

1 독해의 원리

두 번째 단락에서 발해의 5경은 발해의 전략적 요충지에 왕족 등 유력자를 파견하여 지방사회를 통치하기 위해 설치되었다고 했고, 세 번째 단락에서 중경은 발해 통치 집단의 소속 의식과 함께 발해의 자주 의식과 밀접한 관련이 있었다고 했으므로 중경은 발해의 자주 의식을 표현하고 지방통치를 강화할 목적으로 건설되었음을 알 수 있다.

오답 체크

① 첫 번째 단락에서 발해의 5경은 선왕이 남경과 서경을 건설하여 완성했음을 알 수 있다.
② 첫 번째 단락에서 제3대 왕인 문왕이 중경을 축조하여 수도를 옮긴 후 상경을 축조하였다고 했으므로 상경은 중경보다 나중에 건설되었음을 알 수 있다.
④ 두 번째 단락에서 일본과 당나라로 가는 교통의 요충지로 활용된 것은 동경과 서경이고, 남경은 신라와의 관계를 유지하는 데 활용되었음을 알 수 있다.
⑤ 세 번째 단락에서 중경은 5경 중 가장 먼저 건설하고 수도로 삼았다는 점에서 발해가 고구려적 전통을 계승하겠다는 의지가 컸다고 했으나, 첫 번째 단락에서 최초의 수도는 오동산성임을 알 수 있다.

2 독해의 원리
정답 ③

첫 번째 단락에서 창경궁은 성종이 대왕대비인 정희왕후, 성종의 생모인 소혜왕후, 예종의 계비인 안순왕후를 모시기 위해 지은 별궁이라고 했고, 두 번째 단락에서 창경궁 내의 많은 전각이 언덕과 평지를 따라 터를 잡았다고 했으므로 성종이 대왕대비와 왕후를 모시기 위해 만든 궁궐인 창경궁은 지형의 변화 없이 건축물이 세워졌음을 알 수 있다.

오답 체크

① 첫 번째 단락에 따르면 임진왜란 때 왕실의 궁궐이 불타 당시 창경궁도 함께 소실되었으나, 세 번째 단락에서 일제강점기 일본의 조선 간섭이 극심했던 순종 때 창경궁의 형태와 궁궐로서의 격이 가장 많이 훼손되었다고 했으므로 창경궁의 위상이 가장 크게 변화했던 사건은 임진왜란 때 발생한 화재가 아닌 1909년 순종 때임을 알 수 있다.
② 세 번째 단락에서 창경궁과 종묘 사이를 단절하기 위해 1932년 종묘와 연결된 부분에 도로를 건설했다고 했으므로 창경궁과 종묘 사이에 도로를 이은 이유는 궁궐 내의 왕래를 활성화하는 것이 아닌, 창경궁과 종묘를 단절시키기 위함임을 알 수 있다.
④ 두 번째 단락에 따르면 경복궁은 남북으로 일직선으로 이어지는 구조로 평지에 지어졌고, 주요 전각이 동향이 아닌 남향으로 지어졌음을 알 수 있다.
⑤ 세 번째 단락에서 일제가 창경궁의 이름을 창경원으로 바꾸어 창경궁이 궁궐로서 갖는 지위와 왕실의 상징성을 격하시켰고, 창경궁은 1980년대에 이르러서야 공개 관람이 중단되고 본래 이름으로 환원되며 복원 공사를 진행하였다고 했으므로 일제강점기 때 명칭이 변경되었던 창경궁은 복원 공사 이후 본래 이름으로 환원되었음을 알 수 있다.

3 독해의 원리
정답 ①

두 번째 단락에서 위정자의 염치가 지나쳐 행정의 융통성이 저해되면 나라의 곳간이 비고 백성의 원망이 커진다고 했다. 따라서 위정자의 염치가 지나치면 융통성이 없어 백성들이 고난에 빠질 수 있음을 알 수 있다.

오답 체크

② 세 번째 단락에서 유교에서는 부귀를 무조건 배격하지 않고 오히려 정도에 따르면서 백성들의 안위를 우선시하는 것을 강조하였다고 했으므로 유교에서는 위정자의 염치를 최우선으로 여겨 부귀의 추구를 경계한 것은 아님을 알 수 있다.
③ 첫 번째 단락에서 맹자는 위정자가 갖추어야 할 가치로 염치를 강조하였고, 세 번째 단락에서 유교에서는 훌륭한 위정자는 융통성을 발휘하여 백성들의 삶을 윤택하게 만드는 자라고 보았다고 했다. 따라서 맹자가 백성들의 삶을 윤택하게 하기 위해 위정자가 염치를 실천할 것을 강조하였는지는 제시된 글을 통해 알 수 없다.
④ 두 번째 단락에서 다산은 위정자의 염치가 지나쳐 행정의 융통성이 저해되는 것에 대해 관리가 탐욕스러우면 백성에게 살길이 존재하나 너무 각박하게 염치만 차리면 살길이 막힌다고 비판하였다고 했다. 따라서 다산은 백성의 입장에서는 위정자의 염치가 지나친 것보다 몰염치한 것이 낫다고 보았음을 알 수 있다.
⑤ 세 번째 단락에서 유교에서 강조하는 위정자의 염치는 정도에 따르면서 백성들의 안위를 우선시하는 것이라고 했으므로 정도와 관계없이 백성들의 안위를 우선시하는 것은 아님을 알 수 있다.

4 독해의 원리
정답 ①

첫 번째 단락에서 영국 동인도 회사는 인도뿐만 아니라 아프리카 전역과 일본까지 활동 범위를 넓혀 향료 무역을 하였으나, 네덜란드 동인도 회사와의 향료 무역 경쟁에서 열세를 극복하지 못하고 향료 시장을 네덜란드 동인도 회사에 내주었음을 알 수 있다. 그러나 네덜란드가 영국과의 모직물 무역 경쟁에서도 영국을 앞서갔는지는 제시된 글에서 알 수 없다.

오답 체크

② 첫 번째 단락에 따르면 영국 동인도 회사는 자신들의 향료 무역권을 인정받고 네덜란드 상인들을 견제하기 위해 영국 정부로부터 무역 특허를 받았고, 두 번째 단락에 따르면 영국 동인도 회사는 다 인도의 벵골 및 마드라스 지역 중심으로 면직물 사업을 시작하여 많은 수익을 창출하였다. 또한 세 번째 단락에 따르면 영국 동인도 회사가 프랑스 동인도 회사의 경쟁에서 승리한 후 인도의 벵골, 비하르, 오리사 세 지방의 징세권을 획득하며 막대한 세금을 징수하였으므로 영국은 인도의 경제를 독점할 때까지 지속적으로 자신들의 세력과 규모를 확장하였음을 알 수 있다.

③ 첫 번째 단락에서 영국 동인도 회사는 인도뿐만 아니라 아프리카 전역과 일본까지 활동 범위를 넓혀 향료 무역을 하였으나, 네덜란드 동인도 회사와의 향료 무역 경쟁에서 열세를 극복하지 못했다고 했다. 또한 세 번째 단락에서 영국 동인도 회사는 국왕으로부터 징병권과 교전권을 부여받아 수년간의 전쟁 끝에 프랑스 동인도 회사를 물리쳤다고 했으므로 동인도 회사들은 인도 시장 확보를 위해 상업적뿐만 아니라 군사적으로도 대립하였음을 알 수 있다.

④ 첫 번째 단락과 세 번째 단락에 따르면 영국 동인도 회사는 영국 정부로부터 무역 특허와 징병권, 교전권을 부여받았는데, 이는 다른 유럽 국가의 동인도 회사를 인도 지역에서 몰아내고 인도를 영국 관할 하에 식민 통치하기 위함이었음을 알 수 있다. 또한 마지막 단락에 따르면 영국 정부가 영국 동인도 회사의 권한을 축소하고 행정을 체재하였으나, 이러한 조치는 영국 동인도 회사가 권력 남용을 하지 못하도록 통제하는 것일 뿐, 인도에 대한 식민 수탈을 방지하기 위한 것이 아니었으므로 영국 정부와 동인도 회사 모두 인도를 식민 통치의 대상으로 삼는 것에 대해 의견 차이가 없었음을 알 수 있다.

⑤ 두 번째 단락에서 유럽이 모직물과 견직물만 사용하다가 값이 훨씬 저렴하고 품질이 좋은 인도산 면직물을 처음 접하면서 인도산 면직물에 대한 수요가 급증하였다고 했고, 세 번째 단락에서 영국 동인도 회사는 벵골 지역과 불평등 조약을 체결하여 인도의 면 산업 물품의 수출을 막는 한편 영국의 산업혁명 이후 저렴한 영국산 면 제품들이 인도 내에 쏟아져 들어오며 인도 경제를 장악하기 시작했다고 하였다. 따라서 유럽은 인도산 면직물에 대한 수요가 높았으나, 영국이 인도 경제를 억압하기 위해 인도의 면 산업 물품의 수출을 막았음을 알 수 있다.

5 독해의 원리

정답 ①

두 번째 단락에서 물리적 처리 방식인 침전 방식은 용존성 유기물 제거에 대한 효율성이 떨어진다고 했고, 세 번째 단락에서 생물학적 처리 방식인 호기성 공정은 고농도 유기물의 경우 산소 소모 속도보다 산소 전달 속도가 느려 효율성이 떨어진다고 했다. 따라서 용존성 유기물 제거에 효율성이 떨어지는 것은 호기성 공정이 아닌, 침전 방식임을 알 수 있다.

오답 체크

② 세 번째 단락에서 생물학적 처리 방식은 미생물의 대사 과정을 이용하여 하수 유기물을 제거하는 공법임을 알 수 있다.

③ 세 번째 단락에서 호기성 공정은 산소로 미생물을 증식시켜 얻어진 호기성 호흡을 이용한 처리 방식이고, 혐기성 공정은 산소 공급은 필요 없으나 미생물이 화학적으로 결합된 산소를 이용하여 오염물질을 제거하는 방식이라고 했다. 따라서 호기성 공정과 혐기성 공정 모두 오염물질 제거에 산소가 이용됨을 알 수 있다.

④ 세 번째 단락에서 호기성 공정은 산소로 미생물을 증식시켜 처리하는 방식이라고 했고, 마지막 단락에서 활성슬러지법은 하수에 산소를 공급하여 증식시킨 미생물을 통해 오염물질을 응집하여 침전지에서 분리하는 것이라고 했다. 따라서 활성슬러지법은 호기성 공정을 통해 응집된 오염물질을 침전을 통해 폐수에서 분리시키는 공법임을 알 수 있다.

⑤ 두 번째 단락에서 용존성 유기물 제거 시 응집제를 주입하여 침전 처리의 효율성을 높이며, 여과 공정의 처리 효율을 높이기 위해 여과 전에 응집제를 사용한다고 했다. 따라서 침전 방식과 여과 방식 모두 응집제를 사용함으로써 폐수 처리 효율을 높임을 알 수 있다.

6 논증의 방향

정답 ⑤

첫 번째 단락에서 케인스의 경제 이론에 따르면 불황기에 정부는 경제의 선순환 구조를 만들기 위해 공공사업을 진행하며, 이를 위한 재원을 마련하는 과정에서 국채 상환의 책임을 미래 세대에 전가하는 문제가 발생한다고 했다. 또한, 두 번째 단락에서 미래 세대로의 책임 전가 문제가 발생하는 원인은 경제학에서의 개인이 자신의 이윤을 극대화하려는 합리적 개인이기 때문이며, 이러한 가정으로 인해 경제 이론이 문제를 해결할 때 고려해야 할 요소를 상당 부분 누락시켜 새로운 문제가 발생할 수 있다고 했다. 따라서 이 글의 핵심 논지는 '합리적 개인을 상정하는 경제 이론은 현실 문제의 해결 과정에서 다른 문제를 야기할 수 있다.'가 가장 적절하다.

7 문맥과 단서

정답 ①

갑은 「아동복지법」의 아동에 대한 정의, 「청소년기본법」의 청소년에 대한 정의와 다르게 조례에서 아동·청소년을 하나의 개념으로 정의하여 "24세 미만인 사람"으로 규정하는 것이 가능한지 묻고 있다.
갑과 을의 두 번째 말에 따르면 제정하려는 조례는 「아동복지법」과 「청소년기본법」의 위임 조례가 아니며, 이 경우 통일된 용어를 사용하는 것이 바람직하나 반드시 그렇게 해야 하는 것은 아니다. 또한, 을의 두 번째와 세 번째 말에 따르면 조례의 대상이 되는 사무는 기관위임사무로 볼 수 없으므로 자치사무로서 지방자치단체가 상위법령에 위반되지 않는 범위에서 필요한 사항을 자유롭게 정할 수 있다. 따라서 빈칸에 들어갈 내용은 '아동과 청소년을 "24세 미만인 사람"이라고 하나의 개념으로 정의하는 것이 가능합니다.'가 가장 적절하다.

8 문맥과 단서

정답 ⑤

ⓒ의 앞에서는 이슬람의 교리가 전염병에 대한 수동적인 대응을 강조하였다고 했고, ⓒ의 뒤에서는 칼리프 우마르가 본국으로 돌아오라고 했음에도 아부 우바이다는 교리에 순종하여 시리아에서 페스트로 목숨을 잃었다고 했다. 따라서 ⓒ을 '자신이 사는 곳에 전염병이 발생해도 그곳을 떠나지 않았다'로 수정하는 것이 가장 적절하다.

9 독해의 원리

정답 ②

표에 따르면 진행 방식의 구조화 정도가 낮은 방법은 C이고, 마지막 단락에서 C는 조사자의 풍부한 경험과 고도의 기술이 요구되어 A와 B에 비해서 사용이 제한적이라고 했으므로 적절하다.

오답 체크

① 표에 따르면 아이디어 발견 가능성이 높은 방법은 A이고, 두 번째 단락에서 A는 B나 C에 비하면 상대적으로 적은 비용이 든다는 장점이 있다고 했으므로 적절하지 않다.

③ 표에 따르면 깊이 있는 응답의 정도가 높은 방법은 B이고, B는 질문의 민감성 정도가 보통이므로 적절하지 않다.

④ 세 번째 단락에서 B는 조사 대상자 개개인의 의견이 상이하여 A에 비해 조사 결과를 정리하고 결론을 도출하는 데에 어려움이 따른다고 했고, 마지막 단락에서 C는 직접적인 질문과 응답의 방식으로 진행되지 않아 조사 목적에 맞게 결과를 분석하고 해석하는 것이 쉽지 않다고 했다. 따라서 B와 C 중 조사 결과의 해석이 더 용이한 방법이 무엇인지는 제시된 글을 통해 알 수 없다.

⑤ 표에 따르면 C는 진행 방식의 구조화 정도가 낮고, 마지막 단락에서 C는 단어, 문장, 그림 등을 제시하고 느낌이나 연상되는 것을 말하게 하는 식으로 간접적이고 비구조화된 자극을 활용한다고 했으므로 적절하지 않다.

10 독해의 원리
정답 ⑤

구성 양식과 시공 방법을 기준으로 건축구조를 분류하면 다음과 같다.

건축구조 기준	벽돌구조	철골구조	철근콘크리트구조
구성 양식	조적식	가구식	일체식
시공 방법	습식구조	건식구조	습식구조

ㄱ. B에 공사 현장에서 물이 많이 사용되는지에 관한 기준이 들어간다면 이는 시공 방법을 나누는 기준이므로, A에는 구성 양식을 나누는 기준이 들어간다. 따라서 벽돌구조에 해당하는 ㉠은 '조적식', 철근콘크리트구조에 해당하는 ㉢은 '일체식'으로 다르므로 적절한 판단이다.

ㄴ. ㉡에 '건식구조'가 들어간다면, A에는 시공 방법을 나누는 기준이 들어가고 B에는 구성 양식을 나누는 기준이 들어간다. 따라서 벽돌구조에 해당하는 ㉣에는 '조적식'이 들어가므로 적절한 판단이다.

ㄷ. 세 번째 단락에서 습식구조는 재료가 굳는 시간이 고려되어야 해 상대적으로 공사 기간이 긴 반면, 건식구조는 현장에서 물을 사용하는 콘크리트, 미장공사 등을 하지 않아 공사 기간이 짧다고 했다. 즉, ㉤의 공정상 ㉥에 비하여 공사 기간이 단축된다면 ㉤은 '건식구조', ㉥은 '습식구조'이다. 따라서 B에는 시공 방법을 나누는 기준이 들어가고, A에는 구성 양식을 나누는 기준이 들어가므로 적절한 판단이다.

11 논증의 방향
정답 ⑤

ㄱ. 갑은 아직 유전자 변형 작물 섭취가 인체에 부작용을 야기한다는 보고가 없으므로 미래의 식량 위기에 대비해 유전자 변형 기술을 발전시켜야 한다고 주장한다. 을은 지금까지는 유전자 변형 식품 섭취의 부작용이 보고되지 않았으나, 이를 통해 미래에 인간에게 미칠 영향을 예측하는 것은 위험하다고 주장한다. 따라서 갑과 을 모두 과거에 유전자 변형 기술을 작물 재배에 사용하여 부작용이 발생한 경우는 없었음을 인정하므로 적절하다.

ㄴ. 갑은 유전자 변형 기술이 농작물의 생산능력을 향상시킬 것이라고 주장한다. 한편 을은 유전자 변형 기술로 생성된 작물이 기존 품종의 생산을 감소시키고, 바이러스나 이상 기후로 인해 유전자 변형 품종의 생산량이 급감할 수 있어 궁극적으로 식량 생산능력이 저하될 수 있다고 주장한다. 따라서 을은 유전자 변형 기술이 장기적으로 인류의 식량 생산에 부정적인 영향을 끼칠 수 있다고 보지만, 갑은 그렇지 않으므로 적절하다.

ㄷ. 갑은 이상 기후로 인해 식품 생산량이 감소하는 문제를 극복하기 위해 유전자 변형 작물이 필요하다고 주장한다. 한편 을은 유전자 변형 기술로 생성된 품종이 이상 기후로 인해 변화하는 환경에 적응하지 못해 생산량이 급감한다면 오히려 이러한 품종을 대체하는 데 어려움을 겪을 것이라고 주장한다. 따라서 갑은 기후 변화로 인한 농작물 생산량 감소에 유전자 변형 작물이 대안이 될 수 있다고 보지만, 을은 그렇지 않으므로 적절하다.

12 논리의 체계
정답 ⑤

제시된 논증을 정리하면 다음과 같다.

- 철수 A
- (1): ~철수 A ∩ ~철수 B
- 철수의 말은 참 또는 거짓
- (1)은 반드시 거짓
  ⓐ 철수의 말이 참일 경우: 철수 A ∪ 철수 B
  ⓑ 철수의 말이 거짓일 경우: 철수 B

ㄱ. 갑의 논증에 따르면 철수의 말은 참이고, (1)은 반드시 거짓이므로 '철수 A ∪ 철수 B'가 도출된다. 이때 철수가 회사에 합격하는 경우로 가능한 것은 '철수 A'와 '철수 A ∩ 철수 B'이고, 갑은 이 중 '철수 A'만 파악하였으므로 갑이 ㉠을 추론한 이유는 철수가 회사에 합격하는 경우를 한 가지만 파악하였기 때문이라는 내용은 글에 대한 분석으로 적절하다.

ㄴ. 을은 철수가 반드시 A 회사 한 곳에만 합격했는지는 알 수 없다고 했으므로 을의 논증은 철수의 말은 참이고, (1)은 반드시 거짓인 경우에 기초한 것임을 알 수 있다. 이에 따르면 철수가 회사에 합격하는 경우로 가능한 것은 '철수 A'와 '철수 A ∩ 철수 B' 두 가지이므로 을이 ㉡을 추론한 이유는 철수의 말을 참이라 간주하였을 때 철수가 회사에 합격하는 경우가 두 가지 이상이기 때문이라는 내용은 글에 대한 분석으로 적절하다.

ㄷ. 병은 철수가 A 회사가 아닌 B 회사에 합격했을 수도 있다고 했으므로 병의 논증에 따르면 철수의 말과 (1)이 모두 거짓이므로 철수가 회사에 합격하는 경우로 가능한 것은 '철수 B'임을 알 수 있다. 따라서 병이 ㉢을 추론한 이유는 철수의 말과 (1)이 모두 거짓이라고 간주하였기 때문이라는 내용은 글에 대한 분석으로 적절하다.

13 문맥과 단서
정답 ③

세 번째 단락에서 관계 전이성이란 여러 대안 간의 투표를 통해 결정되는 선호 관계가 항상 일관적임을 의미하며, 투표의 역설은 관계 전이성을 충족하지 못하기 때문에 발생한다고 했으므로 빈칸에 들어갈 내용은 '특정 대안에 대한 유권자의 선호가 일관적이지 않기 때문에'가 가장 적절하다.

14 독해의 원리
정답 ①

ㄱ. 세 번째 단락에서 관계 전이성이란 여러 대안 간의 투표를 통해 결정되는 선호 관계가 항상 일관적임을 의미한다고 했고, 관계 전이성이 없어 나타나는 투표의 역설 현상은 합리적인 의사결정을 방해한다고 했으므로 합리적인 의사결정을 하기 위해서는 투표의 역설 현상을 최소화해야 함을 추론할 수 있다.

오답 체크

ㄴ. 세 번째 단락에서 투표의 역설 현상은 관계 전이성을 충족하지 못하기 때문에 발생하며, 투표의 역설 현상이 자주 나타나기 때문에 다수결 원칙으로 합리적인 의사결정을 내리는 것이 어려운 일임을 알 수 있으나, 다수결 원칙에 따라 투표를 하면 투표 결과에 반드시 관계 전이성이 없는지는 알 수 없다.

ㄷ. B와 C를 먼저 투표에 부칠 경우 갑이 B, 을이 C, 병이 B를 선택하여 A와 B가 투표에 부쳐지고, 이후 A와 B를 투표에 부치면 갑이 A, 을이 A, 병이 B를 선택하여 A가 최종 여행지가 된다. 그러나 병은 B를 가장 선호하고 A를 가장 선호하지 않으므로 병이 본인이 가장 선호하는 여행지로 여행을 가기 위해서는 B와 C를 먼저 투표에 부치는 결정은 하지 않을 것임을 추론할 수 있다.

15 독해의 원리
정답 ②

ㄴ. 첫 번째 단락에서 물체에 반사된 빛에 따라 색채를 인지하게 되며 파장이 짧은 빛은 우리 눈에 푸른색으로 인지된다고 했다. 한편 두 번째 단락에서 밝고 선명한 파란색을 띠는 모르포 나비의 날개는 표면 구조에 의해 빛이 입사하면 보강 간섭을 일으키는 파장의 빛은 반사되고 상쇄 간섭을 일으키는 파장의 빛은 층을 투과해 소멸됨으로써 우리 눈에 파란색으로 보인다고 했다. 따라서 모르포 낭비의 날개 표면에 빛을 비추면 파란빛의 파장은 보강 간섭을 일으켜 반사되고, 나머지 빛의 파장은 상쇄 간섭을 일으켜 소멸될 것임을 추론할 수 있다.

[오답 체크]

ㄱ. 두 번째 단락에서 자연계에 파란색 색소는 드물기 때문에 파란색을 띠는 동물은 구조색에 의한 것일 확률이 높다고 했고, 세 번째 단락에서 표면이 구조색을 띠더라도 대부분은 그 아래에 색소가 존재하여 구조색과 색소가 합쳐져서 색이 발현된다고 했다. 따라서 사람의 눈으로 보기에 파란색의 체색을 갖는 동물은 구조색을 갖는 동물일 가능성이 높으나, 구조색을 가진 동물도 체내에서 색소가 생성될 것임을 추론할 수 있다.

ㄷ. 세 번째 단락에서 카멜레온은 피부에 빛을 반사하는 2개의 층이 있어 피부를 당기거나 느슨하게 하여 나노결정의 격자구조를 바꿈으로써 피부의 색이 바뀐다고 했다. 따라서 카멜레온의 변색은 다양한 색소에 의한 것이 아닌, 구조의 변화에 의한 것임을 추론할 수 있다.

16 문맥과 단서
정답 ④

갑의 두 번째 말에서 A씨는 일자리안정자금의 사업주 요건을 갖추었다고 했고, 갑의 세 번째 말에서 A씨의 직원들은 근로자 요건을 모두 갖추었으며 A씨가 인터넷 사용에 익숙지 않다고 했다. 또한 을의 세 번째 말에서 온라인 신청 외에 방문·우편·팩스 등을 통한 신청은 사업장 소재지 관할 근로복지공단에서 가능하다고 했다. 따라서 빈칸에 들어갈 내용은 '일자리안정자금 지원 요건을 충족하므로 근로복지공단 관할 지사를 방문하여 신청하면 된다'가 가장 적절하다.

[오답 체크]

① 갑의 세 번째 말에서 A씨의 직원들은 모두 월 보수액이 올해 최저임금 월 환산액의 110% 수준이라고 했으므로 최저임금 위반이라는 내용은 적절하지 않다.

② 을의 두 번째 말에서 사업주와 배우자, 사업주 직계 존비속 등의 특수관계인에 대해서는 지원하지 않는다고 했으나, 갑의 세 번째 말에서 A씨는 근로자 요건을 모두 충족한다고 했으므로 고용된 직원이 특수관계인에 해당한다는 내용은 적절하지 않다.

③ 갑의 두 번째 말에서 A씨는 학원을 운영하며 5명의 직원을 고용한 사업주라고 했으므로 공동주택 경비·청소원에 대한 내용은 적절하지 않다.

⑤ 을의 두 번째 말에서 법률상 고용보험 적용대상이 아닌 경우 근로관계 확인이 가능한 서류를 제출하면 신청 가능하다고 했으나, 갑의 세 번째 말에서 A의 직원들은 모두 고용보험에 가입되어 있다고 했으므로 근로관계 확인 가능한 서류를 첨부해야 한다는 내용은 적절하지 않다. 또한, 을의 세 번째 말에서 온라인이 아닌 방문·우편·팩스로 신청하려면 사업장 소재지 관할 근로복지공단에서 가능하다고 했으므로 국민연금공단 팩스로 서류를 발송한다는 내용은 적절하지 않다.

17 논리의 체계
정답 ②

제시된 진술을 기호화하여 정리하면 다음과 같다.
- 갑 진술 1: ~방화벽 차단 ∩ 외부 도둑
  진술 2: ~외부 도둑 ∩ ~외부 침입 흔적
- 을 진술 1: 외부 도둑 ∩ 방화벽 차단
  진술 2: 명화 4층
- 병 진술 1: ~방화벽 차단 → ~외부 도둑
  진술 2: 명화 1층

세 명의 진술은 각각 하나는 참이고, 다른 하나는 거짓이므로 갑의 진술을 기준으로 경우의 수를 나누면 다음과 같다.
〈경우 1〉 갑의 진술 1이 참인 경우
갑의 진술 1이 참이므로 갑의 진술 2는 거짓이 되고, 이에 따라 을의 진술 1이 거짓, 을의 진술 2는 참이 된다. 을의 진술 2가 참이 되면 병의 진술 2는 거짓이 되므로 병의 진술 1이 참이 되는데, 이 경우 병의 진술 1과 갑의 진술 1에 모순이 발생한다. 따라서 갑의 진술 1은 참이 아니다.
〈경우 2〉 갑의 진술 1이 거짓인 경우
갑의 진술 1이 거짓이므로 갑의 진술 2는 참이 된다. 이에 따라 을의 진술 1은 거짓, 을의 진술 2는 참이 된다. 을의 진술 2가 참이 되면 병의 진술 2는 거짓이 되고, 병의 진술 1이 참이 된다.
이때 갑의 진술 1이 거짓, 갑의 진술 2가 참이므로 반드시 참인 진술은 '~외부 도둑 ∩ ~외부 침입 흔적 ∩ 명화 4층'이다. 따라서 '명화 k는 박물관 1층에 소장되어 있지 않았다.'는 반드시 참이다.

[오답 체크]

① 박물관의 방화벽이 차단되지 않았는지는 알 수 없으므로 반드시 참은 아니다.

③ 명화 k는 박물관 4층에 소장되어 있었으므로 반드시 참이 아니다.

④ 명화 k를 훔친 범인은 당직 근무자 중에 있었으므로 반드시 참이 아니다.

⑤ 박물관에는 유리창 파손과 같은 외부 침입 흔적이 없었으므로 반드시 참이 아니다.

18 논리의 체계
정답 ③

제시된 조건을 기호화하여 정리하면 다음과 같다.
- 조건 1: 갑 ∪ 정
- 조건 2: ~을 → 병
- 조건 3: 을 → ~정
- 조건 4: 갑 → 병 ∩ 무

조건 2의 대우 '~병 → 을'과 조건 3을 차례로 연결하면 '~병 → ~정'이고, 조건 1에서 '갑'을 도출할 수 있다. 이때 조건 4의 대우 '~병 ∪ ~무 → ~갑'에 따르면 '~병 → ~갑'으로 모순이 발생한다. 따라서 '병'이 참이므로 반드시 선발되는 사람은 병이다.

19 논리의 체계

정답 ④

기호화가 필요한 문장을 정리하면 다음과 같다.

- 명제 1: ~정부 지원 → ~육성
- 명제 2: 육성 → 독점적 지위
- 명제 3: 정부 지원 → ~자유무역 질서
- 명제 4: ~자유무역 질서 → 대외 신뢰도↓
- 명제 5: ~육성 → 국가 경쟁력↓

ㄴ. 명제 5의 대우는 '~국가 경쟁력↓ → 육성'이고, 이를 명제 1의 대우와 연결하면 '~국가 경쟁력↓ → 정부 지원'이 도출된다. 이때 명제 3과 명제 4를 연결하면 '정부 지원 → 대외 신뢰도↓'이므로 '국가 경쟁력이 하락하지 않는다면 국가의 대외 신뢰도가 떨어진다.'는 반드시 참이다.

ㄷ. 명제 1의 대우와 명제 3을 연결하면 '육성 → ~자유무역 질서'이고, 이를 명제 4와 연결하면 '육성 → 대외 신뢰도↓'가 도출된다. 따라서 그 대우에 해당하는 '국가의 대외 신뢰도가 하락하지 않는다면 기관 산업이 성공적으로 육성되지 않는다.'는 반드시 참이다.

오답 체크

ㄱ. 명제 5의 대우에 따라 '~국가 경쟁력↓ → 육성'임을 알 수 있으나 그 역의 참 여부는 알 수 없으므로 '기관 산업이 성공적으로 육성된다면 국가 경쟁력이 제고된다.'는 반드시 참은 아니다.

20 논증의 방향

정답 ④

ㄱ. 갑은 노동의 수요와 공급을 고려하지 않은 채 임금이 고용량에 비해 높게 결정되면 노동시장에서의 수요와 공급이 불균형 상태가 되어 실업이 발생할 수 있다고 했고, 을은 부정적 공급충격의 경우 재화와 서비스와 같은 상품의 공급이 감소함에 따라 고용량이 감소하고 임금도 하락하여 실업이 발생할 수 있다고 했으므로 실업의 발생 원인에 대해 갑은 임금과 고용량의 불균형, 을은 상품 공급량의 급격한 변화에 있다고 본다.

ㄷ. 실업을 해결하는 방안으로 갑은 정부가 적극적인 경기부양정책을 펼쳐 민간 기업의 고용량을 늘려야 한다고 주장하고, 을은 정부의 직접적인 개입이 아닌 민간 기술의 개발을 통해 고용량을 증가시켜야 한다고 주장한다. 따라서 갑과 을 모두 실업 문제의 해결 방안으로 민간 기업의 고용량 증가를 제시한다.

오답 체크

ㄴ. 을은 부정적 공급충격으로 발생하는 실업은 정부가 개입하더라도 긍정적인 효과를 기대할 수 없다고 했으므로 을은 부정적 공급충격으로 발생하는 실업에 대해 정부의 적극적인 지원이 필요하다고 보지 않는다.

21 논증의 방향

정답 ⑤

ㄱ. A에 따르면 진행자가 빈 상자 하나를 보여줌으로써 상품을 받을 확률이 1/3에서 1/2로 바뀌기 때문에 처음의 선택을 유지해야 한다. 따라서 A는 진행자가 하나의 상자를 여는 행위로 인해 상품을 받을 확률이 높아지게 된다고 보므로 적절하다.

ㄴ. B에 따르면 참가자가 1번을 선택한 상황에서 상품이 있는 상자가 1번이라면 진행자는 2번과 3번 중 임의의 하나를 보여주고, 상품이 있는 상자가 2번이라면 진행자는 3번을 보여줄 수밖에 없다. 즉, 진행자는 참가자가 선택한 상자와 상품이 들어 있는 상자를 제외하고 남은 것 중에서 빈 상자를 보여준다는 것이다. 따라서 B는 진행자가 열어서 보여주는 상자에는 절대로 상품이 없을 것이라고 보므로 적절하다.

ㄷ. 진행자가 상품이 어디에 있는지를 모르는 상태에서 임의로 하나의 상자를 열어 보여줬는데, 그 상자가 비어 있었다면 다른 두 상자는 상품이 있을 확률이 50:50이다. 따라서 진행자는 상품이 있는 상자가 무엇인지 모르고 있다는 전제가 추가될 경우 1번을 선택하면 상품을 받을 확률이 1/2이라고 한 A의 답변은 옳고, 1/3이라고 한 B의 답변은 옳지 않으므로 적절하다.

22 논증의 방향

정답 ③

ㄱ. 제시된 글의 논지는 유산균을 인위적으로 섭취하지 않는 것이 면역력에 더 도움이 된다는 것이다. 그러나 유산균을 섭취한 갓난아이가 그렇지 않은 갓난아이에 비해 외부 감염에 대한 면역력이 더 높았다면 이는 유산균 섭취가 면역력에 더 도움이 된다는 의미이므로 글의 논지를 약화한다.

ㄴ. 제시된 글에서 집중력 부족과 불안 증세를 보이는 42명의 환자 중 약 80%의 환자가 유산균을 섭취하고 있다는 사례가 유산균을 인위적으로 섭취하지 않는 것이 면역력에 더 도움이 된다는 주장의 근거로 활용되고 있다. 그러나 집중력 부족과 불안 증세를 보이는 환자 중 유산균을 섭취하지 않은 환자가 유산균을 섭취하여 해당 증세가 개선되었다면 이는 유산균 섭취가 면역력에 도움이 된다는 의미이므로 글의 논지를 약화한다.

오답 체크

ㄷ. 제시된 글에서 유산균을 인위적으로 섭취하지 않는 것이 면역력에 더 도움이 된다는 근거로 집중력 부족과 불안 증세를 보이는 환자 중 약 80%의 환자가 유산균을 섭취하고 있다는 사례를 제시하고 있다. 이는 집중력 부족과 불안 증세가 면역력을 저하시킨다는 것을 전제한 것이다. 따라서 집중력 부족과 불안 증세가 면역력과 무관하다는 것은 전제를 반박하는 것이므로 글의 논지를 약화한다.

23 논증의 방향

정답 ③

제시된 실험에서 반응 시간이 짧은 것부터 순서대로 나열하면 'C – D – A – B'이다.

ㄱ. 도형 오른쪽에 표시되는 추가 조건이 A는 없고, B는 불일치 조건이다. 이때 반응 시간은 B보다 A가 더 짧았으므로 불일치 조건이 양쪽에 두 번 제시될 경우 의미적 간섭 효과가 커짐을 알 수 있다. 따라서 A와 B의 반응 시간 차이는 불일치 조건의 중복이 스트룹 효과를 증가시킨다는 가설을 강화하므로 적절하다.

ㄴ. 도형 오른쪽에 표시되는 추가 조건이 A는 없고, C는 색깔과 무관한 단어이므로 중립 조건이다. 이때 반응 시간은 A보다 C가 더 짧았으므로 중립 조건이 추가될 경우 의미적 간섭 효과가 작아짐을 알 수 있다. 따라서 A와 C의 반응 시간 차이는 중립 조건이 불일치 조건의 의미적 간섭 효과를 희석한다는 가설을 강화하므로 적절하다.

오답 체크

ㄷ. 도형 오른쪽에 표시되는 추가 조건이 C와 D 모두 중립 조건이지만, D는 상하 반전되어 표시되므로 가독성이 떨어진다. 이때 반응 시간은 D보다 C가 짧았으므로 중립 조건의 가독성이 낮은 경우 의미적 간섭 효과가 커짐을 알 수 있다. 따라서 C와 D의 반응 시간 차이는 불일치 조건에서 중립 조건이 추가될 경우, 추가 조건의 가독성이 낮을수록 방해 자극의 영향력을 약화시키는 효과가 있다는 가설을 강화하지 않으므로 적절하지 않다.

24 문맥과 단서

을의 첫 번째 말에서 A씨가 소유한 배출가스 5등급의 경유차는 미세먼지 계절관리제 시행에 따른 운행 제한 대상이라고 했다. 또한, 을의 두 번째 말에서 배출가스 저감장치 부착 시에 자기부담금은 10% 정도이며 나머지 부착 비용은 국가와 지자체에서 지원한다고 했고, 을의 세 번째 말에서 노후 경유차 조기폐차 대상 조건을 만족하면 지원금이 제공된다고 했다. 따라서 빈칸에 들어갈 내용은 '운행 제한 대상이며, 배출가스 저감장치 부착 비용의 약 90% 또는 조건 충족 시 조기폐차 지원금을 받을 수 있다'가 가장 적절하다.

오답 체크

① 을의 세 번째 말에서 배출가스 저감장치 장착 불가 차량에 대해서는 올해 12월 31일까지 단속을 유예한다고 했으나, A씨가 소유한 차량이 배출가스 저감장치 장착 불가 차량인지는 제시된 대화를 통해 알 수 없으므로 적절하지 않다.

② 갑의 첫 번째 말에서 A씨가 소유한 차량은 저공해 조치를 취하지 않았다고 했으므로 배출가스 저감장치 부착 보조금을 지원받았다는 내용은 적절하지 않다.

③ 을의 첫 번째 말에서 A씨가 소유한 배출가스 5등급의 경유차는 미세먼지 계절관리제 시행에 따른 운행 제한 대상이라고 했으므로 적절하지 않다.

④ 을의 세 번째 말에서 조기폐차 시에는 600만 원 이내의 지원금과 60만 원의 추가 지원금이 있다고 했으나, 추가 지원금은 배출가스 저감장치 부착 후 2년이 지나서가 아닌 배출가스 저감장치 장착 불가 차량인 경우에 받을 수 있는 것이므로 적절하지 않다.

25 논증의 방향

ㄴ. 쟁점 2와 관련하여, 갑은 이용된 부분의 저작물 전체에서 차지하는 비중이 저작권을 판단하는 데 가장 중요하다고 생각한다면 대부분의 내용을 타 서적에서 인용하여 짜깁기한 B는 저작권법을 위반하였다고 주장할 것이고, 을은 이용된 부분이 저작물 전체에서 주요한 내용인지가 저작권을 판단하는 데 가장 중요하다고 생각한다면 인용한 내용 대부분이 부수적인 내용인 B는 저작권법을 위반하지 않았다고 주장할 것이다. 따라서 갑과 을의 주장에 대해 설명할 수 있다.

오답 체크

ㄱ. 쟁점 1과 관련하여, 타 서적에서 A로 인용한 부분이 모두 공익과 관련된 교육적인 내용이라고 하더라도 A에 인용된 부분의 비중이 저작자의 정당한 이익을 부당하게 해치지 않는 범위에 해당하는지와는 관련이 없다. 따라서 갑의 주장은 그르지만 을의 주장은 옳다고 분석하는 것은 적절하지 않다.

ㄷ. A와 B의 출간이 각 저작물의 판매량과 평가에 크게 영향을 주었다면, A와 B는 저작권법을 위반하였다고 볼 가능성이 생기게 된다. 따라서 을의 주장이 쟁점 1과 쟁점 2 모두에서 옳다는 분석은 적절하지 않다.

1 법조문형
정답 ①

두 번째 법조문 제2호에서 도지사는 조리사가 면허를 타인에게 대여하여 사용하게 한 경우 면허를 취소하거나 6개월 이내의 기간을 정하여 업무정지를 명할 수 있다고 했다. 따라서 A도지사는 乙에게 조리사 면허를 대여한 甲에게 6개월 이상인 8개월 업무정지를 명할 수 없음을 알 수 있다.

오답 체크

② 첫 번째 법조문 제1항 제3호에서 도지사는 등록이 취소된 후에도 계속하여 영업하는 영업소에 대해서는 관계 공무원을 통해 해당 영업소가 영업에 사용하는 기구 등을 사용할 수 없게 하는 봉인 조치를 할 수 있다고 했다. 따라서 甲은 등록이 취소된 후에도 계속 영업 중이므로 A도지사는 관계 공무원을 통해 甲이 영업에 사용하는 기구 등을 사용할 수 없게 봉인 조치를 할 수 있음을 알 수 있다.

③ 첫 번째 법조문 제3항의 단서에서 시장이 영업소의 간판을 제거할 때 급박한 사유가 있으면 해당 영업을 하는 자에게 문서로 미리 알리지 않을 수 있다고 했다. 따라서 급박한 사유가 있는 경우라면 B시장은 甲에게 문서로 알리지 않고 관계 공무원을 통해 甲이 영업 중인 영업소의 간판을 제거할 수 있음을 알 수 있다.

④ 첫 번째 법조문 제2항에서 시장은 대리인이 해당 영업소 폐쇄를 약속하며 게시문의 해제를 요청하는 경우에는 게시문을 해제할 수 있다고 했다. 따라서 甲의 대리인인 乙이 해당 영업소 폐쇄를 약속하며 게시문의 해제를 요청한 경우, B시장은 게시문을 해제할 수 있음을 알 수 있다.

⑤ 첫 번째 법조문 제5항에서 시장의 지시에 따라 영업소의 영업 표지물을 제거하는 관계 공무원은 그 권한을 표시하는 증표 등이 기재된 서류를 관계인에게 내보여야 한다고 했다. 따라서 B시장의 지시에 따라 甲이 영업 중인 영업소의 영업 표지물을 제거하는 관계 공무원은 관계인인 甲 또는 乙에게 그 권한을 표시하는 증표를 내보여야 함을 알 수 있다.

2 법조문형
정답 ①

첫 번째 법조문 제4항 제1호에서 군사시설로 사용하려는 경우 산림청장은 수목원조성예정지의 지정을 변경하거나 해제할 수 있다고 했으므로 산림청장은 수목원조성예정지가 전부 군사시설로 사용될 경우, 수목원조성예정지의 지정을 해제해야 하는 것은 아님을 알 수 있다.

오답 체크

② 첫 번째 법조문 제5항에서 지방자치단체의 장은 제1항 및 제4항에 따라 수목원조성예정지를 지정하거나 그 지정을 변경 또는 해제한 경우에는 그 사실을 토지소유자 및 관계 행정기관의 장에게 통보하여야 함을 알 수 있다.

③ 첫 번째 법조문 제6항 제3호에서 제1항 또는 제4항에 따라 지정되거나 지정변경된 수목원조성예정지에서는 인공구조물의 설치를 할 수 없으나 산림청장 또는 지방자치단체의 장의 허가를 받은 경우에는 그러하지 아니하다고 했으므로 지방자치단체의 장의 허가를 받은 경우, 수목원조성예정지로 지정된 구역에 인공구조물을 설치할 수 있음을 알 수 있다.

④ 첫 번째 법조문 제2항에서 지방자치단체의 장이 수목원조성예정지를 지정하려는 경우에는 미리 산림청장의 승인을 받아야 함을 알 수 있다.

⑤ 두 번째 법조문 제2항에서 산림청장은 제1항에 따라 국립수목원조성계획을 수립하는 경우에는 미리 주민의 의견을 듣고 관계 행정기관의 장과 협의하여야 하나 전조 제1항에 따라 수목원조성예정지를 지정할 때 주민의 의견을 들은 경우에는 주민의 의견을 듣는 절차를 생략할 수 있다고 했으므로 산림청장이 수목원조성예정지를 지정할 때 주민의 의견을 들었다면, 국립수목원조성계획을 수립할 때에는 주민의 의견을 듣는 절차를 생략할 수 있음을 알 수 있다.

3 법조문형
정답 ③

제○○조 제3항 제2호에서 산업통상자원부장관은 드론첨단기술로 지정된 기술이 드론첨단기술의 지정 기준에 적합하지 않게 된 경우 3개월 이내의 기간을 정하여 지정의 효력을 정지할 수 있음을 알 수 있다.

오답 체크

① 제○○조 제1항에서 드론첨단기술이 접목된 제품을 드론첨단기술로 지정할 수 있는 것은 국토교통부장관이 아닌 산업통상자원부장관임을 알 수 있다.

② 제□□조 제3항에서 국토교통부장관은 공공기관이 드론 관련 계약을 체결할 때 우수사업자를 우대하도록 요청할 수 있다고 했으므로 공공기관이 반드시 우수사업자를 우대해야 하는 것은 아님을 알 수 있다.

④ 제□□조 제2항에서 우수사업자로 지정된 자에 대해 우수사업자로 지정되었음을 나타내는 표지가 제공됨을 알 수 있으나, 드론첨단기술로 지정된 기술에 대해 드론첨단기술 지정 인증서가 발급되는지는 알 수 없다.

⑤ 제□□조 제4항 제1호에서 거짓으로 우수사업자의 지정을 받은 경우 그 지정을 취소해야 한다고 했고, 제△△조 제2호에서 행정청은 우수사업자의 지정 취소 처분을 하려면 청문을 해야 함을 알 수 있다.

4 텍스트형
정답 ①

두 번째 단락에서 지역사회 공헌형은 지역 경제 발전을 주된 목적으로 한다고 했고, 창의·혁신형은 사업 특성상 사회적 목적 실현 정도를 측정할 수 없으나 일반 영리기업과는 다른 방법으로 사회 문제를 해결한다고 했으므로 청년 주거문제 해결을 위해 집을 공유하는 셰어하우스를 운영하면서 친환경적 변화를 추구하는 사회적 기업은 지역사회 공헌형이 아닌 창의·혁신형으로 분류될 수 있음을 알 수 있다.

오답 체크

② 첫 번째 단락에서 사회적 기업이란 사회적 가치를 추구하면서 동시에 영리 활동을 하는 기업이라고 했으므로 영리적 활동과 함께 지역의 범죄문제를 해결하여 사회적 가치를 추구하는 기업은 사회적 기업으로 분류될 수 있음을 알 수 있다.

③ 두 번째 단락에서 일자리 제공형은 취약계층에게 일자리를 제공한다고 했으므로 장애인 연주자를 지속적인 고용하여 장애인 연주단을 운영하는 사회적 기업은 일자리 제공형으로 분류될 수 있음을 알 수 있다.

④ 두 번째 단락에서 혼합형은 취약계층에게 일자리와 사회서비스를 함께 제공한다고 했으므로 취약계층인 새터민이 빈곤층으로 전락하지 않도록 직원으로 고용하고, 새터민을 통해 취약계층에게 사회서비스를 제공하는 사회적 기업은 혼합형으로 분류될 수 있음을 알 수 있다.

⑤ 마지막 단락에서 사회적 기업은 취약계층에게 일자리 및 사회서비스를 제공하여 취약계층의 삶의 질을 높이는 데 기여하고 있으며, 지역 경제를 활성화하고 윤리적 경영문화 확산에 이바지하고 있다고 했으므로 사회적 기업은 취약계층의 삶의 질을 향상시키는 것뿐만 아니라 윤리적 경영문화 확산에도 기여함을 알 수 있다.

5 규칙형
정답 ③

• 1단계
기업 A: 세 항목의 평균 점수가 (87+83+67)/3=79점이므로 금년도 퀵스타트 프로그램 참여기관으로 재선정되지 않는다.

기업 B: 세 항목의 평균 점수가 (92+81+79)/3=84점이므로 금년도 퀵스타트 프로그램 참여기관으로 재선정된다.

기업 C: 가능성 항목의 점수가 65점 미만이므로 금년도 퀵스타트 프로그램 참여기관으로 재선정되지 않는다.

기업 D: 세 항목의 평균 점수가 (75+82+85)/3≒80.67점이므로 금년도 퀵스타트 프로그램 참여기관으로 재선정된다.

기업 E: 세 항목의 평균 점수가 (68+87+93)/3≒82.67점이므로 금년도 퀵스타트 프로그램 참여기관으로 재선정된다.

• 2단계
기업 B: 교육이수율은 (45/50)×100=90%, 취업률은 (43/45)×100≒96%이므로 45×100=4,500만 원의 지원금이 지급된다.

기업 D: 교육이수율은 (50/60)×100≒83%, 취업률은 (42/50)×100=84%이므로 지원금이 지급되지 않는다.

기업 E: 교육이수율은 (40/40)×100=100%, 취업률은 (34/40)×100=85%이므로 40×50=2,000만 원의 지원금이 지급된다.

이에 따라 □□부는 기업 B에 4,500만 원, 기업 E에 2,000만 원을 지원하게 된다.

따라서 □□부가 지급할 금년도 퀵스타트 프로그램 지원금 총액은 4,500+2,000=6,500만 원이다.

6 경우의 수
정답 ②

제시된 게임의 규칙에 따르면 같은 문양의 문자가 적힌 카드 두 장을 뽑았을 때 최대의 점수를 획득할 수 있다. 甲이 뽑은 2장의 카드는 같은 문양의 문자가 적힌 카드이므로 甲은 최대의 점수를 획득할 수 있다. 乙이 뽑은 카드 중 한 장은 甲이 뽑은 카드와 같은 문양이라고 했고, 하나의 문양에서 문자가 적힌 카드는 총 3장이고 甲이 이미 2장을 뽑았으므로 乙은 같은 문양의 문자가 적힌 카드 두 장을 뽑을 수 없다. 이에 따라 甲의 점수가 乙보다 높음을 알 수 있고 甲의 점수는 최소한으로, 乙의 점수는 최대한으로 만들때 두 사람의 점수 차이가 최소가 된다.

甲의 점수를 최소한으로 만들기 위해서는 甲이 뽑은 카드에 적힌 문자가 Q, J여야 하므로 甲의 점수는 (23+22)×2=90점이 된다.

乙의 점수를 최대한으로 만들기 위해서는 乙이 뽑은 2장의 카드가 모두 문자가 적힌 카드이거나, 2장의 카드가 같은 문양이어야 한다.

〈경우 1〉乙이 뽑은 2장의 카드가 모두 문자가 적힌 카드인 경우
甲이 뽑은 카드와 같은 문양인 카드가 한 장 있어야 하고, 乙은 K가 적힌 카드를 뽑지 않아 乙은 K가 적힌 카드 두 장을 뽑을 수 있으므로 점수는 24+24=48점이 된다.

〈경우 2〉乙이 뽑은 2장의 카드가 같은 문양인 경우
乙은 K가 적힌 카드와 10이 적힌 카드를 뽑을 수 있으므로 점수는 (10+13)×2=46점이 된다.

이에 따라 乙의 점수는 48점일 때 최대가 된다.

따라서 甲과 乙이 획득할 수 있는 점수 차이의 최솟값은 90-48=42이다.

7 경우의 수
정답 ①

사탕은 단 맛 사탕 3개, 신 맛 사탕 3개로 총 6개이고, 甲은 마지막에 체리 사탕을 먹었으므로 이를 정리하면 다음과 같다.

구분	첫 번째	두 번째	세 번째	네 번째	다섯 번째	여섯 번째
甲이 먹은 사탕						체리

이때 甲은 단 맛 사탕을 먹고 나면 다음에 반드시 신 맛 사탕을 먹었다고 했고, 신 맛 사탕 2개를 연속으로 먹을 경우, 단 맛 사탕도 2개를 연속으로 먹어야 하므로 甲은 사탕을 단 맛, 신 맛 순으로 먹었음을 알 수 있다. 甲은 포장지 색깔이 같은 사탕을 연속해서 먹지 않았고, 멜론 사탕을 복숭아 사탕보다 먼저 먹었다고 했으므로 분홍색 포장지인 복숭아 사탕을 첫 번째, 다섯 번째에 먹지 않았음을 알 수 있다. 이에 따라 甲은 복숭아 사탕을 세 번째, 멜론 사탕을 첫 번째, 사과 사탕을 다섯 번째에 먹었음을 알 수 있다. 또한 甲은 빨간색 포장지인 사과 사탕을 다섯 번째에 먹었으므로 빨간색 포장지인 딸기 사탕을 네 번째에 먹지 않았음을 알 수 있다. 이에 따라 甲은 딸기 사탕을 두 번째, 포도 사탕을 네 번째에 먹었음을 알 수 있다. 이를 정리하면 다음과 같다.

구분	첫 번째	두 번째	세 번째	네 번째	다섯 번째	여섯 번째
甲이 먹은 사탕	멜론	딸기	복숭아	포도	사과	체리

따라서 甲이 두 번째로 먹은 사탕은 딸기 사탕이다.

8 계산형
정답 ④

한 테이블에서 甲, 乙, 丙, 丁 네 사람이 먹은 빨간색 접시의 금액은 1,500×20=30,000원, 주황색 접시의 금액은 2,500×14=35,000원이다. 파란색 접시와 검은색 접시는 각각 20% 할인을 하므로 파란색 접시당 가격은 3,500×0.8=2,800원, 검은색 접시당 가격은 5,000×0.8=4,000원이며, 네 사람이 먹은 파란색 접시의 개수가 x, 검은색 접시의 개수가 y일 때, 파란색 접시의 금액은 2,800x원, 검은색 접시의 금액은 4,000y원이다.

이때 한 테이블에서 먹은 초밥의 접시 색 구분에 따른 할인이 적용된 총금액에서 인원수를 나눈 1인당 평균 금액이 3만 원 이상일 경우에는 '인원수×1,000원'의 추가 할인을 하는데, 甲의 일행이 결제한 금액은 117,000원이므로 1인당 결제 금액은 117,000/4=29,250원으로 추가 할인의 적용 여부에 따른 경우를 확인한다.

〈경우 1〉4,000원의 추가 할인을 받은 경우
20+14+x+y=50 → x+y=16
(30,000+35,000+2,800x+4,000y)-4,000=117,000
→ 2,800x+4,000y=56,000
두 식을 연립하여 정리하면 x=20/3으로 그릇의 수가 될 수 없다.

〈경우 2〉 4,000원의 추가 할인을 받지 않은 경우

$x+y=16$

$2,800x+4,000y=56,000-4,000=52,000$

두 식을 연립하여 정리하면 $x=10$, $y=6$이다.

따라서 甲, 乙, 丙, 丁 네 사람이 먹은 파란색 접시의 수는 10개이다.

9 규칙형
정답 ⑤

응시자별 국가고시 자격시험 교시별 응시 현황과 점수를 정리하면 다음과 같다.

- 甲: 실무경력 5년 이상 10년 미만의 관련직종 실무경력 인정 응시자로서, 2교시 시험 면제 대상자이다. 1교시 시험에서 필수과목 A, B와 선택과목 E를 응시했으며, 응시과목 평균이 $(72+54+57)/3=61$점으로 합격 기준 60점 이상을 충족한다.
- 乙: 실무경력 3년 미만의 일반 응시자로서, 1교시 시험에서 필수과목 A, B와 선택과목 C를 응시했고, 2교시 시험에서 필수과목 F, G, H를 응시했지만, 응시과목 6과목 중 A 과목의 점수가 35점으로 40점 미만이므로 자격시험에서 불합격한다.
- 丙: 실무경력 3년 이상 5년 미만의 관련직종 실무경력 인정 응시자로서, 1교시 시험에서 필수과목 A, B와 선택과목 D를 응시했고, 2교시 시험에서 필수과목 F, G, H를 응시했다. 1교시 응시과목 평균은 $(74+47+59)/3=$ 60점, 2교시 응시과목 평균은 $(72+60+84)/3=72$점이므로 1교시와 2교시 시험 모두 합격 기준 60점 이상을 충족한다.
- 丁: 실무경력 10년 이상의 관련직종 실무경력 인정 응시자로서, 2교시 시험 면제 대상자이다. 1교시 시험에서 필수과목 A, B와 선택과목 C를 응시했으며, 응시과목 중 점수가 높은 2과목의 평균이 $(63+58)/2=60.5$점으로 합격 기준 60점 이상을 충족한다.

따라서 자격증을 취득한 사람은 甲, 丙, 丁이다.

10 규칙형
정답 ④

각 영상 제작자의 점수는 다음과 같다.

- 甲: 7+3+12+5=27점
- 乙: 7+3+16+3=29점
- 丙: 10+0+9+7=26점
- 丁: 3+5+13+7=28점
- 戊: 1+10+6+10=27점

이때 주요 콘텐츠 중 '시사'가 포함된 영상 제작자는 선정하지 않는다고 했고 乙의 주요 콘텐츠에 시사가 포함되어 있으므로 乙은 홍보대사로 선정될 수 없다. 따라서 A시에서 홍보대사로 선정할 영상 제작자는 丁이다.

11 경우의 수
정답 ②

- 초과근무 수당은 시간당 2만 원이고, 甲~戊에게 지급한 초과근무 수당은 총 84만 원이므로 5명의 초과근무 시간은 총 $84/2=42$시간이다. 이때 丙은 14만 원의 초과근무 수당을 받았으므로 $14/2=7$시간의 초과근무를 하였다. 이에 따라 丙을 제외한 4명이 $42-7=35$시간의 초과근무를 했음을 알 수 있다.
- 丁의 초과근무 시간은 甲과 戊의 초과근무 시간 평균과 같으므로 丁의 초과근무 시간을 x라 하면 甲, 丁, 戊 3명의 초과근무 시간은 총 $3x$이다. 이때 乙의 초과근무 시간은 丁의 절반인 $0.5x$이므로 $3.5x=35$, $x=10$이다. 이에 따라 乙은 5시간, 丁은 10시간의 초과근무를 하였다.

- 5명의 초과근무 시간은 모두 다르고 戊의 초과근무 시간이 가장 짧으므로 戊의 초과근무 시간은 1~4시간이다. 이때 甲과 戊의 초과근무 시간을 합하면 20시간이고 직원들 간 초과근무 시간의 차이는 최대 13시간이므로 甲은 16시간, 戊는 4시간의 초과근무를 하는 것이 가능하다.

따라서 甲이 받은 지난주 초과근무 수당은 $16\times2=32$만 원이다.

12 계산형
정답 ③

- 甲~丙 중 연봉 인상 기준인 2023년에 50경기 이상 출장하여 3할을 초과하는 타율을 기록한 타자는 乙뿐이고, 乙의 타율은 3할을 1리 초과했으므로 乙의 2024년 연봉은 2023년 대비 10% 증액된 7,700만 원이다.
- 甲의 보너스는 $80\times10+50\times20+5\times40\times0.5=1,900$만 원, 乙의 보너스는 $30\times10+60\times20+15\times40=2,100$만 원, 丙의 보너스는 $10\times10\times0.5+30\times20\times0.5+10\times40=750$만 원이다.
- 甲~丙 중 격려금 지급 기준인 2023년에 100경기 이상을 출장한 타자는 甲뿐이고, 甲의 연봉은 4,000만 원이므로 격려금은 $4,000\times0.1=400$만 원이다.

이에 따라 2024년 甲의 보수는 $4,000+1,900+400=6,300$만 원, 乙의 보수는 $7,700+2,100=9,800$만 원, 丙의 보수는 $8,000+750=8,750$만 원이다. 따라서 甲~丙 중 2024년 보수를 가장 많이 받는 乙과 가장 적게 받는 甲의 보수액 차이는 $9,800-6,300=3,500$만 원이다.

13 규칙형
정답 ⑤

걷기대회에서 이동 전략 1~3을 적용한 경우 누적 이동 거리는 다음과 같다.

(단위: km)

일차	1	2	3	4	5	6	7	8	9	10	11
이동전략 1	30	60	90	120	150	180	210	240	270	300	-
이동전략 2	10	30	60	100	150	210	280	300	-	-	-
이동전략 3	50	50	100	100	150	150	200	200	250	250	300

ㄴ. 대회 경로의 출발선부터 결승선까지의 거리는 300km이며, 중간점을 나타내는 깃발은 출발선과의 거리와 결승선과의 거리가 같은 지점에 세워져 있으므로 출발선으로부터 150km 떨어진 지점에 있다. 이동 전략 1을 적용하면 6일 동안 180km를 이동하고, 이동 전략 2를 적용하면 6일 동안 210km를 이동하며, 이동 전략 3을 적용하면 6일 동안 150km를 이동한다. 따라서 제시된 이동 전략 모두 걷기대회 6일 차 이전에는 중간점 깃발에 도달할 수 있다.

ㄷ. 甲이 이동 전략 1을 적용하면 걷기대회 10일 차까지 매일 30km씩 이동하고, 乙이 이동 전략 2를 적용하면 걷기대회 8일 차까지 이동한다. 이에 따라 걷기대회 1일 차와 2일 차에는 甲이 乙보다 많이 이동하고, 3일 차에는 甲과 乙이 동일하게 이동하며, 4일 차부터 7일 차까지는 甲이 乙보다 적게 이동하고, 8일 차부터 10일 차까지는 甲이 乙보다 많이 이동한다. 따라서 걷기대회 동안 甲이 乙보다 많이 이동한 날수는 5일, 적게 이동한 날수는 4일로 甲이 乙보다 많이 이동한 날수가 더 많다.

ㄹ. 甲이 이동 전략 1을, 乙이 이동 전략 3을 적용하는 경우 甲은 걷기대회 10일 차에, 乙은 걷기대회 11일 차에 결승선을 통과하므로 甲이 먼저 결승선을 통과한다.

ㄱ. 이동 전략 2를 적용하는 경우 걷기대회 8일 차에 결승선을 통과한다. 이에 따라 이동한 첫날인 1일 차의 이동 거리는 10km, 이동한 마지막 날인 8일 차의 이동 거리는 20km이므로 이동 거리가 동일하지 않다.

14 계산형 정답 ③

제시된 글에 따라 乙과 丁을 제외한 甲, 丙, 戊의 총 점수를 정리하면 다음과 같다.

- 甲: 10+5+{(9+8+8+10)/4}=23.75점
- 丙: 9+4+{(9+8+7+8)/4}=21점
- 戊: 10+5+{(7+10+7+6)/4}=22.5점

ㄴ. 甲이 업무평가 등급에서 D등급을 받았다면 甲의 업무평가 등급에 따른 점수는 10+2=12점이므로 총 점수는 12+8.75=20.75점이다. 이때 성과금은 총 점수가 높은 순위에 따라 2위까지 받는다고 했으므로 甲보다 총 점수가 높은 직원이 20명 이상인지 확인한다. 이때 丙의 총 점수는 21점, 戊의 총 점수는 22.5점으로 甲보다 점수가 높다. 따라서 甲이 업무평가 등급에서 D등급을 받았다면 총 점수가 높은 순위에 따라 2위가 될 수 없으므로 성과금을 지급받지 못했을 것이다.

ㄷ. 성과금은 총 점수가 높은 순위에 따라 2위까지 받는다고 했으므로 ㉠과 ㉡이 최고점인 10점일 경우 戊가 성과금을 받을 수 있는지 확인한다. ㉠이 10점이라면 乙의 업무평가 등급에 따른 점수는 10+4=14점, 임직원 평가점수는 (8+10+7+9)/4=8.5점이므로 乙의 총 점수는 14+8.5=22.5점이다. ㉡이 10점이라면 丁의 업무평가 등급에 따른 점수는 10+3=13점, 임직원 평가점수는 (6+10+9+10)/4=8.75점이므로 丁의 총 점수는 13+8.75=21.75점이다. 이때 총 점수가 동일한 직원이 있을 경우 업무평가 등급이 높은 직원이 더 높은 순위를 받는다고 했으므로 戊는 乙보다 순위가 높다. 따라서 甲과 戊가 성과금을 받으므로 戊는 ㉠과 ㉡에 상관없이 성과금을 지급받는다.

ㄱ. ㉠이 8점이라면 乙의 업무평가 등급에 따른 점수는 9+4=13점, 임직원 평가점수는 (8+8+7+9)/4=8점이므로 乙의 총 점수는 13+8=21점이다. 따라서 乙의 총 점수는 甲의 총 점수보다 높지 않다.

ㄹ. ㉡이 7점인 경우, 丙의 총 점수가 丁의 총 점수보다 높은지 확인한다. ㉡이 7점이라면 丁의 업무평가 등급에 따른 점수는 10+3=13점, 임직원 평가점수는 (6+10+9+7)/4=8점이므로 丁의 총 점수는 13+8=21점이다. 따라서 ㉡이 7점 이하라면 丙의 총 점수는 丁의 총 점수와 동일할 수 있다.

15 법조문형 정답 ②

乙: 제1항 제6호 나목을 위반하여, 운전면허가 취소된 날부터 2년이 지나야 운전면허를 받을 수 있으나 선고유예 판결이 확정되었으므로 해당 기간 내라도 운전면허를 받을 수 있다.

丁: 제1항 제2호를 위반하여, 위반한 날부터 2년이 지나야 운전면허를 받을 수 있으므로 2022.5.2.까지 운전면허를 받을 수 없고, 2023.2.3. 현재는 운전면허를 받을 수 있다.

甲: 제1항 제6호 다목을 위반하여, 운전면허가 취소된 날부터 2년이 지나야 운전면허를 받을 수 있으나 특별교통안전 의무교육을 이수하지 않았으므로 운전면허를 받을 수 없다.

丙: 제1항 제5호를 위반하여, 위반한 날부터 3년이 지나야 운전면허를 받을 수 있으므로 2024.1.2.까지 운전면허를 받을 수 없다.

戊: 제1항 제3호를 위반하여, 운전면허가 취소된 날부터 5년이 지나야 운전면허를 받을 수 있으므로 2024.1.15.까지 운전면허를 받을 수 없다.

16 법조문형 정답 ④

제○○조 제2호에서 매장면적의 2분의 1 이상의 면적에서 영업을 하는 상인이 없는 경우 해당 대규모점포의 입점상인 3분의 2 이상이 동의하고, 동의를 얻은 입점상인이 운영하는 매장면적이 전체 매장면적의 2분의 1 이상이라면 대규모점포 관리자가 될 수 있다. 제□□조 제2항에서 전체 매장면적에 대한 동의를 얻은 입점상인 운영 매장면적의 비율을 산정할 때 입점상인이 없는 매장을 제외한 매장면적을 전체 매장면적으로 하여 그 비율을 산정한다. 따라서 X점포의 전체 매장면적 5,000-2,000=3,000㎡ 중 甲이 운영하는 매장면적은 1,600㎡으로 전체 매장면적의 2분의 1 이상이므로 대규모 점포관리자가 될 수 있다.

① 제□□조 제1항 제2호 가목에서 1명의 입점상인이 2 이상의 점포에서 영업을 하는 경우 하나의 동의권을 가진 사람으로 산정하므로, 4개의 점포에서 영업하는 乙은 하나의 동의권을 가진 입점상인이다. 이때 乙이 영업하는 점포를 제외한 20개 점포에 대해 하나의 동의권을 가진 입점상인은 19명이므로 乙을 제외하고 2개의 점포에서 영업하는 입점상인이 1명 더 존재함을 알 수 있다.

② 제○○조 제1호에서 매장면적의 2분의 1 이상의 면적에서 영업을 하는 상인이 있는 경우 해당자가 대규모점포 관리자가 된다. 이때 X점포의 매장면적은 5,000㎡이므로 입점상인들의 동의에 관계없이 대규모점포 관리자가 되기 위해서는 2,500㎡ 이상의 면적을 운영해야 함을 알 수 있다. 따라서 甲이 800㎡ 면적에서 추가로 영업하더라도 운영 매장면적은 1,600+800=2,400㎡가 되므로 대규모점포 관리자가 될 수 없다.

③ 제○○조 제2호에서 매장면적의 2분의 1 이상의 면적에서 영업을 하는 상인이 없는 경우 동의권을 가진 입점상인 20명의 3분의 2 이상인 14명 이상이 동의한 대표자로서, 동의를 얻은 입점상인이 운영하는 매장면적은 전체 매장면적의 2분의 1인 1,500㎡ 이상인 사람이 대규모점포 관리자가 된다. 따라서 운영하는 매장면적이 100㎡인 丁은 본인을 제외하고 동의권을 가진 입점상인 11명에게 동의를 얻더라도 대표자가 될 수 없다.

⑤ 입점상인이 아니었던 己가 현재 입점상인이 없는 매장면적 2,000㎡에 점포를 열어 운영하는 경우 제□□조 제2항에 따른 전체 매장면적 5,000㎡ 중 己가 운영하는 매장면적은 2,000㎡로 전체 매장면적의 2분의 1 이상이 아니므로 동의권을 가진 입점상인 모두에게 동의를 얻더라도 대규모점포 관리자가 될 수 없다.

17 법조문형　　　　　　　　　　　　　　　　정답 ⑤

첫 번째 법조문(해양심층수 이용부담금의 부과·징수) 제2항에서 부담금은 상업용 목적으로 해양심층수개발업자로부터 해양심층수를 구입하는 자에 대하여는 해양심층수의 평균 공급가격의 1,000분의 53으로 부과·징수한다고 했으므로 己가 해양심층수개발업자로부터 구입한 해양심층수의 평균 공급가격은 (1,060×1,000)/53=20,000만 원으로 2억 원임을 알 수 있다.

오답 체크

① 두 번째 법조문(부담금의 부과대상) 제2항 제2호에서 이재민 구호를 위하여 지원·제공하는 먹는해양심층수는 부담금 부과대상에서 제외한다고 했으므로 먹는해양심층수수입업자 甲에게 부담금을 부과·징수하지 않음을 알 수 있다.

② 마지막 법조문(부담금 및 가산금의 강제징수) 제2항에서 부담금을 납부하지 아니한 때에는 그 부담금의 100분의 3에 해당하는 금액을 가산금으로 부과한다고 했으므로 乙이 납부해야 할 부담금과 가산금의 합은 1,500+{(1,500/100)×3}=1,545만 원임을 알 수 있다.

③ 세 번째 법조문(부담금의 징수 및 납부절차) 제2항에서 부담금은 분기가 끝나는 달의 다음 달 말일까지 지정하는 수납기관에 납부하여야 한다고 했으므로 먹는해양심층수수입업자 丙은 3분기분 부담금 2,000만 원을 납부해야 함을 알 수 있다.

④ 마지막 법조문(부담금 및 가산금의 강제징수) 제1항에서 해양수산부장관은 부담금을 납부하여야 할 자가 납부기한까지 이를 납부하지 아니한 때에는 납부기한부터 30일 이내에 독촉장을 발부하여야 한다고 했으므로 해양수산부장관 丁은 납부기한까지 부담금을 납부하지 않은 먹는해양심층수제조업자 戊에게 20일 이내가 아니라 30일 이내에 독촉장을 발부해야 함을 알 수 있다.

18 법조문형　　　　　　　　　　　　　　　　정답 ②

ㄴ. 첫 번째 법조문 제1항에서 정부위원은 본회의에서 발언하려면 미리 의장의 허가를 받아야 함을 알 수 있다.

ㄷ. 두 번째 법조문 제5항에서 위원회는 특정한 사안에 대하여 질문하기 위하여 감사원장의 출석을 요구할 수 있으며, 이 경우 위원장은 의장에게 그 사실을 보고해야 함을 알 수 있다.

오답 체크

ㄱ. 두 번째 법조문 제2항에서 위원회는 의결로 국무위원의 출석을 요구할 수 있으며, 이 경우 위원 20명 이상이 이유를 구체적으로 밝힌 서면으로 발의하는 것이 아닌 위원장이 의장에게 그 사실을 보고해야 함을 알 수 있다.

ㄹ. 두 번째 법조문 제4항에서 국무위원은 의장의 승인을 받아 정부위원으로 하여금 대리하여 출석·답변하게 할 수 있으며, 이 경우 의장은 간사가 아닌 각 교섭단체 대표의원과 협의해야 함을 알 수 있다.

19 규칙형　　　　　　　　　　　　　　　　정답 ②

ㄴ. 기초체력훈련을 이수하고 이듬해에 초록 벨트를 취득하려면 노랑 벨트를 취득한 후 만 3년 경과라는 요건은 갖출 수 없으므로 공식대회에 출전하여 누적 10승을 기록해야 한다. 공식대회는 32강 토너먼트 경기로 진행되므로 공식대회에 한 번 출전하여 모든 경기에서 이기면 누적 5승을 기록할 수 있다. 따라서 2022년 7월에 하양 벨트를 취득한 후 개최되는 2022년 10월 대회와 2023년 5월 대회에서 누적 10승을 기록하면 2023년 5월에 초록 벨트를 취득할 수 있다.

오답 체크

ㄱ. 검정 벨트를 취득하려면 초록 벨트를 취득한 후 만 5년 경과, 공식대회 8회 우승 기록의 두 가지 요건을 갖추어야 한다. 하양 벨트를 취득한 직후 개최되는 공식대회부터 열 번 연속 출전하여 모두 우승하였다면 만 5년 동안 공식대회 우승을 10회 기록하게 된다. 이때 초록 벨트는 두 번째 대회 출전 시 누적 10승으로 취득하게 되고, 두 번째부터 열 번째 대회까지는 만 4년이 걸린다. 따라서 공식대회 우승 횟수가 총 10회인 무술인이라도 검정 벨트를 취득하지 못할 수 있다.

ㄷ. 파랑 벨트를 취득하려면 초록 벨트를 취득한 후 만 3년 경과, 공식대회 5회 우승 기록의 두 가지 요건을 갖추어야 하므로 공식대회에 출전하지 않는다면 파랑 벨트를 취득할 수 없다.

20 규칙형　　　　　　　　　　　　　　　　정답 ③

제시된 정보에 따라 A~E의 총평정점, 근무성적평정점과 실적 가산점의 합산 점수를 정리하면 다음과 같다.

이름	총평정점(점)	근무성적평정점+실적 가산점(점)
A	68+18+(0.5+0.5+1)=88	68+1=69
B	62+26+(1.5+0.25)=89.75	62+0.25=62.25
C	68.5+17+(0.75+1.25)=87.5	68.5+1.25=69.75
D	67+18+(0.5+0.5+2)=88	67+2=69
E	70+15.5+(1.75+0.75)=88	70+0.75=70.75

총평정점이 89.75점으로 가장 높은 B가 1순위, 87.5점으로 가장 낮은 C가 5순위이다. 이때 총평정점이 같은 A, D, E 중에서 근무성적평정점과 실적 가산점의 합산 점수가 70.75점으로 가장 높은 E가 2순위이다. 순위가 결정되지 않은 A, D의 현직급 근무기간은 A가 5년, D가 6년이므로 D가 3순위, A가 4순위이다. 따라서 승진후보자 명부에 기재될 선순위자부터 나열하면 'B-E-D-A-C'이다.

21 경우의 수　　　　　　　　　　　　　　　　정답 ①

- 甲의 대화에 따르면 1등을 한 선수는 2, 4, 6, 8번 중 한 명임을 알 수 있다.
- 乙의 대화에 따르면 1등을 한 선수와 2등을 한 선수의 조합으로 가능한 것을 (1등을 한 선수의 번호, 2등을 한 선수의 번호)로 나타내면 (2, 7), (4, 5), (6, 3), (8, 1)임을 알 수 있다.
- 丙의 대화에 따르면 1등을 한 선수는 4번이 아니므로 4개의 조합 중 (4, 5)는 아님을 알 수 있다.
- 丁의 대화에 따르면 2번과 7번 선수는 1등 또는 2등이 아니므로 4개의 조합 중 (2, 7)은 아님을 알 수 있다.
- 戊의 대화에 따르면 6번 선수는 1등 또는 2등이 아니므로 4개의 조합 중 (6, 3)은 아님을 알 수 있다.

따라서 1등을 한 선수는 8번, 2등을 한 선수는 1번이다.

22 경우의 수

ㄱ. 각 세트는 무승부 없이 승패가 결정되므로 득세트 수의 합과 실세트 수의 합은 서로 같으며, 13경기의 실세트 수는 총 6+11+6+13+11+9=56세트이므로 남은 2경기의 실세트 수는 총 64-56=8세트이다. 또한, 경기 결과는 3:0, 3:1, 3:2 중 하나이므로 남은 2경기에서 4개 팀의 실세트 수는 (0, 2, 3, 3) 또는 (1, 1, 3, 3)이 가능하다. 따라서 A와 F 중 한 팀은 3:1로 이기고, 다른 한 팀은 1:3으로 진다면 실세트 수의 합은 6+9+1+3=19세트일 수 있다.

ㄴ. 13경기가 완료된 시점에 A는 승점 10점으로 2위이다. B와의 경기에서 A가 2:3으로 패배한다면 A는 승점은 10+1=11점, 득세트 수는 12+2=14세트, 실세트 수는 6+3=9세트가 된다. 이에 따라 1위인 C와 승점이 같아지며, 승리 경기 수도 4경기로 동일하므로 세트득실률순으로 순위가 정해진다. 세트득실률은 A가 14/9≒1.6, C가 13/6≒2.2이므로 1위는 C, 2위는 A가 된다. 따라서 A와 B의 경기에서 3:2로 B가 승리한다면 A의 최종 순위는 13경기가 완료된 시점과 동일하게 2위이다.

오답 체크

ㄷ. F가 승점 1점을 획득한 것은 경기 결과가 3:2로 E가 승리했음을 의미하므로 승점은 E가 4+2=6점, F가 5+1=6점이 된다. 이때 승점이 같은 D, E, F 중 승리 경기 수가 1경기인 F의 순위가 가장 낮고, D와 E는 승리 경기 수가 같다. D는 득세트 수 10세트, 실세트 수 13세트이고, E는 득세트 수 8+3=11세트, 실세트 수 11+2=13세트로 실세트 수는 같고 득세트 수는 E가 더 많으므로 D보다 E의 순위가 높다. 따라서 E의 순위는 D, F의 순위보다 높아진다.

23 텍스트형

ㄴ. 제시된 글에서 바이에른기독교사회연합은 1994년 연방하원의원 선거에서 50석, 1998년 연방하원의원 선거에서 47석, 2002년 연방하원의원 선거에서 58석을 획득했다고 했으므로 1994년부터 2002년까지 치러진 연방하원의원 선거에서 바이에른기독교사회연합이 단독으로 가장 많은 의석을 획득한 해는 2002년임을 알 수 있다.

ㄹ. 마지막 단락에서 2002년의 연방하원의원 선거에서는 독일사회민주당이 251석, 독일기독교민주연합이 190석, 바이에른기독교사회연합이 58석, 녹색당이 55석, 자유민주당이 47석, 독일민주사회당이 2석을 획득했다고 했으므로 전체 의석 수는 251+190+58+55+47+2=603석이고 그 절반은 603/2=301.5석임을 알 수 있다. 또한 첫 번째 단락에서 정당 간의 연정을 통해 연방하원에서 과반 의석을 차지하고 있는 정당 혹은 정당연합이 내각을 구성한다고 했으므로 2002년의 선거 결과, 내각을 구성하기 위한 최소 의석 수는 302석임을 알 수 있다.

오답 체크

ㄱ. 두 번째 단락에서 독일기독교민주연합과 바이에른기독교사회연합은 자매정당으로, 1994년의 총선뿐만 아니라 지금까지 치러진 모든 선거에서 연정을 이루고 있다고 했으므로 1990년 연방하원의원 선거에서 독일기독교민주연합은 바이에른기독교사회연합과 연정을 이루었음을 알 수 있다.

ㄷ. 세 번째 단락에서 독일사회민주당과 녹색당은 각각 298석과 47석을 획득하여 총 298+47=345석을 획득했고, 독일기독교민주연합, 바이에른기독교사회연합, 자유민주당은 각각 198석, 47석, 43석을 획득하여 총 198+47+43=288석을 획득했다고 했으므로 1998년 연방하원의원 선거에서 내각을 구성한 정당연합은 독일사회민주당과 녹색당임을 알 수 있다. 그러나 두 번째 단락에서 1994년의 연방하원의원 독일기독교민주연합과 바이에른기독교사회연합은 자유민주당과의 연정을 통해 내각을 구성했다고 했으므로 1998년의 선거결과 내각을 구성한 정당연합은 1994년의 선거결과로 내각을 구성한 정당연합과 동일하지 않음을 알 수 있다.

24 텍스트형

2005년의 연방하원의원 선거에서는 독일사회민주당이 222석, 독일기독교민주연합이 180석, 자유민주당이 61석, 좌파당(Die Linke)이 54석, 녹색당이 51석, 바이에른기독교사회연합이 46석을 획득했다고 했으므로 전체 의석 수는 222+180+61+54+51+46=614석임을 알 수 있다. 한편, 의석 수는 독일사회민주당-좌파당이 222+54=276석, 독일사회민주당-녹색당이 222+51=273석, 독일기독교민주연합+바이에른기독교사회연합=180+46=226석, 독일사회민주당-좌파당-녹색당이 222+54+51=327석, 독일기독교민주연합-바이에른기독교사회연합-자유민주당=180+46+61=287석임을 알 수 있다. 따라서 내각을 구성할 수 있는 조합은 과반 의석을 차지한 독일사회민주당-좌파당-녹색당임을 알 수 있다.

25 계산형

작년 리그 결승전 정보에 따르면 甲팀은 B슛과 C슛만을 성공시켜 35점을 얻었으며, B슛 성공 횟수는 C슛 성공 횟수의 2배이므로 C슛 성공 횟수를 x라고 하면 B슛 성공 횟수는 $2x$이다.

$(2x \times 2) + (x \times 3) = 35 \rightarrow x = 5$

甲팀의 B슛 성공 횟수는 10회이므로 이와 같은 乙팀의 A슛 성공 횟수도 10회이다. 乙팀의 B슛 성공 횟수를 y라고 하면

$(10 \times 1) + (y \times 2) = 38 \rightarrow y = 14$

乙팀의 B슛 성공 횟수는 14개이다.

이에 따라 작년 리그 결승전 기록 및 변경 검토 중인 점수 기준을 적용한 결과는 다음과 같다.

구분	A슛(회)	B슛(회)	C슛(회)	기존 점수(점)	변경 후 점수(점)
甲	0	10	5	35	55
乙	10	14	0	38	62

따라서 경기의 승패는 바뀌지 않았으며, 두 팀의 최종 점수 차이는 62-55=7점이 되었다.

1 자료검토·변환

정답 ④

ㄱ. 〈보고서〉의 두 번째 단락에 따라 중소기업 이력지원정보 현황에서 기관 수의 온라인 연계 비율이 10.8%이고, 지원금액의 온라인 연계 비율은 90.7%이다. 또한 지원기업 수의 온라인 연계비율은 78.6%이고, 사업 수의 온라인 연계 비율의 3배는 23.9×3=71.7%이므로 〈보고서〉의 내용과 부합한다.

ㄷ. 〈보고서〉의 세 번째 단락에 따라 전체 부처의 지원 협의 대상 사업 83개 중 중기부의 지원사업은 28개, 농식품부의 사업은 5개이므로 중기부의 지원사업은 농식품부의 지원사업보다 28/5=5.6배 많았음을 알 수 있다. 또한 지원 협의대상 사업 수 상위 3개 부처는 중기부, 산업부, 과정부이고, 전체 지원 협의대상 사업 수 중에서 중기부, 산업부, 과정부의 지원 협의대상 사업 수가 차지하는 비중은 {(28+29+13)/83}×100≒84.3%이므로 〈보고서〉의 내용과 부합한다.

ㄹ. 〈보고서〉의 세 번째 단락에 따라 2020년 지원 협의대상 사업 중 1차 검토 사업 비율은 {63/(63+6+14)}×100≒75.9%, 재협의 후 협의 완료 사업 비율은 {6/(63+6+14)}×100≒7.2%, 조정 심의에 들어간 사업 비율은 {14/(63+6+14)}×100≒16.9%이므로 〈보고서〉의 내용과 부합한다.

오답 체크

ㄴ. 〈보고서〉의 첫 번째 단락에서 2019년 중소기업 지원사업은 세부사업과 내역사업으로 나누어진다고 했으므로 2019년 전체 중소기업 지원사업의 시행주체별 사업 수 비율은 중앙부처가 {(344+853)/(1,653+2,816)}×100≒26.8%, 지자체가 {(1,309+1,963)/(1,653+2,816)}×100≒73.2%이므로 〈보고서〉에 제시된 내용과 부합하지 않는다.

2 자료이해

정답 ②

학사와 석사의 부족인력 인원수의 차이는 조선 산업이 329-33=296명, 화학 산업이 538-74=464명, 섬유 산업이 77-3=74명, 소프트웨어 산업이 4,430-1,037=3,393명으로 섬유 산업이 가장 작다. 학사와 석사의 부족인력 비중의 차이는 조선 산업이 3.2-1.7=1.5%p, 화학 산업이 3.3-2.3=1.0%p, 섬유 산업이 1.3-0.7=0.6%p, 소프트웨어 산업이 6.9-4.1=2.8%p로 섬유 산업이 가장 작으므로 옳은 설명이다.

오답 체크

① 고졸의 부족인력 비중이 3% 이상인 산업은 조선, 화학, 섬유이다. 각 산업에서 고졸의 종사인력 인원수는 조선 산업이 (540/3.2)×100=16,875명, 화학 산업이 (2,892/3.6)×100≒80,333명, 섬유 산업이 (699/3.1)×100≒25,548명으로 화학 산업이 가장 많으므로 옳지 않은 설명이다.

③ 화학 산업에서 최종학력이 높아질수록 부족인력 인원수는 감소하지만, 부족인력 비중의 경우 학사보다 석사가 크므로 옳지 않은 설명이다.

④ 소프트웨어 산업에서 석사의 종사인력 인원수는 (1,037/6.9)×100≒15,029명으로, 박사의 종사인력 인원수인 (143/11.9)×100≒1,202명의 20배인 1,202×20≒24,040명보다 적으므로 옳지 않은 설명이다.

⑤ 섬유 산업의 고졸 부족인력 인원수는 조선 산업보다 많고, 섬유 산업의 박사 부족인력 비중은 조선 산업보다 크므로 옳지 않은 설명이다.

⏱ 빠른 문제 풀이 Tip

④ 소프트웨어 산업의 부족인력 인원수는 석사가 박사의 1,037/143≒7.3배로 7배 이상이고, 부족인력 비중은 박사가 석사의 11.9/6.9≒1.7배로 2배 이하이므로 석사의 종사인력 인원수는 박사의 종사인력 인원수의 7×2=14배보다 적음을 알 수 있다.

3 자료비교

정답 ①

ㄱ. 자유형 경기에서 메달권 선수를 배출한 국가는 각 종목의 순위 1~3위에 속한 국가이다. 따라서 메달권 선수를 배출한 국가는 미국, 오스트레일리아, 캐나다, 프랑스, 대한민국, 중국, 튀니지로, 7개국이므로 옳은 설명이다.

ㄷ. 400m 종목의 상위 8위 선수 중 중국과 미국 선수들의 기록은 3분 이상이므로 초 단위를 비교한다. 중국 선수들의 평균 기록은 (40.14+46.02)/2=43.08초로, 미국 선수들의 평균 기록인 (44.69+46.39)/2=45.54초보다 2초 이상 빠르므로 옳은 설명이다.

오답 체크

ㄴ. 1위와 8위 선수 기록의 시간 차이는 200m 종목이 1:47.75-1:43.14=4.61초이고, 100m 종목이 0:48.44-0:47.52=0.92초이다. 따라서 200m 종목의 차이는 100m 종목의 5배인 0.92×5=4.6초보다 크므로 옳지 않은 설명이다.

ㄹ. 1500m 종목의 상위 8위 선수 중 해당 선수의 기록만 3초가 단축된다면 순위가 두 단계 이상 상승하는 선수는 6위인 선수와 7위인 선수 두 명이므로 옳지 않은 설명이다.

4 자료판단

정답 ③

• 〈보고서〉의 첫 번째 특징에 따르면 이 지역의 2018년 대비 2022년 1인당 도시림 면적의 증감 방향과 1인당 생활권도시림 면적의 증감 방향이 모두 전국의 증감 방향과 같고, 2018년 대비 2022년 전국의 1인당 도시림 면적은 감소, 1인당 생활권도시림 면적은 증가하므로 2018년 대비 2022년 1인당 도시림 면적이 증가한 지역 B는 소거된다.

• 〈보고서〉의 두 번째 특징에 따르면 매 시기 이 지역의 1인당 도시림 면적은 1인당 생활권도시림 면적의 4배 이상이므로 2020년 1인당 도시림 면적이 12.60㎡/인으로 1인당 생활권도시림 면적의 4배인 4.35×4=17.40㎡/인 미만이고, 2022년 1인당 도시림 면적이 17.63㎡/인으로 1인당 생활권도시림 면적의 4배인 6.87×4=27.48㎡/인 미만인 지역 A는 소거된다.

• 〈보고서〉의 세 번째 특징에 따르면 이 지역의 2022년 1인당 생활권도시림 면적은 2018년보다 3㎡/인 이상 더 넓으므로 2022년 1인당 생활권도시림 면적이 2018년보다 16.89-15.11=1.78㎡/인 만큼만 넓은 지역 E는 소거된다.

• 〈보고서〉의 네 번째 특징에 따르면 이 지역의 생활권도시림 면적이 전국 생활권도시림 면적에서 차지하는 비중은 2022년이 2020년보다 크므로 생활권도시림 면적이 전국 생활권도시림 면적에서 차지하는 비중이 2022년에 (3,074/54,354)×100≒5.7%로 2020년의 (2,280/38,513)×100≒5.9%보다 작은 지역 D는 소거된다.

따라서 〈보고서〉의 내용에 부합하는 지역은 C이다.

5 자료판단

정답 ①

사업 '갑'~'무'는 모두 실비정산 방식이 적용 가능하고, 사업면적이 2,500m² 이하인 사업 '갑', '병', '정'은 표준개발비용 방식도 적용 가능하다. 실비정산 방식으로 계산한 사업 '갑'~'무'의 개발부담금은 다음과 같다.

- 갑: $(12-5-2.3-1.7) \times 2,000 \times 0.25 = 1,500$만 원
- 을: $(9.5-2.5-1.5-3.5) \times 3,000 \times 0.2 = 1,200$만 원
- 병: $(20-13-3.9-2.1) \times 1,500 \times 0.25 = 375$만 원
- 정: $(5-2-0.4-0.6) \times 2,500 \times 0.25 = 1,250$만 원
- 무: $(18.5-9.5-1.7-5.8) \times 3,500 \times 0.2 = 1,050$만 원

표준개발비용 방식으로 계산한 사업 '갑', '병', '정'의 개발부담금은 다음과 같다.

- 갑: $2,000 \times 0.45 = 900$만 원
- 병: $1,500 \times 0.35 = 525$만 원
- 정: $2,500 \times 0.45 = 1,125$만 원

두 방식 중 개발부담금이 낮은 방식의 개발부담금을 부과해야 하므로 사업 '갑'~'무'의 개발부담금은 각각 900만 원, 1,200만 원, 375만 원, 1,125만 원, 1,050만 원이다.

따라서 개발부담금이 가장 높은 사업은 '을', 가장 낮은 사업은 '병'이다.

> **🕐 빠른 문제 풀이 Tip**
>
> 사업면적이 2,500m² 이하인 사업은 실비정산 방식과 표준개발비용 방식 중 개발부담금이 낮은 방식의 개발부담금을 부과해야 하므로, 산식의 구조를 비교해서 개발부담금이 낮은 방식만 값을 도출하면 계산 단계를 줄일 수 있다.
> 실비정산 방식: (종료시점지가−개시시점지가−정상지가 상승분−개발비용)×사업면적×부담률
> 표준개발비용 방식: 사업면적×면적당 표준비용
> '사업면적'이 공통으로 적용되므로 '(종료시점지가−개시시점지가−정상지가 상승분−개발비용)×부담률'과 '사업면적' 중 작은 쪽의 방식만 개발부담금을 도출한다.

6 자료이해

정답 ③

2020년 5만 원권 손상화폐 폐기액은 $47,614 \times 0.142 \fallingdotseq 6,761$억 원이고 5만 원권 손상화폐 교환액의 300배는 $18.6 \times 300 = 5,580$억 원이므로 옳은 설명이다.

[오답 체크]

① 2017~2020년 손상화폐의 평균 폐기량은 $(4.7+5.9+6.1+6.6)/4 \fallingdotseq 5.8$억 장이므로 옳지 않은 설명이다.

② 2020년 1만 원권 손상화폐 폐기액은 $47,614 \times 0.767 \fallingdotseq 36,520$억 원으로, 2018년 전체 손상화폐 폐기액인 42,590억 원보다 적으므로 옳지 않은 설명이다.

④ 2020년 손상화폐 교환액은 $18.6+3.9+0.3+0.2=23$억 원이고, 손상사유가 화재 또는 취급 부주의에 해당하는 교환액 비중은 $33.9+10.9=44.8\%$이다. 따라서 해당 손상사유에 대한 손상화폐 교환액은 $23 \times 0.448 \fallingdotseq 10.3$억 원이므로 옳지 않은 설명이다.

⑤ 2020년 손상화폐 폐기량이 2억 장보다 많은 화폐 권종은 손상화폐 권종별 폐기 비중이 $(2/6.6) \times 100 \fallingdotseq 30.3\%$ 이상인 1만 원권과 1천 원권이다. 그중 1천 원권의 손상화폐 폐기액은 $47,614 \times 0.051 \fallingdotseq 2,428$억 원이므로 옳지 않은 설명이다.

7 자료이해

정답 ②

ㄴ. 2020년 교원 수는 2014년 대비 증가했으나, 2020년 학생 수는 2014년 대비 $\{(6,286-5,347)/6,286\} \times 100 \fallingdotseq 14.9\%$ 감소했으므로 옳은 설명이다.

ㄷ. 2020년 교원 1명당 학생 수는 초등학교가 $2,694/189 \fallingdotseq 14$명, 중학교가 $1,316/112 \fallingdotseq 12$명, 고등학교가 $1,337/132 \fallingdotseq 10$명으로 초등학교가 가장 많으므로 옳은 설명이다.

[오답 체크]

ㄱ. 2020년 전체 학교 중 초등학교가 차지하는 비중은 $(6,120/11,710) \times 100 \fallingdotseq 52.3\%$이므로 옳지 않은 설명이다.

ㄹ. 2020년 전체 교원 수에서 중학교 교원 수가 차지하는 비중은 $(112/433) \times 100 \fallingdotseq 25.9\%$이고, 고등학교 교원 수가 차지하는 비중은 $(132/433) \times 100 \fallingdotseq 30.5\%$이다. 따라서 2020년 전체 교원 수에서 고등학교 교원 수가 차지하는 비중이 중학교 교원 수가 차지하는 비중보다 $30.5-25.9 \fallingdotseq 4.6\%p$ 더 높으므로 옳지 않은 설명이다.

8 자료판단

정답 ⑤

ㄱ. 2016년 바이오 에너지 생산량은 $13,953 \times 0.198 \fallingdotseq 2,763$천 TOE이고, 태양광과 바이오 에너지 생산량의 합은 $1,186+2,763 \fallingdotseq 3,949$천 TOE이므로 옳지 않은 설명이다.

ㄴ. 2018년 재생에너지 생산량은 $2,195 \times (100/12.7) \fallingdotseq 17,283$천 TOE이고, 2017년 바이오 에너지 생산량의 5배는 $3,599 \times 5 = 17,995$천 TOE이므로 옳지 않은 설명이다.

ㄷ. 2014~2020년 중 태양광 에너지 생산량이 바이오 에너지 생산량보다 많은 해는 2020년이고, 2020년의 재생에너지 생산량은 $4,156 \times (100/37.4) \fallingdotseq 11,112$천 TOE로, 2015년보다 적으므로 옳지 않은 설명이다.

9 자료판단

정답 ③

- '가' 가구의 2분기와 3분기 여가활동비의 합은 $(9 \times 4)-(9+7)=20$십만 원이고, 분기별 여가활동비의 최댓값은 10십만 원이므로 '가' 가구의 2분기와 3분기 여가활동비는 모두 10십만 원이다. 이에 따라 '가' 가구의 범위는 $10-7=3$십만 원이므로 A는 3이다.

- '가' 가구의 1분기 여가활동비와 '다' 가구의 2분기 여가활동비가 동일하므로 '다' 가구의 2분기 여가활동비는 9십만 원이고, 3분기와 4분기 여가활동비의 합은 $(7.5 \times 4)-(10+9)=11$십만 원이다. 이때 '다' 가구의 범위는 5십만 원이므로 3분기와 4분기 중 여가활동비가 더 적은 4분기 여가활동비가 $10-5=5$십만 원이고, 3분기 여가활동비는 $11-5=6$십만 원이다. 이에 따라 C는 5이다.

- '가'~'다' 가구의 분기별 여가활동비의 최솟값이 4십만 원이지만, '가' 가구와 '다' 가구의 분기별 여가활동비 중 4십만 원은 없으므로 '나' 가구의 1분기 또는 2분기 여가활동비가 4십만 원이다. 이때 '나' 가구의 범위가 4십만 원이므로 1분기와 2분기 여가활동비 중 하나는 8십만 원이다. 이에 따라 '나' 가구의 평균은 $(4+8+6+6)/4=6$십만 원이므로 B는 6이다.

따라서 〈표〉의 A~C에 해당하는 값들의 합은 $3+6+5=14$이다.

10 자료판단
정답 ④

- 〈보고서〉에 제시된 첫 번째 특징에 따르면 남성과 여성의 생체시료 내 수은농도 차이가 가장 큰 연령계층은 성인이라고 했으므로 남성과 여성의 생체시료 내 수은농도 차이가 초등학생은 0.70−0.47=0.23μg/L, 성인은 0.57−0.47=0.1μg/L로 성인보다 초등학생이 더 큰 A지역은 소거된다.
- 〈보고서〉에 제시된 두 번째 특징에 따르면 중·고등학생을 제외한 모든 연령계층은 각각 남성의 생체시료 내 수은농도가 여성의 생체시료 내 수은농도보다 높거나 같다고 했으므로 초등학생 남성의 생체시료 내 수은농도가 0.54μg/L로 여성의 생체시료 내 수은농도인 0.58μg/L보다 작은 E지역은 소거된다.
- 〈보고서〉에 제시된 세 번째 특징에 따르면 남성은 연령계층이 높아짐에 따라 생체시료 내 수은농도의 변화폭이 감소한다고 했으므로 초등학생 대비 중·고등학생 남성의 생체시료 내 수은농도 변화폭은 0.41−0.39=0.02μg/L, 중·고등학생 대비 성인 남성의 생체시료 내 수은농도 변화폭은 0.39−0.41=−0.02μg/L로 크기가 동일한 B지역은 소거된다.
- 〈보고서〉에 제시된 마지막 특징에 따르면 성인 남성의 생체시료 내 수은농도는 성인 여성 생체시료 내 수은농도 대비 1.2배 이상이라고 했으므로 성인 남성의 생체시료 내 수은농도가 성인 여성의 0.41/0.38≒1.08배로 1.2배보다 작은 C지역은 소거된다.

따라서 '갑'시에 해당하는 지역은 D이다.

11 자료판단
정답 ④

ㄱ. 2023년 C지역 다중 추돌 교통사고 사상자수는 2,534−530−535−441−595=433명이다. 따라서 2022년 대비 2023년 다중 추돌 교통사고 사상자수 감소폭은 D지역이 793−441=352명으로 가장 크므로 옳은 설명이다.

ㄴ. 2022년 전국 다중 추돌 교통사고 발생 건수는 80+63+50+47+46=286건으로, 2023년 전국 다중 추돌 교통사고 발생 건수는 2022년 대비 286−164=122건 감소했으므로 옳은 설명이다.

ㄷ. 2022년 전국 다중 추돌 교통사고 발생 건수 286건 중 A지역의 발생 건수가 차지하는 비중은 (80/286)×100≒28.0%이므로 옳은 설명이다.

오답 체크

ㄹ. 2023년 C지역 다중 추돌 교통사고 사상자수는 433건이고, 2023년 다중 추돌 교통사고 발생 1건당 사상자수는 C지역이 433/38≒11.4명으로 B지역의 535/41≒13.0명보다 적으므로 옳지 않은 설명이다.

> ⏱ 빠른 문제 풀이 Tip
> ㄷ. 2022년 A지역의 다중 추돌 교통사고 발생 건수의 3배인 80×3=240건이 A지역을 제외한 모든 지역의 다중 추돌 교통사고 발생 건수의 합인 63+50+47+46=206건보다 많으므로 25%를 초과함을 알 수 있다.

12 자료검토·변환
정답 ①

〈표 2〉에 따르면 A지역의 세외수입 대비 지방세 비는 2017년이 18,200/16,047≒1.1, 2018년이 24,255/19,564≒1.2, 2019년이 27,559/11,958≒2.3, 2020년이 28,742/10,925≒2.6, 2021년이 31,704/12,342≒2.6이지만, 그래프에서 2018년 값이 1.8로 나타나므로 옳지 않은 자료이다.

13 자료이해
정답 ⑤

2019년 A지역에서 출발하는 국내선의 하루 평균 운항 편수인 126+158=284편보다 A지역에 도착하는 국내선의 하루 평균 운항 편수인 113+174=287편이 많으므로 옳은 설명이다.

오답 체크

① 2021년 A~C지역 중 각 지역에서 출발하는 국내선의 하루 평균 운항 편수는 A지역이 130+164=294편, B지역이 127+95=222편, C지역이 171+110=281편으로 A지역이 가장 많으므로 옳지 않은 설명이다.

② 2020년 C지역에 도착하는 국내선의 하루 평균 운항 편수는 159+90=249편으로, B지역에 도착하는 국내선의 하루 평균 운항 편수인 124+96=220편보다 29편 더 많으므로 옳지 않은 설명이다.

③ 2017년 대비 2021년 하루 평균 운항 편수의 증가율은 A지역에서 출발하여 B지역에 도착하는 국내선의 증가율이 {(130−125)/125}×100=4.0%로, B지역에서 출발하여 A지역에 도착하는 국내선의 증가율인 {(127−122)/122}×100≒4.1%보다 낮으므로 옳지 않은 설명이다.

④ 2021년 C지역에서 출발하여 A지역에 도착하는 국내선의 하루 평균 운항 편수의 전년 대비 증가율은 {(171−158)/158}×100≒8.2%로, 10% 미만이므로 옳지 않은 설명이다.

> ⏱ 빠른 문제 풀이 Tip
> ③ 2017년 대비 2021년 하루 평균 운항 편수의 증가율을 구하는 식에서 2017년 대비 2021년 하루 평균 운항 편수의 증가폭인 분자의 값은 둘 다 5편으로 같은 데 반해, 분모에 해당하는 2017년 국내선의 하루 평균 운항 편수는 A지역에서 출발하여 B지역에 도착하는 국내선이 125편으로 더 많으므로 증가율이 더 작은 것을 알 수 있다.

14 자료비교
정답 ②

ㄱ. 제조업 GDP 대비 식품산업 총생산액 비율이 GDP 대비 식품산업 총생산액 비율의 4배 이상이면 GDP가 제조업 GDP의 4배 이상이다. 따라서 2020년 GDP는 제조업 GDP의 11.3/2.8≒4.04배이므로 옳은 설명이다.

ㄹ. 2018~2020년 식품산업 총생산액의 전년 대비 증가율은 2018년이 {(52,086−48,844)/48,844}×100≒6.6%, 2019년이 {(53,511−52,086)/52,086}×100≒2.7%, 2020년이 {(54,360−53,511)/53,511}×100≒1.6%로 증가율이 매년 감소했으므로 옳은 설명이다.

오답 체크

ㄴ. 제조업 GDP=(식품산업 총생산액/제조업 GDP 대비 식품산업 총생산액 비율)×100임을 적용하여 구한다. 2018~2020년 중 2018년 제조업 GDP만 (52,086/10.3)×100≒505,689십억 원으로 500조 원 이상이므로 옳지 않은 설명이다.

ㄷ. GDP=(식품산업 총생산액/GDP 대비 식품산업 총생산액 비율)×100이므로, 2020년 GDP는 (54,360/2.8)×100≒1,941,429십억 원이고, 2014년의 GDP는 (49,531/3.2)×100≒1,547,844십억 원이다. 따라서 2020년 GDP는 2014년 GDP의 1.5배인 1,547,844×1.5≒2,321,766십억 원보다 작으므로 옳지 않은 설명이다.

빠른 문제 풀이 Tip

ㄹ. 2018~2020년 식품산업 총생산액은 매년 전년 대비 증가하고, 식품산업 총생산액의 전년 대비 증가액은 2018년이 52,086−48,844=3,242십억 원, 2019년이 53,511−52,086=1,425십억 원, 2020년이 54,360−53,511=849십억 원으로 매년 감소하므로, 2018~2020년 식품산업 총생산액의 전년 대비 증가율도 매년 감소함을 알 수 있다.

빠른 문제 풀이 Tip

ㄷ. 완성공사원가의 감소율을 나타낸 식을 〈보기〉에 제시된 수치의 크기와 비교한다.
2016년 대비 2018년 완성공사원가의 감소율을 식으로 나타내면
$\frac{5,177-1,619}{5,177}=\frac{3,498}{5,177}$ 이고, 〈보기〉에 제시된 수치 70%는 $\frac{70}{100}$ 이므로 첫 번째 항과 분모의 크기가 비슷해지도록 50을 곱하면 $\frac{3,500}{5,000}$ 이 된다.
이때 분모는 완성공사원가의 감소율인 첫 번째 항이 크고, 분자는 제시된 수치인 두 번째 항이 크므로 첫 번째 항의 크기가 두 번째 항보다 작아 감소율은 70%보다 작은 것을 알 수 있다.

15 자료판단

정답 ①

소득계층은 상류층, 중산층, 저소득층 3단계로 구분되므로 소득계층 2단계 하락은 '상류층 → 저소득층'을 의미하고, 2단계 상승은 '저소득층 → 상류층'을 의미한다. 2020년 저소득층 국민 50만 명 중 2022년에 소득계층이 이동한 20%는 50×0.2=10만 명이므로 40만 명은 소득계층의 이동이 없다. 이때 2단계 상승 국민 수가 5만 명이므로 '저소득층 → 중산층'으로 1단계 상승한 국민 수는 5만 명이며, 이는 1단계 상승 국민 수 5만 명과 동일하므로 '중산층 → 상류층'으로 1단계 상승한 국민은 없다. 이에 따라 2020년과 2022년 모두 중산층인 국민의 수를 x만 명이라고 하면 2020년 대비 2022년 '갑'국 국민의 소득계층 이동은 다음과 같이 정리된다.

구분		2022년			
		상류층	중산층	저소득층	계
2020년	상류층	$25-x$	$5+x$	5	35
	중산층	0	x	$15-x$	15
	저소득층	5	5	40	50
	합	$30-x$	$10+2x$	$60-x$	100

이때 2022년 저소득층 국민 수 대비 상류층 국민 수의 비율은 40%이므로 $0.4×(60-x)=30-x$ 이고, $x=10$ 이다. 이에 따라 2022년 상류층 국민 수는 30−10=20만 명, 중산층은 10+20=30만 명, 저소득층은 60−10=50만 명이다.
따라서 2022년 '갑'국의 국민 총소득은 (3,000×20)+(2,000×30)+(1,000×50)=170,000억 원이다.

16 자료비교

정답 ②

ㄱ. 완성공사원가는 재료비, 노무비, 외주비, 현장경비로만 이루어져 있고, 이 중 노무비가 매년 가장 적어 완성공사원가에서 노무비가 차지하는 비중도 가장 작으므로 옳은 설명이다.

ㄷ. 2016년 대비 2018년 완성공사원가의 감소율은 {(5,177−1,619)/5,177}×100≒68.4%로 70% 미만이므로 옳은 설명이다.

오답 체크

ㄴ. 완성공사원가 중 현장경비의 비중은 2016년이 (657/5,177)×100≒12.8%, 2017년이 (170/1,411)×100≒12.0%로 2017년은 전년 대비 감소했으므로 옳지 않은 설명이다.

ㄹ. 현장경비 대비 외주비가 가장 큰 해는 784/156≒5.0인 2015년이고, 가장 작은 해는 540/302≒1.8인 2020년이다. 따라서 2015년 현장경비 대비 외주비는 2020년의 5.0/1.8≒2.8배이므로 옳지 않은 설명이다.

17 자료판단

정답 ⑤

ㄱ. 2019년 3월과 2015년 3월 실용음악학과 동아리 중 지원비가 높은 순서는 연기, 댄스, 악기 순으로 동일하므로 옳은 설명이다.

ㄷ. 2017년 3월 댄스 동아리 지원비는 (224×5)−180−220−240−250=230천 원, 2018년 3월 악기 동아리 지원비는 (188×5)−150−180−190−220=200천 원이다. 따라서 2016년 3월 이후 실용음악학과 동아리별 지원비는 전년 동월 대비 매년 증가하므로 옳은 설명이다.

ㄹ. 2019년 3월 시각디자인학과 동아리별 지원비의 전년 동월 대비 증감폭은 애니메이션이 270−250=20천 원, 그래픽이 255−220=35천 원, 영상이 350−300=50천 원이다. 2020년 3월 동아리별 지원비의 전년 동월 대비 증감폭이 2019년 3월과 동일하다면, 2020년 3월 시각디자인학과 애니메이션, 그래픽, 영상 동아리 지원비는 각각 270+20=290천 원, 255+35=290천 원, 350+50=400천 원이다. 따라서 지원비 총합은 290+290+400=980천 원=98만 원이므로 옳은 설명이다.

오답 체크

ㄴ. 2019년 3월 시각디자인학과 동아리 중 전년 동월 대비 지원비 증가율이 가장 높은 동아리는 {(350−300)/300}×100≒16.7%가 증가한 영상이고, 2016년 3월 전년 동월 대비 시각디자인학과 동아리 중 지원비 증가율이 가장 높은 동아리는 {(220−200)/200}×100=10% 증가한 애니메이션이므로 옳지 않은 설명이다.

업체 A의 월평균 판매량이 1,860천 개이므로 연간 판매량은 1,860×12=22,320천 개이고, 3분기 판매량은 22,320−4,500−6,980−5,580=5,260천 개이다. 따라서 업체 A의 3분기 판매량은 520만 개 이상이므로 옳은 설명이다.

오답 체크

① 1분기 대비 4분기 판매량이 증가한 업체 A, C, D의 1분기 대비 4분기 판매량 증가율은 업체 A가 {(5,580−4,500)/4,500}×100=24.0%, C가 {(5,300−3,800)/3,800}×100≒39.5%, D가 {(7,550−7,250)/7,250}×100≒4.1%이다. 따라서 업체 C의 1분기 대비 4분기 판매량 증가율이 가장 높으므로 옳지 않은 설명이다.

② 연간 판매량은 업체 B가 5,010+4,500+4,270+3,620=17,400천 개, C가 1,570×12=18,840천 개로 업체 C의 연간 판매량이 더 많으므로 옳지 않은 설명이다.

④ 업체 D의 월평균 판매량은 (7,250+6,400+7,840+7,550)/12=2,420천 개이므로 옳지 않은 설명이다.

⑤ 업체별 판매량이 가장 많은 분기와 가장 적은 분기 간 판매량 차이는 업체 A가 6,980−4,500=2,480천 개, B가 5,010−3,620=1,390천 개, C가 5,300−3,800=1,500천 개, D가 7,840−6,400=1,440천 개로, 업체 B가 가장 작으므로 옳지 않은 설명이다.

⏱ **빠른 문제 풀이 Tip**
① 업체 C가 A, D보다 1분기 대비 4분기 판매량 증가량이 많고, 1분기 판매량은 적으므로 업체 A, D보다 C의 증가율이 높은 것을 알 수 있다.
② 업체 C의 2~4분기 판매량이 각각 업체 B보다 많고, 업체 B와 C의 판매량 차이는 1분기보다 4분기가 더 크므로 연간 판매량은 업체 C가 업체 B보다 많음을 알 수 있다.

• 두 번째 〈조건〉에서 학생 1인당 연간 공교육비가 많은 학교급부터 순서대로 나열했을 때 2020년 순위가 전년 대비 하락한 학교급은 대학교라고 했고, A의 순위가 2019년에 2위에서 2020년에 3위로 하락했으므로 A가 대학교이다.

• 첫 번째 〈조건〉에 따르면 2017년 고등학교 학생 1인당 연간 공교육비는 중학교 학생 1인당 연간 공교육비의 1.2배 이상이라 했으므로 C가 중학교이면 2017년 학생 1인당 연간 공교육비가 77×1.2=92.4만 원 이상인 A 또는 D가 고등학교이고, B가 중학교이면 2017년 학생 1인당 연간 공교육비가 80×1.2=96만 원 이상인 A 또는 D가 고등학교일 수 있다. 이때 A는 대학교이므로, B 또는 C가 중학교이고, D가 고등학교이다.

• 세 번째 〈조건〉에서 2018년 대비 2020년 학생 1인당 연간 공교육비의 증가율은 초등학교가 고등학교보다 5%p 이상 크다고 했고 고등학교(D)의 증가율은 {(116−111)/111}×100≒4.5%이므로 초등학교의 증가율은 4.5+5=9.5% 이상이어야 한다. 이때 2018년 대비 2020년 학생 1인당 연간 공교육비의 증가율은 B가 {(97−88)/88}×100≒10.2%, C가 {(89−84)/84}×100≒6.0%이므로 B가 초등학교, C가 중학교이다.

따라서 A는 대학교, B는 초등학교, C는 중학교, D는 고등학교이다.

ㄱ. 전월비= $\frac{2022년\ N월\ 소비자물가지수}{2022년\ (N−1)월\ 소비자물가지수}$ ×100이고, 2022년 5~7월 공업제품의 전월비는 100%보다 크므로 '2022년 N월 소비자물가지수 > 2022년 (N−1)월 소비자물가지수'임을 알 수 있다. 따라서 2022년 5~7월 공업제품의 소비자물가지수는 전월 대비 매월 증가했으므로 옳은 설명이다.

ㄴ. 전년동월비= $\frac{2022년\ N월\ 소비자물가지수}{2021년\ N월\ 소비자물가지수}$ ×100이므로 2021년 7월 소비자물가지수= $\frac{2022년\ 7월\ 소비자물가지수}{2022년\ 7월\ 전년동월비}$ 로 크기를 확인한다. 3개 품목 중 분자인 2022년 7월 소비자물가지수는 농축수산물이 가장 높고, 분모인 2022년 7월 전년동월비는 농축수산물이 가장 작아, 2021년 7월의 소비자물가지수가 가장 높은 품목은 농축수산물이므로 옳은 설명이다.

ㄹ. 〈그림〉의 각주에 따라 2021년 5월 대비 2022년 4월 소비자물가지수는 $\frac{2022년\ 5월\ 소비자물가지수}{2021년\ 5월\ 소비자물가지수}$ / $\frac{2022년\ 5월\ 소비자물가지수}{2022년\ 4월\ 소비자물가지수}$ =2022년 5월 전년동월비/2022년 5월 전월비임을 알 수 있다. 이는 그래프의 가로축 값/세로축 값을 의미하므로, 기울기 역수에 해당한다. 3개 품목 중 2022년 5월의 각 점을 원점에서 연결했을 때의 기울기는 공업제품이 가장 작으므로 기울기의 역수는 공업제품이 가장 크다. 따라서 2021년 5월 대비 2022년 4월의 소비자물가지수가 가장 높은 품목은 공업제품이므로 옳은 설명이다.

오답 체크

ㄷ. 2022년 5~7월 소비자물가지수의 전년동월비는 전기·가스·수도가 매월 가장 높지만, 전월비가 가장 높은 품목의 경우 5월은 전기·가스·수도, 6월은 공업제품, 7월은 농축수산물로 매월 다르므로 옳지 않은 설명이다.

ㄴ. 제시된 〈보고서〉의 세 번째 단락에서 2023년 '갑'국 산업의 업종별 전체 기업 수에서 대기업이 차지하는 비중이 가장 큰 업종은 금융 및 보험업(6.2%)이고, 가장 작은 업종은 수리 및 기타 개인 서비스업(0.2%)이었다고 했으므로 [업종별, 기업규모별 기업 수]는 〈보고서〉를 작성하기 위해 추가로 필요한 자료이다.

ㄷ. 제시된 〈보고서〉의 세 번째 단락에서 2023년 종사자규모가 100인 이상인 기업 수가 가장 많은 업종은 제조업(4,568개)이었으며, 10인 미만인 기업 수가 가장 많은 업종은 도매 및 소매업(1,632,986개)이었다고 했으므로 [업종별, 종사자규모별 기업 수]는 〈보고서〉를 작성하기 위해 추가로 필요한 자료이다.

오답 체크

ㄱ. 기업의 종사자 수에 관한 내용은 〈보고서〉에 없으므로 [업종별, 기업규모별 종사자 수]는 〈보고서〉를 작성하기 위해 추가로 필요한 자료가 아니다.

ㄹ. 제시된 〈보고서〉의 두 번째 단락에서 중소기업 수와 중소기업 중 소상공인이 차지하는 비중에 대해 언급되었으나, 해당 내용은 제시된 〈그림〉과 〈표〉를 통해 도출할 수 있으므로 [금융 및 보험업종 중소기업 분류별 기업 수]는 〈보고서〉를 작성하기 위하여 추가로 필요한 자료가 아니다.

22 자료판단 정답 ⑤

A학교에서 구입하려는 도서 목록의 총점 및 구매 지원비를 정리하면 다음과 같다.

구분 도서명	가격(원)	전문가 평점	학생 선호도(점)	교사 선호도(점)	총점 (점)	구매 지원비(원)
내일은 내일이	14,000	☆☆☆☆	75	85	160	9,000
조르도바	15,500	☆☆☆	48	80	128	3,000
정찰	21,000	☆☆☆☆☆	60	90	150	6,000
데미어	10,000	☆☆	84	70	154	6,000
경제야구	13,000	☆☆☆☆	90	55	145	5,000

ㄱ. A학교에서 구입하려는 도서 목록 중 총점이 가장 높은 도서는 총점이 160점인 '내일은 내일이'이므로 옳은 설명이다.

ㄷ. A학교에서 구입하려는 도서 목록 중 학생 선호도가 가장 높은 도서는 학생 선호도가 90점인 '경제야구'이고, '경제야구'의 구매 지원비는 5,000원이다. 또한 교사 선호도가 가장 높은 도서는 교사 선호도가 90점인 '정찰'이고, '정찰'의 구매 지원비는 6,000원이다. 따라서 '경제야구'의 구매 지원비는 '정찰'의 구매 지원비보다 적으므로 옳은 설명이다.

ㄹ. A학교에서 구입하려는 도서 목록의 가격 대비 구매 지원비는 '내일은 내일이'가 9,000/14,000≒0.6, '조르도바'가 3,000/15,500≒0.2, '정찰'이 6,000/21,000≒0.3, '데미어'가 6,000/10,000=0.6, '경제야구'가 5,000/13,000≒0.4로 '조르도바'의 가격 대비 구매 지원비가 가장 작으므로 옳은 설명이다.

오답 체크

ㄴ. A학교에서 구입하려는 도서 목록 중 구매지원비가 5,000원 이상인 도서는 '내일은 내일이', '정찰', '데미어', '경제야구' 총 4개이므로 옳지 않은 설명이다.

23 자료비교 정답 ⑤

ㄱ. 대출 한도가 4,000만 원 이상인 카드사는 '갑'과 '무'이고, 두 카드사의 2021년 카드 승인 실적은 각각 64×12백만 원, 166×12백만 원이다. 따라서 두 카드사의 2021년 연간 카드 승인 실적의 평균은 {(64+166)×12}/2=1,380백만 원으로 1,200백만 원 이상이므로 옳은 설명이다.

ㄷ. 6월 카드 승인 실적이 월평균 승인 실적보다 많은 카드사는 '병', '정', '무', '기'이고, 6월 신규 카드 발급 건수가 월평균 카드 발급 건수보다 많은 카드사는 '을', '병', '무'로, 둘 다 해당하는 카드사는 '병'과 '무'이므로 옳은 설명이다.

ㄹ. 카드사 '갑'~'기' 중 12월 신규 카드 발급 건수가 두 번째로 많은 '무'의 대출 이자율은 세 번째로 높으므로 옳은 설명이다.

오답 체크

ㄴ. '을'은 신규 카드 발급 건수가 가장 많은 달과 카드 승인 실적이 가장 높은 달이 10월로 같고, '정'은 12월로 같으므로 옳지 않은 설명이다.

24 자료판단 정답 ③

제시된 〈조건〉에 따르면 가장 먼저 대출 이자율이 10% 미만인 카드사 '정'과 '기'의 대출 한도를 40%씩 높여야 한다. 두 번째로 월별 카드 승인 실적이 월평균 승인 실적보다 많은 달이 적은 달보다 많은 카드사 '갑', '을', '정', '무'의 대출 한도를 1,000만 원씩 낮춰야 하고, 마지막으로 월평균 신규 카드 발급 건수가 적은 상위 3개 카드사 '갑', '을', '병'의 대출 한도를 50%씩 낮춘 값이 카드사별 최종 대출 한도로 결정된다. 이에 따른 대출 한도 변화는 다음과 같다.

구분	갑	을	병	정	무	기
기존 한도	5,000	3,000	1,500	2,500	4,000	1,000
첫 번째 조건 적용	5,000	3,000	1,500	3,500	4,000	1,400
두 번째 조건 적용	4,000	2,000	1,500	2,500	3,000	1,400
세 번째 조건 적용	2,000	1,000	750	2,500	3,000	1,400

따라서 최종 대출 한도가 가장 높은 카드사는 '무', 두 번째로 낮은 카드사는 '을'이다.

25 자료판단 정답 ②

- B: 2022년 체육지도자 자격 취득자 수는 2021년에 비해 16,631−14,686 =1,945명 증가했으므로 B에 해당하는 내용은 1,945이다.
- C: 연도별 체육지도자 자격 취득자 중 생활스포츠지도사 자격 취득자 수의 비중은 2018년에 (6,527/12,464)×100≒52.4%, 2019년에 (9,484/16,748)×100≒56.6%, 2020년에 (7,195/12,198)×100≒59.0%, 2021년에 (9,170/14,686)×100≒62.4%로, 2021년에 60%를 초과하므로 C에 해당하는 내용은 2021이다.
- E: 생활스포츠지도사를 제외한 체육지도자 자격 종류 중 2022년에 취득자 수가 가장 많은 자격 종류는 노인스포츠지도사이므로 E에 해당하는 내용은 노인스포츠지도사이다.

따라서 B는 1,945, C는 2021, E는 노인스포츠지도사이다.

| 언어논리영역 · 상황판단영역 |
1교시

응시번호

성명

실전모의고사  **3회**

문제책형  **인**

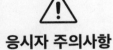

응시자 주의사항

1. **시험시작 전 시험문제를 열람하는 행위나 시험종료 후 답안을 작성하는 행위를 한 사람**은 「공무원 임용시험령」 제51조에 의거 **부정행위자**로 처리됩니다.

2. 답안지 책형 표기는 시험시작 전 감독관의 지시에 따라 **문제책 앞면에 인쇄된 문제책형을 확인**한 후, **답안지 책형란에 해당 책형(1개)을 '●'로 표기**하여야 합니다.

3. 시험이 시작되면 문제를 주의 깊게 읽은 후, **문항의 취지에 가장 적합한 하나의 정답만을 고르며**, 문제내용에 관한 질문은 할 수 없습니다.

4. **답안을 잘못 표기하였을 경우에는 답안지를 교체하여 작성하거나 수정할 수 있으며**, 표기한 답안을 수정할 때는 **응시자 본인이 가져온 수정테이프만을 사용**하여 해당 부분을 완전히 지우고 부착된 수정테이프가 떨어지지 않도록 손으로 눌러주어야 합니다. **(수정액 또는 수정스티커 등은 사용 불가)**

5. **시험시간 관리의 책임은 응시자 본인에게 있습니다.**
   ※ 문제책은 시험종료 후 가지고 갈 수 있습니다.

**정답공개 및
해설강의 안내**

1. 모바일 자동 채점 및 성적 분석 서비스
   • '약점 보완 해설집'에 회차별로 수록된 QR코드 인식 ▶ 응시 인원 대비 자신의 성적 위치 확인

2. 해설강의 수강 방법
   • 해커스PSAT 사이트(www.psat.Hackers.com) 접속 후 로그인 ▶ 우측 퀵배너 [쿠폰/수강권 등록] 클릭 ▶ '약점 보완 해설집'에 수록된 쿠폰번호 입력 후 이용

언어논리영역

1. 다음 글에서 알 수 있는 것은?

고려 제4대왕 광종은 958년 과거 제도를 시행하였다. 과거를 통해 귀족의 관직 독점을 제한할 수 있었기에, 왕권을 강화하기 위해 과거가 시행된 것으로 알려져 있다. 과거 실시에는 그뿐 아니라 외교 역량의 강화라는 목적도 존재하였다. 10세기 중국은 당이 멸망하고, 여러 나라가 세워지며 혼란스러운 5대 10국의 시대였다. 그렇기 때문에 고려에서는 여러 나라와의 관계 유지를 위한 외교문서 작성이 중요했는데, 당의 멸망으로 중국 유학생의 유입이 끊기게 되자 과거를 통해 외교문서 작성을 담당할 이들을 충원한 것이다. 광종 대에 치러진 과거시험에서는 중국 고대의 한문 문체인 사륙변려체의 작성 능력을 평가하는 과목이 포함되어 있었다는 사실도 이를 뒷받침한다. 과거를 통해 선발된 인재는 국내 문서와 외교 문서의 작성을 담당하게 될 것이므로 국내외 문서에서 빈번히 쓰이는 사륙변려체에 능통한 인재가 필요했기 때문이다.

한편 고려시대와 달리, 조선시대의 과거 제도는 양반 관료층의 특권을 유지하는 데에 기여한 측면이 있다. 문치주의 국가였던 조선에서 문과 급제자만 요직에 오를 수 있었기에, 당시 과거에서 문과가 가장 중요시되었다. 문과는 3년에 한 번씩 시행되는 식년시와 수시로 열리는 비정기 문과로 나뉜다. 정기시는 식년시가 유일했으나 비정기 문과에는 증광시·별시·알성시·정시·춘당대시 등 종류가 다양했다. 비정기 문과는 유생들의 학업을 장려하거나 국가의 경사를 축하한다는 명분으로 시행되었으나, 매회 33명의 급제자를 선발하는 식년시 문과로는 부족한 인재를 보충하는 목적도 있었다. 그런데 조선 전기 명종 대까지 비정기 문과는 응시 대상을 서울 거주자로 한정하고 시험 공고 기간이 매우 짧아 서울에 거주하는 일부 특권계층에게 유리하게 진행되었다. 이에 따라 조선 전기에는 식년시 문과로 선발되는 인원이 비정기 문과로 선발되는 인원보다 많았으나, 조선 후기에 이르러서는 비정기 문과에서 급제하는 인원이 식년시 문과 급제자 수를 초과하는 현상이 나타났다. 더구나 관직의 수가 부족하여 식년시 급제자들도 등용되지 못하는 상황에서, 관직을 추구하는 양반의 요구에 부응하여 비정기 문과가 자주 열리게 되면서 과거에 급제하였음에도 관직을 얻지 못하는 이들도 많았다.

① 광종의 과거 제도 시행에는 왕권 강화의 목적이 없었다.
② 고려시대에는 과거에 급제하여 관리가 될 자격을 갖추게 되었음에도 임용되지 못하는 사람이 크게 늘었다.
③ 식년시 문과가 더 많이 시행되었던 조선 전기와 달리, 조선 후기에는 비정기 문과가 더 많이 시행되었다.
④ 고려시대에 사륙변려체는 대(對)중국 외교 시뿐만 아니라 국내 문서에서도 사용되었다.
⑤ 조선시대에 과거 응시자격은 일부 특권층에게만 부여되었다.

2. 다음 글의 내용과 부합하는 것은?

고려의 지방 행정은 지방관, 즉 수령이 파견되는 주현(州縣)과 수령이 파견되지 않는 속현(屬縣)으로 구분하여 이루어졌다. 수령은 하나의 주현을 통솔하고 각 주현은 다수의 속현을 관할하였는데, 속현 또는 속현보다 규모가 작은 향(鄕)·소(所)·부곡(部曲) 등은 수령의 지휘 및 통제를 받는 지방 향리가 행정을 처리하도록 하였다. 이처럼 고려는 국가 권력의 대행자인 수령이 지방 세력인 향리층을 통제하는 방식으로 중앙집권 체제의 기틀을 잡았다.

향리는 수령을 보좌하여 속현 등의 조세 수취와 사법 행정을 담당하였다. 조세 수취의 실질적인 책임자였던 향리는 지방민으로부터 조세를 거두어 관에 납부할 때 수취한 조세의 양이 정액에 모자랄 경우 이를 채워야 했다. 이때 수령은 향리의 조세 수취를 감독하고, 권농이나 조세 감면 등을 통해 조세 수취가 원활하게 이루어지게 했는데, 수령 역시 향리가 수취한 조세가 정액에 모자랄 경우에는 파면되는 등 조세 수취에 책임을 져야만 했다. 또한 향리의 일부는 지방 사회에서 사법 행정도 담당하였다. 본래 사법권은 중앙에서 파견한 수령에게만 부여되었으나 고려 초기에는 파견된 수령이 적어 수령이 많은 소송을 처리하기에는 어려움이 있었다. 이에 일부 속현에서는 지방 사회의 유력 세력인 향리층, 그중에서도 상층부에 속하는 호장층에게 제한적으로 판결의 권한을 부여하였다. 이후 지방에 대한 국가의 영향력이 점차 높아지고 사법 제도가 정비됨에 따라 이들이 가지고 있던 사법권 또한 수령에 완전히 귀속되었다.

향리는 지방 사회에서 행해지는 제사를 주도적으로 담당하였다. 주현과 속현을 막론하고 자연적으로 중요한 곳에는 국가가 중앙 관료를 파견하여 그곳에 제사를 지내게 하였으나 대부분의 주현과 속현에는 조상신에 대한 제사 등이 향리를 중심으로 자체적으로 행해지고 있었다. 이외에도 불교와 관련된 제사나 석탑 건립 등의 행사가 호장층의 주도로 이루어졌다. 이는 지방 사회의 행사에서는 지방민과 좀 더 밀착된 존재였던 향리가 수령보다 주도적인 역할을 담당하였음을 보여준다.

① 향리는 수령과 달리 조세 수취에 대한 책임이 없었다.
② 고려 초기에는 모든 수령과 향리에게 사법권이 있었다.
③ 고려 지방 사회의 모든 제사는 향리의 주도하에 이루어졌다.
④ 일부 향리에게는 불교 제사를 주도할 수 있는 권한이 있었다.
⑤ 향리는 수령이 파견되지 않은 지방에서 수령의 통제 없이 행정을 처리했다.

3. 다음 글의 핵심 논지로 가장 적절한 것은?

　　현대 사회는 과거에 비해 기술과 사회 연결망이 크게 발달하였으나, 우리는 과거에 겪었던 문제에 반복하여 봉착하곤 한다. 이는 현대 사회에서 발생하는 문제의 대부분이 과거에서부터 반복되어 온 문제들이며, 문제가 발생하는 모습은 다양하지만 본질적인 원인이나 해결책은 유사하다는 것을 알 수 있다. 즉, 현대 사회의 문제를 본질적으로 해결하기 위해서는 과거의 경험에서 답을 찾아야 한다. 이러한 측면에서 고전 작품은 현실 문제 해결 시 큰 도움이 되곤 한다.

　　고전 작품이 현실 문제 해결에 도움이 되는 이유는 다음과 같다. 먼저 고전 작품의 주제나 등장인물의 삶에는 독자에게 전달하는 메시지가 있다. 메시지에는 옛사람들의 삶이 담겨 있으며, 옛사람들과 현대인들의 삶은 서로 연관되어 있으므로 독자는 고전 작품을 통해 스스로를 성찰하고, 옛사람들의 삶을 자신의 삶에 맞게 반영하여 현재의 삶을 개선할 수 있다.

　　그뿐만 아니라 고전 작품은 당시 시대의 특수성과 인류 문화의 보편성을 함께 공유하여 독자가 현대 사회에서 추구해야 할 가치관을 발견하게 한다. 고전 작품을 읽으면 당대 동·서양 문화를 간접적으로 체험하여 그 시대의 역사적 상황과 특수성을 이해하도록 하며, 옛사람들과 현대인 모두가 공감할 수 있는 인류 문화의 보편적 가치를 깨닫게 한다. 가령 도스토옙스키의 '죄와 벌'은 전체주의라는 특수한 시대상을 이해하게 함과 동시에 동시대 사람과 작품을 읽는 현대인 모두에게 인간 내면의 양심에 대해 생각할 수 있게 한다. 즉, 고전 작품에서 드러난 시대적 특징은 현재와 차이가 있을 수 있으나, 작품 내 시대와 현재의 우리가 추구해야 할 가치는 크게 다르지 않다는 것이다. 따라서 고전 작품에서 전하고자 했던 인류 보편적 가치를 이해한다면 현대 사회 문제의 해결책을 찾기 위한 통찰력을 기를 수 있다. 이처럼 고전 작품이 제공하는 경험은 현대 사회의 문제점을 해결하고 더 나은 삶을 만들기 위한 척도가 될 수 있다. 과거의 경험을 통해 우리의 삶을 되돌아본다면 과거 문제를 되풀이하지 않고 보다 중심 잡힌 삶을 살아갈 수 있을 것이다.

① 고전 작품에 제시된 과거의 경험을 바탕으로 현대 사회의 문제점을 해결할 실마리를 찾아야 한다.

② 고전 작품에 등장하는 시대상은 현대 사회를 살아가는 사람들의 삶과 관련이 없다.

③ 고전 작품은 현대 사회에서 발생하는 문제점을 해결할 방안을 제시하지 못한다.

④ 고전 작품은 동·서양 문화를 간접 체험하게 하므로 그 시대의 역사적 상황을 이해할 수 있다.

⑤ 고전 작품에 등장하는 인물의 삶은 저자가 독자에게 제시하고자 하는 메시지가 담겨 있다.

4. 다음 글의 논지로 가장 적절한 것은?

　　화폐는 일반적으로 국가에서 발행하여 해당 국가 내에서 공통적으로 사용하지만, 지역화폐처럼 특정 지역 내 일부 상점에서만 사용되는 화폐도 있다. 지역화폐란 지역 내 소상공인을 보호하여 지역경제를 활성화할 목적으로 발행되는 화폐를 말한다. 현재 우리나라는 거의 모든 지자체에서 지역화폐를 발행하고 있으나, 일부에서는 지역화폐의 사용에 대해 경제적 실효성이 높지 않다는 비판의 목소리를 제기한다. 그들이 지역화폐의 경제적 효과가 높지 않다고 보는 이유는 무엇이며, 이를 보완하기 위한 방법은 무엇일까?

　　지역화폐는 발행 지역 내에서만 사용이 가능하고, 대형마트 등을 제외한 전통시장이나 일부 상점으로 사용처도 한정되기 때문에 동네의 소상공인 경제력을 제고하는 데 일부 도움이 될 수 있다. 그러나 이러한 지역화폐를 활용한 소비는 대부분 일시적인 현상에 그친다. 지역화폐를 사용하기 위해서는 별도로 지역화폐용 카드를 신청하거나 지류 상품권을 직접 구입해야 하므로 지역화폐에 대한 접근성이 높지 않기 때문이다. 지역화폐의 취득과 사용의 번거로움을 상쇄할 혜택이 없는 상황에서는 지역화폐를 통해 개별 지자체 내의 장기적인 경제 활성화를 기대하기 어렵다. 따라서 지역화폐의 효과를 높이기 위해서는 지역화폐가 반복·순환적으로 활용될 수 있도록 접근성을 개선할 필요가 있다.

　　국가 전체 입장에서 봤을 때도 지역화폐가 경제 활성화에 큰 도움을 주지는 않는다. 특정 지역에서 지역화폐를 발행할 경우, 해당 지역의 인접 지역에서는 소비가 감소하여 그 지역의 경제는 타격을 입게 된다. 이때 지역경제 활성화를 위해 인접 지역에서도 모두 지역화폐를 발행한다면, 새로 끌어들일 외부의 지출이 없으므로 어느 지역도 경제적 이익을 얻지 못한다. 결국 지역화폐 발행 비용만 부담하게 되어 국가 전체 입장에서는 오히려 손실이 발생한다. 따라서 지역화폐는 낙후 지역에 한해 축제나 관광상품과 연계하여 시행하는 등 유통 범위를 좁게 설정해야 그 경제적 효과가 더 높아질 수 있다.

① 모든 지역에서 지역화폐를 발행할 경우 경제적 이익이 발생하지 않는다.

② 지역화폐는 대형마트에서 사용이 제한되므로 지역경제 활성화의 효과가 크지 않다.

③ 우리나라의 지역화폐는 소상공인을 보호하여 지역경제를 활성화할 목적으로 발행되었다.

④ 지역화폐가 반복적으로 사용되도록 접근성을 개선한다면 지역화폐의 사용을 활성화할 수 있다.

⑤ 지역화폐를 통해 지역 및 국가 경제를 활성화하기 위해서는 접근성 및 유통 범위를 개선해야 한다.

5. 다음 글의 내용과 부합하지 않는 것은?

　클로스트리디움 보툴리눔은 식중독을 유발하는 혐기성 세균으로 동물의 근육을 마비시키는 보툴리눔 독소를 생성한다. 보툴리눔 독소는 현재 알려진 독성 단백질 중 가장 치명적이기 때문에 0.1μg만 주입해도 성인 한 명이 사망에 이를 수 있다. 그럼에도 불구하고 보툴리눔 독소의 근육을 마비시키는 특성은 의료계에서 높은 가치를 인정받아 미용 시술 또는 근신경치료에 사용되었다. 현재는 보툴리눔 독소가 근신경치료에 사용될 경우 부작용의 위험이 있어 상대적으로 위험이 적은 미용 시술에 대중적으로 사용되고 있다.

　오늘날 미용을 목적으로 한 보툴리눔 독소 시술은 안면윤곽 개선 또는 주름 개선에 사용된다. 독소를 이용한 시술이지만 불안감이나 거부감을 상쇄하려는 의도에서 독소라는 명칭보다는 주로 약제의 제품명인 보톡스라는 명칭으로 불린다. 얼굴 부위의 미용 보톡스 시술은 피부층에만 극미량 주사되기 때문에 부작용 위험이 적어 비교적 안전하게 시술을 받을 수 있다. 만약 아래턱뼈 끝이 도드라진 사각턱을 완화하기 위한 보톡스 시술이라면 턱 근육에 보톡스를 주사하여 안면윤곽을 부드럽게 개선한다. 다만 이는 사각턱이 턱 근육의 과잉 발달로 인한 것이어야 충분한 효과를 볼 수 있으며, 골격적인 원인이 크다면 성형수술을 병행해야 한다. 또한 주름을 개선하기 위한 보톡스 시술이라면 잔주름을 만들어내는 표정 근육에 보톡스를 주사한다.

　그러나 보툴리눔 독소는 여전히 위험하고 강력한 독소이기 때문에 치료에 적합한 양을 사용하더라도 잘못된 위치에 주사하거나 환자의 특이 체질이 결합하는 경우 치명적인 결과가 발생할 수 있다. 독소가 근육이 아닌 혈관 내부로 흡수될 경우 일반적인 이물질과 달리 분해 효소 등의 대사 작용만으로는 해독을 기대할 수 없기 때문이다. 무엇보다 시술 시 주사량에 대한 기준이 아직 정립되지 않았고, 아무리 간단한 시술이라도 의사가 실수할 가능성은 언제나 존재하기 때문에 독소의 부작용 및 예방에 대한 연구가 더 진행되어야 한다는 견해가 힘을 얻고 있다.

① 보툴리눔 독소 시술 시 주입되는 주사량은 국제적인 기준에 따라 적용된다.
② 미용을 목적으로 한 보톡스 시술은 턱 근육 또는 표정 근육에 주사한다.
③ 보툴리눔 독소는 단백질 분해 효소의 대사 작용만으로 해독할 수 없다.
④ 미용을 목적으로 보툴리눔 독소를 사용하는 것은 근신경치료보다 부작용 위험이 적다.
⑤ 주름 개선과 달리 사각턱 골격을 개선하기 위해서는 보톡스 시술 외에 성형수술을 병행해야 한다.

6. 다음 글에서 알 수 있는 것은?

　○○부는 3월 28일부터 전국 16개 시도에서 청년과 신혼부부, 신생아 출산 가구를 대상으로 매입임대주택 입주자를 모집한다고 밝혔다. 모집 규모는 청년가구 1,722가구, 신혼부부·신생아가구 2,702가구로 총 4,424가구에 대해 신청자 자격 검증 등을 거쳐 이르면 6월 말부터 입주할 수 있다.

　청년 매입임대주택은 무주택자인 미혼 청년 중 만 19~29세를 대상으로 공급하며, 시세의 40~50% 수준의 저렴한 임대료로 최대 10년 동안 거주할 수 있다. 신혼·신생아가구 매입임대주택은 다가구주택 등에서 시세의 30~40%로 거주할 수 있는 Ⅰ유형에 1,490가구를, 아파트·오피스텔 등에서 시세의 70~80%로 거주할 수 있는 Ⅱ유형에 1,212가구를 모집할 예정이다. 신혼·신생아 Ⅰ유형은 도시근로자 가구당 월평균 소득의 70% 이하면 신청할 수 있다. 신혼·신생아 Ⅱ유형은 도시근로자 가구당 월평균 소득의 100% 이하면 신청할 수 있다. 만약 맞벌이 가구라면 신혼·신생아 Ⅰ유형은 가구당 월평균 소득의 90% 이하, 신혼·신생아 Ⅱ유형은 가구당 월평균 소득의 120% 이하를 충족하면 된다.

　신생아가구라면 이번 모집에 지원하는 것이 유리하다. 저출산 극복을 위한 주거지원 방안이 마련되어 이번 입주자 모집부터 적용되기 때문이다. 이에 따라 신생아가구는 1순위 입주자로 우선 공급 대상자에 해당한다. 명칭도 기존 신혼부부 매입임대주택에서 신혼·신생아 매입임대주택으로 변경하는 이유가 바로 여기에 있다. 아울러 결혼 7년 이내 신혼부부와 예비 신혼부부, 만 6세 이하 자녀를 양육하는 가구라면 신혼·신생아 매입임대주택 입주자 모집에 신청할 수 있다.

① 맞벌이 신혼부부의 가구당 월평균 소득이 110%라면 신혼·신생아 Ⅱ유형에 신청할 수 있다.
② 신혼·신생아가구 매입임대주택은 Ⅰ유형 이용 시 Ⅱ유형 이용 시보다 저렴한 임대료로 이용할 수 있다.
③ 무주택자인 25세 미혼 청년 1인 가구는 1순위 입주자에 해당한다.
④ 결혼 7년 이내 신혼부부는 최대 10년까지 매입임대주택에서 거주할 수 있다.
⑤ 청년가구와 달리 신혼부부·신생아가구는 전국 16개 시도 모두에서 매입임대주택 입주자 신청을 할 수 있다.

7. 다음 대화의 ㉠에 따라 〈계획안〉을 수정한 것으로 적절하지 않은 것은?

> 갑: A시 문화재 안내판 정비 사업의 일환으로 안내문안 공모전이 진행됩니다. 오늘 회의에서는 문화재 안내문안 공모전의 개최 계획을 검토해보고자 합니다. 나눠드린 계획안을 어떻게 수정하면 좋을지 각자 의견을 말씀해주세요.
>
> 을: 공모 내용에 기존 안내판이 이해하기 어렵거나 잘못된 내용이 있어 시민이 직접 쓴 안내문안으로 개선하려 한다는 것을 포함하면 어떨까요? 그러면 이러한 취지에 맞는 좋은 아이디어가 많이 나올 수 있을 것 같습니다.
>
> 병: 공모전의 취지가 설명되어도 어떻게 작성해야 할지 감을 잡기 어려울 수 있으니 수정 사례와 함께 문화재 안내문안 작성 방법을 설명해주면 더 좋을 것 같습니다. 또한, 공모전 결과를 궁금해하는 사람이 많을 테니 공모 기간뿐만 아니라 심사 결과를 언제 발표하는지도 안내해야 합니다.
>
> 정: 다른 지역에서 이와 비슷한 공모전을 했을 때 참가자가 안내판을 찍어서 수정한 안내문안과 함께 제출하도록 하였는데 당시 참여율이 높지 않았다고 합니다. 따라서 공모 대상이 되는 문화재 20개 정도를 선정하고, 기존 문안을 A시 홈페이지에서 확인할 수 있게 하면 좋을 것 같습니다.
>
> 무: 시민들이 쉽게 참여할 수 있어 좋은 방법인 것 같습니다. 그리고 횟수 제한을 두지 않고 한 사람이 여러 가지 안내문안을 제출할 수 있게 하면 공모전 참여율이 더욱 높아질 것입니다.
>
> 갑: 좋은 의견 내주셔서 고맙습니다. ㉠오늘 회의에서 나온 의견을 모두 반영하여 계획안을 수정하겠습니다.

> ―――――〈계획안〉―――――
> A시 문화재 안내문안 공모전
> ○ 공모 내용: 문화재 안내문안
> ○ 공모 일정: 10. 1.(금) ～ 10. 15.(금)
> ○ 참가 자격: 우리 문화재를 사랑하는 시민 누구나
> ○ 참가 방법: A시 홈페이지를 통해 직접 쓴 안내문안 제출

① 공모 내용에 시민의 참여를 통해 안내문안을 정비한다는 공모전의 취지를 추가한다.

② 공모 일정을 '접수 기간'으로 바꾸고, 심사 결과 발표 예정일을 추가한다.

③ 참가 자격을 '우리 문화재를 사랑하는 시민 누구나(1인당 2개 이상의 안내문안 제출 가능)'으로 수정한다.

④ 응모 방법에 안내문안 제출 시 수정이 필요한 안내판의 사진을 첨부한다는 내용을 추가한다.

⑤ 문화재 안내문안 작성 가이드라인과 작성 예시를 설명하는 항목을 추가한다.

8. 다음 글의 ㉠과 ㉡에 들어갈 내용을 적절하게 짝지은 것은?

> 통계청은 매년 생명표를 작성하여 발표하고 있다. 생명표란 현재의 연령별 사망 수준이 유지된다는 가정하에, 특정 연령의 사람이 향후 얼마나 더 오래 살지를 추정한 통계표이다. 생명표의 기초가 되는 자료는 해당 연도의 사망자 수와 기준 인구로, 이때 기준 인구란 연앙 인구, 즉 한 해의 중간인 7월 1일 기준의 주민등록인구를 가리킨다.
>
> 통계청이 발표한 2020년 생명표에 따르면 2020년 한국인의 기대수명은 83.48세이다. 성별로 나눠보면 남자의 기대수명은 80.49세, 여자의 기대수명은 86.47세로 남녀 모두 전년 대비 약 0.2년이 증가하였다. 기대수명은 0세인 출생아의 기대여명을 의미하며, 일반적으로 평균수명이라는 말이 널리 사용되고 있다. 그리고 기대여명이란 특정 연령의 사람이 앞으로 생존할 것으로 기대되는 평균 생존 연수를 의미한다. 흥미로운 점은 0세를 제외한 모든 연령에서 현재 연령과 기대여명의 합은 언제나 ⎡ ㉠ ⎤는 것이다. 일례로 2020년 기준으로 40세 남자의 기대여명은 41.53세, 60세 남자의 기대여명은 23.41세이다. 이런 결과가 나오는 이유는 이제 막 태어난 출생아들 가운데 적잖은 이들이 40세, 60세 전에 사망할 것이고, 이것이 평균값에 영향을 주었기 때문이다. 다시 말해 기대수명에는 0세에 죽지 않고 다음 연령까지 생존할 확률이 추가적으로 반영되어 이러한 차이가 발생하게 되는 것이다.
>
> 한편 0세를 제외한 연령의 기대여명은 ⎡ ㉡ ⎤. 우리나라에서 생명표가 처음 만들어진 1970년에 40세 남자의 기대여명은 26.68세, 60세 남자의 기대여명은 12.74세였다. 이와 대조적으로, 1970년 기준 남자의 기대수명은 58.74세였다. 이렇듯 0세를 제외한 연령의 기대여명의 증가폭과 기대수명의 증가폭이 차이 나는 이유는 유아 사망률 감소가 기대수명의 증가에 큰 영향을 끼치기 때문이다.

① ㉠: 기대수명보다 길다
　 ㉡: 기대수명과 달리 감소하고 있다

② ㉠: 기대수명보다 짧다
　 ㉡: 기대수명과 달리 감소하고 있다

③ ㉠: 기대수명보다 길다
　 ㉡: 기대수명과 마찬가지로 증가와 감소가 번갈아 나타난다

④ ㉠: 기대수명보다 짧다
　 ㉡: 기대수명만큼 많이 증가하지 않는다

⑤ ㉠: 기대수명보다 길다
　 ㉡: 기대수명만큼 많이 증가하지 않는다

9. 다음 글의 ㉠의 내용으로 가장 적절한 것은?

> 갑은 미혼이었던 2016년 4월 18일부터 ○○군에 주민등록을 두고 거주하다가 국제결혼을 하여 2018년 4월 29일 혼인신고를 하였다. 갑의 부인은 2018년 6월 8일에 입국하여 외국인 등록을 하였고, 갑은 부인과 혼인상태로 ○○군에 거주하다가 2018년 12월 18일 정착지원금을 신청하여 2018년 12월 30일 정착지원금을 지원받았다. 이후 2020년 12월 31일 갑은 부인과 함께 ○○군 이외의 지역으로 전출을 하게 되었는데, 갑의 전출 사실을 확인한 ○○군은 갑이 부정한 방법으로 정착지원금을 지원받지는 않았으나, 지원받은 정착지원금을 목적 외의 용도로 사용하였음을 알게 되었다. ○○군은 갑에 대한 정착지원금을 회수하기 위해 회수 여부를 검토한 결과, 「○○군 다문화가족 지원에 관한 조례」(이하 "조례"라 한다)와 「○○군 다문화가족 지원에 관한 조례 시행규칙」(이하 "규칙"이라 한다)이 불일치한다는 문제를 발견하였다. 이에 따라 ○○군은 ㉠ 조례와 규칙이 서로 불일치하는 부분을 개정했고 갑이 지원받은 정착지원금의 전액을 회수하였다.

> 「○○군 다문화가족 지원에 관한 조례」
> 제11조(정착지원금 지원) ① 군수는 다문화가정의 행복하고 안정적인 정착지원과 건강가정 육성을 위하여 지원대상자의 신청에 의해 예산의 범위에서 정착지원금을 지원할 수 있다.
> ② 정착지원금 지원대상은 2년 전부터 계속 군내에 주민등록을 두고 거주한 미혼자로서 국제결혼 혼인신고를 하고 신부가 입국하여 외국인으로 등록한 날부터 혼인상태로 6개월 이상 거주한 사람으로 한다.
> ③ 군수는 정착지원금을 지원받은 사람이 정착지원금을 지원받은 날로부터 2년 내에 군 이외의 지역으로 전출한 때, 또는 정착지원금을 목적 외의 용도로 사용하거나 부정한 방법으로 지원받은 사실이 발견되는 경우에는 정착지원금의 전액을 회수하여야 한다.

> 「○○군 다문화가족 지원에 관한 조례 시행규칙」
> 제5조(정착지원금의 회수) ① 군수는 조례 제11조 제3항의 규정에 의하여 회수하여야 할 정착지원금에 대하여 다음과 같이 이를 징수한다.
> 　1. 조례 제11조 제3항의 정착지원금을 목적 외의 용도로 사용한 경우 일부 회수하고 부정한 방법으로 지원받은 사실이 발견되는 경우 전액 회수한다.
> 　2. 조례 제11조 제3항의 정착지원금을 지원받은 자가 정착지원금을 지원받은 날로부터 2년 내에 군 이외의 지역으로 전출하는 경우 전액 회수한다.

① 조례 제11조 제2항의 '혼인신고를 하고 신부가 입국하여 외국인으로 등록한 날부터'를 '혼인신고를 한 날부터'로 개정한다.

② 조례 제11조 제3항의 '정착지원금을 지원받은 날로부터'를 '정착지원금을 신청한 날로부터'로 개정한다.

③ 조례 제11조 제3항의 '2년 내에 군 이외의 지역으로 전출한 때'를 '2년 내에 군 이내의 지역으로 전출한 때'로 개정한다.

④ 규칙 제5조 제1항 제1호의 '목적 외의 용도로 사용한 경우 일부 회수하고'를 '목적 외의 용도로 사용한 경우 전액 회수하고'로 개정한다.

⑤ 규칙 제5조 제1항 제1호의 '목적 외의 용도로 사용한 경우 일부 회수하고 부정한 방법으로 지원받은 사실이 발견되는 경우 전액 회수한다'를 '부정한 방법으로 지원받아 목적 외의 용도로 사용한 경우 전액 회수한다'로 개정한다.

10. 다음 글의 ㉠과 ㉡에 들어갈 진술로 가장 적절한 것은?

> 제주도에 사는 사람 중에 머리카락의 개수가 같은 사람이 있을까? 이 질문에 답하기 위해서 제주도에 사는 사람들의 머리카락 개수를 일일이 세어볼 필요는 없다. 비둘기 (n+1)마리가 n개의 비둘기집에 들어간다면, 2마리 이상의 비둘기가 들어간 비둘기집이 적어도 하나는 있다는 비둘기집 원리로 증명할 수 있기 때문이다. 평균적으로 머리카락 개수는 10~12만 개라고 알려져 있다. 편의상 머리카락 개수의 최댓값을 12만 개라고 하면 사람의 머리카락 개수로는 0개부터 12만 개까지가 가능하고, 제주도 인구는 67만 명이 넘으므로 머리카락 개수가 같은 사람이 반드시 존재한다는 것을 알 수 있다. 다르게 표현해보면 n > m일 때, n개의 물건을 m개의 상자에 나누어 담을 경우 물건이 가장 적게 들어가는 상자에는 n/m개 이하의 물건이 담기게 된다. 이때 n/m이 정수로 나누어떨어지지 않으면 소수점 이하는 ┌ ㉠ ┐
>
> 또 다른 예를 살펴보자. 불특정 다수의 사람이 모인 자리에서 임의로 2명을 고르면 그 둘은 서로를 아는 사이거나 모르는 사이일 것이다. 그렇다면 아래의 (1)은 참일까, 거짓일까?
>
> (1) 임의의 6명이 모였을 때 모두 서로를 아는 사이인 사람이 적어도 3명 존재하거나, 모두 서로를 모르는 사이인 사람이 적어도 3명 존재한다.
>
> 6명의 사람을 각각 A, B, C, D, E, F라고 할 때, A~C 3명이 모두 서로를 아는 사이라는 것은 A와 B, A와 C, B와 C 각각이 서로를 안다는 것이다. (1)의 참·거짓을 판단하기 위해서는 먼저 A를 기준으로 서로 아는 사이인 사람과 서로 모르는 사이인 사람으로 나누어 본다. 사람은 B~F 5명이고 이들을 아는 사람과 모르는 사람 둘로 나누는 것이므로, 비둘기집 원리에 의해 둘 중 한쪽은 적어도 3명이 된다. 예컨대 A와 B, A와 C가 서로 아는 사이라면 A는 D, E, F와는 서로 모르는 사이인 것이다. 이때 D, E, F를 기준으로 또다시 서로 아는 사이와 서로 모르는 사이를 나누어 본다. 이들 중 두 사람이 서로를 모를 수 있다. 이를테면 D와 E, D와 F는 서로를 알고, E와 F는 서로를 모르는 식이다. 그런데 어쩌면 이들 세 사람이 모두 서로서로 알 수도 있다. 그 두 가지 경우를 고려해보면 '┌ ㉡ ┐'라는 결론을 도출할 수 있다.

① ㉠: 버림을 하면 된다.
　㉡: (1)은 참이다.

② ㉠: 올림을 하면 된다.
　㉡: (1)은 참이다.

③ ㉠: 버림을 하면 된다.
　㉡: (1)은 참일 수도 있고, 거짓일 수도 있다.

④ ㉠: 올림을 하면 된다.
　㉡: (1)은 거짓이다.

⑤ ㉠: 버림을 하면 된다.
　㉡: (1)은 거짓이다.

11. 다음 글에서 추론할 수 있는 것은?

> 현재 우리나라의 자동차 번호판은 흰색 바탕에 검은색 글씨로 적힌 여덟 자리의 차량 등록 번호와 위·변조 방지 홀로그램으로 구성되어 있다. 차량 등록 번호 중 앞의 세 자리는 차량의 종류를 나타내는데, 100~699는 승용차, 700~799는 승합차, 800~979는 화물차, 980~997은 특수자동차, 998~999는 긴급자동차에 해당한다. 네 번째 자리에는 용도 기호가 한 글자로 들어가며, 크게 자동차운수사업용과 비사업용으로 나뉜다. 이에 따라 관용을 포함한 자가용은 '가~마, 거~저, 고~조, 구~주'의 32종이 쓰인다. 자동차운수사업용의 경우 버스나 택시는 '바~자', 렌터카는 '하·허·호', 택배 차량은 '배'가 사용된다.
>
> 오늘날에도 종종 볼 수 있는 초록색 바탕에 흰색 글씨로 차량 식별 번호가 두 줄로 적힌 자동차 번호판은 1973년에 도입되어 2004년까지 사용되었다. 이 번호판의 윗줄에는 '서울', '경기' 등 차량을 등록한 지역과 함께 차종을 나타내는 숫자가 들어간다. 이때 차종 기호로 승용차는 1~4, 승합차는 5~6, 화물차는 7~8, 특수·긴급자동차는 9, 그리고 수입차의 경우 0의 번호가 부여되었다. 한편 아랫줄에는 한 글자의 용도 기호와 네 자리의 일련번호가 들어간다. 용도 기호는 자동차운수사업용과 그렇지 않은 것으로 구분하여, 자동차운수사업용인 경우 '바~하'와 렌터카를 나타내는 '허'의 10종이 부여되었다.
>
> 하지만 자동차 등록 대수가 증가함에 따른 번호 부족 문제가 발생하였고, 이를 해소하고자 1996년부터는 차종을 두 자릿수로 표시하게 되었다. 그래서 이때부터 승용차는 01~69, 승합차는 70~79, 화물차는 80~97, 특수차는 98~99의 차종 기호가 부여되었고, 이것이 세 자릿수로 늘어나게 되는 2019년까지 사용되었다. 또한, 당시에는 지역별로 차종 기호를 할당하였기 때문에 이 두 자릿수가 등록한 시·군·구를 나타내기도 하였다.
>
> 한편 지역감정을 유발하는 점과 시도 간 전출입 시 자동차 번호판도 교체할 수밖에 없어 번거롭다는 점에 대하여 지속적인 문제 제기가 있었다. 그래서 2004년부터는 번호판에서 지역명을 빼고, 차종 기호와 함께 용도 기호를 윗줄에 넣는 것으로 변경되었다. 2006년에는 현재와 같이 한 줄로 된 자동차 번호판이 도입되었다.

① 흰색 바탕에 검은색 글씨로 된 자동차 번호판은 차종 기호가 두 자릿수로 변경된 해부터 사용되었다.

② 1980년에 등록 번호를 부여받은 '경기 3 하 5678'은 경기도에서 등록하여 렌터카로 사용되는 승용차일 것이다.

③ 1999년에 '서울 50 가 1234'와 '서울 50 나 9876'의 등록 번호가 부여된 두 차량은 같은 구청에서 등록하였을 것이다.

④ 2005년에 부산에서 등록한 영업용 승합차의 번호판에서 둘째 줄에 '바 8972'가 기재될 수 있다.

⑤ 2021년에 등록한 자가용 승용차의 번호판 윗줄에 '07 조'가 쓰여 있을 수 있다.

12. 다음 글에서 추론할 수 없는 것은?

　　상병수당은 근로자가 업무 외의 질병·부상이 발생하여 경제활동이 어려워졌을 때 치료에 집중할 수 있도록 소득을 보전해 주는 제도다. 상병수당의 지급 금액을 산정할 때 근로활동 불가기간 또는 의료이용일수에서 대기기간을 제외하고 급여기간을 계산하기 때문에 이러한 기간을 적절히 산정하는 것이 매우 중요하다. 그래서 ○○부는 상병수당의 제도화 방안 마련을 위해 다음과 같은 다섯 가지 모형을 설계하고 시범사업을 실시하였다.

구분	급여기간	대기기간	최대 보장기간
모형 1	근로활동 불가기간	7일	90일
모형 2	근로활동 불가기간	14일	120일
모형 3	의료이용일수	3일	90일
모형 4	근로활동 불가기간	7일	120일
모형 5	의료이용일수	3일	90일

　　시범사업에서는 모형 1~5 모두 진단서 발급일로부터 2주 이내에 근로자 본인이 상병수당을 신청해야 한다. 이때의 진단서 발급일을 근로활동 불가기간의 시작일로 본다. 근로활동 불가기간을 기준으로 급여하는 모형과 달리, 의료이용일수에 대해 급여하는 모형은 입원한 경우에만 상병수당을 신청할 수 있다. 또한, 신청 대상은 시범사업이 진행되는 지역에 거주하거나 해당 지역에 소재한 사업장에 근무하는 근로자로 제한된다.

　　시범사업은 단계별로 나누어 1단계는 2022년 7월부터, 2단계는 2023년 7월부터 각 1년간 진행한다. 1단계 시범사업은 모형 1~3으로 전국 6개 지역에서 진행된다. A와 B 지역에서 수행하는 모형 1은 근로활동 불가기간이 8일 이상인 경우, C와 D 지역에서 수행하는 모형 2는 근로활동 불가기간이 15일 이상인 경우에 신청할 수 있다. 반면 E와 F 지역에서 수행하는 모형 3은 3일 이상 입원한 경우에만 신청 가능하며, 최대 보장기간 내에서 해당 질병·부상에 대한 입원 및 외래진료 기간에 대해 급여가 지급된다. 한편 2단계 시범사업에 해당하는 모형 4는 G와 H 지역에서, 모형 5는 I와 J 지역에서 수행한다. 단, 2단계 시범사업은 대상자 요건에 소득 하위 50% 기준이 추가되기 때문에 소득 공백으로 인한 어려움을 최소화하기 위해 대기기간이 비교적 짧게 설계되었다. 이에 따라 모형 4는 근로활동 불가기간이 8일 이상인 경우 최대 120일까지 상병수당을 받을 수 있고, 모형 5는 모형 3과 마찬가지로 3일 이상 입원한 경우 의료이용일수에 대해 최대 90일까지 상병수당이 지급된다.

① A 지역 소재 사업장에 근무하는 근로자가 업무 외 질병으로 10일간 근로를 하지 못해 상병수당을 신청한 경우 급여기간은 3일로 계산된다.

② C 지역에 거주하는 근로자가 2022년 12월 1일부터 31일까지 업무 외 부상으로 근로하지 못했고, 상병수당 신청용 진단서를 12월 5일에 발급받았다면 근로활동 불가기간은 13일이다.

③ F 지역에서 상병수당을 신청하는 근로자는 입원 사실을 증명해야 한다.

④ 거주지와 근무지 모두 G 지역인 근로자는 소득 기준을 충족하더라도 2023년 5월 25일부터 6월 10일까지 업무 외 질병으로 인한 근로활동 불가기간에 대해 상병수당을 신청할 수 없다.

⑤ 거주지는 H 지역, 근무지는 I 지역인 근로자가 2023년 10월에 업무 외 부상으로 2주 동안 근로하지 못했으나 그 기간에 입원하지 않았다면 H 지역에서 상병수당을 신청해야 한다.

13. 다음 글의 갑~병에 대한 분석으로 적절한 것만을 〈보기〉에서 모두 고르면?

> 자유의지란 외부의 방해 없이 스스로 의사결정 하는 것을 의미하며, 결정론은 인간의 행동을 포함한 세상의 모든 일은 인과법칙에 의해 결정된다는 것이다. 이러한 자유의지와 결정론에 대하여 다음과 같은 세 가지 입장이 존재한다.
>
> 갑: 결정론적 법칙에 따라 미래가 정해져 있다면 우리가 스스로 선택할 수 있는 것은 없다. 하지만 어떤 상황에서 우리에게 주어진 선택지는 한 가지 이상이다. 그렇기 때문에 인간은 자유의지를 가지고, 자신의 선택과 행동에 따르는 책임도 지게 된다. 또한, 인간의 의지는 외부적 요인에 영향을 받지 않으며, 필연적 인과법칙으로 인간의 행동을 설명하거나 예측하는 것도 불가능하다.
>
> 을: 원인이 존재하지 않는 자연 현상은 없으며, 인간의 행동 역시 자연 현상의 하나일 뿐이다. 어떤 일의 원인을 찾아 계속해서 거슬러 올라가다 보면 우리가 태어나기 전의 일까지 도달하게 된다. 즉, 우리가 하는 행동이 우리가 태어나기도 전에 일어난 어떤 일에서 비롯된 것일 수도 있다. 태어나기 전의 일을 우리가 통제할 수는 없으므로, 인간이 자신의 의지에 따라 자유롭게 선택할 수 있다는 것은 착각일 뿐이다.
>
> 병: 인간의 자유로운 행동과 그렇지 않은 행동을 가르는 것은 그 원인이 있는지 여부가 아니다. 자유의지와 대비되는 것은 결정론에서 말하는 '원인'이 아니라, '강제'이다. 어떤 행동을 하지 않을 수 없는 상황, 즉 강제로 그 행동을 해야만 하는 경우에는 자유의지가 없다고 할 수 있다. 하지만 어떤 행동을 할 수도, 하지 않을 수도 있는 상황에서 그 행동을 하였다는 것은 자유의지가 존재함을 방증한다. 설령 결정론적으로 정해져 있었다 하더라도 외부의 제약에 의해서가 아닌 자신이 진정으로 원하는 것을 선택하였다면 자유의지는 훼손되지 않는다.

〈보 기〉

ㄱ. 갑은 인간의 의지가 필연성에 의해 지배받지 않는다는 점에 동의하지만, 을은 동의하지 않는다.

ㄴ. 을은 자유의지와 결정론이 양립할 수 없다는 것에 동의하지만, 병은 동의하지 않는다.

ㄷ. 병은 인간이 자유의지를 갖기 때문에 선택에 따른 책임을 져야 한다는 것에 동의하지만, 갑은 동의하지 않는다.

① ㄴ
② ㄷ
③ ㄱ, ㄴ
④ ㄱ, ㄷ
⑤ ㄱ, ㄴ, ㄷ

14. 다음 글의 내용이 참일 때 반드시 참인 것은?

> A 부처는 공직가치 내재화를 위해 청렴성, 공익성, 도덕성 각각을 주제로 한 강의를 연달아 진행하며, 소속 공무원이 자유롭게 강의를 수강할 수 있도록 했다. 3개의 강의가 모두 끝난 후 A 부처 소속 공무원 갑~정은 다음과 같이 말했다.
> • 갑: 병은 청렴성 강의를 수강했고, 정의 말은 거짓이다.
> • 을: 병은 어떤 강의도 수강하지 않았다.
> • 병: 정은 도덕성 강의를 수강했다.
> • 정: 을의 말이 거짓이거나 갑은 공익성 강의를 수강했다.
> 추후 사실관계를 확인해 보니 갑~정이 수강한 강의에 3개가 모두 포함되어 있었으나 2개 이상의 강의를 수강한 사람은 없었고, 갑~정 중 1명만이 거짓을 말했다.

① 갑은 도덕성 강의를 수강했다.
② 갑은 청렴성 강의를 수강했다.
③ 을은 청렴성 강의를 수강했다.
④ 병은 도덕성 강의를 수강했다.
⑤ 정은 공익성 강의를 수강했다.

15. 다음 대화 내용이 참일 때, ㉠으로 적절한 것은?

> 갑: 신임 사무관들을 대상으로 운영하는 요가 교실, 탁구 교실, 테니스 교실의 참가 신청을 받았습니다. 그 결과 세 강좌를 모두 신청한 사람은 없었어요.
>
> 을: 저도 들었어요. 탁구 교실만 신청한 사람도 없었다면서요?
>
> 갑: 네, 그리고 요가 교실과 테니스 교실을 함께 신청한 사람은 없었지만, 요가 교실은 신청하지 않고 테니스 교실은 신청한 사람은 있었어요.
>
> 을: 스포츠 강좌 운영 책임자인 ㉠ 병이 했던 말이 사실이라면, 적어도 한 명은 탁구 교실과 테니스 교실을 함께 신청했다는 결론이 나오는군요.

① 요가 교실을 신청한 사람은 모두 탁구 교실을 신청했다.

② 요가 교실을 신청하지 않은 사람은 모두 탁구 교실을 신청했다.

③ 탁구 교실을 신청한 사람은 모두 요가 교실을 신청했다.

④ 탁구 교실을 신청하지 않은 사람 중 요가 교실을 신청한 사람은 없다.

⑤ 테니스 교실을 신청하지 않은 사람 중 탁구 교실을 신청한 사람은 없다.

16. 다음 글의 내용이 참일 때, 반드시 참인 것만을 〈보기〉에서 모두 고르면?

> 갑은 전공 수업인 A, B, C와 교양 수업인 D, E 중에서 일부를 수강하려고 한다. 이 5개의 강의 중에서 갑이 수강할 강의를 선택하는 기준은 다음과 같다.
> ○ A를 수강하지 않으면, E를 수강한다.
> ○ B를 수강하면 C는 수강하지 않는다.
> ○ D와 E 모두 수강하지 않을 경우에만 B를 수강하지 않는다.
> ○ 교양 수업 중 하나를 수강하지만, 둘 다 수강하지는 않는다.

> 〈보 기〉
> ㄱ. 갑이 A를 수강한다면, D도 수강한다.
> ㄴ. 갑이 2개의 강의만 수강한다면, 갑이 수강하는 강의에 E가 포함된다.
> ㄷ. 갑이 B와 D를 포함해 3개의 강의를 수강할 수 있다.

① ㄱ

② ㄷ

③ ㄱ, ㄴ

④ ㄱ, ㄷ

⑤ ㄴ, ㄷ

17. 다음 글에서 추론할 수 있는 것만을 〈보기〉에서 모두 고르면?

> 우리가 눈으로 본 대상을 뇌에서 인식하기까지는 복잡한 신호 전달 과정을 거쳐야 한다. 왼쪽 눈으로 인식하는 시야를 좌측 시야, 오른쪽 눈으로 인식하는 시야를 우측 시야라고 한다. 이를 좀 더 세분화하면, 코를 기준으로 안쪽 시야와 바깥쪽 시야로 다시 나눌 수 있다. 즉, 우리가 보는 시야는 좌측 안쪽 시야와 좌측 바깥쪽 시야, 우측 안쪽 시야와 우측 바깥쪽 시야 등으로 구분할 수 있다. 이러한 네 가지 시야를 통해 들어온 정보는 각기 다른 시신경을 통해 전달된다. 좌측 바깥쪽 시야와 좌측 안쪽 시야로 들어온 정보는 각각 왼쪽 눈의 안쪽과 바깥쪽에 위치한 시신경을 따라 전달되며, 우측 바깥쪽 시야와 우측 안쪽 시야로 들어온 정보는 각각 오른쪽 눈의 안쪽과 바깥쪽에 위치한 시신경을 따라 전달된다. 그중 양쪽 눈의 바깥쪽에 위치한 2개의 시신경은 같은 쪽으로 나아가지만, 양쪽 눈의 안쪽에 위치한 2개의 시신경은 뇌하수체가 있는 곳에서 서로 교차된다. 이에 따라 왼쪽 눈의 안쪽 시신경은 뇌하수체를 지난 후 오른쪽으로 가서 오른쪽 눈의 바깥쪽 시신경과 합쳐져 우측 시각로가 된다. 오른쪽 눈의 안쪽 시신경 역시 뇌하수체 이후 왼쪽 눈의 바깥쪽 시신경과 합쳐져 좌측 시각로가 된다. 최종적으로 좌측과 우측의 시각로를 통해 동측의 시각피질에 정보를 전달하여 각각 좌뇌와 우뇌에서 해당 시야를 통해 들어온 정보를 받게 된다.
>
> 만약 이러한 전달 경로에 문제가 생기게 되면 뇌는 해당 경로가 전달하는 정보를 인식할 수 없게 된다. 그래서 특정 부분의 시신경이 손상될 경우, 장애 부위에 해당하는 시야만 까맣게 보이게 된다. 바꾸어 말하면 손실된 시야를 통해 시신경 신호의 전달 경로 중 어느 부위에 문제가 있는지를 파악할 수 있는 것이다.

> 〈보 기〉
> ㄱ. 좌측 안쪽 시야만 까맣게 보이는 경우, 오른쪽 눈의 바깥쪽에 위치한 시신경 손상에 의한 결과일 수 있다.
> ㄴ. 뇌하수체 부위가 손상되면 양측의 바깥쪽 시야를 인식할 수 없다.
> ㄷ. 좌측 시각로가 손상될 경우 좌측 안쪽과 우측 바깥쪽 시야를 통해 들어온 정보를 인식할 수 없다.

① ㄴ

② ㄷ

③ ㄱ, ㄴ

④ ㄴ, ㄷ

⑤ ㄱ, ㄴ, ㄷ

18. 다음 글에서 추론할 수 있는 것은?

남성과 여성을 나누는 데에는 크게 3가지 정의가 있다. 첫 번째 기준은 성염색체로, 성염색체가 XX일 경우 여성, XY일 경우 남성으로 정의한다. 두 번째 기준은 성선으로, 태아 때 미분화된 성선이 난소로 분화하는 경우는 여성으로, 정소로 분화하는 경우는 남성으로 정의한다. 세 번째 기준은 외부 생식기 기준으로 대음순, 소음순이 발달하는 경우 여성으로, 음낭과 음경이 발달하는 경우는 남성으로 정의한다. 일반적으로는 3가지 정의에 따른 성별이 일치하지만, 각 정의에 따른 성별이 일치하지 않는 경우도 있다.

성 분화는 성염색체에 따른 미분화된 성선의 발달로 시작된다. 태아 때 분화되지 않은 성선은 TDF에 노출되면 정소로, TDF에 노출되지 않으면 난소로 발달한다. TDF는 성염색체 XY의 일부인 SRY 유전자가 만드는 인자로 성염색체 XY가 있는 사람에게서만 생성된다. 정소는 MIS를 만들어 원래 MIS에 노출되지 않았더라면 발달했을 뮐러관을 퇴화시키고, 테스토스테론을 만들어 원래 테스토스테론에 노출되지 않았더라면 퇴화돼 사라졌을 볼프관을 발달시킨다. 여성의 경우 정소 대신 난소가 발달하기 때문에 MIS와 테스토스테론이 생성되지 않는다.

성선의 분화는 외부 생식기의 발달에 영향을 준다. 정소에서 만들어진 테스토스테론은 알파환원효소에 의해 디하이드로테스토스테론으로 바뀐다. 디하이드로테스토스테론은 디하이드로테스토스테론에 노출되지 않았다면 대음순으로 발달할 미분화된 외부 생식기를 음낭으로, 소음순으로 발달할 미분화된 외부 생식기를 음경으로, 음핵으로 발달할 미분화된 외부 생식기는 귀두로 발달시킴으로써 서로 다른 형태의 기관으로 발달시킨다. 따라서 남성과 여성은 음핵과 귀두처럼 형태나 기능은 다르나 기원이 같은 기관인 상동기관을 가지게 된다.

① 성염색체가 XY이지만 알파환원효소가 작동하지 않는 경우 볼프관은 발달하지만 음낭은 발달하지 않는다.

② 여성의 경우 MIS가 없으므로 볼프관이 퇴화하고, 테스토스테론이 없으므로 뮐러관이 발달한다.

③ 성염색체 XY를 가진 사람에서 SRY 유전자의 문제로 TDF가 생성되지 않으면 성선 기준에 따른 성별은 남성이 된다.

④ 여성에게 있는 대음순과 남성에게 있는 음경은 형태는 다르나 서로 기원은 같다.

⑤ 성별을 구분하는 3가지 정의에 따른 성별이 일치하는 사람이 정소를 가지고 있다면 외부 생식기는 디하이드로테스토스테론에 노출되지 않았다.

19. 다음 글에 비추어 볼 때, 〈실험〉에서 추론한 것으로 적절한 것만을 〈보기〉에서 모두 고르면?

A 식물은 탄수화물이 풍부한 수액을 분비한다. 이 수액은 A 식물의 수분(受粉)에 필요한 것이 아니며, 천적으로부터 스스로를 보호하기 위한 수단이 된다. 개미들은 식물 A가 분비하는 수액을 좋아한다. 그렇기 때문에 식물 A는 수액을 이용해 주변에 개미가 모여들게 함으로써 자신들의 잎을 먹어 치우는 곤충과 절지동물이 접근하지 못하게 하는 것이다. 한편 개미는 곤충과 절지동물을 통해 단백질을 섭취할 수 있어, A 식물의 수액뿐만 아니라 곤충과 절지동물도 개미의 먹잇감이 된다.

〈실 험〉

적당한 거리를 두고 두 개의 공간을 조성하여 동일한 수의 A 식물을 심었다. 그리고 개미의 단백질 공급원이 되는 죽은 절지동물의 수를 공간 1에는 많이, 공간 2에는 적게 배치하였다. 각 공간에 어떤 종의 개미가 모여드는지 확인해본 결과, 두 공간 모두 동시에 여러 종의 개미가 출현했다. 이때 공격성이 강한 종의 비중은 공간 1과 공간 2 사이에 유의미한 차이가 없었다.

한편 A 식물 주변의 곤충에 대한 개미의 공격이 활발해지는 조건을 확인하기 위해 A 식물의 잎사귀에 유충을 올려둔 후 개미가 유충을 공격하여 제거하는 데까지 걸린 시간을 측정하고, 이를 반복하여 개미가 유충을 공격하는 빈도를 측정하였다. 유충이 등장한 후 개미에 의해 제거되는 데까지 걸린 시간은 공간 1보다 공간 2에서 더 짧았으며, 개미가 유충을 공격하는 빈도는 공간 1보다 공간 2에서 높았다.

〈보 기〉

ㄱ. 식물 A 주변에 공격성이 강한 종의 개미가 더 많이 모여들 확률은, 단백질의 공급이 부족한 환경보다 단백질의 공급이 충분한 환경에서 더 높다.

ㄴ. 탄수화물의 공급의 부족한 환경에서, 공격성이 약한 종의 개미보다 공격성이 강한 종의 개미가 다른 곤충을 더 빠르게 공격한다.

ㄷ. 단백질의 공급이 충분한 환경보다 단백질의 공급이 부족한 환경에서, 개미는 더 적극적으로 A 식물 가까이에 몰려들어 다른 곤충을 공격한다.

① ㄱ
② ㄴ
③ ㄷ
④ ㄱ, ㄴ
⑤ ㄴ, ㄷ

20. 다음 글의 ㉠~㉢에 대한 평가로 적절한 것만을 〈보기〉에서 모두 고르면?

　　제2차 세계대전 이후 미국과 소련을 필두로 형성되었던 냉전 체제는 소련이 해체되고 사회주의 국가들이 몰락함에 따라 무너지게 되었다. 냉전의 기원에 관해서는 수많은 연구가 진행되고 다양한 의견이 제시되었는데, 그 논쟁은 냉전 시대뿐만 아니라 탈냉전 이후에도 계속되었다. 그중 역사적 측면에서 냉전의 책임을 설명하는 입장은 다음과 같이 크게 세 학파로 구분할 수 있다.

　　㉠A 학파에 따르면 공격적 노선을 취하며 팽창 야욕을 드러낸 소련 때문에 냉전이 발생하였다. 스탈린은 대외적으로 유럽의 공산주의화를 추진하고, 소련 내부적으로는 절대 권력을 공고히 하기 위하여 대숙청을 하였다. 이러한 소련의 공격적인 행보는 서방 세계에 위협 요인이었고, 미국이 소련의 위협에 정당한 대응을 하는 과정에서 냉전 체제가 성립하게 되었다.

　　반면에 ㉡B 학파는 냉전의 책임이 막강한 군사력과 경제력을 가진 미국에 있다고 본다. 이에 따르면 소련의 정책은 제국주의적 의도가 있었다기보다는 일종의 수비 전략이었다. 제2차 세계대전을 거치며 미국은 국제사회에서 패권을 잡았고, 그에 비해 소련은 상대적으로 국력이 열위에 있었기에 적극적인 팽창 정책을 펼치기는 어려웠다. 게다가 자본주의 경제 체제를 타국에 확산시키는 미국에 대하여 반감을 품은 소련이 방어적 태도를 취하면서 양 진영의 갈등이 심화되었다는 것이다.

　　마지막으로 ㉢C 학파는 미국과 소련 양측 모두에 책임이 있다는 절충적 시각으로 냉전을 분석한다. 이에 따르면 냉전의 발생은 어느 한쪽에 책임이 있다기보다는 양 진영의 상호작용에 기인한다. 일례로 소련은 역사적으로 외세 침략이 많았기 때문에, 제2차 세계대전 종전 후에도 안보 불안을 해소하기 위한 제한적인 정책을 펼쳤다. 그런데 미국이 이에 과잉 반응을 하였고, 상대 진영에 대한 오판으로 잘못된 결정이 거듭되었다. 결과적으로 양국이 안보 딜레마, 즉 자국의 안보를 위한 군사력 증강이 상대국을 도발하여 도리어 안보에 해가 되는 상황에 빠지면서 냉전이 발생하고 급속도로 악화된 것이다.

〈보 기〉

ㄱ. 소련은 폴란드의 독립을 저지하기 위해 2만여 명의 폴란드 사회지도층을 학살했음에도 이를 독일 나치 소행이라며 부인했고, 냉전기에 작성된 미국과 영국의 내부 문서를 통해 이 사건이 소련의 만행임이 밝혀졌다는 사실은 ㉠을 강화한다.

ㄴ. 미국은 제2차 세계대전 이후 군대 및 무기 생산 규모에 있어 소련 및 여타 유럽 국가들에 비해서는 물론, 전 세계적으로 절대적 우위에 있었다는 조사는 ㉡을 강화한다.

ㄷ. 미국과 소련은 핵 개발을 둘러싸고 신경전을 벌이며 스파이 전쟁까지 펼쳤는데, 안보를 위해 핵을 보유하려 한 양국의 행동이 결과적으로 상대국에 대한 불신을 극대화시켰다는 연구는 ㉢을 강화한다.

① ㄱ
② ㄴ
③ ㄱ, ㄷ
④ ㄴ, ㄷ
⑤ ㄱ, ㄴ, ㄷ

[21~22] 다음 글을 읽고 물음에 답하시오.

갑: 육식을 위해서는 동물을 기르고 죽이는 과정이 필수적으로 동반된다. 이 과정에서 동물은 필연적으로 고통을 겪게 되는데, 인간이 만들어낸 이 고통은 그들이 죽을 때뿐만 아니라 길러지는 때에도 발생한다. 많은 고기를 편리하게 얻기 위해 동물의 타고난 본성과 상관없이 관리하기 편한 작은 우리에 가두어 두기 때문이다. 동물은 자연 상태에서는 겪지 않았을 고통을 겪으며 생존의 위협을 당한다. 인간과 동물을 동등하게 고려해야 한다는 평등의 원칙에 따르면 동물에게 고통을 주는 것은 이 원칙에 어긋난다. 인간이 동물보다 지능이 높다고 해서 동물에게 고통을 주는 과정이 정당화될 수는 없다. 평등의 원칙은 지능이 아니라 고통을 받는 능력에 따라 적용되어야 할 것이다. 인간은 육식을 하지 않아도 영양학적으로 문제없이 살아갈 수 있다. 신체 활동에 필요한 영양소는 채식으로도 섭취가 가능하기 때문이다. 이것은 오히려 육식을 했을 때보다 건강한 삶을 영위할 수 있게 돕는다. 따라서 오로지 인간의 쾌락만을 위한 육식은 윤리적으로 정당화될 수 없다.

을: 자연법칙에 따를 경우, 인간이 육식을 배제한 완전한 채식을 하는 것은 불가능하다. 만약 동물이 자연 상태에서 죽는다면 사체에서 나온 양분은 모두 토양으로 돌아가고, 그 토양에서 자란 식물을 인간이 먹는다. 인간이 직접 그 고기를 먹지 않았지만 모든 생명이 결국 하나의 네트워크 안에 존재하기 때문에 간접적으로 육식을 한 것이나 다름없게 된다. 생명은 모두 순환하고, 죽음이 있어야만 새로운 생명이 탄생한다는 점을 떠올린다면, 육식은 인간의 생존을 위한 자연스러운 순리이다. 또한 육식은 생태계 내의 적절한 개체 수를 유지하기 위해서도 반드시 필요하다. 인간이 육식을 모두 멈춘다고 해 보자. 인간에게 고기를 제공함으로써 적정 수준을 유지하던 동물의 개체 수가 과도하게 많아지면서 생태계의 먹이사슬이 무너지고, 이로 인해 수많은 위험이 발생한대도 우리는 바라만 보아야 할까? 인간의 육식이 자연계의 흐름을 정상 범주로 하기 위한 주요한 수단이라면, 그것이 비윤리적이라고만 말할 수는 없다.

21. 위 글에 대한 분석으로 적절한 것만을 <보기>에서 모두 고르면?

〈보 기〉
ㄱ. 갑과 을은 채식이 육식보다 인간의 건강 증진에 더 도움이 된다는 점에 동의한다.
ㄴ. 갑의 논증에 따르면, 동물을 고통 없이 기르고 고통 없이 죽일 수 있을 때에만 육식은 정당화될 수 있다.
ㄷ. 을은 자연법칙에 따르는 것이 정당한 것이라고 보지만, 갑은 그렇지 않다.

① ㄱ
② ㄴ
③ ㄷ
④ ㄱ, ㄴ
⑤ ㄴ, ㄷ

22. 위 글에 대한 분석으로 적절한 것만을 <보기>에서 모두 고르면?

〈보 기〉
ㄱ. 채식만 한 인간의 영양 상태가 채식과 육식을 고루 섭취한 인간의 영양 상태보다 나쁘다면, 갑의 주장은 약화된다.
ㄴ. 지중해 바다 생태계를 파괴하는 외래종 파란 꽃게를 인간이 요리하여 먹음으로써 지중해 내 파란 꽃게의 개체 수가 줄어들었다면, 을의 주장은 약화되지 않는다.
ㄷ. 육식을 통해 인간의 쾌락이 증대되었다는 실험 결과가 존재한다면, 을의 주장은 강화된다.

① ㄱ
② ㄴ
③ ㄱ, ㄴ
④ ㄱ, ㄷ
⑤ ㄴ, ㄷ

23. 다음 글의 ㉠~㉨에 들어갈 내용에 대한 설명으로 가장 적절한 것은?

　간이과세 제도는 주로 소액 거래가 이루어지는 영세 사업자의 납세 편의를 위해 과세 방식을 간소화한 것으로, 일반과세를 적용받는 사업자보다 간이과세를 적용받는 사업자의 세 부담이 낮은 편이다. 일반과세자는 세전 부가가치 총액에 세율을 곱한 만큼의 부가가치세가 부과되는 반면에, 간이과세자의 부가가치세는 매출액의 일정 비율을 부가가치세액으로 산정하기 때문이다.

　코로나19 방역 조치에 따른 소상공인의 경제적 타격을 보완하기 위하여 정부는 2021년부터 부가가치세 간이과세 적용 범위를 확대하였다. 이에 따라 연매출 4,800만 원 미만이었던 간이과세 적용 기준금액을 연매출 8,000만 원 미만으로 상향 조정하였다. 다만, 부동산 임대업과 과세유흥장소를 경영하는 사업자는 기존과 마찬가지로 연매출 4,800만 원 미만인 경우에만 부가가치세 간이과세 적용 대상이 된다.

　또한, 간이과세자 중에서 연매출이 일정 금액 미만인 사업자의 경우에는 부가가치세 납부 의무가 면제되는데, 그 기준 금액이 3,000만 원에서 4,800만 원으로 변경되었다. 부가가치세 납부 의무 역시 부동산 임대업과 과세유흥장소를 경영하는 사업자는 연매출 3,000만 원 미만인 경우에만 면제가 된다.

　한편 일반과세자는 세금계산서 발급 의무가 부과된다. 이때 해당 과세연도에 신규로 개업한 사업자, 연매출 4,800만 원 미만인 사업자, 소매·음식·숙박·미용·욕탕 및 유사 서비스업 등 소비자를 대상으로 재화나 용역을 공급하는 사업자에 대해서는 세금계산서 발급 의무가 면제된다. 그러나 이 개편으로 일반과세자가 간이과세자로 전환된 경우 세금계산서 발급 의무가 유지된다.

　부동산 임대업과 과세유흥장소에 관한 예외사항을 제외하고, 부가가치세 간이과세 제도 개편 전후의 주요 내용은 다음과 같은 형식으로 나타낼 수 있다.

〈개편 전〉

연매출　기준	3,000만 원 미만	3,000만 원 이상 4,800만 원 미만	4,800만 원 이상 8,000만 원 미만
과세 방법	간이과세	㉠	㉡
부가가치세 납부	면제	㉢	납부
세금계산서 발급 의무	㉣	㉤	㉥

〈개편 후〉

연매출　기준	3,000만 원 미만	3,000만 원 이상 4,800만 원 미만	4,800만 원 이상 8,000만 원 미만
과세 방법	간이과세	간이과세	㉧
부가가치세 납부	면제	◎	㉨
세금계산서 발급 의무	없음	없음	있음

① ㉠과 동일한 과세 방법이 들어가는 것은 ㉧이 아니라 ㉡이다.
② 부가가치세 납부 여부는 ㉢과 ◎이 다르고, ㉢과 ㉨이 같다.
③ ㉣에는 '없음', ㉤과 ㉥에는 '있음'이 들어간다.
④ 연매출이 5,000만 원인 부동산 임대업자는 개편 이후 ㉧의 과세 방법이 적용된다.
⑤ 다른 조건이 동일하다면 ㉥의 세금계산서 발급 의무는 개편 후와 다르다.

24. 다음 대화의 빈칸에 들어갈 내용으로 가장 적절한 것은?

> 갑: 코로나19로 어려움을 겪는 특수형태근로종사자·프리랜서를 위한 6차 긴급고용안정지원금 사업 시행이 공고되어 여러 민원이 들어왔는데요. 그중 지난 5차 사업 때 긴급고용안정지원금을 받았던 프리랜서 A씨가 신청에 대해 문의하였습니다.
>
> 을: 지난 1~5차 지원금의 기수급자인 경우 지난달 10일을 기준으로 고용보험에 가입되어 있지 않았다면 지원 대상에 해당합니다.
>
> 갑: 네, A씨는 최근 6개월간 고용보험 가입 이력이 없다고 합니다. 그런데 긴급고용안정지원금의 자격 요건 중 소득 기준이 있다고 들었는데, 이에 대한 심사는 진행하지 않나요?
>
> 을: 소득 심사는 1~5차 긴급고용안정지원금을 받지 않아 신규 신청하는 경우에만 하며, 그 외의 경우에는 진행하지 않습니다.
>
> 갑: 그럼 신청 방법은 어떻게 안내하면 될까요?
>
> 을: 홈페이지를 통한 온라인 신청과 고용센터를 통한 오프라인 신청 모두 가능합니다. 단, 수령 신청은 지원금 지급을 위한 계좌정보가 정확한지 확인하고 수정하기 위한 절차이므로, 기수급자면서 별도로 수령 신청을 하지 않은 경우에는 신청한 것으로 간주하여 기존 수급 계좌로 지급됩니다. 그런데 본 지원금은 유사 사업과 이중 지원이 되지 않기 때문에, 중복 수급이 안 되는 다른 지원금을 수급하고자 할 경우 신청 기간 내에 수령 거부 신청을 해야 불이익이 없습니다.
>
> 갑: A씨가 다른 지원 사업도 참여를 고려한다고 했는데, 그러면 중복 수급이 안 되므로 긴급고용안정지원금은 수령 거부를 신청해야 한다고 말씀드려야겠군요.
>
> 을: 중복 지원이 되지 않는 것은 본 지원금 사업과 같이 2차 추경에서 지원하는 타 부처의 유사 사업입니다. 특수형태근로종사자, 프리랜서 대상 지원 사업이라고 하더라도 지방비에서 지원하는 지방자치단체 자체 사업이라면 중복으로 지급받을 수 있습니다.
>
> 갑: 그렇다면 A씨가 [   ]라면 반드시 신청해야 한다고 안내하겠습니다.

① 1~5차 사업 중 긴급고용안정지원금을 받은 이력이 있는 경우

② 소득 심사 대상자에 해당하는 경우 또는 프리랜서를 대상으로 지급하는 다른 지원금을 수급한 경우

③ 기존과 다른 계좌로 긴급고용안정지원금을 받고자 하는 경우 또는 중복 수급 불가한 다른 지원금을 수령할 예정인 경우

④ 지난달 10일 기준 고용보험 가입 이력이 있는 경우 또는 기존의 지원금 수급 계좌를 변경할 경우

⑤ 2차 추경에서 지원하는 유사 사업 또는 지방자치단체에서 자체적으로 진행하는 프리랜서 대상 지원 사업에 참여하고자 하는 경우

25. 다음 대화의 ㉠으로 적절한 것만을 <보기>에서 모두 고르면?

> 갑: 오늘 회의에서는 우리 A시에서 운영하는 공공자전거 대여 서비스의 이용률을 높이기 위해 개선이 필요한 부분에 대해 논의해보려고 합니다. 이와 관련한 의견을 자유롭게 말씀해 주시기 바랍니다.
>
> 을: 대여 장소와 반납 장소가 달라도 되는 공공자전거 대여 서비스의 특성상, 대여율이 높은 일부 대여소에서는 자전거가 없어 불편하다는 이용자들의 민원이 지속적으로 들어오고 있습니다. 따라서 실시간으로 대여소별 현황을 파악해 비어있는 대여소로 자전거를 운반하는 인력을 확충하고, 보유 자전거가 부족한 대여소에 반납하는 이용자에게는 다음번 대여 시 사용 가능한 포인트를 지급하는 등 대여소별 자전거 재분배 문제에 초점을 맞춰야 할 것 같습니다.
>
> 병: 공공자전거는 평일 퇴근 시간대 이용자가 많은데, 자전거의 야간 운행 안전성이 낮은 점이 공공자전거 이용률에도 영향을 준 것이 아닐까요? 공공자전거에 전조등이나 후미등과 같은 조명등을 보강하고, 자전거도로에 야간조명을 설치하는 등 인프라 측면에서 개선된다면 시민들도 공공자전거에 대해 긍정적인 인식을 갖고 활발하게 이용할 수 있을 것입니다.
>
> 정: 현재는 이용 연령대가 20대에 집중되어 있으므로 보다 다양한 연령대의 이용자를 확보해야 한다고 생각합니다. 특히 작년부터 A시 공공자전거 대여 서비스는 연령 제한을 하향 조정하고, 체구가 작은 청소년을 위한 소형 자전거도 확충하였습니다. 이와 함께 청소년 요금 할인 제도도 도입한다면 10대 청소년 이용자가 크게 늘어 전체 이용률이 높아질 것으로 기대됩니다.
>
> 갑: 좋은 아이디어가 많이 나왔네요. 회의에서 제안된 내용을 확인하기 위해 ㉠필요한 자료를 조사한 뒤에, 구체적인 개선 계획을 수립해 봅시다.

> ──────────〈보 기〉──────────
> ㄱ. A시 공공자전거 대여 건수가 많은 상위 10% 대여소와 반납 건수가 많은 상위 10% 대여소 목록
> ㄴ. A시의 자전거 교통사고 중 주간 시간대 발생률과 야간 시간대 발생률의 차이
> ㄷ. A시 공공자전거 이용자 중 10대부터 20대까지의 이용자가 차지하는 비중

① ㄱ

② ㄴ

③ ㄱ, ㄴ

④ ㄱ, ㄷ

⑤ ㄴ, ㄷ

상황판단영역

1. 다음 글을 근거로 판단할 때 옳은 것은?

> 제00조 배심원은 국민참여재판을 하는 사건에 관하여 사실의 인정, 법령의 적용 및 형의 양정에 관한 의견을 제시할 권한이 있다.
> 제00조 ① 배심원과 예비배심원은 직무를 계속 수행하기 어려운 사정이 있는 때에는 법원에 사임을 신청할 수 있다.
> ② 법원은 제1항의 신청에 이유가 있다고 인정하는 때에는 당해 배심원 또는 예비배심원을 해임하는 결정을 할 수 있다.
> ③ 제2항의 결정을 함에 있어서는 검사·피고인 또는 변호인의 의견을 들어야 한다.
> 제00조 배심원 또는 예비배심원은 법원의 증거능력에 관한 심리에 관여할 수 없다.
> 제00조 ① 재판장은 변론이 종결된 후 법정에서 배심원에게 공소사실의 요지와 적용법조, 피고인과 변호인 주장의 요지, 증거능력, 그 밖에 유의할 사항에 관하여 설명하여야 한다.
> ② 심리에 관여한 배심원은 제1항의 설명을 들은 후 유·무죄에 관하여 평의하고, 전원의 의견이 일치하면 그에 따라 평결한다.
> ③ 배심원은 유·무죄에 관하여 전원의 의견이 일치하지 아니하는 때에는 평결을 하기 전에 심리에 관여한 판사의 의견을 들어야 한다. 이 경우 유·무죄의 평결은 다수결의 방법으로 한다. 심리에 관여한 판사는 평의에 참석하여 의견을 진술한 경우에도 평결에는 참여할 수 없다.
> 제00조 ① 판결서에는 배심원이 재판에 참여하였다는 취지를 기재하여야 하고, 배심원의 의견을 기재할 수 있다.
> ② 배심원의 평결결과와 다른 판결을 선고하는 때에는 판결서에 그 이유를 기재하여야 한다.
> 제00조 ① 배심원 또는 예비배심원이 직무상 알게 된 비밀을 누설한 때에는 6개월 이하의 징역 또는 300만 원 이하의 벌금에 처한다.
> ② 배심원 또는 예비배심원이었던 자가 직무상 알게 된 비밀을 누설한 때에도 제1항과 같다. 다만, 연구에 필요한 협조를 한 경우는 그러하지 아니하다.

※ 평의란 의견을 서로 교환하여 평가하거나 심의하거나 의논하는 것을 의미함.

① 배심원은 법원의 증거능력에 관한 심리에 관여하여 의견을 제시할 권한이 있다.

② 법원이 배심원의 사임 신청이 이유가 있다고 인정한 경우, 법원은 검사·피고인 또는 변호인의 의견을 듣지 않고 직권으로 배심원의 해임을 결정할 수 있다.

③ 배심원의 유·무죄에 관하여 전원의 의견이 일치하지 않은 경우, 배심원은 심리에 관여한 판사를 포함하여 다수결의 방법으로 유·무죄의 평결을 해야 한다.

④ 배심원이었던 자가 사법 연구에 필요한 협조를 하기 위해 직무상 알게 된 비밀을 누설한 경우, 200만 원의 벌금에 처해질 수 있다.

⑤ 판결의 선고를 배심원의 평결결과와 다르게 한 경우, 판결서에 배심원의 평결결과와 다른 판결을 선고한 이유를 기재해야 한다.

2024년도 국가공무원 7급 공채 선발 필기시험 대비

2. 다음 글과 〈상황〉을 근거로 판단할 때, 甲이 기록·보관해야 하는 내용에 해당하지 않는 것은?

> 제○○조 ① 사업자는 식품, 식품첨가물, 기구, 용기·포장, 건강기능식품, 축산물(이하 '식품 등'이라 한다)의 생산·판매 등의 과정을 확인할 수 있도록 필요한 사항을 기록·보관하여야 하고, 관계행정기관의 장이 그 기록의 열람 또는 제출을 요구하는 경우 이에 응할 수 있도록 관리하여야 한다.
> ② 제1항에 따라 식품 등의 생산·구입 및 판매과정을 기록·보관하여야 하는 사업자의 범위는 다음 각 호와 같다.
> 　1. 식품제조·가공업자, 식품첨가물제조업자
> 　2. 건강기능식품제조업자
> 　3. 해외에서 국내로 수입되는 식품 등의 수입·판매업자
> 제□□조 제○○조 제2항에 따른 사업자는 다음 각 호의 사항을 기록·보관하여야 한다.
> 　1. 제품명
> 　2. 식품 등의 판매 또는 구입일자
> 　3. 제품의 제조·수입일자 또는 소비기한·품질유지기한
> 　4. 제품 원재료의 명칭 및 원산지(식품 등을 제조하거나 가공하는 사업자만 해당한다)
> 　5. 제조·수입·구입 또는 판매한 식품 등의 수량
> 　6. 제품의 판매처 또는 구입처의 명칭 및 연락처

> 〈상 황〉
>
> 건강기능식품제조업자인 甲은 A를 제조하여 판매하고 있다. 甲은 2023년 5월 31일에 乙기업으로부터 A의 제조에 필요한 원재료인 B를 10kg 구매하였다. B의 소비기한은 제조일로부터 3년으로, 甲이 구매한 B는 2023년 5월 17일에 제조된 제품이며 원산지는 대한민국이다. 해당 원재료를 이용하여 甲은 2023년 7월 22일에 A를 제조하였는데, A의 소비기한은 제조일로부터 2년이다. 이때 제조된 A는 2023년 10월 5일에 유통전문판매원인 丙기업에 판매하였고, 丙기업의 대표 전화번호는 02-0000-XXXX이다.

① 2023년 5월 17일

② B, 대한민국

③ 2023년 10월 5일

④ 丙기업, 02-0000-XXXX

⑤ 2025년 7월 21일

3. 다음 글을 근거로 판단할 때 옳은 것은?

> 제00조(회원 탈퇴와 자격 제한 및 상실) ① 회원은 회사에 언제든지 탈퇴를 요청할 수 있으며, 회사는 즉시 회원탈퇴를 처리한다.
> ② 회원이 다음 각 호의 어느 하나에 해당하는 부정이용 행위를 하는 경우, 회사는 회원자격을 제한 또는 정지시킬 수 있다.
> 　1. 자신의 이러닝콘텐츠를 타인이 이용하도록 하는 경우
> 　2. 이러닝콘텐츠를 복제하는 경우
> ③ 회원자격의 제한·정지 후에도 회원이 동일한 행위를 반복하거나 30일 이내에 그 사유를 시정하지 아니하는 경우, 회사는 회원자격을 상실시킬 수 있다.
> 제00조(이러닝서비스 복습기간) ① 이러닝서비스 이용계약 시 복습기간을 제공하기로 약정한 경우에는 복습기간을 무료로 제공한다.
> ② 제1항의 약정이 없는 경우라도 회사는 이용자가 복습기간을 요청하면 저작권 등의 문제가 없는 한도에서 이를 제공할 수 있다. 다만, 이 경우 회사는 이용자에게 적절한 추가 이용대금을 청구할 수 있다.
> 제00조(이러닝서비스의 변경) ① 회사는 상당한 운영상 또는 기술상의 필요가 있는 경우에 이용자에게 제공되고 있는 이러닝서비스의 이용방법·이용시간을 변경할 수 있다.
> ② 제1항의 경우에 이용자는 회사에 대하여 변경 이전의 서비스 제공을 요구할 수 있다. 다만, 이것이 불가능할 경우 회사 또는 이용자는 계약을 해지할 수 있다.
> 제00조(이용자의 계약해제 및 해지) 이용자는 다음 각 호의 어느 하나에 해당하는 사유가 있을 때에는 그 사실을 안 날로부터 30일 이내 또는 해당 이러닝서비스를 공급받은 날로부터 90일 이내에 이러닝서비스 이용계약을 해제할 수 있다.
> 　1. 이러닝서비스가 제공되지 않거나, 제공된 이러닝서비스가 표시·광고 등과 현저한 차이가 있는 경우
> 　2. 회사가 제시한 최소한의 기술사양을 충족하였음에도 불구하고 이러닝서비스 이용이 불가능한 경우

① 회원이 회원자격의 정지 후에도 이러닝콘텐츠를 반복하여 복제하는 경우, 회사는 회원의 회원자격을 상실시킬 수 있다.

② 회사가 기술상의 필요가 있어 이러닝서비스의 이용방법을 변경한 경우, 이용자는 회사에 대하여 변경 이전의 서비스 제공을 요구할 수 없다.

③ 복습기간에 관한 약정이 없는 경우라도 이용자가 복습기간을 요청한다면 회사는 저작권의 문제가 없는 한도에서 무료로 제공해야 한다.

④ 제공된 이러닝서비스가 광고와 현저히 차이가 있는 경우, 이용자는 해당 사실을 안 날로부터 90일 이내에 이러닝서비스 이용계약을 해제할 수 있다.

⑤ 회원이 타인에게 자신의 이러닝콘텐츠를 이용하게 한 경우, 회사는 회원자격을 정지시켜야 한다.

4. 다음 글을 근거로 판단할 때 옳지 않은 것은? (단, 甲~戊는 여성 공무원이다)

> 제00조(특별휴가) ① 행정기관의 장은 임신 중인 공무원에게 출산 전과 출산 후를 통하여 90일(한 번에 둘 이상의 자녀를 임신한 경우에는 120일)의 출산휴가를 승인하되, 출산 후의 휴가기간이 45일(한 번에 둘 이상의 자녀를 임신한 경우에는 60일) 이상이 되게 하여야 한다. 다만, 행정기관의 장은 임신 중인 공무원이 다음 각 호의 어느 하나에 해당하는 사유로 출산휴가를 신청하는 경우에는 출산 전 어느 때라도 최장 44일(한 번에 둘 이상의 자녀를 임신한 경우에는 59일)의 범위에서 출산휴가를 나누어 사용할 수 있도록 하여야 한다.
>   1. 임신 중인 공무원이 유산(인공임신중절에 의한 유산은 제외한다)·사산의 경험이 있는 경우
>   2. 임신 중인 공무원이 유산·사산의 위험이 있다는 의료기관의 진단서를 제출한 경우
> ② 5세 이하의 자녀가 있는 공무원은 자녀를 돌보기 위하여 24개월의 범위에서 1일 최대 2시간의 육아시간을 받을 수 있다.
> ③ 행정기관의 장은 소속 여성 공무원이 유산하거나 사산한 경우 해당 공무원이 신청하면 다음 각 호의 구분에 따른 유산휴가 또는 사산휴가를 주어야 한다.
>   1. 임신기간이 15주 이내인 경우: 유산하거나 사산한 날부터 10일까지
>   2. 임신기간이 16주 이상 21주 이내인 경우: 유산하거나 사산한 날부터 30일까지
>   3. 임신기간이 22주 이상 27주 이내인 경우: 유산하거나 사산한 날부터 60일까지
>   4. 임신기간이 28주 이상인 경우: 유산하거나 사산한 날부터 90일까지
> ④ 인공수정 또는 체외수정 등 난임치료 시술을 받는 공무원은 시술 당일에 1일의 휴가를 받을 수 있다. 다만, 체외수정 시술의 경우 여성 공무원은 난자 채취일에 1일의 휴가를 추가로 받을 수 있다.
> ⑤ 자녀가 있는 공무원은 다음 각 호의 어느 하나에 해당하는 경우 연간 2일(자녀가 2명 이상인 경우에는 3일)의 범위에서 자녀돌봄휴가를 받을 수 있다.
>   1. 어린이집, 유치원의 공식 행사나 교사와의 상담에 참여하는 경우
>   2. 자녀의 병원 진료(건강검진 또는 예방접종을 포함한다)에 동행하는 경우

※ 임신기간 1주는 7일로 산정함.

① 甲이 난임으로 체외수정 시술을 받을 예정이라면 시술 당일과 난자 채취일에 휴가를 받을 수 있다.

② 乙이 임신 170일째에 사산하였다면 사산한 날부터 30일까지 휴가를 받을 수 있다.

③ 丙이 쌍둥이를 임신 중인 상태에서 유산의 위험이 높다는 진단서를 제출하였다면 출산 전에 출산휴가 59일을 나누어 사용할 수 있다.

④ 육아시간을 받은 적 없는 丁은 딸(2세)을 돌보기 위해 향후 2년 동안 매일 최대 2시간의 육아시간을 받을 수 있다.

⑤ 자녀돌봄휴가를 받은 적 없는 戊는 외동 아들(6세)의 병원 진료에 동행하기 위해 연간 최대 2일의 휴가를 받을 수 있다.

5. 다음 글을 근거로 판단할 때 옳은 것은?

> 　제2차 세계대전까지 사용되던 군용 소총은 탄의 위력은 크지만, 한 발 쏘고 다시 장전하는 단발식이었으며 총기가 크고 무거웠다. 보완책으로 지급된 기관단총의 경우 소총과 달리 연사능력이 좋았으나 권총탄을 사용하여 유효사거리가 100m도 되지 않고 살상력도 낮았다. 독일은 이 문제를 해결하기 위해 소총탄의 길이를 57mm에서 33mm로 줄인 7.92x33mm 탄을 개발하였다. 이 탄환을 바탕으로 Mkb42라는 돌격소총이 탄생하였고, 이후 개량을 거쳐 돌격소총의 아버지라 불리는 StG44가 개발되었다. StG44의 유효사거리는 300m로, 기존에 사용되던 소총 Kar98k에 비해서는 짧은 편이었다. 하지만 보병 간의 교전은 이 사정거리 안에서 이루어졌기 때문에 충분하였으며, Kar98k와 달리 연사능력 측면에서 강점이 있었다.
>
> 　독일군의 돌격소총에 자극을 받아 탄생한 소련의 AK-47은 1940년대에 개발되었음에도 현재까지 꾸준히 사용된다. 그 이유는 구조가 간단하여 사격법을 숙지하기가 용이하고, 고장이 잘 나지 않아 운용하기 편리하기 때문이다. 다만, 400~500m 이상의 사거리에서 정확성과 살상력이 크게 떨어져 최대 사거리는 1,500m이나 유효사거리는 350m이다. 그리고 사격 시 반동이 커서 초탄 명중률은 높아도 연사할 때는 명중률이 낮아지는데, 이로 인해 AK-47이 정밀하지 않다는 인식이 있다.
>
> 　미국 역시 제2차 세계대전과 한국전쟁을 거치면서 소총의 성능 개선이 필요함을 느끼게 되었고, 그 결과 M16이 탄생하였다. M16은 1950년대에 개발된 AR-15를 1963년에 미국 육군의 제식 소총으로 채택하면서 부여된 명칭이었다. 이로써 베트남전 초기 미군의 주력 소총으로서 총기가 길고 무거워 다루기 어려웠던 M14의 자리를 M16이 대신하게 되었다. M16은 구경을 5.56mm로 줄인 작은 탄환을 사용하기 때문에 사격 반동을 줄여 정확성이 향상되었을 뿐만 아니라, 다량의 탄약을 휴대하는 것도 가능해졌다. 또한, 7.62x39mm 탄을 사용하는 소련의 AK-47에 비해 2배 이상 가벼운 탄환을 사용해 관통력이 더 뛰어나고, 살가죽처럼 부드러운 표적에 대한 파괴력도 더 높다. 이러한 5.56mm 탄은 소련이 AK-47에 사용되는 탄환에서 구경을 줄인 탄환을 만들고 이 소구경의 탄환을 사용하는 AK-74를 개발하는 데에도 영향을 주었다.

① 제2차 세계대전에서 사용된 기관단총은 연사능력 측면에서, 소총은 사거리와 파괴력 측면에서 한계가 있었다.

② Kar98k에 사용된 탄환은 AK-74에 사용된 탄환에 비해 길이가 길고 구경도 더 크다.

③ 미국은 주력 화기로 사용하던 AR-15를 개량하여 M16을 개발하였다.

④ 표적이 300m 이내에 있을 경우 AK-47보다 StG44의 명중률이 높을 것이다.

⑤ 사람의 피부에 대해서는 구경 5.56mm 탄보다 구경 7.62mm 탄이 더 큰 상처를 낼 수 있다.

6. 다음 글을 근거로 판단할 때, ㉠에 해당하는 수는?

> 甲: 나는 지금 A팀과 B팀의 농구경기를 보는 중이야.
>
> 乙: 지금 어느 팀이 이기고 있니?
>
> 甲: B팀이 74점으로 이기고 있어. 그런데 A팀 점수의 각 자리 수의 합은 B팀 점수의 각 자리 수의 합보다 커. 재미있는 건 지금 A팀이 3점 슛을 하나 더 성공시켜도 B팀을 이길 수 없고, 이때 A팀 점수의 각 자리 수의 합이 B팀 점수의 각 자리 수의 합보다 여전히 크다는 거야.
>
> 乙: 그렇다면 지금 시점에서 A팀이 3점 슛만을 성공시켜 B팀을 이기기 위해서는 　㉠　 개 이상의 3점 슛을 성공시켜야 한다는 말이구나.
>
> 甲: 그래, 맞아!

① 3

② 4

③ 5

④ 6

⑤ 7

7. 다음 글을 근거로 판단할 때, 甲과 乙이 지불한 금액의 차이는?

> ○ 甲, 乙, 丙 세 사람이 채소를 구매한 채소가게의 채소 1박스당 무게 및 판매가격은 다음과 같다.
>
> | 채소 | 감자 | 고구마 | 당근 | 옥수수 |
> |---|---|---|---|---|
> | 무게(kg) | 3 | 10 | 1 | 5 |
> | 판매가격(원) | 6,300 | 22,000 | 15,700 | 9,500 |
>
> ○ 세 사람이 각자 채소가게에 지불한 금액은 서로 다르지만, 각자 구매한 채소 박스의 무게와 개수는 같았다.
> ○ 세 사람이 채소가게에서 구매한 채소 박스 무게의 합은 총 39kg이었다.
> ○ 채소가게에 지불한 금액은 세 사람 중 甲이 가장 많고, 丙이 가장 적었다.

① 8,700원
② 10,000원
③ 11,300원
④ 12,600원
⑤ 13,900원

8. 다음 글을 근거로 판단할 때, 무상 A/S를 받을 수 있는 제품만을 모두 고르면?

> ○ 甲은 소유하고 있는 □□사 제품 중 수리가 필요한 제품을 선별하여 무상 A/S 서비스를 받을 예정이다. □□사 무상 A/S는 본사에서 제시한 조건을 모두 충족해야 한다.
> ○ □□사의 무상 A/S 조건은 다음과 같다.
> – 조건 1: 무상 A/S를 받으려는 시점을 기준으로 제품의 구매 연월은 2년 이내여야 함
> – 조건 2: 무상 A/S를 받으려는 시점을 기준으로 제품의 제조 연월은 3년 이내여야 함
> – 조건 3: 무상 A/S를 받으려는 부분의 손상 원인이 사고나 무단개조 이외의 것이어야 함
> ○ 甲이 무상 A/S를 받으려는 현재 시점은 2021년 3월이다.
> ○ 甲이 소유하고 있는 □□사 제품 중 수리가 필요한 제품은 다음과 같다.
>
> | 제품 | 종류 | 제조 연월 | 구매 연월 | 손상 원인 |
> |---|---|---|---|---|
> | A | 휴대폰 | 2020년 4월 | 2020년 10월 | 제품 결함 |
> | B | 노트북 | 2019년 7월 | 2020년 1월 | 사고 |
> | C | TV | 2018년 1월 | 2019년 9월 | 부품 마모 |
> | D | 청소기 | 2019년 4월 | 2019년 12월 | 부품 마모 |
> | E | 밥솥 | 2018년 6월 | 2019년 2월 | 제품 결함 |

① A, B
② A, D
③ B, D
④ D, E
⑤ A, C, D

[9~10] 다음 글을 읽고 물음에 답하시오.

조선시대 관료의 직위는 관품(官品)으로 구분할 수 있었다. 관품은 1~9까지 정품과 종품으로 나눠 총 18개가 존재했는데, 정1품이 가장 높고, 종1품, 정2품 순으로 그 뒤를 이었으며, 종9품이 가장 낮았다. 관품에 따라서 관료들은 당상관과 당하관, 참상관과 참하관으로 구분되기도 했다. 당상관이란 국가의 대소사를 결정하는 데 직접 참여할 자격을 갖춘 관료들로, 정1품, 종1품, 정2품, 종2품 관료를 비롯해 정3품 관료 중 높은 지위에 있는 관료들이 이에 해당했다. 정3품 관료 중 낮은 지위에 있는 관료들부터 그 이하의 관품을 가진 관료들은 당하관이라고 불렀는데, 그중 종6품 이상의 관료들은 참상관이라고 불렀고, 정7품 이하의 관료들은 참하관이라고 불렀다. 참상관이 되면 여러 특권들이 주어졌기 때문에 참하관들은 종6품으로 승진하는 것을 매우 영광스럽게 여겼다.

관료들에게는 관품 이외에 관계(官階)도 주어졌다. 관계란 관리들에게 부여된 일종의 작위를 의미한다. 참하관들에게는 하나의 관품별로 문신과 무신의 구분만으로 관계가 주어졌다. 예컨대, 종9품 문신에게는 장사랑, 종9품 무신에게는 전력부위라는 관계가 주어졌다. 그러나 참상관이 되면 문신과 무신의 구분에 더하여 각 관료의 상하를 고려하여 관계가 주어졌는데, 정5품 문신 상계는 통덕랑, 정5품 문신 하계는 통선랑, 정5품 무신 상계는 과의교위, 정5품 무신 하계는 충의교위라 했으며, 종5품 문신 상계는 봉직랑, 종5품 문신 하계는 봉훈랑, 종5품 무신 상계는 현신교위, 종5품 무신 하계는 창신교위라고 했다.

또한 당하관 중 가장 높은 관품을 가진 관료는 정3품 하계로 문신인 경우 통훈대부, 무신인 경우 어모장군이라는 관계가 주어졌다. 반면 당상관 중 가장 낮은 관품을 가진 관료는 정3품 상계로 문신인 경우 통정대부, 무신인 경우 절충장군이라는 관계가 주어졌다. 그러나 종2품 당상관부터는 무신에 대한 관계가 없었기 때문에 무신이 종2품 이상으로 승진하는 경우 문신으로 그 소속을 변경하게 되었고, 종2품 상계는 가정대부, 하계는 가선대부라고 했다.

9. 위의 글을 근거로 판단할 때, 〈보기〉에서 옳은 것만을 모두 고르면?

〈보 기〉
ㄱ. 정5품의 관리는 당상관으로 불렸을 것이다.
ㄴ. 과의교위에게는 전력부위에 비해 여러 특권들이 주어졌을 것이다.
ㄷ. 당상관인 무신 중에는 그 소속을 변경하지 않은 관료도 있었을 것이다.
ㄹ. 가정대부는 국가의 대소사를 결정하는데 직접 참여할 자격을 갖춘 관료일 것이다.

① ㄱ, ㄴ
② ㄴ, ㄷ
③ ㄴ, ㄹ
④ ㄱ, ㄷ, ㄹ
⑤ ㄴ, ㄷ, ㄹ

10. 위의 글과 다음 〈상황〉을 근거로 판단할 때, 1501년 甲의 관품과 관계를 옳게 짝지은 것은?

〈상 황〉
조선시대에 시행되었던 과거 시험 중 문과의 경우에는 한 번의 시험에서 33명이 합격하였다. 합격자는 등수에 따라 각각 다른 관품에 임명되었는데, 1등은 종6품, 2등과 3등은 정7품, 4등부터 10등까지는 정8품, 11등 이하는 정9품으로 임명되었다. 甲은 1482년에 시행된 문과에서 6등을 차지하여 첫 관품을 받으며 문신이 되었고, 이에 상응하여 육조 중 이조에서 영사로 근무하였다. 1501년, 甲은 1482년보다 관품이 5단계 승진하였고, 하계의 관계를 받았다.

	관품	관계
①	정3품	통훈대부
②	정5품	통덕랑
③	정5품	통선랑
④	종5품	봉직랑
⑤	종5품	봉훈랑

11. 다음 글을 근거로 판단할 때 옳은 것은?

> 제○○조 ① 기상예보업 또는 기상감정업(이하 '기상사업'이라 한다)을 하려는 자는 다음 각 호에 따른 인력을 갖추어 기상청장에게 등록하여야 한다.
> 　1. 기상예보업: 기상예보사 1명 이상
> 　2. 기상감정업: 기상감정사 1명 이상
> ② 기상사업자는 등록한 사항을 변경하려면 기상청장에게 변경등록을 하여야 한다. 다만, 제1항의 등록 기준에 미달하지 않는 범위에서 인력에 관한 사항을 변경하려는 경우에는 기상청장에게 변경신고를 하여야 한다.
> ③ 기상사업자는 휴업·폐업 또는 휴업 후 영업을 재개하고자 할 때에는 기상청장에게 신고하여야 한다.
> ④ 다음 각 호의 어느 하나에 해당하는 자는 기상사업의 등록을 할 수 없다.
> 　1. 제□□조에 따라 등록이 취소된 후 1년이 지나지 아니한 자
> 　2. 임원 중 제1호에 해당하는 사람이 있는 법인
> 제□□조 기상청장은 기상사업자가 다음 각 호의 어느 하나에 해당하는 경우에는 등록을 취소하거나 3개월 이내의 기간을 정하여 사업의 정지를 명할 수 있다. 다만, 기상사업자가 제1호 또는 제5호에 해당하는 경우에는 등록을 취소하여야 한다.
> 　1. 거짓이나 그 밖의 부정한 방법으로 등록을 한 경우
> 　2. 제○○조 제1항에 따른 등록 기준을 충족하지 못하게 된 경우
> 　3. 제○○조 제2항에 따른 변경등록 또는 변경신고를 하지 아니한 경우
> 　4. 제○○조 제3항에 따른 휴업·폐업 또는 휴업 후 영업 재개의 신고를 하지 아니한 경우
> 　5. 제○○조 제4항 각 호의 어느 하나에 해당하는 경우

① 기상사업자가 휴업 상태에서 영업을 재개하고자 할 때에는 기상청장에게 변경등록을 하여야 한다.

② 기상감정업체를 운영하기 위해서는 1명 이상의 기상감정사를 갖추고 기상청장에게 신고하여야 한다.

③ 기상예보업체에서 근무하던 모든 기상예보사가 해고된 경우, 기상청장은 해당 기상예보업체의 등록을 취소하여야 한다.

④ 기상감정사 1명만을 고용하여 기상감정업을 하던 기상사업자가 기상감정사 1명을 추가로 고용하는 경우에는 기상청장에게 변경신고를 하여야 한다.

⑤ 2023년 2월 1일에 기상사업의 등록이 취소된 자가 2023년 6월 1일 현재 기상감정업체의 임원으로 재직 중이라면, 기상청장은 해당 기상감정업체에 3개월의 사업 정지를 명할 수 있다.

12. 다음 글을 근거로 판단할 때 옳은 것은?

> 제00조 ① 어선의 소유자는 그 어선이 주로 입항·출항하는 항구 및 포구(이하 '선적항'이라 한다)를 관할하는 시장·군수·구청장에게 어선원부에 어선의 등록을 하여야 한다. 이 경우 총톤수 20톤 이상의 기선(機船)과 범선(帆船) 및 총톤수 100톤 이상의 부선(艀船)인 어선은 선박등기를 한 후에 어선의 등록을 하여야 한다.
> ② 제1항에 따른 등록을 하지 아니한 어선은 어선으로 사용할 수 없다.
> ③ 시장·군수·구청장은 제1항에 따른 등록을 한 어선에 대하여 다음 각 호의 구분에 따른 등록증서를 발급하여야 한다.
> 　1. 총톤수 20톤 이상인 어선: 선박국적증서
> 　2. 총톤수 20톤 미만인 어선(총톤수 5톤 미만의 무동력어선은 제외한다): 선적증서
> 　3. 총톤수 5톤 미만인 무동력어선: 등록필증
> 제00조 총톤수 20톤 미만의 소형어선에 대한 소유권의 득실변경은 등록을 하여야 그 효력이 생긴다.
> 제00조 ① 어선의 소유자가 어선원부에 어선의 등록을 하려면 해양수산부장관에게 어선의 총톤수 측정을 신청하여야 한다.
> ② 어선의 소유자는 어선의 수리 또는 개조로 인하여 총톤수가 변경된 경우에는 해양수산부장관에게 총톤수의 재측정을 신청하여야 한다.

※ 기선: 동력을 사용하여 추진하는 선박

① 총톤수 3톤인 기선의 소유자 甲은 어선의 등록을 하고 나면 등록필증을 발급받게 된다.

② 총톤수 25톤인 범선의 소유자 乙은 어선의 등록을 필히 한 다음 선박등기를 하여야 한다.

③ 총톤수 측정을 마친 어선을 개조하여 총톤수가 변경된 경우 이에 대한 재측정을 신청하여야 한다.

④ 총톤수 15톤인 어선의 소유자 丙이 어선을 丁에게 매매한 즉시 해당 어선에 대한 소유권은 丁이 갖는다.

⑤ 총톤수 120톤인 부선의 소유자 己가 어선원부에 어선의 등록을 하려면 해양수산부장관에게 요청하여야 한다.

13. 다음 글을 근거로 판단할 때, 〈보기〉에서 옳은 것만을 모두 고르면?

> 甲은 다음의 기준에 따라 노트북 A, B, C, D 중 한 대를 구매하고자 한다.
>
> ○ 노트북을 비교하여 산출한 종합점수가 가장 높은 노트북을 구매한다. 단, 종합점수가 가장 높은 노트북이 2대 이상인 경우에는 종합점수가 가장 높은 노트북 중에서 가격점수가 가장 높은 노트북을 구매한다.
> ○ 종합점수는 평가항목별 점수에 평가항목별 가중치를 곱한 값을 모두 더하여 산출한다.
> ○ 평가항목은 배터리, 가격, 무게이고, 평가항목별 가중치는 배터리가 2, 가격이 1, 무게가 ㉠이다.(단, 평가항목별 가중치는 모두 양수이다)
> ○ 노트북 A~D의 평가항목별 점수는 다음과 같다.
>
> | 구분 | 평가항목 | | |
> |---|---|---|---|
> | | 배터리 | 가격 | 무게 |
> | A | 6점 | 5점 | 7점 |
> | B | 9점 | 1점 | 6점 |
> | C | 7점 | 8점 | 4점 |
> | D | 2점 | 9점 | 8점 |

─────〈보 기〉─────
ㄱ. 무게의 가중치가 3보다 크다면, 甲은 노트북 A를 구매한다.
ㄴ. 무게의 가중치가 1이라면, 甲은 노트북 C를 구매한다.
ㄷ. 노트북 D의 배터리 점수가 6점으로 상승하면, 甲은 반드시 노트북 D를 구매한다.

① ㄴ
② ㄷ
③ ㄱ, ㄴ
④ ㄱ, ㄷ
⑤ ㄴ, ㄷ

14. 다음 글을 근거로 판단할 때, 甲의 밭에 최대로 심을 수 있는 사과나무의 수는?

> 甲은 평지에 정육각형 모양의 밭을 소유하고 있다. 甲이 소유한 밭은 둘레가 36m의 크기로, 현재 아무것도 심겨 있지 않다. 이에 따라 甲은 밭의 경계를 포함한 전체 면적에 사과나무 간의 거리를 최소 3m로 두고, 최대한 많은 사과나무를 심을 예정이다.

※ 사과나무의 크기는 고려하지 않음.

① 15그루
② 16그루
③ 17그루
④ 18그루
⑤ 19그루

15. 다음 〈중소기업 수출지원 사업개요〉와 〈상황〉을 근거로 판단할 때 옳은 것은?

〈중소기업 수출지원 사업개요〉

□ 사업목적: 중소기업의 성공적인 해외시장 진출을 위한 해외마케팅 및 수출금융 지원

□ 지원대상: 정량평가 점수(60점)와 정성평가 점수(40점)를 합산한 최종점수가 높은 2개 기업을 선정. 단, 최종점수가 동점일 경우 정량평가 점수가 더 높은 기업을 선정

□ 평가기준
　○ 정량평가: 재무 안전성(30점), 산업재산권 확보 수준(20점), 우수기업 우대사항(10점)으로 나누어 점수 부여
　　1) 재무 안전성

부채 비율	100% 미만	100% 이상 200% 미만	200% 이상 300% 미만	300% 이상
점수	30점	25점	20점	15점

　　2) 산업재산권 확보 수준

특허 보유건수	0건	1건	2건	3건	4건 이상
점수	0점	5점	10점	15점	20점

　　3) 우수기업 우대사항
　　　– 기관표창 수상이력 있을 경우: 5점
　　　– 벤처기업 인증받은 경우: 5점
　○ 정성평가: 사업전략, 글로벌 네트워크 역량을 평가해 5등급으로 나누어 점수 부여

등급	최우수	우수	양호	보통	미흡
점수	40점	35점	30점	25점	20점

〈상 황〉

중소기업 수출지원 사업에 참가 신청을 한 7개 기업(A~G)에 대한 정보 및 정성평가 결과는 다음과 같다.

기업	부채비율	특허 보유건수	기관표창 수상이력	벤처기업 인증 여부	정성평가 등급
A	261%	5건	O	O	우수
B	217%	7건	X	X	양호
C	350%	2건	X	O	최우수
D	82%	1건	O	O	미흡
E	113%	3건	O	O	보통
F	97%	0건	O	X	미흡
G	175%	2건	X	O	우수

① A의 부채비율이 300%이었을 경우 G가 선정된다.
② 지원대상을 3개 기업으로 늘릴 경우 B는 선정된다.
③ C의 기관표창 수상이력이 추가되면 C는 선정된다.
④ 정성평가 결과의 '보통' 이하가 한 등급씩 상향 조정되어도 선정되는 기업은 동일하다.
⑤ F의 특허 보유건수가 4건으로 변경되더라도 F는 선정되지 않는다.

16. 다음 글을 근거로 판단할 때, ㉠+㉡+㉢+㉣+㉤의 값은?

○ 비밀번호는 각 자리가 자연수인 열 자릿수이다.
○ 비밀번호는 다음과 같은 형태이다.
　㉠ ㉡ ㉢ ㉣ ㉤ ㉠ ㉡ ㉢ ㉣ ㉤
○ ㉠~㉤ 다섯 개의 숫자 중 같은 숫자가 중복 사용될 수 있다.
○ ㉠, ㉡, ㉢, ㉣을 차례대로 나열하여 만든 네 자릿수는 ㉡, ㉢, ㉣, ㉤을 차례대로 나열하여 만든 네 자릿수의 4배이다.
○ ㉠은 5이다.

① 15
② 16
③ 17
④ 18
⑤ 19

17. 다음 글과 〈상황〉을 근거로 판단할 때, 〈보기〉에서 옳은 것만을 모두 고르면?

> 미술작품 공모전에서 A, B, C 3개의 미술작품을 두고 최종 평가를 진행한다.
> ○ 미술작품은 표현력, 창의력, 완성도를 기준으로 평가되며, 각 평가 기준에 따라 개별 점수가 부여된다.
> ○ 각 평가 기준에서 세 작품의 개별 점수의 합은 100점이다. 단, 작품별 개별 점수는 0 이상의 정수이다.
> ○ 미술작품의 종합 점수는 아래의 산식에 따라 계산한다.
>> 종합 점수＝(표현력 개별 점수×1)＋
>> (창의력 개별 점수×2)＋(완성도 개별 점수×3)
> ○ 종합 점수가 가장 높은 작품에는 최우수상이 부여된다.
> ○ 종합 점수 순위에 관계없이 종합 점수가 200점 이상인 작품에는 작품상이 부여된다. 단, 평가 기준 중 어느 하나의 개별 점수가 30점 미만인 작품에는 작품상이 부여되지 않는다.

〈상 황〉

작품 A, B, C의 평가 기준에 따른 개별 점수는 아래와 같다.

평가 기준	A	B	C
표현력	35	25	40
창의력	?	40	?
완성도	40	30	30

〈보 기〉

ㄱ. 창의력 개별 점수에 따라 A, B, C 모두 작품상을 받지 못할 수 있다.
ㄴ. 창의력 개별 점수에 따라 B가 최우수상을 받을 수 있다.
ㄷ. A가 창의력 개별 점수로 25점을 받는다면 C는 작품상과 최우수상을 모두 받을 수 있다.
ㄹ. C가 최우수상을 받기 위해서는 창의력 개별 점수로 37점 이상을 받아야 한다.

① ㄱ, ㄴ
② ㄱ, ㄹ
③ ㄴ, ㄷ
④ ㄷ, ㄹ
⑤ ㄱ, ㄷ, ㄹ

18. 다음 글을 근거로 판단할 때, 甲부처가 열린관광지로 선정할 곳만을 모두 고르면?

> 甲부처에서는 장애인, 고령자, 영유아 동반 가족 등 관광 약자도 즐겁게 여행할 수 있는 열린관광지를 선정하고 있다. 열린관광지는 공모를 통해 신청 접수된 관광지를 1단계와 2단계로 나누어 평가한 뒤 선정하며, 그 평가 방법은 다음과 같다.
> ○ 1단계: 열린관광지 공모에 제출한 신청서를 토대로 각 관광지의 매력도를 평가하여 70점 이상인 경우에만 다음 단계의 평가를 진행한다. (단, 대표 관광지로 선정된 이력이 있을 경우 65점 이상을 기준으로 함)
> ○ 2단계: 평가 요소에 따른 점수를 산정한 뒤 이를 모두 합산한 총점을 바탕으로, 총점이 높은 두 곳을 열린관광지로 선정한다.
> － 평가 요소별 점수는 다음과 같다.

평가 요소	휠체어 대여 서비스 제공	음성 안내 서비스 제공	체험 콘텐츠 개수	정보제공 채널 개수
부여 점수	5점	5점	개당 2점	개당 3점

> ※ 정보제공 채널: 앱, 책자, 홈페이지 세 종류로, 종류별 1개로 간주
> － 열린관광지는 동일 지역에서 모두 선정될 수 없다. 즉, 총점이 높은 두 곳이 동일 지역이라면 둘 중 총점이 높은 한 곳만 선정하며, 나머지 한 곳은 다른 지역의 관광지 중에서 선정한다.
> ○ 공모를 신청한 관광지 A~E의 현황은 다음과 같다.

관광지	A	B	C	D	E
지역	가	나	다	다	나
대표 관광지 선정 이력	있음	있음	있음	없음	있음
매력도	78점	67점	72점	65점	84점
휠체어 대여 서비스 제공	미제공	제공	미제공	제공	제공
음성 안내 서비스 제공	제공	제공	제공	미제공	미제공
체험 콘텐츠 개수	1개	1개	3개	4개	7개
정보제공 채널	책자, 앱, 홈페이지	홈페이지, 책자	책자	앱, 책자	－

① A, B
② A, E
③ B, C
④ B, E
⑤ C, D

19. 다음 글을 근거로 판단할 때, 각 조의 조장만을 모두 고르면?

　　○ A 대학교 B 강의를 수강하는 학생들은 조별 과제를 수행해야 한다.

　　○ 조 편성은 조원이 3명인 조와 4명인 조로 각각 편성되며, 각 조에는 조장이 있어야 한다.

　　○ 조 구성 및 조장 선발 기준은 다음과 같다.
　　　－ 같은 조 내 구성원은 학번이 모두 달라야 한다.
　　　－ 같은 조 내에 하나의 성별로만 구성될 수 없다.
　　　－ 같은 학과 학생들은 같은 조 구성원이 된다. 단, 영어영문학과 학생과 정치외교학과 학생이 모두 하나의 조로 편성될 수는 없다.
　　　－ 재수강을 하는 학생은 조장이 될 수 없으며, 재수강을 하는 학생을 제외하고 각 조 내에서 학번이 가장 높은 학생이 조장이 된다.

　　○ B 강의를 수강하는 학생들은 다음과 같다.

학생	성별	학번	학과	재수강 여부
가	남자	17	행정학과	O
나	여자	18	중어중문학과	X
다	남자	19	영어영문학과	X
라	여자	15	정치외교학과	O
마	남자	17	정치외교학과	X
바	남자	16	영어영문학과	O
사	남자	16	경영학과	X

　　※ 학번은 입학연도를 의미하며, 입학연도가 빠를수록 학번이 높음.

① 나, 사
② 나, 마
③ 다, 사
④ 다, 라
⑤ 다, 마

20. 다음 글을 근거로 판단할 때, 乙의 주민등록번호 앞 6자리 숫자를 각각 더한 값은?

　　甲: 올해 추석 연휴가 언제부터 시작하지?
　　乙: 정식 추석 연휴 3일은 이번 주 목요일부터 시작해. 올해 2023년 추석 연휴는 9월 28일부터 시작하거든.
　　甲: 추석 연휴 셋째 날이 내 생일인데, 그 날부터 만으로 30살이 돼.
　　乙: 미리 생일 축하해. 난 다음 주 수요일이 생일이거든. 그러고 보니 너의 주민등록번호 앞 6자리 숫자를 각각 더하면 현재 내 만 나이랑 같네!

① 21
② 22
③ 23
④ 24
⑤ 25

21. 다음 글을 근거로 판단할 때, ㉠과 ㉡에 들어갈 숫자를 옳게 짝지은 것은?

> 甲 구청은 가정의 달 5월을 맞이하여 여러 가지 행사를 개최하고자 한다. 甲 구청의 행사 담당 부서에서는 다음의 기준에 따라 5월 행사 일정을 계획한다.
> ○ 행사는 평일에만 개최하며, 이틀을 연속하여 개최하지 않는다.
> ○ 마지막 주를 포함하여 매주 최소 2번의 행사를 개최한다.
> ○ 날짜가 5의 배수인 날 중 2일 이상 행사를 개최한다.
> ○ 어린이날인 5월 5일과 석가탄신일인 5월 24일에는 행사를 개최한다.
> ○ 봄꽃 축제는 금요일부터 시작되며, 축제기간인 5월 12일부터 5월 16일에는 행사를 개최하지 않는다.
> 甲 구청이 위의 기준에 따라 5월 행사 일정을 계획한다면 월요일에는 최소 ㉠번, 최대 ㉡번의 행사가 개최될 수 있다.

	㉠	㉡
①	1	3
②	2	3
③	2	4
④	3	4
⑤	3	5

22. 다음 글과 〈상황〉을 근거로 판단할 때, 甲의 승패 결과는?

> ○ 甲과 乙은 1~9의 숫자가 적힌 카드 3장씩으로 구성된 27장의 카드를 이용하여 게임을 한다.
> ○ 숫자가 보이지 않게 카드를 모두 뒤집어놓고 각자 9장의 카드를 가져간다.
> ○ 두 사람은 각 판마다 자신이 가진 카드 중 1장을 동시에 내며, 한 번 낸 카드는 다시 사용할 수 없다.
> ○ 둘 중 카드의 숫자가 더 높은 쪽이 그 판의 승자가 되며, 숫자가 같으면 그 판은 무승부로 한다.

〈상 황〉

> 甲과 乙이 가져간 카드는 다음과 같았으며, 게임 결과 아홉 판 모두에서 두 사람이 낸 카드에 적힌 숫자는 2만큼의 차이가 났다.

카드의 숫자	1	2	3	4	5	6	7	8	9
甲	1장		1장	1장	2장	2장		1장	1장
乙		1장	2장	1장	1장	1장	2장	1장	

① 3승 6패
② 4승 5패
③ 5승 4패
④ 6승 3패
⑤ 7승 2패

23. 다음 글을 근거로 판단할 때 옳은 것은?

> ○ 대학 동아리의 회장과 부회장 1명씩을 선출하는 선거에 남녀 2명씩 총 4명이 입후보하였다.
> ○ 후보들은 전공(경제학과, 영문학과, 컴퓨터공학과, 통계학과)이 모두 달랐다.
> ○ 학번은 21학번부터 23학번까지로, 학번이 같은 학생은 2명뿐이었다.
> ○ 홀수 학번인 사람은 서로 성별이 같다.
> ○ 영문학과 학생은 부회장보다 학번이 높다.
> ○ 컴퓨터공학과 학생은 여자이고, 통계학과 학생보다 학번이 높다.
> ○ 회장보다 부회장의 학번이 더 낮고, 둘은 성별이 다르다.
> ○ 통계학과 학생은 회장이나 부회장으로 선출되지 않았다.

① 경제학과 학생이 회장일 수 있다.

② 영문학과 학생이 통계학과 학생보다 학번이 낮을 수 있다.

③ 학번이 가장 높은 학생은 컴퓨터공학과이다.

④ 21학번 학생이 회장일 경우, 부회장은 23학번이다.

⑤ 통계학과 학생이 23학번일 경우, 영문학과 학생과 성별이 같다.

24. 다음 글을 근거로 판단할 때, 甲과 乙이 A카페에 들어간 시각은? (단, 甲과 乙은 오늘 중으로 A카페에서 나왔다)

> 2022년 3월 27일 甲과 乙은 오후에 A카페에 들러 음료를 마셨다. 甲과 乙은 A카페에 들어가면서 A카페에 있는 시계를 확인하였는데, A카페의 시계는 숫자가 표기되어 있지 않은 시계였다. 甲과 乙은 카페에서 2시간 30분 동안 대화를 나눈 후 A카페에서 나왔다. 甲과 乙은 A카페에서 나올 때, A카페에 있는 거울을 통해 A카페의 시계를 확인하였는데 甲과 乙이 A카페에 들어간 시각과 동일하였다.

※ A카페에 있는 거울은 좌우 반전이 발생한다.

① 오후 3시 5분

② 오후 3시 35분

③ 오후 4시 15분

④ 오후 4시 45분

⑤ 오후 5시 15분

25. 다음 글을 근거로 판단할 때, 〈보기〉에서 옳지 않은 것만을 모두 고르면?

> 제○○조(과정) 국방대학교에 학위를 수여하지 아니하는 기본과정(이하 "기본과정"이라 한다)과 학위를 수여하는 학위과정(이하 "학위과정"이라 한다)을 둔다.
>
> 제△△조(입학자격) ① 국방대학교의 기본과정에 입학할 수 있는 자는 다음 각 호의 어느 하나에 해당하는 자로 한다.
>
> 　1. 현역장교로서 각 군 대학을 졸업한 자
>
> 　2. 4급 이상의 공무원 또는 고위공무원단에 속하는 일반직공무원
>
> ② 학위과정에 입학할 수 있는 사람은 다음 각 호의 어느 하나에 해당하는 사람으로 한다.
>
> 　1. 현역에 복무하는 장교, 준사관, 부사관 및 군무원
>
> 　2. 공무원
>
> ③ 제1항 및 제2항에서 정한 자 외에 외국군 장교, 기타 국방대학교에서 교육을 실시하는 것이 필요하다고 인정되는 자를 국방부장관의 승인을 얻어 기본과정 또는 학위과정에 입학시킬 수 있다.
>
> 제□□조(입학추천) 제△△조 제1항과 제2항에 따라 국방대학교의 기본과정 또는 학위과정에 입학할 수 있는 사람은 다음 각 호에 따른 추천권자의 입학추천을 받은 사람으로 한다.
>
> 　1. 현역군인: 소속 군참모총장
>
> 　2. 공무원
>
> 　가. 국가공무원 및 지방공무원: 행정안전부장관 또는 인사혁신처장. 다만, 국회·법원·헌법재판소 및 선거관리위원회에 소속된 공무원의 경우에는 국회사무총장, 법원행정처장, 헌법재판소사무처장 및 중앙선거관리위원회사무총장을 말한다.
>
> 　나. 군무원: 소속 군참모총장 또는 국방부직할부대·기관의 장
>
> ※ 고위공무원단은 행정기관 국장급(3급) 이상 공무원으로 구성함.

───〈보 기〉───

> ㄱ. 국회 소속 7급 공무원인 甲은 국회사무총장의 입학추천이 있으면 국방대학교의 학위과정에 입학할 수 있다.
>
> ㄴ. 퇴역한 육군장교 乙은 육군참모총장의 추천과 승인이 있으면 국방대학교의 학위과정에 입학할 수 있다.
>
> ㄷ. 교육부에서 근무하는 6급 공무원 丙은 행정안전부장관 또는 인사혁신처장의 입학추천이 있으면 국방대학교 기본과정에 입학할 수 있다.

① ㄱ

② ㄱ, ㄴ

③ ㄱ, ㄷ

④ ㄴ, ㄷ

⑤ ㄱ, ㄴ, ㄷ

약점 보완 해설집 p.55

┃ 자료해석영역 ┃
2교시

응시번호

성명

실전모의고사
3회

문제책형
인

응시자 주의사항

1. **시험시작 전 시험문제를 열람하는 행위나 시험종료 후 답안을 작성하는 행위를 한 사람**은 「공무원 임용시험령」 제51조에 의거 **부정행위자**로 처리됩니다.

2. **답안지 책형 표기는 시험시작 전 감독관의 지시에 따라 문제책 앞면에 인쇄된 문제책형을 확인한 후, 답안지 책형란에 해당 책형(1개)을** '●'로 표기하여야 합니다.

3. 시험이 시작되면 문제를 주의 깊게 읽은 후, **문항의 취지에 가장 적합한 하나의 정답만을 고르며**, 문제내용에 관한 질문은 할 수 없습니다.

4. **답안을 잘못 표기하였을 경우에는 답안지를 교체하여 작성하거나 수정할 수 있으며**, 표기한 답안을 수정할 때는 **응시자 본인이 가져온 수정테이프만을 사용**하여 해당 부분을 완전히 지우고 부착된 수정테이프가 떨어지지 않도록 손으로 눌러주어야 합니다. **(수정액 또는 수정스티커 등은 사용 불가)**

5. **시험시간 관리의 책임은 응시자 본인에게 있습니다.**
   ※ 문제책은 시험종료 후 가지고 갈 수 있습니다.

정답공개 및 해설강의 안내

1. 모바일 자동 채점 및 성적 분석 서비스
   • '약점 보완 해설집'에 회차별로 수록된 QR코드 인식 ▶ 응시 인원 대비 자신의 성적 위치 확인

2. 해설강의 수강 방법
   • 해커스PSAT 사이트(www.psat.Hackers.com) 접속 후 로그인 ▶ 우측 퀵배너 [쿠폰/수강권 등록] 클릭 ▶ '약점 보완 해설집'에 수록된 쿠폰번호 입력 후 이용

1. 다음 〈그림〉은 '갑'국의 2022년 형사사건 접수 및 처리 인원 현황에 관한 자료이다. 〈그림〉의 A, B에 해당하는 값의 차이는?

〈그림〉 2022년 형사사건 접수 및 처리 인원 현황

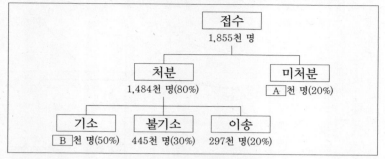

※ ( )는 각 항목의 상위 개념에 대한 비중을 나타냄.

① 297

② 371

③ 409

④ 431

⑤ 445

2. 다음 〈그림〉은 2021~2023년 동안 '갑'국에서 발생한 가스사고에 관한 자료이다. 이에 대한 〈보기〉의 설명 중 옳은 것만을 모두 고르면?

〈표〉 원인별 가스사고 발생 건수 비율

(단위: %)

연도\원인	2021	2022	2023
인적 과실	40	30	35
시설 결함	35	45	40
시설 파손	5	10	10
기타 원인	20	15	15
계	100	100	100

※ 사고 원인은 인적 과실, 시설 결함, 시설 파손, 기타 원인 중 하나임.

〈그림〉 연도별 가스사고 발생 건수

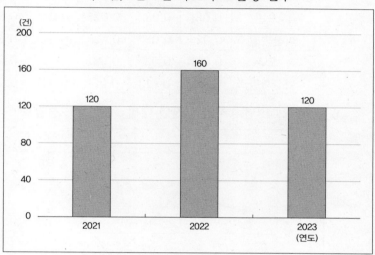

〈보 기〉

ㄱ. 2023년 '인적 과실'로 발생한 가스사고 건수는 2021년 '시설 파손'으로 발생한 가스사고 건수보다 36건 더 많다.

ㄴ. 2023년 원인별 가스사고 발생 건수의 전년 대비 감소율은 모두 30% 이하이다.

ㄷ. 2022년 '인적 과실'로 발생한 가스사고 건수와 '기타 원인'으로 발생한 가스사고 건수는 각각 2021년과 동일하다.

ㄹ. '시설 결함'과 '시설 파손'으로 발생한 가스사고 건수의 합은 2021~2023년 동안 발생한 전체 가스사고 건수의 절반 이상이다.

① ㄱ, ㄷ

② ㄱ, ㄹ

③ ㄴ, ㄷ

④ ㄴ, ㄹ

⑤ ㄷ, ㄹ

3. 다음 〈표〉는 2015~2019년 '갑'국의 지역별 오존 및 이산화질소 농도를 나타낸 자료이다. 〈표〉를 이용하여 작성한 그래프로 옳지 않은 것은?

〈표〉'갑'국의 지역별 오존 및 이산화질소 농도

(단위: ppm)

지역	구분	2015	2016	2017	2018	2019
A	오존	0.022	0.025	0.038	0.026	0.028
A	이산화질소	0.040	0.038	0.038	0.033	0.034
B	오존	0.032	0.031	0.022	0.034	0.039
B	이산화질소	0.021	0.026	0.022	0.021	0.020
C	오존	0.027	0.028	0.024	0.030	0.036
C	이산화질소	0.027	0.023	0.024	0.022	0.021
D	오존	0.024	0.026	0.030	0.027	0.033
D	이산화질소	0.033	0.031	0.030	0.029	0.028
E	오존	0.031	0.033	0.025	0.033	0.036
E	이산화질소	0.023	0.022	0.025	0.019	0.022
F	오존	0.027	0.025	0.021	0.032	0.028
F	이산화질소	0.021	0.019	0.021	0.022	0.023

① 2016~2019년 A지역의 전년 대비 오존 농도 증감률

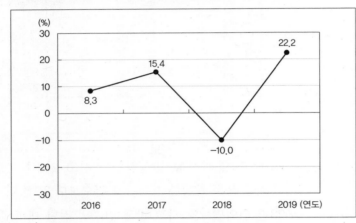

② 2016~2019년 C지역의 전년 대비 이산화질소 농도 증감률

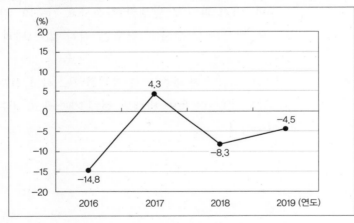

③ 2016~2019년 D지역의 전년 대비 오존 및 이산화질소 농도 증감폭 추이

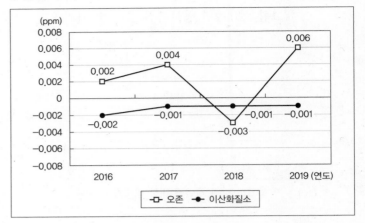

④ 2019년 '갑'국의 지역별 오존 및 이산화질소 농도

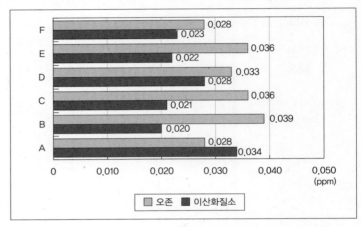

⑤ 2017~2019년 F지역의 오존 및 이산화질소 평균 농도

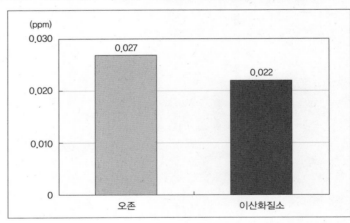

4. 다음 〈표〉는 '갑'시 중학교와 고등학교 학생의 진로활동별 참여 현황 및 향후 참여희망인원에 관한 자료이다. 이에 대한 〈보기〉의 설명 중 옳은 것만을 모두 고르면?

〈표〉 진로활동별 참여현황 및 향후 참여희망인원

(단위: %, 명)

학교급	진로활동 \ 구분	2017년			2020년		
		참여율	참여인원	향후참여희망인원	참여율	참여인원	향후참여희망인원
중학교	진로와 직업 수업	( )	9,409	7,223	93.6	8,536	6,587
	진로심리검사	78.1	8,379	8,020	89.9	8,199	7,490
	진로상담	59.7	6,405	7,905	78.1	7,123	7,441
	진로체험	74.2	7,961	8,847	91.4	8,336	8,278
	진로동아리	31.6	3,390	6,296	54.7	4,989	6,556
고등학교	진로와 직업 수업	84.3	9,195	7,423	85.2	8,132	6,728
	진로심리검사	80.7	8,802	8,732	86.3	8,237	7,845
	진로상담	59.8	6,522	9,044	70.2	6,701	7,948
	진로체험	68.4	7,460	9,273	77.5	( )	8,476
	진로동아리	38.7	4,221	7,067	57.6	5,498	6,945

※ 1) 진로활동 종류는 진로와 직업 수업, 진로심리검사, 진로상담, 진로체험, 진로동아리 5가지만 존재함.

2) 해당 진로활동 참여율(%) = $\dfrac{\text{해당 진로활동 중학교(고등학교) 참여 인원}}{\text{'갑'시 전체 중학교(고등학교) 학생 수}} \times 100$

〈보 기〉

ㄱ. 2017년 '갑'시의 전체 중학교 학생 수는 11,000명 이상이다.

ㄴ. 2017년 중학교 참여인원이 가장 많은 진로활동의 참여율은 2020년에 감소하였다.

ㄷ. 2017년 고등학교 진로체험 참여인원은 2020년 고등학교 진로체험 참여인원보다 많다.

ㄹ. 2020년 고등학교 참여인원 대비 향후 참여희망인원이 가장 많은 진로활동은 진로동아리이다.

① ㄱ, ㄴ
② ㄴ, ㄷ
③ ㄷ, ㄹ
④ ㄱ, ㄴ, ㄹ
⑤ ㄴ, ㄷ, ㄹ

5. 다음 〈표〉는 2022~2023년 정부 부처별 수도권 및 지방 대학 지원액 현황에 관한 자료이다. 이에 대한 〈보고서〉의 내용 중 부처 A~D에 해당하는 2023년 수도권 대학 지원액의 합은?

〈표〉 정부 부처별 수도권 및 지방 대학 지원액 현황

(단위: 억 원)

구분 \ 부처 \ 연도	2022			2023		
	대학	수도권	지방	대학	수도권	지방
교육부	91,482	30,276	61,206	95,153	33,865	61,288
과학기술정보통신부	22,480	10,144	13,164	24,242	9,316	14,098
고용노동부	5,906	1,573	4,333	5,341	1,177	4,164
산업통상자원부	3,282	1,732	1,550	3,462	1,643	1,819
중소벤처기업부	1,825	758	1,067	1,961	819	1,142
보건복지부	1,635	1,122	513	1,430	1,000	430
기타부처	6,222	3,306	2,916	5,932	2,795	3,137
합계	132,832	48,911	84,749	137,521	50,615	86,078

※ 정부 부처별 지원 대학은 수도권 대학과 지방 대학으로 구분됨.

〈보고서〉

정부 부처별 대학 지원 현황을 살펴보면, 2022년 대비 2023년 대학 지원액 증가율은 기타부처를 제외하고 ▢A▢ 가 가장 높았다.

2022년 대비 2023년 정부의 수도권 대학 지원액은 증가하였으나, 부처별 지원액의 증감 형태는 다양한 양상을 나타냈다. 2022년 대비 2023년 부처별 수도권 대학 지원액의 증감 형태를 살펴보면, 지원액이 증가한 부처는 교육부와 ▢B▢ 2개뿐이었고, 나머지 부처는 감소하였다.

한편, 지방 대학 지원액에 대해 살펴보면, 2022~2023년 동안 매년 정부 부처별 대학 지원액에서 지방 대학 지원액이 차지하는 비중이 65%를 초과하는 부처는 ▢C▢ 이었고, 2023년 지방 대학 지원액의 전년 대비 증가율이 가장 큰 부처는 ▢D▢ 이었다.

① 12,955억 원
② 13,049억 원
③ 18,874억 원
④ 24,617억 원
⑤ 47,049억 원

6. 다음 〈그림〉은 '갑'국의 2021년 식중독 발생 현황에 관한 자료이다. 이에 대한 〈보기〉의 설명 중 옳은 것만을 모두 고르면?

〈그림 1〉 월별 식중독 발생 환자 수

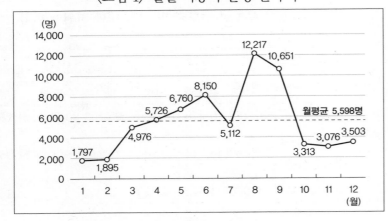

〈그림 2〉 월별 식중독 발생 건수

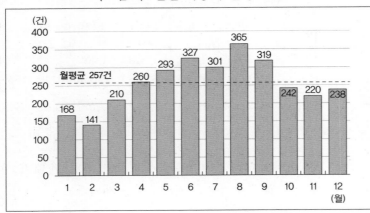

〈그림 3〉 식중독 발생 장소별 건수의 비중

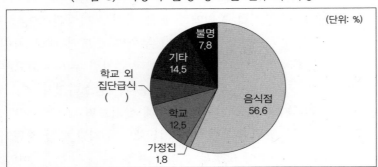

※ 식중독은 한 건당 하나의 장소에서만 발생함.

〈보 기〉
ㄱ. 1~12월 중 월별 식중독 발생 1건당 환자 수가 많은 상위 2개는 8월과 9월이다.
ㄴ. 월별 식중독 발생 건수는 가장 많은 달이 가장 적은 달의 2.5배 미만이다.
ㄷ. '음식점'에서 발생한 식중독 건수는 '학교 외 집단급식'에서 발생한 식중독 건수의 8배 이상이다.
ㄹ. 연간 '학교'에서 발생한 식중독이 모두 봄(3~5월)에 발생했다면, 봄에 발생한 식중독 건수 중 발생 장소가 '학교'인 식중독의 비중은 50% 이상이다.

① ㄱ, ㄴ
② ㄱ, ㄷ
③ ㄱ, ㄹ
④ ㄱ, ㄷ, ㄹ
⑤ ㄴ, ㄷ, ㄹ

7. 다음 〈표〉는 2020년 '갑'국 A~E도시의 종사자 수, 인구 천 명당 사업체 수, 사업체 수에 관한 자료이다. 〈조건〉을 근거로 '다', '마'에 해당하는 도시를 바르게 나열한 것은?

〈표〉 도시별 종사자 수, 인구 천 명당 사업체 수, 사업체 수
(단위: 천 명, 개)

구분 도시	종사자 수	인구 천 명당 사업체 수	사업체 수
가	5,827	84	823,600
나	868	80	164,700
다	5,003	100	934,300
라	932	85	123,700
마	1,150	95	234,400

〈조 건〉
○ A~E 중 인구가 가장 많은 도시는 B이다.
○ D는 C와 E에 비해 사업체 1개당 종사자 수가 많다.
○ B와 C의 종사자 수의 합은 A, D, E의 종사자 수의 합보다 크다.
○ B와 C의 사업체 수의 합은 D와 E의 사업체 수의 합과 같다.

　　다　　마
① A　　B
② D　　A
③ D　　C
④ E　　B
⑤ E　　C

8. 다음 〈표〉는 날짜별 A~D영화 예약자 수와 '갑'극장 총 예약자 수 및 방문객 수에 대한 자료이다. 이에 한 〈보기〉의 설명 중 옳은 것만을 모두 고르면?

〈표 1〉 날짜별 A~D영화 예약자 수

(단위: 명)

영화＼날짜	3월 18일	3월 19일	3월 20일	3월 21일
A	315	135	345	( )
B	420	270	115	145
C	105	405	( )	290
D	210	540	230	435

〈표 2〉 날짜별 '갑'극장 총 예약자 수 및 방문객 수

(단위: 명)

구분＼날짜	3월 18일	3월 19일	3월 20일	3월 21일
총 예약자 수	1,050	( )	1,150	1,450
방문객 수	950	1,062	1,051	1,389

※ 1) 방문율(%) = $\dfrac{\text{방문객 수}}{\text{총 예약자 수}} \times 100$

   2) 월 18~21일 동안 '갑'극장에서 상영한 영화는 A~D뿐임.

─〈보 기〉─

ㄱ. 3월 20일 대비 3월 21일 예약자 수의 증가율이 가장 높은 영화는 D이다.

ㄴ. 3월 18~21일 동안 영화별 예약자 수의 합이 많은 영화부터 순서대로 나열하면 D-A-C-B 순이다.

ㄷ. 3월 20일 C영화 예약자 수는 3월 19일 B영화 예약자 수의 2배 이상이다.

ㄹ. '갑'극장의 3월 19일 방문율은 75% 이상이다.

① ㄱ, ㄴ
② ㄱ, ㄹ
③ ㄴ, ㄷ
④ ㄱ, ㄴ, ㄹ
⑤ ㄴ, ㄷ, ㄹ

9. 다음 〈표〉는 2019~2023년 '갑'국의 보육시설 종사자 수에 관한 자료이다. 이에 대한 〈보기〉의 설명 중 옳은 것만을 모두 고르면?

〈표〉 2019~2023년 보육시설 종사자 수

(단위: 명)

연도＼구분	전체	원장	보육교사	기타 종사자
2019	332,217	( )	235,704	56,428
2020	333,420	38,975	239,996	54,449
2021	342,444	40,168	244,973	57,303
2022	321,669	34,119	236,966	50,584
2023	297,116	33,087	( )	43,994

─〈보 기〉─

ㄱ. 2019년 대비 2023년의 원장 수는 15% 이상 감소하였다.

ㄴ. 2019~2022년 동안 보육교사 수는 매년 보육교사를 제외한 보육시설 종사자 수의 2배 이상이다.

ㄷ. 보육시설 종사자 수에서 기타 종사자 수가 차지하는 비중은 매년 15% 이상이다.

ㄹ. 2024년 원장 수와 보육교사 수가 각각 전년 대비 5%씩 증가하고 기타 종사자 수가 전년 대비 10% 증가한다면, 2024년 보육시설 종사자 수는 31만 명 이상이다.

① ㄱ, ㄴ
② ㄱ, ㄷ
③ ㄷ, ㄹ
④ ㄱ, ㄴ, ㄹ
⑤ ㄴ, ㄷ, ㄹ

10. 다음 〈보고서〉는 '갑'국 인공지능산업의 연구개발 외부투자 현황에 관한 자료이다. 〈보고서〉의 내용과 부합하는 자료만을 〈보기〉에서 모두 고르면?

─〈보고서〉─

　'갑'국의 인공지능산업은 AI 소프트웨어, AI 서비스, AI 하드웨어 세 부문으로 구분된다. 2021~2023년 3년 동안의 인공지능산업 연구개발 현황을 조사한 결과, 외부투자 유치실적 보유기업의 비율은 인공지능산업 전체가 37.6%였으며, 세 부문 중 AI 소프트웨어의 비율이 42.4%로 가장 높았다.

　2021~2023년 인공지능산업 외부투자 유치건수를 살펴보면, 연도별 외부투자 유치건수는 인공지능산업 전체가 2022년에 582건으로 가장 많았고, 부문별로는 AI 소프트웨어와 AI 서비스가 각각 2022년에 가장 많았으며, AI 하드웨어는 2023년에 가장 많았다. 한편 인공지능산업 전체의 외부투자 유치금액은 2022년에 전년 대비 70% 이상 증가하여 1.1조 원을 상회하였고, 2023년에는 2022년에 비해 소폭 감소하였다.

　2021~2023년 3년간 외부투자 유치실적 보유기업의 외부투자 유치 방법으로는 인공지능산업 전체에서 '벤처캐피탈/엔젤투자'라고 응답한 비율이 45.3%로 가장 높았으며, 부문별로 보더라도, '무응답'을 제외하면 '벤처캐피탈/엔젤투자'라고 응답한 비율이 각 부문에서 가장 높았다.

─〈보 기〉─

ㄱ. 2021~2023년 동안의 부문별 외부투자 유치실적 보유기업 비율

(단위: %)

구분 \ 부문	전체	AI 소프트웨어	AI 서비스	AI 하드웨어
보유기업	37.6	42.4	32.6	24.1
미보유기업	62.4	57.6	67.4	75.9

ㄴ. 2021~2023년 동안의 부문별 외부투자 유치실적 보유기업의 외부투자 유치 방법

(단위: %)

구분 \ 부문	전체	AI 소프트웨어	AI 서비스	AI 하드웨어
IPO	25.4	22.2	30.7	0.0
벤처캐피탈/엔젤투자	45.3	55.3	30.9	33.3
정부정책지원금	12.8	9.9	16.8	22.2
은행 등 일반금융	6.0	5.9	5.7	22.2
기타	4.6	5.9	2.7	0.0
무응답	16.2	8.6	26.8	44.4

※ 복수응답 허용.

ㄷ. 2021~2023년 전체 외부투자 유치금액

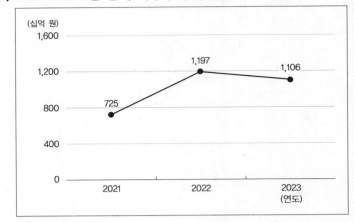

ㄹ. 2021~2023년 부문별 외부투자 유치건수

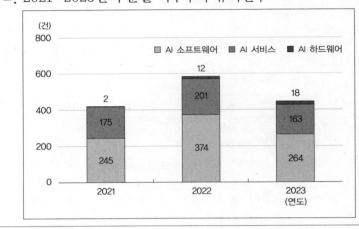

① ㄱ, ㄴ
② ㄱ, ㄷ
③ ㄱ, ㄹ
④ ㄴ, ㄷ
⑤ ㄴ, ㄹ

11. 다음 〈표〉는 2021년 '갑'국의 4개 통화(엔화, 위안화, 유로화, 파운드화)에 관한 대외금융자산 및 대외금융부채 규모 현황이다. 〈표〉와 〈조건〉에 근거하여 A~D에 해당하는 통화를 바르게 나열한 것은?

〈표〉 통화별 대외금융자산 및 대외금융부채 규모

(단위: 백만 달러)

구분 통화	대외금융자산				대외금융부채			
	직접 투자	증권 투자	파생 금융 상품	기타 투자	직접 투자	증권 투자	파생 금융 상품	기타 투자
A	14,926	23,648	121	3,595	81	719	136	427
B	44,427	28,267	61	6,462	3,587	1,254	78	6,975
C	168,669	96,769	3,694	20,906	4,214	16,525	4,557	11,243
D	120,997	16,380	51	11,162	649	1,184	13	8,302

※ 1) 대외금융자산과 대외금융부채의 유형은 각각 직접투자, 증권투자, 파생금융상품, 기타투자로만 구분됨.
  2) 통화별 대외금융자산 및 대외금융부채는 모두 달러화로 가치를 환산한 값임.
  3) 순대외금융자산＝대외금융자산－대외금융부채

―〈조 건〉―
○ '유로화', '엔화', '파운드화'는 각각 대외금융자산의 증권투자 규모가 기타투자 규모의 4배 이상이다.
○ 순대외금융자산 규모는 '위안화'가 두 번째로 많다.
○ 증권투자 규모의 대외금융부채 대비 대외금융자산 비중이 가장 낮은 통화는 '유로화'이다.
○ '위안화', '엔화', '유로화' 각각의 대외금융자산은 유형별 규모의 순서가 동일하다.

	A	B	C	D
①	파운드화	유로화	엔화	위안화
②	파운드화	엔화	유로화	위안화
③	파운드화	위안화	유로화	엔화
④	유로화	파운드화	엔화	위안화
⑤	유로화	파운드화	위안화	엔화

12. 다음 〈표〉는 중고차 A~D의 특성에 대한 자료이다. 이에 대한 〈보기〉의 설명 중 옳은 것만을 모두 고르면?

〈표〉 중고차 A~D의 특성

구분 \ 중고차	A	B	C	D
배기량(cc)	1,591	1,999	1,995	2,199
최대출력(hp)	132	172	163	200
연비(km/L)	14.6	17.5	19.3	21.4
승차인원(인)	5	5	5	7
제조연도(년)	2017	2015	2011	2013
사용기간(개월)	30	54	93	68
총 주행거리(km)	83,600	62,400	47,100	94,500
금액(만 원)	1,480	1,350	1,070	1,120

※ 연비(km/L)＝$\frac{주행거리}{소비연료}$

―〈보 기〉―
ㄱ. 승차인원이 5인인 중고차는 승차인원이 7인인 중고차에 비해 배기량과 최대출력이 모두 작다.
ㄴ. 사용기간 대비 금액은 A가 C의 4배 이상이다.
ㄷ. 제조연도가 두 번째로 오래된 중고차의 사용기간 대비 총 주행거리는 1,500km/개월 이상이다.
ㄹ. A~D가 30L의 연료로 고속도로를 주행한다면, 주행거리가 500km 이상인 중고차는 총 3대이다.

① ㄱ, ㄴ
② ㄱ, ㄷ
③ ㄷ, ㄹ
④ ㄱ, ㄴ, ㄹ
⑤ ㄴ, ㄷ, ㄹ

13. 다음 〈표〉는 2019~2020년 '갑'국의 기관별 및 제품유형별 녹색제품 구매현황에 관한 자료이다. 이에 대한 설명으로 옳지 않은 것은?

〈표 1〉 2019~2020년 기관별 녹색제품 구매현황

(단위: 억 원, %)

구분\기관	2019년		2020년	
	구매금액	구매율	구매금액	구매율
전체	22,004	39.7	24,117	42.2
중앙행정기관	3,267	46.5	3,368	47.8
지방자치단체	7,645	26.1	8,722	29.0
교육자치단체	5,603	57.2	6,230	58.8
시장형 공기업	635	88.7	805	89.0
준시장형 공기업	2,388	52.9	2,467	56.2
기금관리형 준정부기관	314	85.0	235	89.8
위탁집행형 준정부기관	965	83.2	1,024	77.4
지방공기업	591	45.0	607	45.1
지방자치단체 출연 연구원	5	58.8	7	65.7
기타 공공기관	591	50.1	652	54.5

〈표 2〉 2019~2020년 제품유형별 녹색제품 구매현황

(단위: 억 원, %)

구분\제품유형	2019년		2020년	
	구매금액	구매율	구매금액	구매율
전체	22,004	39.7	24,117	42.2
토목·건축·자재	10,299	32.2	11,065	34.5
전자·정보·통신	5,064	79.7	4,581	74.4
사무·교육·영상·가전	3,511	41.0	4,361	45.5
전기·시험·계측	1,336	48.9	1,869	50.9
섬유·고무·위생·여가	582	24.8	891	33.1
화학·소방·안전	424	50.8	613	59.6
도로시설·용품	255	27.1	370	32.6
기계·설비	345	44.2	343	55.7
원부자재·기타	142	19.7	21	33.9
차량·운반	46	27.8	3	1.9

※ 1) 구매율(%)= $\frac{녹색제품 구매금액}{총 구매금액} \times 100$

2) 총 구매금액은 녹색제품 구매금액과 녹색제품이 아닌 제품의 구매금액을 모두 포함한 비용을 의미함.

① 2019년 '갑'국 전체 기관의 총 구매금액은 5.5조 원 이상이다.

② 2020년 녹색제품 구매금액이 전년 대비 가장 많이 상승한 제품유형은 '사무·교육·영상·가전'이다.

③ 2019년 지방자치단체의 녹색제품 구매금액 중 제품유형이 '토목·건축·자재' 또는 '전자·정보·통신'인 구매금액의 비율은 20% 이상이다.

④ 2019~2020년 동안 매년 녹색제품 구매율이 전체 녹색제품 구매율보다 높은 제품유형은 5개이다.

⑤ 2019~2020년 녹색제품 구매율이 높은 기관을 순서대로 나열했을 때 순위가 매년 동일한 기관은 6개 이상이다.

14. 다음 〈표〉는 2020~2023년 '갑'국의 육아휴직자 수 현황에 관한 자료이다. 〈표〉의 A, B에 해당하는 값을 바르게 나열한 것은?

〈표〉 2020~2023년 육아휴직자 수 현황

(단위: 명, %)

구분\연도	2020	2021	2022	2023
남자	32,040	39,249	42,197	54,240
전년 대비 증가율	17.9	(A)	7.5	28.5
여자	129,205	131,146	135,125	(B)
전년 대비 증가율	2.0	1.5	3.0	8.0

　　A　　　　B
① 20.5　　140,925
② 20.5　　145,935
③ 20.5　　168,905
④ 22.5　　140,925
⑤ 22.5　　145,935

15. 다음 〈표〉와 〈보고서〉는 '갑'국의 구조 및 구급활동 현황에 관한 자료이다. 제시된 〈표〉 이외에 〈보고서〉를 작성하기 위해 추가로 필요한 자료만을 〈보기〉에서 모두 고르면?

〈표 1〉 구조대 연간 출동 건수 및 구조 건수

(단위: 천 건)

연도\구분	2017	2018	2019	2020	2021	2022	2023
출동 건수	630	757	805	838	894	838	1,063
구조 건수	480	609	655	664	719	666	800

※ 출동 건수=구조 건수+미처리 건수

〈표 2〉 구급대 연간 출동 건수

(단위: 천 건)

연도\구분	2017	2018	2019	2020	2021	2022	2023
출동 건수	2,535	2,678	2,788	2,925	2,930	2,766	3,149

〈보고서〉

'갑'국은 국민의 구조 및 구급을 위해 활동하는 구조대와 구급대를 운영하고 있다. 구조대와 구급대의 출동 건수는 모두 2017년부터 2021년까지 지속적으로 증가하였다. 2022년에는 2021년에 비해 구조대와 구급대의 출동 건수가 모두 감소하기도 하였으나, 2023년에는 다시 2022년에 비해 증가하였다. 1년 365일을 기준으로 2023년의 1일 평균 출동 건수는 구조대가 약 2.9천 건, 구급대가 8.6천 건으로, 구급대의 활동이 구조대의 활동보다 활발하였다.

구조대의 출동 건수는 구조를 처리한 구조 건수와 그 외 오인신고, 자체 처리 등의 미처리 건수로 구분된다. 2017~2023년 동안 매년 출동 건수의 15% 이상이 미처리 건수로 나타나 구조력이 낭비되고 있음이 확인되었다. 한편, 구조대가 출동하여 구조 처리한 구조 인원은 2018년 이후 매년 감소하여 2023년 연간 구조 인원은 853백 명인 것으로 나타났다.

구급대 출동 건수의 전년 대비 증가율이 가장 높은 해는 2023년이며, 증가율은 15% 미만이다. 반면 구급대의 구급대원 수는 매년 큰 폭으로 증가하며 2017년 대비 2023년 구급대원 수의 증가율은 2017년 대비 2023년 구급대 출동 건수의 증가율보다 30%p 이상 큰 것으로 나타났다.

〈보 기〉

ㄱ. 구조대 연간 출동 건수 중 미처리 건수의 비율

(단위: %)

연도\구분	2017	2018	2019	2020	2021	2022	2023
미처리 건수 비율	23.9	19.5	18.6	20.8	19.5	20.6	24.7

ㄴ. 구급대 구급대원 수

(단위: 백 명)

연도\구분	2017	2018	2019	2020	2021	2022	2023
구급대원 수	84	91	98	109	120	127	131

ㄷ. 구조대 연간 구조 인원

(단위: 백 명)

연도\구분	2017	2018	2019	2020	2021	2022	2023
구조 인원	1,204	1,344	1,156	1,043	999	867	853

ㄹ. 구조대 및 구급대 1일 평균 출동 건수

(단위: 천 건)

연도\구분	2017	2018	2019	2020	2021	2022	2023
구조대	1.7	2.1	2.2	2.3	2.4	2.3	2.9
구급대	6.9	7.3	7.6	8.0	8.0	7.6	8.6

① ㄱ, ㄴ
② ㄱ, ㄷ
③ ㄴ, ㄷ
④ ㄴ, ㄹ
⑤ ㄷ, ㄹ

16. 다음 〈그림〉과 〈표〉는 '갑'국의 2022년 전시회 개최 현황에 관한 자료이다. 이에 대한 〈보기〉의 설명 중 옳은 것만을 모두 고르면?

〈그림〉 월별 전시회 개최 현황

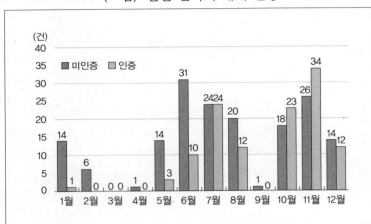

※ 전시회는 인증 여부에 따라 '인증' 전시회와 '미인증' 전시회로만 구분됨.

〈표〉 전시산업별 전시회 개최 현황

(단위: 건)

전시산업	미인증	인증	합
농수축산	22	15	37
에너지	2	4	6
금속	3	9	12
정보통신	7	14	21
보건	5	5	10
건설·운송장비	21	15	36
가정용품	17	6	23
화장품	2	2	4
금융	11	2	13
공공·교육	3	5	8
출산	15	16	31
웨딩	11	0	11
예술	14	7	21
레저	36	19	55
계	( )	119	( )

※ 전시산업은 위의 14개 산업으로만 분류됨.

〈보 기〉

ㄱ. 전체 전시회 개최 건수 중 6월 미인증 전시회 개최 건수의 비중은 10% 이상이다.

ㄴ. 인증 전시회 개최 건수 중 '레저'가 차지하는 비중은 미인증 전시회 개최 건수 중 '레저'가 차지하는 비중보다 높다.

ㄷ. 월별 전시회 개최 건수가 가장 많은 달은 두 번째로 많은 달의 1.5배 이상이다.

ㄹ. 전시회 개최 건수 중 인증 전시회가 차지하는 비중은 '정보통신'이 '금융'의 4배 이상이다.

① ㄱ, ㄴ   ② ㄱ, ㄹ
③ ㄴ, ㄷ   ④ ㄴ, ㄹ
⑤ ㄱ, ㄷ, ㄹ

17. 다음 〈표〉는 2022~2023년 국가 A~D의 전체 취업자수와 제조업 및 건설업 취업자수에 관한 자료이다. 이와 〈조건〉을 근거로 2023년 건설업 취업자수에서 여자 취업자수가 차지하는 비중이 큰 국가부터 순서대로 나열하면?

〈표〉 국가 A~D의 전체 취업자수와 제조업 및 건설업 취업자수

(단위: 천 명)

구분	성별	2022 A	2022 B	2022 C	2022 D	2023 A	2023 B	2023 C	2023 D
전체	계	2,852	5,235	4,802	4,296	2,907	5,213	4,853	4,306
	남자	1,514	2,928	2,556	2,277	1,543	2,917	2,575	2,289
	여자	1,338	2,307	2,246	2,019	1,364	2,296	2,278	2,017
제조업	계	321	1,399	591	671	332	1,358	556	716
	남자	226	927	450	494	236	907	418	523
	여자	95	472	141	177	96	451	138	193
건설업	계	178	396	321	348	194	413	312	324
	남자	162	360	289	302	177	374	277	281
	여자	16	36	32	46	17	39	35	43

〈조 건〉

○ 2023년 벨기에의 전체 취업자수는 전년 대비 증가하고 건설업 취업자수는 전년 대비 감소하였다.

○ 2022년 오스트리아의 전체 남자 취업자수에서 제조업 남자 취업자수가 차지하는 비중은 20% 이상이다.

○ 2022년 건설업 여자 취업자수 대비 제조업 여자 취업자수의 비가 두 번째로 높은 국가는 덴마크이다.

○ 2023년 제조업 및 건설업 취업자수의 합계가 가장 많은 국가는 체코이다.

① 오스트리아 – 벨기에 – 체코 – 덴마크
② 오스트리아 – 벨기에 – 덴마크 – 체코
③ 오스트리아 – 덴마크 – 체코 – 벨기에
④ 벨기에 – 체코 – 오스트리아 – 덴마크
⑤ 벨기에 – 오스트리아 – 체코 – 덴마크

18. 다음 〈표〉는 지난 10년간 매해 연말을 기준으로 조사한 A~E 가구의 연도별 금 보유량에 관한 자료이다. 이에 대한 〈보기〉의 설명 중 옳은 것만을 모두 고르면?

〈표〉 A~E가구의 연도별 금 보유량

가구 \ 연도	A	B	C	D	E
2012	4돈	6돈	5돈	9돈	5돈
2013	5돈	6돈	7돈	1냥 1돈	6돈
2014	7돈	6돈	8돈	1냥 1돈	6돈
2015	9돈	6돈	1냥	1냥 3돈	7돈
2016	1냥 1돈	9돈	1냥 3돈	1냥 4돈	9돈
2017	1냥 3돈	1냥 2돈	1냥 7돈	1냥 8돈	1냥 2돈
2018	1냥 1돈	1냥 2돈	1냥 8돈	1냥 8돈	1냥 2돈
2019	7돈	1냥 2돈	1냥 9돈	2냥 4돈	1냥 2돈
2020	9돈	1냥 4돈	2냥 2돈	2냥 7돈	1냥 4돈
2021	1냥 2돈	1냥 9돈	2냥 4돈	3냥	1냥 5돈

※ 1냥=10돈, 1돈=3.75g

〈보 기〉

ㄱ. 2012년 A~E가구의 금 보유량을 모두 합하면 100g 이상이다.

ㄴ. 2013년 이후 전년 대비 금 보유량의 증가량은 매년 C가구가 E가구보다 많다.

ㄷ. 2013년 이후 A가구의 전년 대비 금 보유량의 증감률이 가장 큰 해는 2019년이다.

ㄹ. 2021년 B가구의 금 보유량이 40g 증가하면 A~E가구 중 B가구의 금 보유량이 가장 많아진다.

① ㄱ, ㄴ
② ㄱ, ㄹ
③ ㄴ, ㄷ
④ ㄷ, ㄹ
⑤ ㄱ, ㄴ, ㄹ

19. 다음 〈표〉는 '갑'국의 2023년 A~E 축종의 월별 배합사료 생산실적에 관한 자료이고, 〈보고서〉는 A~E 중 한 축종의 배합사료 생산실적에 관한 설명이다. 이를 근거로 판단할 때, 〈보고서〉의 내용에 부합하는 축종은?

〈표〉 A~E축종의 월별 배합사료 생산실적

(단위: 천 톤)

축종 \ 월	A	B	C	D	E
1	430	101	163	282	412
2	420	113	162	274	437
3	398	105	145	290	428
4	403	107	151	267	413
5	411	112	157	299	400
6	429	109	166	302	423
7	423	121	140	278	408
8	372	118	143	288	392
9	370	100	139	256	411
10	404	126	158	277	404
11	437	104	164	281	415
12	446	107	166	273	406
계	4,943	1,323	1,854	3,367	4,949

〈보고서〉

이 축종의 2023년 월별 배합사료 생산실적은 다음과 같은 특징이 있다. 첫째, 한 해 동안 다른 달에 비해 9월 배합사료 생산실적이 가장 낮았다. 둘째, 배합사료 생산실적이 가장 높은 달과 가장 낮은 달의 배합사료 생산실적의 차이가 50천 톤 미만이다. 셋째, 4분기 배합사료 생산실적이 같은 해 3분기 배합사료 생산실적보다 높다. 넷째, 전체 배합사료 생산실적에서 7월 배합사료 생산실적이 차지하는 비중은 8% 미만이다.

① A
② B
③ C
④ D
⑤ E

20. 다음 〈표〉는 성인의 종이책 도서분야 선호도에 관한 자료이다. 이에 대한 설명으로 옳은 것은?

〈표〉 성인의 종이책 도서분야 선호도

(단위: 명, %)

구분		조사 인원	문학 도서	어학	취미	철학	자기 계발서	장르 소설	기타
전체		3,592	23.7	2.7	10.9	10.3	9.2	13.0	30.2
성별	남성	1,740	21.2	2.6	9.8	10.1	9.2	13.2	33.9
	여성	1,852	26.0	2.7	11.9	10.5	9.1	12.8	27.0
연간 독서량	0권	1,433	22.6	2.1	12.7	9.8	9.8	12.1	30.9
	1~5권	883	22.8	2.6	9.7	10.5	9.7	15.0	29.7
	6~10권	239	26.4	4.7	7.7	10.2	8.6	13.5	28.9
	11~15권	365	24.7	2.4	12.2	12.1	7.1	11.1	30.4
	16권 이상	672	25.6	3.4	9.1	10.1	8.6	13.2	30.0

※ 선호 조사 인원은 자신이 가장 선호하는 분야 한 가지에 투표함.

① 기타와 장르 소설을 제외한 모든 분야에서 여성의 선호도가 남성의 선호도보다 높다.

② 기타를 제외하고 연간 독서량이 11~15권인 집단과 16권 이상인 집단 간의 선호도 차이가 가장 큰 도서분야는 장르소설이다.

③ 전체 선호도 조사 인원 중 1년 동안 1권의 종이책도 읽지 않은 사람이 차지하는 비율은 45% 이상이다.

④ 연간 독서량이 1~5권인 사람 중 어학을 가장 선호하는 사람의 수는 연간 독서량이 6~10권인 사람 중 자기계발서를 가장 선호하는 사람의 수보다 많다.

⑤ 여성 조사 인원 중 자기계발서를 가장 선호하는 조사 인원의 수는 160명 이하이다.

21. 다음 〈표〉는 2021년 1~6월 '갑'국의 4개 여론조사 방법별 조사 결과에 관한 자료이다. 〈표〉와 〈조건〉에 근거하여 A~D에 해당하는 여론조사 방법을 바르게 나열한 것은?

〈표〉 2021년 1~6월 4개 여론조사 방법별 사례 수

(단위: 명)

여론 조사 방법	구분		1월	2월	3월	4월	5월	6월
A	접촉실패		655	644	798	806	951	973
	접촉 성공	거절	57	74	60	79	85	91
		응답 완료	12	19	46	45	39	39
		계	69	93	106	124	124	130
B	접촉실패		298	255	224	228	217	314
	접촉 성공	거절	63	71	45	65	76	86
		응답 완료	8	17	10	13	19	21
		계	71	88	55	78	95	107
C	접촉실패		709	886	917	898	950	1,103
	접촉 성공	거절	216	249	326	365	309	426
		응답 완료	79	83	100	125	105	127
		계	295	332	426	490	414	553
D	접촉실패		1,030	1,257	1,322	1,495	1,623	1,889
	접촉 성공	거절	244	191	215	221	265	250
		응답 완료	136	119	132	144	145	157
		계	380	310	347	365	410	407

※ 1) 접촉률(%) = $\dfrac{\text{접촉성공 사례 수}}{\text{접촉실패 사례 수 + 접촉성공 사례 수}} \times 100$

2) 응답률(%) = $\dfrac{\text{응답완료 사례 수}}{\text{거절 사례 수 + 응답완료 사례 수}} \times 100$

─〈조 건〉─

○ '유선 ARS'와 '모바일 패널 조사'는 1월 대비 6월의 접촉실패 사례 수 증가율이 50% 이상이다.

○ '모바일 패널 조사'의 4월 접촉률과 응답률의 차이는 15%p 이상이다.

○ '무선 ARS'와 '무선 전화면접'은 1~6월 중 1월에 응답완료 사례 수와 응답률이 각각 가장 낮다.

○ '무선 ARS'의 5월 접촉률은 15% 미만이다.

	A	B	C	D
①	무선 ARS	무선 전화면접	모바일 패널 조사	유선 ARS
②	무선 ARS	무선 전화면접	유선 ARS	모바일 패널 조사
③	유선 ARS	모바일 패널 조사	무선 전화면접	무선 ARS
④	무선 전화면접	무선 ARS	모바일 패널 조사	유선 ARS
⑤	무선 전화면접	무선 ARS	유선 ARS	모바일 패널 조사

22. 다음 〈표〉는 2022년 '갑'국의 기관유형별, 산업별 기술무역 현황에 관한 자료이다. 이를 바탕으로 작성한 〈보고서〉의 내용 중 옳지 않은 것은?

〈표 1〉 기관유형별 기술무역 현황

(단위: 백만 달러)

기관유형 \ 구분		기술 수출액	기술 도입액	기술 무역규모	기술 무역수지
기업	대기업	6,424	10,116	16,540	-3,692
	중견기업	3,472	3,707	7,179	-235
	중소기업	3,679	3,918	7,597	-239
	소계	13,575	17,741	31,316	-4,166
공공기관		119	76	195	43
교육기관		16	11	27	5
비영리기관		46	49	95	-3
전체		13,756	17,877	31,633	-4,121

※ 1) 기술무역규모=기술수출액+기술도입액
2) 기술무역수지=기술수출액-기술도입액
3) 기술무역수지가 0보다 크면 무역수지 흑자, 0보다 작으면 무역수지 적자를 의미함.

〈표 2〉 산업별 기술무역 현황

(단위: 백만 달러)

산업 \ 구분	기술 수출액	기술 도입액	기술 무역규모	기술 무역수지
농림수산	34	170	204	-136
섬유	76	301	377	-225
화학	506	898	1,404	-392
소재	13	284	297	-271
기계	1,626	1,670	3,296	-44
전기·전자	4,071	8,168	12,239	-4,097
건설	162	68	230	94
정보·통신	5,957	5,100	11,057	857
기술서비스	1,311	1,218	2,529	93
전체	13,756	17,877	31,633	-4,121

〈보고서〉

2022년 '갑'국의 기술무역규모는 약 316.3억 달러, 기술무역수지 적자 규모는 약 41.2억 달러로 나타났다. 기관유형별 기술무역 현황을 살펴보면, ㉠ 전체 기술무역규모 중 기업이 95% 이상을 차지하였고, 기업 중에서는 대기업이 50% 이상을 차지하였다. 또한 ㉡ 중소기업은 중견기업보다 기술수출액과 기술도입액이 모두 2억 달러 이상 크고, 이에 따라 기술무역규모도 중소기업이 중견기업보다 큰 것으로 나타났다.

산업별 기술무역 현황을 살펴보면, ㉢ 기술수출액과 기술도입액 각각 상위 3개 산업은 기계, 전기·전자, 정보·통신으로 동일하였다. 특히 ㉣ 정보·통신 산업의 기술무역수지는 8억 5천 7백만 달러로 모든 산업 중 흑자 규모가 가장 크고, 기술무역규모의 경우 전체 산업의 40% 이상으로 나타났다.

또한 건설, 정보·통신, 기술서비스를 제외한 모든 산업에서 기술수출액보다 기술도입액이 많은 것으로 나타났다. ㉤ 전기·전자 산업은 기술도입액이 기술수출액 대비 2배 이상이었고, 기술무역수지 적자 규모는 화학 산업의 10배 이상이었다.

① ㄱ
② ㄴ
③ ㄷ
④ ㄹ
⑤ ㅁ

[23~24] 다음 〈표〉는 2021년 '갑'국의 국가공무원 임용을 위한 과목별 필기시험 점수와 1차, 2차 면접시험 평가 및 최종결과를 나타낸 자료이다. 다음 물음에 답하시오.

〈표 1〉 지원자의 과목별 필기시험 점수 및 평균점수

(단위: 점)

과목 지원자	국어	한국사	영어	선택과목	평균점수
A	90	80	( )	30	80
B	80	95	75	40.5	83
C	85	( )	95	33	88
D	75	80	90	21	( )
E	95	75	70	33	( )
F	70	( )	95	44.5	87

※ 1) 지원자는 A~F뿐이며, 필기시험과 면접시험에 모두 응시함.

2) 평균점수 = $\frac{4개\ 과목\ 점수의\ 합}{3.5}$

〈표 2〉 지원자별 1차, 2차 면접시험 평가 및 최종결과

차시 평가 요소 지원자	1차			2차			최종 등급	최종 결과
	국가관	공직관	윤리관	국가관	공직관	윤리관		
A	상	상	중	상	상	상	( )	불합격
B	중	상	상	상	하	하	( )	합격
C	상	중	하	상	중	중	보통	( )
D	상	상	상	상	상	상	( )	( )
E	하	중	중	상	중	하	( )	불합격
F	상	상	상	하	상	상	보통	( )

※ 1) 1차, 2차 면접시험의 등급은 각각 3가지 평가요소(국가관, 공직관, 윤리관)에서 모두 '상'을 받는 경우 '우수', 3가지 평가요소 중 1개 이상에서 '하'를 받는 경우 '미흡', 그 외에는 '보통' 등급을 부여함.

2) 지원자별 면접시험의 최종등급은 1차, 2차 면접시험에서 모두 '우수' 등급을 받은 경우 '우수', 모두 '미흡' 등급을 받은 경우 '미흡', 그 외에는 '보통' 등급을 부여함.

3) 면접시험의 최종결과는 최종등급이 '우수'이면 반드시 합격, '미흡'이면 반드시 불합격이며, '보통'이면 필기시험 평균점수가 높은 지원자부터 순서대로 합격정원까지 합격시킴.

23. 위 〈표〉에 근거하여 최종결과가 '합격'인 지원자를 필기시험 평균점수가 낮은 지원자부터 순서대로 모두 나열하면?

① D, B, C
② D, B, F
③ B, D, F, C
④ B, F, D, C
⑤ D, B, F, C

24. 위 〈표〉에 근거한 〈보기〉의 설명 중 옳은 것만을 모두 고르면?

〈보 기〉
ㄱ. 1차, 2차 면접시험의 등급이 동일한 지원자는 전체의 40% 이상이다.
ㄴ. 각 지원자의 국어 점수가 높을수록 평균점수도 높다.
ㄷ. 1~2차 면접시험 평가에서 '상' 등급을 받은 횟수가 '중' 또는 '하' 등급을 받은 횟수보다 많은 지원자 중 한국사 점수가 가장 높은 지원자의 평균점수는 85점 이상이다.
ㄹ. 지원자 A의 영어점수가 90점이라면, A의 최종결과는 '합격'이다.

① ㄱ
② ㄷ
③ ㄱ, ㄴ
④ ㄴ, ㄹ
⑤ ㄷ, ㄹ

25. 다음 〈표〉와 〈정보〉는 2019~2023년 '갑'국의 연도 및 월별 대기오염도와 특별저감대책 시행 시기 산정 방식에 관한 자료이다. 이를 바탕으로 2021년 상·하반기에 특별저감대책이 시행되었던 월을 바르게 연결한 것은?

〈표 1〉 2019~2023년 월별 미세먼지(PM10) 농도

(단위: μg/m³)

연도 월	2019	2020	2021	2022	2023
1	50	52	50	60	39
2	47	62	52	56	38
3	60	59	49	62	40
4	67	57	56	42	41
5	54	62	43	50	34
6	42	42	38	33	34
7	30	35	28	27	20
8	34	26	24	28	24
9	37	37	24	25	22
10	39	33	33	32	34
11	53	49	56	41	38
12	48	47	45	39	38

〈표 2〉 2019~2023년 월별 미세먼지(PM2.5) 농도

(단위: μg/m³)

연도 월	2019	2020	2021	2022	2023
1	30	32	32	35	26
2	26	35	30	34	25
3	32	38	31	39	21
4	29	26	25	20	18
5	29	26	22	25	18
6	26	23	24	20	19
7	18	21	17	17	12
8	20	13	12	17	14
9	22	21	13	13	12
10	21	17	17	15	17
11	30	27	32	20	21
12	30	30	25	26	24

〈표 3〉 2019~2023년 월별 메탄 농도

(단위: ppb)

연도 월	2019	2020	2021	2022	2023
1	1,967	1,984	1,983	1,998	2,020
2	1,964	1,972	1,981	2,002	2,007
3	1,968	1,975	1,983	1,989	1,993
4	1,965	1,966	1,969	1,970	1,979
5	1,966	1,962	1,972	1,984	1,984
6	1,960	1,955	1,964	1,993	2,016
7	1,929	1,951	1,948	1,958	1,979
8	1,920	1,958	1,951	1,979	1,936
9	1,984	1,979	1,981	2,011	2,005
10	1,991	1,977	1,981	1,998	2,028
11	1,991	1,977	1,988	1,998	2,013
12	1,980	1,987	1,989	2,013	2,019

───〈정 보〉───

○ '갑'국의 특별저감대책은 상반기(1~6월)와 하반기(7~12월)에 한 번씩 시행된다.

○ 정부는 당년 대기오염도를 바탕으로 이듬해 특별저감대책 시기를 결정한다.

　– 다음의 산식을 통해 월별 '통합대기오염판단지수'를 산출한다.

　당월통합대기오염판단지수＝0.8×당월미세먼지(PM10) 농도＋1.2×당월미세먼지(PM2.5) 농도＋0.1×당월 메탄 농도

　– 반기별로 '통합대기오염판단지수'가 가장 높은 값을 기록한 월에 특별저감대책을 시행한다.

　예를 들어 2017년 상반기 중 4월의 산출 값이 가장 높다면 이듬해 2018년 상반기 중 4월에 정책이 시행된다.

	상반기	하반기
①	1월	11월
②	2월	11월
③	2월	12월
④	3월	11월
⑤	3월	12월

약점 보완 해설집 p.62

2024 해커스PSAT 7급 PSAT FINAL 봉투모의고사 (3회)

컴퓨터용 흑색사인펜만 사용

[필적감정용 기재]
*아래 예시문을 옮겨 적으시오.
본인은 OOO(응시자성명)임을 확인함

기 재 란

책형	
	㉠ ⓐ

※시험감독관 사인
(성명을 정자로 기재할 것)

학교 졸업증명 사용

생년월일

| 0 1 2 3 4 5 6 7 8 9 | 0 1 2 3 | 0 1 2 3 4 5 6 7 8 9 | 0 1 | 0 1 2 3 4 5 6 7 8 9 | 0 1 2 3 4 5 6 7 8 9 |

응시번호

성 명	본인 성명 기재
자필성명	
시험장소	

언어논리(1~10번)

1	① ② ③ ④ ⑤
2	① ② ③ ④ ⑤
3	① ② ③ ④ ⑤
4	① ② ③ ④ ⑤
5	① ② ③ ④ ⑤
6	① ② ③ ④ ⑤
7	① ② ③ ④ ⑤
8	① ② ③ ④ ⑤
9	① ② ③ ④ ⑤
10	① ② ③ ④ ⑤

언어논리(11~20번)

11	① ② ③ ④ ⑤
12	① ② ③ ④ ⑤
13	① ② ③ ④ ⑤
14	① ② ③ ④ ⑤
15	① ② ③ ④ ⑤
16	① ② ③ ④ ⑤
17	① ② ③ ④ ⑤
18	① ② ③ ④ ⑤
19	① ② ③ ④ ⑤
20	① ② ③ ④ ⑤

언어논리(21~25번)

21	① ② ③ ④ ⑤
22	① ② ③ ④ ⑤
23	① ② ③ ④ ⑤
24	① ② ③ ④ ⑤
25	① ② ③ ④ ⑤

상황판단(1~10번)

1	① ② ③ ④ ⑤
2	① ② ③ ④ ⑤
3	① ② ③ ④ ⑤
4	① ② ③ ④ ⑤
5	① ② ③ ④ ⑤
6	① ② ③ ④ ⑤
7	① ② ③ ④ ⑤
8	① ② ③ ④ ⑤
9	① ② ③ ④ ⑤
10	① ② ③ ④ ⑤

상황판단(11~20번)

11	① ② ③ ④ ⑤
12	① ② ③ ④ ⑤
13	① ② ③ ④ ⑤
14	① ② ③ ④ ⑤
15	① ② ③ ④ ⑤
16	① ② ③ ④ ⑤
17	① ② ③ ④ ⑤
18	① ② ③ ④ ⑤
19	① ② ③ ④ ⑤
20	① ② ③ ④ ⑤

상황판단(21~25번)

21	① ② ③ ④ ⑤
22	① ② ③ ④ ⑤
23	① ② ③ ④ ⑤
24	① ② ③ ④ ⑤
25	① ② ③ ④ ⑤

자르는 선

2024 해커스PSAT 7급 PSAT FINAL 봉투모의고사 (3회)

컴퓨터용 흑색사인펜만 사용

책형 ⑩인 ㉯재

[필적감정용 기재]
*아래 예시문을 옮겨 적으시오
본인은 OOO(응시자성명)임을 확인함

기 재 란

성 명	본인 성명 기재
자필성명	
시험장소	

응시번호

생년월일

※시험감독관 서명
(성명을 정자로 기재할 것)

감독관 확인 사용

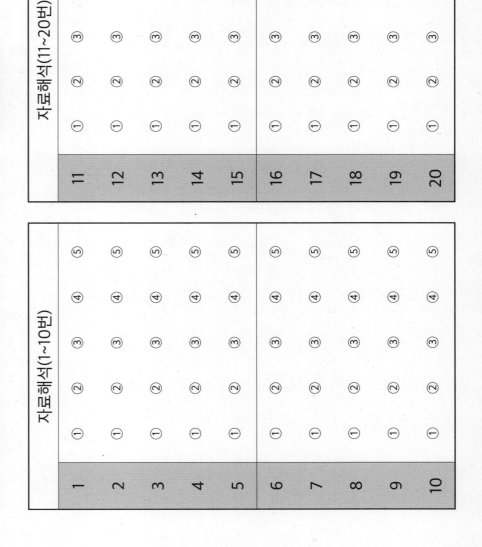

자료해석(21~25번)

21	①	②	③	④	⑤
22	①	②	③	④	⑤
23	①	②	③	④	⑤
24	①	②	③	④	⑤
25	①	②	③	④	⑤

자료해석(11~20번)

11	①	②	③	④	⑤
12	①	②	③	④	⑤
13	①	②	③	④	⑤
14	①	②	③	④	⑤
15	①	②	③	④	⑤
16	①	②	③	④	⑤
17	①	②	③	④	⑤
18	①	②	③	④	⑤
19	①	②	③	④	⑤
20	①	②	③	④	⑤

자료해석(1~10번)

1	①	②	③	④	⑤
2	①	②	③	④	⑤
3	①	②	③	④	⑤
4	①	②	③	④	⑤
5	①	②	③	④	⑤
6	①	②	③	④	⑤
7	①	②	③	④	⑤
8	①	②	③	④	⑤
9	①	②	③	④	⑤
10	①	②	③	④	⑤

┃ 언어논리영역 · 상황판단영역 ┃
1교시

응시번호

성명

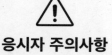

응시자 주의사항

1. **시험시작 전 시험문제를 열람하는 행위나 시험종료 후 답안을 작성하는 행위를 한 사람**은 「공무원 임용시험령」 제51조에 의거 **부정행위자**로 처리됩니다.

2. **답안지 책형 표기는 시험시작 전 감독관의 지시에 따라 문제책 앞면에 인쇄된 문제책형을 확인**한 후, 답안지 책형란에 해당 책형(1개)을 '●'로 표기하여야 합니다.

3. 시험이 시작되면 문제를 주의 깊게 읽은 후, **문항의 취지에 가장 적합한 하나의 정답만을 고르며**, 문제내용에 관한 질문은 할 수 없습니다.

4. 답안을 잘못 표기하였을 경우에는 답안지를 교체하여 작성하거나 **수정할 수 있으며**, 표기한 답안을 수정할 때는 **응시자 본인이 가져온 수정테이프만을 사용**하여 해당 부분을 완전히 지우고 부착된 수정테이프가 떨어지지 않도록 손으로 눌러주어야 합니다. **(수정액 또는 수정스티커 등은 사용 불가)**

5. **시험시간 관리의 책임은 응시자 본인에게 있습니다.**
   ※ 문제책은 시험종료 후 가지고 갈 수 있습니다.

**정답공개 및
해설강의 안내**

1. 모바일 자동 채점 및 성적 분석 서비스
   • '약점 보완 해설집'에 회차별로 수록된 QR코드 인식 ▶ 응시 인원 대비 자신의 성적 위치 확인

2. 해설강의 수강 방법
   • 해커스PSAT 사이트(www.psat.Hackers.com) 접속 후 로그인 ▶ 우측 퀵배너 [쿠폰/수강권 등록] 클릭 ▶ '약점 보완 해설집'에 수록된 쿠폰번호 입력 후 이용

언어논리영역

1. 다음 글에서 알 수 있는 것은?

　1396년 조선의 수도 한양에 동빙고와 서빙고가 건설되었다. 동빙고와 서빙고는 그 규모와 용도에 차이가 있었다. 동빙고는 1동으로 총 10,244정의 얼음을 저장할 수 있었으며, 왕실의 제사에 사용되는 얼음을 보관하였다. 따라서 동빙고에 얼음을 보관하는 작업에는 제사를 담당하는 봉상시(奉常寺)의 관원도 참여하였다. 반면 서빙고는 8개의 저장고가 있고 총 134,974정의 얼음을 저장할 수 있었다. 서빙고는 왕실과 고위 관료들의 식용 또는 의료용으로 사용되는 얼음을 보관하였다. 종친과 대신들은 나무로 만든 빙패(氷牌)를 하사받았으며, 이를 서빙고에 가져가면 해당하는 만큼의 얼음을 받을 수 있었다.

　빙고는 삼국시대부터 있었다는 기록이 존재하며, 빙고를 축조할 때에는 목재 또는 석재가 사용되었다. 그러나 오늘날에는 석빙고만 남아 있는데, 북한 황해남도에 있는 해주 석빙고를 제외하고는 모두 18세기 이후에 만들어진 것이다. 현존하는 석빙고의 구조는 대동소이하다. 얼음이 보관되는 빙실은 길이 약 12m, 폭 약 5m, 높이 5m 내외의 크기이다. 내부는 화강암을 재료로 하여 아치형의 구조로 되어 있고, 바닥은 경사지게 만들어져 얼음이 녹은 물이 배수되도록 하였다. 외부는 잔디로 덮여 있는데, 이는 태양의 복사열을 차단하여 내부 온도를 낮추는 역할을 했다.

　빙고에 얼음을 보관하는 장빙(藏氷)을 위해서 매년 1월 소한(小寒)과 대한(大寒) 사이에 뚝섬 등지에서 얼음을 채취하였다. 이때 채취하는 얼음은 두께 12cm 이상의 것이었다. 잘라낸 얼음은 가로 70~80cm, 세로 1m 이상이 되도록 일정하게 재단하여 우마차를 이용해 빙고로 운송하였다. 운송된 얼음은 단열재 역할을 하는 볏짚과 쌀겨 등으로 포장해 쌓아서 보관하였다. 이로 인해 보관된 얼음이 녹을 때의 융해열로 주변의 열을 흡수하면서, 얼음의 포장재인 볏짚과 쌀겨의 온도가 낮아지게 되어 얼음을 보다 장기간 보관할 수도 있었다. 3월 말 무렵인 춘분(春分)에 빙고를 열 때 개빙제(開氷祭)라는 제사를 지내며 얼음이 출하되기 시작하여, 그해 가을의 마지막 절기인 상강(霜降)까지 공급하였다.

① 1396년 한양에 축조된 동빙고와 서빙고는 모두 석재로 만들어진 빙고였다.

② 동·서빙고 중 고위 관료 지급용 빙고는 왕실 제사용 빙고보다 10배 이상 많은 양의 얼음을 저장할 수 있었다.

③ 매년 춘분에 동빙고를 열 때는 봉상시 관원의 주도하에 개빙제가 진행되었다.

④ 조선시대에 궁궐에서 제사가 있으면 빙패를 이용해 서빙고에서 필요한 만큼의 얼음을 받아 사용하였다.

⑤ 빙고의 단열 구조와 볏짚·쌀겨 등의 포장재 덕에 빙고에 저장된 얼음은 이듬해 장빙 때까지 보관할 수 있었다.

2. 다음 글에서 알 수 있는 것은?

　고려의 국방 체제는 중앙군과 지방군으로 구분되며, 이 중 앙군과 지방군이 국가 수호의 의무인 군역(軍役)을 부담하였다. 고려의 중앙군은 이군육위(二軍六衛)로 편제되었는데, 이군은 국왕의 호위를, 육위는 수도 경비와 궁성 수비 등을 담당하였다. 이때 중앙군에는 군적에 등재된 직업군인이 소속되었다. 군적은 호적과 별도로 작성된 문서로 마을 또는 씨족 단위로 작성되었으며, 군인이 늙거나 죽었을 때 군적에 등재되어 있는 자손이나 친족에게 군역이 계승되어 군인의 후계자를 확보하는 용도로 활용되었다. 이렇게 군적에 등재된 중앙군은 군역에 대한 대가로 군인전이라는 토지를 지급받았다. 일반적으로 중앙군은 군역을 부담하기 위해 항상 수도에 거주하고 있었기 때문에 씨족 거주민 2명이 중앙군 대신 군인전을 경작하여 중앙군의 경제적 부담을 완화하였다. 한편 지방군은 군적에 오르지 못한 군인들로 편제되었으며, 이들의 대부분은 전투나 방어보다는 노동과 잡역을 주로 담당하였다.

　조선의 국방 체제는 중앙군인 오위도총부(五衛都摠府)와 지방군으로 구분되며, 조선 역시 중앙군과 지방군이 군역을 부담하였다. 조선의 중앙군과 지방군은 모두 병적이라는 군적에 등재되었는데, 중앙군은 군역을 부담하는 일반 백성인 정군과 무과(武科)에 통과하여 직업군인으로 선발되는 갑사, 고위관료의 자제 등으로 구성된 특수병으로 나뉘었다. 이때 정군은 군역을 부담하는 백성 중 신체가 건강한 자들로 국방의 요충지에 근무하였으며, 갑사와 특수병은 국왕의 호위를 담당하였다. 중앙군은 복무기간에 따라 관직, 즉 품계를 인정받았으나 녹봉이라는 경제적 보상은 갑사와 특수병만이 지급받았다. 또한 중앙군이 경비 근무를 하는 경우 갑사는 교대 없이 근무하였으나, 정군은 교대로 근무하며 근무를 하지 않을 때는 농사를 지었다. 한편 조선의 지방군은 대부분 지방에 거주하는 보인(保人)으로 구성되었다. 보인은 비상시에만 전투에 투입되고 평상시에는 농사를 지었으므로 전반적인 역할은 국방보다는 농사와 잡역에 치중되어 있었다. 또한 보인은 정군의 경제적 부담을 완화하기 위해 정군에게 면포를 납부하는 역할을 하기도 하였다.

① 고려와 조선의 모든 군역 대상자는 군적에 등재되었다.

② 고려와 조선의 중앙군 모두 군역에 대한 경제적 보상으로 토지를 지급받았다.

③ 고려의 지방군에는 군인전을 지급받는 직업군인도 포함되어 있었다.

④ 조선의 중앙군 모두 군역에 따라 품계를 인정받고 녹봉을 지급받았다.

⑤ 조선의 정군과 보인은 농사와 국방의 의무를 모두 수행하였다.

3. 다음 글의 내용과 부합하는 것은?

수질오염총량관리제(TMDL)란 하천의 수질 관리를 위해 오염물질 배출 총량을 관리하는 제도이다. TMDL에 참여하는 자치단체는 목표수질을 설정하고, 목표수질 달성 및 유지를 위한 기본계획을 수립하여 환경부의 승인을 받게 된다. 기본계획에는 오염물질 배출 허용량이 포함되는데, TMDL의 핵심 개념은 실제로 배출된 오염물질의 총량을 오염물질 배출 허용량 이내에서 관리하는 것이다. 오염물질 총배출량이 배출 허용량보다 적은 자치단체는 개발이 허가되고 많은 자치단체는 개발이 제한되므로 자치단체는 개발에 유리하도록 목표수질을 설정하고 기본계획을 수립할 유인을 가지게 된다. 따라서 TMDL을 총괄하는 환경부가 목표수질설정 및 기본계획수립이 적절하게 될 수 있도록 유도해야 TMDL의 성공 가능성이 높아진다.

목표수질설정은 시·도의 경계지점에 위치한 하천의 경우 환경부장관의 고시에 따라, 시·도의 관할지점에 위치한 하천의 경우 광역자치단체장의 공고에 따라 결정된다. 목표수질설정 시 주로 고려되는 것은 미생물이 물속 유기물을 분해할 때 사용하는 산소의 양을 의미하는 생물화학적 산소요구량(BOD)과 물속에 포함된 인의 총량을 의미하는 총인(T-P)이다. BOD나 T-P가 높을수록 수질이 좋지 않음을 나타낸다. 목표수질이 모든 하천에 대해 동일하게 지정되는 것은 아니며, 하천을 여러 개의 단위구역으로 나누어 이 단위유역을 기준으로 목표수질이 설정된다. 이에 따라 하나의 하천 내에서도 단위구역에 따라 상이한 목표수질이 적용될 수 있다.

기본계획수립의 경우 오염총량관리지역을 관할하는 시·도지사가 해당 계획을 수립하고, 환경부장관의 승인을 받게 된다. 기본계획수립의 과정에서는 수질모델링이 이용되는데, 수질모델링이란 수리계산식이나 전산 모델을 이용해 수질의 변화를 예측하는 방법으로 QUAL2E와 같은 모델링 프로그램이 사용된다. 수질모델링을 이용하면 목표수질을 준수하기 위해 어떤 오염삭감 정책을 시행하였을 때 어느 정도의 수질 개선이 가능한지와 같은 결과를 예측할 수 있다. 이를 통해 단위유역에서 배출해도 되는 오염총량이 설정된다. 이후 자치단체가 관할 하천의 단위유역을 쪼개어 소유역으로 나누고, 각 소유역별로 산업이나 배출 필요성 등을 고려해 오염총량을 분배함으로써 소유역별 할당부하량이 산정된다.

이처럼 수질오염총량관리제는 오염물질의 총량을 직접 규제하는 것이기에 규제의 효과가 매우 높다는 장점이 있다. 그러나 제도의 운영과정에서 BOD, T-P와 같은 한정적인 지표에 의존하며, QUAL2E와 같은 모델링 기법의 운용에 있어 그 정확성이나 예측도가 떨어져 목표한 수질 개선을 달성하지 못한다는 문제가 있다.

① 목표수질설정과 기본계획수립에 따르면 동일한 하천 내에서는 동일한 목표수질 및 소유역별 할당부하량이 설정될 것이다.

② 목표수질설정과 기본계획수립은 모두 TMDL에서 오염물질의 양을 동일하게 유지하기 위한 수단이다.

③ TMDL에 참여한 모든 자치단체가 수질모델링을 통해 도출된 소유역별 할당부하량을 준수하면 목표수질을 달성할 수 있다.

④ 특정한 하천의 소유역에서 소유역별 할당부하량을 초과해 오염을 배출하여도 해당 단위유역은 목표수질을 준수할 수도 있다.

⑤ 목표수질을 설정할 때 다른 지표는 동일하지만, BOD 항목의 목표수질을 3mg/L 이하로 잡은 지역은 1mg/L 이하로 잡은 지역보다 강화된 수질 기준을 적용한 것이다.

4. 다음 글에서 알 수 있는 것은?

조선시대 왕의 곤룡포를 떠올리면 대홍색, 즉 붉은색을 떠올리기 쉽지만, 청색의 곤룡포를 입은 태조의 모습을 그린 태조어진에서 확인할 수 있듯이 다른 색깔의 곤룡포도 있었다. 그러나 그 외에는 조선 초기 왕들의 곤룡포가 어떤 색이었는지에 대한 사료가 남아 있지 않다. 그러다 세종 26년에 명에서 보내온 대홍색 곤룡포를 입었고, 이후 조선 왕은 모두 대홍색 곤룡포를 입었다. 고종 역시 처음에는 대홍색의 곤룡포를 입었지만, 대한제국 황제로 등극한 후에는 황제를 의미하는 황색의 곤룡포를 착용하였다. 그리고 대한제국 제2대이자 마지막 황제인 순종도 황색 곤룡포를 입었다. 왕세자와 왕세손 역시 곤룡포를 입었는데 각각의 역할에 맞게 곤룡포의 이름을 왕은 시사복, 왕세자는 서연복, 왕세손은 강서복이라 일컬었다. 왕세자와 왕세손은 같은 색깔의 곤룡포를 입었으며, 조선 전기에는 붉은색 곤룡포와 푸른색 곤룡포가 함께 나타나다 중종 대에는 검푸른색인 아청색의 곤룡포를 착용하였다. 선조 때는 세자의 곤룡포 색깔이 흑색으로 바뀌었으며, 대한제국 시기에는 황태자가 홍색 곤룡포를 입었다.

곤룡포에는 금으로 용의 무늬를 수놓은 용보가 있다. 왕의 곤룡포에는 용의 발톱이 5개인 오조원룡보를 가슴과 등, 양쪽 어깨에 달았다. 왕세자의 경우 발톱 수가 하나 적은 사조원룡보를 왕의 곤룡포와 마찬가지로 네 곳에 붙였다. 왕세손은 삼조방룡보를 가슴과 등에만 붙였다. 그러나 대한제국 시기에는 황태자 역시 오조룡보를 사용하였다. 한편 용보는 시대에 따라 변화하였다. 조선 전기 태조어진 속 곤룡포는 가슴의 용보는 크기가 매우 크고 어깨의 용보는 그보다 작다. 이에 비해 조선 후기 영조어진 속 용보는 가슴에 있는 것은 크기가 약간 작아지고 어깨에 있는 것은 크기가 약간 커진 형태이다. 또한, 태조와 영조의 곤룡포에서 용보는 옷에 직접 자수를 놓은 것이지만, 고종과 순종의 곤룡포에는 용보를 별도로 만들어 부착한 형태로 그 크기도 매우 작아지게 된다. 이 두 황제의 용보에는 5개의 발톱을 가진 용이 여의주를 물고 있는 모습이 그려졌다는 점도 특징적이다.

① 중종 대에는 왕·왕세자·왕세손의 곤룡포 색깔에서 각각의 신분 차이가 드러났다.

② 어진 속 영조의 곤룡포에서 어깨의 용보는 가슴의 용보보다 크기가 더 크다.

③ 서연복과 강서복은 용보의 개수와 용보 속 용의 발톱 개수로 구분할 수 있다.

④ 세종은 즉위 후 몇 년간은 푸른색 계열의 곤룡포를 입었을 것이다.

⑤ 대한제국 시기에 황제와 황태자의 용보 속 용의 모습은 동일하였다.

5. 다음 글에서 알 수 있는 것은?

제품의 품질과 가격을 고려하여 제한된 소득 내에서 만족감이 가장 높은 소비를 하는 사람을 합리적 소비자라고 한다. 이들은 가격이 같다면 품질이나 서비스의 질이 더 좋은 것을 택하고, 품질이 같다면 가격이 더 낮은 것을 선택한다. 여기서 한발 더 나아가 제품의 품질이나 가격 외에 환경 보호, 노동자 보호 등의 기업 윤리까지 생각하는 소비자가 등장하였는데, 이들을 윤리적 소비자라고 한다. 윤리적 소비자는 이전의 합리적 소비자와는 다른 새로운 관점의 소비 방식을 채택한다. 이들은 제품이나 서비스에 만족하는 것에서 그치지 않고 자신들의 소비 행태가 다시 기업에 윤리적인 제품을 만들어내도록 이끌 수 있다고 생각한다. 그래서 품질이 비슷한 제품들을 비교할 때 가격뿐만 아니라 생산부터 유통까지의 전 과정이 환경에 해를 끼치지 않는지, 동물 실험을 하지는 않는지, 노동 착취는 없었는지 등의 가치 판단을 통해 구매를 결정한다. 한 설문조사에서 가격이 같거나 큰 차이가 나지 않는다면 윤리적인 기업을 선택하겠다는 응답이 대부분이었다는 점도 윤리적 소비 경향이 확산되었음을 방증한다.

이렇게 증가하는 윤리적 소비자는 기업으로 하여금 윤리적 소비자의 의견에 동참하도록 유도하고 있다. 기업 역시 이러한 경향에 발맞추어 코즈 마케팅을 선보이고 있다. 코즈 마케팅이란 사회의 공익적 가치와 기업의 경제적 가치를 동시에 추구하는 마케팅 방식으로, 착한 마케팅이라고도 불린다. 물론 윤리적 소비자라고 해서 코즈 마케팅을 한다는 이유만으로 구매를 결정하지 않으므로 기본적으로 제품이나 서비스의 품질이 뒷받침되어야 한다. 대표적인 코즈 마케팅 방식 중 하나는 제품의 판매 수익 중 일부를 기부하는 방식이다. 소비자가 신발 한 켤레를 구매하면 같은 신발 한 켤레를 빈민국 아이들에게 기부하는 신발 회사나 공정무역 인증 재료로 만든 아이스크림을 판매하며 공정무역 확산을 위한 캠페인을 진행하는 아이스크림 제조업체가 코즈 마케팅의 사례로 손꼽힌다. 환경오염이나 노동 착취처럼 세계적인 문제를 안고 살아가는 오늘날의 소비자들에게 이러한 소비 윤리는 매우 중요하다.

① 윤리적 소비자는 합리적 소비자와는 달리 제품이나 서비스의 가격은 고려하지 않는다.

② 제품 및 서비스의 품질이 보장되지 않는다면 코즈 마케팅은 성공할 수 없다.

③ 오늘날 윤리적 소비 경향이 나타나는 이유는 기업이 소비자에게 윤리적 소비를 하도록 이끌었기 때문이다.

④ 합리적 소비자는 제품이나 서비스에 만족하는 것뿐만 아니라 기업으로 하여금 윤리적 제품을 만들도록 요구한다.

⑤ 코즈 마케팅을 하는 기업은 자신들의 이익보다는 공공의 이익을 증대시키는 것을 목표로 한다.

6. 다음 글의 주장으로 볼 수 있는 것만을 <보기>에서 모두 고르면?

　　노동시장에서 차별이 개인의 선호 차이로 인해 나타난 것이라고도 하지만, 남녀 간 고용 기회와 임금 수준의 차별은 불완전 정보에서 기인한다고 봐야 한다. 기업이 이윤을 극대화하기 위해서는 생산성이 높은 근로자 또는 학력, 근속연수와 같이 생산성을 높이기 위한 인적자본 투자량이 높은 근로자를 고용해야 하지만, 실제로 근로자를 고용하여 업무에 투입하기 전에는 고용주가 개별 근로자의 생산성에 대해 정확히 파악할 수 없다. 근로자를 채용하고 훈련하는 데에는 적지 않은 비용을 투자해야 하기에, 고용주 입장에서는 근로자의 생산성을 가늠할 수 있는 어떠한 정보든 동원하여 의사결정을 하려 한다. 이때 성별이나 인종은 손쉽게 획득할 수 있는 정보이므로 고용주는 그러한 특정 그룹의 평균적인 생산성에 관한 통계 자료나 자신의 과거 경험을 바탕으로 채용과 임금을 결정할 것이다. 이로 인해 통계적 차별이 발생한다.

　　통계적 차별은 성별이나 인종에 대한 개인적 선호나 편견에서 비롯된 차별과는 다르다. 개인의 선호 차이로 특정 근로자를 차별하면, 근로자와 기업 모두에 추가적인 비용을 발생시키게 되고 경제적 논리에 따라 해당 기업은 경쟁시장의 압력에 의해 점차 약화된다. 그러나 통계적 차별은 고용주가 특정 그룹에 대한 선호를 갖지 않아도 발생하며, 고용주와 근로자 간에 존재하는 정보의 비대칭성을 극복하기 위한 노력에 의한 것이므로 자연히 해소되기를 기대하기 어렵다.

　　이러한 통계적 차별은 결과적으로 개별 근로자에게 불이익을 준다. 예컨대 통계에 따르면 평균적으로 여성 근로자보다 남성 근로자의 주당 근로시간이 더 길고, 여성은 출산·육아로 직장을 그만두는 경우가 많아 상대적으로 남성의 근속연수가 더 길다. 고용주는 이러한 정보를 바탕으로 기업의 이윤 추구를 위해서는 더 많은 시간을 업무에 투자하고 근속 가능성도 높을 것으로 기대되는 남성을 채용하려고 할 것이다. 또한, 고용 후의 임금이나 승진에 있어서도 더 생산적인 남성 근로자에게 투자하는 것이 효율적이라는 판단을 내리게 될 가능성이 높다. 반면에 특정 그룹에 속했다는 이유로, 즉 실제로는 남성 근로자와 동등한 수준의 생산성을 발휘하거나 평균적인 남성 근로자보다 더 오래 근속할 근로자일지라도 여성이라는 그룹에 속하였기 때문에 고용과 임금의 결정에서 부정적인 영향을 받게 된다.

───────〈보 기〉───────

ㄱ. 여성 혹은 남성이라는 그룹에 대한 고용주 개인의 편견은 성별에 따른 통계적 차별을 야기한다.

ㄴ. 특정 집단에 관한 통계적 차이는 남녀 간의 임금 격차가 발생하게 만드는 요인으로 작용한다.

ㄷ. 여성 근로자에 대한 차별은 실제 통계에 기반하지 않은 고용주의 잘못된 의사결정 때문에 발생한다.

① ㄱ

② ㄴ

③ ㄱ, ㄴ

④ ㄴ, ㄷ

⑤ ㄱ, ㄴ, ㄷ

7. 다음 글의 빈칸에 들어갈 내용으로 가장 적절한 것은?

> 갑: 안녕하십니까. 구청 아동청소년과에서 근무하는 공무원입니다. 직무와 관련된 외부강의를 요청받은 경우 사례금 수수에 제한이 있다고 들었습니다.
>
> 을: 「공무원 행동강령」 및 「공직자 행동강령 운영지침」에 따라 공무원은 자신의 직무와 관련되거나 그 지위·직책 등에서 유래되는 사실상의 영향력을 통하여 요청받은 강의·강연·기고 등(이하 "외부강의등")의 대가로서 1시간 이내라면 40만 원, 1시간을 초과하는 경우라면 60만 원을 초과하는 사례금을 받아서는 안 됩니다. 이때의 사례금에는 강의료, 원고료, 출연료 등 명목에 관계없이 외부강의등과 관련하여 제공받은 일체의 사례금이 포함됩니다. 상한액을 초과하는 사례금을 받으면 초과사례금에 대하여 소속 기관의 장에게 신고하고, 초과금액을 그 제공자에게 반환해야 합니다.
>
> 갑: 상한액을 넘지 않는다면 별도로 신고를 하지 않아도 되나요?
>
> 을: 그렇지 않습니다. 사례금을 받는 경우라면 외부강의등을 마친 날로부터 10일 이내에 소속 기관의 장에게 서면으로 신고해야 합니다. 하지만 외부강의등을 요청한 주체가 국가나 지방자치단체인 경우에는 신고 의무가 없습니다.
>
> 갑: 지난주에 시에서 주관하는 직무 관련 회의가 있어 참석하고 참석 수당을 지급받았습니다. 이후에 Y기관의 요청으로 제 담당 업무와 관련된 주제로 1시간짜리 강의를 진행하였는데, 해당 기관으로부터 강의료 30만 원과 원고료 명목으로 20만 원을 지급받았습니다. 그리고 Z잡지사로부터 잡지에 실으려고 제 담당 업무인 아동학대 예방을 주제로 원고를 써달라는 부탁을 받았습니다.
>
> 을: 네, 말씀해주신 사항을 바탕으로 설명드리겠습니다.
>
> _____

① 시에서 주관한 회의 참석 수당에 대해서 참석일로부터 10일 이내에 소속 기관의 장에게 신고해야 합니다.

② Y기관에서 받은 사례금의 경우 소속 기관의 장에게 신고 및 10만 원을 해당 기관에 반납해야 합니다.

③ Z잡지사로부터 요청받은 기고는 원고료를 지급받는지 여부와 관계없이 신고 의무가 발생합니다.

④ Y기관의 요청으로 진행한 강의는 사전에 소속 기관의 장에게 서면으로 신고했어야 합니다.

⑤ Y기관과 Z잡지사에서 제공하는 원고료는 사례금으로 보지 않아 별도로 신고하지 않아도 됩니다.

8. 다음 글의 ㉠~㉤에서 전체 흐름과 맞지 않는 곳을 찾아 수정할 때, 가장 적절한 것은?

> 새로운 명제에 대해 우리가 판단할 수 있는 것은 그것을 기존의 지식 체계 또는 판단 체계와 비교했을 때 설명이 가능한지 불가능한지 여부뿐이다. 따라서 보편타당한 사실이라고 여겨지는 진리 역시 우리가 보편적으로 간주하는 지식 체계와 판단 체계에 불과하다. 새로운 지식 또는 판단이 우리가 진리로 여기는 지식과 판단에 부합하면 해당 명제는 참이 되고 그렇지 않으면 거짓이 되는 것이다. 즉, 진리의 기준은 고정적이다. 그래서 ㉠진리라는 잣대 속에서 명제의 참과 거짓 여부는 바뀌지 않는다.
>
> 하지만 기존의 지식 체계와 판단 체계는 어떻게 형성되는 것인가? 이는 끊임없는 관찰과 경험을 통해서 형성된다. 지구를 중심으로 태양이 공전하는 것이 아니라 태양을 중심으로 지구가 공전한다는 사실은 천문학자들이 직접 관찰하면서 얻은 지식이다. 이렇게 진리는 관찰과 경험이 축적되어 만들어진다. 결국 ㉡명제에 대한 관찰과 경험이 실제 사실과 일치할 때 그 지식 혹은 판단을 진리라고 할 수 있다. 하지만 그것을 어떻게 판단할 것인가? 관찰과 경험을 통해 얻은 명제의 참과 거짓 여부를 판단하기 위해서는 또 다른 진리가 필요한데, 결국 진리에 대한 정의를 내리기 위한 노력은 ㉢진리를 정의하기 위해 관찰과 경험에 의존할 수밖에 없다는 논리적 오류를 범하게 된다.
>
> 결국 진리를 정의하는 최선의 방안은 ㉣진리를 결과론적인 관점에서 정의하는 것이다. 어떤 명제가 진리인 이유는 해당 명제가 논리적으로 혹은 경험적으로 모순이 없기 때문이 아니라 해당 명제를 진리라고 정의하였을 때 현상을 설명하는 데 가장 유용한 결과가 도출되기 때문이다. 예컨대, '주기적인 독서가 창의력을 키운다'는 명제는 실제로 주기적인 독서가 창의력을 증진시켰으면 진리가 되고 그렇지 않으면 거짓이 되는 것이다. 즉, 여기에서 진리는 ㉤보편적인 것이 아니라 상황에 따라 결정되는 특수한 것이다.

① ㉠을 '상황에 따라 명제의 참과 거짓 여부가 바뀐다'로 수정한다.

② ㉡을 '명제에 대한 이성과 판단이 기존의 지식 체계에 부합할 때'로 수정한다.

③ ㉢을 '진리를 정의하기 위해 진리를 정의해야 한다는'으로 수정한다.

④ ㉣을 '진리를 사회적 합의에 따라 정의하는 것이다'로 수정한다.

⑤ ㉤을 '기존의 지식 체계에서 벗어나지 않는 보편적인 것이다'로 수정한다.

9. 다음 글에서 추론할 수 없는 것은?

우리나라에서 예산안의 편성권은 정부가, 심의·확정권은 국회가 갖고 있다. 정부는 다음 회계연도의 예산안을 편성하여 9월 3일까지 국회에 제출한다. 「헌법」에 의하면 회계연도 개시 90일 전까지, 「국가재정법」에 따르면 회계연도 개시 120일 전까지 예산안을 제출해야 하기 때문이다. 제출된 예산안은 의장에 의해 소관 상임위원회에 회부되어 예비심사를 진행한다. 이때 의장은 예비심사기간을 정할 수 있으며, 그 기간 내에 심사가 완료되지 않으면 바로 예산결산특별위원회에 회부하여 종합심사를 진행할 수 있다. 한편 예산안 제출 후 당해 정책의 기본 방향과 중점 사업에 관하여 설명하는 정부의 시정연설이 진행된다. 과거에는 시정연설을 들은 후에 예산안을 상임위원회에 회부하도록 했으나, 「국회법」이 개정되어 현재는 이와 관계없이 예산안의 회부가 가능하며 보통 종합심사 전에 시정연설을 갖는다.

각 상임위원회에서 소관 부처의 예산안을 심사하는 단계인 예비심사는 예산안에 대한 각 부처 장관의 제안 설명과 전문위원의 검토 보고를 들은 후 대체토론, 찬반토론, 의결 순으로 진행한다. 각 상임위원회에서 예비심사 결과를 의장에게 보고하고, 의장은 이 보고서를 예산안과 함께 예산결산특별위원회에 회부한다. 예비심사 내용이 예산결산특별위원회를 구속하는 것은 아니지만, 예산결산특별위원회로 하여금 예비심사 내용을 존중하도록 하고 있다. 또한, 상임위원회에서 삭감한 세출예산 각 항의 금액을 늘리거나 새 비목을 설치할 때는 소관 상임위원회의 동의를 얻도록 하고 있다.

예산결산특별위원회는 예비심사를 거친 예산안에 대한 종합심사를 진행한다. 종합심사는 제안 설명과 전문위원 검토 보고를 진행한 후, 종합정책질의와 부별심사 또는 분과위원회 심사를 진행한다. 종합정책질의에서는 국정 전반에 대하여 각 위원이 질문하고 관계 국무위원이 출석하여 답변하게 되며, 부별심사는 경제부처와 비경제부처로 나누어 각 위원의 질의와 출석한 관계 국무위원의 답변으로 진행한다. 이러한 절차를 거친 예산안은 예산안등조정 소위원회에 회부되어 심사한 후 전체회의에서 찬반토론과 의결을 진행한다.

예산결산특별위원회의 심사를 거친 예산안은 본회의에 상정되어 재적의원 과반수의 출석과 출석의원 과반수의 찬성으로 의결된다. 이로써 예산안은 내년 예산으로 확정되며, 확정된 예산은 정부에 이송되어 대통령이 공고한다. 예산은 회계연도의 시작과 함께 집행되어야 하기에 예산 의결의 법정시한은 회계연도 개시 30일 전까지로 정해져 있다. 그러나 실제로는 법정시한을 넘기는 경우가 많으며, 연말 혹은 새해 첫날 예산안이 통과된 적도 있다. 이러한 사태를 막고자 도입된 예산안 자동부의제도는 예산결산특별위원회의 심사기한을 11월 30일까지로 하여, 그때까지 심사가 완료되지 않으면 그다음 날 본회의에 예산안이 부의되게 하는 제도이다. 이 제도가 신설된 후에도 예산 의결의 법정시한을 넘긴 해가 있지만, 이때도 그 기한을 크게 벗어나지 않는 범위에서 예산이 확정되어 도입 목적의 달성 측면에서 긍정적으로 평가된다.

① 정부가 「헌법」과 「국가재정법」 중 어떤 것에도 위배되지 않게 예산안을 제출했다면, 국회는 최소 90일간 심의·의결을 진행할 수 있다.

② 종합심사 과정에서 종합정책질의와 부별심사 모두 심사 대상 예산안의 관계 국무위원이 참석한다.

③ 소관 상임위원회에서 의결이 완료되지 않았거나 시정연설 전에 예비심사를 시작한 예산안도 종합심사의 대상이 될 수 있다.

④ 예산결산특별위원회 심의 과정에서 정부가 제출한 세출예산을 증액하려는 경우 소관 상임위원회의 동의를 받아야 한다.

⑤ 예산안 자동부의제도를 시행해도 12월 2일까지 본회의에서의 예산 의결이 완료되지 못할 수 있다.

10. 다음 글의 ⑦~◎에 들어갈 내용에 대한 설명으로 가장 적절한 것은?

　　장시간 노동이 높은 자살률, 낮은 국민 행복지수와 노동생산성, 산업재해 발생 등의 주요 원인으로 지적됨에 따라 근로시간 단축을 위해 「근로기준법」이 개정되었다. 그 대표적인 내용에는 '주52시간제'와 '관공서 공휴일의 민간적용'이 있다. 주52시간제는 연장근로와 휴일근로를 별개로 해석하여 최대 68시간이었던 1주 근로가능 시간을 연장·휴일근로 포함 52시간으로 제한한 것이다. 주52시간제는 근로자의 소득 감소 및 사용자의 경영 부담과 무관하지 않은 만큼 기업 규모별로 단계적으로 시행하여, 공공기관 및 300인 이상 사업장은 2018년 7월부터, 50인 이상 300인 미만 사업장은 2020년 1월부터, 5인 이상 50인 미만 사업장은 2021년 7월부터 시행된다. 사용자와 근로자대표의 합의에 의해 주 12시간을 초과하여 연장근로를 할 수 있는 특례업종이 축소되어, 이때 제외된 특례제외업종 중 300인 이상 사업장은 이듬해 7월부터 주52시간제를 시행하고, 그보다 기업 규모가 작은 경우는 위와 동일하게 적용하기로 하였다.

　　관공서 공휴일의 민간적용은 명절 연휴, 국경일 등 관공서 공휴일과 대체공휴일을 유급 휴일로 의무화한 것이다. 이는 관공서 공휴일 규정에 따라 공휴일이 지정된 관공서와 달리 민간기업은 단체협약, 취업규칙 등에 의해 공휴일 휴무 여부가 달라, 공휴일을 유급휴일로 보장받지 못하는 근로자도 있었기 때문이다. 관공서 공휴일의 민간적용 역시 기업 규모에 따라 단계적으로 시행하여 공공기관 및 300인 이상 사업장은 2020년 1월부터, 30인 이상 300인 미만 사업장은 2021년 1월부터, 5인 이상 30인 미만 사업장은 2022년 1월부터 시행된다.

　　한편 「남녀고용평등과 일·가정 양립 지원에 관한 법률」 개정으로 기존에 임신·출산 사유로만 가능했던 근로시간 단축제도를 가족돌봄, 본인건강, 은퇴준비, 학업을 위해서도 활용할 수 있게 되었다. 이러한 '가족돌봄등 근로시간 단축제도'는 사업장 규모에 따라 공공기관 및 300인 이상 사업장은 2020년 1월부터, 30인 이상 300인 미만 사업장은 2021년 1월부터, 5인 이상 30인 미만 사업장은 2022년 1월부터 시행된다.

　　이상의 내용을 다음과 같은 형식으로 나타낼 수 있다.

〈개정 근로제도 시행 시기〉

주52시간제	기업 규모	⑦	ⓛ	5인 이상 50인 미만 사업장
	시행 시기	2018년 7월	2020년 1월	ⓒ
관공서 공휴일의 민간적용	기업 규모	공공기관 및 300인 이상 사업장	ⓔ	ⓜ
	시행 시기	2020년 1월	ⓗ	2022년 1월
가족돌봄등 근로시간 단축제도	기업 규모	공공기관 및 300인 이상 사업장	30인 이상 300인 미만 사업장	5인 이상 30인 미만 사업장
	시행 시기	ⓢ	2021년 1월	◎

① 2019년 상반기에, 특례제외업종인 300인 이상 사업장의 1주 최대 근로시간은 ⑦이 아닌 ⓛ의 1주 최대 근로시간과 같다.

② ⓛ에 들어갈 내용과 ⓔ에 들어갈 내용은 서로 같다.

③ ⓒ과 같은 시기가 들어가는 것은 ⓢ이 아니라 ⓗ이다.

④ 40인 규모의 사업장은 ⓔ이 아니라 ⓜ에 해당하여, 2022년 1월부터 관공서 공휴일의 민간적용이 시행된다.

⑤ 20인 규모의 사업장에 근무하는 사람은 ◎ 전에 임신을 사유로 근로시간 단축제도를 활용할 수 없었다.

11. 다음 글의 갑~병에 대한 판단으로 적절한 것만을 〈보기〉에서 모두 고르면?

> 갑: 본래 선한 본성을 갖고 태어났음에도 인간은 살면서 외부적인 무언가에 부족함을 느껴 욕망을 갖게 된다. 예컨대 배고프면 음식을 맛있게 먹고 목마르면 물을 달게 마신다. 이는 음식이 맛있거나 물이 달기 때문이 아니라 배고픔과 목마름에서 비롯된 욕망이 본래의 맛과 향을 해친 결과이다. 또한 욕망으로 인해 권력이나 부귀영화를 좇다 인의(人義)를 저버리기도, 침략과 정복 전쟁이 일어나기도 한다. 이처럼 위험한 욕망을 마음속에서 떨쳐내야 하나, 완전히 떨쳐버릴 수는 없기에 욕망을 절제하고 의로운 일을 꾸준히 실천하여 스스로의 선한 본성을 깨우쳐야 한다.
>
> 을: 욕망은 인간의 악한 본성에서 나오는 것이다. 인간은 태어날 때부터 사사로운 이익을 추구하고 서로를 질투하기 때문에 개인에게 내재된 도덕적 판단능력만으로는 욕망을 다스릴 수 없다. 그렇기 때문에 인간의 악한 본성을 교화할 수 있는 수단이자, 욕망으로 인해 혼란해진 사회를 바로잡을 규범이 되는 예(禮)를 배워야 한다. 인간이 스스로 욕망을 다스리는 노력을 하는 동시에 예를 통해 인위적으로 선을 발현해야 자신의 내면에 깃든 욕망과 악한 본성을 제어할 수 있다.
>
> 병: 욕망은 이기적인 본성에서 비롯되므로 인간은 한없이 욕망을 추구하지만, 이것이 반드시 해롭다고 볼 수는 없다. 욕망 추구의 이기적인 본성이 삶에 대한 동기를 부여하고, 나아가 부국강병을 도모하는 역할도 하기 때문이다. 다만, 욕망을 추구함에 있어 그 목적과 수단이 부당하거나 불공평하지 않도록 경계해야 한다. 그러나 인간은 매사에 이익을 위해 경쟁하고 타인을 시기하기 때문에 욕망 추구의 목적과 수단이 공정한지 스스로의 판단으로 따질 수 없다. 따라서 엄격한 원칙과 기준을 법(法)으로 설정하여 인간의 악한 본성과 욕망을 다스려야 한다.

〈보 기〉
ㄱ. 갑은 인간이 욕망을 추구하게 된 계기가 외부 요인에 있다고 보지만, 을은 그렇지 않다.
ㄴ. 갑과 을은 인간의 욕망이 개인이나 국가에 유해하다고 보지만, 병은 그렇지 않다.
ㄷ. 을과 병은 인위적인 수단으로 인간의 욕망을 다스려야 한다고 보지만, 갑은 그렇지 않다.

① ㄱ
② ㄴ
③ ㄷ
④ ㄱ, ㄷ
⑤ ㄱ, ㄴ, ㄷ

12. 다음 글에 대한 분석으로 적절한 것만을 〈보기〉에서 모두 고르면?

> 행복한 삶이란 무엇일까? 어떤 사람은 성공하여 부와 명예를 얻는 것이 행복한 삶이라고 한다. 그러나 나는 ㉠ 후회 없는 삶만이 행복한 삶이라고 생각한다. 많은 사람들은 과거에 대한 후회를 안고 살아간다. 이러한 후회는 더 나은 미래를 위한 밑거름으로 작용할 수도 있지만, 대부분 과거에 대한 후회에 사로잡혀 현재를 즐겁고 행복하게 살지 못하게 한다. 그렇기 때문에 삶은 우리가 원하는 방향으로 흘러가지 않는다는 것, 때로는 예상치 못한 결과를 마주할 수도 있다는 사실을 받아들여야 한다. 즉, ㉡ 삶에 있어서 우리에게 취약한 점이 있다는 사실을 인정하면, 현재를 즐기면서 살 수 있다. 이것은 ㉢ 현재라는 선물을 즐기면서 사는 것이 행복한 삶이라는 의미이며, 결국 ㉣ 현재를 즐기면서 사는 것이 후회 없는 삶이다. 만약 ㉤ 행복한 삶이 아니라면, 삶에 있어서 우리에게 취약한 점이 있다는 사실을 인정하지 못하고 있는 것이다.

〈보 기〉
ㄱ. ㉠과 ㉢이 참일 경우, ㉣은 반드시 참이 된다.
ㄴ. ㉡과 ㉤이 참이라고 할지라도, ㉢이 반드시 참이 되는 것은 아니다.
ㄷ. ㉠과 ㉤이 참일 경우, "삶에 있어서 우리에게 취약한 점이 있다는 사실을 인정하는 것이 후회 없는 삶이다."를 도출할 수 있다.

① ㄱ
② ㄴ
③ ㄱ, ㄷ
④ ㄴ, ㄷ
⑤ ㄱ, ㄴ, ㄷ

[13~14] 다음 글을 읽고 물음에 답하시오.

보통 3~4세 이전의 일들을 기억하는 사람은 거의 없다. 사람들은 평균적으로 생후 42개월 이후의 기억만을 가지고 있는데, 이렇게 생애 초기의 기억이 없는 것을 유아기 기억상실이라고 한다. 시간이 흐르면서 기억이 희미해지는 것은 자연스러운 현상이지만, 유아기 기억상실은 7~8세를 기점으로 급격히 어린 시절의 기억 소멸이 일어난다는 점에서 특징적이다. 이를 뒷받침하는 실험도 있다. 연구진은 3세 아이들에게 최근의 경험에 대해 이야기하게 한 뒤 이를 녹음하고, 이후 6년에 걸쳐 같은 아이들에게 3세 때 이야기했던 일을 떠올리게 했다. 그 결과 처음에 이야기했던 경험에 대해 (가) 60~70%를 기억한 반면, (나) 약 35%를 기억해 냈다.

유아기의 기억에 공백이 생기는 이유에 대해서는 여러 가지 추측이 있다. 그중 하나는 ㉠ 언어능력과 관련된 가설이다. 유아기 전의 영아기에는 언어가 충분히 발달하지 않아 기억이 불안정하게 저장될 수밖에 없다. 어떤 상황을 기억하려면 시간, 장소 등에 대한 정보를 종합하여 논리적으로 저장해야 하지만, 언어능력이 없는 영아는 비언어적인 기록만 가능할 것이다. 반면 언어가 발달하는 유아기 이후에는 언어를 통해 경험을 체계적으로 구성하여 머릿속에 저장하거나 회상할 수 있다. 언어적 사고가 익숙해짐에 따라 이런 방식으로 저장되지 않은 기억을 끄집어낼 수 없게 되고, 어린 시절의 기억은 무의식이나 암시적 기억으로 남아 있게 된다.

한편 ㉡ 뇌의 발달과 관련한 가설도 있다. 유아기에는 뇌의 성장과 인지능력 발달이 활발해진다. 정보를 종합하여 기억을 만드는 해마에서는 새로운 뉴런이 계속 만들어지며, 그 생성속도는 성장하면서 점차 둔화된다. 이 가설에 따르면 유아기에 뉴런이 빠르게 생성되는 과정에서 새롭게 만들어진 뉴런이 기존의 뉴런 사이를 파고들고, 이로 인해 뉴런 간의 연결이 끊어져 오래된 기억이 파괴된다. 기억은 뉴런들의 활성화 패턴으로 저장되어 이를 재활성화함으로써 저장된 기억을 떠올릴 수 있는데, 뉴런이 늘어나면서 연결 패턴이 원래대로 활성화되기 어려워지는 것이다. 다만, 이러한 뉴런의 대체 과정에서 기억이 완전히 소멸되는 것은 아님을 증명하는 실험이 있다. 이 실험은 7세 아이들에게 얼굴이 온전히 나온 사진과 이목구비 일부만 있는 사진을 보여주고 두 사진 속 인물을 비교하여 동일 인물인지를 맞히게 하는 것이었다. 이때 사진 속 인물은 아이들의 4년 전 어린이집 친구들이거나 아예 처음 보는 낯선 사람들로, 어느 쪽이든 아이들은 그게 누구인지 알아보지 못했다. 실험 결과 (다) 얼굴보다는 (라) 얼굴을 보여줬을 때 더 정확하게 비교해 냈다. 3세 무렵에 봤던 친구들의 모습을 의식적으로 회상할 수는 없지만 기억의 파편이 머릿속에 남아 있음을 짐작할 수 있는 부분이다.

13. 위 글의 (가)~(라)에 들어갈 말을 적절하게 나열한 것은?

	(가)	(나)	(다)	(라)
①	7세까지는	8세 이후에는	낯선 사람의	기억나지 않는 친구의
②	4세까지는	5세 이후에는	낯선 사람의	기억나지 않는 친구의
③	7세까지는	8세 이후에는	기억나지 않는 친구의	기억나는 친구의
④	4세까지는	5세 이후에는	기억나지 않는 친구의	기억나는 친구의
⑤	8세 이후에는	7세까지는	낯선 사람의	친했던 친구의

14. 위 글의 ㉠과 ㉡에 대한 평가로 적절한 것만을 〈보기〉에서 모두 고르면?

〈보 기〉

ㄱ. 사람뿐만 아니라, 언어를 사용하지 않는 원숭이에게서도 유아기의 기억이 소멸되는 현상이 발견된다는 사실은 ㉠을 약화한다.

ㄴ. 태어난 지 얼마 안 된 어린 쥐는 하루 전에 받은 자극도 기억하지 못하였지만, 해마의 뉴런 생성을 억제하였더니 몇 주가 지나서도 이전에 받은 자극을 기억했다는 실험 결과는 ㉡을 약화한다.

ㄷ. 영아기에는 뇌의 정보처리능력과 기억을 담당하는 회로가 발달하지 않아 이때의 기억이 저장되지 않는다는 사실이 밝혀지면, ㉠과 ㉡ 모두 강화되지 않는다.

① ㄱ
② ㄴ
③ ㄱ, ㄷ
④ ㄴ, ㄷ
⑤ ㄱ, ㄴ, ㄷ

15. 다음 글의 〈실험 결과〉에 대한 판단으로 적절한 것만을 〈보기〉에서 모두 고르면?

> 뱀은 외부 귀를 가지고 있지 않기 때문에 들을 수 있는 소리에 한계가 있다고 알려져 있다. 공기를 통해 전달되는 고주파 소리는 들을 수 없고 미세한 진동과 저주파 소리만 들을 수 있다는 것이다. 잘 알려져있는 것처럼 뱀은 뛰어난 후각으로 청각을 대신하여 사물의 종류나 방향을 인식한다. 뱀의 청각은 전혀 쓸모가 없는 것일까?
>
> 〈실 험〉
>
> 한 연구팀은 뱀이 소리를 어떻게 듣는지 확인하기 위해 실험을 진행하였다. 5개의 서로 다른 종에서 19마리의 뱀을 선별하고, 외부의 다른 소리나 진동을 통제할 수 있도록 설계된 방음실에 뱀을 자유롭게 풀어 두었다. 그리고 방음실에 설치된 스피커를 통해 세 가지 다른 주파수의 소리를 뱀에게 들려주었다. 소리의 종류는 다음과 같다.
> ○ 소리 1: 지면 진동만 일으킨 0~150Hz 소리
> ○ 소리 2: 사람 목소리의 평균 주파수와 유사한 150~300Hz 소리
> ○ 소리 3: 높은 톤의 여성 목소리와 유사한 300~450Hz 소리
> 소리는 방의 한쪽 또는 다른 쪽에서 무작위로 송출하였으며, 이에 따라 뱀의 행동 반응이 어떻게 나타나는지, 즉 방어적이거나 공격적인 행동이 나타나는지, 소리가 뱀 움직임에 영향을 미치는지를 관찰하였다. 소리를 듣기 전 뱀은 모두 자유롭게 방 이곳저곳을 움직였다.
>
> 〈실험 결과〉
>
> 실험 결과는 뱀의 종류에 따라 다양하게 나타났다. 종류 1은 크기가 크고 공격성이 강한 뱀이고, 나머지 뱀은 크기가 2kg 이하로 포식자를 피해 먹이활동을 하는 뱀이다.
> ○ 종류 1: 소리 1에서는 소리가 나는 방향으로부터 멀어졌으나 소리 3에서는 소리가 나는 방향으로 이동하였다.
> ○ 종류 2: 소리 1~3 모두 소리가 나는 방향으로부터 멀어졌다.
> ○ 종류 3: 소리 1~3 모두 시작 위치에서 크게 움직이는 경우가 없었다.
> ○ 종류 4: 소리 1~3 모두 소리가 나는 방향으로부터 멀어지고, 소리 2에서 특히 머리를 급히 움직이는 행동이 증가하였다.
> ○ 종류 5: 소리 1~3 모두 소리가 나는 방향으로부터 멀어지거나 움직이지 않았다.

〈보 기〉

ㄱ. 종류 1과 종류 2의 〈실험 결과〉는 뱀이 공기 중으로 전달되는 사람의 목소리를 감지할 수 있을 것이라는 가설을 강화한다.
ㄴ. 종류 3과 종류 5의 〈실험 결과〉는 뱀이 소리가 나는 방향에 공격성을 드러낼 것이라는 가설을 약화한다.
ㄷ. 종류 4의 〈실험 결과〉는 뱀이 특정 소리는 다른 감각보다 더 빠르게 감지할 것이라는 가설을 강화한다.

① ㄱ
② ㄷ
③ ㄱ, ㄴ
④ ㄴ, ㄷ
⑤ ㄱ, ㄴ, ㄷ

16. 다음 글에서 추론할 수 있는 것만을 〈보기〉에서 모두 고르면?

지구의 역사는 40억 년이 넘지만 기후에 대한 관측 기록이 남아 있는 것은 100년 정도이다. 관측 기록이 남아 있지 않은 나머지 시대의 기후를 고기후(古氣候)라고 하는데, 고기후는 빙하나 해저 퇴적물과 같은 자연물을 분석하여 추측할 수 있다.

빙하를 통해서 고기후를 어떻게 분석할 수 있을까? 빙하가 만들어지기 위해서는 눈이 내리고, 그 눈이 퇴적되어야 한다. 이때 하강하는 눈에는 당시의 대기가 포함되어 있다. 대기를 포함한 눈이 쌓이고 압축되면서 빙하 속에 갇혀 유지되므로 빙하를 추출하여 층위별로 분석하면 각 시기의 대기 조성을 복원할 수 있다. 특히 대기에 포함된 산소 원자의 비율을 분석하여 당시의 기온을 파악할 수 있다. 자연 상태에서 산소 동위원소는 질량수가 16, 17, 18인 세 가지가 존재하며, 구성비는 ^{16}O이 약 99.8%를 차지하고 ^{17}O이 약 0.04%, ^{18}O이 약 0.2%를 차지한다. 그중 물 분자에 포함된 산소는 ^{16}O와 ^{18}O로 구분할 수 있는데, 물이 기온의 영향을 받아 액체, 고체, 기체로 상태변화를 일으킬 때 ^{16}O에 대한 ^{18}O의 비가 달라지게 된다. 그래서 이 산소동위원소비를 통해 과거 지구의 기온을 추론할 수 있는 것이다. 기온이 낮을 때는 바닷속에 존재하는 산소 중 질량이 무거운 것은 증발이 잘 이루어지지 않아 해수에서 대기로의 ^{18}O 이동이 약해진다. 이에 따라 육지에 내리는 눈비에 의해 형성된 빙하 속 산소동위원소비가 낮아진다. 기온이 높아질 경우 바닷속 산소는 질량과 상관없이 증발이 활발히 이루어져, 해수 속 산소동위원소비는 낮아지고 빙하 속 산소동위원소비는 높아진다. 이로 인해 해당 시기에 형성된 해양 퇴적물을 시추하여 해양생물의 탄산칼슘 껍질을 분석하면 산소동위원소비가 낮게 나타난다.

―――――〈보 기〉―――――
ㄱ. 빙하를 통한 기후 분석은 기록이 남아 있지 않은 시대의 대기 상황만을 분석할 수 있다.
ㄴ. 빙하 속의 산소동위원소비는 당시의 기온과 양의 상관관계를 보인다.
ㄷ. 기후가 온난할 때에 비해 한랭할 때 해수 속 $^{18}O/^{16}O$의 값이 더 낮게 나타난다.

① ㄱ
② ㄴ
③ ㄱ, ㄴ
④ ㄱ, ㄷ
⑤ ㄴ, ㄷ

17. 다음 글의 내용이 모두 참일 때, 면접 대상자의 최소 인원과 최대 인원은?

A기업의 경력직 사원 채용에 갑, 을, 병, 정 무 5명이 지원하였다. 입사지원서를 검토한 채용 담당자는 이들 가운데 면접 대상자를 선정할 예정이다. 면접 대상자는 다음과 같은 조건에 따라 선정된다.
○ 갑과 정 가운데 적어도 한 명은 선정된다.
○ 갑과 정이 모두 선정될 경우, 병은 선정되지 않는다.
○ 을이 선정되지 않으면, 병과 정도 선정되지 않는다.
○ 정이 선정되지 않으면, 무도 선정되지 않는다.
○ 무가 선정되는 경우에 한하여, 을이 선정된다.
○ 을이 선정되지 않으면, 갑이 선정되지 않거나 병이 선정된다.

① 최소 2명, 최대 3명
② 최소 2명, 최대 4명
③ 최소 3명, 최대 4명
④ 최소 3명, 최대 5명
⑤ 최소 4명, 최대 5명

18. 다음 글의 내용이 참일 때 반드시 참인 것은?

> □□처는 신입 공무원 갑, 을, 병, 정, 무 5명에 대해 2명은 A부서, 2명은 B부서, 1명은 C부서 배치할 예정이다. 갑~무 는 부서 배치 결과에 대해 다음과 같이 추측하였는데, 이 중 한 명의 추측만 틀리고 나머지는 모두 맞았다.
>
> 갑: 을은 C부서에 배치되고, 정은 A부서에 배치되었어.
>
> 을: 갑은 A부서에 배치되지 않았고, 을은 C부서에 배치되 지 않았어.
>
> 병: 정이 B부서에 배치되거나 무가 A부서에 배치되지 않았어.
>
> 정: 무는 B부서에 배치되었어.
>
> 무: 갑이 A부서에 배치되거나 병이 C부서에 배치되었어.

① 갑은 A부서에 배치된다.
② 을은 C부서에 배치된다.
③ 병은 B부서에 배치된다.
④ 정은 A부서에 배치된다.
⑤ 무는 A부서에 배치된다.

19. 다음 글의 내용이 참일 때, 반드시 참인 것만을 〈보기〉에서 모 두 고르면?

> 친구의 깜짝 생일파티를 준비하는 준호는 장식용 풍선을 구매하려고 한다. 풍선은 빨간색, 주황색, 노란색, 초록색, 파란색, 남색, 보라색의 일곱 가지 색깔이 있다. 준호는 다음 과 같은 조건에 따라 구매할 풍선을 고른다.
>
> ○ 빨간색을 구매하면 파란색은 구매하지 않는다.
>
> ○ 보라색을 구매할 경우에만 초록색을 구매하지 않는다.
>
> ○ 빨간색을 구매하거나 남색을 구매하지 않으면 주황색을 구매한다.
>
> ○ 노란색과 파란색 중 적어도 하나를 구매하지 않으면, 남색 과 초록색 모두 구매하지 않는다.
>
> ○ 보라색은 구매하지 않는다.

> ───〈보 기〉───
>
> ㄱ. 구매하는 풍선은 최대 다섯 가지이다.
>
> ㄴ. 주황색과 초록색을 모두 구매할 수 있다.
>
> ㄷ. 빨간색과 남색 중 적어도 하나는 구매한다.

① ㄱ
② ㄴ
③ ㄱ, ㄴ
④ ㄴ, ㄷ
⑤ ㄱ, ㄴ, ㄷ

20. 다음 글에서 추론할 수 있는 것은?

> 바이러스는 핵산과 단백질로 구성된 미생물로 스스로 증식할 수 없어 동식물과 같이 살아있는 숙주 세포에 침투하여 증식한다. 바이러스의 핵산은 DNA 또는 RNA와 같은 유전물질로 구성되는데, DNA는 세포의 유전물질을 저장하고 RNA는 저장된 유전물질을 전달하여 단백질을 생산한다. 숙주 세포에 침투한 바이러스는 이러한 자신의 유전자를 복제한 뒤 유전물질을 재생산한다.
>
> 바이러스는 자신의 유전물질의 저장위치에 따라 DNA 바이러스와 RNA 바이러스로 구분된다. DNA 바이러스는 숙주 세포에 침투하여 자신의 DNA를 복제하고, RNA 바이러스는 숙주 세포에 침투하여 자신의 RNA를 복제한다. 바이러스는 자신의 유전물질 복제 과정에서 오류가 발생하기도 하는데, 기존 유전물질과는 다른 유전물질이 복제되는 변이 현상이 발생한다. 이때 DNA 바이러스는 유전물질의 복제 과정에서 숙주 DNA의 종합효소를 사용하여 바이러스의 유전물질 복제 과정에서 발생하는 오류를 복구한다. 반면 RNA 바이러스는 이러한 종합효소가 없어 유전물질 복제 과정에서 발생하는 오류를 복구할 수 없다. 이 때문에 RNA 바이러스에서 유전자 변이가 일어날 확률은 DNA 바이러스보다 최대 100만 배 높다.
>
> 이러한 RNA 바이러스의 성질은 바이러스의 확산을 막기 어려운 원인으로 지목된다. 바이러스의 활동을 억제하는 백신을 만들더라도 곧바로 변이될 경우 백신의 효과가 높지 않기 때문이다. 실제로 RNA 바이러스에 속하는 에볼라, 에이즈, 인플루엔자, 코로나 바이러스의 경우 지속적인 유전자 변이로 인해 바이러스의 생존력이 높아지고 숙주에 쉽게 침투할 수 있게 되어 DNA 바이러스와 달리 감염자 수가 대폭 증가한다. 그리고 감염자 수가 증가한 만큼 바이러스의 유전자 변이도 더욱 활발해져 감염 확산의 고리를 끊기 어렵게 된다. 그러나 바이러스의 유전자 변이가 활발해진다고 해서 사망자 수가 그만큼 많아지는 것은 아니다. 사망률이 높은 치명적인 바이러스의 경우 감염으로 인한 사망자 수가 많아질수록 숙주의 수가 그만큼 줄어들기 때문이다.

① 바이러스는 숙주의 유전물질을 복제하는 과정에서 오류가 발생하기도 한다.

② RNA 바이러스는 DNA 바이러스와는 달리 숙주의 종합효소를 사용할 수 있다.

③ 에이즈 바이러스는 다른 RNA 바이러스보다 숙주 세포에 쉽게 침투할 수 있다.

④ 바이러스 감염이 크게 확산될 확률은 DNA 바이러스보다 RNA 바이러스가 더 높다.

⑤ 인플루엔자 바이러스의 유전자 변이 확률은 코로나 바이러스 유전자 변이 확률의 100만 배 이상이다.

21. 다음 글의 ㉠과 ㉡에 들어갈 진술로 가장 적절한 것은?

> 컨트롤로지는 실내에서 기구를 사용해 몸을 단련하는 운동으로 요제프 H. 필라테스에 의해 고안된 운동체계이다. 선천적으로 허약했던 필라테스는 스스로의 한계를 이겨내기 위해 운동과 건강에 관심을 가졌고, 컨트롤로지는 건강에 대한 그의 열정이 만들어낸 결과물이었다. 필라테스는 자신의 저서에서 컨트롤로지를 몸과 정신, 영혼의 완전한 정합이라고 소개하였는데, 이러한 의미를 담아 '컨트롤로지'는 몸과 마음을 통제하는 운동법이라는 뜻을 가지고 있다.
>
> 필라테스가 컨트롤로지의 영감을 얻은 곳은 영국의 독일인 수용소였다. 필라테스는 영국에서 체육인으로 생활하던 중 1차 세계대전이 발발하자 독일 태생이라는 이유로 수용소에 보내졌다. 이때 그는 열악한 수용환경에서도 건강을 유지할 수 있도록 매트를 활용한 운동법을 연구하기 시작했다. 요가와 체조 등 제자리에서 할 수 있는 운동을 조합하여 만들어진 초창기의 컨트롤로지는 마음의 안정을 가져다주는 정신치료의 성격도 함께 가지고 있었다. 이 당시 그는 컨트롤로지를 통해 [㉠]하였다. 세계대전이 종식된 후 필라테스는 미국으로 이주하여 본격적으로 컨트롤로지를 전파하기 시작하였고, 이후 뉴욕에서 선풍적인 인기를 누리게 되었다.
>
> 이후 전 세계로 퍼져나간 컨트롤로지는 다양한 강사들에 의해 계승되었고, 오늘날 '필라테스'라 불리는 현대식 컨트롤로지는 아름답고 건강한 몸을 만들 수 있는 운동이라는 인식이 널리 퍼져있어, 여성들에게 선풍적인 인기를 끌고 있다. '필라테스'라 불리는 현대식 컨트롤로지가 초창기의 성격을 완전히 버린 것은 아니지만, 현재의 '필라테스'는 근력단련과 미용관리 중심으로 이루어지고 있다. 일견에서는 컨트롤로지와 '필라테스'를 구별해야 한다고 보는 견해도 있는데, 이는 '필라테스'가 초창기의 컨트롤로지와 달리 주로 [㉡]하고 있기 때문이다.

① ㉠: 근력단련을 집중적으로 추구
　 ㉡: 미용관리보다는 정신회복을 추구

② ㉠: 신체회복과 정신안정의 조화를 추구
　 ㉡: 정신회복보다는 건강과 아름다움을 추구

③ ㉠: 신체회복과 정신안정의 조화를 추구
　 ㉡: 아름다움보다는 정신회복을 주로 추구

④ ㉠: 신체회복과 정신안정의 조화를 추구
　 ㉡: 미용관리보다는 정신회복을 추구

⑤ ㉠: 근력단련을 집중적으로 추구
　 ㉡: 정신회복보다는 건강과 아름다움을 추구

22. 다음 글의 갑~병의 견해에 대한 분석으로 적절한 것만을 〈보기〉에서 모두 고르면?

갑: 식품에는 소비자가 그 신선도를 고려해서 섭취할 수 있도록 여러 가지 기준에 따라 기한이 표기된다. 그중에서 제품의 제조일로부터 소비자에게 판매가 허용되는 기간인 유통기한을 식품에 표기하는 것이 적절하다. 유통기한은 소비자들이 식품을 구매한 후 섭취 전에 보관하는 기간을 고려해 다소 보수적으로 산정된다. 그래서 포장 기술과 유통 환경이 좋아진 오늘날에는 유통기한이 약간 지난 식품이라도 섭취 시 문제가 발생할 가능성은 극히 낮은 것이 사실이다. 하지만 유통 및 판매 과정에서 각 식품에 맞는 적정 온도, 습도 등이 반드시 지켜진다는 보장이 없다. 그렇기 때문에 식품에 유통기한을 표기하여, 이 기한이 지나면 식품을 폐기하여 소비자가 구매하거나 섭취하지 않도록 하는 것이 바람직하다.

을: 품질안전한계기간이란 제품의 특성에 맞는 조건에서 식품을 보관하는 실험을 통해 실험 대상 중 가장 먼저 품질 변화가 일어나는 기간을 토대로 산출되며, 이는 곧 식품을 섭취해도 되는 최대 기간을 나타낸다. 그런데 유통기한은 통상적으로 품질안전한계기간의 60~70% 수준에서 설정된다. 그래서 유통기한으로 식품 폐기 여부를 결정하게 되면 품질에 이상이 없음에도 폐기되는 경우가 많아질 수밖에 없으며, 이를 경제적 가치로 환산하면 연간 5천억 원의 손실이 발생한다고 한다. 그러므로 품질안전한계기간의 80~90% 수준에 해당하는 소비기한을 표기하여, 소비자가 안전하게 식품 섭취가 가능한 기간을 판단할 수 있게 해야 한다. 다만, 국내 소비자들은 유통기한 표기가 익숙한 만큼 유통기한을 소비기한으로 완전히 대체하는 것보다는 이 두 가지를 함께 표기하여 유통기한과 구별되는 소비기한에 대한 이해도를 높일 필요가 있다.

병: 유통기한 표기제를 채택하든 소비기한 표기제를 채택하든 일부 식품은 예외로 두어야 한다. 특정 식품은 적절한 보존방법만 준수한다면 유통기한이나 소비기한에 따른 기간보다 훨씬 더 오랜 기간 해당 식품 고유의 품질이 유지될 수 있기 때문이다. 예컨대 레토르트 식품이나 통조림은 밀봉 후 살균 처리를 하여 제조하기 때문에 개봉하지 않은 상태에서는 장기간 보관해도 내용물이 부패하지 않고, 장류나 잼류 역시 적절한 환경에 둔다면 오랜 기간 품질 변화 없이 보관할 수 있다. 이렇듯 제품의 특성을 고려한 표기법을 사용하는 것이 식품 섭취 시의 안정성을 확보하는 동시에 식품의 낭비를 줄일 수 있는 방법이 될 것이다. 이때 유통기한, 소비기한, 품질유지기한 등을 병기할 경우 소비자의 혼란을 야기할 수 있으므로 해당 식품에 적합한 한 가지 날짜만을 써야 한다.

〈보 기〉

ㄱ. 유통기한 표기제를 소비기한 표기제로 변경하되 기존 유통기한을 날짜 연장 없이 그대로 소비기한으로 표기한다면 갑은 동의하지만, 을은 동의하지 않을 것이다.

ㄴ. 유통기한만 표기된 미국산 통조림을 한국에서 판매할 때 그 옆에 소비기한이나 품질유지기한이 표기된 라벨을 붙이는 것에 대해 을은 동의하지만, 병은 동의하지 않을 것이다.

ㄷ. 어떤 식품이든지 제조되어 소비자가 섭취할 때까지 보관 조건을 철저히 지켰다면, 유통기한은 지났지만 소비기한은 지나지 않은 식품은 섭취해도 된다는 데에 병은 동의하지만, 갑은 동의하지 않을 것이다.

① ㄱ
② ㄷ
③ ㄱ, ㄴ
④ ㄴ, ㄷ
⑤ ㄱ, ㄴ, ㄷ

23. 다음 논쟁을 분석한 것으로 적절한 것만을 〈보기〉에서 모두 고르면?

> 갑: 인공지능의 발전으로 인간이 해야 할 작업을 최소화할 수 있게 되면서 업무 효율성이 증대되었다. 인공지능이 인간의 일자리를 대체할 것이라는 우려가 있지만, 인공지능은 상황에 대한 인식·이해·판단의 최적화를 추구하는 기계에 불과하기 때문에 그러한 우려는 기우에 불과하다. 역사적으로 볼 때 기술의 진보로 인해 일자리가 감소하게 될 경우 반드시 그보다 더 많은 새로운 일자리가 창출되었다. 예컨대 자동차가 등장했을 때 마차를 모는 마부와 같은 직업은 사라졌지만, 자동차 기술의 발전을 통해 직간접적으로 더 많은 일자리가 생겨났다.
>
> 을: 인공지능은 자동차와 같은 한정적인 기술 혁신과는 차원이 다르다. 자동차는 이동 수단이라는 분야에만 영향을 끼쳤지만, 인공지능은 인간 사회의 모든 분야를 대체할 수 있다. 더구나 인공지능으로 인해 새롭게 생겨나는 일자리가 인간을 위한 것이라고 장담할 수 없다. 인공지능이 대체하지 못하는 것은 인간의 창의성이 있어야 하는 소수의 일자리에 불과하며, 이는 인공지능의 발달로 파생되는 일자리와 관련이 없기 때문이다.
>
> 갑: 인공지능으로 인간의 노동을 제어할 수 있게 된다면 이로 인해 또 다른 형태의 사회·경제체제가 만들어지게 될 것이다. 기존에 인간이 해야 했던 노동은 기계가 하는 일로 여겨지게 될 것이고, 인간의 노동은 창의적이고 진보적인 활동으로 재정의될 것이다. 이로써 생존을 위해 의미 없이 반복적으로 해야 했던 일에서 벗어나 인간은 창의적이고 진보된 활동을 통해 자아실현을 이룰 수 있게 된다.
>
> 을: 인공지능이 기존의 기술 진보와 다른 점은 발전 속도가 매우 빠르다는 것이다. 머지않은 미래에 인간의 지적 수준을 뛰어넘는 인공지능이 등장할 수도 있다. 그렇게 된다면 모든 분야에서 인공지능이 인간의 경쟁 상대가 되어, 또 다른 경쟁 사회가 열리게 된다. 인공지능은 기존에 혁신으로 평가받던 기술과는 발전 속도나 양상이 달라서 예측할 수 없기에 두려움을 유발한다.

〈보 기〉

ㄱ. 갑은 인공지능의 발전으로 인간의 삶이 더 나아질 것임을 전제로 하고 있다.

ㄴ. 을은 인공지능이 과거에 경험했던 기술 진보와 다른 차원의 기술임을 주요 근거로 삼고 있다.

ㄷ. 인공지능으로 인해 이전에 없던 새로운 일자리가 생겨날 것이라는 데에 갑과 을 모두 동의할 것이다.

① ㄱ

② ㄷ

③ ㄱ, ㄴ

④ ㄴ, ㄷ

⑤ ㄱ, ㄴ, ㄷ

24. 다음 대화의 빈칸에 들어갈 내용으로 가장 적절한 것은?

> 갑: 안녕하십니까? 「지방자치법」 제30조에서는 시·군 및 자치구의 조례나 규칙은 시·도의 조례나 규칙을 위반해서는 안 된다고 규정하고 있는데, 이를 광역지방자치단체 조례의 효력이 기초지방자치단체 조례의 효력보다 항상 우위에 있다는 의미로 해석하면 됩니까?
>
> 을: 「지방자치법」 제30조에서는 광역지방자치단체 자치법규의 기초지방자치단체 자치법규에 대한 효력우위의 원칙을 명시하고 있습니다. 그러나 이는 기초지방자치단체의 모든 사무에 적용된다고는 할 수 없으며, 광역지방자치단체로부터 위임받은 사무, 광역지방자치단체와 기초지방자치단체가 공동으로 수행하는 사무 등에 적용될 수 있습니다. 이러한 경우에 해당하지 않는다면 양자는 상하관계에 있는 것이 아닌, 별개의 자치법규로서 지위를 가진다고 보아야 할 것입니다.
>
> 갑: 그렇다면 한옥 건축 시의 지원 내용으로 「A도 한옥 등 건축자산의 진흥에 관한 조례」(이하 "A도 조례")에서는 보조지원만 명시하고 있으나, 「A도 B시 한옥 지원 조례」(이하 "B시 조례")에서는 융자지원까지 포함하여 조례로 규정할 수 있습니까?
>
> 을: ＿＿＿＿＿＿＿＿＿＿＿＿＿＿＿＿＿＿＿＿＿.
>
> 갑: 「지방자치법」상 지방자치단체 종류별 사무를 규정한 조항 가운데 지방문화예술의 진흥과 관련한 '문화사업의 육성·지원'이 시·도의 사무와 시·군 및 자치구의 사무 모두에 각각 포함되어 있는데도 그러합니까?
>
> 을: 그렇기 때문에 한옥 지원과 관련한 사무는 광역지방자치단체뿐만 아니라 기초지방자치단체에서도 자율적으로 수행할 수 있는 사무로 보아야 합니다. 한편 「한옥 등 건축자산의 진흥에 관한 법률 시행령」에서는 지원의 대상을 해당 지방자치단체의 조례로 정하도록 하고 있을 뿐 시·도의 조례와 시·군 및 자치구의 조례를 구분하고 있지 않습니다. 또한 지원 내용에 대해서도 해당 지방자치단체의 조례로 정하는 범위에서의 사업비 보조 및 융자로 규정하고 있으므로 융자지원은 조례로 제정할 수 있는 법령의 범위를 벗어나지 않는다고 할 수 있습니다.

① A도 조례에도 불구하고 융자지원까지 포함하여 B시 조례로 규정할 수 있습니다

② A도와 B시가 공동으로 수행하는 사무에 해당하므로 「지방자치법」 제30조에 위배됩니다

③ B시 조례에 한옥 건축 시의 지원 내용으로 융자지원을 포함할 경우 A도 조례도 함께 개정되어야 합니다

④ A도 조례에서 B시에 위임하도록 규정된 사무에 대해서만 B시 조례로 규정할 수 있습니다

⑤ 효력우위의 원칙이 적용되지는 않지만, 상위 법령으로부터 위임받지 않은 사무이므로 보조지원에 한정하여 B시 조례로 정해야 합니다

25. 다음 글의 〈논쟁〉에 대한 분석으로 적절한 것만을 〈보기〉에서 모두 고르면?

갑과 을은 상품과 서비스의 판매 및 홍보를 위해 개최되는 A, B, C의 전시회가 「전시산업발전법」의 전시회 종류 및 규모에 해당하는지에 대해 논쟁하고 있다. 이 논쟁은 A의 전시회 종류가 법으로 정하는 종류에 해당하는지에 대한 기준, 그리고 B, C 두 사람의 전시회 규모가 법으로 정하는 규모에 해당하는지에 대한 기준이 불분명한 데에서 비롯되었다. 해당 법의 일부 조항은 다음과 같다.

「전시산업발전법」
제00조(전시회의 종류와 규모) 전시회란 무역상담과 상품 및 서비스의 판매·홍보를 위하여 개최하는 상설 또는 비상설의 견본상품박람회, 무역상담회, 박람회 등으로서 다음 각 호의 어느 하나에 해당하는 것을 말한다.
  1. 박람회 국제사무국 총회에 등록하거나 박람회 국제사무국 총회에서 승인한 박람회
  2. 다음 각 목의 어느 하나에 해당되는 상설 또는 비상설 전시회
    가. 옥내와 옥외 전시면적이 2천 제곱미터 이상일 것
    나. 100명 이상의 외국인 구매자가 참가 등록할 것
  3. 그 밖에 상설 또는 비상설 전시회로서 다음 각 목의 어느 하나에 해당하는 요건을 갖춘 전시회 중 전시주최사업자의 신청에 의하여 산업통상자원부장관이 전시산업 발전이 필요하다고 인정하는 전시회
    가. 옥내와 옥외 전시면적이 1천 제곱미터 이상일 것
    나. 10개 이상의 전시부스를 갖출 것

〈논 쟁〉
쟁점 1: A는 무역 관련 상품을 판매 및 홍보하기 위해 비상설 견본상품박람회를 개최하였다. 갑은 A가 개최한 전시회가 전시산업발전법 제00조 제1호를 어기고 있다고 주장하지만 을은 그렇지 않다고 주장한다.
쟁점 2: B는 옥내 전시면적과 옥외 전시면적이 1천 5백 제곱미터인 전시회를 개최하였다. B가 개최한 상설 전시회에는 내국인 및 외국인 구매자 180명이 참가 등록을 했는데, 갑은 B가 개최한 전시회가 전시산업발전법 제00조 제2호를 어기고 있다고 주장하지만 을은 그렇지 않다고 주장한다.
쟁점 3: C는 옥내 전시면적과 옥외 전시면적이 9천 5십 제곱미터인 전시회를 개최하였다. C가 개최한 비상설 전시회는 20개의 전시부스를 갖추고 있는데, 갑은 C가 개최한 전시회가 전시산업발전법 제00조 제3호를 어기고 있다고 주장하지만 을은 그렇지 않다고 주장한다.

〈보 기〉
ㄱ. 쟁점 1과 관련하여, A가 박람회 국제사무국 총회에 자신이 개최한 박람회를 등록했으나 관련 승인을 받기 전이라면 갑의 주장은 옳지 않지만 을의 주장은 옳다.
ㄴ. 쟁점 2와 관련하여, B가 개최한 전시회에 참가 등록을 한 180명의 구매자 중 2/5가 내국인 구매자라는 사실이 밝혀진다면 갑의 주장은 옳지만 을의 주장은 옳지 않다.
ㄷ. 쟁점 3과 관련하여, 갑은 C가 개최한 전시회를 전시주최사업자의 신청에 의해 산업통상자원부장관이 전시산업 발전이 필요하다고 인정하지 않은 전시회라고 생각하지만 을은 그렇지 않다고 생각하면, C가 개최한 전시회에 대한 갑과 을 사이의 주장 불일치를 설명할 수 있다.

① ㄱ
② ㄴ
③ ㄱ, ㄷ
④ ㄴ, ㄷ
⑤ ㄱ, ㄴ, ㄷ

약점 보완 해설집 p.70

상황판단영역

1. 다음 글과 〈상황〉을 근거로 판단할 때, 공고문에 반드시 포함해야 하는 내용이 아닌 것은?

> 제00조(간호조무사 국가시험) ① 간호조무사 국가시험의 실시 방법과 실시 일자는 보건복지부 장관이 정한다.
> ② 「한국보건의료인국가시험원법」에 따라 한국보건의료인국가시험원이 간호조무사 국가시험을 실시하는 경우에는 보건복지부 장관의 승인을 받아 다음 각 호의 사항을 시험 실시 90일 전에 공고하여야 한다. 다만, 시험 장소는 시험실시 30일 전까지 공고할 수 있다.
>   1. 시험의 일시 및 장소
>   2. 응시원서의 제출 기간
>   3. 시험과목
>   4. 응시 자격
>   5. 합격자 발표의 예정일 및 방법

> 〈상 황〉
> 甲은 이번 주에 간호조무사 국가시험 시행계획을 국가시험 공고 규칙에 따라 정리하여 공고문을 작성할 예정이다. 간호조무사 시험은 2023.9.9. 시행될 예정이며, 원서 제출 기간은 2023.1.5.~2023.1.12.(인터넷 제출), 2023.1.12.~2023.1.13.(방문 제출)으로, 방문 제출은 한국보건의료인국가시험원(이하 국시원이라 한다) 별관에서 받을 예정이다. 응시료는 37,000원이며, 시험 과목은 기초간호학 개요, 보건간호학 개요, 공중보건학개론이며, 시험 시간은 10:00~11:40(총 100분)이다. 합격자 발표는 국시원 홈페이지(www.kuksiwon.or.kr) 또는 휴대폰 문자(SMS)로 확인할 수 있다.

① 2023.9.9.
② 2023.1.5.~2023.1.12.
③ 2023.1.12.~2023.1.13.
④ 국시원 홈페이지(www.kuksiwon.or.kr)
⑤ 국시원 별관

2. 다음 글을 근거로 판단할 때 옳지 않은 것은?

> 제00조(상호저축은행의 자본금) ① 상호저축은행의 자본금은 다음 각 호의 구분에 따른 금액 이상이어야 한다.
>   1. 본점이 특별시에 있는 경우: 120억 원
>   2. 본점이 광역시에 있는 경우: 80억 원
>   3. 본점이 특별자치시·도 또는 특별자치도에 있는 경우: 40억 원
> ② 상호저축은행은 본점을 다음 각 호의 어느 하나에 해당하는 지역으로부터 다른 각 호의 지역으로 이전하는 경우에는 이전한 해당 지역에 적용되는 자본금 요건을 갖추어야 한다.
>   1. 특별시
>   2. 광역시
>   3. 특별자치시·도 또는 특별자치도
> 제00조(영업의 인가) ① 상호저축은행 업무를 하려는 자는 금융위원회로부터 상호저축은행의 인가를 받아야 한다.
> ② 제1항의 인가(이하 "본인가"라 한다)를 받으려는 자는 신청서를 금융위원회에 제출하여야 한다.
> ③ 제2항에 따라 본인가를 신청하려는 자는 금융위원회에 예비인가를 신청할 수 있다. 이 경우 금융위원회는 2개월 이내에 심사하여 예비인가 여부를 알려야 한다. 다만, 금융위원회가 정하는 바에 따라 그 기간을 연장할 수 있다.
> ④ 금융위원회는 본인가 또는 예비인가를 하려는 경우에는 상호저축은행의 건전한 운영과 거래자 보호 등을 위하여 필요한 조건을 붙일 수 있다.
> ⑤ 금융위원회는 예비인가를 받은 자가 본인가를 신청하는 경우에는 예비인가의 조건을 이행하였는지를 확인한 후 본인가를 하여야 한다.
> ⑥ 제4항에 따라 조건이 붙은 상호저축은행 본인가 또는 예비인가를 받은 자는 사정의 변경, 그 밖에 정당한 사유가 있는 경우에는 금융위원회에 제4항에 따른 조건의 취소 또는 변경을 신청할 수 있다. 이 경우 금융위원회는 2개월 이내에 조건의 취소 또는 변경 여부를 결정하고, 그 결과를 지체 없이 신청인에게 문서로 알려야 한다.

① 대전광역시에 A상호저축은행의 본점이 있을 경우, A상호저축은행의 자본금은 80억 원 이상일 것이다.
② 甲이 상호저축은행 예비인가를 금융위원회에 신청한 경우, 금융위원회는 반드시 2개월 이내에 심사하여 예비인가 여부를 알려야 한다.
③ 금융위원회는 본인가를 신청한 乙에게 거래자 보호를 위하여 필요한 조건을 붙여 본인가를 할 수 있다.
④ 자본금 85억 원의 B상호저축은행이 세종특별자치시에서 서울특별시로 본점을 이전한다면 35억 원의 자본금을 추가로 갖추어야 한다.
⑤ 조건이 붙은 예비인가를 받은 丙이 정당한 사유가 있어 조건의 취소를 금융위원회에 신청한 경우, 금융위원회는 2개월 이내에 조건의 취소 여부를 결정하고 그 결과를 신청인에게 문서로 알려야 한다.

3. 다음 글을 근거로 판단할 때 옳은 것만을 모두 고르면?

> 제○○조(보조금의 반환) 중앙관서의 장은 보조금의 교부 결정을 취소한 경우에 그 취소된 부분의 보조사업에 대하여 이미 보조금이 교부되었을 때에는 기한을 정하여 그 취소한 부분에 해당하는 보조금과 이로 인하여 발생한 이자의 반환을 명하여야 한다.
>
> 제△△조(제재부가금 및 가산금의 부과·징수) ① 중앙관서의 장은 제○○조에 따라 보조금의 반환을 명한 경우에는 반환하여야 할 보조금 총액의 5배 이내의 범위에서 보조사업자에게 제재부가금을 부과·징수하여야 한다. 다만, 제재부가금을 부과하기 전 또는 부과한 후에 보조사업자가 보조금의 부정한 수급 등을 이유로 이 법 또는 다른 법률에 따라 벌금·과료, 몰수·추징, 과징금 또는 과태료를 부과받은 경우에는 제재부가금을 면제·삭감 또는 취소할 수 있다.
>
> ② 제1항에도 불구하고 보조금이 다음 각 호의 어느 하나에 해당하는 경우에는 제재부가금을 부과하지 아니할 수 있다. 단, 제4호에 해당하는 경우에는 제재부가금을 부과하지 아니한다.
>   1. 국민기초생활보장제도에 따른 급여
>   2. 장애수당
>   3. 기초연금
>   4. 제재부가금의 부과·징수에 드는 비용이 부과·징수하려는 제재부가금보다 큰 것으로 인정되어 제재부가금을 부과·징수할 실익이 크지 아니한 경우
>
> ③ 중앙관서의 장은 제1항에 따른 제재부가금을 납부하여야 할 자가 납부기한까지 납부하지 아니한 경우에는 그 납부기한의 다음 날부터 납부일의 전날까지의 기간에 대하여 체납된 금액의 100분의 5를 초과하지 아니하는 범위에서 가산금을 징수할 수 있다.
>
> ④ 제3항에 따른 가산금은 다음 각 호의 구분에 따라 계산한 금액으로 한다.
>   1. 납부기한이 경과한 날부터 1개월 이내에 납부하는 경우: 체납된 금액의 100분의 2에 해당하는 금액. 다만, 납부기한이 경과한 날부터 1주일 이내에 납부하는 경우에는 체납된 금액의 100분의 1에 해당하는 금액으로 한다.
>   2. 납부기한이 경과한 날부터 1개월이 지난 후에 납부하는 경우: 납부기한이 경과한 날부터 1개월이 경과할 때마다 체납된 금액의 100분의 1에 해당하는 가산금을 제1호 본문에 따른 가산금에 더한 금액

───〈보 기〉───

ㄱ. 중앙관서의 장이 보조금의 교부결정을 취소하여 이미 교부된 보조금의 반환을 명한 경우, 반환하여야 할 보조금 총액의 5배를 초과하는 제재부가금을 보조사업자에게 부과·징수할 수 있다.

ㄴ. 중앙관서의 장은 반환하여야 할 보조금이 장애수당인 경우에도 제재부가금을 부과할 수 있다.

ㄷ. 제재부가금의 부과·징수에 드는 비용이 반환하여야 할 보조금 총액보다 크다면 제재부가금을 부과할 수 없다.

ㄹ. 보조사업자가 납부기한이 2023.4.1.까지인 제재부가금 전액 2천만 원을 2023.10.10.에 납부했다면 가산금은 1백만 원이다.

① ㄱ, ㄴ
② ㄱ, ㄷ
③ ㄴ, ㄷ
④ ㄴ, ㄹ
⑤ ㄷ, ㄹ

4. 다음 글을 근거로 판단할 때 옳은 것은?

제00조(정정보도 청구의 요건) ① 사실적 주장에 관한 언론보도 등이 진실하지 아니함으로 인하여 피해를 입은 자(이하 "피해자"라 한다)는 해당 언론보도 등이 있음을 안 날부터 3개월 이내에 언론사, 인터넷 뉴스 서비스 사업자 및 인터넷 멀티미디어 방송사업자(이하 "언론사 등"이라 한다)에게 그 언론보도 등의 내용에 관한 정정보도를 청구할 수 있다. 다만, 해당 언론보도 등이 있은 후 6개월이 지났을 때에는 그러하지 아니하다.
② 제1항의 청구에는 언론사 등의 고의·과실이나 위법성을 필요로 하지 아니한다.

제00조(정정보도 청구권의 행사) ① 정정보도 청구는 언론사 등의 대표자에게 서면으로 하여야 하며, 청구서에는 피해자의 성명·주소·전화번호 등의 연락처를 적고, 정정의 대상인 언론보도 등의 내용 및 정정을 청구하는 이유와 청구하는 정정보도문을 명시하여야 한다.
② 제1항의 청구를 받은 언론사 등의 대표자는 3일 이내에 그 수용 여부에 대한 통지를 청구인에게 발송하여야 한다.
③ 언론사 등이 제1항의 청구를 수용할 때에는 지체 없이 피해자 또는 그 대리인과 정정보도의 내용·크기 등에 관하여 협의한 후, 그 청구를 받은 날부터 7일 내에 정정보도문을 방송하거나 게재하여야 한다. 다만, 신문 및 잡지 등 정기간행물의 경우 이미 편집 및 제작이 완료되어 부득이할 때에는 다음 발행 호에 이를 게재하여야 한다.
④ 다음 각 호의 어느 하나에 해당하는 사유가 있는 경우에는 언론사 등은 정정보도 청구를 거부할 수 있다.
　1. 피해자가 정정보도 청구권을 행사할 정당한 이익이 없는 경우
　2. 청구된 정정보도의 내용이 명백히 사실과 다르거나 위법한 내용인 경우
　3. 청구된 정정보도의 내용이 국가·지방자치단체 또는 공공단체의 공개회의와 법원의 공개재판절차의 사실보도에 관한 것인 경우
⑤ 언론사 등이 하는 정정보도는 공정한 여론형성이 이루어지도록 그 사실공표 또는 보도가 이루어진 같은 채널, 지면(紙面) 또는 장소에서 같은 효과를 발생시킬 수 있는 방법으로 하여야 한다.

―――――〈상 황〉―――――
언론사 □□TV는 2020. 01. 18.에 뉴스 방송을 통해 甲에 관한 보도를 하였으며, 甲은 이에 대하여 □□TV의 보도 내용이 사실이 아니라며 정정보도를 청구하려고 한다.

① 甲이 2020. 05. 05.에 □□TV의 보도 내용을 알았다면, 2020. 08. 04.에 정정보도를 청구할 수 있다.
② 甲에 관한 □□TV의 보도에 고의성이 없다면, 甲은 □□TV의 보도에 대하여 정정보도를 청구할 수 없다.
③ 甲이 청구한 정정보도의 내용이 명백히 사실과 다르다면, □□TV는 甲의 정정보도 청구를 거부할 수 있다.
④ □□TV는 2020. 01. 18.에 처음 甲에 관한 보도를 했던 뉴스 방송이 아닌 타사 인터넷 신문을 통해 정정보도문을 발표할 수 있다.
⑤ □□TV가 甲의 정정보도 청구를 수용할 경우, 청구를 받은 날부터 3일 이내에 정정보도문을 방송해야 한다.

5. 다음 글을 근거로 판단할 때 옳은 것은?

　　소강절은 11세기 중국의 저명한 역학자이자 도학자로 휘는 '옹'이며, 자는 '요부'이다. 소강절의 사후에는 강절이라는 시호가 내려졌고, 이에 따라 후대에는 소강절 혹은 강절선생으로 불렸다. 소강절은 장재, 정이, 정호, 주돈이와 더불어 북송시대에 성리학을 전개한 북송오자 중의 한 사람이었다.

　　소강절은 어린 시절부터 쾌활하고 의로운 성품을 지닌 인물이었다. 그는 과거 시험을 준비하기 위해 소문산에 들어가 학문을 쌓다가 이지재를 만나 그를 스승으로 모셔 학문을 배웠다. 이를 계기로 그는 과거 시험 준비를 중단하고, 스승 이지재로부터 상수학과 역학 등을 전수받았다. 그는 자신이 배운 상수학과 역학을 토대로 하늘과 땅, 모든 만물에는 도가 존재한다는 선천역학을 창시하여 역학의 새로운 해석 체계를 세웠다. 소강절은 평생에 걸쳐 『주역』을 전문적으로 연구하였으며, 그의 대표적인 저서로는 우주와 세상의 모든 추상적인 현상을 수에 근거하여 해석한 『황극경세서』, 허심과 내성의 도덕 수양법을 설명한 『관물내외편』이 있다.

　　소강절의 대표적인 이론인 원회운세론은 일상에서 사용하는 시간 단위인 세(歲)·월(月)·일(日)·진(辰)과 통하는 우주의 원(元)·회(會)·운(運)·세(世)로 우주 시간의 순환을 설명한다. 지구의 시간에 따르면 1세, 즉 한 해가 월로는 12개월, 일로는 360일, 진으로는 4,320진이다. 우주의 시간 단위인 원은 우주의 1년으로서, 지구의 시간으로는 12만 9600년에 해당한다. 마찬가지로 회, 운, 세는 각각 우주의 한 달과 하루, 그리고 한 시간에 해당한다. 그래서 한 원이 회로는 12회, 운으로는 360운, 세로는 4,320세가 된다. 천지와 인간이 같은 시간적 패턴 속에 있음을 통해 우주 변화의 순환 원리로써 인류 문명의 발전 과정을 밝힌 것이다.

　　소강절은 막역하게 지내던 사마광, 장재, 정이천 등과 달리 관직에 진출하지 않았다. 국가에서 여러 차례 벼슬과 관직을 주었으나 소강절은 '도는 멀리 있는 것이 아니라 바로 이곳에 있다.'고 하며 모두 거절하였다. 그는 생전에 낙양 천궁사 쪽에서 은둔하며 학문에만 매진하였으며, 봄과 가을에는 작은 수레를 타고 다니며 낙양의 사람들과 교류하며 일생을 보냈다.

① 소강절, 소옹, 요부, 강절선생, 주돈이가 지칭하는 인물은 모두 같다.

② 소강절은 과거에 급제하였음에도 불구하고 관직에 오르지 않고 평생 학문에만 몰두하였다.

③ 우주의 시간 단위에서 12회가 1원이 되고, 30운이 1회가 되며, 12세가 1운이 된다.

④ 『관물내외편』은 수에 근거해 추상적인 세계관을 설명하고, 『황극경세서』는 도덕 수양법을 설명한 소강절의 저서이다.

⑤ 원회운세론에 따르면 우주의 하루가 지구의 시간으로는 30년에 해당한다.

6. 다음 글을 근거로 판단할 때, 甲국 군사조직 내 지휘관의 수는?

　　甲국의 군사조직은 5계급의 지휘관과 일반병사로 구성된다. 지휘관의 계급은 높은 계급부터 순서대로 타르칸, 튀멘, 빙, 위즈, 온이며 일반병사들 사이에는 계급이 존재하지 않는다. 甲국은 다음의 원칙에 따라 총원 50,000명 이상의 군사조직을 최소한의 지휘관으로 편성하고자 한다. 이때 50,000명 이상의 군사조직 총원도 최소한으로 편성한다.

○ 타르칸은 1명이며 모든 튀멘을 휘하에 둔다.

○ 튀멘은 5명 이하의 빙을, 빙은 5명 이하의 위즈를 휘하에 둔다.

○ 위즈는 10명 이하의 온을, 온은 10명 이하의 일반병사를 휘하에 둔다.

○ 같은 계급의 서로 다른 지휘관이 휘하에 두는 지휘관 또는 일반병사는 서로 겹치지 않는다.

○ 한 명의 지휘관은 하나의 계급만을 가진다.

① 5,046명
② 5,050명
③ 5,054명
④ 5,058명
⑤ 5,062명

7. 다음 글을 근거로 판단할 때, 乙의 생일은 몇 월 며칠인가?

> 　　甲은 연수원에서 처음 만난 乙의 생일이 몇 월 며칠인지 모른다. 甲은 乙의 생일을 챙기려고 乙에게 다음의 4가지 질문을 하였으며, 乙은 질문에 대해 '예' 또는 '아니요'로만 대답하였다.
>
> ○ 생일의 월에 해당하는 숫자는 한 자릿수입니까?
> ○ 생일의 일에 해당하는 숫자는 짝수입니까?
> ○ 생일의 월에 해당하는 숫자의 크기는 일에 해당하는 숫자보다 큽니까?
> ○ 생일의 일에 해당하는 숫자는 한 자릿수입니까?
>
> 　　乙은 위 질문에 대해 '예'는 1번, '아니요'는 3번 대답하였고, 이를 토대로 甲은 乙의 생일이 언제인지 확실히 알 수 있었다.

① 5월 15일
② 7월 4일
③ 10월 12일
④ 11월 23일
⑤ 12월 11일

8. 다음 글과 〈호텔 현황〉을 근거로 판단할 때, 甲이 예약할 호텔은?

> ○ 여행을 떠나는 甲은 A~E 호텔 중 어느 하나의 호텔을 예약하고자 한다.
> ○ 甲의 여행 일정은 수요일, 목요일, 금요일 3일간이며, 한 곳에서 수요일, 목요일, 금요일 3일간 머무를 수 있는 호텔을 예약하고자 한다.
> ○ 甲은 객실에서 바다를 볼 수 있는 호텔을 예약하고자 한다.
> ○ A~E 호텔은 모두 동해안 또는 서해안에 위치해 있다. 동해안에 위치한 호텔의 객실 창문이 동쪽으로 나 있을 경우에만 동해 바다를 볼 수 있고, 서해안에 위치한 호텔의 객실 창문이 서쪽으로 나 있을 경우에만 서해 바다를 볼 수 있으며, 그 외의 방향으로 호텔의 객실 창문이 나 있을 경우에는 바다를 볼 수 없다. 단, A~E 호텔에서 바다를 보기 위해서는 5층 이상의 객실에 머물러야만 한다.
> ○ 甲은 10층 이상의 객실에서 머무를 수 없다.
> ○ 각 호텔의 객실 번호는 네 자리 숫자로 구성되며, 앞의 두 자리는 객실의 층수를, 뒤의 두 자리는 객실 창문이 나 있는 방향을 의미한다. 뒤의 두 자리 수가 홀수라면 객실의 창문은 동쪽으로 나 있고, 뒤의 두 자리 수가 짝수라면 객실의 창문은 서쪽으로 나 있다.

〈호텔 현황〉

이름	예약 가능한 요일	객실 번호	호텔의 위치
A	화, 수, 목, 토, 일	0915	동해안
B	월, 화, 수, 목, 금	0710	동해안
C	월, 수, 목, 금, 토	1012	서해안
D	화, 수, 목, 금, 일	0311	동해안
E	수, 목, 금, 토, 일	0714	서해안

① A
② B
③ C
④ D
⑤ E

[9~10] 다음 글을 읽고 물음에 답하시오.

　　병립형 비례대표제란 지역구 의석과 비례대표 의석을 구분하여 국회의원을 선출하는 제도이다. 해당 제도에서는 유권자가 지역구에 한 표, 정당 투표에 한 표를 각각 행사하므로 지역구 선거와 비례대표 선거가 서로 영향을 미치지 않는 독립적인 관계에 있다. 연동형 비례대표제는 정당 득표율로 정당별 총 의석 수가 정해지고 총 의석 수에서 지역구 의석 수와 비례대표 의석 수가 조정되는 제도지만, 지역구와 정당에 각각 한 표를 행사하는 것은 병립형 비례대표제와 동일하다. 연동형 비례대표제는 정당 득표율에 비례해 정당별 총 의석 수를 할당하고, 할당된 총 의석 수에서 지역구 의석 수를 뺀 만큼을 비례대표 의석으로 할당하는 방식이라는 점에서 병립형 비례대표제와 차이가 있다.

　　병립형 비례대표제는 지역구와 비례대표 의원을 구분하여 선출하므로 각 지역구를 대표하는 의원이 있어 지역 대표성이 명확해진다. 하지만 지역구 선거는 다수대표제로 운영되어 정당 득표율과 의석률 간의 불비례성이 존재한다는 한계가 있다. 또한 지역주의 기반의 정당체계가 형성된 경우에는 지역별 이해를 우선하는 지역주의가 더 심화되는 문제가 발생한다. 반면 연동형 비례대표제는 정당 득표율에 따라 의석을 배분하기 때문에 병립형 비례대표제보다 정당 득표율과 의석률 간의 비례성이 높아진다. 다만 비례성이 너무 높아져 다양한 정당이 등장하게 되면 정치적 불안정성이 발생하는 한계가 있다.

　　병립형 비례대표제에서는 총 의석 수 중 일부가 비례대표 의석이라면 정당 득표율이 비례대표 의석 배분에만 사용된다. 그러나 연동형 비례대표제에서는 정당 득표율에 비례하여 총 의석 수를 배분한다. 이후 배분된 의석 수에서 지역구 당선자를 제외한 의석 수만큼을 비례대표로 채우는 방식이다. 예를 들어 총 의석 수가 300석, 정당 득표율이 10%, 지역구 당선자가 10명이라면 비례대표는 20명이다.

　　그러나 비례대표제에서는 봉쇄 조항을 설정하여 모든 득표를 의석으로 연결하지는 않는다. 봉쇄 조항이란 미리 설정한 기준 이상을 득표하지 못하면 의석을 배분하지 않는 조항이다. 예를 들어 정당 득표율이 3% 미만인 경우 봉쇄 조항에 따라 의석 수를 배분하지 않는다고 가정했을 때, 2.5%의 정당 득표율을 획득한 정당은 의석을 배분 받지 못한다. 이와 같이 봉쇄 조항을 설정한 이유는 소수 세력의 지지를 받는 극단적인 정당의 출현을 방지하기 위함이다.

9. 윗글을 근거로 판단할 때, 〈보기〉에서 옳은 것만을 모두 고르면?

〈보 기〉

ㄱ. 연동형 비례대표제에서 유권자는 두 표를 행사하며, 지역구와 비례대표 의석 수를 별개로 산출해 합산한다.

ㄴ. 병립형 비례대표제는 연동형 비례대표제와 달리 봉쇄 조항을 설정하지 않아 모든 득표가 의석으로 연결된다.

ㄷ. 연동형 비례대표제에 따라 총 의석 수가 100석, 지역구 당선자가 10명, 정당 득표율이 20%라면, 비례대표는 10명이다.

① ㄱ
② ㄴ
③ ㄷ
④ ㄱ, ㄷ
⑤ ㄴ, ㄷ

10. 윗글을 근거로 판단할 때, 〈상황〉의 ㉠과 ㉡에 들어갈 수의 합은?

〈상 황〉

　　甲국에서는 19대 국회의원을 병립형 비례대표제로 선출하였다. 19대 국회의원 총 의석 수는 300석으로 이 중 비례대표 의석 수는 60석이었다. 乙 정당은 19대 국회의원 선거에서 지역구 당선자는 60명이었으며, 乙 정당은 15%의 정당 득표율을 얻어 비례대표는 (㉠)명이었다.

　　이후, 甲국에서는 20대 국회의원을 연동형 비례대표제로 선출하였다. 20대 국회의원 총 의석 수는 300석이었다. 乙 정당은 20대 국회의원 선거에서 지역구 당선자는 70명이었으며, 乙 정당은 27%의 정당 득표율을 얻어 비례대표는 (㉡)명이었다.

① 15
② 18
③ 20
④ 25
⑤ 30

11. 다음 글을 근거로 판단할 때, <보기>에서 옳은 것만을 모두 고르면?

> 제00조 ① 공정거래위원회는 공정거래법(이하 '이 법'이라 한다)을 위반한 혐의가 있다고 인정할 때에는 직권으로 필요한 조사를 할 수 있다.
> ② 누구든지 이 법에 위반되는 사실을 공정거래위원회에 신고할 수 있다.
> ③ 공정거래위원회는 직권으로 또는 제2항에 따른 신고에 따라 조사를 한 결과 이 법에 따른 처분을 하거나 처분을 하지 아니하는 경우에는 그 근거, 내용 및 사유 등을 기재한 서면을 해당 사건의 당사자에게 통지하여야 한다. 다만, 의결서를 작성하는 경우에는 해당 의결서 정본을 송부한다.
> ④ 공정거래위원회는 이 법 위반행위에 대하여 해당 위반행위의 종료일부터 7년이 지난 경우에는 시정조치를 명하거나 과징금을 부과할 수 없다.
> ⑤ 제4항에도 불구하고 공정거래위원회는 부당한 공동행위에 대해서는 다음 각 호의 기간이 지난 경우 시정조치를 명하거나 과징금을 부과할 수 없다.
>   1. 공정거래위원회가 해당 위반행위에 대하여 조사를 개시한 경우 조사 개시일부터 5년
>   2. 공정거래위원회가 해당 위반행위에 대하여 조사를 개시하지 아니한 경우 해당 위반행위의 종료일부터 7년
> ⑥ 제4항 및 제5항은 법원의 판결에 따라 시정조치 또는 과징금 부과처분이 취소된 경우로서 그 판결이유에 따라 새로운 처분을 하는 경우에는 적용하지 아니한다.
> 제△△조 당사자 또는 신고인 등은 공정거래위원회에 이 법에 따른 처분과 관련된 자료의 열람 또는 복사를 요구할 수 있다. 이 경우 공정거래위원회는 다음 각 호의 어느 하나에 해당하는 자료를 제외하고는 이에 따라야 한다.
>   1. 영업비밀 자료
>   2. 자진신고와 관련된 자료
>   3. 다른 법률에 따른 비공개 자료

<보 기>

ㄱ. 공정거래위원회가 부당한 공동행위에 대한 조사를 개시하여 조사 개시일부터 5년이 지난 경우, 공정거래위원회는 해당 행위에 대해서 시정조치를 명하거나 과징금을 부과할 수 없다.

ㄴ. 공정거래위원회가 공정거래법 위반행위에 대하여 과징금을 부과하였으나 법원의 판결에 따라 과징금 부과처분이 취소된 경우, 공정거래위원회는 해당 위반행위 종료일로부터 7년이 지났더라도 판결이유에 따라 새로운 과징금을 부과할 수 있다.

ㄷ. 공정거래위원회의 시정조치 당사자가 공정거래위원회에 자진신고와 관련된 자료에 대한 열람을 요구한 경우 공정거래위원회는 이에 따라야 한다.

ㄹ. 공정거래위원회가 A사건을 직권으로 조사한 결과 공정거래법에 따른 처분을 하지 않기로 하여 의결서를 작성한 경우, 공정거래위원회는 해당 의결서 정본을 A사건의 당사자에게 송부하지 않아도 된다.

① ㄱ, ㄴ
② ㄱ, ㄹ
③ ㄷ, ㄹ
④ ㄱ, ㄴ, ㄷ
⑤ ㄴ, ㄷ, ㄹ

12. 다음 글을 근거로 판단할 때, 〈보기〉에서 옳은 것만을 모두 고르면?

> 제00조(공표권) ① 저작자는 그의 저작물을 공표하거나 공표하지 아니할 것을 결정할 권리를 가진다.
> ② 저작자가 공표되지 아니한 저작물의 저작재산권을 양도, 이용허락, 배타적 발행권의 설정 또는 출판권의 설정을 한 경우에는 그 상대방에게 저작물의 공표를 동의한 것으로 추정한다.
> ③ 원저작자의 동의를 얻어 작성된 2차적 저작물 또는 편집 저작물이 공표된 경우에는 그 원저작물도 공표된 것으로 본다.
> 제00조(성명표시권) ① 저작자는 저작물의 원본이나 그 복제물에 또는 저작물의 공표 매체에 그의 실명 또는 이명을 표시할 권리를 가진다.
> ② 저작물을 이용하는 자는 그 저작자의 특별한 의사표시가 없는 때에는 저작자가 그의 실명 또는 이명을 표시한 바에 따라 이를 표시하여야 한다.
>
> ※ 공표란 저작물을 공연, 공중송신 또는 전시, 출판 등의 방법으로 공중에게 공개하거나 저작물을 발행하는 경우를 말함.
> ※ 2차적 저작물이란 원저작물을 번역·편곡·변형·각색·영상제작 그 밖의 방법으로 작성한 창작물을 말함.
> ※ 편집 저작물이란 편집물로서 그 소재의 선택·배열 또는 구성에 창작성이 있는 것을 말함.
> ※ 이명이란 예명·아호·약칭 등을 말함.

〈보 기〉

ㄱ. A학원 원장 甲이 학원에서 사용할 교재의 원고를 집필하고 출판한 경우, 甲은 해당 교재에 자신의 실명 또는 이명을 표시할 수 있다.
ㄴ. 저작자인 乙이 특별한 의사표시 없이 그의 이명을 표시한 문제집의 원고를 B출판사에 전달하였다면, B출판사가 문제집을 출판하면서 문제집에 乙의 실명을 표시하였더라도 B출판사가 乙의 성명표시권을 침해한 것은 아니다.
ㄷ. C학원 강사 丙이 후배 강사 丁의 동의를 얻어 丁이 집필하였으나 아직 출판하지 않은 교재의 내용 일부를 편집하여 자신이 집필한 교재에 수록하고 출판하였다면, 丁의 교재도 공표된 것으로 볼 수 있다.
ㄹ. 화가 戊가 자신이 창작하였으나 아직 공표하지 않은 그림의 저작재산권을 D미술관에 양도하였다면, 戊가 D미술관에 해당 그림의 공표를 동의한 것으로 추정할 수 있다.

① ㄱ, ㄷ
② ㄴ, ㄷ
③ ㄷ, ㄹ
④ ㄱ, ㄴ, ㄹ
⑤ ㄱ, ㄷ, ㄹ

13. 다음 글을 근거로 판단할 때, 〈보기〉에서 옳은 것만을 모두 고르면?

> 甲기업은 월요일부터 금요일까지 요일별로 주력 상품 한 가지만을 판매하는 방식으로 운영하며, 매주 다음의 방식 1~2 중 한 가지를 채택하여 운영하고 있다.
> 방식 1: 개당 제조원가가 낮은 상품을 월요일부터 순서대로 판매한다. 단, 제조원가가 같을 경우 보유량이 더 많은 상품부터 판매한다.
> 방식 2: 개당 제조원가가 높은 상품을 월요일부터 순서대로 판매한다. 단, 제조원가가 같을 경우 보유량이 더 적은 상품부터 판매한다.
>
> 〈상품별 현황〉
> 甲기업이 판매하는 상품 A~E의 제조원가와 이번 주 상품 판매 전 보유량은 다음과 같았다.

상품	A	B	C	D	E
제조원가 (만 원/개당)	50	60	80	60	40
보유량(개)	15	10	5	20	30

> 〈요일별 매출액〉
> 甲기업은 요일별 매출액에서 해당일 판매 상품의 총 제조원가를 뺀 값이 0보다 크면 수익, 0보다 작으면 손실로 그날의 매출을 마감 처리한다. 이번 주 요일별 매출액은 다음과 같았다.

요일	월	화	수	목	금
매출액(만 원)	900	500	1,500	600	2,000

〈보 기〉

ㄱ. 방식 1을 선택했을 경우 화요일에는 손실이 났을 것이다.
ㄴ. 방식 2를 선택했을 경우 수익이 난 날수가 더 많을 것이다.
ㄷ. 어느 방식을 선택했더라도 수요일에는 수익도 손실도 나지 않는다.
ㄹ. 수익이 난 날수에서 손실이 난 날수를 뺀 값은 방식 1이 방식 2보다 크다.

① ㄱ, ㄴ
② ㄱ, ㄷ
③ ㄴ, ㄷ
④ ㄴ, ㄹ
⑤ ㄷ, ㄹ

14. 다음 글을 근거로 판단할 때 옳은 것은?

> 甲은 직장인의 초과근무와 회사에 대한 만족도 간의 상관관계를 알아보기 위하여 직장인 1,000명을 대상으로 설문조사를 진행했다. 그 조사결과는 다음과 같다.
>
> ○ 설문조사지는 다음과 같이 구성된다.
>
> | 〈초과근무 시간 및 회사에 대한 만족도 평가〉 |
> |---|
> | 1. 귀하는 평균적으로 일주일에 몇 시간의 초과근무를 하십니까? |
> | a. 초과근무를 하지 않음 |
> | b. 10시간 미만 |
> | c. 10시간 이상 |
> | 2. 귀하는 현재 재직 중인 회사에 만족하십니까? |
> | a. 만족   b. 불만족 |
>
> ○ 설문조사를 진행한 직장인 1,000명 모두 설문조사의 1번과 2번 항목에 응답을 완료하였으며, 각 항목에서 무응답이나 중복응답은 없었다.
> ○ 1번 설문에서 a라고 답한 응답자는 20%였고, b라고 답한 응답자는 c라고 답한 응답자의 3배였다.
> ○ 1번 설문에서 a라고 답한 응답자의 80%가 2번 설문에서 a라고 답했고, 1번 설문에서 b 또는 c라고 답한 응답자의 40%가 2번 설문에서 a라고 답했다.
> ○ 1번 설문에서 c라고 답한 응답자의 25%가 2번 설문에서 a라고 답했다.

① 초과근무를 하는 응답자 중 일주일 평균 10시간 미만의 초과근무를 하고 회사에 만족하는 응답자는 300명을 넘는다.

② 일주일 평균 10시간 이상의 초과근무를 하고 회사에 불만족하는 응답자는 120명을 넘지 않는다.

③ 회사에 만족하는 응답자 중에서 초과근무를 하지 않는 응답자의 비율은 40%를 넘는다.

④ 회사에 만족하는 응답자보다 회사에 불만족하는 응답자가 더 많다.

⑤ 초과근무를 하는 응답자 중 일주일 평균 10시간 미만의 초과근무를 하고 회사에 만족하는 응답자가 일주일 평균 10시간 미만의 초과근무를 하고 회사에 불만족하는 응답자보다 많다.

15. 다음 글을 근거로 판단할 때 〈보기〉에서 옳은 것만을 모두 고르면?

> 甲국 교육부는 2022년 대학 혁신지원사업 대상자로 A~F 대학을 선정하여 각 대학에 40억 원의 예산을 편성하였다. 동일 대학을 대상으로 2023년 예산을 편성하기 위해 2022년 사업의 성과를 평가한 아래의 결과를 바탕으로 각 대학의 성과 점수를 매겼으며, 이때 성과 점수는 평가 항목별 점수의 평균으로 산출하였다.
>
> 〈2022년 대학 혁신지원사업 성과 평가〉
> (단위: 점)
>
> | 평가 항목
대학 | 혁신 전략의 우수성 | 재정 투자의 타당성 | 중장기 계획과의 연계성 | 성과 점수 |
> |---|---|---|---|---|
> | A | 85 | 65 | 87 | 79 |
> | B | 83 | 91 | 84 | 86 |
> | C | 74 | 85 | 84 | 81 |
> | D | 66 | 89 | 70 | 75 |
> | E | 72 | 83 | 73 | 76 |
> | F | 85 | 76 | 88 | 83 |
>
> 각 대학의 평가 항목 중 '중장기 계획과의 연계성' 점수가 성과 점수보다 높은 대학에는 2022년 예산의 115%를 2023년 예산으로 편성하고, '중장기 계획과의 연계성' 점수가 성과 점수보다 낮은 대학에는 2022년 예산의 75%를 2023년 예산으로 편성한다. 다만, A~F 대학 중 성과 점수가 높은 대학부터 순위를 나열했을 때 상위 2개 대학에는 위 기준으로 산출된 예산에서 1억 원을 증액한 금액을, 하위 2개 대학에는 1억 원을 감액한 금액을 2023년 예산으로 최종 편성한다.

〈보 기〉

ㄱ. 2023년 예산이 2022년 예산보다 낮은 대학은 3곳이다.

ㄴ. A대학에 편성하는 2023년 예산은 47억 원일 것이다.

ㄷ. A~F 대학에 편성하는 2023년 예산의 합은 2022년 예산의 합 대비 4억 원 늘어날 것이다.

ㄹ. D대학의 '중장기 계획과의 연계성' 점수가 3점 높아지더라도 D대학에 편성하는 2023년 예산은 변함없을 것이다.

① ㄱ, ㄴ

② ㄱ, ㄹ

③ ㄴ, ㄷ

④ ㄱ, ㄷ, ㄹ

⑤ ㄴ, ㄷ, ㄹ

16. 다음 글을 근거로 판단할 때, TF팀으로 차출될 수 있는 직원들의 조합으로 가능한 것은?

○ △△공단은 업무 시스템 개선방안 마련을 위해 팀장 1명과 팀원 4명으로 구성된 TF팀을 꾸리려고 한다.
○ 팀장은 겸직 인력이며, 팀원은 TF팀 업무만을 전담하는 전임 인력이다.
○ TF팀의 직원을 차출하는 기준은 다음과 같다.
  – 팀장은 과장급 직원 중에서 차출한다.
  – 팀원으로는 대리급 직원 1명 이상, 사원급 직원 2명 이상을 차출한다.
  – 한 부서에서 전임 인력으로 3명 이상을 차출하지 않는다.
  – 직원 차출 후 각 부서에는 1명 이상의 사원급 직원이 남아 있어야 한다.
  – 과장급 직원을 차출한 부서에는 대리급 직원이 남아 있어야 한다.
○ 차출 대상인 甲~丙 부서의 소속 직원은 다음과 같다.

甲부서		乙부서		丙부서	
직원	직급	직원	직급	직원	직급
A	과장	F	과장	K	과장
B	대리	G	대리	L	대리
C	사원	H	대리	M	대리
D	사원	I	사원	N	대리
E	사원	J	사원	O	사원

① A, B, E, I, L
② A, E, G, H, N
③ C, G, K, L, O
④ D, E, I, L, N
⑤ E, F, H, J, M

17. 다음 글을 근거로 판단할 때, C교수의 모국어와 전공어를 옳게 짝지은 것은?

○ 4명의 교수(A~D)는 인당 하나씩의 모국어와 전공어를 가지며 이외의 언어는 알지 못한다.
○ A~D는 서로 다른 모국어를 가진다.
○ A~D는 서로 다른 전공어를 가진다.
○ 모국어와 전공어가 같은 교수는 없다.
○ A~D의 모국어와 전공어는 한국어, 영어, 스페인어, 러시아어 중 하나이다.
○ A의 모국어는 한국어이고, D의 전공어는 영어이다.
○ B는 D와 동일한 언어로 대화가 가능하다.
○ C와 D는 스페인어를 알지 못한다.

	모국어	전공어
①	한국어	영어
②	영어	한국어
③	영어	러시아어
④	러시아어	한국어
⑤	러시아어	스페인어

18. 다음 글을 근거로 판단할 때, 〈보기〉에서 옳은 것만을 모두 고르면?

> ○ 甲이 카드를 뽑아서 숫자를 만드는 놀이를 하고 있다.
> ○ 각 카드의 앞면에는 색만 칠해져 있고, 뒷면에는 숫자만 적혀 있다.
> ○ 앞면이 빨간색, 초록색, 파란색인 카드가 각 3장씩 준비되어 있다.
> ○ 빨간색 카드의 뒷면은 0, 4, 6, 초록색 카드의 뒷면은 1, 3, 8, 파란색 카드의 뒷면은 2, 5, 7이 적혀있다.
> ○ 甲은 카드를 색깔로 한 장씩 뽑아 세 자리 수를 만든다. 세 자리 수를 만들기 위한 카드의 배치 순서는 임의로 할 수 있다. 단, 빨간색 카드의 뒷면이 0일 경우 빨간색 카드는 첫 번째 자리에 배치할 수 없다.

> ───────〈보 기〉───────
> ㄱ. 甲이 만들 수 있는 세 자리 수는 총 144개이다.
> ㄴ. 카드를 빨간색-초록색-파란색 순으로 배치 순서를 정한다면, 甲이 만들 수 있는 세 자리 수 중 4의 배수인 수는 총 6개이다.
> ㄷ. 甲이 뽑은 빨간색 카드의 숫자가 파란색 카드의 숫자보다 작고 카드를 파란색-초록색-빨간색 순으로 배치 순서를 정한다면, 甲이 만들 수 있는 세 자리 수는 총 18개이다.

① ㄱ
② ㄴ
③ ㄷ
④ ㄱ, ㄷ
⑤ ㄴ, ㄷ

19. 다음 글을 근거로 판단할 때, 화폐 개혁 이후 甲이 현재 가지고 있는 화폐로 구매 가능한 쌀 가마니 수는?

> A국의 화폐 단위는 푼, 돈, 냥, 관이었고, 甲의 한 달 봉급은 쌀 4가마니의 가치와 동일하였다. 이후 A국은 화폐가 유통되지 않는 것을 방지하고자 화폐 개혁을 시행하였다. 이에 따라 화폐 개혁 이후 1냥은 10돈의 가치를, 1관은 4돈의 가치를 가지게 되었다.
> 화폐 개혁이 시행되고 난 이후 甲의 한 달 봉급은 1관 5냥이 되었고, 甲의 한 달 봉급은 화폐 개혁 이전과 같이 쌀 4가마니의 가치와 동일하였다. 화폐 개혁 이후 쌀 1가마니를 구매하기 위해서 6돈 12푼이 필요하게 되었고, 甲은 현재 10관 6냥 35돈을 가지고 있다.

① 6가마니
② 7가마니
③ 8가마니
④ 9가마니
⑤ 10가마니

20. 다음 글을 근거로 판단할 때, ㉠의 최댓값은?

> A와 B의 사물함 비밀번호는 자신이 태어난 월과 일을 나타내는 네 자리 숫자이다. 다음은 두 사람의 사물함 비밀번호에 관한 정보이다.
>
> ○ A의 비밀번호는 두 가지 숫자로 구성되고, B의 비밀번호는 네 가지 숫자로 구성된다.
> ○ A의 비밀번호 네 자리 숫자를 모두 더한 값은 5이다.
> ○ B의 비밀번호 네 자리 숫자를 모두 더한 값은 ㉠이다.
> ○ B의 비밀번호 네 자리 숫자 중 가장 큰 숫자는 짝수이다.

① 11
② 13
③ 15
④ 17
⑤ 19

21. 다음 글과 〈상황〉을 근거로 판단할 때, 오늘 17시에 甲의 노트북에 남은 배터리의 양은?

> ○ 甲은 오늘 9시부터 17시까지 노트북을 사용했다.
> ○ 다음은 甲의 노트북에 관한 정보이다.
>   – 하는 일에 따라서 배터리 사용량이 달라지며, 하는 일에 따른 배터리 사용량은 다음과 같다. 단, 같은 일을 하는 동안에는 배터리 사용량이 일정하다.

노트북으로 하는 일	배터리 사용량
인터넷 서핑	30분에 5%
영상 시청	20분에 5%
게임	2분에 1%

>   – 충전기가 연결되면 배터리가 1분에 1%씩 충전되며, 충전량에서 사용량을 뺀 만큼 잔여 배터리가 늘어난다.
>   – 아무 일도 하지 않을 때는 절전모드로 전환되며, 절전모드에서 배터리 사용량은 10분에 1%이다.
>   – 배터리는 최대 100%까지 충전될 수 있으며, 잔여 배터리가 100%인 상태에서 충전량이 사용량보다 많은 경우에는 잔여 배터리가 100%로 유지된다.

〈상 황〉

> 다음은 甲이 오늘 9시부터 17시까지 노트북으로 한 일과 충전기 상태에 관한 정보이다. 오전 9시에 잔여 배터리는 20%였고, 9시부터 17시까지 노트북은 계속 켜져 있었다.

시간	노트북으로 한 일	충전기 상태
09:00~09:30	영상 시청	연결되지 않음
09:30~10:30	없음	연결됨
10:30~12:30	인터넷 서핑	연결되지 않음
12:30~13:30	없음	연결됨
13:30~15:30	게임	연결되지 않음
15:30~16:30	영상 시청	연결되지 않음
16:30~17:00	없음	연결됨

① 50%
② 50.5%
③ 52%
④ 52.5%
⑤ 55%

22. 다음 글을 근거로 판단할 때, 〈보기〉에서 옳은 것만을 모두 고르면?

> 甲과 乙은 돌다리를 건너기 위해 가위바위보 게임을 하려고 한다. 甲과 乙은 각자 자신 앞에 있는 돌다리를 건너게 되며 두 사람이 각자 건너야 하는 돌다리는 총 11개로, 가장 앞에 있는 돌다리부터 1번, 가장 멀리 있는 돌다리를 11번이라 부른다.
>
> ○ 가위바위보에서 이긴 사람만 앞으로 나아가고, 비길 경우에는 이동하지 않는다.
> ○ 가위로 이기는 경우 2칸, 바위로 이기는 경우 3칸, 보로 이기는 경우 5칸 앞으로 이동한다.
> ○ 마지막 가위바위보에서 11번 돌다리를 지나치는 경우 11번 돌다리와의 차이만큼 돌아온다. 즉 9번 돌다리에서 3칸을 건너야 하는 경우 11번 돌다리를 지나치므로 그 차이인 1만큼 돌아와 10번 돌다리에 서게 된다.
> ○ 11번 돌다리에 먼저 도착하는 사람이 게임에서 승리하며 그 순간 게임은 종료된다.

―――――〈보 기〉―――――
ㄱ. 게임이 종료되기 위해 필요한 최소한의 가위바위보 횟수는 3회이다.
ㄴ. 甲이 바위-가위-보 순서로 반복해서 내고 乙이 가위-바위-가위 순서를 반복해서 낸다면 乙이 게임에서 승리한다.
ㄷ. 甲이 가위-바위-보 순서를 반복해서 다섯 번의 가위바위보를 모두 이겼고, 여섯 번째는 순서를 지키지 않고 가위바위보에서 이겨 게임에서 승리하였다면 甲이 여섯 번째로 낸 것은 가위이다.

① ㄱ
② ㄷ
③ ㄱ, ㄴ
④ ㄴ, ㄷ
⑤ ㄱ, ㄴ, ㄷ

23. 다음 글을 근거로 판단할 때, 〈보기〉에서 옳은 것만을 모두 고르면?

> ○ 8명의 학생(A~H)은 3개의 조를 편성하여 여행을 가려고 한다.
> ○ 각 조는 2명 또는 3명의 조원으로 구성된다.
> ○ 조 편성 규칙은 다음과 같다.
> ― 친구 관계인 두 학생은 같은 조에 편성되어야 한다.
> ― 같은 조에 편성된 학생들은 모두 친구 관계여야 한다.
> ○ 다음은 학생들 간 인간관계에 대한 정보 중 일부이다.
> ― A와 D는 원수 관계이다.
> ― C와 E는 친구 관계이다.
> ― A와 B는 원수 관계이다.
> ― D와 F는 친구 관계이다.
> ○ 학생 A~H의 인간관계에서 원수의 원수는 친구이고, 친구의 친구도 친구이다.

―――――〈보 기〉―――――
ㄱ. B와 F는 같은 조에 편성된다.
ㄴ. H와 G가 원수 관계라면, H는 A와 친구 관계이다.
ㄷ. C와 친구 관계인 학생이 1명이라면, E와 G는 원수 관계이다.

① ㄱ
② ㄴ
③ ㄱ, ㄷ
④ ㄴ, ㄷ
⑤ ㄱ, ㄴ, ㄷ

24. 다음 글을 근거로 판단할 때, 실제 시각과 손목 시계의 시각이 일치하는 사람과 甲이 실제 도착한 시각을 옳게 짝지은 것은?

A부서 주무관 5명(甲~戊)는 오전 10시에 실시하는 안전 교육을 위해 회의실에 참석하였다. 甲~戊는 각각 자신이 차고 있는 손목 시계의 시각을 기준으로 회의실에 참석하였다. 甲~戊가 회의실에 참석한 시간에 대해 나눈 대화는 다음과 같다.

○ 甲: 나는 8분 일찍 도착했고, 乙은 10시 정각에 도착했다.

○ 乙: 나는 6분 일찍 도착했고, 丙은 나보다 2분 늦게 도착했다.

○ 丙: 나는 5분 일찍 도착했고, 丁은 나보다 1분 늦게 도착했다.

○ 丁: 나는 5분 늦게 도착했고, 戊는 나보다 2분 늦게 도착했다.

○ 戊: 나는 7분 늦게 도착했다.

戊가 도착한 후 1분이 지나 회의실에서 안전 교육이 실시되었다.

	실제 시각과 손목 시계의 시각이 일치하는 사람	甲이 실제 도착한 시각
①	甲	오전 9시 46분
②	乙	오전 9시 46분
③	乙	오전 9시 52분
④	丙	오전 9시 52분
⑤	丙	오전 9시 54분

25. 다음 글과 〈상황〉을 근거로 판단할 때 옳은 것은?

제00조 "임용"이란 신규채용, 승진임용, 전직(轉職), 전보, 겸임, 파견, 강임(降任), 휴직, 직위해제, 정직, 강등, 복직, 면직, 해임 및 파면을 말한다.

제00조 ① 대통령은 소속 장관에게 3급부터 5급까지의 공무원에 대한 임용권을 위임한다.

② 소속 장관은 고위공무원단에 속하는 공무원(이하 '고위공무원'이라 한다) 이상을 장으로 하는 소속 기관의 장에게 그 소속 기관의 4급 및 5급 공무원의 전보권과 6급 이하 공무원의 임용권을 위임할 수 있다.

③ 소속 장관과 제2항에 따라 임용권을 위임받은 사람은 위임자의 승인을 받아 4급 이상 공무원 또는 고위공무원을 장으로 하는 소속 기관의 장에게 그 소속 기관의 6급 이하 공무원의 임용권을, 5급 공무원을 장으로 하는 소속 기관의 장에게 그 소속 기관의 6급 및 7급 공무원의 전보권과 8급 이하 공무원의 임용권을 위임할 수 있다.

④ 제2항 및 제3항에도 불구하고 소속 장관은 각 기관의 장에게 그 기관의 고위공무원단에 속하지 아니하는 임기제공무원의 임용권을 위임할 수 있다.

〈상 황〉

A부의 소속 기관 중에는 B본부가 있으며, C부와 E지역본부는 B본부에 소속된 기관이다. A부 및 소속 기관에 근무하는 공무원에 대한 정보는 다음과 같다.

이름	직급	소속 및 직책
甲	장관	A부 장관
乙	1급(고위공무원)	B본부의 장
丙	2급(고위공무원)	C부의 장
丁	5급	C부의 D과 소속 사무관
戊	5급	E지역본부의 장
己	7급	E지역본부 소속 임기제공무원

※ 乙, 丙, 丁, 戊는 임기제공무원에 해당하지 않음.

① 甲은 대통령으로부터 乙에 대한 임용권을 위임받을 수 있다.

② 乙은 甲으로부터 丙에 대한 전보권을 위임받을 수 있다.

③ 乙은 甲으로부터 戊에 대한 임용권을 위임받을 수 있다.

④ 戊는 甲으로부터 己에 대한 임용권을 위임받을 수 있다.

⑤ 甲의 승인하에 丙은 乙로부터 丁에 대한 전보권을 위임받을 수 있다.

약점 보완 해설집 p.77

▌자료해석영역 ▌
2교시

응시번호

성명

실전모의고사 **4회**

문제책형 **선**

응시자 주의사항

1. **시험시작 전 시험문제를 열람하는 행위나 시험종료 후 답안을 작성하는 행위를 한 사람**은 「공무원 임용시험령」 제51조에 의거 **부정행위자**로 처리됩니다.

2. **답안지 책형 표기는 시험시작 전 감독관의 지시에 따라 문제책 앞면에 인쇄된 문제책형을 확인**한 후, 답안지 책형란에 해당 책형(1개)을 '●'로 표기하여야 합니다.

3. 시험이 시작되면 문제를 주의 깊게 읽은 후, **문항의 취지에 가장 적합한 하나의 정답만을 고르며**, 문제내용에 관한 질문은 할 수 없습니다.

4. **답안을 잘못 표기하였을 경우에는 답안지를 교체하여 작성하거나 수정할 수 있으며**, 표기한 답안을 수정할 때는 **응시자 본인이 가져온 수정테이프만을 사용**하여 해당 부분을 완전히 지우고 부착된 수정테이프가 떨어지지 않도록 손으로 눌러주어야 합니다. (**수정액 또는 수정스티커 등은 사용 불가**)

5. **시험시간 관리의 책임은 응시자 본인에게 있습니다.**
   ※ 문제책은 시험종료 후 가지고 갈 수 있습니다.

정답공개 및 해설강의 안내

1. 모바일 자동 채점 및 성적 분석 서비스
   • '약점 보완 해설집'에 회차별로 수록된 QR코드 인식 ▶ 응시 인원 대비 자신의 성적 위치 확인

2. 해설강의 수강 방법
   • 해커스PSAT 사이트(www.psat.Hackers.com) 접속 후 로그인 ▶ 우측 퀵배너 [쿠폰/수강권 등록] 클릭 ▶ '약점 보완 해설집'에 수록된 쿠폰번호 입력 후 이용

1. 다음 〈그림〉은 A사의 채용 절차별 합격률 및 불합격률에 관한 자료이다. 최종 합격자 수가 198명인 경우, 자격시험 불합격자 수는?

〈그림〉 A사의 채용 절차별 합격률 및 불합격률

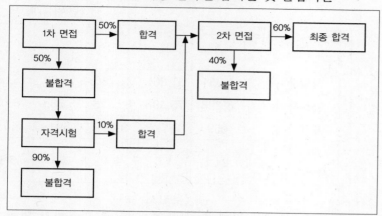

※ 가로선의 수치는 합격률(= $\dfrac{\text{해당 절차 합격자 수}}{\text{해당 절차 응시자 수}} \times 100$), 세로선의 수치는 불합격률(= $\dfrac{\text{해당 절차 불합격자 수}}{\text{해당 절차 응시자 수}} \times 100$)을 의미함.

① 90
② 130
③ 180
④ 220
⑤ 270

2. 다음 〈표〉는 2024년 3월 상위 5개 상품군의 온라인쇼핑 및 모바일쇼핑 거래액 현황에 관한 자료이다. 이에 대한 〈보기〉의 설명 중 옳은 것만을 모두 고르면?

〈표〉 2024년 3월 상위 5개 상품군의 온라인 및 모바일쇼핑 거래액 현황

(단위: 억 원, %)

구분 상품군	온라인 쇼핑	전년동월 대비 증감률	모바일 쇼핑	전년동월 대비 증감률
패션	43,071	10.0	26,382	4.9
서비스	28,513	-2.7	24,053	12.1
가전	23,081	37.9	12,477	43.8
식품	21,945	48.1	15,747	51.7
생활용품	19,488	39.6	13,423	41.4
전체	142,445	20.0	95,355	22.9

※ 증감률은 소수 둘째 자리에서 반올림한 값임.

〈보 기〉
ㄱ. 2024년 3월 식품 온라인쇼핑 거래액은 상품군 전체 온라인쇼핑 거래액의 20% 미만이다.
ㄴ. 2023년 3월 패션과 식품의 모바일쇼핑 거래액 차이는 1조 원 이상이다.
ㄷ. 2024년 3월 온라인쇼핑 거래액이 세 번째로 많은 상품군은 모바일쇼핑 거래액도 세 번째로 많다.

① ㄱ
② ㄴ
③ ㄷ
④ ㄱ, ㄴ
⑤ ㄱ, ㄴ, ㄷ

3. 다음 〈표〉는 2015~2021년 '갑'~'정' 4개국의 시간당 노동생산성에 관한 자료이다. 이에 대한 〈보기〉의 설명 중 옳은 것만을 모두 고르면?

〈표〉 2015~2021년 4개국의 시간당 노동생산성
(단위: 달러)

연도 국가	2015	2016	2017	2018	2019	2020	2021
갑	39.6	40.0	40.8	40.8	41.4	41.5	41.5
을	32.4	33.1	35.3	35.3	36.4	36.8	36.8
병	31.2	31.0	31.4	31.1	31.5	31.0	32.0
정	30.1	30.5	31.1	31.8	32.1	32.8	34.3

※ 시간당 노동생산성 = $\frac{\text{1인당 GDP}}{\text{총 노동시간}}$

〈보 기〉
ㄱ. 4개국 중 2017년 대비 2020년 시간당 노동생산성의 증가폭이 가장 큰 국가는 '정'이다.
ㄴ. 2015~2021년 동안 '갑'의 시간당 노동생산성은 '병'보다 매년 20% 이상 높다.
ㄷ. 2018년 '을'의 총 노동시간이 '정'의 0.7배라면, 2018년 1인당 GDP는 '정'이 '을'의 1.5배 이상이다.

① ㄴ
② ㄱ, ㄴ
③ ㄱ, ㄷ
④ ㄴ, ㄷ
⑤ ㄱ, ㄴ, ㄷ

4. 다음 〈표〉와 〈보고서〉는 2023년 '갑'국 A~E산업의 산업재해 현황에 관한 자료이다. 이를 근거로 판단할 때, A~E산업 중 '가' 산업에 해당하는 산업은?

〈표〉 2023년 A~E산업의 산업재해 현황
(단위: 개, 명, %)

산업 구분	A	B	C	D	E
사업장 수	1,054	11,361	11,740	1,633	15,052
근로자 수	6,326	75,496	82,773	5,289	76,033
재해자 수	959	8,712	9,124	594	5,551
재해자 중 사망자 비율	24.1	4.6	1.4	5.1	1.1

〈보고서〉
산업재해예방 정책 수립의 기초자료로 활용하기 위해 조사한 '가' 산업의 2023년 산업별 사업장 수, 근로자 수, 재해자 수, 재해자 중 사망자 비율은 다음과 같다. 먼저 '가' 산업의 사업장 1개당 근로자 수는 5명보다 많았고, 근로자 수 대비 재해자 수의 비율은 10% 이상이었다. 또한 '가' 산업의 사업장 1개당 재해자 수는 0.9명 미만이었다. 한편, '가' 산업의 사망자 수는 200명 이상으로 나타나 다른 산업에 비해 산업재해예방 정책 수립이 시급한 것으로 나타났다.

① A
② B
③ C
④ D
⑤ E

5. 다음 〈표〉는 2018~2020년 신문산업 사업체 현황에 관한 자료이다. 〈보고서〉를 작성하기 위해 〈표〉 이외에 추가로 필요한 자료만을 〈보기〉에서 모두 고르면?

〈표 1〉 신문산업별 사업체 수

(단위: 개소)

구분 연도	종이신문	일간	주간	인터넷신문	합계
2018	1,484	192	1,292	2,900	4,384
2019	1,450	231	1,219	2,796	4,246
2020	1,484	224	1,260	3,594	5,078

※ 신문산업은 종이신문 산업과 인터넷신문 산업으로만 구분됨.

〈표 2〉 일간 종이신문의 분야별 사업체 수

(단위: 개소)

분야 연도	전국종합	지역종합	경제	스포츠	외국어	기타	합계
2018	28	116	13	5	2	28	192
2019	23	125	14	7	2	60	231
2020	23	124	13	6	2	56	224

〈표 3〉 주간 종이신문의 분야별 사업체 수

(단위: 개소)

분야 연도	전국종합	지역종합	전문	합계
2018	30	553	709	1,292
2019	26	518	675	1,219
2020	33	554	673	1,260

〈보고서〉

2020년 신문산업 사업체 현황을 살펴보면 인터넷신문 사업체 수가 전체의 70% 이상을 차지하며 높은 점유율을 나타냈다. 2020년 인터넷신문 사업체 수는 3,594개소로 2019년을 제외하고는 2015년부터 매년 전년 대비 증가하고 있는 추세이다. 종이신문의 경우, 2018년부터 주간 종이신문 사업체 수가 매년 일간 종이신문 사업체 수의 5배 이상이고, 종이신문 중 주간신문을 발행하는 사업체는 전체 종이신문 사업체의 80% 이상을 차지한다.

2018년 일간 종이신문의 분야별 사업체 수를 보면, 기타를 제외한 분야에서 지역종합 일간신문의 사업체 수가 가장 많고, 전국종합 일간신문의 사업체 수가 그 다음으로 많은 것으로 나타났다. 한편 기타 일간신문의 경우 건설 분야 일간신문 사업체 수가 식품 분야 일간신문 사업체 수보다 많았다. 반면 주간 종이신문 사업체 수의 경우 2018년 이후 전문 주간신문이 매년 전체의 절반 이상을 차지하고 있으나, 사업체 수는 2018년 이후 매년 전년 대비 감소하고 있다.

〈보 기〉

ㄱ. 2014~2017년 인터넷신문 사업체 수
ㄴ. 2020년 신문산업별 사업체 수 구성비
ㄷ. 2018년 일간 종이신문 산업 내 건설 및 식품 분야 일간 신문 사업체 수
ㄹ. 2017년 주간 종이신문 산업 내 지역종합 주간신문 사업체 수
ㅁ. 2017년 주간 종이신문 산업 내 전문 주간신문 사업체 수

① ㄱ, ㄷ
② ㄴ, ㅁ
③ ㄷ, ㄹ
④ ㄱ, ㄷ, ㅁ
⑤ ㄷ, ㄹ, ㅁ

6. 다음 〈표〉는 '갑'국의 회사 1,600개를 대상으로 실시한 감염병 확산 전후 근무형태에 대한 설문조사 자료이다. 이에 대한 〈보기〉의 설명 중 옳은 것만을 모두 고르면?

〈표〉 감염병 확산 전후 근무형태

(단위: %)

확산 후 \ 확산 전	대면	혼합	비대면	계
대면	( )	4.1	1.4	( )
혼합	5.8	( )	0.5	16.3
비대면	( )	2.2	4.5	23.4
계	77.3	( )	( )	100.0

※ 근무형태는 대면, 혼합, 비대면으로 분류되며, 각 회사는 3가지 중 1가지 근무형태만을 시행함.

〈보 기〉

ㄱ. 확산 전후 근무형태에 변화가 있는 회사는 전체 조사대상 중 35% 이상에 해당한다.
ㄴ. 근무형태가 대면인 회사는 확산 전에 비해 확산 후 20% 이상 감소하였다.
ㄷ. 확산 전 근무형태가 대면이었던 회사가 확산 후 비대면으로 변화한 회사는 250개 이상이다.
ㄹ. 확산 후 근무형태가 대면인 회사는 확산 전 근무형태가 혼합이던 회사보다 4배 이상 많다.

① ㄱ, ㄴ
② ㄱ, ㄷ
③ ㄴ, ㄷ
④ ㄴ, ㄹ
⑤ ㄷ, ㄹ

7. 다음 〈그림〉과 〈표〉는 '갑'국의 2019~2023년 농가소득 현황에 관한 자료이다. 이에 대한 〈보기〉의 설명 중 옳은 것만을 모두 고르면?

〈그림〉 2019~2023년 소득 종류별 농가소득

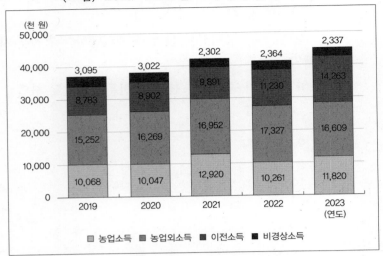

※ 농가소득 = 농업소득 + 농업외소득 + 이전소득 + 비경상소득

〈표〉 2019~2023년 농가소득의 세부항목별 현황
(단위: 천 원)

항목	연도	2019	2020	2021	2022	2023
농업소득	농업총수입	31,278	30,580	35,757	34,436	36,032
	농업경영비	21,210	20,533	22,837	24,175	24,212
농업외소득	겸업소득	3,855	4,406	5,398	5,828	4,930
	사업외소득	11,397	11,863	11,554	11,499	11,679
이전소득	공적보조금	8,138	8,237	9,262	10,569	13,554
	사적보조금	645	665	( )	( )	709
비경상소득		3,095	3,022	2,302	2,364	2,337

※ 1) 농업소득 = 농업총수입 - 농업경영비
2) 농업외소득 = 겸업소득 + 사업외소득
3) 이전소득 = 공적보조금 + 사적보조금
4) 농업소득률(%) = $\frac{농업소득}{농업총수입} \times 100$

〈보 기〉

ㄱ. 2019년 대비 2023년 농가소득은 15% 이상 증가하였다.
ㄴ. 농업소득률은 2020년보다 2022년이 높다.
ㄷ. 2019~2023년 동안 사적보조금은 매년 증가하였다.
ㄹ. 2021~2023년 동안 농업외소득 대비 이전소득의 비율은 매년 증가하였다.

① ㄱ, ㄴ
② ㄱ, ㄷ
③ ㄱ, ㄹ
④ ㄴ, ㄷ
⑤ ㄴ, ㄹ

8. 다음 〈그림〉은 신용카드사 A~G의 조정총자산 및 조정자기자본에 관한 자료이다. 이에 대한 〈보기〉의 설명 중 옳은 것만을 모두 고르면?

〈그림〉 신용카드사 A~G의 조정총자산 및 조정자기자본

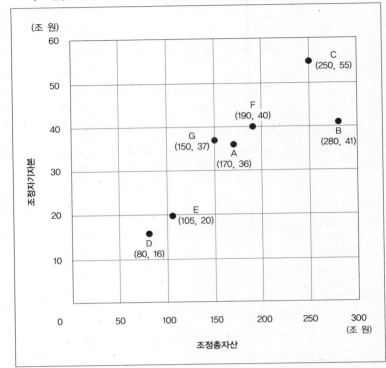

※ 1) 괄호 안의 값은 각 신용카드사의 (조정총자산, 조정자기자본)을 나타내며, 7개 신용카드사의 평균은 (175, 35)임.
2) 조정자기자본 비율(%) = $\frac{조정자기자본}{조정총자산} \times 100$

〈보 기〉

ㄱ. 신용카드사 A~G 중 7개 신용카드사 평균보다 조정총자산은 적고 조정자기자본은 많은 신용카드사는 2개이다.
ㄴ. 조정총자산 상위 2개 신용카드사의 조정총자산 합은 조정총자산 하위 2개 신용카드사의 조정총자산 합의 2.5배 이상이다.
ㄷ. 조정총자산이 150조 원 이상인 신용카드사는 모두 조정자기자본 비율이 20% 이상이다.
ㄹ. 조정자기자본 비율은 C가 E보다 10% 이상 높다.

① ㄱ, ㄷ
② ㄴ, ㄹ
③ ㄷ, ㄹ
④ ㄱ, ㄴ, ㄷ
⑤ ㄱ, ㄴ, ㄹ

9. 다음 〈표〉는 2014~2018년 전문의약품 및 일반의약품 공급 현황에 대한 자료이다. 〈표〉와 〈조건〉에 근거하여 A~C에 해당하는 값을 바르게 나열한 것은?

〈표〉 2014~2018년 전문의약품 및 일반의약품 공급 현황
(단위: 개, 십억 원)

구분		요양기관			요양기관 외		
		전문의약품	일반의약품	소계	전문의약품	일반의약품	소계
2014년	품목 수	16,238	8,386	24,624	16,415	8,123	24,538
	공급금액	17,944	2,574	20,518	25,603	2,857	28,460
2015년	품목 수	(A)	8,040	( )	17,140	7,605	24,745
	공급금액	18,948	2,667	21,615	27,871	2,962	30,833
2016년	품목 수	17,915	7,978	25,893	17,779	7,429	25,208
	공급금액	20,909	2,783	23,692	30,356	3,054	33,410
2017년	품목 수	18,705	7,781	26,486	18,400	7,200	25,600
	공급금액	22,089	2,968	25,057	31,743	( )	34,951
2018년	품목 수	19,170	(B)	( )	18,927	7,069	25,996
	공급금액	24,035	3,139	27,174	35,030	( )	(C)

〈조 건〉
o 2015년 요양기관의 전문의약품 품목 수 대비 공급금액은 전년 대비 감소하였다.
o 2015~2018년 동안 요양기관 외의 일반의약품 공급금액은 매년 증가하였다.
o 2018년 요양기관 외의 전문의약품과 일반의약품 공급금액의 합은 2014년 대비 40% 미만 증가하였다.
o 2014~2018년 동안 요양기관의 일반의약품 품목 수는 매년 감소하였지만 전문의약품과 일반의약품의 품목 수 합은 매년 증가하였다.

	A	B	C
①	16,848	7,175	37,616
②	16,848	7,576	40,122
③	17,203	7,175	38,379
④	17,203	7,576	40,122
⑤	17,203	7,576	38,379

10. 다음 〈표〉는 지원자 A~D가 참가한 대회의 심사위원 '갑'~'무'가 부여한 평가 점수에 관한 자료이다. 〈표〉와 〈조건〉에 근거한 〈보기〉의 설명 중 옳은 것만을 모두 고르면?

〈표〉 심사위원 '갑'~'무'가 부여한 지원자 A~D의 평가 점수
(단위: 점)

심사위원 / 지원자	갑	을	병	정	무
A	( )	80	90	70	100
B	70	90	80	100	80
C	80	( )	60	60	70
D	100	70	( )	90	60

〈조 건〉
o 심사위원은 60점부터 100점까지 10점 단위로 평가 점수를 부여함.
o 모든 심사위원은 각 지원자에게 서로 다른 점수를 부여함.
o 지원자 A의 평가 점수 중 최고점과 최하점을 제외한 점수의 합은 240점임.
o 지원자 C의 평가 점수 중앙값은 지원자 D의 중앙값과 같고, 지원자 B의 중앙값보다 낮음.
※ 중앙값은 주어진 값들을 크기순으로 배열했을 때 한가운데 위치하는 값을 의미함. 예를 들어 2, 3, 4, 5, 5의 중앙값은 4임.

〈보 기〉
ㄱ. 평가 점수의 총합이 가장 높은 지원자는 B이다.
ㄴ. 지원자 C의 평가 점수 중앙값은 70점이다.
ㄷ. 심사위원 '을'은 지원자 중 D에게 가장 낮은 점수를 부여하였다.
ㄹ. 지원자 D에 대한 심사위원 '병'의 평가 점수는 '갑'의 평가 점수와 같다.

① ㄱ, ㄴ
② ㄴ, ㄹ
③ ㄷ, ㄹ
④ ㄱ, ㄴ, ㄷ
⑤ ㄴ, ㄷ, ㄹ

11. 다음 〈표〉와 〈조건〉은 영상 콘텐츠 제공 업체 A~D의 2023년 12월 기준 이용 요금과 이용 방법이고 〈보고서〉는 영상 콘텐츠 제공 업체 이용 요금 변경 이력에 관한 자료이다. 〈보고서〉에서 (다)에 해당하는 값은?

〈표〉 영상 콘텐츠 제공 업체의 2023년 12월 기준 이용 요금제

(단위: 원)

구분＼업체	A	B	C	D
가입비	20,000	15,000	9,200	7,000
인원당 이용료	5,500	6,500	6,800	7,200

──────〈조 건〉──────

○ 이용 요금 = 가입비 + 인원당 이용료 × 이용 인원

○ 영상 콘텐츠 제공 업체의 이용자는 하나의 계정을 공유하여 함께 이용할 인원을 미리 결정하고 업체 A~D의 이용 요금을 산정한다.

○ 하나의 계정을 공유하여 함께 이용하는 인원 수는 업체 A~D 모두 제한이 없다.

──────〈보고서〉──────

　2023년 12월 기준 이용 요금제에 따르면 하나의 계정을 공유하여 함께 이용하는 인원이 몇 명이더라도 업체 (가) 의 이용 요금이 업체 A~D 중 가장 저렴한 이용 요금을 제공하지 못하는 것으로 나타났다. 이에 자사의 이용률이 다른 업체에 비해 현저히 낮음을 확인한 업체 (가) 는 2024년 1월부터 이용 인원 1명에 대한 인원당 이용료를 면제하는 것으로 이용 요금제를 변경하였으며, 이에 따라 2024년 1월부터 이용 인원이 1명인 경우 가입비만, 2명이 이용할 경우 가입비와 1인에 대한 인원당 이용료만 산정하는 방식으로 업체 (가) 의 영상 콘텐츠 제공 서비스를 이용할 수 있게 되었다.

　업체 (나) 가 2024년 1월부터 변경될 업체 (가) 의 이용 요금제 정보를 사전 입수하여 해당 이용 요금제를 적용한 업체 (가) 의 이용 요금을 계산해본 결과, 하나의 계정을 공유하여 함께 이용하는 인원이 몇 명이더라도 자사의 이용 요금이 업체 A~D 중 가장 저렴한 이용 요금을 제공하지 못하는 것을 확인하였다. 이에 업체 (나) 는 2024년 1월부터 인원당 이용료를 200원 인하하는 것으로 이용 요금제를 변경하였다.

　그 결과 하나의 계정을 공유하여 함께 이용하는 인원이 5명일 때, 2024년 1월 기준 이용 요금제로 산정된 업체 (가) 와 (나) 의 영상 콘텐츠 제공 서비스 이용 요금 차이는 (다) 원이다.

① 1,200
② 1,300
③ 1,400
④ 1,500
⑤ 1,600

12. 다음 〈표〉는 2024년 4월 1일 A~D축구단의 경기장 입장 수입에 대한 자료이다. 이에 대한 〈보기〉의 설명 중 옳은 것만을 모두 고르면?

〈표〉 2024년 4월 1일 A~D축구단의 경기장 입장 수입

(단위: 명, 천 원)

구분＼구단	수용인원	입장 인원	입장 수입
A	68,700	17,000	204,000
B	43,900	8,800	123,200
C	42,400	13,900	104,250
D	12,400	10,700	117,700

※ 1) 입장 수입 = 입장 인원 × 입장료

　2) 좌석 점유율(%) = $\frac{입장 인원}{수용 인원}$ × 100

　3) 구단별 입장료는 연중 동일함.

──────〈보 기〉──────

ㄱ. 좌석 점유율은 A구단이 B구단보다 높다.

ㄴ. 입장료가 가장 높은 구단은 A구단이다.

ㄷ. 입장료가 낮은 구단일수록 입장 수입이 낮다.

ㄹ. 3월 31일 C구단의 좌석 점유율이 80%였다면, C구단의 입장 수입은 3월 31일이 4월 1일의 2배 이상이다.

① ㄱ, ㄴ
② ㄱ, ㄹ
③ ㄴ, ㄷ
④ ㄴ, ㄹ
⑤ ㄷ, ㄹ

13. 다음 〈보고서〉는 '갑'국의 자동차 등록대수 및 친환경차 등록
대수 현황에 관한 자료이다. 〈보고서〉의 내용과 부합하지 않는
자료는?

〈보고서〉

'갑'국의 전체 자동차 누적등록대수가 2018년 이후 매년 증
가하는 가운데 2022년 1분기에는 25,000천 대를 웃돌았다.
한편 사회 각 영역에서 '친환경'이 중요하게 인식되는 만큼
전기차, 수소차, 하이브리드차 등의 친환경차에 대한 니즈
도 변화하고 있다.

자동차 누적등록대수를 사용연료별로 살펴보면, 2022년 2
분기 기준 자동차 누적등록대수는 친환경차가 전분기 대비
8.5% 증가하고, 경유차와 LPG차가 각각 0.5%씩 감소한 것
으로 나타났다. 또한 친환경차 중 하이브리드차의 누적등록
대수는 1,000천 대 이상으로 가장 많았으며, 전기차, 수소
차, 하이브리드차 모두 2020년 기준 누적등록대수의 2배 이
상이었다.

최근 친환경차 중 전기차의 원산지별 신규등록대수를 살펴
보면 수입차보다 국산차의 인기를 실감할 수 있다. 전년 동
분기 대비 2022년 2분기 전기차의 신규등록대수는 15천 대
이상 증가한 반면, 이 중 수입차의 신규등록대수는 오히려 감
소하였다. 2022년 1~6월의 원산지별 전기차 신규등록대수
점유율에서도 국산차의 점유율은 최소 68.2%로 수입차보다
매년 높게 나타났다.

① 전체 자동차 누적등록대수

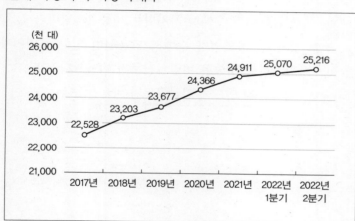

② 분기별 전기차 신규등록대수

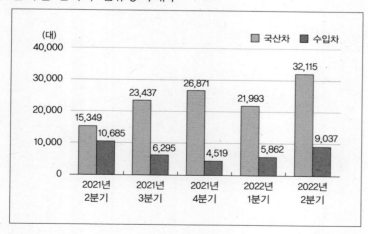

③ 친환경차 누적등록대수

(단위: 대)

구분 사용 연료	2017년	2018년	2019년	2020년	2021년	2022년 2분기
친환경차	339,134	461,733	601,048	820,329	1,159,087	1,364,489
전기차	25,108	55,756	89,918	134,962	231,443	298,633
수소차	170	893	5,083	10,906	19,404	24,119
하이브리드차	313,856	405,084	506,047	674,461	908,240	1,041,737

④ 2022년 1~6월 전기차 신규등록대수의 원산지별 점유율

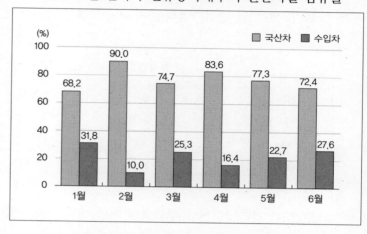

⑤ 2022년 1분기 대비 2분기 자동차 사용연료별 누적등록대수
증가율

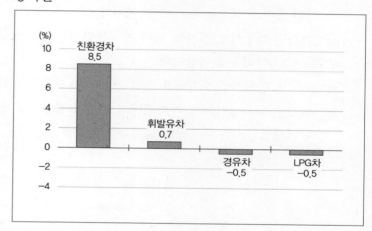

14. 다음 〈표〉는 A산업에 종사하는 기업의 유형자산 투자 현황에 관한 자료이다. 이에 대한 설명으로 옳지 않은 것은?

〈표 1〉 2021~2022년 경영조직별 유형자산 투자 현황

(단위: 십억 원, %)

경영조직	연도 구분	2021		2022	
		투자액	투자비율	투자액	투자비율
개인		2,493	2.2	2,254	2.2
법인	회사법인	112,439	97.5	98,636	97.3
	기타법인	356	0.3	481	0.5
전체		115,288	100.0	101,371	100.0

〈표 2〉 2022년 법인기업의 종사자 규모별 유형자산 투자액

(단위: 십억 원)

경영조직 종사자 규모	회사법인	기타법인
10~49명	15,490	248
50~199명	14,948	102
200~499명	10,236	101
500명 이상	57,962	30
계	98,636	481

① 2022년 기타법인기업 투자액의 전년 대비 증감률은 회사법인기업 투자액의 전년 대비 증감률의 2배 이상이다.

② 2022년 기타법인기업 투자액이 회사법인 투자액의 1.5% 이상인 종사자 규모는 '10~49명'뿐이다.

③ 2022년 개인기업 투자액 대비 기타법인기업 투자액의 비율은 전년 대비 2배 이상이다.

④ 2022년 법인기업 투자액은 전년 대비 10% 이상 감소하였다.

⑤ 2022년 회사법인기업 투자액에서 종사자 규모 200명 이상의 회사법인기업 투자액이 차지하는 비중은 65% 이상이다.

15. 다음 〈표〉는 '갑'국 종사상지위별 근로자 현황에 관한 자료이다. 이에 대한 〈보기〉의 설명 중 옳은 것만을 모두 고르면?

〈표〉 '갑'국 종사상지위별 근로자 현황

(단위: 천 명)

종사상지위	연도	2005	2010	2015	2020
취업자		22,832	24,032	26,177	26,905
비임금근로자		7,645	6,921	6,775	6,573
자영업자		6,142	5,642	5,622	5,531
고용원이 있는 자영업자		1,656	1,515	1,609	1,372
고용원이 없는 자영업자		4,486	4,127	4,013	4,159
무급가족종사자		1,503	1,279	1,153	1,042
임금근로자		15,187	17,111	19,402	20,332
상용근로자		7,923	10,178	12,716	14,521
임시근로자		5,059	5,107	5,114	4,483
일용근로자		2,205	1,826	1,572	1,328

※ 1) 취업자 수=비임금근로자 수+임금근로자 수

2) 비임금근로자 비율(%)$=\frac{비임금근로자\ 수}{취업자\ 수} \times 100$

3) 임금근로자 비율(%)$=\frac{임금근로자\ 수}{취업자\ 수} \times 100$

──── 〈보 기〉 ────

ㄱ. 2005년 대비 2020년 취업자 수의 증가율은 20% 미만이다.

ㄴ. 제시된 연도 동안 임시근로자 수와 일용근로자 수의 합이 임금근로자 수에서 차지하는 비중은 5년마다 감소한다.

ㄷ. 2015년 자영업자 수에서 고용원이 있는 자영업자 수가 차지하는 비중은 비임금근로자 비율보다 작다.

ㄹ. 제시된 각 연도의 임금근로자 비율은 모두 70% 이상이다.

① ㄱ, ㄴ

② ㄱ, ㄷ

③ ㄷ, ㄹ

④ ㄱ, ㄴ, ㄹ

⑤ ㄴ, ㄷ, ㄹ

16. 다음 〈표〉는 2019년 공무원 직급별 직무 만족도 조사결과에 대한 자료이다. 〈표〉와 〈조건〉을 근거로 A~D에 해당하는 직급을 바르게 나열한 것은?

〈표〉 공무원 직급별 직무 만족도 조사결과

(단위: 명)

직급 ＼ 구분	그렇지 않다	보통이다	그렇다	전체
A	6	55	163	224
B	180	412	401	993
C	34	216	407	657
D	232	913	1,092	2,237

※ 공무원의 직급은 1~4급, 5급, 6~7급, 8~9급으로 분류함.

〈조 건〉

○ 6~7급의 전체 조사결과 중 '보통이다'에 응답한 공무원의 비중은 8~9급의 전체 조사결과 중 '보통이다'에 응답한 공무원의 비중보다 크다.

○ '그렇지 않다'에 응답한 공무원 수는 8~9급이 5급보다 많다.

○ 직급별 전체 조사결과 중 '그렇다'에 응답한 공무원의 비중은 1~4급이 가장 크다.

○ '그렇다'에 응답한 공무원 수 대비 '그렇지 않다'에 응답한 공무원 수의 비는 5급이 8~9급보다 낮다.

	A	B	C	D
①	1~4급	8~9급	5급	6~7급
②	1~4급	6~7급	5급	8~9급
③	1~4급	8~9급	6~7급	5급
④	5급	8~9급	1~4급	6~7급
⑤	6~7급	5급	8~9급	1~4급

17. 다음 〈표〉는 2023년 국가 A~E의 사교육 현황에 관한 자료이다. 이를 근거로 판단할 때, 국가 A~E 중 전체 학생 1인당 연평균 사교육비가 가장 큰 국가는?

〈표〉 2023년 국가 A~E의 사교육 현황

(단위: 백만 달러, 천 명, %)

국가 ＼ 구분	사교육비 총액	사교육 참여학생 수	사교육 참여율
A	238,198	454,950	82.7
B	37,630	90,466	68.1
C	117,492	227,927	79.6
D	180,106	241,003	83.0
E	374,936	301,897	41.5

※ 1) 사교육 참여율(%) = $\dfrac{\text{사교육 참여 학생 수}}{\text{전체 학생 수}} \times 100$

　 2) 전체 학생 1인당 연평균 사교육비 = $\dfrac{\text{사교육비 총액}}{\text{전체 학생 수}}$

① A
② B
③ C
④ D
⑤ E

18. 다음 〈표〉와 〈그림〉은 반응속도 실험에 참여한 30명을 대상으로 실험 회차별 참여자들의 반응속도를 등급으로 평가한 자료이다. 이에 대한 〈보기〉의 설명 중 옳은 것만을 모두 고르면?

〈표〉 실험 회차별, 등급별 인원

(단위: 원)

회차 등급	1	2	3	4	5
A	0	0	2	5	11
B	6	12	10	11	10
C	10	8	11	10	9
D	14	10	7	4	0

※ 1) 반응속도 등급은 가장 높은 A부터 가장 낮은 D까지 A~D로 구분됨.
　　2) 실험 회차가 늘어남에 따라 등급이 하락하는 참여자는 존재하지 않음.

〈그림〉 실험 회차별 등급 상승 인원

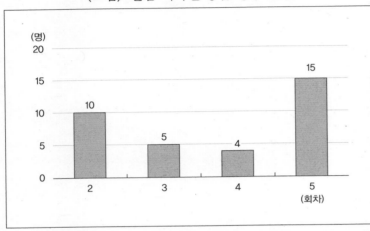

※ n회차 등급 상승 인원은 직전 회차(n-1) 대비 등급의 상승 인원을 의미함.

─〈보 기〉─

ㄱ. 실험 4회차부터 전체 인원수에서 A등급과 B등급 인원의 합은 차지하는 비중이 C등급과 D등급 인원의 합이 차지하는 비중보다 높다.

ㄴ. 실험 2회차에 B등급으로 상승한 인원수는 C등급으로 상승한 인원수의 2배 이상이다.

ㄷ. 실험 3회차의 등급 상승 인원수 중 D등급에서 등급이 상승한 인원이 차지하는 비중은 60% 이상이다.

ㄹ. 실험 5회차의 등급 상승 인원수 중 B등급에서 A등급으로 상승한 인원수가 D등급에서 C등급으로 상승한 인원수의 1.5배라면, 직전 회차 C등급에서 실험 5회차에 B등급으로 상승한 인원수는 5명 미만이다.

① ㄱ, ㄷ
② ㄱ, ㄹ
③ ㄴ, ㄷ
④ ㄱ, ㄴ, ㄹ
⑤ ㄴ, ㄷ, ㄹ

19. 다음 〈표〉는 2022년과 2023년 주요 7개 도시의 토지 필지수 및 가액 현황에 대한 자료이다. 이를 근거로 작성한 〈보고서〉의 설명 중 옳은 것만을 모두 고르면?

〈표 1〉 주요 7개 도시의 토지 필지수 및 가액 현황

(단위: 천 필지, 십억 원)

연도 도시　구분	2022		2023	
	필지수	가액	필지수	가액
전국	39,192	5,628,603	39,367	6,207,529
서울	935	1,791,158	922	2,008,916
부산	724	285,926	721	317,969
대구	606	179,056	605	200,298
인천	664	294,089	668	319,017
광주	394	81,273	393	91,600
대전	292	90,748	292	101,139
울산	502	98,753	502	107,440

〈표 2〉 서울의 토지 소유구분별 필지수 및 가액 현황

(단위: 천 필지, 십억 원)

연도 소유구분　구분	2022		2023	
	필지수	가액	필지수	가액
합계	935	1,791,158	922	2,008,916
민유지	644	1,001,673	634	1,119,951
국유지	62	108,214	61	127,225
도유지	57	183,036	57	203,768
군유지	73	75,246	74	86,969
법인	86	393,445	83	438,007
비법인	9	22,329	9	24,943
기타	4	7,215	4	8,053

─〈보고서〉─

2023년 주요 7개 도시의 토지 필지수 및 가액 현황을 살펴보면, ㉠ 주요 7개 도시 중 2023년 토지 필지수가 전국 토지 필지수에서 차지하는 비중이 1.5% 미만인 도시는 3개였다. 2023년 주요 7개 도시의 토지 가액은 모두 전년 대비 증가하였으며, ㉡ 2023년 토지 가액이 2022년의 1.1배 미만인 도시는 인천뿐이었다.

2023년 서울의 토지 소유구분별 필지수 및 가액 현황을 살펴보면, ㉢ 2023년 서울의 토지 소유구분별 1필지당 토지 가액이 각각 전년 대비 증가하였다. 서울의 '민유지' 필지수는 2022년과 2023년 모두 서울 토지 필지수의 60% 이상이었으며, ㉣ 2022년 대비 2023년 서울 '민유지'의 토지 가액 증가분은 '민유지'를 제외한 토지의 가액 증가분보다 컸다.

① ㄱ, ㄴ
② ㄱ, ㄷ
③ ㄴ, ㄹ
④ ㄱ, ㄷ, ㄹ
⑤ ㄴ, ㄷ, ㄹ

20. 다음 〈표〉는 A와 B의 야구 타율에 대한 자료이다. 〈표〉와 〈조건〉을 근거로 1~5라운드의 배팅 연습을 실시한 후 A의 총 성공 타수의 최솟값과 B의 총 성공 타수의 최댓값의 합은?

〈표〉A와 B의 라운드별 야구 타율

(단위: %)

구분＼라운드	1	2	3	4	5
A	40.0	80.0	57.1	66.7	83.3
B	60.0	80.0	71.4	83.3	66.7

※ 1) 타율은 공을 배트에 맞춘 모든 경우를 포함하여 산정하되, 성공 타수는 배트에 맞춘 공이 앞으로 날아간 경우만 산정함.
　2) 타율은 소수 둘째 자리에서 반올림한 값임.

─〈조 건〉─
○ 배팅 연습은 1, 2 라운드에는 각각 5회, 3라운드에는 7회, 4, 5라운드에는 각각 6회를 실시한다.
○ A와 B 모두 1~5라운드 동안 성공 타수의 최솟값은 1, 최댓값은 5이다.
○ A의 4라운드 성공 타수는 4회, B의 3라운드 성공 타수는 3회이다.
○ 개인별로 1회만 성공 타수를 기록한 라운드는 2개 이하이다.

① 26
② 29
③ 30
④ 35
⑤ 38

21. 다음 〈표〉는 '갑' 온라인 쇼핑몰에서 판매하는 상품 A~E의 가격, 등록일, 리뷰 현황에 관한 자료이다. 〈정렬 기준〉에 근거하여 상품 A~E를 정렬했을 때 상품 목록 상단부터 노출 순서가 첫 번째인 상품과 세 번째인 상품을 바르게 나열한 것은?

〈표〉 상품 A~E의 가격, 등록일, 리뷰 현황

(단위: 원, 개)

구분＼상품	가격	등록일	리뷰 평점별 개수					
			총계	1점	2점	3점	4점	5점
A	40,300	21.11.05	30	2	0	1	5	22
B	40,800	22.03.06	20	0	0	0	10	10
C	38,900	22.03.15	8	0	0	0	1	7
D	36,000	21.04.30	50	0	0	7	36	7
E	40,800	22.05.10	50	0	0	5	15	30

─〈정렬 기준〉─
○ 평균평점이 높은 상품일수록 상품 목록의 높은 위치에 노출됨.
○ 평균평점이 같은 상품이면 가격이 낮은 상품일수록 상품 목록의 높은 위치에 노출됨.
○ 평균평점과 가격이 같은 상품이면 등록일이 최신인 상품일수록 상품 목록의 높은 위치에 노출됨.
○ 평균평점은 각 상품의 평점 총점을 리뷰 총계로 나눈 값이고, 평점 총점은 각 평점에 리뷰 개수를 곱한 값들의 총합임.
○ 다른 기준과 무관하게 리뷰 총계가 20개 이상인 상품이 20개 미만인 상품보다 상품 목록의 높은 위치에 노출됨.

	첫 번째	세 번째
①	A	B
②	A	D
③	C	E
④	D	A
⑤	D	C

[22~23] 다음 〈표〉는 2017~2020년 '갑'국의 산업별 취업자 현황에 관한 자료이다. 다음 물음에 답하시오.

〈표〉 '갑'국 산업별 취업자 현황

(단위: 명)

연도 구분	2017	2018	2019	2020
농림어업	1,340	1,394	1,406	1,479
여성	539	577	566	594
제조업	4,542	4,473	3,658	4,377
여성	1,336	1,290	1,280	1,229
도·소매업	3,795	3,735	2,288	3,536
여성	1,757	1,720	1,676	1,621
숙박·음식점업	2,274	2,247	2,288	2,077
여성	1,408	1,417	1,437	1,270
보건업	1,920	2,063	2,190	2,267
여성	1,603	1,658	1,793	1,853
전체	13,871	13,912	11,830	13,736
여성	6,643	6,662	6,752	6,570

※ 산업별 취업자 수＝여성 취업자 수＋남성 취업자 수

22. 위 〈표〉를 이용하여 작성한 그래프로 옳지 않은 것은?

① 2017~2020년 전체 취업자 수 중 남성 취업자 수

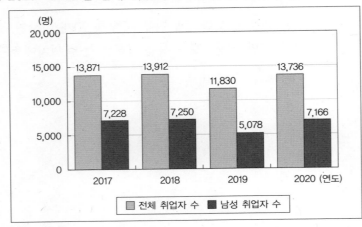

② 2018~2020년 '갑'국 전체 및 여성 취업자 수 전년 대비 증감률

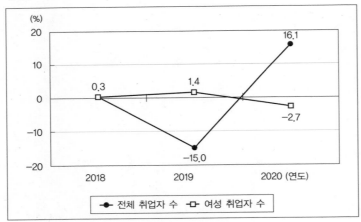

③ 2020년 산업별 취업자 수 구성비

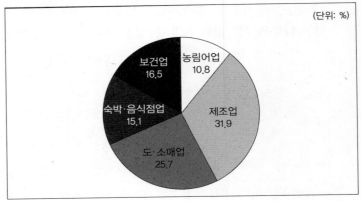

④ 2017~2020년 성별 농림어업 취업자 수

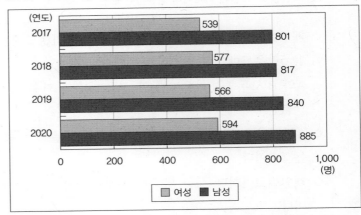

⑤ 2017~2020년 전체 취업자 수에서 제조업 취업자 수가 차지하는 비중

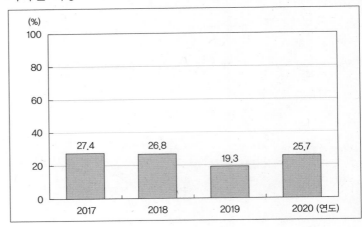

23. 위 〈표〉에 대한 〈보기〉의 설명 중 옳은 것만을 모두 고르면?

〈보 기〉

ㄱ. 농림어업 취업자 수 대비 제조업 취업자 수는 2017년이 2019년보다 더 크다.

ㄴ. 2020년 숙박·음식점업 취업자 수에서 남성 취업자 수가 차지하는 비중은 40% 이상이다.

ㄷ. 2018~2020년 동안 보건업 여성 취업자 수는 매년 증가한다.

ㄹ. 2017~2020년 동안 도·소매업 취업자 수가 가장 적은 해는 도·소매업 여성 취업자 수도 가장 적다.

① ㄱ, ㄴ　　　　　　② ㄱ, ㄷ

③ ㄴ, ㄹ　　　　　　④ ㄱ, ㄴ, ㄷ

⑤ ㄱ, ㄷ, ㄹ

24. 다음 〈표〉는 2016~2021년 '갑'국의 의약품 생산현황에 관한 자료이다. 〈표〉와 〈조건〉을 근거로 A와 B에 해당하는 값을 바르게 나열한 것은?

〈표〉 의약품 생산현황

(단위: 개, 백만 달러)

연도\구분	2016	2017	2018	2019	2020	2021
생산품목 수	26,400	26,320	26,280	28,400	30,000	28,000
생산액	( )	( )	(A)	(B)	( )	22,400
전년 대비 증감액	1,500	0	( )	( )	( )	( )

─〈조 건〉─

○ 2018년과 2019년 생산액의 전년 대비 증감액이 같다.

○ 2016년과 2020년의 생산액이 같다.

○ 2020년과 2021년의 생산품목 1개당 생산액이 같다.

○ 2018년 생산액의 전년 대비 증감액은 2016년의 1.2배이다.

	A	B
①	25,500	27,100
②	25,500	27,300
③	25,800	25,800
④	25,800	26,600
⑤	25,800	27,600

25. 다음 〈표〉는 2023년 10월 기준 '갑'국 A지역 검사지점 및 A~H지역의 수돗물 수질현황에 관한 자료이다. 이에 대한 설명으로 옳지 않은 것은?

〈표 1〉 A~H지역의 수돗물 수질현황 및 먹는물 수질기준

검사항목\지역	잔류염소 (mg/L)	탁도 (NTU)	일반세균 (CFU/㎖)	pH	총대장균군	대장균
A	4.10	0.58	64	7.2	불검출	불검출
B	0.29	0.15	0	7.0	불검출	불검출
C	2.51	1.33	10	7.6	불검출	불검출
D	2.98	0.20	0	6.8	불검출	불검출
E	0.26	0.13	0	7.1	불검출	불검출
F	3.47	0.29	86	7.5	불검출	불검출
G	3.20	0.40	0	6.7	검출	불검출
H	3.85	0.47	107	7.9	불검출	불검출
먹는물 수질기준	4.0 이하	0.5 이하	100 이하	5.8 이상 8.5 이하	불검출	불검출

※ 1) A지역의 각 검사항목 수치는 A지역 검사지점별 수치의 산술평균값으로 산출되나, 총대장균군과 대장균의 경우에는 모든 검사지점에서 불검출일 경우에만 A지역에서 불검출인 것으로 표기함.
2) 수돗물 수질검사에서 검사항목별 '먹는물 수질기준'을 모두 충족하는 수돗물만 '먹는물 수질기준'에 적합하다고 판정함.

〈표 2〉 A지역 검사지점별 수돗물 수질현황

검사항목\검사지점	잔류염소 (mg/L)	탁도 (NTU)	일반세균 (CFU/㎖)	pH	총대장균군	대장균
가	3.55	0.54	50	7.0	불검출	불검출
나	5.10	0.80	4	7.2	불검출	불검출
다	2.95	0.51	( )	7.1	불검출	불검출
라	4.80	0.47	104	7.5	불검출	불검출

※ A지역의 검사지점은 '가'~'라'만 존재함.

① A~H지역 수돗물의 pH는 모두 '먹는물 수질기준'을 충족한다.

② A~H지역 중 수돗물이 '먹는물 수질기준'에 적합하지 않은 지역은 4개이다.

③ A지역 '다' 검사지점 수돗물의 일반세균은 100CFU/㎖ 미만이다.

④ A지역 '나' 검사지점 수돗물의 잔류염소와 탁도가 각각 10%씩 낮아지면 A지역 수돗물의 '먹는물 수질기준'에 대한 적합 판정 여부가 달라진다.

⑤ A~H지역의 수돗물이 모두 잔류염소가 10%씩 높아지더라도 '먹는물 수질기준'에 적합하다고 판정되는 지역이 달라지지 않는다.

2024 해커스PSAT 7급 PSAT FINAL 봉투모의고사 (4회)

컴퓨터용 흑색사인펜만 사용

책형
(설) (별)

[필적감정용 기재]
*아래 예시문을 옮겨 적으시오
본인은 OOO(응시자성명)임을 확인함

기 재 란

성 명	
자필성명	본인 성명 기재
시험장소	

감독관 확인란
(성명 또는 기재용 기재란)

결시자 확인 사용

생년월일

⓪①②③④⑤⑥⑦⑧⑨	⓪①②③	⓪①②③④⑤⑥⑦⑧⑨	④⑤⑥⑦⑧⑨

응시번호

⓪①②③④⑤⑥⑦⑧⑨	⓪①②③④⑤⑥⑦⑧⑨	⓪①②③④⑤⑥⑦⑧⑨	⓪①②③④⑤⑥⑦⑧⑨	⓪①②③④⑤⑥⑦⑧⑨	⓪①②③④⑤⑥⑦⑧⑨	⑤⑥⑦

언어논리(1~10번)

1	① ② ③ ④ ⑤
2	① ② ③ ④ ⑤
3	① ② ③ ④ ⑤
4	① ② ③ ④ ⑤
5	① ② ③ ④ ⑤
6	① ② ③ ④ ⑤
7	① ② ③ ④ ⑤
8	① ② ③ ④ ⑤
9	① ② ③ ④ ⑤
10	① ② ③ ④ ⑤

언어논리(11~20번)

11	① ② ③ ④ ⑤
12	① ② ③ ④ ⑤
13	① ② ③ ④ ⑤
14	① ② ③ ④ ⑤
15	① ② ③ ④ ⑤
16	① ② ③ ④ ⑤
17	① ② ③ ④ ⑤
18	① ② ③ ④ ⑤
19	① ② ③ ④ ⑤
20	① ② ③ ④ ⑤

언어논리(21~25번)

21	① ② ③ ④ ⑤
22	① ② ③ ④ ⑤
23	① ② ③ ④ ⑤
24	① ② ③ ④ ⑤
25	① ② ③ ④ ⑤

상황판단(1~10번)

1	① ② ③ ④ ⑤
2	① ② ③ ④ ⑤
3	① ② ③ ④ ⑤
4	① ② ③ ④ ⑤
5	① ② ③ ④ ⑤
6	① ② ③ ④ ⑤
7	① ② ③ ④ ⑤
8	① ② ③ ④ ⑤
9	① ② ③ ④ ⑤
10	① ② ③ ④ ⑤

상황판단(11~20번)

11	① ② ③ ④ ⑤
12	① ② ③ ④ ⑤
13	① ② ③ ④ ⑤
14	① ② ③ ④ ⑤
15	① ② ③ ④ ⑤
16	① ② ③ ④ ⑤
17	① ② ③ ④ ⑤
18	① ② ③ ④ ⑤
19	① ② ③ ④ ⑤
20	① ② ③ ④ ⑤

상황판단(21~25번)

21	① ② ③ ④ ⑤
22	① ② ③ ④ ⑤
23	① ② ③ ④ ⑤
24	① ② ③ ④ ⑤
25	① ② ③ ④ ⑤

2024 해커스PSAT 7급 PSAT FINAL 봉투모의고사 (4회)

컴퓨터용 흑색사인펜만 사용

※시험감독관 사인
(시험감독관 기재란)

학교 출입문 사용

	응시번호						생년월일			

성 명 본인 성명 기재

자필성명

시험장소

책형
- (신)
- (명)

[필적감정용 기재]
*아래 예시문을 옮겨 적으시오
본인은 OOO(응시자성명)임을 확인함

기 재 란

자료해석(1~10번)

	①	②	③	④	⑤
1	①	②	③	④	⑤
2	①	②	③	④	⑤
3	①	②	③	④	⑤
4	①	②	③	④	⑤
5	①	②	③	④	⑤
6	①	②	③	④	⑤
7	①	②	③	④	⑤
8	①	②	③	④	⑤
9	①	②	③	④	⑤
10	①	②	③	④	⑤

자료해석(11~20번)

	①	②	③	④	⑤
11	①	②	③	④	⑤
12	①	②	③	④	⑤
13	①	②	③	④	⑤
14	①	②	③	④	⑤
15	①	②	③	④	⑤
16	①	②	③	④	⑤
17	①	②	③	④	⑤
18	①	②	③	④	⑤
19	①	②	③	④	⑤
20	①	②	③	④	⑤

자료해석(21~25번)

	①	②	③	④	⑤
21	①	②	③	④	⑤
22	①	②	③	④	⑤
23	①	②	③	④	⑤
24	①	②	③	④	⑤
25	①	②	③	④	⑤

시험일: _____년 _____월 _____일

국가공무원 7급 공개경쟁채용 1차 필기시험 모의고사

| 언어논리영역 · 상황판단영역 |
1교시

응시번호

성명

실전모의고사
5회

문제책형
A

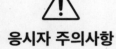
응시자 주의사항

1. **시험시작 전 시험문제를 열람하는 행위나 시험종료 후 답안을 작성하는 행위를 한 사람**은 「공무원 임용시험령」 제51조에 의거 **부정행위자**로 처리됩니다.

2. 답안지 책형 표기는 시험시작 전 감독관의 지시에 따라 **문제책 앞면에 인쇄된 문제책형을 확인**한 후, 답안지 책형란에 해당 책형(1개)을 '●'로 표기하여야 합니다.

3. 시험이 시작되면 문제를 주의 깊게 읽은 후, **문항의 취지에 가장 적합한 하나의 정답만을 고르며,** 문제내용에 관한 질문은 할 수 없습니다.

4. **답안을 잘못 표기하였을 경우에는 답안지를 교체하여 작성**하거나 **수정할 수 있으며,** 표기한 답안을 수정할 때는 **응시자 본인이 가져온 수정테이프만을 사용**하여 해당 부분을 완전히 지우고 부착된 수정테이프가 떨어지지 않도록 손으로 눌러주어야 합니다. **(수정액 또는 수정스티커 등은 사용 불가)**

5. **시험시간 관리의 책임은 응시자 본인에게 있습니다.**
   ※ 문제책은 시험종료 후 가지고 갈 수 있습니다.

정답공개 및 해설강의 안내

1. 모바일 자동 채점 및 성적 분석 서비스
   • '약점 보완 해설집'에 회차별로 수록된 QR코드 인식 ▶ 응시 인원 대비 자신의 성적 위치 확인

2. 해설강의 수강 방법
   • 해커스PSAT 사이트(www.psat.Hackers.com) 접속 후 로그인 ▶ 우측 퀵배너 [쿠폰/수강권 등록] 클릭 ▶ '약점 보완 해설집'에 수록된 쿠폰번호 입력 후 이용

해커스PSAT

언어논리영역

1. 다음 글에서 알 수 있는 것은?

발해의 5경이란 정치, 경제, 군사, 교통의 전략적 요충지였던 상경(上京), 중경(中京), 동경(東京), 서경(西京), 남경(南京)을 말한다. 발해는 정치, 경제, 군사적으로 주요 지점인 3개의 지역에 성을 쌓아 수도로 삼다가 이후 2개의 지역에 추가적으로 성을 건설하였다. 처음 발해를 건국한 대조영은 오동산성(敖東山城)을 수도로 하여 새 나라의 기반을 굳혔고, 이후 발해 제3대 왕인 문왕이 중경을 축조하여 수도를 옮겼다. 또한 755년 무렵에 문왕은 상경을 축조하여 천도하였고, 785년 무렵에는 동경을 건설하여 다시 천도하였다. 또한 제5대 왕인 성왕은 문왕이 수도로 삼은 동경에서 상경으로 천도하였다. 이후 발해의 제10대 왕인 선왕이 서경과 남경을 건설하면서 발해의 5경을 완성하였다.

발해의 5경은 당나라가 수도 장안 외에 서경, 동경, 북경 등을 설치하여 4경을 만든 것에 대한 대항 의식으로 만들어졌으나 발해의 자주 의식을 고취시키고, 전략적 요충지에 왕족 등 유력자를 파견하여 지방사회를 통치하기 위한 목적도 있었다. 실제로 발해의 5경 중 상경은 정치와 교육, 문화의 중심지 역할을 하였고, 동경과 서경은 각각 일본과 당나라로 가는 교통의 요충지로 활용되었다. 또한 남경은 신라와의 관계를 유지하는 데 활용되었다.

특히 5경 중 중경은 발해 통치 집단의 소속 의식 및 발해의 자주 의식과 밀접한 관련이 있었다. 역사적으로 고구려인들의 주거지는 오동산성 주변으로 추측되는데, 중경은 이 오동산성 주변에 설치된 성으로 고구려적 요소가 강한 지역이었다. 발해가 중경을 5경 중 가장 먼저 건설하고 수도로 삼았다는 점에서 발해가 고구려적 전통을 계승하겠다는 의지가 컸음을 알 수 있으며, 이를 통해 발해 스스로를 당나라의 속국이 아닌 독립된 지위의 국가임을 나타내었다. 이처럼 발해의 5경은 저마다 특수한 기능을 수행하기 위해 계획된 도시였으며 당나라에 대한 경쟁력을 갖추려는 정치적 의식의 표출이기도 하였다.

① 발해의 5경은 성왕이 축조를 완료한 발해의 주요 도시이다.

② 상경은 중경보다 먼저 건설되었다.

③ 중경은 발해의 자주 의식을 표현하고 지방통치를 강화할 목적으로 건설되었다.

④ 서경과 남경은 일본과 당나라로 가는 교통의 요충지였다.

⑤ 발해의 최초의 수도인 중경은 고구려의 계승의지를 반영하기 위한 수도였다.

2. 다음 글의 내용에서 알 수 있는 것은?

조선시대 경복궁, 창덕궁에 이어 세 번째로 지어진 창경궁은 1483년 성종이 대왕대비인 정희왕후, 성종의 생모인 소혜왕후, 예종의 계비인 안순왕후를 모시기 위해 기존의 수강궁을 확장하여 지은 별궁이다. 초기의 창경궁은 대비를 모시는 공간으로 활용되었는데, 이는 창덕궁 수용 인원이 너무 많아짐에 따라 대비를 별궁에 따로 모시기 위한 조치였다. 그러나 1592년 임진왜란 때 왕실의 궁궐이 불탄 이후 경복궁이 아닌 창덕궁이 먼저 재건되어 정궁으로 쓰이게 되자, 당시 함께 소실되었던 창경궁도 재건된 이후 왕실의 임시 궁궐인 행궁(行宮)으로 활용되었다.

창경궁은 서쪽으로는 경복궁과 맞닿아 있고, 남쪽으로는 종묘와 이어져 있다. 또한 주요 전각이 남쪽을 바라보는 경복궁과 달리, 창경궁은 정문인 홍화문과 정전인 명정전 등 주요 전각이 동쪽을 바라보는 형태로 지어졌다. 이는 창경궁 터가 남·서·북쪽은 언덕이 있는 구릉지대이고, 동쪽은 평지이기 때문으로 추측된다. 창경궁 내의 다른 많은 전각도 언덕과 평지를 따라 터를 잡았기 때문에 창경궁은 남북으로 일직선으로 이어지는 구조로 이루어지며, 이에 따라 평지에 지어진 경복궁과는 여러 차이를 보인다.

임진왜란 이후 인조반정과 이괄의 난 등 많은 사건으로 인해 여러 차례 화재 피해를 입은 창경궁은 소실과 재건을 반복해 왔지만 궁궐로서의 격과 위상은 지켜왔다. 그러나 일제강점기 일본의 조선 간섭도가 극심했던 순종 때에는 창경궁의 형태와 궁궐로서의 격이 크게 훼손되었다. 1909년 일제는 창경궁의 궁문, 담장, 전각들을 훼손하여 일본식 건물로 개조하는 한편, 동물원과 식물원 등의 유원지를 조성하였다. 뿐만 아니라 일제 강점기 이후인 1911년에는 궁궐의 이름도 창경원으로 바꾸어 창경궁이 궁궐로서 갖는 지위와 왕실의 상징성을 격하시켰다. 그리고 창경궁과 종묘 사이를 단절하기 위해 1932년 종묘와 연결된 부분에 도로를 건설하였다. 해방 이후에도 유원지로서 일반인에게 개방되어 활용된 창경궁은 1980년대에 이르러서야 공개 관람이 중단되고 본래 이름으로 환원되며 복원 공사를 진행했고, 1986년 마침내 본래의 모습을 되찾게 되었다.

① 창경궁의 위상이 크게 변화했던 사건은 임진왜란 때 발생한 화재이다.

② 창경궁과 종묘 사이에 도로를 이은 이유는 궁궐 내의 왕래를 활성화하기 위함이다.

③ 성종이 대왕대비와 왕후를 모시기 위해 만든 궁궐은 지형의 변화 없이 건축물이 세워졌다.

④ 경복궁의 주요 건축물은 평지에 남북으로 긴 구조를 갖추고 동향으로 지어졌다.

⑤ 일제강점기 때 명칭이 변경되었던 창경궁은 복원 공사 이후에도 변경된 이름을 유지하였다.

3. 다음 글의 내용과 부합하는 것은?

　　맹자는 위정자가 갖추어야 할 가치로 염치를 강조하였다. 공자가 정도를 강조한 데서 더 나아가 위정자의 도덕성을 더욱 강조한 것이다. 맹자에 따르면 염치를 알면 사람으로서 지켜야 할 도리를 알게 되고 옳고 그름에 대한 판단, 즉 정도를 잃지 않게 된다. 반면 염치를 모르면 옳지 못한 행위를 하여도 거리낌이 없어 정도에 벗어나는 일을 하게 된다. 이렇듯 염치는 위정자의 행동을 단속하는 역할을 하여 정도에 기반한 유교적 이상을 기르는 사상적 바탕이 되었다.

　　그러나 염치가 지나쳐 조금의 융통성도 두지 않는 정치는 부정한 정치만큼이나 비판을 받았다. 위정자로서 자신과 타인에게 지나치게 엄격한 잣대를 들이대면 정도는 지킬 수 있으나, 인정에 어긋나 백성들이 고난에 빠졌기 때문이다. 위정자의 염치가 지나쳐 행정의 융통성이 저해되면 백성들은 염치에 어긋나지 않도록 행동을 주저하고, 관료 역시 백성들의 요구에 일말의 부당한 것이 있는지 살펴 행동을 삼간다. 그러다 보니 나라의 곳간이 비고 백성의 원망이 커진다. 이에 다산 정약용은 '관리가 탐욕스러우면 백성은 그래도 살길이 있지만, 너무 각박하게 염치를 차리면 살길이 막힌다'는 고사를 인용하며 비판하기도 하였다.

　　따라서 유교에서는 훌륭한 위정자란 정도에 크게 어긋나지 않는 선에서 융통성을 발휘하여 백성들의 삶을 윤택하게 만드는 자라고 보았다. 그래서 실제로 유교에서는 부귀를 무조건 배격하지는 않았다. 공자는 오히려 도가 행해지는 나라에서는 가난하고 천한 것이 수치지만, 나라가 무도한 지경에 빠지게 되면 부귀한 것이 수치스러운 일이라고 하였다. 나라가 무도한 상황에서는 그 자신도 무도하게 하지 않으면 부귀를 얻을 수 없기 때문이다. 즉, 유교에서는 부귀를 얻는 과정에서 빈천을 벗어나려고 정도에 어긋나는 방법을 쓰는 것을 경계하였다. 결국 유교에서 강조하는 위정자의 염치는 정도에 따르면서 백성들의 안위를 우선시하는 것이라 할 수 있다.

① 위정자의 염치가 지나치면 백성들이 고난에 빠지게 될 수 있다.

② 유교에서는 위정자의 염치를 최우선으로 여겨 부귀를 추구하는 것을 경계하였다.

③ 맹자는 백성들의 삶을 윤택하게 하기 위해 위정자가 염치를 실천할 것을 강조하였다.

④ 다산에 의하면 백성의 입장에서는 위정자가 몰염치한 것이 염치가 지나친 것보다 못하다.

⑤ 유교에서 강조하는 위정자의 염치는 정도와 관계없이 백성들의 안위를 우선시하는 것이다.

4. 다음 글에서 알 수 없는 것은?

　　17세기 초 영국, 프랑스, 네덜란드 등 유럽 국가의 상인들은 인도 및 동양에 대한 무역을 독점하고자 '동인도 회사'를 설립했다. 특히 영국 동인도 회사는 자신들의 향료 무역권을 인정받고 네덜란드 동인도 회사를 견제하고자 영국 정부로부터 무역 특허를 받았다. 이후 인도뿐만 아니라 아프리카 전역과 일본까지 활동 범위를 넓혀 향료 무역을 했으나, 네덜란드 동인도 회사와의 향료 무역 경쟁에서 열세를 이기지 못하고 향료 시장을 네덜란드 동인도 회사에 내주고 말았다.

　　영국 동인도 회사는 다시 인도로 돌아간 후 인도의 벵골 및 마드라스 지역 중심으로 면직물 사업을 시작하여 유럽 국가들로 하여금 면직물을 수입하게 하였는데, 향료 무역을 했을 때보다 더 많은 수익을 창출하였다. 그 이유는 당시 유럽이 모직물과 견직물만 사용하다가 값이 훨씬 저렴하고 품질이 좋은 인도산 면직물을 처음 접하면서 인도산 면직물에 대한 수요가 급증하였기 때문이다.

　　18세기 영국 동인도 회사는 영국 정부로부터 징병권과 교전권을 부여받으면서 인도에서의 무역뿐만 아니라 인도를 실질적으로 지배할 야욕을 드러냈다. 이 시기에는 프랑스에서 동인도 회사를 뒤늦게 설립해 인도로 진출하면서 영국 동인도 회사와 대립하였다. 수년간의 전쟁 끝에 프랑스 동인도 회사를 물리친 영국 동인도 회사는 벵골 지역과 불평등 조약을 체결하여 인도의 면 산업 물품의 수출을 막는 한편, 영국의 산업혁명 이후 저렴한 영국산 면 제품들이 인도 내에 쏟아져 들어오며 인도 경제를 장악하기 시작하였다. 그리고 벵골, 비하르, 오리사 세 지방의 징세권까지 획득하며 막대한 세금을 징수하였다. 이에 따라 토지를 소유하더라도 세금을 내지 못한 농민들은 소작농으로 전락하였고, 결국 인도의 농업은 무너지게 되었다. 결과적으로 영국 동인도 회사에 의해 경제적 기반과 토지를 빼앗긴 인도는 영국의 식민지로 몰락하였다.

　　이후 영국 동인도 회사가 인도에 대한 독점적인 권한을 악용하는 사례가 많아지자, 1773년 영국 정부는 동인도 회사의 권한을 축소하고 행정을 제재했다. 다만, 이러한 조치는 영국 동인도 회사가 권력 남용을 하지 못하도록 통제하는 것일 뿐 인도에 대한 식민 수탈을 방지하기 위한 것이 아니었다.

① 네덜란드는 영국과의 향료 무역과 모직물 무역 경쟁에서 모두 앞서갔다.

② 영국은 인도의 경제를 독점할 때까지 지속적으로 자신들의 권력을 키웠다.

③ 동인도 회사들은 인도 시장 확보를 위해 상업적뿐만 아니라 군사적으로도 대립하였다.

④ 영국 정부와 동인도 회사 모두 인도를 식민 통치의 대상으로 삼는 것에 대해 의견 차이가 없었다.

⑤ 유럽은 인도산 면산업 물품에 대한 수요가 높았으나, 영국은 인도 경제를 억압하고자 관련 물품의 수출을 막았다.

5. 다음 글에서 알 수 없는 것은?

　폐수 처리는 가정과 산업시설에서 배출되는 폐수에서 오염물질을 제거하여 다시 자연으로 방류하는 과정으로, 이때 사용되는 공법은 물리적 방식과 생물학적 방식으로 구분된다.

　물리적 처리 방식 중 하나인 침전 방식은 고체와 같은 큰 오염물질 제거율은 높지만, 용존성 유기물 제거에 대한 효율성은 떨어진다. 다만 최근에는 응집제를 주입하여 용존성 유기물을 응집시킴으로써 침전 처리의 효율성을 높이고 있다. 여과 방식 역시 물리적 폐수 처리 공법인데, 이는 구멍의 크기가 작은 투과성 여과재를 사용하여 오염물질을 제거하는 방식이다. 여과 방식은 지표수가 토양층을 통과하면서 많은 입자성 물질이 제거되는 원리를 이용한 것으로, 여과 공정의 처리 효율을 높이기 위해 여과 전에 응집제를 사용한다.

　한편 폐수의 주요 성분인 유기물을 제거하기 위해서는 생물학적 처리가 필요하다. 생물학적 처리 방식은 미생물의 대사 과정을 이용하여 하수 유기물을 제거하는 공법으로, 호기성 공정과 혐기성 공정으로 나눌 수 있다. 호기성 공정은 산소로 미생물을 증식시켜 얻어진 호기성 호흡을 이용한 처리 방식이다. 호기성 공정은 빠른 반응 속도로 유기물을 완전히 분해하기 때문에 환경에 해가 되지 않는다. 다만 미생물의 반응 속도가 빨라 지속적인 산소 공급을 위한 비용 소모가 크고, 고농도 유기물의 경우에는 산소 소모 속도보다 산소 전달 속도가 느려 호기성 공정의 효율성이 떨어진다는 단점이 있다. 반면 혐기성 공정은 용존산소가 없는 상태에서 미생물이 화학적으로 결합된 산소를 이용하여 오염물질을 제거하는 방식으로, 산소 공급을 필요로 하지 않는다. 혐기성 공정은 고농도의 유기물질을 처리할 수 있고 처리 과정에서 메탄가스가 생성되어 에너지 자원 회수도 가능하나, 냄새가 난다는 단점이 있다.

　일반적으로 물리적·생물학적 처리 방식의 조합이 하나의 폐수 처리 공정으로 사용되는데 활성슬러지법이 대표적이다. 하수에 산소를 공급하여 각종 미생물을 증식시키면 이 미생물은 폐수의 유기물과 응집하여 부유 상태로 유지된다. 이러한 부유 유기물이 침전지에서 중력 침전에 의해 분리되고, 처리된 폐수는 방류되게 하는 것이 활성슬러지법이다.

① 호기성 공정은 고농도 유기물질과 용존성 유기물 제거에는 효율성이 떨어진다.

② 생물학적 폐수 처리 공법은 미생물의 대사 과정을 이용하여 유기물을 제거한다.

③ 폐수 처리 방식 중 호기성 공정과 혐기성 공정 모두 오염물질 제거에 있어 산소가 이용된다.

④ 활성슬러지법은 호기성 공정을 통해 응집된 오염물질을 침전을 통해 폐수에서 분리시키는 공법이다.

⑤ 침전 방식과 여과 방식 모두 응집제를 사용함으로써 폐수 처리 효율을 높일 수 있다.

6. 다음 글의 핵심 논지로 가장 적절한 것은?

　케인스는 저서 〈고용·이자 및 화폐의 일반이론〉에서 경제가 불황인 시기에 정부의 역할을 강조하였다. 그는 불황기에 정부가 대규모의 공공사업을 통해 근로자의 일자리를 창출하고, 지급받은 임금으로 근로자가 소비를 함으로써 경제의 선순환 구조를 만드는 것이 중요하다고 보았다. 정부가 공공사업을 하기 위해 필요한 돈은 대부분 국민으로부터 나온다. 케인스에 의하면 정부는 국가의 신뢰를 바탕으로 국채를 발행하여 국민으로부터 돈을 빌리고, 그 돈을 상환할 시기가 되면 국가의 신뢰를 바탕으로 다시 국채를 발행하여 미래 세대의 돈으로 이를 상환한다. 정부만큼 신뢰도가 높은 기관은 없기 때문에 이와 같이 미래 세대에 국채 상환의 책임을 전가하는 문제는 지속적으로 발생할 수 있다.

　그렇다면 이러한 책임 전가의 문제가 발생하는 근본적인 원인은 무엇인가? 이는 경제 이론에서 분석의 대상이 되는 '개인'을 여타 다른 사회과학 분야와 마찬가지로 현실 속 개인으로 가정하지 않기 때문이다. 경제학에서의 개인은 비용과 경제적 가치의 원칙에 의해서만 행동하고, 미래 세대가 지게 될 부담에 대해 어떠한 가치판단도 하지 않는다. 요컨대 자신의 이윤을 극대화하려는 합리적 개인인 것이다. 이러한 가정을 기반으로 도출된 경제 이론은 현실 문제의 해결책을 담고 있는지는 차치하더라도 우리가 문제를 해결해야 할 때 고려해야 할 요소를 상당 부분 누락시키게 한다. 즉, 합리적 개인에 대한 가정이 고려하지 못한 부분들로 인해 경제 문제의 해결 과정에서 새로운 문제가 발생할 수 있는 것이다.

① 경제 이론은 현실과는 다른 개인을 상정하여 현실 문제를 해결하는 데 새로운 해결책을 제시한다.

② 정부가 대규모 사업을 벌이기 위해 국가의 신뢰를 이용하여 국민에게 돈을 빌려서는 안 된다.

③ 경제 이론이 현실 문제를 해결할 때는 현실 속 개인을 가정해서는 안 된다.

④ 미래 세대에 책임을 전가하는 경제 정책은 효과적인 정책일 수는 있으나 올바른 정책은 아니다.

⑤ 합리적 개인을 상정하는 경제 이론은 현실 문제의 해결 과정에서 다른 문제를 야기할 수 있다.

7. 다음 대화의 빈칸에 들어갈 내용으로 가장 적절한 것은?

> 갑: 안녕하십니까? 「A구 인권보장 및 증진에 관한 조례」(이하 '조례')를 제정하려고 하는데, 이 조례에서 아동·청소년의 개념을 정의하는 것과 관련하여 궁금한 점이 있습니다. 「아동복지법」에서는 '아동'을 "18세 미만인 사람"으로, 「청소년기본법」에서는 '청소년'을 "9세 이상 24세 이하인 사람"으로 정의하고 있는데요. 조례에서 각각을 구분하지 않고, '아동·청소년'을 "24세 미만인 사람"으로 규정할 수 있나요?
>
> 을: 일반적으로 상위법령의 위임에 따라 제정되는 자치법규의 경우 상위법령에서 정의된 것과 상이하게 용어를 정의하는 것은 상위법령에 위반되거나 자치법규 해석상 혼란을 야기할 소지가 있어 바람직하지 않습니다.
>
> 갑: 조례에는 「아동복지법」과 「청소년기본법」에서 위임한 사항에 대해 규정한 바가 없어서, 해당 법의 위임 조례가 아닌데도 그러합니까?
>
> 을: 상위법령의 위임을 받아 제정되는 조례가 아닐 경우에도 그 내용의 이해와 해석 측면을 고려할 때 가급적 법령 상호 간의 통일된 용어를 사용하여 정의하는 것이 더 바람직하다고 할 수 있습니다. 그러나 반드시 이와 같이 해야 하는 것은 아니며, '아동·청소년'을 하나의 개념으로 정의하는 법령도 존재합니다. 또한, 지방자치단체는 상위법령에 위반되지 않는 범위에서 자치사무를 수행하는 데 필요한 사항을 자유롭게 정할 수 있습니다.
>
> 갑: 조례의 대상이 되는 인권보장 및 증진에 관한 사무는 기관위임사무가 아닌 자치사무로 볼 수 있습니까?
>
> 을: 인권보장에 관한 업무를 국가만이 가지는 고유권한으로서 지방자치단체에서는 수행할 수 없다고 보기는 어렵습니다. 또한, 인권보장을 위한 실질적 이행수단을 마련하는 것이 전국적으로 통일적인 처리가 요구되는 기관위임사무에 해당한다고 볼 수도 없습니다. 그러므로 _____

① 아동과 청소년을 "24세 미만인 사람"이라고 하나의 개념으로 정의하는 것이 가능합니다.

② 기관위임사무에 관한 조례이므로 상위법령의 아동, 청소년에 대한 정의와 동일하게 각각 규정하는 것이 바람직합니다.

③ 법령 용어에 대한 혼란을 방지하기 위하여 법령 상호 간의 통일된 용어를 사용하지 않는 것은 금지됩니다.

④ 자치사무에 관한 조례가 아니므로 아동과 청소년을 하나의 개념으로 정의하되 "18세 미만인 사람"으로 규정해야 합니다.

⑤ 상위법령의 위임을 받아 제정되는 조례가 아니므로 「아동복지법」, 「청소년기본법」의 정의와 동일하게 규정해서는 안 됩니다.

8. 다음 글의 ㉠~㉤에서 전체 흐름과 맞지 않는 한 곳을 찾아 수정할 때, 가장 적절한 것은?

> 541년 비잔틴제국에서 치명적인 전염병 페스트가 돌았다. 당시 비잔틴제국을 다스리던 황제의 이름을 붙여 유스티니아누스 역병이라고도 하는 이 전염병은 이집트를 통해 비잔틴제국으로 전체로 확산되었다. 이는 이집트가 홍해를 가로지르는 고대의 주요 해상 보급로로서 다양한 지역에서 온 사람들과 상선들로 인해 ㉠질병의 유행에 취약하였기 때문이다.
>
> 페스트 창궐 전 비잔틴제국은 영토 팽창에 관심이 많은 유스티니아누스 황제에 의해 로마제국 전성기의 영토 회복을 목전에 두고 있었다. 그러나 페스트가 발생한 지 2년 만에 수도 콘스탄티노플에서만 인구 4분의 1 정도가 사망하는 상황이었기에 ㉡정복전쟁을 중단할 수밖에 없었다. 100여 년간 간헐적으로 페스트가 유행하여, 아프리카와 유라시아 일대에서 막강한 지배력을 가졌던 비잔틴제국도 쇠락의 길을 걷게 되었다. 반면 사막기후가 펼쳐지고 대도시가 없었기 때문에 이 역병으로부터 상대적으로 안전했던 이슬람제국이 세력을 넓히며 동쪽으로 진출해 비잔틴제국과 접하게 되었다. ㉢이는 비잔틴제국에 대한 새로운 위협이 되었다. 그 후로 오랫동안 두 제국은 교역, 문화, 종교 등의 문제를 두고 잦은 전쟁을 벌이게 되었다.
>
> 한편 아라비아반도는 뜨겁고 건조한 기후에, 사람도 거의 살지 않은 탓에 질병 창궐의 위험이 적었다. 하지만 이슬람 군대가 진출한 아라비아반도 북부와 지중해 사이의 비옥한 초승달 지대는 ㉣전염병이 퍼지기에 이상적인 조건을 갖추었다. 이는 인구 밀도가 높은 편이었기 때문이다. 더군다나 이슬람의 교리는 전염병에 대한 수동적인 대응을 강조하였다. 이는 페스트에 대해서도 예외는 아니어서 무슬림들은 교리에 따라 전염병이 발생하는 곳으로 가지도 않았고, ㉤자신이 사는 곳에 전염병이 발생하면 즉시 그곳을 떠났다. 일례로 639년에는 비옥한 초승달 지대에 있는 국가 중 하나인 시리아에도 페스트가 유행하게 되었는데, 이때 시리아에 머물던 이슬람 군대의 장수 아부 우바이다는 당시 이슬람제국의 지배자 칼리프 우마르가 본국으로 돌아오라고 했음에도 교리에 순종하여 결국 시리아에서 페스트로 목숨을 잃었다.

① ㉠을 '질병의 전파를 차단할 수 있었기 때문이다'로 수정한다.

② ㉡을 '정복전쟁을 계속할 수밖에 없었다'로 수정한다.

③ ㉢을 '이는 비잔틴제국의 질병 극복에 도움이 되었다'로 수정한다.

④ ㉣을 '전염병이 창궐하기에 적합하지 않은 환경이었다'로 수정한다.

⑤ ㉤을 '자신들이 사는 곳에 전염병이 발생해도 그곳을 떠나지 않았다'로 수정한다.

9. 다음 글의 A~C에 대한 판단으로 가장 적절한 것은?

> 질적 연구는 연구 대상에 대한 심층적인 정보를 얻기 위한 연구 방법이다. 질적 연구에서 많이 활용되는 자료 조사 방법 세 가지를 진행 방식의 구조화 정도, 깊이 있는 응답의 정도, 새로운 아이디어 발견 가능성, 질문의 민감성 정도를 기준으로 비교하여 다음과 같이 나타낼 수 있다.
>
> | 특징 \ 방법 | 진행 방식의 구조화 정도 | 깊이 있는 응답의 정도 | 아이디어 발견 가능성 | 질문의 민감성 정도 |
> |---|---|---|---|---|
> | A | 높음 | 낮음 | 높음 | 낮음 |
> | B | 보통 | 높음 | 보통 | 보통 |
> | C | 낮음 | 보통 | 낮음 | 높음 |
>
> A는 동질적인 특성을 가진 사람들을 한 장소에 모은 뒤, 조사자의 진행에 따라 좌담 형식으로 이야기를 나누게 하여 의견을 청취하는 방법이다. 조사자의 진행은 구조화된 가이드라인을 기반으로 하지만, 이야기의 흐름에 따라 조사자가 가이드라인에 없는 질문을 던질 수도 있다. 게다가 여러 사람이 자유롭게 이야기를 나누는 과정에서 예상치 못한 아이디어를 도출할 수 있어, 신제품 개발을 위한 소비자 의견 청취의 수단으로도 이용된다. B나 C에 비하면 A는 상대적으로 적은 비용이 든다는 장점이 있지만, 다른 응답자를 의식하게 되어 민감한 주제를 다루기 어렵고 응답 내용 역시 피상적이라는 한계가 존재한다.
>
> B는 조사 대상자를 일대일로 만나 의견을 듣는 방법으로, 그만큼 감정이나 태도를 면밀히 파악할 수 있다. 질문 가이드라인이 있지만, 조사자는 응답이 불충분할 경우 추가 질문을 하거나 주제와 동떨어진 이야기를 하면 다른 질문을 던지는 등 조사 대상자의 응답에 따라 유동적으로 대화를 이끌어야 한다. 1명당 응답 시간이 긴 만큼 A보다 다양한 주제를 다룰 수 있고 심도 있는 응답을 도출해낼 수 있다. 그러나 조사 대상자 개개인의 의견이 상이한 경우가 많아, 조사 결과에서 방향성을 발견하기 쉬운 A에 비하면 조사 결과를 정리하고 결론을 도출하는 데에 어려움이 따른다.
>
> C는 단어, 문장, 그림 등을 제시하고 느낌을 말하거나 연상되는 것을 설명하게 하는 식으로 간접적인 자극을 통해 개인적인 욕구와 감정, 가치관 등을 표출하게 만드는 조사 방법이다. 조사 대상자의 자유로운 반응을 유도할 수 있도록 비구조화된 자극을 활용하므로 조사자의 풍부한 경험과 고도의 기술이 요구되는데, 이로 인해 A와 B에 비해서 사용이 제한적이다. 한편 직접적인 질문과 응답의 방식으로 진행되지 않기 때문에 민감한 주제를 다루기에 적합한 반면, 조사 목적에 맞게 결과를 분석하고 해석하는 것이 쉽지 않다.

① 아이디어 발견 가능성이 높은 방법은 조사 진행을 위한 비용 부담이 더 크다.

② 진행 방식의 구조화 정도가 낮은 방법은 이에 대한 숙련된 전문가가 필요하여 사용이 제한적이다.

③ 깊이 있는 응답의 정도가 높은 방법은 민감한 주제에 대한 의견이나 가치관을 파악하기에 적합하다.

④ B를 통해 얻은 조사 결과보다 C를 통해 얻은 조사 결과의 해석이 더 용이하다.

⑤ C는 A와 B에 비해 조사의 진행 방식이 체계적이고, 사용되는 자극이 상대적으로 한정적일 것이다.

10. 다음 글의 〈표〉에 대한 판단으로 옳은 것만을 〈보기〉에서 모두 고르면?

　건축구조란 다양한 건축재료로써 건축물을 형성하는 방법 또는 그 구조물을 가리킨다. 건축의 목적에 맞는 재료를 선정하는 것이 중요한데, 재료에 따라 건축구조를 분류할 경우 벽돌구조, 돌구조, 블록구조, 철골구조, 목구조, 철근콘크리트구조, 철골철근콘크리트구조 등으로 나뉜다.

　또 다른 건축구조의 분류법으로는 구성 양식에 따라 조적식, 가구식, 일체식으로 나누는 것이 있다. 조적식이란 벽돌, 석재, 콘크리트 블록과 같이 1차 가공된 재료를 접착재료로 쌓아 골조를 구성하는 구조를 가리킨다. 조적식은 내구성이 뛰어나다는 장점이 있는 반면, 수평으로 작용하는 외력에 약하여 지진 발생이 잦은 지역에 건축하기는 적합하지 않다. 분황사 모전석탑, 첨성대 등이 우리나라의 대표적인 조적식 건축물이다. 가구식이란 목재나 철재처럼 비교적 가늘고 긴 재료를 이용하여, 각 부재의 결구(結構)로 뼈대를 구성하는 구조이다. 부재를 어떤 방식으로 조립 및 접합하는지에 따라 강도가 달라지게 된다. 기둥, 보 등의 주요 구조부가 목구조인 전통 한옥이 가구식이며, 철골구조도 가구식에 해당한다. 마지막으로 일체식이란 주요 구조부가 다른 재료로 접합되지 않고 일체화되어 있는 구조로, 거푸집에 콘크리트를 부어 만드는 방식이다. 철근콘크리트구조와 철골철근콘크리트구조가 일체식에 해당하는데, 비교적 균일한 강도를 내는 특징이 있다.

　한편 시공 방법에 따라 물을 많이 쓰는 공정이 포함된 경우 습식구조, 공장에서 미리 제작한 부재를 짜 맞추어 구성함으로써 현장에서 물이 거의 사용되지 않는 건식구조로 나눌 수도 있다. 예컨대 벽돌구조는 시멘트와 모래에 물을 부어 반죽한 모르타르를 이용하여 벽돌을 쌓기 때문에 습식구조로 분류되며, 철강 재료를 용접 또는 리벳, 볼트 등으로 조립하는 철골구조는 건식구조로 분류된다. 그 외에도 돌구조, 블록구조, 철근콘크리트구조가 습식구조에 속하며, 목구조는 건식구조에 포함된다. 습식구조는 재료가 굳는 시간이 고려되어야 해 상대적으로 공사 기간이 긴 반면, 건식구조는 현장에서 물을 사용하는 콘크리트, 미장공사 등을 하지 않아 공사 기간이 짧고 동절기에도 시공이 가능하다.

　이상의 내용을 바탕으로 벽돌구조, 철골구조, 철근콘크리트구조를 분류하면 다음과 같다.

〈표〉 건축구조의 분류

기준 ＼ 건축구조	벽돌구조	철골구조	철근콘크리트구조
A	㉠	㉡	㉢
B	㉣	㉤	㉥

〈보 기〉

ㄱ. B에 공사 현장에서 물이 많이 사용되는지에 관한 기준이 들어간다면, ㉠과 ㉢이 다르다.

ㄴ. ㉡에 '건식구조'가 들어간다면, ㉣에 '조적식'이 들어간다.

ㄷ. ㉤의 공정상 ㉥에 비하여 공사 기간이 단축된다면, A에는 건축구조의 구성 양식을 나누는 기준이 들어간다.

① ㄱ
② ㄷ
③ ㄱ, ㄴ
④ ㄴ, ㄷ
⑤ ㄱ, ㄴ, ㄷ

11. 다음 글에 대한 분석으로 적절한 것만을 〈보기〉에서 모두 고르면?

갑: 유전자 변형 기술은 세계 식량 생산능력 확보를 위한 필수적인 기술이다. 2050년이 되면 세계 인구는 90억 명을 돌파할 것으로 전망된다. 그러나 지구 온난화로 인한 해수면 상승과 가뭄, 홍수 등의 이상 기후로 인해 농작물 생산량은 오히려 감소할 것으로 예측된다. 이러한 문제를 극복하기 위해서는 척박하고 메마른 농지에서 잘 자라고, 수확량을 늘릴 수 있는 유전자 변형 작물이 필요하다. 유전자 변형 작물 재배를 통해 지난 수십 년간 수확량 증가와 농약 사용량 감소 효과가 나타났다. 반면에 유전자 변형 작물 섭취가 인체에 부작용을 야기한다는 보고는 아직 없다. 따라서 많은 이점을 가진 유전자 변형 기술을 발전시켜 미래에 다가올 식량 위기에 대비해야 한다.

을: 유전자 변형 기술은 다양성이라는 자연적 가치를 훼손시켜 궁극적으로 식량 생산능력이 저하될 수 있다. 유전자 변형 기술을 이용하면 병충해를 방제하고, 제초제에 대한 내성이 있으면서도 수확량이 높은 품종을 만들 수 있다. 그러나 이렇게 생성된 품종은 높은 생산성으로 인해 기존의 다양한 품종의 생산을 감소시키고 도태시키면서 식품 생산에 있어 독점적 지위를 차지할 것이다. 이때 유전자 변형 기술로 생성된 품종에서 치명적인 바이러스가 발생하거나 이상 기후로 인해 변화하는 환경에 적응하지 못해 생산량이 급감한다면, 이러한 품종을 대체하는 데 어려움을 겪을 것이다. 또한, 지금까지 유전자 변형 식품 섭취로 인한 부작용이 보고되지는 않았지만, 유전자 변형 작물이 상용화된 지 20여 년밖에 되지 않아 이러한 데이터만으로 미래에 인간에게 어떤 영향을 미칠지 예측하는 것은 위험하다.

〈보 기〉

ㄱ. 갑과 을 모두 과거에 유전자 변형 기술을 작물 재배에 사용하여 부작용이 발생한 사례는 없었음을 인정한다.

ㄴ. 갑과 달리 을은 유전자 변형 기술이 장기적으로 인류의 식량 생산에 부정적인 영향을 끼칠 수 있다고 본다.

ㄷ. 을과 달리 갑은 기후 변화로 인한 농작물 생산량 감소에 유전자 변형 작물이 대안이 될 수 있다고 본다.

① ㄱ
② ㄴ
③ ㄱ, ㄴ
④ ㄱ, ㄷ
⑤ ㄱ, ㄴ, ㄷ

12. 다음 글에 대한 분석으로 적절한 것만을 〈보기〉에서 모두 고르면?

철수는 취업을 하기 위해 A 회사와 B 회사에 모두 지원하였다. 이후 철수는 자신의 친구들인 갑, 을, 병에게 A회사 채용에 합격했다고 알렸다. 그리고 갑, 을, 병은 철수의 채용 결과에 대해 아래 (1)과 같은 소식을 추가로 접하게 되었다.

(1) 철수는 A 회사와 B 회사에 모두 합격하지 않았다.

이때 철수의 말이 참 또는 거짓이고, (1)이 반드시 거짓이라고 밝혀졌을 때, 갑, 을, 병은 각자의 판단에 따라 철수의 회사 채용 여부에 대해 다음과 같이 추측하였다.

갑: 난 철수의 말이 참이라고 생각해. 그리고 (1)이 거짓인 이유는 A 회사에 합격하거나 A 회사에 합격하지 않은 사실이 모두 성립하는 것은 가능하지 않기 때문이야. 따라서 ㉠ 철수는 A 회사 한 곳에 합격했어.

을: 글쎄, ㉡ 철수가 반드시 A 회사에 한 곳에만 합격했는지는 아직 알 수 없어.

병: 두 사람 모두 철수가 A 회사에 합격하였다고 추측하고 있지만, ㉢ 철수가 A 회사가 아닌 B 회사에 합격했을 수도 있을 것 같아.

〈보 기〉

ㄱ. 갑이 ㉠을 추론한 이유는 철수가 회사에 합격하는 경우를 한 가지만 파악하였기 때문이다.

ㄴ. 을이 ㉡을 추론한 이유는 철수의 말을 참이라 간주하였을 때 철수가 회사에 합격하는 경우가 두 가지 이상이기 때문이다.

ㄷ. 병이 ㉢을 추론한 이유는 철수의 말과 (1)이 모두 거짓이라고 간주하였기 때문이다.

① ㄱ
② ㄷ
③ ㄱ, ㄴ
④ ㄴ, ㄷ
⑤ ㄱ, ㄴ, ㄷ

16. 다음 글과 〈상황〉을 근거로 판단할 때 옳은 것은?

제○○조 매장이 분양된 대규모점포에서는 다음 각 호의 어느 하나에 해당하는 자가 대규모점포 관리자가 된다.
  1. 매장면적의 2분의 1 이상의 면적에서 영업을 하는 상인이 있는 경우: 해당자
  2. 매장면적의 2분의 1 이상의 면적에서 영업을 하는 상인이 없는 경우: 해당 대규모점포에 입점하여 영업을 하는 상인(이하 '입점상인'이라 한다) 3분의 2 이상이 동의(동의를 얻은 입점상인이 운영하는 매장면적은 전체 매장면적의 2분의 1 이상이어야 한다)한 대표자

제□□조 ① 제○○조 제2호에 따른 대규모점포 입점상인의 동의자 수 산정방법은 다음 각 호와 같다.
  1. 해당 대규모점포에서 사업자등록을 하고 영업을 하는 입점상인 1명당 하나의 동의권을 가진 사람으로 산정한다.
  2. 제1호에도 불구하고 다음 각 목의 구분에 해당하는 경우에는 그에 따라 산정한다.
    가. 1명의 입점상인이 2 이상의 점포에서 영업을 하는 경우 하나의 동의권을 가진 사람으로 산정한다.
    나. 2명 이상의 공동입점상인이 하나의 점포에서 영업을 하는 경우에는 해당 입점상인 간 합의에 따라 동의권을 행사하기로 선정된 1명만을 하나의 동의권을 가진 사람으로 산정한다.
② 제○○조 제2호에 따라 전체 매장면적에 대한 동의를 얻은 입점상인 운영 매장면적의 비율을 산정할 때 입점상인이 없는 매장을 제외한 매장면적을 전체 매장면적으로 하여 그 비율을 산정한다.

〈상 황〉

매장이 분양된 대규모점포인 X점포의 매장면적, 입점상인에 대한 현황은 다음과 같다.
○ 매장면적은 총 5,000m²이며 영업 중인 점포는 총 24개이다.
○ 동의자 수 산정방법에 따라 산정된 하나의 동의권을 가진 입점상인은 모두 20명이다.
○ 입점상인 중 가장 넓은 점포에서 영업하는 甲이 운영하는 매장면적은 1,600m²이다.
○ 입점상인인 乙은 4개의 점포에서 영업하며, 그 매장면적은 총 300m²이다.
○ 공동입점상인인 丙, 丁, 戊는 함께 하나의 점포에서 영업하며, 그 매장면적은 100m²이다.
○ 현재 입점상인이 없는 매장면적은 총 2,000m²이다.

① 입점상인 중 2개 이상의 점포에서 영업하는 사람은 乙뿐이다.
② 甲이 현재 입점상인이 없는 매장면적 800m²에 새로운 점포를 열어 운영하는 경우, 입점상인들의 동의 없이도 대규모점포 관리자가 될 수 있다.
③ 공동입점상인 중 동의권을 가진 丁이 본인을 제외하고 동의권을 가진 입점상인 11명에게 동의를 얻으면 대표자가 되기 위한 자격을 갖추게 된다.
④ 甲이 동의권을 가진 입점상인 모두에게 동의를 얻는 경우 대규모점포 관리자가 될 수 있다.
⑤ 입점상인이 아니었던 己가 현재 입점상인이 없는 매장면적 2,000m²에 점포를 열어 운영하는 경우, 동의권을 가진 입점상인 모두에게 동의를 얻으면 대규모점포 관리자가 될 수 있다.

17. 다음 글을 근거로 판단할 때 옳은 것은?

> 제○○조(해양심층수 이용부담금의 부과·징수) ① 해양수산부장관은 먹는해양심층수제조업자, 먹는해양심층수수입업자 및 상업용 목적으로 해양심층수개발업자로부터 해양심층수를 구입하는 자에 대하여 해양심층수이용부담금(이하 '부담금'이라 한다)을 부과·징수한다.
> ② 부담금은 먹는해양심층수제조업자 및 먹는해양심층수수입업자에 대하여는 먹는해양심층수 평균 판매가격의 1,000분의 5로 부과·징수하고, 상업용 목적으로 해양심층수개발업자로부터 해양심층수를 구입하는 자에 대하여는 해양심층수의 평균 공급가격의 1,000분의 53으로 부과·징수한다.
> 제◇◇조(부담금의 부과대상) ① 제○○조 제1항에 따른 부담금의 부과대상은 다음 각 호와 같다.
>   1. 제조하거나 수입하여 판매한 먹는해양심층수
>   2. 상업용 제품(먹는해양심층수는 제외한다)의 원료로 구입한 해양심층수
> ② 제1항에 따른 부담금 부과대상이라도 다음 각 호의 어느 하나에 해당하는 것은 부과대상에서 제외한다.
>   1. 수출하는 것
>   2. 이재민 구호를 위하여 지원·제공하는 먹는해양심층수
> 제□□조(부담금의 징수 및 납부절차) ① 부담금은 분기별로 부과·징수한다.
> ② 분기가 끝나는 달의 다음 달 말일까지 지정하는 수납기관에 납부하여야 한다.
> 제△△조(부담금 및 가산금의 강제징수) ① 해양수산부장관은 제○○조에 따라 부담금을 납부하여야 할 자가 납부기한까지 이를 납부하지 아니한 때에는 납부기한부터 30일 이내에 독촉장을 발부하여야 한다. 이 경우 납부기한은 독촉장의 발부일부터 20일 이내에서 정한다.
> ② 제1항에 따라 독촉을 받은 자가 정하여진 납부기한 이내에 부담금을 납부하지 아니한 때에는 그 부담금의 100분의 3에 해당하는 금액을 가산금으로 부과한다.

① 먹는해양심층수수입업자 甲이 이재민 구호에 제공하기 위해 먹는해양심층수를 구입한 경우 부담금을 부과·징수한다.

② 먹는해양심층수제조업자 乙이 2분기분 부담금이 1,500만 원이고 부담금을 납부하지 않아 가산금을 낸다고 할 때, 乙이 납부해야 할 부담금과 가산금의 합은 1,575만 원이다.

③ 먹는해양심층수수입업자 丙이 3분기분 부담금 2,000만 원을 10월 22일에 지정하는 수납기관에 납부하는 경우, 가산금을 포함하여 총 2,060만 원을 납부해야 한다.

④ 해양수산부장관 丁은 납부기한까지 부담금을 납부하지 않은 먹는해양심층수제조업자 戊에게 20일 이내에 독촉장을 발부해야 한다.

⑤ 상업용 목적으로 해양심층수를 구입한 己의 1분기분 부담금이 1,060만 원이라고 할 때, 己가 해양심층수개발업자로부터 구입한 해양심층수의 평균 공급가격은 2억 원일 것이다.

18. 다음 글을 근거로 판단할 때, 〈보기〉에서 옳은 것만을 모두 고르면?

> 제00조 ① 국무총리, 국무위원 또는 정부위원은 국회의 회의(이하 '본회의'라 한다)나 위원회에서 발언하려면 미리 국회의장(이하 '의장'이라 한다)이나 위원장의 허가를 받아야 한다.
> ② 법원행정처장, 헌법재판소 사무처장, 중앙선거관리위원회 사무총장은 의장이나 위원장의 허가를 받아 본회의나 위원회에서 소관 사무에 관하여 발언할 수 있다.
> 제00조 ① 본회의는 의결로 국무총리, 국무위원 또는 정부위원의 출석을 요구할 수 있다. 이 경우 그 발의는 국회의원(이하 '의원'이라 한다) 20명 이상이 이유를 구체적으로 밝힌 서면으로 하여야 한다.
> ② 위원회는 의결로 국무총리, 국무위원 또는 정부위원의 출석을 요구할 수 있다. 이 경우 위원장은 의장에게 그 사실을 보고하여야 한다.
> ③ 제1항이나 제2항에 따라 출석 요구를 받은 국무총리, 국무위원 또는 정부위원은 출석하여 답변을 하여야 한다.
> ④ 제3항에도 불구하고 국무총리나 국무위원은 의장 또는 위원장의 승인을 받아 국무총리는 국무위원으로 하여금, 국무위원은 정부위원으로 하여금 대리하여 출석·답변하게 할 수 있다. 이 경우 의장은 각 교섭단체 대표의원과, 위원장은 간사와 협의하여야 한다.
> ⑤ 본회의나 위원회는 특정한 사안에 대하여 질문하기 위하여 대법원장, 헌법재판소장, 중앙선거관리위원회 위원장, 감사원장 또는 그 대리인의 출석을 요구할 수 있다. 이 경우 위원장은 의장에게 그 사실을 보고하여야 한다.

※ 국무위원: 대통령을 보좌하여 국정을 심의하는 각부 장관
※ 정부위원: 각부 장관을 보좌하며 국회에서 국정처리 상황을 보고하는 각부 차관 및 원·처·청의 장

〈보 기〉

> ㄱ. 환경노동위원회에 환경부장관의 출석을 요구하고자 할 경우, 해당 출석 요구 건에 대해 위원 20명 이상이 이유를 밝힌 서면으로 발의하여 의결해야 한다.
> ㄴ. 기획재정부차관이 본회의에 출석한 경우, 기획재정부차관은 의장의 허가를 받아야 본회의에서 발언할 수 있다.
> ㄷ. 법제사법위원회가 감사원법에 관한 질문을 하기 위해 감사원장의 출석을 요구하고자 할 경우 법제사법위원회 위원장은 의장에게 그 사실을 보고하여야 한다.
> ㄹ. 본회의 출석 요구를 받은 기획재정부장관이 기획재정부차관으로 하여금 대리하여 출석·답변하게 하는 것에 대해 의장에게 승인을 요청한 경우 의장은 간사와 협의해야 한다.

① ㄱ, ㄴ

② ㄴ, ㄷ

③ ㄷ, ㄹ

④ ㄱ, ㄷ, ㄹ

⑤ ㄴ, ㄷ, ㄹ

19. 다음 글을 근거로 판단할 때, 〈보기〉에서 옳은 것만을 모두 고르면?

- A무술협회는 해당 협회 소속 무술인에게 벨트 취득 요건 충족 시, 5등급의 벨트(하양, 노랑, 초록, 파랑, 검정)를 부여한다.
- A무술협회에서 주관하는 공식대회는 2001년 5월에 제1회, 2001년 10월에 제2회가 시행되었으며 이후 매년 5월과 10월에 개최되고 있다.
- 각 벨트의 취득 요건은 아래와 같으며, 해당 요건을 충족하는 즉시 벨트가 부여된다.
  - 하양 벨트: 기초체력훈련을 이수한 자
  - 노랑 벨트: 하양 벨트를 취득한 후 만 1년이 경과했거나 공식대회에 출전하여 1승을 기록한 자
  - 초록 벨트: 노랑 벨트를 취득한 후 만 3년이 경과했거나 공식대회에 출전하여 누적 10승을 기록한 자
  - 파랑 벨트: 초록 벨트를 취득한 후 만 3년이 경과한 자로서 공식대회 우승을 5회 기록한 자
  - 검정 벨트: 초록 벨트를 취득한 후 만 5년이 경과한 자로서 공식대회 우승을 8회 기록한 자
- 대회 개최 전날을 기준으로 벨트를 취득한 자에 한하여 해당 공식대회에 참가할 수 있다.
- 공식대회는 32강 토너먼트 경기로 진행되어, 벨트 종류에 관계없이 32명의 협회 소속 무술인이 출전하여 일대일로 승부를 겨룬다.

〈보 기〉
ㄱ. A무술협회의 공식대회 우승 횟수가 총 10회인 무술인이라면 모두 검정 벨트를 취득할 수 있다.
ㄴ. A무술협회 소속 무술인이 2022년 7월에 기초체력훈련을 이수하였다면, 2023년 7월 전에 초록 벨트를 취득할 수 있다.
ㄷ. 기초체력훈련을 이수한 A무술협회 소속 무술인은 공식대회에 출전하지 않더라도 파랑 벨트를 취득할 수 있다.

① ㄱ
② ㄴ
③ ㄷ
④ ㄱ, ㄴ
⑤ ㄴ, ㄷ

20. 다음 글과 〈상황〉을 근거로 판단할 때, 승진후보자 명부에 기재될 선순위자부터 순서대로 나열한 것은?

지방공무원이 승진하기 위해서는 승진후보자 명부에 이름이 등재되어야 한다. 승진후보자 명부는 총평정점이 높은 사람부터 순위를 매겨 차례로 작성한다. 이때 총평정점은 100점을 만점으로 하여 근무성적평정점 70점, 경력평정점 30점을 각각 만점으로 한다. 여기에 자격증 가산점, 근무경력 가산점, 실적 가산점 등의 가산점 해당자에 대해서는 5점의 범위에서 그 가산점을 합산한 105점을 총평정점의 만점으로 한다. 만약 승진후보자 명부의 평정점이 같은 경우에는 근무성적평정점과 실적 가산점을 합산한 점수가 높은 사람을 선순위자로 하며, 그럼에도 불구하고 순위가 결정되지 않는 경우에는 해당 직급에서 장기 근무한 사람을 기준으로 선순위자를 결정한다.

〈상 황〉
○○도청에서는 5급 승진임용에 필요한 요건을 갖춘 5명의 공무원(A~E)에 대한 아래 정보를 바탕으로 승진후보자 명부를 작성하려고 한다.

성명	근무성적 평정점 (점)	경력 평정점 (점)	가산점(점)			현직급 근무기간 (년)
			자격증	근무경력	실적	
A	68	18	0.5	0.5	1	5
B	62	26	0	1.5	0.25	8
C	68.5	17	0	0.75	1.25	7
D	67	18	0.5	0.5	2	6
E	70	15.5	0	1.75	0.75	5

① B - C - E - D - A
② B - E - A - D - C
③ B - E - D - A - C
④ E - C - B - D - A
⑤ E - C - D - B - A

21. 다음 글과 〈대화〉를 근거로 판단할 때, 경주에서 2등을 한 선수의 번호는?

○ 경륜장을 찾은 甲~戊는 1번부터 8번까지 총 8명의 선수가 출전하는 경주에 베팅을 했다.
○ 경주의 베팅 방식은 단승식과 복승식 두 가지로 구성되며, 그 방식은 다음과 같다.
  – 단승식: 경주에서 1등을 한 선수 한 명을 맞히는 베팅 방식
  – 복승식: 순위와 관계없이 경주에서 1등과 2등을 한 선수 두 명을 맞히는 베팅 방식
○ 甲~戊는 단승식과 복승식 중 하나의 방식을 골라서 각자 한 번씩 베팅을 했다.
○ 다음은 경주가 끝난 후 甲~戊가 나눈 대화이다.

〈대 화〉

甲: 나는 단승식의 결과를 맞혔는데, 내가 베팅한 선수는 짝수 번호였어.
乙: 나는 복승식의 결과를 맞혔는데, 내가 베팅한 선수들의 번호를 합하면 9야.
丙: 나는 단승식의 결과를 틀렸는데, 내가 베팅한 선수의 번호는 4번이었어.
丁: 나는 복승식의 결과를 틀렸는데, 내가 베팅한 2번과 7번 선수 모두 2등 안에 들지 못했어.
戊: 나는 복승식의 결과를 맞혔는데, 내가 베팅한 선수 중에 6번 선수는 없었어.

① 1
② 3
③ 5
④ 7
⑤ 8

22. 다음 글과 〈상황〉을 근거로 판단할 때, 〈보기〉에서 옳은 것만을 모두 고르면?

○ 甲배구리그는 6개 팀이 서로 한번씩 경기를 치른 뒤, 이 15경기의 승점을 합산하여 1위부터 6위까지 순위를 정한다.
○ 경기는 세트별로 진행되며, 무승부 없이 둘 중 이긴 팀이 해당 세트를 가져간다.
○ 3세트를 먼저 가져간 팀이 승리하므로 짧게는 3세트에서, 길게는 5세트에서 경기의 승패가 결정된다.
○ 승점은 다음과 같이 양팀의 세트 득실에 따라 결정된다.

경기 결과	승리 팀	패배 팀
3:0	3점	0점
3:1	3점	0점
3:2	2점	1점

○ 순위를 결정할 때 승점이 동일한 팀이 있으면 승리 경기 수가 더 많은 팀을 높은 순위로 하고, 승리 경기 수도 같으면 세트득실률(득세트 수/실세트 수)순으로 순위를 정한다.

〈상 황〉

현재까지 甲배구리그는 A:B, E:F의 2경기만 남아 있으며, 완료된 13경기의 결과는 아래와 같다.

팀	승점	승리 경기 수	득세트 수	실세트 수
A	10	4	12	6
B	3	1	5	11
C	11	4	13	6
D	6	2	10	13
E	4	1	8	11
F	5	1	8	9

〈보 기〉

ㄱ. 15경기의 득세트 수 총합이 64세트라면 A와 F의 실세트 수의 합은 19세트일 수 있다.
ㄴ. A와의 경기에서 3:2로 B가 승리한다면 A의 최종 순위는 13경기가 완료된 시점의 순위와 동일하다.
ㄷ. E와 F의 경기 결과 F가 승점 1점을 획득한다면 E의 순위는 D보다 낮고 F보다 높아진다.

① ㄱ
② ㄷ
③ ㄱ, ㄴ
④ ㄴ, ㄷ
⑤ ㄱ, ㄴ, ㄷ

[23~24] 다음 글을 읽고 물음에 답하시오.

　독일의 연방하원의원 선거는 특별한 일이 없다면 4년에 한 번 치러진다. 다당제 전통이 자리잡고 있는 독일에서는 연정이 보편적인 현상이며, 정당 간의 연정을 통해 연방하원에서 과반 의석을 차지하고 있는 정당 혹은 정당연합이 내각을 구성한다.

　1994년의 연방하원의원 선거에서는 독일사회민주당(SPD)이 252석, 독일기독교민주연합(CDU)이 244석, 바이에른기독교사회연합(CSU)이 50석, 녹색당(Grone)이 49석, 자유민주당(FDP)이 47석, 독일민주사회당(PDS)이 30석을 획득했다. 독일기독교민주연합과 바이에른기독교사회연합은 자매정당으로, 1994년의 총선뿐만 아니라 모든 선거에서 연정을 이루고 있다. 1994년의 연방하원의원 선거 이후 독일기독교민주연합과 바이에른기독교사회연합은 자유민주당과의 연정을 통해 내각을 구성했다.

　1998년의 연방하원의원 선거에서는 독일사회민주당이 298석, 독일기독교민주연합이 198석, 바이에른기독교사회연합과 녹색당이 각각 47석, 자유민주당이 43석, 독일민주사회당이 36석을 획득했다. 1998년 연방하원의원 선거 과정에서는 독일사회민주당과 녹색당이 연정의사를 밝혔고, 독일기독교민주연합, 바이에른기독교사회연합, 자유민주당이 연정의사를 밝혔다. 선거 결과가 나온 후 원내에서 가장 많은 의석을 차지한 정당연합이 선거과정에서 밝혔던 연정의사에 따라 내각을 구성했다.

　2002년의 연방하원의원 선거에서는 독일사회민주당이 251석, 독일기독교민주연합이 190석, 바이에른기독교사회연합이 58석, 녹색당이 55석, 자유민주당이 47석, 독일민주사회당이 2석을 획득했다. 2002년의 선거에서는 독일사회민주당과 녹색당이 연정을 통해 내각을 구성했다. 그러나 2003년 단행한 하르츠 개혁으로 인해 내각의 지지도는 급락했고, 총리가 내각을 해산한 이후 조기에 총선을 치렀다.

※ 연정: 둘 이상의 정당이 연합하여 함께 정부를 구성하는 것을 의미함.

23. 위의 글을 근거로 판단할 때, 〈보기〉에서 옳은 것만을 모두 고르면?

〈보 기〉
ㄱ. 1990년 연방하원의원 선거에서 독일기독교민주연합은 바이에른기독교사회연합과 연정을 이루지 않았다.
ㄴ. 1994년부터 2002년까지 치러진 연방하원의원 선거에서 바이에른기독교사회연합이 단독으로 가장 많은 의석을 획득한 해는 2002년이다.
ㄷ. 1998년의 선거 결과, 내각을 구성한 정당연합은 1994년의 선거결과로 내각을 구성한 정당연합과 동일하다.
ㄹ. 2002년의 선거 결과, 내각을 구성하기 위한 최소 의석 수는 302석이었다.

① ㄱ, ㄴ
② ㄱ, ㄷ
③ ㄱ, ㄹ
④ ㄴ, ㄷ
⑤ ㄴ, ㄹ

24. 위의 글과 〈상황〉을 근거로 판단할 때, 내각을 구성할 수 있는 조합으로 옳은 것은?

〈상 황〉
　조기 총선에 따른 2005년의 연방하원의원 선거에서는 독일사회민주당이 222석, 독일기독교민주연합이 180석, 자유민주당이 61석, 좌파당(Die Linke)이 54석, 녹색당이 51석, 바이에른기독교사회연합이 46석을 획득했다.

① 독일사회민주당 – 좌파당
② 독일사회민주당 – 녹색당
③ 독일사회민주당 – 좌파당 – 녹색당
④ 독일기독교민주연합 – 바이에른기독교사회연합
⑤ 독일기독교민주연합 – 바이에른기독교사회연합 – 자유민주당

25. 다음 글을 근거로 판단할 때, ㉠과 ㉡을 옳게 짝지은 것은?

> '슈팅볼'은 두 팀이 한 코트에서 서로 각 팀의 골대에 숏을 성공시켜 점수를 획득하는 게임이다. 숏의 난이도에 따라 A숏 성공 시 1점, B숏 성공 시 2점, C숏 성공 시 3점을 획득하며, 정해진 시간 동안 더 많은 점수를 획득한 팀이 승리한다.
>
> 슈팅볼협회에서는 숏 성공 시 점수를 전반적으로 더 높게 변경하여 점수의 역전이 더 쉬워지도록 규칙을 개정하려고 한다. A숏 성공 시 2점, B숏 성공 시 3점, C숏 성공 시 5점을 획득하는 것으로 변경하는 것을 검토 중이다. 작년 리그 결승전인 甲팀과 乙팀의 경기 기록에 변경 검토 중인 점수 기준을 적용해 보기로 하였다.
> ○ 작년 리그 결승전 최종 점수는 35 대 38로 乙팀이 승리하였다.
> ○ 甲팀은 A숏을 한 번도 성공시키지 못했으며 乙팀은 C숏을 한 번도 성공시키지 못했다.
> ○ 甲팀의 B숏 성공 횟수는 C숏 성공 횟수의 2배였다.
> ○ 甲팀의 B숏 성공 횟수와 乙팀의 A숏 성공 횟수는 같았다.
> 　작년 리그 결승전 경기 기록에 변경 검토 중인 점수 기준을 적용한 결과, 경기의 승패는 (㉠), 두 팀의 최종 점수 차이는 (㉡)점이 되었다.

	㉠	㉡
①	바뀌었으며	4
②	바뀌었으며	7
③	바뀌지 않았으며	1
④	바뀌지 않았으며	4
⑤	바뀌지 않았으며	7

PSAT 교육 1위, 해커스PSAT

psat.Hackers.com

| 자료해석영역 |
2교시

응시번호

성명

실전모의고사
5회

문제책형
A

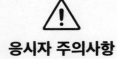

정답공개 및
해설강의 안내

1. 모바일 자동 채점 및 성적 분석 서비스
   • '약점 보완 해설집'에 회차별로 수록된 QR코드 인식 ▶ 응시 인원 대비 자신의 성적 위치 확인

2. 해설강의 수강 방법
   • 해커스PSAT 사이트(www.psat.Hackers.com) 접속 후 로그인 ▶ 우측 퀵배너 [쿠폰/수강권 등록] 클릭 ▶ '약점 보완 해설집'에 수록된 쿠폰번호 입력 후 이용

1. 다음 〈보고서〉는 2019년 중소기업통합관리시스템 운영현황에 관한 내용이다. 〈보고서〉의 내용과 부합하는 자료만을 〈보기〉에서 모두 고르면?

〈보고서〉

　　2019년 중소기업 지원사업은 세부사업과 내역사업으로 이루어졌다. 중소기업 지원사업 중 세부사업은 1,653건이 시행되었다. 이 중 중앙부처에 의해 이루어진 세부사업은 344건, 지자체에 의해 이루어진 세부사업은 1,309건이었다. 한편 2019년 중소기업 지원사업 중 내역사업은 2,816건이 시행되었다. 이 중 중앙부처에 의해 이루어진 내역사업은 853건, 지자체에 의해 이루어진 내역사업은 1,963건이었다.

　　또한 2019년 중소기업 이력지원정보 현황에 따르면 기관수에 있어서 온라인 연계 비율이 10%대에 불과하였으나, 지원금액의 온라인 연계 비율은 90% 이상을 차지하였으며 지원기업 수의 온라인 연계비율은 사업 수의 온라인 연계 비율의 3배 이상이었다.

　　한편 각 부처별로 2020년 지원 협의대상 사업을 발굴한 결과, 전체 부처의 지원 협의대상 사업 83개 중 중기부의 지원사업은 농식품부의 지원사업보다 5배 이상 많았으며, 전체 지원 협의대상 사업 수 중에서 지원 협의대상 사업 수 상위 3개 부처가 차지하는 비중은 80% 이상이었다. 이러한 지원 협의대상 사업에 대해서 사전심의를 행한 결과, 1차 검토 사업은 63개, 재협의 후 협의 완료 사업은 6개이다. 조정 심의에 들어간 사업은 14개가 되었다.

〈보 기〉

ㄱ. 2019년 중소기업 이력지원정보 현황

구분		연계현황	연계비율
기관 수	온라인	36개	10.8%
	오프라인	297개	89.2%
사업 수	온라인	338개	23.9%
	오프라인	1,078개	76.1%
지원금액	온라인	516.1조 원	90.7%
	오프라인	52.7조 원	9.3%
지원기업 수	온라인	2,269,381개	78.6%
	오프라인	618,160개	21.4%

※ 연계비율은 소수점 아래 둘째 자리에서 반올림한 값임.

ㄴ. 2019년 전체 중소기업 지원사업의 시행주체별 사업 수 비율

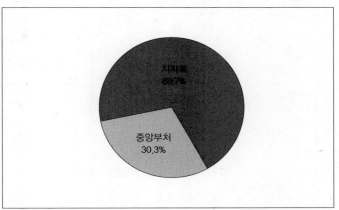

ㄷ. 2020년 부처별 지원 협의대상 사업 수

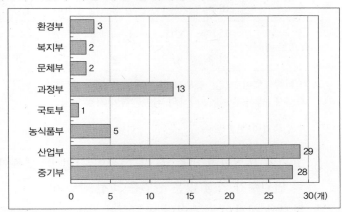

ㄹ. 2020년 지원 협의대상 사업 사전심의 결과

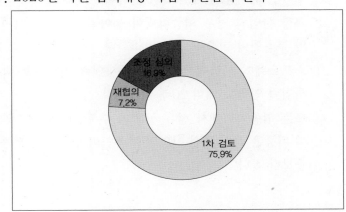

① ㄱ, ㄴ
② ㄱ, ㄹ
③ ㄴ, ㄷ
④ ㄱ, ㄷ, ㄹ
⑤ ㄴ, ㄷ, ㄹ

2. 다음 〈표〉는 '갑'국 4개 산업 기술인력의 최종학력별 부족인력의 인원수 및 비중에 관한 자료이다. 이에 대한 설명으로 옳은 것은?

〈표〉 기술인력 최종학력별 부족인력 현황

(단위: 명, %)

산업	최종학력 구분	고졸	전문학사	학사	석사	박사
조선	인원수	540	225	329	33	4
	비중	3.2	4.0	3.2	1.7	0.7
화학	인원수	2,892	624	538	74	2
	비중	3.6	3.3	2.3	3.3	0.4
섬유	인원수	699	157	77	3	2
	비중	3.1	2.5	1.3	0.7	5.2
소프트웨어	인원수	11	566	4,430	1,037	143
	비중	0.4	2.2	4.1	6.9	11.9

※ 1) 최종학력이 낮은 것부터 순서대로 나열하면 고졸, 전문학사, 학사, 석사, 박사 순이며, 박사의 최종학력이 가장 높음.

2) 부족인력 비중(%) = $\dfrac{\text{부족인력 인원수}}{\text{종사인력 인원수}} \times 100$

① 고졸의 부족인력 비중이 3% 이상인 산업 중 고졸의 종사인력 인원수가 가장 많은 산업은 조선 산업이다.

② 학사와 석사의 부족인력 인원수의 차이가 가장 작은 산업은 부족인력 비중의 차이도 가장 작다.

③ 화학 산업의 경우 최종학력이 높아질수록 부족인력 인원수와 부족인력 비중이 모두 감소한다.

④ 소프트웨어 산업에서 석사의 종사인력 인원수는 박사의 종사인력 인원수 대비 20배 이상이다.

⑤ 모든 최종학력에서 섬유 산업의 부족인력 인원수와 부족인력 비중은 각각 조선 산업의 부족인력 인원수와 부족인력 비중보다 작다.

3. 다음 〈표〉는 A국에서 개최된 수영 자유형 경기의 종목별 기록에 관한 자료이다. 이에 대한 〈보기〉의 설명 중 옳은 것만을 모두 고르면?

〈표〉 수영 자유형 경기의 종목별 기록

순위	100m		200m		400m		1500m	
	국적	기록	국적	기록	국적	기록	국적	기록
1	미국	0:47.52	프랑스	1:43.14	중국	3:40.14	중국	14:31.02
2	오스트레일리아	0:47.53	대한민국	1:44.93	대한민국	3:42.06	캐나다	14:39.63
3	캐나다	0:47.80	중국	1:44.94	미국	3:44.69	튀니지	14:40.31
4	프랑스	0:47.84	미국	1:45.04	중국	3:46.02	대한민국	14:50.61
5	네덜란드	0:47.88	독일	1:45.53	미국	3:46.39	이탈리아	14:51.92
6	브라질	0:47.92	영국	1:46.53	헝가리	3:47.03	미국	14:52.99
7	쿠바	0:48.04	오스트레일리아	1:46.93	영국	3:48.62	폴란드	14:54.32
8	러시아	0:48.44	러시아	1:47.75	오스트레일리아	3:49.25	영국	15:00.76

※ 1) 기록의 시간 단위는 분, 초로, 1:01.01은 1분 1.01초를 의미함.

2) 각 종목(100m, 200m, 400m, 1500m)의 상위 3위를 '메달권'이라고 함.

〈보 기〉

ㄱ. 자유형 경기에서 메달권 선수를 배출한 국가는 7개국이다.

ㄴ. 1위와 8위 선수 기록의 시간 차이는 200m 종목이 100m 종목의 5배 미만이다.

ㄷ. 400m 종목의 상위 8위 선수 중 중국 선수들의 평균 기록은 미국 선수들의 평균 기록보다 2초 이상 빠르다.

ㄹ. 1500m 종목의 상위 8위 선수 중 해당 선수의 기록만 3초가 단축된다면 순위가 두 단계 이상 상승하는 선수는 세 명이다.

① ㄱ, ㄷ

② ㄴ, ㄷ

③ ㄴ, ㄹ

④ ㄱ, ㄴ, ㄹ

⑤ ㄱ, ㄷ, ㄹ

4. 다음 〈표〉는 2018년, 2020년, 2022년 A~E지역의 도시숲 면적 현황에 관한 자료이고, 〈보고서〉는 A~E 중 한 지역의 도시숲 면적에 관한 설명이다. 이를 근거로 판단할 때, 〈보고서〉의 내용에 부합하는 지역은?

〈표〉 A~E지역의 시기별 도시숲 면적 현황

(단위: ha, ㎡/인)

시기	2018년			2020년			2022년		
면적 지역	생활권 도시림	1인당 도시림	1인당 생활권 도시림	생활권 도시림	1인당 도시림	1인당 생활권 도시림	생활권 도시림	1인당 도시림	1인당 생활권 도시림
전국	30,697	302.48	7.00	38,513	236.70	8.32	54,354	256.62	11.51
A	4,207	18.53	4.13	4,411	12.60	4.35	6,685	17.63	6.87
B	4,138	44.46	10.60	3,424	69.20	9.90	4,525	91.15	13.82
C	4,971	152.67	4.84	6,043	148.90	5.29	10,462	119.66	8.37
D	1,894	1,145.96	10.96	2,280	527.80	11.25	3,074	790.30	15.40
E	3,633	282.57	15.11	2,797	294.60	10.63	4,487	272.99	16.89

〈보고서〉

이 지역의 시기별 도시숲 면적에는 다음과 같은 특징이 있다. 첫째, 2018년 대비 2022년 1인당 도시림 면적의 증감 방향과 1인당 생활권도시림 면적의 증감 방향은 모두 전국의 증감 방향과 같다. 둘째, 매 시기 1인당 도시림 면적은 1인당 생활권도시림 면적의 4배 이상이다. 셋째, 2022년 1인당 생활권도시림 면적은 2018년보다 3㎡/인 이상 더 넓다. 넷째, 이 지역의 생활권도시림 면적이 전국 생활권도시림 면적에서 차지하는 비중은 2022년이 2020년보다 크다.

① A
② B
③ C
④ D
⑤ E

5. 다음 〈표〉는 A국의 '갑'~'무' 토지개발 사업 현황과 토지개발 사업에 따른 지가변동 현황을 나타낸 자료이다. 〈표〉와 〈조건〉을 근거로 개발부담금을 부과할 때, 개발부담금이 가장 높은 사업과 가장 낮은 사업을 바르게 연결한 것은?

〈표 1〉 '갑'~'무' 토지개발 사업 현황

사업명	지형	사업면적(㎡)	사업종류
갑	산지	2,000	개별입지
을	산지	3,000	계획입지
병	산지 외	1,500	개별입지
정	산지	2,500	개별입지
무	산지 외	3,500	계획입지

〈표 2〉 '갑'~'무' 토지개발 사업에 따른 사업면적당 지가변동 현황

(단위: 만 원)

사업명	개시시점 지가	종료시점 지가	정상지가 상승분	개발비용
갑	5.0	12.0	2.3	1.7
을	2.5	9.5	1.5	3.5
병	13.0	20.0	3.9	2.1
정	2.0	5.0	0.4	0.6
무	9.5	18.5	1.7	5.8

〈조 건〉

○ 개발부담금 산정방식은 실제 개발이익에 대해 부과하는 실비정산 방식과 사업면적당 표준비용을 적용하는 표준개발비용 방식으로 구분되며, 표준개발비용 방식은 사업면적이 2,500㎡ 이하인 사업의 경우에만 적용 가능

○ 실비정산 방식의 개발부담금 = 개발이익 × 부담률
  - 개발이익 = (종료시점지가 - 개시시점지가 - 정상지가상승분 - 개발비용) × 사업면적
  - 부담률은 사업종류가 개별입지인 경우 25%, 계획입지인 경우 20%

○ 표준개발비용 방식의 개발부담금 = 사업면적 × 면적당 표준비용
  - 면적당 표준비용은 지형이 산지인 경우 4,500원/㎡, 산지 외는 3,500원/㎡

○ 실비정산 방식과 표준개발비용 방식을 모두 적용 가능한 경우 두 방식 중 개발부담금이 낮은 방식의 개발부담금을 부과하여야 함

	개발부담금이 가장 높은 사업	개발부담금이 가장 낮은 사업
①	을	병
②	을	무
③	정	병
④	정	무
⑤	무	갑

6. 다음 〈그림〉은 '갑'국의 손상화폐 폐기 및 교환 현황에 관한 자료이다. 이에 대한 설명으로 옳은 것은?

〈그림 1〉 연도별 손상화폐 폐기량 및 폐기액

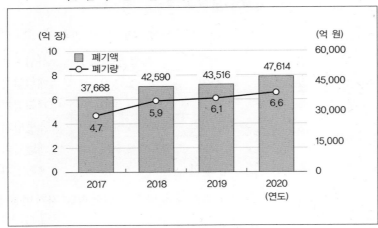

〈그림 2〉 2020년 손상화폐 권종별 폐기 비중

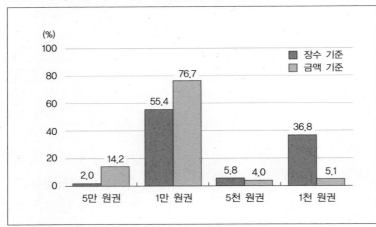

※ '갑'국의 화폐 권종은 5만 원권, 1만 원권, 5천 원권, 1천 원권으로만 구성됨.

〈그림 3〉 2020년 손상화폐 교환 현황

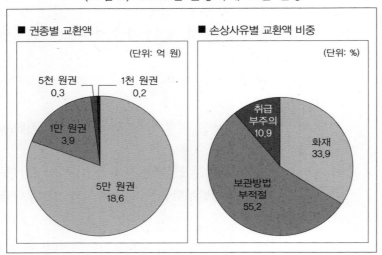

① 2017~2020년 손상화폐의 평균 폐기량은 6억 장보다 많다.

② 2020년 1만 원권 손상화폐 폐기액은 2018년 전체 손상화폐 폐기액보다 많다.

③ 2020년 5만 원권 손상화폐 폐기액은 5만 원권 손상화폐 교환액의 300배 이상이다.

④ 2020년 손상사유가 화재 또는 취급 부주의에 해당하는 손상화폐의 교환액은 15억 원 이상이다.

⑤ 2020년 손상화폐 폐기량이 2억 장보다 많은 화폐 권종 각각의 손상화폐 폐기액은 모두 3천억 원 이상이다.

7. 다음 〈표〉는 초·중·고등학교 규모에 대한 자료이다. 이를 바탕으로 작성한 〈보고서〉의 내용 중 옳은 것만을 모두 고르면?

〈표 1〉 연도별 초·중·고등학교 전체 규모

(단위: 개, 천 명)

구분 연도	학교 수	교원 수	학생 수
2014	11,146	429	6,286
2015	11,526	427	6,086
2016	11,563	428	5,882
2017	11,613	428	5,725
2018	11,636	431	5,584
2019	11,657	433	5,453
2020	11,710	433	5,347

〈표 2〉 2020년 학교급별 규모

(단위: 개, 천 명)

구분 \ 학교급	초등학교	중학교	고등학교
학교 수	6,120	3,223	2,367
교원 수	189	112	132
학생 수	2,694	1,316	1,337

〈보고서〉

2014년부터 2020년까지의 전체 초·중·고등학교 학교 수 추이를 살펴보면, 학교 수는 매년 꾸준히 증가하여 2020년에 11,710개로 증가하였고, ㉠ 2020년 전체 학교 중 초등학교가 차지하는 비중은 60% 이상이었다. 2014년부터 2020년까지의 초·중·고등학교 교원 수와 학생 수 추이를 살펴보면, ㉡ 2020년 교원 수는 2014년 대비 증가하였으나, 2020년 학생 수는 2014년 대비 10% 이상 감소하였고, 2014~2020년 동안 교원 1명당 학생 수는 매년 감소하였다. 한편, ㉢ 2020년 교원 1명당 학생 수는 초등학교가 가장 많았다. 2020년 중학교와 고등학교 교원 수를 살펴보면, ㉣ 전체 교원 수에서 고등학교 교원 수가 차지하는 비중이 중학교 교원 수가 차지하는 비중보다 10%p 이상 더 높은 것으로 나타났다.

① ㄱ, ㄴ

② ㄴ, ㄷ

③ ㄷ, ㄹ

④ ㄱ, ㄴ, ㄹ

⑤ ㄴ, ㄷ, ㄹ

8. 다음 〈표〉는 2014~2020년 재생에너지 중 태양광 및 바이오 에너지 생산량 현황이다. 이에 대한 〈보기〉의 설명 중 옳지 않은 것만을 모두 고르면?

〈표〉 재생에너지 중 태양광 및 바이오 에너지 생산량 현황

(단위: 천 TOE, %)

구분	연도	2014	2015	2016	2017	2018	2019	2020
재생에너지	생산량	11,370	13,119	13,953	16,017	( )	15,806	( )
태양광	생산량	579	907	1,186	1,672	2,195	3,055	4,156
	비중	5.1	6.9	8.5	10.4	12.7	19.3	37.4
바이오	생산량	2,822	2,766	( )	3,599	4,442	4,162	3,900
	비중	24.8	21.1	19.8	22.5	25.7	26.3	35.1

※ 재생에너지는 태양광, 바이오, 풍력, 수력 등 9종으로 구성됨.

〈보 기〉

ㄱ. 2016년 이후 태양광과 바이오 에너지 생산량의 합은 매년 4백만 TOE 이상이다.

ㄴ. 2018년 재생에너지 생산량은 2017년 바이오 에너지 생산량의 5배 이상이다.

ㄷ. 2014~2020년 중 태양광 에너지 생산량이 바이오 에너지 생산량보다 많은 해의 재생에너지 생산량은 2015년보다 많다.

① ㄱ

② ㄷ

③ ㄱ, ㄴ

④ ㄴ, ㄷ

⑤ ㄱ, ㄴ, ㄷ

9. 다음 〈표〉와 〈조건〉은 2022년 '가'~'다' 가구의 분기별 여가활동비에 관한 자료이다. 이를 근거로 한 〈표〉의 A~C에 해당하는 값들의 합은?

〈표〉 '가'~'다' 가구의 분기별 여가활동비

(단위: 십만 원)

분기	가구	가	나	다
1		9	( )	10
2		( )	( )	( )
3		( )	6	( )
4		7	6	(C)
평균		9	(B)	7.5
범위		(A)	4	5

※ 범위는 각 가구의 분기별 여가활동비 중 최댓값에서 최솟값을 뺀 값임.

〈조 건〉

○ 각 가구는 십만 원 단위로 분기별 여가활동비를 사용하였다.

○ '가'~'다' 가구의 분기별 여가활동비의 최솟값은 40만 원이었고, 최댓값은 100만 원이었다.

○ '가' 가구의 1분기 여가활동비와 '다' 가구의 2분기 여가활동비는 동일하다.

○ '나' 가구의 여가활동비는 매 분기 100만 원 미만이다.

○ '다' 가구의 3분기 여가활동비는 4분기 여가활동비보다 많았다.

① 12

② 13

③ 14

④ 15

⑤ 16

10. 다음 〈표〉는 A~E지역 시민의 생체시료 내 수은농도에 관한 자료이고, 〈보고서〉는 '갑'시 시민의 생체시료 내 수은농도를 분석한 자료이다. 이를 근거로 판단할 때, A~E지역 중 '갑'시에 해당하는 지역은?

〈표〉 A~E지역 시민의 생체시료 내 수은농도

(단위: μg/L)

연령계층 지역＼성별	영유아 (5세 이하)		초등학생 (6~11세)		중·고등학생 (12~17세)		성인 (18세 이상)	
	남	여	남	여	남	여	남	여
A	0.60	0.53	0.47	0.70	0.53	0.63	0.57	0.47
B	0.44	0.41	0.39	0.39	0.41	0.42	0.39	0.32
C	0.20	0.18	0.49	0.48	0.39	0.40	0.41	0.38
D	0.16	0.13	0.42	0.39	0.32	0.32	0.29	0.24
E	0.70	0.63	0.54	0.58	0.65	0.70	0.69	0.52

※ 연령계층은 '영유아'가 가장 낮고, 그다음 '초등학생', '중·고등학생', '성인' 순으로 높아짐.

〈보고서〉

　'갑'시는 유해오염물질 노출수준을 평가하고, 노출요인을 분석하기 위해 '갑'시 시민의 생체시료 내 수은농도를 조사한 결과, 다음과 같은 특징이 있다. 첫째, 남성과 여성의 생체시료 내 수은농도 차이가 가장 큰 연령계층은 성인이다. 둘째, 연령계층 중 중·고등학생은 여성의 생체시료 내 수은농도가 남성의 생체시료 내 수은농도보다 높거나 같고, 중·고등학생을 제외한 모든 연령계층은 각각 남성의 생체시료 내 수은농도가 여성의 생체시료 내 수은농도보다 높거나 같다. 셋째, 남성은 연령계층이 높아짐에 따라 생체시료 내 수은농도의 변화폭의 크기는 감소한다. 마지막으로 성인 남성의 생체시료 내 수은농도는 성인 여성 생체시료 내 수은농도 대비 1.2배 이상이다.

① A
② B
③ C
④ D
⑤ E

11. 다음 〈표〉는 2022년과 2023년 '갑'국의 지역별 다중 추돌 교통사고 발생 건수 및 사상자수에 관한 자료이다. 이에 대한 〈보기〉의 설명 중 옳은 것만을 모두 고르면?

〈표〉 지역별 다중 추돌 교통사고 발생 건수 및 사상자수

(단위: 건, 명)

연도	지역 구분	A	B	C	D	기타	전국
2022	발생 건수	80	63	50	47	46	( )
	사상자수	823	850	769	793	840	4,075
2023	발생 건수	35	41	38	29	21	164
	사상자수	530	535	( )	441	595	2,534

※ 기타 지역은 전국 중 지역 A, B, C, D를 제외한 모든 지역을 의미함.

〈보 기〉

ㄱ. 기타 지역을 제외하고 2022년 대비 2023년 다중 추돌 교통사고 사상자수의 감소폭이 가장 큰 지역은 D이다.

ㄴ. 2023년 전국 다중 추돌 교통사고 발생 건수는 전년 대비 120건 이상 감소하였다.

ㄷ. 2022년 전국 다중 추돌 교통사고 발생 건수 중 A지역 발생 건수가 차지하는 비중은 25% 이상이다.

ㄹ. 기타 지역을 제외하고 2023년 다중 추돌 교통사고 발생 1건당 사상자수가 가장 적은 지역은 B이다.

① ㄱ, ㄷ
② ㄴ, ㄹ
③ ㄷ, ㄹ
④ ㄱ, ㄴ, ㄷ
⑤ ㄱ, ㄴ, ㄹ

12. 다음 〈표〉는 '갑'국 5개 지역의 예산 및 자체수입액 현황에 관한 자료이다. 이를 이용하여 작성한 것으로 옳지 않은 것은?

〈표 1〉 지역별 예산 현황

(단위: 백만 원)

지역	구분	2017	2018	2019	2020	2021
A	예산	133,000	138,808	150,204	152,610	166,945
A	자체사업	64,120	63,919	66,551	51,998	38,104
A	보조사업	68,880	74,889	83,653	100,612	128,841
B	예산	154,300	164,800	162,500	166,364	215,500
B	자체사업	59,608	54,749	39,388	55,845	78,166
B	보조사업	94,692	110,051	123,112	110,519	137,334
C	예산	166,224	166,900	202,300	197,200	243,025
C	자체사업	45,110	111,571	71,349	88,404	65,011
C	보조사업	121,114	55,329	130,951	108,796	178,014
D	예산	204,300	221,700	210,296	220,238	280,435
D	자체사업	90,824	35,102	40,491	52,936	55,019
D	보조사업	113,476	186,598	169,805	167,302	225,416
E	예산	228,551	182,703	254,268	258,500	308,000
E	자체사업	34,102	55,975	71,910	99,657	86,483
E	보조사업	194,449	126,728	182,358	158,843	221,517

※ 1) '갑'국은 A~E 5개 지역만 존재함.
   2) 지역별 예산은 자체사업 또는 보조사업 형태로 당해 전액 소진함.

〈표 2〉 지역별 자체수입액 현황

(단위: 백만 원)

지역	구분	2017	2018	2019	2020	2021
A	지방세	18,200	24,255	27,559	28,742	31,704
A	세외수입	16,047	19,564	11,958	10,925	12,342
A	합계	34,247	43,819	39,517	39,667	44,046
B	지방세	4,200	18,700	25,103	26,170	27,600
B	세외수입	21,792	17,765	6,372	3,878	5,792
B	합계	25,992	36,465	31,475	30,048	33,392
C	지방세	17,330	4,600	6,268	6,100	8,356
C	세외수입	11,807	22,323	16,655	23,290	40,993
C	합계	29,137	26,923	22,923	29,390	49,349
D	지방세	20,090	18,500	25,942	25,671	28,330
D	세외수입	10,596	13,707	14,844	13,262	13,671
D	합계	30,686	32,207	40,786	38,933	42,001
E	지방세	17,893	26,149	31,235	20,859	12,241
E	세외수입	13,125	17,080	15,994	40,859	26,277
E	합계	31,018	43,229	47,229	61,718	38,518
전국	지방세	77,713	92,204	116,107	107,542	108,231
전국	세외수입	73,367	90,439	65,823	92,214	99,075
전국	합계	151,080	182,643	181,930	199,756	207,306

※ 1) 자체수입액 = 지방세 + 세외수입
   2) 재정자립도(%) = $\frac{\text{자체수입액}}{\text{예산}} \times 100$

① A지역의 연도별 세외수입 대비 지방세의 비
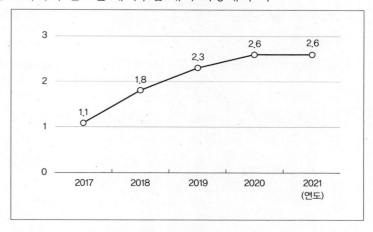

② C지역의 연도별 예산 중 자체사업 비율
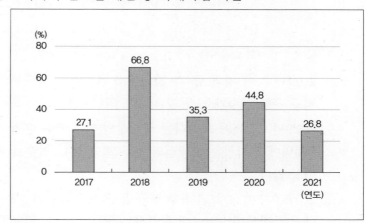

③ 연도별 전국 지방세 및 세외수입의 전년 대비 증가율

(단위: %)

구분\연도	2018	2019	2020	2021
지방세	18.6	25.9	-7.4	0.6
세외수입	23.3	-27.2	40.1	7.4

④ B지역의 연도별 재정자립도
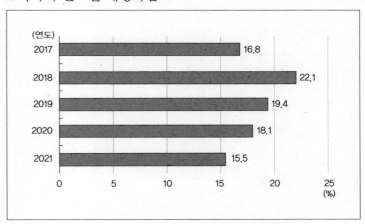

⑤ 연도별 전국 지방세 중 E지역 지방세 비중
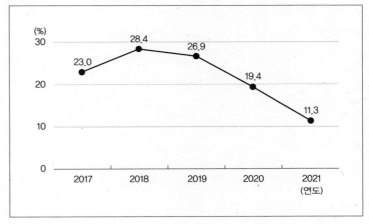

13. 다음 〈표〉는 2017~2021년 '갑'국 국내선의 출발지와 도착지에 따른 하루 평균 운항 편수에 관한 자료이다. 이에 대한 설명으로 옳은 것은?

〈표〉 국내선 출발지와 도착지에 따른 하루 평균 운항 편수

(단위: 편)

출발지	도착지	2017	2018	2019	2020	2021
A	B	125	151	126	124	130
	C	160	177	158	159	164
B	A	122	130	113	113	127
	C	89	106	82	90	95
C	A	158	180	174	158	171
	B	95	99	93	96	110

※ '갑'국 국내선의 출발지와 도착지는 A, B, C 지역만 존재함.

① 2021년 A~C지역 중 각 지역에서 출발하는 국내선의 하루 평균 운항 편수가 가장 많은 지역은 C이다.

② 2020년 C지역에 도착하는 국내선의 하루 평균 운항 편수는 B지역에 도착하는 국내선의 하루 평균 운항 편수보다 30편 이상 많다.

③ 2017년 대비 2021년 하루 평균 운항 편수의 증가율은 A지역에서 출발하여 B지역에 도착하는 국내선의 증가율이 B지역에서 출발하여 A지역에 도착하는 국내선의 증가율보다 크다.

④ 2021년 C지역에서 출발하여 A지역에 도착하는 국내선의 하루 평균 운항 편수의 전년 대비 증가율은 10% 이상이다.

⑤ 2019년 A지역에서 출발하는 국내선의 하루 평균 운항 편수보다 A지역에 도착하는 국내선의 하루 평균 운항 편수가 더 많다.

14. 다음 〈그림〉은 2014~2020년 '갑'국에서 제조업의 세부업종에 속하는 식품산업의 총생산액 및 GDP에 관한 자료이다. 이에 대한 〈보기〉의 설명 중 옳은 것만을 모두 고르면?

〈그림 1〉 식품산업 총생산액 추이

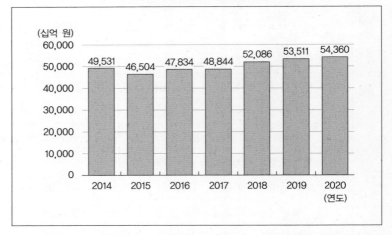

〈그림 2〉 GDP 및 제조업 GDP 대비 식품산업 총생산액 비율

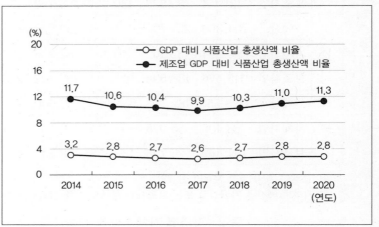

〈보 기〉

ㄱ. 2020년 GDP는 제조업 GDP의 4배 이상이다.

ㄴ. 제조업 GDP는 2018년 이후부터 매년 500조 원 이상이다.

ㄷ. 2020년 GDP는 2014년 GDP의 1.5배 이상이다.

ㄹ. 2018년 이후 식품산업 총생산액의 전년 대비 증가율은 매년 감소한다.

① ㄱ, ㄴ
② ㄱ, ㄹ
③ ㄴ, ㄷ
④ ㄷ, ㄹ
⑤ ㄱ, ㄷ, ㄹ

15. 다음 〈조건〉과 〈표〉는 2022년 '갑'국 국민의 소득계층 이동에 관한 자료이다. 이를 근거로 판단할 때, 2022년 '갑'국의 국민 총소득은?

〈조 건〉

○ 소득계층은 3단계(상류층, 중산층, 저소득층)로 구분되며, 소득계층은 상류층이 가장 높고 저소득층이 가장 낮음.
○ 국민 수는 100만 명으로 매년 동일하고, 2020년의 소득계층별 국민 수는 상류층이 35만 명, 중산층이 15만 명, 저소득층이 50만 명임.
○ 2020년 저소득층 국민 중 2022년에 소득계층이 이동한 비율은 20%이고, 2022년 저소득층 국민 수 대비 상류층 국민 수의 비율은 40%임.
○ 국민 총소득=
  각 (소득계층별 평균 소득×소득계층별 국민 수)의 합
○ 매년 상류층의 평균 소득은 3,000만 원, 중산층은 2,000만 원, 저소득층은 1,000만 원임.

〈표〉 2020년 대비 2022년 '갑'국 국민의 소득계층 이동 현황
(단위: 만 명)

소득계층 이동 결과	인원
2단계 하락	5
1단계 하락	20
변동 없음	65
1단계 상승	5
2단계 상승	5

① 170,000억 원
② 180,000억 원
③ 190,000억 원
④ 200,000억 원
⑤ 210,000억 원

16. 다음 〈표〉는 2015~2020년 조경공종의 완성공사원가에 관한 자료이다. 이에 대한 〈보기〉의 설명 중 옳은 것만을 모두 고르면?

〈표〉 조경공종 계정과목별 완성공사원가
(단위: 백만 원)

연도 계정과목	2015	2016	2017	2018	2019	2020
완성공사원가	1,331	5,117	1,411	1,619	1,307	1,851
재료비	266	1,348	272	353	318	714
노무비	125	308	133	182	147	295
외주비	784	2,804	836	880	659	540
현장경비	156	657	170	204	183	302

※ 완성공사원가는 재료비, 노무비, 외주비, 현장경비로만 이루어짐.

〈보 기〉

ㄱ. 매년 완성공사원가에서 노무비가 차지하는 비중은 가장 작다.
ㄴ. 완성공사원가 중 현장경비의 비중은 매년 증가한다.
ㄷ. 2016년 대비 2018년 완성공사원가의 감소율은 70% 미만이다.
ㄹ. 현장경비 대비 외주비가 가장 큰 해는 가장 작은 해의 3배 이상이다.

① ㄱ, ㄴ
② ㄱ, ㄷ
③ ㄴ, ㄹ
④ ㄱ, ㄷ, ㄹ
⑤ ㄴ, ㄷ, ㄹ

17. 다음 〈표〉는 A대학교 예술학과 동아리 지원비에 관한 자료이다. 이에 대한 〈보기〉의 설명 중 옳은 것만을 모두 고르면?

〈표〉 A대학교 예술학과 동아리 지원비 현황

(단위: 천 원)

학과	동아리 구분	2015년 3월	2016년 3월	2017년 3월	2018년 3월	2019년 3월	2015~ 2019년 3월 평균
실용 음악	댄스	180	220	( )	240	250	224
	악기	150	180	190	( )	220	188
	연기	200	230	250	270	300	250
시각 디자인	애니메 이션	200	220	250	250	270	238
	그래픽	180	190	200	220	255	209
	영상	240	250	280	300	350	284

※ 동아리는 학과별로 3개만 존재함.

〈보 기〉

ㄱ. 실용음악학과 동아리 중 지원비가 높은 동아리부터 순서대로 나열하면, 2019년 3월과 2015년 3월의 순서는 동일하다.

ㄴ. 2019년 3월 시각디자인학과 동아리 중 전년 동월 대비 지원비 증가율이 가장 높은 동아리와 2016년 3월 시각디자인학과 동아리 중 전년 동월 대비 지원비 증가율이 가장 높은 동아리는 동일하다.

ㄷ. 2016년 3월 이후 실용음악학과 동아리별 지원비는 전년 동월 대비 매년 증가한다.

ㄹ. 2020년 3월 시각디자인학과 동아리별 지원비의 전년 동월 대비 증감폭이 2019년 3월과 동일하다면, 2020년 3월 시각디자인학과 동아리별 지원비의 총합은 95만 원 이상이다.

① ㄱ, ㄷ
② ㄱ, ㄹ
③ ㄴ, ㄷ
④ ㄴ, ㄹ
⑤ ㄱ, ㄷ, ㄹ

18. 다음 〈그림〉과 〈표〉는 2023년 업체 A~D의 제품 판매량에 관한 자료이다. 이에 대한 설명으로 옳은 것은?

〈그림〉 업체 A~D의 분기별 제품 판매량

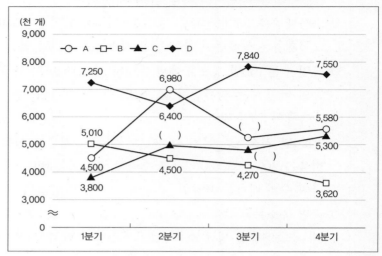

〈표〉 업체 A~D의 월평균 제품 판매량

(단위: 천 개)

업체	A	B	C	D
월평균 판매량	1,860	( )	1,570	( )

※ 1) 월평균 판매량 = $\frac{\text{연간 판매량}}{12}$

※ 2) 연간 판매량은 1~4분기 판매량의 합임.

① 업체 A~D 중 1분기 대비 4분기 판매량 증가율이 가장 높은 업체는 A이다.

② 연간 판매량은 업체 B가 업체 C보다 많다.

③ 업체 A의 3분기 판매량은 520만 개 이상이다.

④ 업체 D의 월평균 판매량은 250만 개 이상이다.

⑤ 업체 A~D 중 판매량이 가장 많은 분기와 가장 적은 분기 간 판매량 차이는 업체 D가 가장 작다.

19. 다음 〈표〉는 2017~2020년 '갑'국의 학교급별 학생 1인당 연간 공교육비에 관한 자료이다. 〈표〉와 〈조건〉에 근거하여 A~D에 해당하는 학교급을 바르게 나열한 것은?

〈표〉 학교급별 학생 1인당 연간 공교육비

(단위: 만 원)

연도　　학교급	2017	2018	2019	2020
A	100	99	94	96
B	80	88	93	97
C	77	84	86	89
D	107	111	110	116

─〈조 건〉─

○ 2017년 고등학교 학생 1인당 연간 공교육비는 중학교 학생 1인당 연간 공교육비의 1.2배 이상이다.

○ 학생 1인당 연간 공교육비가 많은 학교급부터 순서대로 나열했을 때, 2020년 순위가 전년 대비 하락한 학교급은 대학교이다.

○ 2018년 대비 2020년 학생 1인당 연간 공교육비의 증가율은 초등학교가 고등학교보다 5%p 이상 크다.

	A	B	C	D
①	중학교	초등학교	대학교	고등학교
②	고등학교	초등학교	중학교	대학교
③	고등학교	중학교	초등학교	대학교
④	대학교	초등학교	중학교	고등학교
⑤	대학교	중학교	초등학교	고등학교

20. 다음 〈표〉와 〈그림〉은 2022년 5~7월 '갑'국의 공업제품, 전기·가스·수도, 농축수산물 3개 품목의 소비자물가지수에 관한 자료이다. 이에 대한 〈보기〉의 설명 중 옳은 것만을 모두 고르면?

〈표〉 3개 품목의 2022년 7월 소비자물가지수

품목	공업제품	전기·가스·수도	농축수산물
소비자물가지수	111.5	106.5	114.4

※ 품목별 2020년 소비자물가지수＝100

〈그림〉 3개 품목 2022년 5~7월 소비자물가지수의 전년동월비 및 전월비

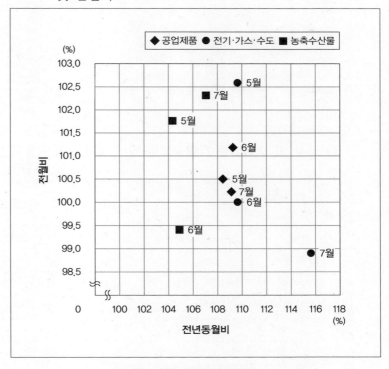

※ 1) 전년동월비(%)＝$\dfrac{2022년\ N월\ 소비자물가지수}{2021년\ N월\ 소비자물가지수} \times 100$

2) 전월비(%)＝$\dfrac{2022년\ N월\ 소비자물가지수}{2022년\ (N-1)월\ 소비자물가지수} \times 100$

─〈보 기〉─

ㄱ. 2022년 5~7월 공업제품의 소비자물가지수는 매월 증가한다.

ㄴ. 2021년 7월의 소비자물가지수가 가장 높은 품목은 농축수산물이다.

ㄷ. 2022년 5~7월 소비자물가지수의 전월비가 매월 가장 높은 품목은 전기·가스·수도이다.

ㄹ. 2021년 5월 대비 2022년 4월의 소비자물가지수가 가장 높은 품목은 공업제품이다.

① ㄱ, ㄴ

② ㄱ, ㄷ

③ ㄷ, ㄹ

④ ㄱ, ㄴ, ㄹ

⑤ ㄴ, ㄷ, ㄹ

21. 다음 〈그림〉과 〈표〉는 '갑'국의 2019~2023년 금융 및 보험 업종 기업 현황에 관한 자료이다. 제시된 〈그림〉과 〈표〉 이외에 〈보고서〉를 작성하기 위해 추가로 필요한 자료만을 〈보기〉에서 모두 고르면?

〈그림〉 금융 및 보험업종 기업 수

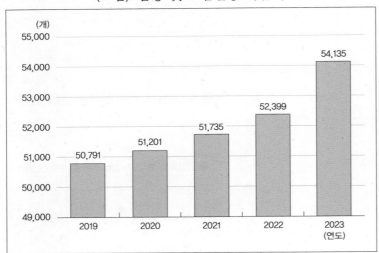

〈표〉 금융 및 보험업종 기업규모별 및 중소기업 분류별 구성비
(단위: %)

구분 \ 연도	2019	2020	2021	2022	2023
전체	100.0	100.0	100.0	100.0	100.0
대기업	5.8	5.5	6.0	6.0	6.2
중소기업	94.2	94.5	94.0	94.0	93.8
소상공인	81.3	81.8	81.2	81.0	80.3
소기업	7.9	7.7	7.7	8.0	8.2
중기업	5.0	5.0	5.1	5.0	5.3

※ 기업규모는 '대기업'과 '중소기업'으로만 구분되며, '중소기업'은 '소상공인', '소기업', '중기업'으로만 분류됨.

〈보고서〉

'갑'국의 금융 및 보험업종 기업 수는 2019년 50,791개에서 2023년 54,135개로, 6% 이상 증가하였다. 특히, 2020~2022년 동안 금융 및 보험업종의 기업 수의 전년 대비 증가율은 매년 1.5% 미만이었으나, 2022년 대비 2023년 금융 및 보험업종 기업 수의 증가율은 3% 이상인 것으로 나타났다.

금융 및 보험업종의 기업 수를 기업규모와 중소기업 분류별로 살펴보면, 2019~2022년 동안 중소기업 수는 매년 47,000개 이상이었으며, 중소기업 중 소상공인의 비중은 매년 85% 이상이었다. 한편, 금융 및 보험업종 전체 기업 중 '대기업'의 비중은 매년 5.5% 이상 6.5% 미만이었다.

2023년 '갑'국 산업의 업종별 현황을 살펴보면, 업종별 전체 기업 수에서 대기업이 차지하는 비중이 가장 큰 업종은 금융 및 보험업(6.2%)이고, 가장 작은 업종은 수리 및 기타 개인 서비스업(0.2%)이었다. 2023년 종사자규모가 100인 이상인 기업 수가 가장 많은 업종은 제조업(4,568개)이었으며, 10인 미만인 기업 수가 가장 많은 업종은 도매 및 소매업(1,632,986개)이었다.

〈보 기〉

ㄱ. 업종별, 기업규모별 종사자 수

ㄴ. 업종별, 기업규모별 기업 수

ㄷ. 업종별, 종사자규모별 기업 수

ㄹ. 금융 및 보험업종 중소기업 분류별 기업 수

① ㄴ

② ㄴ, ㄷ

③ ㄱ, ㄹ

④ ㄱ, ㄴ, ㄷ

⑤ ㄴ, ㄷ, ㄹ

22. 다음 〈표〉는 A학교에서 구입하려는 도서 목록과 전문가 평점 및 선호도에 따른 도서 구매 지원 비율에 관한 자료이다. 이에 대한 〈보기〉의 설명 중 옳은 것만을 모두 고르면?

〈표 1〉 A학교에서 구입하려는 도서 목록
(단위: 원, 점)

구분 \ 도서명	가격	전문가 평점	학생 선호도	교사 선호도
내일은 내일이	14,000	☆☆☆☆	75	85
조르도바	15,500	☆☆☆	48	80
정찰	21,000	☆☆☆☆☆	60	90
데미어	10,000	☆☆	84	70
경제야구	13,000	☆☆☆☆	90	55

〈표 2〉 전문가 평점 및 선호도에 따른 도서 구매 지원 비율
(단위: %)

총점 \ 전문가 평점	☆	☆☆	☆☆☆	☆☆☆☆	☆☆☆☆☆
150점 이하	10	20	30	50	60
150점 초과	40	60	80	90	100

※ 1) 총점(점) = 학생 선호도 + 교사 선호도
　 2) 구매 지원비(원) = 10,000 × 도서 구매 지원 비율

〈보 기〉

ㄱ. A학교에서 구입하려는 도서 목록 중 총점이 가장 높은 도서는 '내일은 내일이'이다.

ㄴ. A학교에서 구입하려는 도서 목록 중 구매 지원비가 5,000원 이상인 도서는 3개이다.

ㄷ. A학교에서 구입하려는 도서 목록 중 학생 선호도가 가장 높은 도서의 구매 지원비는 교사 선호도가 가장 높은 도서의 구매 지원비보다 적다.

ㄹ. A학교에서 구입하려는 도서 목록 중 가격 대비 구매 지원비가 가장 작은 도서는 '조르도바'이다.

① ㄱ, ㄴ

② ㄱ, ㄹ

③ ㄴ, ㄷ

④ ㄷ, ㄹ

⑤ ㄱ, ㄷ, ㄹ

[23~24] 다음 〈표〉는 2021년 카드사 '갑'~'기'의 대출 한도와 대출 이자율, 카드 승인 실적, 신규 카드 발급 건수에 관한 자료이다. 다음 글을 읽고 물음에 답하시오.

〈표 1〉 카드사별 대출 한도와 대출 이자율

(단위: 만 원, %)

구분 \ 카드사	갑	을	병	정	무	기
대출 한도	5,000	3,000	1,500	2,500	4,000	1,000
대출 이자율	10.8	14.1	12.2	8.7	11.9	6.7

〈표 2〉 카드사별 카드 승인 실적

(단위: 백만 원)

월 \ 카드사	갑	을	병	정	무	기
1	65	119	36	112	159	224
2	49	94	19	54	154	247
3	52	112	24	48	146	237
4	55	121	22	78	141	216
5	67	139	52	113	168	274
6	63	121	43	122	170	261
7	66	134	36	133	169	241
8	74	130	26	135	172	225
9	65	137	45	122	173	271
10	59	150	25	114	188	256
11	70	132	27	124	168	235
12	83	135	41	141	184	277
월평균	64	127	33	108	166	247

〈표 3〉 카드사별 신규 카드 발급 건수

(단위: 건)

월 \ 카드사	갑	을	병	정	무	기
1	89	79	107	211	186	203
2	95	93	154	187	188	168
3	92	85	68	207	163	110
4	63	106	123	157	156	134
5	107	81	104	173	194	127
6	74	110	141	138	208	136
7	82	96	135	144	182	149
8	98	87	147	165	178	95
9	102	73	72	192	154	118
10	109	115	133	181	132	153
11	51	66	128	204	125	180
12	46	89	140	213	210	155
월평균	84	90	121	181	173	144

23. 위 〈표〉를 근거로 〈보기〉의 설명 중 옳은 것만을 모두 고르면?

〈보 기〉

ㄱ. 대출 한도가 4,000만 원 이상인 카드사의 2021년 연간 카드 승인 실적의 평균은 1,200백만 원 이상이다.

ㄴ. 카드사별 신규 카드 발급 건수가 가장 많은 달과 카드 승인 실적이 가장 높은 달이 동일한 카드사는 '을'뿐이다.

ㄷ. 6월의 카드 승인 실적이 월평균 승인 실적보다 많고, 신규 카드 발급 건수가 월평균 카드 발급 건수보다 많은 카드사는 '병'과 '무'이다.

ㄹ. 카드사 '갑'~'기' 중 12월 신규 카드 발급 건수가 두 번째로 많은 카드사의 대출 이자율은 세 번째로 높다.

① ㄱ, ㄹ
② ㄴ, ㄷ
③ ㄷ, ㄹ
④ ㄱ, ㄴ, ㄷ
⑤ ㄱ, ㄷ, ㄹ

24. 위 〈표 1〉의 대출 한도를 개인 신용등급 하락을 개선하기 위한 대책으로 〈조건〉에 따라 조정하였다. 이때 '갑'~'기' 카드사 중 최종 대출 한도가 가장 높은 카드사와 두 번째로 낮은 카드사를 바르게 나열한 것은?

〈조 건〉

○ 다음 1)~3)을 차례대로 적용한 후 도출된 값을 최종 대출 한도로 결정한다.

1) 대출 이자율이 10% 미만인 카드사의 대출 한도를 40%씩 높인다.

2) 월별 카드 승인 실적이 월평균 승인 실적보다 많은 달이 적은 달보다 많은 카드사는 대출 한도를 1,000만 원씩 낮춘다.

3) 6개 카드사 중 월평균 신규 카드 발급 건수가 적은 상위 3개사의 대출 한도를 50%씩 낮춘다.

	가장 높은 카드사	두 번째로 낮은 카드사
①	갑	기
②	정	기
③	무	을
④	정	을
⑤	무	병

25. 다음 〈표〉는 2018~2022년 '갑'국의 체육지도자 자격 취득 현황에 관한 자료이다. 이를 바탕으로 작성한 〈보고서〉의 B, C, E에 해당하는 내용을 바르게 나열한 것은?

〈표〉 연도별 체육지도자 자격 취득 현황
(단위: 명)

자격 종류 \ 연도	2018	2019	2020	2021	2022
전체	12,464	16,748	12,198	14,686	16,631
건강운동관리사	234	285	181	94	235
노인스포츠지도사	1,746	1,922	1,846	1,858	2,003
유소년스포츠지도사	1,973	1,634	1,259	1,185	1,391
장애인스포츠지도사	463	574	478	548	708
전문스포츠지도사	1,521	2,849	1,239	1,831	1,861
1급 전문스포츠지도사	70	78	66	41	48
2급 전문스포츠지도사	1,451	2,771	1,173	1,790	1,813
생활스포츠지도사	6,527	9,484	7,195	9,170	10,433
1급 생활스포츠지도사	185	277	262	245	258
2급 생활스포츠지도사	6,342	9,207	6,933	8,925	10,175

※ 1) '갑'국 국민은 한 종류의 체육지도자 자격만을 취득할 수 있음.
2) 각 연도의 수치는 해당 연도에 체육지도자 자격을 신규로 취득한 인원만을 나타냄.

─〈보고서〉─

'갑'국의 체육지도자 자격 취득 현황을 살펴보면, 2018~2022년 동안 체육지도자 자격을 신규로 취득한 자는 총 　A　 명이고, 2022년의 체육지도자 자격 취득자 수는 2021년에 비해 　B　 명 증가하였다. 2018~2022년 동안 매년 체육지도자 자격 취득자 수가 가장 많은 자격 종류는 생활스포츠지도사이었으며, 연도별 체육지도자 자격 취득자 중 생활스포츠지도사 자격 취득자 수의 비중은 　C　 년과 2022년에 각각 60%를 초과하였다. 한편, 생활스포츠지도사를 제외한 체육지도자 자격 종류 중 취득자 수가 가장 많은 자격 종류의 경우, 2018년에는 　D　, 2022년에는 　E　 인 것으로 나타났다.

	B	C	E
①	1,945	2020	유소년스포츠지도사
②	1,945	2021	노인스포츠지도사
③	1,945	2021	유소년스포츠지도사
④	2,045	2020	노인스포츠지도사
⑤	2,045	2021	유소년스포츠지도사

2024 해커스PSAT 7급 PSAT FINAL 봉투모의고사 (5회)

컴퓨터용 흑색사인펜만 사용

책형	
Ⓐ	
Ⓒ	

[필적감정용 기재]
*아래 예시문을 옮겨 적으시오
본인은 OOO(응시자성명)임을 확인함

기 재 란

성 명	
자필성명	본인 성명 기재
시험장소	

책임감독관 서명
(성명을 정자로 기재할 것)

채점 동점자 사용

응시번호

(number grid columns with circles 0-9)

생년월일

(number grid columns with circles 0-9)

언어논리(1~10번)

	①	②	③	④	⑤
1	①	②	③	④	⑤
2	①	②	③	④	⑤
3	①	②	③	④	⑤
4	①	②	③	④	⑤
5	①	②	③	④	⑤
6	①	②	③	④	⑤
7	①	②	③	④	⑤
8	①	②	③	④	⑤
9	①	②	③	④	⑤
10	①	②	③	④	⑤

언어논리(11~20번)

	①	②	③	④	⑤
11	①	②	③	④	⑤
12	①	②	③	④	⑤
13	①	②	③	④	⑤
14	①	②	③	④	⑤
15	①	②	③	④	⑤
16	①	②	③	④	⑤
17	①	②	③	④	⑤
18	①	②	③	④	⑤
19	①	②	③	④	⑤
20	①	②	③	④	⑤

언어논리(21~25번)

	①	②	③	④	⑤
21	①	②	③	④	⑤
22	①	②	③	④	⑤
23	①	②	③	④	⑤
24	①	②	③	④	⑤
25	①	②	③	④	⑤

상황판단(1~10번)

	①	②	③	④	⑤
1	①	②	③	④	⑤
2	①	②	③	④	⑤
3	①	②	③	④	⑤
4	①	②	③	④	⑤
5	①	②	③	④	⑤
6	①	②	③	④	⑤
7	①	②	③	④	⑤
8	①	②	③	④	⑤
9	①	②	③	④	⑤
10	①	②	③	④	⑤

상황판단(11~20번)

	①	②	③	④	⑤
11	①	②	③	④	⑤
12	①	②	③	④	⑤
13	①	②	③	④	⑤
14	①	②	③	④	⑤
15	①	②	③	④	⑤
16	①	②	③	④	⑤
17	①	②	③	④	⑤
18	①	②	③	④	⑤
19	①	②	③	④	⑤
20	①	②	③	④	⑤

상황판단(21~25번)

	①	②	③	④	⑤
21	①	②	③	④	⑤
22	①	②	③	④	⑤
23	①	②	③	④	⑤
24	①	②	③	④	⑤
25	①	②	③	④	⑤

2024 해커스PSAT 7급 PSAT FINAL 봉투모의고사 (5회)

컴퓨터용 흑색사인펜만 사용

책형

(A)

(C)

[필적감정용 기재]
*아래 예시문을 옮겨 적으시오

본인은 OOO(응시자성명)임을 확인함

기 재 란

성 명

자필성명 | 본인 성명 기재

시험장소

※시험감독관 서명
(성명을 정자로 기재할 것)

채점결과 확인용 사용

응시번호

| ⓪ ① ② ③ ④ ⑤ ⑥ ⑦ ⑧ ⑨ |
| ⓪ ① ② ③ ④ ⑤ ⑥ ⑦ ⑧ ⑨ |
| ⓪ ① ② ③ ④ ⑤ ⑥ ⑦ ⑧ ⑨ |
| ⓪ ① ② ③ ④ ⑤ ⑥ ⑦ ⑧ ⑨ |
| ⓪ ① ② ③ ④ ⑤ ⑥ ⑦ ⑧ ⑨ |
| ⓪ ① ② ③ ④ ⑤ ⑥ ⑦ ⑧ ⑨ |
| ⓪ ① ② ③ ④ ⑤ ⑥ ⑦ ⑧ ⑨ |
| ⑤ ⑥ ⑦ |

생년월일

| ⓪ ① ② ③ ④ ⑤ ⑥ ⑦ ⑧ ⑨ |
| ⓪ ① ② ③ |
| ⓪ ① ② ③ ④ ⑤ ⑥ ⑦ ⑧ ⑨ |
| ⓪ ① |
| ⓪ ① ② ③ ④ ⑤ ⑥ ⑦ ⑧ ⑨ |
| ⓪ ① ② ③ ④ ⑤ ⑥ ⑦ ⑧ ⑨ |

자료해석(1~10번)

1	① ② ③ ④ ⑤
2	① ② ③ ④ ⑤
3	① ② ③ ④ ⑤
4	① ② ③ ④ ⑤
5	① ② ③ ④ ⑤
6	① ② ③ ④ ⑤
7	① ② ③ ④ ⑤
8	① ② ③ ④ ⑤
9	① ② ③ ④ ⑤
10	① ② ③ ④ ⑤

자료해석(11~20번)

11	① ② ③ ④ ⑤
12	① ② ③ ④ ⑤
13	① ② ③ ④ ⑤
14	① ② ③ ④ ⑤
15	① ② ③ ④ ⑤
16	① ② ③ ④ ⑤
17	① ② ③ ④ ⑤
18	① ② ③ ④ ⑤
19	① ② ③ ④ ⑤
20	① ② ③ ④ ⑤

자료해석(21~25번)

21	① ② ③ ④ ⑤
22	① ② ③ ④ ⑤
23	① ② ③ ④ ⑤
24	① ② ③ ④ ⑤
25	① ② ③ ④ ⑤

| 언어논리영역 · 상황판단영역 |
1교시

응시번호

성명

실전모의고사
1회

문제책형
가

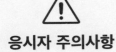

응시자 주의사항

1. **시험시작 전 시험문제를 열람하는 행위나 시험종료 후 답안을 작성하는 행위를 한 사람은** 「공무원 임용시험령」 제51조에 의거 **부정행위자로 처리됩니다.**

2. **답안지 책형 표기는 시험시작 전 감독관의 지시에 따라 문제책 앞면에 인쇄된 문제책형을 확인**한 후, **답안지 책형란에 해당 책형(1개)을 '●'로 표기하여야 합니다.**

3. 시험이 시작되면 문제를 주의 깊게 읽은 후, **문항의 취지에 가장 적합한 하나의 정답만을 고르며**, 문제내용에 관한 질문은 할 수 없습니다.

4. **답안을 잘못 표기하였을 경우에는 답안지를 교체하여 작성하거나 수정할 수 있으며**, 표기한 답안을 수정할 때는 **응시자 본인이 가져온 수정테이프만을 사용하여 해당 부분을 완전히 지우고** 부착된 수정테이프가 떨어지지 않도록 손으로 눌러주어야 합니다. (수정액 또는 수정스티커 등은 사용 불가)

5. **시험시간 관리의 책임은 응시자 본인에게 있습니다.**
   ※ 문제책은 시험종료 후 가지고 갈 수 있습니다.

정답공개 및
해설강의 안내

1. 모바일 자동 채점 및 성적 분석 서비스
   • '약점 보완 해설집'에 회차별로 수록된 QR코드 인식 ▶ 응시 인원 대비 자신의 성적 위치 확인

2. 해설강의 수강 방법
   • 해커스PSAT 사이트(www.psat.Hackers.com) 접속 후 로그인 ▶ 우측 퀵배너 [쿠폰/수강권 등록] 클릭 ▶ '약점 보완 해설집'에 수록된 쿠폰번호 입력 후 이용

언어논리영역

1. 다음 글에서 알 수 있는 것은?

한강은 우리나라에서 가장 넓고 유량이 많은 강으로서, 육상 교통 발달 전 교통의 중심이었다. 우리나라의 주요 하천은 물론, 중국과 해상 교역로가 연결되는 지점이 바로 한강이었기 때문이다. 또한, 한강 주변에는 넓고 비옥한 평야가 있어, 농경 중심의 사회에서 가치가 더 높을 수밖에 없었다. 이에 한강은 한반도에 등장했던 고대국가의 흥망성쇠와 연결되는 요충지로서 기능했다.

삼국시대에는 고구려·백제·신라가 번갈아 한강을 지배하며 번영과 쇠퇴를 경험했다. 가장 먼저 한강을 차지한 국가는 위례성에 터전을 잡고 건국된 백제였다. 이후 전성기를 맞이하여 충청도와 전라도 대부분의 지역을 병합하고 중국과 일본에까지 그 세력을 넓혔다. 그러나 세력을 키운 고구려의 광개토대왕이 한강 이북 지역을 차지하고, 장수왕이 적극적인 남진 정책을 추진하며 한강 유역부터 한반도 남부까지 영토를 확장하였다. 이에 백제는 신라와 손을 잡고 고구려를 공격해 한강 하류를 되찾았으나, 동맹을 깬 신라에 의해 백제는 탈환했던 한강 유역을 다시 빼앗기게 된다. 이러한 삼국의 치열한 경쟁을 잘 보여주는 유적이 바로 장미산성이다. 장미산성은 한강 유역을 점령하기 위해서는 반드시 필요했기 때문에, 한강 유역을 점령했던 시기의 삼국 유물이 발견된다.

한편 고려는 북부 지방인 송악의 호족 출신 왕건이 통일한 나라로 건국 당시에는 한강 유역의 중요성이 부각되지 않았다. 그러다 고려 제11대 왕 문종 대에 이르러 현대의 서울인 양주에 궁궐을 건설하며 이 지역을 남경으로 승격시켰다. 이전에는 개성, 평양, 경주에 해당하는 중경, 서경, 동경이 주요한 세 도시로서 삼경이라 일컬어졌으나, 남경을 포함한 네 도시를 사경이라 부르거나 중경이나 동경을 제외한 세 도시를 삼경이라 부르게 되었다. 남경 건설 당시부터 한강 일대의 중요성은 계속 부각되었으며, 고려 말 남경이라는 명칭 대신 한양부로 개칭되고 본격적으로 한양 천도가 추진되었다. 이에 우왕 8년, 한양으로의 천도를 단행했으나 풍수지리설에 따라 개경으로 환도하였고, 고려 마지막 왕인 공양왕도 한양으로 천도했으나 불길한 일이 자주 발생해 개경으로 환도하였다.

① 백제는 고구려로부터 한강 유역을 탈환하지 못해 전성기를 맞이할 수 없었다.

② 장미산성에는 광개토대왕 이전 재위했던 고구려 왕 시대의 유물은 남아있지 않을 것이다.

③ 신라와 손을 잡고 한강 유역을 되찾은 백제는 이를 바탕으로 중국과의 교류를 재개할 수 있었다.

④ 고려는 한양으로의 천도를 여러 차례 시도하였으나 성공하지 못하여 고려의 수도는 항상 개경이었다.

⑤ 고려시대에는 문종 시기에 왕건의 출신 지역이라는 이유에서 한강 유역의 중요성이 인식되기 시작했다.

2. 다음 글의 내용과 부합하는 것은?

신라의 마립간으로 내물이 즉위한 4세기 중엽, 신라는 백제, 가야, 왜 등 외부세력의 끊임없는 침략에 시달렸고, 동시에 내부적으로는 왕족 간 분열로 인한 정치적 혼란이 이어지고 있었다. 특히 석씨 왕족들은 김씨 왕족 출신의 내물의 즉위를 탐탁지 않게 여겼고, 내물과 같은 김씨 왕족이지만 정치적으로 대립하고 있던 실성을 내세워 내물을 정치적으로 위협했다. 이에 내물은 실성을 고구려에 볼모로 보내고 고구려의 군사적 지원을 받음으로써 내적, 외적 위협을 한번에 타개하고자 했다. 실제로 내물의 볼모 정책은 성공을 거두었지만, 고구려의 내정 간섭 역시 심화되었다.

내물이 죽자 고구려에서 오랫동안 볼모 생활을 한 실성이 마립간으로 즉위하게 되었는데, 이는 신라에 대한 영향력을 더 확대하고자 하는 고구려의 의도에 의한 것이었다. 본래 석씨 왕족의 지지를 받던 실성은 즉위 직후 내물의 지지 세력 약화를 위해 내물의 삼남인 미사흔을 왜에 볼모로 보내는 한편, 몇 년 후에는 내물의 차남인 복호를 고구려에 볼모로 보냈다. 이후 석씨 왕족들의 전횡이 날로 심해졌고, 신라 내부적으로 불만이 커져가자 신라의 정치적 혼란을 우려한 고구려가 실성에 대한 지지를 철회하였다. 이에 내물을 지지하던 세력은 실성을 제거하고 내물의 장자인 눌지를 마립간으로 추대했다.

타국에서 볼모 생활을 한 적이 없는 눌지는 고구려를 비롯한 외국의 영향력으로부터 벗어나고자 했다. 먼저 눌지는 신라의 자주성을 회복하고자 박씨 왕족이었던 박제상을 시켜 복호와 미사흔을 데려오도록 하였다. 박제상은 외교적 수단으로 복호를 귀국시키는 데 성공했지만, 미사흔은 외교적 수단만으로는 신라에 데려올 수 없었다. 이에 박제상은 기지를 발휘해 신라를 배신한 척 거짓으로 망명을 하면서 미사흔을 신라로 탈출시켰다. 이후 박제상은 미사흔을 탈출시킨 죄로 붙잡혔고, 그의 기지에 감탄한 왕이 자신의 신하가 되면 사면해줄 것을 약속하였으나, 박제상은 거절하였고 결국 처형당하였다. 박제상의 죽음이 알려지자 눌지는 그의 죽음을 애통해 하는 한편 박제상의 충절을 높이 사 대아찬에 추증하고, 그의 차녀를 미사흔의 아내로 삼게 하였다고 한다.

① 내물, 실성, 눌지 모두 김씨 왕족 출신의 마립간이다.

② 석씨 왕족 세력들은 실성을 견제하고자 눌지를 마립간으로 추대하였다.

③ 박제상은 눌지의 임무를 수행하던 중 고구려에서 처형당했다.

④ 내물의 둘째 아들은 눌지의 명에 의해 왕족의 딸과 혼인했다.

⑤ 내물의 볼모 정책 성공은 신라의 자주성을 높이는 데 큰 영향을 미치게 되었다.

3. 다음 글의 핵심 논지로 가장 적절한 것은?

> 정치 갈등의 중심에는 시장의 개입을 최소화하여 효율성을 살려야 한다는 입장과 적극적인 정부의 개입으로 자원 배분의 형평성을 살려야 한다는 입장이 대립한다. 시장경제 체제 하에서는 재화의 생산과 교환 및 배분에 관한 의사결정을 시장 참여자들이 자율적으로 결정한다. 시장에서 경쟁을 통하여 희소한 자원을 가장 효율적으로 사용할 수 있는 생산자에게 배당함으로써 낮은 비용으로 생산을 가능하게 하며, 생산된 상품은 가장 높은 효용을 얻을 수 있는 소비자에게 배분한다. 따라서 희소한 자원이 가장 효율적으로 사용될 수 있으며, 궁극적으로 사회 전체의 후생은 극대화된다. 시장주의자는 가격이라는 시장 메커니즘에 의해 이뤄지는 효율적인 생산과 교환 및 배분에 있어 정부가 개입하면 안 된다고 주장한다. 정부의 개입은 이미 극대화되어 있는 사회적 후생을 감소시킬 뿐이기 때문이다.
>
> 반면 개입주의자는 시장을 통한 자원배분이 언제나 효율적인 것은 아니라고 생각한다. 시장 참여자들의 경쟁을 통한 시장 메커니즘이 작동하기 위해서는 가격 경쟁을 담보할 수 있는 정부의 제도적 뒷받침이 필요하다고 주장한다. 시장 제도가 시장 참여자들 간의 자유로운 선택을 보장할 수 없거나 오히려 자유로운 경쟁을 억압하고 있다면 시장은 기능을 제대로 발휘할 수 없기 때문이다. 또한 시장이 작동하고 있음에도 불구하고 여러 가지 요소로 인해 자원이 효율적으로 배분되지 못하는 상황이 야기될 수 있다. 즉, 시장에서 생산되는 사회적 재화 및 서비스가 최적의 양보다 적게 공급되거나 공급이 전혀 되지 못하는 시장실패가 발생할 수 있는 것이다. 이런 시장실패를 방지하기 위해 정부의 시장 개입이 필요하다는 입장이 개입주의이다.
>
> 시장주의와 개입주의의 대립은 사회적 후생의 극대화라는 목적에 대한 차이가 아니다. 오히려 왜 사회후생이 극대화되지 않은가에 대해 서로 다르게 진단함에 따라 비롯된다. 시장은 참여자들의 경쟁을 통해 효율적인 자원배분, 안정과 성장의 촉진 등의 과제를 시장기구에 주로 의존하여 해결한다. 그러나 이는 시장에 완전한 경쟁이 보장될 경우에나 이뤄질 수 있는 것이다. 현실의 시장에서는 이러한 이상적인 상황보다는 시장실패적 요소가 산재해 있으며, 이를 최소화하기 위해서는 시장에 대한 인위적인 개입이 필요할 수 있다. 따라서 시장실패적 요소를 줄이고 사회적 후생을 극대화할 수 있다면, 정부는 시장에 개입할 당위성을 갖게 된다.

① 시장주의자와 개입주의자는 시장 메커니즘을 일원화하여 이해할 필요가 있다.
② 시장주의자와 개입주의자 모두 사회적 후생을 극대화하기 위한 정부의 개입에는 동의해야 한다.
③ 시장주의자와 개입주의자 모두 자원의 효율적 사용 외에도 공정한 배분에 대한 합의가 필요하다.
④ 시장주의자와 개입주의자 모두 시장 참여자들의 자유로운 선택을 전적으로 보장하는 데에 동의해야 한다.
⑤ 시장주의자와 개입주의자는 사회적 후생을 극대화하기 위한 시장 메커니즘에 대한 분석이 필요하다.

4. 다음 글의 핵심 논지로 가장 적절한 것은?

모든 사람에게는 감정과 이성이 있다. 감정은 외부 대상을 감각기관을 통해 지각하거나 직관 또는 영감으로 표상하는 인식 능력이고, 반대로 이성은 외부 대상을 개념적으로 사유하거나 계산적·합리적으로 진위를 판단하는 인식 능력이다. 일반적으로 감정은 욕망이나 정념과 관련되기 때문에 비합리적인 판단을 하는 인간의 본성으로, 이성은 이러한 인간의 본성을 억누르는 합리적인 판단으로 여겨졌다. 이에 따라 감정과 이성을 발휘해야 하는 영역 역시 철저히 구분되어 왔다. 감정은 인간의 오감이 활용되는 예술 분야에서는 탁월하게 여겨졌지만, 합리성을 기반으로 하는 자연과학과 사회과학 분야에서는 배제되어야 하는 것으로 여겨졌다. 외부 현상에 대한 관찰, 가설의 설정, 검증 및 계산 등 일련의 과정으로 이루어지는 과학적 통찰은 계산 능력과 합리성이 적용되는 데 반해, 객관적으로 검증할 수 없는 직관과 영감은 비과학적이라고 생각했기 때문이다.

그러나 감정은 단순한 직관이나 영감이 아니다. 이성과 마찬가지로 철저히 계산과 합리성에 기반을 두고 있다. 예를 들어 사람은 무서운 것을 보면 두려움이라는 감정을 느낀다. 그런데 이 두려움은 무서운 것을 보는 순간 머릿속에서 수많은 기간 동안 축적 및 전수된 데이터를 계산해서 위험하다는 결론에 따른 것이다. 따라서 감정은 철저한 검증 및 계산 과정을 거쳐 발현하는 합리적인 인식 능력이다. 또한 경쟁심, 양보, 협력 등과 같은 도덕적 감정 역시 인류의 생존 경쟁 속에서 생존 확률을 극대화하기 위해 거듭 발전시킨 인식 능력이다. 감정은 계산적·합리적 능력임에도 불구하고 우리는 이를 의식적으로 깨닫지 못한다. 왜냐하면 감정의 계산은 외부 대상을 지각하는 순간에 시작되는 것이 아니라 수백만 년 속에 축적된 데이터에 기반하여 무의식적으로 일어나기 때문이다. 우리는 무의식적으로 생존의 확률을 계산하고 있는 것을 인식하지 못하므로 인간이 인지할 수 있는 의식활동인 이성만을 냉철한 판단으로 생각하는 것이다.

① 과학적 통찰에 있어 이성보다 감정을 신뢰하는 것이 더 합리적일 수 있다.
② 감정은 인간이 계산 과정과 합리성을 기반으로 하여 발전시킨 인식 능력이므로 비합리적이지 않다.
③ 감정과 이성의 구분은 의미가 없으므로 감정과 이성을 발휘하는 영역을 구분해서는 안 된다.
④ 감정이 비합리적인 것으로 여겨지는 이유는 감정은 외부 대상을 인지할 때 뒤늦게 지각하기 때문이다.
⑤ 감정은 이성과 달리 계산과 합리성에 근거한 인식 능력이므로 비합리적이라고 단정지을 수 없다.

5. 다음 글의 내용과 부합하지 않는 것은?

인유두종바이러스는 인간을 감염시켜 병을 일으키는 바이러스 중 하나다. 인유두종바이러스는 감염된 후 잠복기 동안은 활동하지 않다가 감염된 사람의 면역체계가 약해지면 활동해 병을 일으킨다. 인유두종바이러스는 다양한 종류가 있어 발견 순서에 따라 번호를 붙여 명명했다. 인유두종바이러스는 일으키는 병에 따라 크게 두 종류로 분류된다. 발암성 바이러스로 암을 일으킬 수 있는 고위험군과 암은 일으키지 않는 저위험군이다.

인유두종바이러스 고위험군에는 인유두종바이러스 16, 18, 31, 33번 등이 존재한다. 이 중에서도 16번과 18번은 감염 이후 암이 발생하기까지 걸리는 시간이 더 짧다. 그러나 16번과 18번도 감염 이후 암까지 발병하는 데 최소 5년이 걸리며 자궁경부이형성증 1단계, 2단계, 3단계를 거친 후 암으로 발병하기 때문에 조기 진단과 치료를 통해 암의 발생을 막을 수 있다. 자궁경부이형성증 1단계의 경우 특별한 치료 없이 경과 관찰을 하며, 자궁경부이형성증 2단계의 경우 경과 관찰, 레이저 치료, 냉동 치료, 원추절제술 등을 시행하고, 자궁경부이형성증 3단계의 경우에는 원추절제술을 한다.

인유두종바이러스 저위험군에는 인유두종바이러스 1, 2, 3, 6, 11, 13번 등이 있으며, 각 바이러스마다 일으키는 질환이 다르다. 평편 사마귀는 인유두종바이러스 3번, 10번, 곤지름은 인유두종바이러스 6번, 11번, 사마귀상표피이상증의 경우 인유두종바이러스 2번, 3번, 10번이 일으킨다. 평편 사마귀는 레이저 치료, 곤지름은 냉동 치료, 전기소작법 또는 레이저 치료, 사마귀상표피이상증에는 외과적 수술로 치료한다.

현재까지 인유두종바이러스 자체를 치료하는 방법은 없지만 인유두종바이러스 백신을 통해 감염 전 예방할 수 있다. 지금까지 개발된 인유두종바이러스 백신은 3종류로 가다실 9가, 가다실 4가, 서바릭스가 있다. 가다실 9가는 인유두종바이러스 6번, 11번, 16번, 18번, 31번, 33번, 45번, 52번, 58번, 가다실 4가는 인유두종바이러스 6번, 11번, 16번, 18번, 서바릭스는 인유두종바이러스 16번, 18번의 감염을 예방한다.

① 인유두종바이러스 2번은 암을 일으키지 않는다.
② 평편 사마귀와 사마귀상표피이상증을 모두 일으킬 수 있는 바이러스가 있다.
③ 인유두종바이러스 6번에 감염된 경우 가다실 4가를 맞음으로써 인유두종바이러스를 치료할 수 있다.
④ 가다실 9가는 인유두종바이러스 고위험군뿐만 아니라 저위험군 감염 또한 예방한다.
⑤ 레이저 치료는 인유두종바이러스 고위험군으로 인한 질병뿐만 아니라 저위험군으로 인한 질병에도 쓰일 수 있다.

6. 다음 글에서 알 수 있는 것은?

> 지난해 보건복지부가 발표한 '청년 복지 5대 과제' 관련 자료에 따르면, 20~30대 우울 위험군 비율이 모든 연령대에서 가장 높은 수준으로 나타났다고 한다. 특히 코로나19 이후 20대의 우울 위험군 비율이 급격히 증가한 것으로 나타났다. 이에 보건복지부는 이처럼 코로나19로 악화된 청년층의 정신적 어려움을 완화하기 위해 마음건강상담 지원 확대, 청년마음건강센터 내실화, 청년 정신건강검진 확대 개편 등을 추진해 오고 있다.
>
> 우울, 불안 등 심리적 문제로 어려움을 겪는 청년들을 위한 청년마음건강 바우처는 3개월간 총 10회에 걸쳐 1대1 전문 심리상담을 제공하고 있다. 청년마음건강 바우처는 복지로 사이트 또는 주변 읍면동 주민센터에서 신청할 수 있는데, 이를 활용하면 좀 더 낮은 비용 또는 무료로 심리상담을 받을 수 있다. 아울러 청년의 정신건강을 더욱 넉넉히 지원하고자 청년층 정신건강검진도 확대한다. 청년층을 대상으로 기존 검진 항목이었던 우울증 외에 조현병, 조울증도 추가하고 검진 주기는 10년에서 2년으로 단축한다. 검진 결과에 따라 치료가 필요한 청년에 대해서는 정신건강의학과와 전국 정신건강복지센터로 안내 및 연계해 사후관리도 제공할 방침이다.
>
> 대학생과 직장인 청년층의 마음건강을 위한 지원도 강화한다. 대학생 청년을 위해서는 대학 내 상담센터를 통한 학생 심리지원을 강화하고 심리지원 노력과 성과를 '대학기관 평가인증'에 반영하도록 해 대학에서 적극적으로 대학생 청년들을 지원하도록 할 예정이다. 직장인 청년을 위해서는 근로자 건강센터와 근로복지넷을 통한 전문 상담지원을 확대한다는 계획이다. 또 중대산업재해 경험자·감정 노동자를 위한 직업트라우마센터도 지난해 14곳에서 올해 23곳으로 확대 추진한다.

① 청년층 정신건강검진을 받은 청년은 본인의 의지에 따라 사후관리를 받을 수 있다.

② 심리적 문제를 겪는 청년이라면 청년마음건강 바우처를 통해 별도의 비용 지불 없이 심리상담을 받을 수 있다.

③ 2023년 1월 1일에 청년 정신건강검진을 받은 사람은 24개월 뒤인 2025년 1월에 청년 정신건강검진을 받을 수 있다.

④ 직장인 청년을 위한 전문상담을 시행하는 기업에서는 기업 평가인증에서 고득점을 획득할 수 있다.

⑤ 직업트라우마센터를 통한 심리상담은 90일을 기준으로 최대 10회까지 받을 수 있다.

7. 다음 대화의 ㉠에 따라 〈계획안〉을 수정한 것으로 적절하지 않은 것은?

> 갑: 'A시 디지털 리터러시 특강' 계획안을 사전에 공유드렸는데요. 이를 토대로 특강 계획을 구체화하여 계획안을 수정해봅시다.
>
> 을: 디지털 리터러시 특강은 교육 대상이 포괄적이면 기본적이고 피상적인 내용으로 교육이 진행되리라 생각합니다. 최근 조사에 따르면 한국 청소년의 디지털 정보 파악 능력이 낮은 편이라고 하여, 학부모들 사이에서 자녀의 디지털 리터러시 역량 강화에 대한 관심이 뜨겁다고 합니다. 이를 주제로 교육을 진행하면 많은 참여를 이끌어낼 수 있지 않을까요?
>
> 병: 좋은 의견이네요. 교육 대상을 청소년 자녀를 둔 학부모로 제한한다면, 교육 방법도 그에 맞춰 조정할 필요가 있습니다. 실시간 온라인 교육으로 진행하되 강사가 일방적으로 정보를 전달하는 것이 아닌, 쌍방향 소통이 가능한 방식으로 진행하는 것이 효과적일 것 같습니다.
>
> 정: 쌍방향 소통형으로 교육을 진행할 경우 운영 규모를 축소하여 보다 적은 인원을 대상으로 해야 합니다. 또한, 모집 인원보다 많은 사람이 신청할 수 있으므로 형평성을 고려해 선착순 모집이 아닌 선발형 모집으로 진행해야겠네요.
>
> 무: 온라인 교육을 위해서는 인터넷 연결과 스피커 사용이 가능한 PC를 구비하도록 안내해야 하는데요. 말씀해주신 방식으로 교육이 진행된다면 그뿐만 아니라 카메라와 마이크도 필요합니다.
>
> 갑: ㉠오늘 회의에서 나온 의견을 반영하여 계획안을 수정하겠습니다. 좋은 의견 내주셔서 감사합니다.

〈계획안〉

A시 디지털 리터러시 특강

○ 교육 주제: 디지털 리터러시 역량 강화
○ 교육 일시: 7. 27.(수) 13:00~15:00
○ 교육 대상: A시 시민 누구나
○ 교육 방법: 실시간 온라인 교육
○ 모집 인원: 100명(선착순 모집)
○ 신청 기간: 7. 5.(화) 9:00~7. 12.(화) 18:00

---

① 교육 주제를 "자녀의 리터러시 역량 강화를 위한 지도법"으로 수정한다.

② 교육 대상을 "청소년 자녀를 둔 학부모"로 수정한다.

③ 모집 인원을 "30명(추첨 선발)"으로 수정한다.

④ 신청 기간을 "7. 5.(화) 9:00~모집 인원 마감 시"로 수정한다.

⑤ "PC(인터넷 연결, 스피커, 카메라, 마이크 필수)"라는 내용의 '준비물' 항목을 추가한다.

8. 다음 글의 ㉠과 ㉡에 들어갈 진술로 가장 적절한 것은?

A 학파는 인간의 감정이나 욕망보다는 이성을 중시한다. 이들이 말하는 이성은 인간 개개인의 본성과 만물을 지배하는 신의 본성을 모두 내포하고 있는 개념이다. A 학파의 주장에 따르면, 인간이 우주적 인과 관계와 자연법칙을 제대로 이해하게 된다면 그때 인간은 어떠한 사사로운 감정이나 욕망에도 휘둘리지 않는 아파테이아 상태가 된다. 인간은 아파테이아 상태에 도달했을 때, 오직 이성적으로 판단하고 행동할 수 있으며, 비로소 진정한 자유의 상태가 된다는 것이다. 또한, A 학파는 이성을 중시하는 점과 모든 인간이 이성을 가지고 있다는 점을 통해 만민 평등사상을 주장한다.

이와 달리 B 학파는 인간의 감각적 경험을 가장 중시한다. 이들은 인간의 삶 속에서 정신적인 쾌락과 지속적인 마음의 평안이 가장 중요한 부분이며, 그렇기 때문에 이를 추구해야 한다고 말한다. B 학파의 관점에 따르면, 이 세상에 태어난 인간은 누구든지 즐거운 삶을 원하고, 그러므로 인간이 추구해야 할 궁극적인 목표는 쾌락이 된다. ㉠ 그러나 인간은 현실적으로 모든 욕구를 누릴 수 없기 때문에 허황된 욕심에서 벗어나 불안과 몸에 고통이 존재하지 않을 때, 어떤 것에도 흔들리지 않는 평온의 상태이자 이상적 경지인 아타락시아 상태에 도달하게 된다는 것이다. B 학파는 진정한 쾌락은 순간적이고 육체적인 것이 아닌 지속적이고 정신적인 쾌락이라고 말한다.

A 학파는 B 학파와 달리 참된 행복은 쾌락에서 나오는 것이 아니라고 주장한다. 그들은 인간으로서의 의무를 잘 지키고, 감정에 사로잡히지 않으며, 욕망을 단념할 때 비로소 참된 행복이 나올 수 있는 것이라고 말한다. 앞서 말한 것처럼 인간의 본성은 이성이다. 그러므로 그 이성에 맞추어 살아가는 것이 그 자체의 덕이 된다. A 학파는 ㉡

① ㉠: 인간은 진정한 쾌락을 즐길 수 있을 때 자신의 욕구가 충족된다.
   ㉡: 인간이란 존재는 이성으로 생긴 덕을 통해 진정으로 행복해질 수 있다고 주장한다.

② ㉠: 인간은 진정한 쾌락을 즐길 수 있을 때 자신의 욕구가 충족된다.
   ㉡: 덕을 갖춘 존재인 인간만이 참된 행복을 누릴 수 있다고 말한다.

③ ㉠: 모든 인간은 자신의 욕구를 충분히 충족할 수 있기에 진정한 쾌락을 즐길 수밖에 없다.
   ㉡: 인간이란 존재는 이성으로 인해 생긴 덕을 통해 진정으로 행복해질 수 있다고 주장한다.

④ ㉠: 인간은 자신의 욕구가 충족될 때 진정한 쾌락을 즐길 수 있다.
   ㉡: 덕을 갖춘 존재인 인간만이 참된 행복을 누릴 수 있다고 말한다.

⑤ ㉠: 인간은 자신의 욕구가 충족될 때 진정한 쾌락을 즐길 수 있다.
   ㉡: 인간이란 존재는 이성으로 생긴 덕을 통해 진정으로 행복해질 수 있다고 주장한다.

9. 다음 글의 ㉠에 대한 판단으로 적절한 것만을 〈보기〉에서 모두 고르면?

> □□시는 정책전문가가 참여하는 정책평가회의를 개최하여 올해 수행된 정책 A, B, C, D를 평가하였다. 정책전문가는 각 정책을 정책 유효성과 민원 접수 빈도 두 평가 요소로 나누어 평가한 후 해당 정책의 수준을 최종적으로 '높음', '보통', '낮음'으로 평가한다. 정책 유효성은 고용 안정과 생계 안정을 실현하였는지를 기준으로 '유효함', '보통', '유효하지 않음'으로 등급을 구분하여 평가하며, 정책이 유효할수록 높은 평가를 받는다. 민원 접수 빈도는 정책 수행 시 민원이 접수된 빈도를 '적음', '보통', '많음'으로 평가하고, 접수된 민원이 적을수록 높은 평가를 받는다. 정책평가회의에서 나타난 ㉠정책평가의 결과는 다음과 같다.
>
> ○ 정책 A는 고용 안정만을 실현하여 정책 유효성이 '보통'이고, 정책 수행 시 민원이 접수된 빈도는 '많음'이므로 최종 평가에서 '낮음'으로 평가되었다.
> ○ 정책 B는 고용 안정과 생계 안정 모두 실현하지 않아 정책 유효성이 '유효하지 않음'이고, 정책 수행 시 민원이 접수된 빈도는 '적음'이므로 최종 평가에서 '보통'으로 평가되었다.
> ○ 정책 C는 생계 안정만을 실현하여 정책 유효성이 '보통'이고, 정책 수행 시 민원이 접수된 빈도는 '적음'이므로 최종 평가에서 '높음'으로 평가되었다.
> ○ 정책 D는 고용 안정과 생계 안정을 모두 실현하여 정책 유효성이 '유효함'이고, 민원이 접수된 빈도는 '많음'이므로 최종 평가에서 '보통'으로 평가되었다.

───────〈보 기〉───────
ㄱ. 생계 안정을 실현하지 않은 정책은 실현한 정책보다 최종 평가 결과가 높지 않다.
ㄴ. 정책 유효성의 등급이 '유효함'이 아닌 정책 중 민원 접수 빈도가 적은 정책들의 최종 평가 결과는 모두 '보통'이다.
ㄷ. 한 개의 평가 요소에서 가장 낮은 평가를 받고 나머지 한 개의 평가 요소에서 가장 높은 평가를 받은 정책은 최종 평가 결과가 동일하다.

① ㄱ
② ㄴ
③ ㄷ
④ ㄱ, ㄷ
⑤ ㄴ, ㄷ

10. 다음 글의 빈칸에 들어갈 내용으로 가장 적절한 것은?

> 게임이론에서 전략적 상황이란 게임의 결과가 상대방의 행동에 따라 달라지는 경우를 대비하여 자신의 행동뿐만 아니라 상대방의 행동도 함께 고려하게 되는 상황을 말한다. 즉, 전략적 상황에서는 상대방의 전략을 고려하여 최선의 선택을 해야 한다. 전략적 상황이 적용되는 순차게임은 게임 참여자들이 정해진 순서에 따라 행동을 선택하는 게임이다. 예를 들어 장기게임에서 철수가 먼저 자신의 말 위치를 옮겼다면, 유리는 철수의 말 위치를 보고 자신의 말 위치를 결정하게 된다. 즉, 유리는 철수의 행동을 알고 난 뒤에 자신에게 가장 유리한 선택을 할 수 있는 것이다. 이러한 순차게임 속 전략적 상황은 독점기업이 있는 시장에서 신규기업이 해당 시장 진입의 어려움을 설명해주는 데 유용하다.
>
> 독점기업이 시장에서 100의 이익을 얻고 있다고 할 때, 해당 시장에 신규기업이 진입하는 데 소요되는 비용을 20이라고 가정하자. 만약 신규기업이 시장에 진입하면 기존의 독점기업이 누리던 이익의 절반을 차지할 수 있고, 시장에 진입하지 않을 경우 신규기업에는 어떠한 이익과 비용이 발생하지 않는다. 반대로 기존의 독점기업은 신규기업의 진입을 막기 위해 가격을 낮추고 광고를 늘리는 등 유혈경쟁으로 대응할 수 있다. 만약 독점기업이 유혈경쟁을 펼친다면, 독점기업은 시장의 이익을 모두 차지할 수 있지만 c만큼의 경쟁비용이 발생한다. 이때 신규기업의 진입여부가 먼저 결정되고, 독점기업은 신규기업의 선택을 확인한 후 이익에서 비용이 차감된 순이익이 최대가 되도록 전략을 결정한다면, 신규기업은 독점기업이 선택할 전략을 고려하여 기업이 순이익을 얻을 수 있는 선택을 할 것이다.
>
> 만약 신규기업이 시장에 진입하고 독점기업이 유혈경쟁으로 대응할 경우, 신규기업은 시장에 진입하는 데 소요되는 비용인 20만큼의 손해를 입고, 독점기업은 $100-c$만큼의 순이익을 얻는다. 반면 신규기업이 시장에 진입하였으나 독점기업이 유혈경쟁으로 대응하지 않을 경우 독점기업과 신규기업은 각각 50과 30만큼의 순이익을 얻는다. 만약 신규기업이 독점기업의 [＿＿＿＿＿＿＿＿＿＿＿].

① 유혈경쟁비용이 30보다 작다는 사실을 알면 신규기업은 해당 시장에 진입한다
② 유혈경쟁비용이 30보다 크다는 사실을 알면 신규기업은 해당 시장에 진입한다
③ 유혈경쟁비용이 30보다 크다는 사실을 알면 신규기업은 해당 시장에 진입하지 않는다
④ 유혈경쟁비용이 50보다 작다는 사실을 알면 신규기업은 해당 시장에 진입하지 않는다
⑤ 유혈경쟁비용이 50보다 크다는 사실을 알면 신규기업은 해당 시장에 진입하지 않는다

11. 다음 글에서 추론할 수 있는 것은?

대통령 선거나 지방 선거를 앞두고 자주 시행되는 여론 조사의 경우 주로 전화조사 방법을 활용한다. 이러한 전화조사 방법은 조사원이 직접 설문을 하는지 여부에 따라 자동응답(Auto Response System, ARS) 전화조사와 CATI(Computer Assisted Telephone Interviewing) 전화조사로 나뉜다. 자동응답 전화조사는 조사원이 아닌 기계가 설문하는 방식이다. 미리 조사 내용을 컴퓨터 음성 데이터로 입력해두고, 응답자가 전화를 받으면 이를 자동으로 송출한다. 전화를 받은 응답자는 전화기의 숫자 버튼을 누름으로써 설문에 답할 수 있다. 자동응답 전화조사를 활용하면 사람이 직접 응대하지 않아도 되고, 한꺼번에 여러 회선을 돌리며 조사를 진행할 수 있기 때문에 적은 비용을 사용하고도 전화조사를 할 수 있을뿐더러 응답 결과를 컴퓨터가 수집하여 자동으로 분석할 수 있다는 장점이 있다.

CATI 전화조사는 컴퓨터를 활용하여 숙련된 조사원이 직접 설문하는 방식이다. 무작위 데이터베이스에서도 컴퓨터로 정교하게 표본을 추출할 수 있어 표본의 대표성이 높은 편이다. 또한 컴퓨터를 통해 응답 결과가 자동으로 저장되는 것은 물론, 무응답인 경우 그 이유가 응답자 거절인지, 전화번호가 사용 불가한 것인지 등을 실시간으로 집계함으로써 조사의 신뢰도를 높일 수 있다. 기계가 아닌 사람이 조사를 하기 때문에 응답자의 정서적인 거부감이 덜하여 응답률이 높은 편이다. 이 외에도 CATI 여론조사는 조사원의 모니터에 설문 내용 띄우기, 응답자의 응답 결과를 키보드로 바로 입력하기, 조사 문항 순서를 매번 변경하는 등 진행 과정에서 컴퓨터를 두루 활용한다.

같은 전화조사 방법을 활용하더라도 어떤 번호를 사용하는지에 따라 정확도와 신뢰도에 차이가 발생하기도 한다. 보통 숫자를 무작위로 조합하여 전화번호를 만드는 무작위 전화 걸기(Random Digit Dialing, RDD) 방식을 사용해 왔는데, 임의로 생성되는 번호의 수가 매우 많고 원하는 지역 또는 원하는 성별을 특정할 수 없기 때문에 오로지 유권자의 응답에 의존하여야 한다는 한계가 있었다. 이에 반해 선거여론조사심의위원회를 통해 주요 통신사로부터 원하는 지역 유권자들의 휴대전화 가상번호를 구입하여 해당 번호로 조사하는 가상번호 전화 걸기 방식은 가상번호를 구입해야 하기 때문에 무작위 전화 걸기 방식 대비 조사 비용은 많이 들지만, 정확도는 훨씬 높은 편이다. 또한 실제 통신사를 이용하는 이용자의 번호로 조사하는 것이므로 응답률이 높아 더 유효한 결과를 얻을 수 있다.

① 자동응답 전화조사는 CATI 전화조사보다 저렴한 비용으로 높은 응답률을 낼 수 있다.

② CATI 여론조사는 조사원이 직접 통화하며 설문하므로 조사의 신뢰도를 높일 수 있다.

③ 무작위 전화 걸기는 특정 지역의 경향을 분석하기에 적절하다.

④ 가상번호 전화 걸기는 주요 통신사가 아닌 사용자들을 배제함으로써 통신사별 편향을 최소화한다.

⑤ 응답자의 응답률이 높을수록 조사의 신뢰도도 높아진다.

12. 다음 논쟁에 대한 분석으로 적절한 것만을 〈보기〉에서 모두 고르면?

> 갑: 현실 세계에서 변화란 있을 수 없다. 만일 어떤 대상 A가 B로부터 변화되었다면, A를 변화시킨 B는 존재하거나 존재하지 않는다. B가 존재하지 않는다면 무(無)에서 유(有)로 변화된 것이므로 무의미하다. B가 존재하는 경우에는 우선 B와 A가 서로 다른 주체인 경우를 생각해 볼 수 있는데, 예를 들어 영희가 철수로 변화하는 것은 현실적으로 가능하지 않으므로 변화는 불가능하다. A와 B가 동일한 주체인 경우에는 변화가 존재하기 위해서 원형인 B와 달라진 A가 필요하지만, B와 A는 동일한 대상이다. 따라서 현실 세계에서의 변화는 불가능하다.
>
> 을: B가 존재하지 않는다면 B에서 A로의 변화는 불가능하다. 그러나 B가 존재하는 대상이고, A와 B가 동일한 존재이면 변화는 가능하다. 예를 들어 시간을 기준으로 t_1 시점의 철수, 그 후인 t_2 시점의 철수가 있다고 생각해 보자. 이때 t_1 시점의 철수를 존재의 원형이라고 생각하고 t_2 시점의 철수를 t_1 시점 철수의 복제물로 생각한다면 변화는 유의미하다. t_1 시점의 철수와 t_2 시점의 철수는 동일한 존재이지만, t_1 시점의 철수는 원형의 존재이기 때문에 변한 것은 원형과 구분되는 t_2 시점의 철수라 할 수 있다.
>
> 갑: 하지만 두 시점에서 변화의 주체인 철수를 모두 포함하고 있다면, t_2 시점의 철수와 t_1 시점의 철수를 구별할 필요가 없어지게 된다. t_1 시점의 철수는 t_2 시점에 변한 철수와 동일한 철수이고, t_2 시점의 철수는 t_1 시점의 철수가 변한 철수로 동일한 주체이다. 즉, 두 시점의 철수가 모두 동일한 철수라면 변화를 이미 내포하고 있는 t_1 시점의 철수가 t_2 시점의 철수로 변한 것으로 볼 수 있다. 이와 같이 변화를 함축하는 t_1 시점의 철수가 또 t_2 시점에 변하고, 또 다른 시점으로 계속 변화한다면, 결국 철수의 변화는 무한히 계속된다. 무한한 변화 속 t_1 시점의 철수와 t_2 시점의 철수를 구별할 수는 없다.
>
> 을: A와 B를 시간의 흐름에 영향을 받지 않는 독립적인 주체로만 생각해서는 안 된다. B에서 A로의 변화를 시간의 흐름 속 동일한 주체의 변화로 인식한다면 대상 A와 B가 동일하다 하더라도 변화는 유의미하다. t_1 시점의 철수와 t_2 시점의 철수 모두 동일한 주체를 의미하지만, 이것은 서로 다른 시기의 동일한 주체를 의미하기 때문이다. 즉, t_1 시점의 철수는 t_2 시점의 철수와 존재는 동일하지만, t_1 시점의 철수가 t_2 시점의 철수를 내포하고 있는 것은 아니다. 결국 A와 B가 동일한 존재라면 현실 세계에서 변화는 가능하다.

〈보 기〉

ㄱ. 갑과 을은 무(無)에서 유(有)로의 변화가 가능한지에 대해 상반된 의견을 갖는다.

ㄴ. 갑은 시간의 흐름에 따른 동일 주체의 변화를 부정하지만, 을은 시간의 흐름에 따른 동일 주체의 변화를 긍정한다.

ㄷ. 갑과 달리 을은 변화의 주체가 동일하다면 서로 다른 시점에서 대상을 구별하는 것이 유의미하다고 본다.

① ㄱ
② ㄴ
③ ㄱ, ㄷ
④ ㄴ, ㄷ
⑤ ㄱ, ㄴ, ㄷ

13. 다음 글에서 추론할 수 없는 것은?

> 갑 회사는 모든 업무를 문서에 의하여 신속·정확하게 처리하고 책임 소재를 명확히 하기 위해 문서관리 규정을 신설하였다. 문서관리 규정에는 문서관리 담당 부서인 문서관리 주관부서, 문서관리 위임부서(이하 주관부서, 위임부서)를 구분하여 정하고, 두 부서는 아래 문서관리 소관부서(이하 소관부서)와 현장의 문서관리를 관할한다는 내용이 명시되어 있다.
>
> 주관부서의 권한과 업무는 다음과 같다. 첫째, 주관부서는 문서의 통제 권한을 행사할 수 있으며, 대외문서 접수대장과 대외문서 발송대장을 비치하고 기록·유지해야 한다. 둘째, 주관부서는 각 부서 및 현장의 모든 문서취급 관리에 대해 지도·감독해야 한다. 셋째, 주관부서는 자기 소관부서에 관한 문서관리 업무뿐만 아니라 위임부서의 문서보존창고의 관리 및 문서의 보존과 폐기에 관한 모든 업무를 수행해야 한다. 이때 위임부서는 주관부서의 권한을 위임받아 본부별로 자기 소관부서의 문서관리를 할 수 있다.
>
> 한편 위임부서와 지역별 현장은 다음 업무를 수행해야 한다. 첫째, 문서를 종류별로 정리·보존·폐기해야 한다. 둘째, 타 부서 관계자와 연락 및 협조를 할 경우 문서에 대한 책임 소재를 명확히 해야 한다. 갑 회사의 문서관리 규정에서 명시하고 있는 문서관리 주관부서·위임부서·소관부서는 다음과 같다.

〈표〉갑 회사의 문서관리 주관부서·위임부서·소관부서

구분	부서명	문서관리 소관부서
문서관리 주관부서	총무부	본사, 연구소, 서울 근교 현장
문서관리 위임부서	개발사업본부 관리팀	영업팀, 해외사업부
	중부지역본부	중부지역 현장
	호남지역본부	호남지역 현장 및 제주지사
	영남지역본부	영남지역 현장 및 경북지사

① 영업팀 및 해외사업부의 문서 정리·보존·폐기 업무는 개발사업본부 관리팀이 관할한다.

② 총무부는 갑 회사 소속 모든 부서와 현장의 문서취급 관리에 대해 지도·감독할 의무가 있다.

③ 호남지역본부는 호남지역 현장을 한정하여 대외문서 접수대장 및 발송대장을 관리해야 한다.

④ 총무부는 본사 및 연구소의 문서관리뿐만 아니라 개발사업본부 관리팀의 문서보존창고의 관리에도 관여할 수 있다.

⑤ 중부지역 부서와 영남지역 부서가 문서의 폐기에 대해 협조할 경우, 두 부서의 본부 중 문서의 책임 소재를 어디에 둘 것인지 정립해야 한다.

14. 다음 글의 내용이 참일 때, 반드시 참인 것만을 〈보기〉에서 모두 고르면?

> ○○구는 적극행정 우수사례를 공모해, 이를 통해 선발된 업무에 대해 적극행정위원회 심사와 시민투표를 진행하였다. 여기에서 최종적으로 A, B, C 3건의 업무가 선정돼, 이 3건의 우수사례를 최우수상과 우수상 두 부문으로 나누어 시상한다. 최우수상으로 선정되는 것은 1건이고, 나머지 2건은 우수상으로 선정된다. 단, 최우수상으로 선정되려면 시민투표에서 1위를 해야 한다. 공모로 선발된 업무 중에 모범실패사례가 있다면 A가 최우수상으로 선정될 것이라는 소문이 있었지만, 이는 거짓이었다. 그리고 공모로 선발된 업무 모두 도시재생과 소속의 공무원이 추진했다는 주장과 최우수상이 적극행정위원회 심사에서 만장일치로 정해졌다는 주장 중 적어도 하나가 참일 경우에만, B가 최우수상으로 선정된다. 한편 C를 추진한 것은 문화관광과 소속의 공무원이었다.

─〈보 기〉─

ㄱ. 공모로 선발된 업무 중에 모범실패사례가 있다.

ㄴ. B가 우수상으로 선정된다면, C가 최우수상으로 선정된다.

ㄷ. C가 시민투표에서 1위를 하지 않았다면, 최우수상은 적극행정위원회 심사에서 만장일치로 정해졌다.

① ㄱ   ② ㄷ   ③ ㄱ, ㄴ
④ ㄴ, ㄷ   ⑤ ㄱ, ㄴ, ㄷ

15. 다음 글의 내용이 참일 때, 반드시 참인 것은?

> 도난 사건을 수사 중인 경찰은 CCTV를 통해 외부인의 출입은 없었던 것을 확인하고, 사건 발생 당시 건물 내부에 있던 갑, 을, 병, 정, 무를 용의자로 지목하였다. 용의자 다섯 명을 심문하였더니 다음과 같이 두 가지씩의 진술을 하였다.
> 갑: 저는 목격자예요. 범인은 병입니다.
> 을: 갑은 목격자가 아닙니다. 범인은 갑 또는 정이에요.
> 병: 저는 범인이 아니에요. 정이나 무가 범인이에요.
> 정: 저와 갑 중에 적어도 한 명은 목격자예요. 저는 범인이 아닙니다.
> 무: 목격자는 저이고, 정은 목격자가 아닙니다. 을은 범인이 아니에요.
> 사건이 종결되자 이들 중에 범인은 한 명이고, 나머지 네 명 중 두 명은 목격자라는 사실이 밝혀졌다. 그리고 용의자 진술에서 범인은 거짓만을 말했고 목격자는 참만을 말했다. 범인도 목격자도 아닌 두 명 중 한 사람은 참만을 말했으며, 다른 한 사람은 거짓만을 말했다.

① 갑은 목격자이다.

② 을은 범인이 아니다.

③ 정이 범인이라면, 을은 목격자이다.

④ 병은 참만을 말했고, 갑은 거짓만을 말했다.

⑤ 무는 범인이나 목격자가 아니지만 진술은 참이다.

16. 다음 글의 내용이 모두 참일 때, 반드시 참인 것만을 〈보기〉에서 모두 고르면?

> ○ 소속 부서가 총무과인 직원 중 기혼인 직원은 없다.
> ○ 근무 기간이 3년 이상이고 회계학을 전공한 직원은 석사 학위를 보유하고 있다.
> ○ 회계학을 전공하지 않았거나 근무 기간이 3년 이상이 아닌 직원은 기혼이다.
> ○ 유학 경험이 있는 직원은 회계학을 전공하였거나 기혼이 아니다.
> ○ 미혼이거나 소속 부서가 총무과인 직원은 유학 경험이 없다.

〈보 기〉
> ㄱ. A의 근무 기간이 3년 이상이 아니라면, 총무과가 아니다.
> ㄴ. A가 회계학을 전공하지 않았다면, 유학 경험이 없다.
> ㄷ. A가 유학 경험이 있고 근무 기간이 3년 이상이라면, 석사 학위를 보유하고 있다.

① ㄱ　　　　② ㄷ　　　　③ ㄱ, ㄴ
④ ㄱ, ㄷ　　　⑤ ㄱ, ㄴ, ㄷ

17. 다음 글에서 추론할 수 있는 것은?

> 인간의 체내에는 호르몬을 분비하는 이자가 있는데, 이자 곳곳에는 백만 개 이상의 작은 내분비 세포들이 덩어리져 구성되어 있다. 이를 랑게르한스섬이라고 하며, 여기에는 글루카곤을 분비하는 α 세포와 인슐린을 분비하는 β 세포 등이 존재한다. 글루카곤은 간에 저장된 글리코겐을 포도당으로 분해해 혈액 내 포도당 농도를 높이는 역할을 한다. 이때 체내 인슐린이 부족하거나 인슐린 저항성이 증가해 원활한 작용이 어려워지면 당뇨병이 발병하게 된다. 당뇨병은 발생 원인에 따라 크게 제1형 당뇨병과 제2형 당뇨병으로 구분된다.
>
> 제1형 당뇨병은 자가 면역반응에 의해 췌장의 β 세포가 파괴됨에 따라 β 세포에서 분비되어야 할 인슐린이 전혀 분비되지 않아 발병한다. 따라서 제1형 당뇨병의 경우 외부에서의 인슐린 주입 치료가 필수적으로 행해져야 한다. 제2형 당뇨병은 인슐린 저항성이 증가해 인슐린의 작용이 원활하지 않아 혈당이 올라가는 병을 일컫는다. 유전적 요인에서 기인하기도 하지만, 서구화된 식단, 운동 부족 등의 환경적 요인이 복합적으로 작용해 발병하게 된다.

① 인슐린 저항성이 생기면 혈액 내 포도당 농도가 높아진다.
② β 세포가 파괴되면 이자가 인슐린과 글루카곤을 과다하게 분비하게 된다.
③ 간에서 포도당이 글리코겐으로 저장되면 α 세포 기능에 문제가 발생한다.
④ 인슐린 반응 정도에 따라 혈액 내 포도당 농도를 추측할 수 있다.
⑤ α 세포 기능에 문제가 발생하면 혈당이 떨어지지 않는다.

18. 다음 글에서 추론할 수 있는 것만을 〈보기〉에서 모두 고르면?

> 갑: 빈곤한 사람과 그렇지 않은 사람을 나누는 기준이 되는 소득 수준을 빈곤선이라고 합니다. 이 빈곤선을 어떻게 규정하느냐에 따라 절대적 빈곤과 상대적 빈곤으로 나뉩니다. 먼저 절대적 빈곤이란 소득이 최저 생계비보다 낮은 경우를 가리킵니다. 이때의 최저 생계비는 최소한의 인간다운 생활을 유지하기 위해 필요한 상품을 고려하여, 이러한 상품을 구입하는 데 드는 비용을 합산하여 산출합니다.
>
> 을: 상대적 빈곤은 무엇인가요?
>
> 갑: 기본적인 의식주에는 문제가 없어도 사회 구성원 다수가 누리는 생활 수준에 미치지 못하는 경우 상대적 빈곤이라고 할 수 있습니다. 우리나라의 경우 상대적 빈곤선을 중위소득의 50%에 해당하는 소득으로 산정합니다. 이때 중위소득이란 소득에 따라 전체 가구를 차례대로 나열하였을 때 정확히 중간에 위치하는 가구의 소득을 일컫습니다. 예를 들어 중위소득이 200만 원이라면, 100만 원보다 소득이 낮은 사람을 빈곤하다고 규정하게 됩니다.
>
> 을: 그렇다면 절대적 빈곤층과 상대적 빈곤층이 항상 일치하는 것은 아니겠군요.
>
> 갑: 네, 맞습니다. 만약 물가 수준은 유지되면서 경제가 성장한다면 절대적 빈곤선은 변하지 않지만, 소득 증가로 상대적 빈곤선은 높아지게 됩니다. 그리고 전체 인구 대비 빈곤 인구의 비율, 즉 빈곤율은 일반적으로 절대적 빈곤율보다 상대적 빈곤율이 높게 나타납니다. 한편 우리나라에서는 상대적 빈곤 개념으로 빈곤갭을 산출하기도 합니다. 빈곤갭이란 상대적 빈곤선에 해당하는 소득과 하위소득계층에 속하는 사람들의 소득 차이 정도를 나타낸 것입니다. 이는 하위소득계층에 속하는 사람들이 얼마만큼의 소득을 벌어야 빈곤에서 벗어날 수 있는지 그 부족한 소득의 정도를 나타낸 값이라고 할 수 있죠.

〈보 기〉
> ㄱ. 절대적 빈곤선은 최소한의 인간다운 삶을 유지하는 데 필요한 소득의 한계 수준이다.
> ㄴ. 최저 생계비가 중위소득의 50%보다 낮다면 절대적 빈곤 가구는 모두 상대적 빈곤 가구에 해당한다.
> ㄷ. 경제가 호황임에도 하위소득계층의 평균 소득은 변함이 없다면 빈곤갭의 값은 커진다.

① ㄱ
② ㄷ
③ ㄱ, ㄴ
④ ㄴ, ㄷ
⑤ ㄱ, ㄴ, ㄷ

19. 다음 글에 비추어 볼 때, 〈실험〉에 대한 판단으로 적절한 것만을 〈보기〉에서 모두 고르면?

> 동위원소란 원자 번호는 같지만 질량이 다른 원소들을 말한다. 가령 황(S)은 원자번호가 16이지만, 질량은 32, 33, 34, 36 등 다양하게 존재한다. 그중 방사능이 존재하는 동위원소를 일컬어 방사성 동위원소라 하는데, 방사성 동위원소를 이용하면 물질의 이동 경로를 파악할 수 있다.
>
> 펄스 추적 실험은 단백질의 구성 요소인 방사성 동위원소 황을 세포에 단시간 투여한 후 이를 제거한 뒤 세포를 배양하면서 일정 시간 간격으로 세포 소기관들을 얻어 방사성 동위원소인 황이 관찰되는지를 분석하는 실험이다. 방사성 동위원소 황은 세포 내에서 단백질로 합성되고 이동하기 때문에 펄스 추적 실험을 통해 일정한 단백질의 이동 경로를 파악할 수 있다.
>
> 펄스-라벨링 실험으로도 일정한 단백질의 이동 경로를 파악할 수 있다. 펄스-라벨링 실험에서는 방사성 동위원소 황을 세포에 계속 투여하면서 세포를 배양한다. 동시에 일정 시간 간격으로 세포 소기관들을 얻어 방사성 동위원소 황이 관찰되는지를 분석해 일정한 단백질의 이동 경로를 알아낸다.

〈실 험〉

> ○ 실험 1: 방사성 동위원소 황을 세포에 계속 투여하면서, 투여 시점으로부터 5시간 간격으로 소포체, 골지체, 소낭을 얻어 방사성 동위원소 황의 검출 여부를 확인하였다. 5시간 후 소포체에서만, 10시간 후 소포체와 골지체에서만, 15시간 후 소포체, 골지체, 소낭에서만 방사성 동위원소 황이 검출됐다.
> ○ 실험 2: 방사성 동위원소 황을 세포에 단시간 투여 후 이를 제거하고, 투여 시점으로부터 5시간 간격으로 소포체, 골지체, 소낭을 얻어 방사성 동위원소 황의 검출 여부를 확인하였다.

〈보 기〉

> ㄱ. 실험 1은 펄스-라벨링 실험이며, 실험 2는 펄스 추적 실험이다.
> ㄴ. 실험 1을 통해 단백질의 이동 경로가 소포체-골지체-소낭임을 알 수 있다.
> ㄷ. 실험 1, 2가 동일한 상황에 대해 이루어진 것이라면, 실험 2에서 방사성 동위원소 황을 투입하고 15시간이 지난 후 소낭에서 방사성 동위원소 황이 검출된다.

① ㄱ
② ㄴ
③ ㄱ, ㄷ
④ ㄴ, ㄷ
⑤ ㄱ, ㄴ, ㄷ

20. 다음 글의 A와 B에 대한 평가로 적절한 것만을 〈보기〉에서 모두 고르면?

> 언어와 사고의 상관관계에 관해서는 여러 가지 주장이 제기되고 있다. 언어와 사고가 독립적으로 이뤄진다는 주장도 있지만, 다수의 연구에서 언어와 사고가 서로 의존 관계에 있음이 드러났다. 이와 관련하여 다음과 같은 상반된 두 가지 견해가 존재한다.
>
> A에 따르면 사고가 언어를 지배하며, 언어는 사고를 수동적으로 반영한다. A는 인간이 언어를 구사하기 위해서는 사물에 대한 인지능력을 갖춰야 하며, 인지능력이 갖춰진 후에는 자주 접하는 사회적 관습이나 환경에 의해 언어가 결정된다고 주장한다. 즉, 사고는 언어의 선행 조건이며, 사고와 사회적 환경에 의해서 언어가 완성된다고 보는 것이다.
>
> B에 의하면 오히려 언어가 사고에 영향을 미친다. 이 가설에 의하면 언어의 도움이 없는 사고는 무의미하다. 언어는 인간의 지적 사고를 결정하는 핵심이다. 즉, 언어는 인간이 듣고 이해하는 모든 방법에 영향을 준다. 인간의 지적 능력은 사고의 사회적 도구인 언어 습득에 부수되어 발달하므로 단어를 많이 조합하고 사용할수록 사고는 그만큼 발달한다. 예를 들면 무지개가 일곱 가지 색으로 되어 있다고 생각하는 것은 색깔을 분류하는 말 때문이다. 서로 인접하고 있는 색, 예컨대 녹색과 청색 사이에는 분명한 경계선이 있는 것이 아니라 그 부분을 지칭하는 단어가 없기 때문에 그런 모호한 색깔이 인식되지 않는 것이다. 따라서 색깔을 지칭하는 단어가 많을수록, 무지개색 역시 수십 또는 수백 가지로 세분될 수 있다.

〈보 기〉

> ㄱ. 눈이 많이 내리는 북극에 사는 에스키모인의 경우 눈에 대해 수십 가지 이상의 단어를 보유하고 있다는 연구 결과는 A의 주장을 약화한다.
> ㄴ. 어린아이에게 사물을 같은 것들끼리 묶어서 사고하는 방법을 가르치지 않은 상태에서 '비교'라는 단어를 알려주면 단어의 의미를 이해하지 못한다는 연구결과는 B의 주장을 약화한다.
> ㄷ. 한자(漢字)는 한 글자에 일정한 소리와 의미가 묶여 있어 그 자체로 추상적인 알파벳에 비해 창의적 사고력을 기르는 데 불리하여, 한자를 사용하는 동북아시아가 서양에 비해 과학 및 기술 분야의 발전이 더디다는 연구결과는 A의 주장은 약화하지만, B의 주장은 약화하지 않는다.

① ㄱ
② ㄷ
③ ㄱ, ㄴ
④ ㄴ, ㄷ
⑤ ㄱ, ㄴ, ㄷ

[21~22] 다음 글을 읽고 물음에 답하시오.

대표적인 유학 경전인 『대학』은 '격물(格物)'과 '치지(致知)'를 포함한 8개의 유교 가치를 다루고 있다. 특히 격물과 치지는 사물과 세상의 이치를 깨달아 지식에 도달하는 방법을 다루는데, 이에 대해 A학파와 B학파의 견해가 구분된다.

A학파는 격물과 치지를 '외부의 사물을 학습하여 그 지식에 도달한다'고 해석했다. 즉, 끊임없는 학습을 통해 사물과 세상의 이치인 '이(理)'를 깨우쳐 지식을 이룬다는 뜻으로 해석한 것이다. A학파는 격물의 '격(格)'을 사물의 이치를 철저히 파악하는 '궁리(窮理)'의 뜻으로 이해하고 '물(物)'은 외부에 존재하는 객관적 대상으로 보았다. 따라서 A학파는 올바른 지식을 이루기 위해서는 외부에 존재하는 '물(物)'을 학습하여 사물의 이치인 '이(理)'를 널리 탐구해야 한다고 보고, 외부 대상에 대한 끊임없는 학습 및 경전에 대한 연구를 통해 지식을 이룬 뒤에 수양과 실천이 뒤따라야 한다는 '선지후행(先知後行)'을 강조했다.

반면 B학파는 사물과 세상의 이치이자 원리라고 할 수 있는 '이(理)'가 이미 개인의 마음에 갖춰져 있으므로 외부에서 지식을 찾을 필요가 없다고 보았다. 이에 외부 세계를 지각하고 판단하는 내면의 역할에 더 주목했고, '격(格)'을 자격의 뜻으로 풀이하여 올바르지 않은 것을 올바르게 바꿀 수 있는 능력이라고 해석했다. 또한 '물(物)'을 외부에 존재하는 대상이 아니라 자신의 마음속에 있는 주관적 대상으로 보았다. 이때 '물(物)'은 마음속에 존재하는 올바르지 않은 관념을 모두 포함한다. 따라서 격물을 통해 도달해야 할 지식은 외부 대상으로부터 배우는 것이 아니라 내면에 존재하는 '이(理)'를 통해 올바르지 못한 '물(物)'을 바로잡음으로써 터득하는 것이고, 그렇게 터득한 지식이 '양지(良知)'이다. B학파는 치지를 위해 내면을 바로잡는 주체의 도덕적 결단이 중요하다고 보고, 이미 마음속에 '이(理)'를 품고 있기 때문에 학습이 아닌 수양과 실천을 통해 지식에 도달할 수 있다는 '지행합일(知行合一)'을 강조했다.

21. 위 글을 토대로 판단할 때, 갑~병에 대한 평가로 적절한 것만을 〈보기〉에서 모두 고르면?

갑: 실천이 없는 지식은 올바른 지식이 아니다. 올바른 지식을 이루기 위해서는 실천이 선행되어야 한다.

을: 어떤 세상의 이치는 실천으로서만 깨달을 수 있다. 올바른 지식을 이루기 위해 학습이 반드시 필요한 것은 아니다.

병: 실천하기 위해서는 올바른 이치를 알아야 한다. 올바르지 않은 지식이 있다면 실천에도 부족함이 있게 된다.

〈보 기〉
ㄱ. 갑은 A학파의 입장을 반박한다.
ㄴ. 을은 B학파의 입장을 반박하지만 A학파의 입장은 반박하지 않는다.
ㄷ. 병은 A학파의 입장도 B학파의 입장도 반박하지 않는다.

① ㄱ
② ㄴ
③ ㄱ, ㄷ
④ ㄴ, ㄷ
⑤ ㄱ, ㄴ, ㄷ

22. 위 글에 대한 분석으로 적절한 것만을 〈보기〉에서 모두 고르면?

〈보 기〉
ㄱ. A학파는 학습을 통해서 지식에 도달할 수 있다고 보았다.
ㄴ. B학파는 태어날 때부터 마음속에 '양지'가 존재한다고 보았다.
ㄷ. B학파는 사물의 이치와 '물(物)'이 동일한 곳에 존재한다고 보았다.

① ㄱ
② ㄴ
③ ㄱ, ㄷ
④ ㄴ, ㄷ
⑤ ㄱ, ㄴ, ㄷ

23. 다음 글의 〈표〉에 대한 판단으로 옳지 않은 것은?

　　공공기관이 수행하는 사업예산제도는 크게 정책사업과 그 하부사업인 단위사업이 있다. 정책사업은 정책적으로 일관성을 가진 단위사업들의 묶음을 의미하며, 단위사업은 정책사업을 수행하기 위한 활동 근거로서 정책사업을 세분화한 다수의 실행단위를 의미한다. 이러한 정책사업과 단위사업을 설정하기 위해서는 다음과 같은 규정을 준수해야 한다.
　ㅇ 정책사업은 1개의 정책목적을 달성하기 위한 사업이므로 1개의 정책사업이 복수의 목적을 가지고 있을 경우 해당 목적에 맞게 정책사업을 분리해야 한다.
　ㅇ 1개의 정책사업은 1개의 담당 조직에서만 운영되는 것을 원칙으로 하며, 동일한 목적을 가진 정책사업이 다수의 조직에서 수행될 경우 정책사업명을 다르게 분리해야 한다.
　ㅇ 1개의 단위사업은 동일한 회계가 적용되어야 한다. 만약 1개의 단위사업 내에 일반 및 특별 회계가 혼재할 경우 해당 단위사업을 2개로 분리해야 한다.
　ㅇ 각각의 단위사업에 적용되는 회계가 서로 다르더라도 단위사업들의 정책사업 목적이 동일하다면 1개의 정책사업에 포함되어야 한다.
　현재 A부처에서 시행되고 있는 사업예산제도는 다음과 같다.

〈표〉 A부처 사업예산제도 현황

정책사업	단위사업	담당 조직	적용 회계
대중교통 지원사업	시내버스운송조합 지원사업	대중교통과	특별 회계
	택시운송조합 지원사업	교통정책과	특별 회계
주민기초 생활보장 및 관광 지원 사업	기초생활보장 지원사업	기초복지과	일반 및 특별 회계
	저소득가구자활 지원사업	기초복지과	일반 회계
	스마트 관광환경 조성사업	관광지원과	특별 회계
주거환경 개선사업	도시 저소득주거환경 개선사업	도시정책과	일반 회계
	국민주택 관리사업	도시정책과	특별 회계
도시환경 조성사업	주거단지환경 조성사업	환경정책과	일반 회계

① 대중교통 지원사업의 단위사업은 1개의 담당 조직에서 정책사업이 추진될 수 있도록 사업 개편을 해야 한다.
② 주거환경 개선사업의 단위사업에 적용되는 회계가 서로 다르므로 회계가 혼재되지 않기 위해 사업 개편을 해야 한다.
③ 기초생활보장 지원사업을 각각 일반 회계와 특별 회계를 적용받는 2개의 단위사업으로 분리해야 한다.
④ 주거환경 개선사업과 도시환경 조성사업의 목적이 동일하더라도 사업 개편을 하지 않아도 된다.
⑤ 주민기초생활보장 및 관광 지원사업을 주민지원사업과 관광 지원사업으로 분리해야 한다.

24. 다음 대화의 빈칸에 들어갈 내용으로 가장 적절한 것은?

갑: 희망리턴패키지는 폐업 예정인 소상공인의 폐업, 그리고 폐업 후의 취업 또는 재창업·업종전환을 돕는 사업입니다. 3년간 음식점을 운영하다 경영상의 어려움으로 폐업을 고민하는 40대 A씨가 희망리턴패키지 사업의 참여 신청이 가능한지 문의하였습니다.
을: 폐업 예정이라면 먼저 폐업지원을 고려해볼 수 있는데, 폐업지원은 사업정리 컨설팅, 점포철거비, 법률자문 등 세 가지로 구성됩니다. 일부 업종은 폐업지원을 받을 수 없지만, 음식점은 지원 제외 업종에 해당하지 않으니 괜찮겠네요. 또한, 사업운영기간이 60일 이상이어야 하고, 점포철거의 경우 임대차계약으로 사업장을 운영하여 임대차계약서 제출이 가능한 소상공인에 한하여 신청 가능합니다. 세 가지 프로그램 모두 혹은 일부를 선택할 수 있으니, 수혜자 본인의 필요 여부에 따라 신청하면 될 것입니다.
갑: 네, 그렇게 안내하겠습니다. 그런데 사업정리 컨설팅은 어떤 부분에 관한 것인가요?
을: 사업정리 컨설팅은 재기전략, 세무, 부동산, 직무·직능의 4개 분야에 대한 전문가 컨설팅을 받을 수 있고, 기(旣)폐업자라면 세무 분야만 가능하나 폐업 예정자는 최대 세 가지를 선택할 수 있습니다. A씨는 폐업 후에 취업과 재창업·업종전환 중 어떤 것을 고려하고 계시던가요?
갑: 코로나19 상황으로 사업 운영은 힘들 것 같다며 재창업이나 업종전환보다는 취업을 희망한다고 하였습니다.
을: 취업지원의 경우 폐업지원과 동일하게 사업운영기간 요건을 충족해야 하며, 취업을 희망하는 만 69세 이하의 기폐업자 또는 폐업 예정자라면 신청 가능합니다. 취업지원을 신청하면 교육기관을 통한 직무탐색 및 취업 맞춤형 교육 등이 제공됩니다. 한편 사업정리 컨설팅 또는 취업교육을 수료하고, 폐업신고 후 구직활동을 하거나 취업에 성공할 경우 전직장려수당을 지급합니다. 이는 희망리턴패키지 수료일로부터 13개월 이내에만 신청하면 됩니다.
갑: 설명해 주신 내용을 바탕으로 A씨에게 ［　　　　　　］고 말씀드리겠습니다.

① 사업정리 컨설팅 중 세무 분야의 전문가 컨설팅만 받을 수 있다
② 희망리턴패키지를 신청하면 13개월 안에 전직장려수당을 받을 수 있다
③ 폐업지원을 받은 뒤에는 취업과 재창업·업종전환 지원 중 하나만 신청 가능하다고
④ 필요에 따라 폐업지원의 세 가지 프로그램을 선택하여 신청하고 취업지원도 받을 수 있다
⑤ 폐업지원은 자격 요건을 충족하지만, 취업지원은 지원 대상에 해당하지 않아 신청할 수 없다

25. 다음 글의 ㉠에 해당하는 내용으로 가장 적절한 것은?

> A시에 거주하는 갑의 집 주변에는 공용주차장인 B주차장이 있다. 갑은 이곳을 지날 때마다 냉·난방이 필요할 정도로 덥거나 추운 날씨가 아닐 때도 B주차장에 있는 다수의 차량이 공회전 중인 것을 발견하였다. B주차장은 주택가에 위치해 있고 인근에는 어린이집, 공원 등도 있어 대기오염으로 인한 건강 피해가 우려되었다. 그러던 중 A시의 관할구역 전역이 공회전 제한장소로 지정되면서 공회전 집중 단속이 실시된다는 기사를 본 갑은 이 단속의 근거가 되는 아래와 같은 A시의 「자동차 공회전 제한에 관한 조례」(이하 '조례')를 찾아보게 되었다.
>
> ---
> 「자동차 공회전 제한에 관한 조례」
> 제4조(제한시간) ① 자동차운전자는 공회전 제한장소에서 2분을 초과하여 공회전을 하면 아니 된다.
> 제8조(단속방법) ① 단속공무원이 제한장소에서 공회전 자동차를 발견한 때에는 해당 자동차 운전자에게 공회전을 중지하도록 경고하여야 한다.
> ② 단속공무원은 제1항에 따라 경고한 때부터 공회전 시간을 측정한다.
> ---
>
> 갑은 B주차장과 같이 공회전으로 인한 대기오염의 우려가 큰 곳에 대해서는 보다 엄격한 단속이 필요하다고 민원을 제기하였다. 갑의 민원을 검토한 A시의회는 일부 지역에 대해 더 철저한 단속이 이루어질 수 있도록 관련 규정의 보완이 필요하다고 인정하여 ㉠ 조례를 개정하였다.

① 제4조 제2항으로 "다만, 대기의 온도가 영상 25℃ 이상이거나 영상 5℃ 미만인 경우에 한정하여 제한시간을 5분 이내로 한다."를 신설

② 제4조 제2항으로 "제1항의 규정에도 불구하고 실무활동 중인 긴급자동차 및 이에 준하는 자동차는 제한규정의 적용을 받지 아니한다."를 신설

③ 제8조 제2항에 "다만, 중점 공회전 제한장소(터미널·차고지·주차장 등 특별히 공회전을 제한할 필요가 있는 지역을 말한다)에서는 발견한 때부터 측정한다."를 추가

④ 제8조 제1항에 "다만, 해당 자동차의 운전자가 운전석에 있지 아니한 경우에는 그러하지 아니하다."를 추가

⑤ 제8조 제3항으로 "단속공무원은 제2항에 따라 측정한 공회전 시간이 제4조의 제한시간을 초과하면 공회전 위반 확인서를 작성하여 자동차운전자에게 교부한다."를 신설

상황판단영역

1. 다음 글을 근거로 판단할 때 옳은 것은?

> 제00조 ① 약사 및 한약사가 아니면 의약품을 조제할 수 없으며, 약사 및 한약사는 각각 면허 범위에서 의약품을 조제하여야 한다.
> ② 의사는 전문의약품과 일반의약품을 처방할 수 있고, 약사는 의사의 처방전에 따라 전문의약품과 일반의약품을 조제하여야 한다. 다만, 의료기관이 없는 지역에서 의약품을 조제하는 경우 의사의 처방전 없이 조제할 수 있다.
> ③ 제1항에도 불구하고 의사는 약국이 없는 지역에서 의약품을 조제하는 경우에는 자신이 직접 조제할 수 있다.
> 제00조 ① 약사는 의사가 처방전에 적은 의약품을 성분·함량 및 제형이 같은 다른 의약품으로 대체하여 조제하려는 경우에는 미리 그 처방전을 발행한 의사의 동의를 받아야 한다.
> ② 제1항에도 불구하고 약사는 다음 각 호의 어느 하나에 해당하면 그 처방전을 발행한 의사의 사전 동의 없이 대체조제를 할 수 있다.
> 　1. 식품의약품안전처장이 생물학적 동등성이 있다고 인정한 품목으로 대체하여 조제하는 경우
> 　2. 처방전에 기재된 의약품의 제조업자와 같은 제조업자가 제조한 의약품으로서 처방전에 적힌 의약품과 성분·제형은 같으나 함량이 다른 의약품으로 같은 처방 용량을 대체조제하는 경우
> ③ 약사는 제2항에 따라 처방전에 적힌 의약품을 대체조제한 경우에는 그 처방전을 발행한 의사에게 대체조제한 내용을 1일(부득이한 사유가 있는 경우에는 3일) 이내에 통보하여야 한다.
> ④ 의사의 사전 동의 없이 처방전에 적힌 의약품을 대체조제한 경우에는 그 대체조제한 의약품으로 인하여 발생한 약화(藥禍) 사고에 대하여 의사는 책임을 지지 아니한다.

① 의사는 약국이 없는 지역에서도 자신이 직접 의약품을 조제할 수 없다.

② 약사는 식품의약품안전처장이 생물학적 동등성이 있다고 인정한 품목으로 의약품을 대체조제하려는 경우에는 처방전을 발행한 의사에게 통보하지 않고 대체조제할 수 있다.

③ 처방전을 발행한 의사의 사전 동의를 받아 대체조제한 의약품으로 인해 발생한 약화사고에 대하여 의사는 책임을 지지 않는다.

④ 약사는 처방전에 적힌 의약품과 성분과 함량 및 제형은 같으나 제조업자가 다른 의약품으로 같은 처방 용량을 대체조제하려는 경우에는 처방전을 발행한 의사의 사전 동의를 받아야 한다.

⑤ 약사는 처방전을 발행한 의사의 동의를 받아 의약품을 대체조제한 경우, 그 내용을 최대 3일 이내에 의사에게 통보하여야 한다.

2. 다음 글을 근거로 판단할 때 옳은 것은?

> 제00조 ① 30명 이상의 광산근로자가 종사하는 광산의 광업권자 또는 조광권자는 광산구호대를 조직·운영하여야 한다.
> ② 광산안전사무소장(이하 '사무소장'이라 한다)은 30명 미만의 광산근로자가 종사하는 광산에 대하여 주변 지역 광산과 공동으로 광산구호대를 조직·운영할 것을 권고할 수 있다.
> ③ 광업권자 또는 조광권자는 작업장 부근의 적당한 장소에 응급구호 용품을 준비하고, 광산구호대원을 대상으로 연 2회 이상 자체 광산구호 훈련을 실시하여야 한다.
> ④ 광산구호대는 2개조 이상 편성을 원칙으로 하되, 사무소장이 광산 구호에 지장이 없다고 인정하는 경우에는 1개조로 편성할 수 있다.
> 제00조 ① 광업권자 또는 조광권자는 광산안전을 확보하기 위하여 안전기준에 따라 안전규정을 제정하고 이를 준수하여야 한다.
> ② 광업권자 또는 조광권자가 제1항에 따라 안전규정을 제정하거나 변경하려는 경우 전문기관의 의견서를 첨부하여 산업통상자원부장관의 승인을 받아야 한다.
> ③ 산업통상자원부장관은 안전규정의 적정성과 준수여부를 2년에 1회 이상 점검하여야 한다.
> 제00조 ① 광업권자 또는 조광권자는 광산안전관리직원을 선임하여야 한다.
> ② 산업통상자원부장관은 광산안전상 필요하다고 인정할 때에는 광업권자 또는 조광권자에게 광산안전관리직원의 해임을 명할 수 있다.
> ③ 광업권자 또는 조광권자는 광산안전관리직원을 선임하거나 해임하였을 때에는 그 사실을 산업통상자원부장관에게 신고하여야 한다.
> ④ 광산안전관리직원은 둘 이상의 광산의 광산안전관리직원을 겸할 수 없다. 다만, 특별한 사유로 인하여 산업통상자원부장관의 승인을 받았을 때에는 겸직할 수 있다.

① 사무소장이 광산 구호에 지장이 없다고 인정한 경우, 광산구호대는 1개조로 편성될 수 있다.

② 조광권자가 광산안전관리직원을 선임했을 경우, 그 사실을 광산안전사무소장에게 신고해야 한다.

③ 광업권자는 광산구호대원을 대상으로 2년마다 1회 이상 자체적으로 광산구호 훈련을 실시해야 한다.

④ 조광권자가 안전기준에 따라 안전규정을 제정하는 경우, 전문기관의 의견서를 첨부하여 광산안전사무소장의 승인을 받아야 한다.

⑤ 광산안전관리직원은 어떤 경우에도 광산의 광산안전관리직원으로 겸직할 수 없다.

3. 다음 글을 근거로 판단할 때 옳은 것은?

> 제00조 감염병의 예방 및 관리에 관한 주요 시책을 심의하기 위하여 질병관리청에 감염병관리위원회를 둔다.
> 제00조 ① 감염병관리위원회는 위원장 1명과 부위원장 1명을 포함하여 30명 이내의 위원으로 구성한다.
> ② 위원장은 질병관리청장이 되고, 부위원장은 위원 중에서 위원장이 지명하며, 위원은 다음 각 호의 어느 하나에 해당하는 사람 중에서 위원장이 임명하거나 위촉하는 사람으로 한다. 이 경우 공무원이 아닌 위원이 전체 위원의 과반수가 되도록 하여야 한다.
>   1. 감염병의 예방 또는 관리 업무를 담당하는 공무원
>   2. 감염병 또는 감염관리를 전공한 의료인
>   3. 감염병과 관련된 전문지식을 소유한 사람
>   4. 그 밖에 감염병에 관한 지식과 경험이 풍부한 사람
> 제00조 ① 특별자치도지사 또는 시장·군수·구청장은 감염병이 유행하거나 유행할 우려가 있으면 특별자치도 또는 시·군·구에 감염병 예방 사무를 담당하는 예방위원을 둘 수 있다.
> ② 제1항에 따른 예방위원은 무보수로 한다. 다만, 특별자치도 또는 시·군·구의 인구 2만 명당 1명의 비율로 유급위원을 둘 수 있다.
> 제00조 다음 각 호의 경비는 특별자치도와 시·군·구가 부담한다.
>   1. 예방위원의 배치에 드는 경비
>   2. 그 밖에 특별자치도·시·군·구가 실시하는 감염병 예방 사무에 필요한 경비

※ 질병관리청장은 정무직공무원에 해당함.

① 감염병관리위원회 부위원장은 보건직 공무원 甲을 위원으로 임명할 수 있다.
② 특별자치도지사 乙의 지시로 예방위원의 배치에 드는 경비는 乙이 직접 부담한다.
③ 丙이 감염병에 관한 지식과 경험이 풍부한 사람이더라도 감염병관리위원회의 위원이 될 수는 없다.
④ A시에 배치된 예방위원 丁이 반드시 무보수로 예방 사무를 담당해야 하는 것은 아니다.
⑤ B시의 보건소 소속 공무원 15명이 모두 질병관리위원회 위원으로 임명될 수 있다.

4. 다음 글과 〈상황〉을 근거로 판단할 때 옳은 것은?

> 제○○조 ① 학교급식공급업자는 학교급식의 품질 및 안전을 위하여 다음 각 호의 어느 하나에 해당하는 식재료를 공급하여서는 아니 된다.
>   1. 원산지 표시를 거짓으로 적은 식재료
>   2. 유전자변형농수산물의 표시를 거짓으로 적은 식재료
>   3. 축산물의 등급을 거짓으로 기재한 식재료
>   4. 표준규격품의 표시, 품질인증의 표시 및 지리적표시를 거짓으로 적은 식재료
> ② 학교급식공급업자는 식재료의 품질관리기준, 영양관리기준 및 위생·안전관리기준을 지켜야 한다.
> ③ 학교급식공급업자는 학교급식에 알레르기를 유발할 수 있는 식재료를 공급하는 경우에는 이 사실을 식재료를 공급하는 학교에 알리고, 급식 시에 표시하도록 하여야 한다.
> 제□□조 ① 제○○조 제1항 제1호 또는 제2호의 규정을 위반한 학교급식공급업자는 7년 이하의 징역 또는 1억 원 이하의 벌금에 처한다.
> ② 제○○조 제1항 제3호의 규정을 위반한 학교급식공급업자는 5년 이하의 징역 또는 5천만 원 이하의 벌금에 처한다.
> ③ 제○○조 제1항 제4호의 규정을 위반한 학교급식공급업자는 3년 이하의 징역 또는 3천만 원 이하의 벌금에 처한다.
> 제△△조 ① 제○○조 제2항의 규정을 위반한 학교급식공급업자에게는 500만 원 이하의 과태료를 부과한다.
> ② 제○○조 제3항의 규정을 위반한 학교급식공급업자에게는 300만 원 이하의 과태료를 부과한다.

─────〈상 황〉─────

> 甲은 A학교에 급식 식재료를 공급하는 학교급식공급업자이다. 최근 A학교 학생들의 집단 식중독이 문제가 되어 관계 행정청의 A학교에 대한 조사가 있었으며, 그 과정에서 甲이 위 법의 일부 사항을 위반하였음이 밝혀졌다.

① 甲이 지리적표시를 거짓으로 적은 식재료를 공급하였다면, 甲은 5년의 징역에 처해질 수 있다.
② 甲이 식재료의 영양관리기준을 지키지 않은 경우, 甲에게 600만 원의 과태료가 부과될 수 있다.
③ 甲이 유전자변형농수산물 표시를 거짓으로 적은 식재료를 공급하였다면, 甲은 6천만 원의 벌금에 처해질 수 있다.
④ 甲이 외국이 원산지인 식재료를 국산으로 표기하여 식재료를 공급하였다면, 甲에게는 500만 원의 과태료가 부과될 수 있다.
⑤ 甲이 알레르기를 유발할 수 있는 식재료를 공급하면서 그 사실을 해당 학교에 알리지 않은 경우, 甲에게 400만 원의 과태료가 부과될 수 있다.

5. 다음 글을 근거로 판단할 때 옳은 것은?

> 맥주는 기원전 4000년에 메소포타미아 문명을 이룬 수메르인들에 의해 처음 만들어진 것으로 알려져 있다. 이후 이집트와 그리스 로마를 거쳐 서유럽으로 전파되었고, 중세 시대에 이르러서는 수도원에서 본격적으로 맥주를 만들기 시작하였다. 이 시기의 맥주는 주조 시 향과 맛이 강한 약초나 약재 등을 첨가하였기 때문에 지금의 맥주 맛과는 차이가 있었다. 1516년 바이에른 공화국의 빌헬름 4세가 맥주에 맥아, 홉, 효모, 물 이외의 다른 원료를 사용하지 못하게 하는 맥주 순수령을 공포하면서 맥주의 맛, 향 등이 지금과 비슷해졌다. 이러한 맥주는 에일과 라거로 구분하여 설명할 수 있다.
>
> 에일은 상면 발효 방식으로 만들어져 상면 발효 맥주라고 한다. 상면 발효 방식은 맥주를 발효시킬 때 위로 떠오르는 효모로 만드는 방식이다. 상면 발효 맥주는 18~25℃의 비교적 고온에서 2주간 발효 후 15℃에서 1주 정도 숙성을 거쳐 만들어진다. 이는 15세기 이전에 냉각설비가 개발되기 전까지 주로 사용되던 주조 방식이다. 에일 맥주는 진하고 깊은 맛이 나며 과일과 같은 향긋한 향이 나는 것이 특징이다. 영국, 벨기에, 캐나다 등지에서 생산되는 맥주가 이에 해당하며, 에일 계열 맥주에는 아일랜드의 스타우트, 영국의 에일, 포터가 있다.
>
> 라거는 19세기 중반부터 시작된 주조 방식이며 하면 발효를 이용해 만들어져 하면 발효 맥주라고 한다. 라거는 독일의 라게른(lagern)에서 유래한 말로 저장한다는 의미를 가진다. 하면 발효 방식은 발효 중에 밑으로 가라앉는 효모로 만드는 방식이다. 하면 발효 맥주는 5~10℃의 저온에서 7~12일간 발효시킨 후 1~2개월간 숙성시켜 만들어진다. 라거 맥주는 깊은 맛이나 향긋한 향은 없지만 부산물이 적게 들어있어 깔끔하고 시원한 맛이 특징이다. 라거 계열 맥주에는 독일의 도르트문트, 복, 뮌헨, 체코의 필스너가 있다.

① 중세 시대의 맥주에는 약초나 약재를 첨가해 지금의 맥주 맛과 유사하다.
② 스타우트 맥주는 냉각시설을 통해 저온에서 발효시켜 숙성하면 만들 수 있다.
③ 상대적으로 발효 기간이 짧은 맥주는 깔끔하고 시원한 맛이 없다.
④ 체코의 필스너는 영국의 에일보다 부산물이 많다.
⑤ 맥주의 숙성 기간은 상면 발효 맥주가 하면 발효 맥주보다 더 짧다.

6. 다음 글을 근거로 판단할 때, 甲이 판매한 오렌지 상자의 개수는?

> 甲의 과일가게에서 판매하는 오렌지의 가격은 개당 1,500원이며, 오렌지 8개가 묶음 포장된 상자의 가격은 한 상자당 9,000원이다. 甲은 손님이 오렌지를 8개 이상 구매할 경우 항상 묶음 포장된 상자로 판매하며, 오렌지를 낱개와 상자로 각각 판매하다가 오렌지의 개수 부족으로 상자로 판매가 불가능하게 되었을 때 남은 오렌지를 개당 1,000원에 판매한다.
>
> 甲이 오늘 판매한 오렌지는 총 150개였으며, 오렌지를 판매하여 얻은 매출은 184,000원이었다. 단, 甲이 개당 1,000원에 판매한 오렌지는 1개 이상이다.

① 10상자
② 11상자
③ 12상자
④ 13상자
⑤ 14상자

7. 다음 글과 〈상황〉을 근거로 판단할 때, 甲회사가 고용하는 경비업체는?

○ 甲회사는 경비업체 A~E 중 하나를 고용하려 한다.
○ 각 업체에 비용점수, 경력점수, 고객평가점수, 보안성점수를 부여하고, 항목별 점수의 합이 가장 큰 업체를 고용한다.
○ 항목별 점수를 부여하는 방식은 다음과 같다.
　- 비용점수: 월 이용요금이 낮은 순서대로 5점부터 1점까지 1점씩 차등 부여한다.
　- 경력점수: 회사경력이 10년 이상이면 10점을, 10년 미만이면 회사경력의 연수만큼을 부여한다.
　- 고객평가점수: 고객평가에 0.5를 곱한 값을 부여한다.
　- 보안성점수: 보안성평가에 1.5를 곱한 값을 부여한다.
○ 항목별 점수의 합이 가장 큰 업체가 2개 이상인 경우, 그 중 매출액이 가장 많은 업체를 고용한다.

〈상 황〉

다음은 경비업체 A~E의 월 이용요금, 회사경력, 고객평가, 보안성평가, 매출액 등에 관한 정보이다.

경비업체 구분	A	B	C	D	E
월 이용요금(달러)	1,203	1,191	1,305	1,189	1,207
회사경력(년)	8	13	19	9	6
고객평가(점)	16	15	17	9	11
보안성평가(점)	9	8	7	10	9
매출액(억 원)	3,219	2,470	2,107	2,654	2,766

① A
② B
③ C
④ D
⑤ E

8. 다음 글과 〈상황〉을 근거로 판단할 때, 동아리의 신입부원으로 선발되지 않은 지원자는?

새 학기를 맞아 배드민턴, 축구, 농구, 암벽등반 동아리에서 신입부원을 모집한다.
○ 지원자는 5명(A~E)이며, 각 동아리에서는 1명의 부원을 뽑는다.
○ 동아리별로 부원을 뽑을 때 고려하는 1순위, 2순위 종목은 아래와 같다.

구분	1순위	2순위
배드민턴 동아리	제자리높이뛰기	멀리뛰기
축구 동아리	100m 달리기	윗몸 일으키기
농구 동아리	제자리높이뛰기	100m 달리기
암벽등반 동아리	윗몸 일으키기	멀리뛰기

○ 부원을 뽑는 우선권은 배드민턴, 축구, 농구, 암벽등반 동아리 순으로 주어진다.
○ 각 동아리는 타 동아리에 의해 선발된 지원자와 해당 동아리를 비희망한 지원자를 제외한 지원자 중에서 부원을 선발한다.
○ 1순위와 2순위 종목에 대한 5명의 순위를 기록이 우수한 순서대로 1~5위로 매긴 후, 두 종목의 평균 순위가 가장 높은 지원자를 선발한다. 단, '멀리뛰기', '제자리높이뛰기', '윗몸 일으키기'는 기록이 높을수록, '100m 달리기'는 기록이 빠를수록 우수하다.
○ 두 종목의 평균 순위가 같은 지원자가 2명 이상인 경우 그 중 1순위 종목의 순위가 더 높은 지원자를 선발한다.

〈상 황〉

지원자 A~E가 제출한 종목별 기록은 아래와 같다.

구분	종목				비희망 동아리
	멀리뛰기	100m 달리기	제자리 높이뛰기	윗몸 일으키기	
A	250cm	11.5초	75cm	45회	축구
B	240cm	12초	52cm	50회	암벽등반
C	270cm	11초	63cm	30회	농구
D	300cm	13초	68cm	40회	배드민턴
E	290cm	12.5초	55cm	60회	농구

① A
② B
③ C
④ D
⑤ E

[9~10] 다음 글을 읽고 물음에 답하시오.

1690년 영국 해군은 영국해협에서 벌어진 프랑스 해군과의 전투에서 대패하게 된다. 패전 이후 영국은 해군력의 복구를 시도하지만, 이를 위한 재원을 마련하기란 쉬운 일이 아니었다. 결국 당시 영국의 국왕이었던 윌리엄 3세는 주식회사 형태의 은행을 설립하여 재정난을 타개하고자 했고, 이에 따라 1694년에 유대인 자본이 주축이 된 영란은행이 창설되었다. 윌리엄 3세는 영란은행이 정부에 설립 자본금 120만 파운드를 대출해주는 대신 120만 파운드에 달하는 화폐의 발행 권한을 허용해주었다. 그러나 영란은행이 창립되던 당시에는 민간은행에서 화폐를 발행하는 일이 흔했기 때문에 이러한 권한이 특별했던 것은 아니었다.

영란은행이 다른 은행들과 차별되는 특별한 권한을 본격적으로 누린 것은 19세기의 일이었다. 19세기 중반에 이르러 영국 정부는 영란은행에서 발행하는 파운드화를 법정 화폐로 지정하고, 영란은행 외에 파운드화의 발행권을 가지고 있던 은행들의 발행권을 점진적으로 회수하기 시작했다. 이에 따라 19세기 후반 영란은행은 명실상부한 세계 최초의 중앙은행으로 인정받을 수 있었고, 다른 국가들도 영란은행을 모방하여 중앙은행을 설립하였다. 영국이 국제 정치의 헤게모니를 장악하고 있던 19세기 후반부터 20세기 초반에 이르는 시기 동안 파운드화는 국제무역의 기축통화 역할을 수행했다. 당시 파운드화를 거의 독점적으로 발행하던 영란은행 역시 영국의 중앙은행을 넘어 국제금융의 중심이 되었다. 그러나 두 차례의 세계대전을 거치며 영국이 패권국가의 지위에서 내려오면서 영란은행의 지위 역시 하락할 수밖에 없었다.

한편 영란은행이 설립되기 이전부터 사용되어 온 파운드화는 보조 화폐 단위로 실링과 펜스가 있었는데, 이때는 1파운드가 20실링, 1실링이 12펜스에 해당하여 화폐 단위에 십이진법과 이십진법이 혼재되어 있었다. 그뿐만 아니라 1파운드 1실링은 1기니, 5실링은 1크라운, 2실링은 1플로린으로 환산되는 등 기니와 크라운, 플로린을 비롯해 열 종류가 넘는 화폐 단위가 존재하여 매우 복잡하였다. 이에 1971년 2월에 십진법 체계가 도입되어 영란은행이 설립된 이래 가장 대규모의 화폐개혁이 단행되었다. 그 결과 1파운드당 100펜스로 개편되었고, 파운드와 새로운 펜스를 제외한 다른 화폐 단위는 모두 폐지되었다. 16세기부터 사용되던 실링도 이때부터 발행이 중단되었지만, 화폐개혁 전에 발행한 1실링, 2실링, 5실링은 각각 5펜스와 10펜스, 25펜스로 대체되어 1990년대 초반까지 유통되었다.

9. 윗글을 근거로 판단할 때 옳은 것은?

① 파운드화는 1694년부터 사용되기 시작했다.

② 윌리엄 3세는 중앙은행 제도를 도입하기 위해 영란은행을 창설했다.

③ 영란은행이 영국 유일의 화폐 발행 기능을 갖게 된 시기에 실링도 발행되기 시작했다.

④ 영국 화폐 단위가 십진법 체계로 전환되면서 1파운드를 실링으로 환산한 액수가 그 전과 달라지게 되었다.

⑤ 영국의 화폐 단위 중 1971년 영란은행의 화폐개혁으로 폐지된 것이 그렇지 않은 것보다 더 많았다.

10. 윗글을 근거로 판단할 때, ㉠~㉢을 옳게 짝지은 것은?

1971년 화폐개혁 전에 통용되던 기니의 가치를 크라운과 플로린으로 각각 환산할 경우, 10기니가 크라운으로는 (㉠)크라운, 플로린으로는 (㉡)플로린이었다. 그리고 이를 화폐개혁 후의 새로운 펜스로 환산하면 10기니는 (㉢)펜스에 해당하였다.

	㉠	㉡	㉢
①	40	100	1,050
②	40	105	2,520
③	42	100	1,050
④	42	105	1,050
⑤	42	105	2,520

11. 다음 글을 근거로 판단할 때 옳은 것은?

> 제○○조 ① 변리사시험에 합격한 사람으로서 실무수습을 마친 사람은 변리사의 자격이 있다.
> ② 다음 각 호의 어느 하나에 해당하는 사람은 변리사가 되지 못한다.
>> 1. 미성년자
>> 2. 피한정후견인 또는 피성년후견인
>> 3. 제◇◇조 제1항에 따른 징계처분으로 등록취소된 후 2년이 지나지 아니한 사람
>
> 제△△조 ① 변리사시험은 제1차 시험과 제2차 시험으로 구분하여 특허청장이 실시한다.
> ② 제○○조 제2항 각 호에 해당하는 사람은 변리사시험에 응시할 자격이 없다.
> ③ 특허청장은 시험일시 및 방법 등에 관한 사항을 제1차 시험 실시 90일 전까지 공고하여야 한다.
> ④ 특허청 소속의 7급 이상 공무원으로서 10년 이상 특허행정사무에 종사한 경력이 있는 사람에 대하여는 제1차 시험을 면제한다.
>
> 제□□조 ① 변리사 자격을 가진 사람이 변리사 업무를 시작하려는 때에는 특허청장에게 등록하여야 한다.
> ② 특허청장은 제1항에 따라 변리사 등록을 신청한 사람이 제○○조 제2항 각 호의 어느 하나에 해당하면 등록을 거부하여야 한다.
> ③ 특허청장은 변리사가 다음 각 호의 어느 하나에 해당할 때에는 그 등록을 취소하여야 한다.
>> 1. 제○○조 제2항 각 호의 어느 하나에 해당할 때
>> 2. 등록취소의 신청을 하였을 때
>
> 제◇◇조 ① 특허청장은 변리사에게 징계사유가 있을 때에는 징계를 할 수 있다.
> ② 변리사에 대한 징계의 종류는 다음 각 호와 같다.
>> 1. 500만 원 이하의 과태료
>> 2. 2년 이내의 전부 또는 일부의 업무정지
>> 3. 등록취소
> ③ 제1항에 따른 징계는 징계사유가 발생한 날부터 3년이 지나면 할 수 없다.
> ④ 특허청장은 징계사유가 있는 변리사가 제□□조 제3항 제2호에 따라 이미 등록이 취소된 경우에는 5년 이내의 기간을 정하여 자격정지를 명할 수 있다.

① 2022년 1월 10일에 징계처분으로 등록취소된 변리사 丙이 2023년 9월 7일에 변리사 등록을 신청한 경우, 특허청장은 신청을 거부하여야 한다.

② 변리사 甲은 2020년 5월 1일에 발생한 징계사유를 근거로 2023년 7월 20일에 업무정지 1년에 처해질 수 있다.

③ 10년 이상 특허행정사무에 종사한 특허청 소속 8급 공무원 乙이 변리사시험에 응시하는 경우 제1차 시험이 면제된다.

④ 특허청장은 징계로 등록취소 처분을 받은 변리사에게 5년의 자격정지를 명할 수 있다.

⑤ 특허청장은 2024년 11월 27일에 이듬해 2월 18일에 시행되는 변리사시험 제1차 시험의 시험일시 및 방법 등에 관한 사항을 공고할 수 있다.

12. 다음 글을 근거로 판단할 때 옳은 것은?

> 제○○조 특별자치시장·특별자치도지사 또는 시장·군수·구청장(특별시·광역시의 자치구 구청장을 말한다. 이하 같다)은 이 법에 위반되는 건축물의 발생을 예방하고 건축물을 적법하게 유지·관리하도록 지도하기 위하여 제□□조로 정하는 바에 따라 건축지도원을 지정할 수 있다.
>
> 제□□조 ① 제○○조에 따른 건축지도원은 특별자치시장·특별자치도지사 또는 시장·군수·구청장이 특별자치시·특별자치도 또는 시·군·구에 근무하는 건축직렬의 공무원과 건축에 관한 학식이 풍부한 자로서 제△△조에 정하는 자격을 갖춘 자 중에서 지정한다.
>
> ② 건축지도원의 업무는 다음 각 호와 같다.
>   1. 건축신고를 하고 건축 중에 있는 건축물의 시공 지도와 위법 시공 여부의 확인·지도 및 단속
>   2. 허가를 받지 아니하거나 신고를 하지 아니하고 건축하거나 용도변경한 건축물의 단속
>
> ③ 건축지도원은 제2항의 업무를 수행할 때에는 권한을 나타내는 증표를 지니고 관계인에게 내보여야 한다.
>
> ④ 건축지도원의 지정절차, 보수기준 등에 관하여 필요한 사항은 제△△조에 따른다.
>
> 제△△조 ① 특별자치시장·특별자치도지사 또는 시장·군수·구청장은 건축지도원을 지정하는 때에는 특별자치시·특별자치도 또는 시·군·구에 근무하는 건축직렬의 공무원으로 지정하거나 다음 각 호의 어느 하나에 해당하는 자격을 갖춘 자를 선임하여 지정한다. 다만, 특별자치시장·특별자치도지사 또는 시장·군수·구청장이 필요하다고 인정하는 경우에는 명예 건축지도원을 위촉할 수 있다.
>   1. 건축직렬 공무원으로 2년 이상 근무한 경력이 있는 자
>   2. 건축사 또는 건축분야 기술사
>   3. 건축기사1급 자격소지자로서 2년 이상 건축분야에 종사한 자
>   4. 건축기사2급 자격소지자로서 4년 이상 건축분야에 종사한 자
>   5. 4년제 대학의 건축관련학과 졸업자로서 3년 이상 건축분야에 종사한 자
>   6. 2년제 대학의 건축관련학과 졸업자로서 5년 이상 건축분야에 종사한 자
>
> ② 특별자치시장·특별자치도지사 또는 시장·군수·구청장은 제1항에 따른 건축지도원 중 공무원이 아닌 건축지도원에 대하여는 보수·수당·여비 및 활동비를, 공무원인 건축지도원과 명예 건축지도원에 대하여는 수당·여비 및 활동비를 예산의 범위 내에서 지급할 수 있다.

① 건축지도원은 해당 지방자치단체에 근무하는 건축직렬 공무원 중에서 지정된다.

② 공무원인 건축지도원은 여비 및 활동비를 지급받을 수 있지만, 공무원이 아닌 건축지도원은 보수와 수당만 지급받을 수 있다.

③ 서울특별시의 A자치구에서 근무할 건축지도원은 서울특별시장이 선임하여 지정한다.

④ 허가 없이 용도변경한 건축물의 단속은 건축지도원의 업무이고, 건축신고를 마치고 건축 중인 건축물의 시공 지도는 건축지도원의 업무가 아니다.

⑤ 4년제 대학의 건축학과를 졸업하고 건축기사2급 자격을 소지한 자가 건축분야에 3년간 종사하였다면 건축지도원으로 지정될 수 있다.

13. 다음 글은 근거로 판단할 때, 甲공장에서 X합금 300kg을 만들기 위해 필요한 D금속과 G금속 무게의 합은?

> ○ 甲공장에서는 X합금을 생산한다.
> ○ X합금의 제작방법은 다음과 같다.
>   - A금속 20kg과 B금속 10kg을 혼합하여 30kg의 C금속을 만든다.
>   - C금속과 D금속을 1:1의 비율로 혼합하여 E금속을 만든다.
>   - F금속과 G금속을 3:1의 비율로 혼합하여 H금속을 만든다.
>   - E금속과 H금속을 1:1의 비율로 혼합하여 X합금을 만든다.
> ○ 혼합 전 각 금속의 무게 합과 혼합 후 만들어진 금속 또는 합금의 무게는 동일하며, X합금의 무게는 재료로 사용된 금속의 총 무게와 동일하다.

① 75kg
② 112.5kg
③ 150kg
④ 187.5kg
⑤ 225kg

14. 다음 글을 근거로 판단할 때, 甲이 음식을 모두 데우는 데 걸리는 최소 시간은?

> ○ 甲은 출력이 각각 700W, 1,000W인 전자레인지 하나씩을 이용해 주먹밥 3개와 햄버거 3개, 피자 1개를 최대한 빨리 데우고자 한다.
> ○ 주먹밥은 700W 전자레인지에서는 40초, 1,000W 전자레인지에서는 30초간 데운다.
> ○ 햄버거는 700W 전자레인지에서는 60초, 1,000W 전자레인지에서는 45초간 데운다.
> ○ 피자는 700W 전자레인지에서는 150초, 1,000W 전자레인지에서는 120초간 데운다.
> ○ 각 전자레인지에는 한 번에 하나의 음식만 넣을 수 있고, 하나의 음식을 다 데운 후 다음 음식을 데우기 시작하기까지 5초가 걸린다.

① 210초
② 215초
③ 235초
④ 250초
⑤ 265초

15. 다음 글을 근거로 판단할 때, 스터디룸 101호를 4시간 예약한 팀만 사용하는 시각으로 가능한 것은?

> 스터디룸을 운영하는 甲은 스터디룸 101호의 예약표를 잃어버려서 어떤 팀이 어떤 시간대에 예약했는지를 알 수 없게 되었다. 甲이 알고 있는 스터디룸 101호 예약 정보는 다음과 같다.
> ○ 스터디룸은 8시부터 22시까지 1시간 단위로 예약할 수 있다.
> ○ 스터디룸을 하루에 2시간 이상 사용하려면 연이은 시간대에 예약하여야 한다.
> ○ 1시간을 예약한 팀은 4개, 2시간을 예약한 팀은 1개, 4시간을 예약한 팀은 2개였다.
> ○ 1시간을 예약한 팀이 연이어 예약하지는 않았다.

① 9:30
② 10:30
③ 11:30
④ 12:30
⑤ 13:30

16. 다음 글을 근거로 판단할 때, 甲의 노트북 비밀번호 첫 번째 숫자와 두 번째 숫자를 합한 값은?

> 甲의 노트북 비밀번호는 6개의 숫자로 이루어져 있다. 어느 날 乙이 甲의 노트북을 빌리게 되었고, 甲은 노트북 비밀번호에 대해 다음과 같은 힌트만 주었다.
> ○ 1부터 6까지의 숫자를 한 번씩만 사용한다.
> ○ 첫 번째 숫자와 네 번째 숫자를 곱한 값은 두 번째 숫자와 세 번째 숫자를 곱한 값과 같다.
> ○ 첫 번째 숫자와 여섯 번째 숫자를 곱한 값은 세 번째 숫자와 네 번째 숫자를 곱한 값과 같다.
> ○ 세 번째 숫자는 두 번째 숫자보다 크다.

① 4
② 6
③ 8
④ 10
⑤ 12

17. 다음 글과 〈상황〉을 근거로 판단할 때, 甲교육센터에서 A~E에게 지급할 강사수당의 총액은?

> 甲교육센터는 교육에 초빙한 강사에게 다음과 같은 기준으로 수당을 지급하고 있다.
>
> ○ 지급 대상자
> 　- 甲교육센터의 교육에 참여한 내·외부 강사(단, 甲교육센터에 근무하는 전임 교수 및 직원 제외)
> ○ 강의시간 산출 기준
> 　- 강의시간은 1시간 단위로 인정(30분 미만은 강의시간 산출 시 포함하지 않고, 30분 이상은 1시간으로 인정)
> 　　※ 강의시간이 1시간 미만인 경우 1시간으로 인정
> ○ 강사수당 지급 기준
> 　- 내·외부 및 〈외부 강사 등급 기준〉에 따른 등급 고려하여 차등 지급
>
> | 구분 | | 지급액(만 원) | |
> |---|---|---|---|
> | | | 최초 1시간 | 1시간 초과 |
> | 내부 강사 (甲교육센터 비전임 교수) | | 4 | 초과 시간당 2 |
> | 외부 강사 | 특급 | 30 | 초과 시간당 20 |
> | | 1급 | 20 | 초과 시간당 12 |
> | | 2급 | 12 | 초과 시간당 9 |
>
> 〈외부 강사 등급 기준〉
>
> | 등급 | 적용 대상 |
> |---|---|
> | 특급 | - 전·현직 장·차관, 자치단체장
- 대학 교수, 종교인, 기업 임원 |
> | 1급 | - 전·현직 4급 이상 공무원
- 박사학위 소지 공무원
- 연구소 연구원, 시민단체 직원으로서 4년 이상 실무경력자 |
> | 2급 | - 전·현직 5급 이하 공무원
- 연구소 연구원, 시민단체 직원으로서 4년 미만 실무경력자
- 체육·레크리에이션 등 강사 |

> ─────〈상 황〉─────
>
> 甲교육센터 교육에 참여한 강사(A~E)에 대한 정보는 다음과 같다.
>
> | 강사 | 강의시간(분) | 강사 이력 |
> |---|---|---|
> | A | 246 | - □□광역시장 |
> | B | 82 | - 4급 공무원(박사학위 소지) |
> | C | 25 | - 현 甲교육센터 전임 교수
- 전 ○○시민단체 직원(13년 경력) |
> | D | 151 | - 현 甲교육센터 비전임 교수
- 전 레크리에이션 강사 |
> | E | 206 | - △△대학교 교수 |

① 178만 원

② 188만 원

③ 198만 원

④ 208만 원

⑤ 230만 원

18. 다음 글을 근거로 판단할 때, A부처에서 선발하는 연수생은?

> ○ 국가공무원인재개발원 연수생 甲~戊는 A부처 배치 신청서를 제출하였다.
> ○ A부처에서는 신청서를 제출한 연수생의 연수원 성적, 면접 성적, 2차 시험 성적을 종합하여 총점이 가장 높은 최종 1명을 선발한다.
> ○ A부처의 〈연수생 평가 기준〉과 〈연수생 甲~戊의 성적〉은 다음과 같다.
>
> 〈연수생 평가 기준〉
>
> | 평가항목 | | 평가점수 |
> |---|---|---|
> | 연수원 | 분임 평가 | 20점 만점 |
> | | 개인 평가 | 30점 만점 |
> | 면접 | | 35점 만점 |
> | 2차 시험 | | 15점 만점 |
> | 계 | | 100점 만점 |
>
> 〈연수생 甲~戊의 성적〉
>
> | 평가항목 / 연수생 | 연수원 | | 면접 | 2차 시험 |
> |---|---|---|---|---|
> | | 분임 평가 | 개인 평가 | | |
> | 甲 | A | A | C | B |
> | 乙 | C | A | A | B |
> | 丙 | A | C | B | A |
> | 丁 | A | B | A | D |
> | 戊 | D | A | A | A |
>
> ※ A: 만점 대비 100%, B: 만점 대비 80%, C: 만점 대비 60%, D: 만점 대비 40%

① 甲

② 乙

③ 丙

④ 丁

⑤ 戊

19. 다음 글과 〈상황〉을 근거로 판단할 때, 주어진 비행기 탑승시각에 비행기에 탑승할 수 있는 사람만을 모두 고르면?

○ □□스쿠버다이빙 협회에서는 회원들의 안전을 위해 스쿠버다이빙 후 휴식시간 기준을 마련했다.
○ 스쿠버다이빙 후 휴식시간 기준은 다음과 같다.

최대 잠수 깊이	5m 미만	5m 이상 15m 미만	15m 이상
최대 잠수 깊이 0.2m당 휴식시간	20분	30분	40분

○ 스쿠버다이빙 이후 비행기에 탑승하기 위해서는 스쿠버다이빙 후 휴식시간 기준에 따른 휴식시간의 90% 이상에 해당하는 시간만큼 휴식을 취하여야 한다. 단, 스쿠버다이빙을 종료한 지 18시간 이내에 탑승하는 경우에는 스쿠버다이빙 후 휴식시간 기준에 따른 휴식시간의 120% 이상에 해당하는 시간만큼 휴식을 취하여야 한다.
○ 영상 5도 이하의 차가운 물에서 스쿠버다이빙을 한 경우, 실제 잠수한 깊이보다 3m 더 깊이 잠수한 것으로 간주하여 휴식시간을 산출한다.

〈상 황〉

□□스쿠버다이빙 협회 소속 스쿠버다이버인 甲~丁은 스쿠버다이빙을 한 뒤 7월 13일 11시에 비행기에 탑승하고자 한다. 네 사람은 스쿠버다이빙 장소에서 비행기를 탑승하는 곳까지 이동하는 시간에도 휴식을 취한다. 다음은 甲~丁의 스쿠버다이빙에 관한 정보이다. 단, 甲~丁은 스쿠버다이빙 후 휴식시간 기준을 준수하며, 스쿠버다이빙 종료 시각 이후 계속해서 휴식을 취했다.

스쿠버다이버	수온	최대 잠수 깊이	스쿠버다이빙 종료 시각
甲	영상 9도	4m	7월 13일 04시
乙	영하 2도	7m	7월 12일 11시
丙	영상 3도	12m	7월 11일 16시
丁	영상 8도	17m	7월 11일 05시

① 甲, 乙
② 甲, 丙
③ 乙, 丙
④ 乙, 丁
⑤ 丙, 丁

20. 다음 글을 근거로 판단할 때, 각 소비자가 구매할 브랜드를 옳게 짝지은 것은?

○ 전기차를 판매하는 브랜드는 甲, 乙, 丙, 丁 4개가 있다.
○ 전기차를 구매하려는 소비자는 주행거리, 안전성, 디자인 세 가지 평가 요소에 대한 브랜드별 점수와 해당 평가 요소의 가중치를 곱한 것을 합산하여 4개 브랜드 중 하나를 선택한다.
○ 소비자들은 4개의 브랜드 중 평가 점수의 총점이 가장 높은 브랜드를 선택하되, 다음과 같이 자신만의 기준을 함께 고려한다. 이때 2개 이상의 브랜드가 동점인 경우 주행거리 점수가 가장 높은 브랜드의 전기차를 구매한다.
  - 소비자 A: 가중치가 적용된 평가 요소별 점수 중 1.5점 이하가 있는 경우 그 브랜드는 선택하지 않는다.
  - 소비자 B: 乙을 선호하기 때문에 乙의 각 평가 요소별 점수에 1점씩을 더하여 가중치를 적용한다.
  - 소비자 C: 가중치가 적용된 평가 요소별 점수가 모두 2.5점 이상인 경우, 그 브랜드는 총점에 0.2를 더한다. 그러나 가중치가 적용된 평가 요소별 점수 중 2점 이하가 있는 경우, 그 브랜드는 총점에서 0.2를 뺀다.
○ 다음은 각 브랜드의 평가 요소별 점수를 나타낸 표이다.

평가 요소(가중치)	甲	乙	丙	丁
주행거리(0.4)	10	8	7	10
안전성(0.3)	6	7	9	5
디자인(0.3)	8	7	9	10

	소비자 A	소비자 B	소비자 C
①	甲	乙	甲
②	甲	丁	丙
③	丙	乙	丙
④	丙	丁	丁
⑤	丁	丁	丁

21. 다음 글과 〈상황〉을 근거로 판단할 때, 甲의 의뢰 상품 제작 완료 예정일은?

> 甲은 은 가공품 장인으로 주문제작 상품을 의뢰 받아 제작한다. 甲은 하루에 최대 10시간 동안 작업을 진행하고, 토요일에는 최대 작업시간의 1/2 미만으로 작업을 하며, 일요일 및 공휴일에는 작업을 하지 않는다. 목걸이와 반지의 개당 제작시간은 각각 4시간과 3시간이며, 작업 진행 중에는 쉬지 않는다. 甲은 상품 제작 의뢰가 들어오면 가능한 빠른 시일 내에 상품의 제작을 완료한다. 단, 상품 제작에 착수하여도 당일에 완성이 불가능할 경우 새 상품 제작을 시작하지 않고 퇴근한다.

─〈상 황〉─
> 甲에게 의뢰 온 목걸이와 반지의 수량은 각각 8개, 17개이며, 5월 1일부터 제작에 착수한다. 올해 5월 1일은 목요일이며, 5월의 공휴일은 5일 어린이날뿐이다.

① 5월 11일
② 5월 12일
③ 5월 13일
④ 5월 14일
⑤ 5월 15일

22. 다음 글을 근거로 판단할 때 옳지 않은 것은?

> △△회사의 직원들은 회사 차를 나누어 타고 세미나 장소로 이동하려고 한다. 회사 차는 소형차와 중형차로 차종이 두 가지이고 소형차는 1대, 중형차는 2대가 있다. 직원들은 아래 조건을 전부 충족시키며 3대의 회사 차에 나누어 탈 예정이다.
> ○ 직원은 부장 A, 과장 B, C, 대리 D, E, 사원 F, G, H, I로 총 9명이다.
> ○ 부장과 과장은 소형차에 타지 않는다.
> ○ 차종에 관계없이 한 대의 차에는 최대 4명이 탈 수 있으며, 차를 혼자 타고 가는 직원은 없다.
> ○ 과장 B, C는 같은 차에 타지 않으며, 사원 F, G, H는 같은 차를 탄다.
> ○ 대리 D와 E는 같은 차종의 차를 타지 않는다.

① A, B, D 3명이 같은 차에 탈 수 있다.
② B가 탄 차에 F와 H가 탈 수 있다.
③ D는 소형차에 탈 수 있다.
④ H가 소형차에 탈 경우, E는 중형차에 탈 수 있다.
⑤ G가 C와 같은 차에 탈 경우, B와 I가 같은 차에 탈 수 있다.

23. 다음 글을 근거로 판단할 때 옳지 않은 것은?

> 총 10장의 카드에 1부터 10까지의 자연수가 각각 적혀 있다. 6이 적힌 카드를 맨 왼쪽에 놓고 나머지 9장의 카드를 일렬로 배열하려고 하며, 카드는 왼쪽부터 1장씩 놓는다. 맨 왼쪽 첫 번째 자리를 제외하고, 홀수 번째 자리에 위치한 카드에 적혀 있는 수는 바로 왼쪽 자리에 위치한 카드에 적혀 있는 수에 2를 곱한 수 이상인 수여야 한다. 짝수 번째 자리에 위치한 카드에 적혀 있는 수는 바로 왼쪽 자리에 위치한 카드에 적혀 있는 수를 2로 나눈 수 이하인 수여야 한다.
> 이 규칙에 따라 카드를 다음과 같이 배열하였다.

6	3	8	4	9	A	7	B	C	D

① A로 가능한 수는 2개이다.
② B는 1 또는 2이다.
③ C는 10이 아니다.
④ D는 5이다.
⑤ B가 1이라면 A와 D를 곱한 값과 B와 C를 곱한 값은 같다.

24. 다음 글을 근거로 판단할 때, 乙의 집에 있는 시계가 가리키는 시간과 실제 시간의 차이는?

> 甲과 乙은 조별 과제를 위해 乙의 집에서 오후 6시에 만나기로 하였다. 甲은 자신의 집에 있는 시계를 보고 오후 5시 정각에 乙의 집을 향해 출발하였다. 집을 나선 지 5분이 되었을 때 甲은 집에 놓고 온 노트북이 떠올라, 그때까지 걸어온 속도로 다시 집에 돌아갔다. 집에 도착한 甲은 노트북을 챙겨 3분 뒤 다시 집을 나섰고, 이후 40분이 걸려 乙의 집에 도착하였다. 그러자 乙은 자신의 집에 걸린 시계를 가리키며 甲에게 10분이나 늦었다고 핀잔을 주었다. 이에 핸드폰으로 정확한 시간을 확인한 결과, 甲의 집에 있는 시계는 실제 시간보다 5분 느리게 가고 있었고 乙의 집에 있는 시계 역시 고장 났음을 알게 되었다.

① 10분
② 11분
③ 12분
④ 13분
⑤ 14분

25. 다음 글을 근거로 판단할 때 옳은 것은?

> 제○○조(주민등록증의 발급 등) ① 시장·군수 또는 자치구의 구청장(이하 '시장·군수 또는 구청장'이라 한다)은 관할 구역에 주민등록이 된 자 중 17세 이상인 자에 대하여 주민등록증을 발급한다.
> ② 주민등록증에는 성명, 사진, 주민등록번호, 주소, 지문, 발행일, 주민등록기관(이하 '주민등록증의 기재사항'이라 한다)을 수록한다.
> ③ 행정안전부장관은 시장·군수 또는 구청장에게 주민등록증을 일제히 갱신하거나 검인하게 할 수 있다.
> ④ 시장·군수 또는 구청장은 주민등록증을 발급할 때에는 제△△조에 따른 경우 외에는 수수료를 징수하지 못하며, 주민등록증의 발급을 이유로 조세나 그 밖의 어떠한 명목의 공과금도 징수하여서는 아니 된다.
> 제△△조(주민등록증의 재발급) ① 주민등록증을 발급받은 후 다음 각 호의 어느 하나에 해당하는 사유로 재발급을 받으려는 자는 시장·군수 또는 구청장에게 그 사실을 신고하고 재발급을 신청하여야 한다.
> 　1. 주민등록증의 분실이나 훼손
> 　2. 성명, 생년월일 또는 성별의 변경
> 　3. 외과적 시술 등으로 용모가 변하여 본인 확인이 어려운 경우
> ② 주민등록 업무를 수행하는 공무원은 다음 각 호의 어느 하나에 해당하는 사유로 업무수행이 어려우면 그 주민등록증을 회수하고, 본인이 시장·군수 또는 구청장에게 재발급 신청을 하도록 하여야 한다.
> 　1. 주민등록증이 훼손되거나 그 밖의 사유로 그 내용을 알아보기 어려운 경우
> 　2. 주민등록증의 기재사항이 변경된 경우
> ③ 시장·군수 또는 구청장은 제1항에 따라 주민등록증을 재발급 신청하는 자에게 수수료를 징수할 수 있다. 다만, 다음 각 호의 어느 하나에 해당하면 그러하지 아니하다.
> 　1. 주민등록증 발급상의 잘못으로 인하여 재발급하는 경우
> 　2. 주민등록증의 기재사항 중 주소 외의 사항이 변경된 경우
> 　3. 제1항 제3호의 사유에 해당하는 경우로서 자연적 재해·재난으로 인한 경우
> 제□□조(경비의 부담) 행정안전부장관은 다음 각 호의 어느 하나에 해당하는 경우에는 주민등록증의 발급에 드는 경비의 일부를 부담하여야 한다.
> 　1. 제○○조 제3항에 따라 주민등록증을 일제 갱신 발급하는 경우
> 　2. 제△△조 제3항의 단서에 따라 주민등록증을 재발급하는 경우

① 행정안전부장관이 A시장에게 주민등록증을 검인하게 한 경우, 검인에 드는 경비의 일부를 행정안전부장관이 부담하여야 한다.

② B구청장은 개명을 하여 주민등록증 재발급 신청을 한 구민 甲에게 수수료를 징수할 수 있다.

③ 생애 최초로 주민등록증을 발급받는 C군민 乙은 C군수에게 수수료를 납부하고 주민등록증을 발급받을 수 있다.

④ 미용 목적의 성형수술로 용모가 변하여 본인 확인이 어려운 丙이 주민등록증 재발급을 신청한 경우, 행정안전부장관은 주민등록증 재발급에 드는 경비의 일부를 부담하여야 한다.

⑤ 주민등록 업무를 수행하는 공무원이 내용을 알아볼 수 없어 업무수행이 어렵다는 이유로 D구민 丁의 주민등록증을 회수한 경우, 丁은 D구청장에게 주민등록증 재발급을 신청해야 한다.

| 자료해석영역 |
2교시

| 응시번호 | |
| 성명 | |

실전모의고사
1회

문제책형
가

⚠️ **응시자 주의사항**

1. **시험시작 전 시험문제를 열람하는 행위나 시험종료 후 답안을 작성하는 행위를 한 사람은** 「공무원 임용시험령」 제51조에 의거 **부정행위자로** 처리됩니다.

2. **답안지 책형 표기는 시험시작 전 감독관의 지시에 따라 문제책 앞면에 인쇄된 문제책형을 확인** 한 후, **답안지 책형란에 해당 책형(1개)을 '●'로 표기하여야 합니다.**

3. 시험이 시작되면 문제를 주의 깊게 읽은 후, **문항의 취지에 가장 적합한 하나의 정답만을 고르** **며**, 문제내용에 관한 질문은 할 수 없습니다.

4. **답안을 잘못 표기하였을 경우에는 답안지를 교체하여 작성**하거나 **수정할 수 있으며**, 표기한 답 안을 수정할 때는 **응시자 본인이 가져온 수정테이프만을 사용**하여 해당 부분을 완전히 지우고 부착된 수정테이프가 떨어지지 않도록 손으로 눌러주어야 합니다. **(수정액 또는 수정스티커 등** **은 사용 불가)**

5. **시험시간 관리의 책임은 응시자 본인에게 있습니다.**
   ※ 문제책은 시험종료 후 가지고 갈 수 있습니다.

ℹ️ **정답공개 및** **해설강의 안내**

1. 모바일 자동 채점 및 성적 분석 서비스
   • '약점 보완 해설집'에 회차별로 수록된 QR코드 인식 ▶ 응시 인원 대비 자신의 성적 위치 확인

2. 해설강의 수강 방법
   • 해커스PSAT 사이트(www.psat.Hackers.com) 접속 후 로그인 ▶ 우측 퀵배너 [쿠폰/수강권 등록] 클릭 ▶ '약점 보완 해설집'에 수록된 쿠폰번호 입력 후 이용

1. 다음 〈그림〉과 〈조건〉은 배터리 제조 공정에 관한 자료이다. 2kg의 재료가 투입되었을 때, 제조 공정을 거쳐 출하되는 배터리의 총량은 몇 g인가?

〈그림〉 배터리 제조 공정도

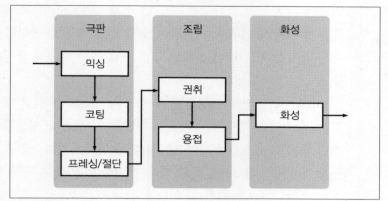

※ 배터리 제조 공정은 화살표 방향으로 단계별로 진행됨.

〈조 건〉

○ 배터리 제조 공정은 크게 극판, 조립, 화성으로 구분되어 순서대로 진행됨.

○ 극판 공정에는 믹싱, 코팅, 프레싱/절단 세 가지 세부 공정이 포함되고, 이 중 믹싱 단계에 재료가 최초로 투입되며, 믹싱 단계와 프레싱/절단 단계에서 각각 투입 재료의 10%가 소실됨.

○ 조립 공정에는 권취, 용접 두 가지 세부 공정이 포함되고, 이 중 용접 단계에서 투입 재료의 20%가 소실됨.

○ 화성 공정은 세부 공정이 없으며, 앞서 언급된 단계 외의 단계에서 재료의 소실은 발생하지 않고 다음 단계로 이동함.

○ 화성 공정이 완료되면 화성 공정에 투입된 재료 무게 $\frac{1}{3}$에 해당하는 무게의 배터리가 출하됨.

① 324g

② 432g

③ 450g

④ 648g

⑤ 864g

2. 다음 〈표〉는 2016~2021년 '갑'국의 무연탄 수급 동향이다. 이에 대한 설명으로 옳지 않은 것은?

〈표〉 2016~2021년 '갑'국의 무연탄 수급량

(단위: 톤)

연도 구분	2016	2017	2018	2019	2020	2021
생산	1,848	1,605	1,290	1,104	(　)	887
소비	1,495	1,314	1,143	1,044	908	849
재고	2,151	2,442	(　)	2,649	2,772	2,810
정부비축	899	899	905	918	932	944

※ 1) '정부비축'은 당해연도 '재고' 중 국가 차원에서 관리하는 물량임.
　2) 당해연도 재고량=직전년도 재고량+당해연도 생산량−당해연도 소비량

① 생산량과 소비량의 연도별 증감 방향은 같다.

② 재고량 중 정부비축량의 비중은 2019년이 2021년보다 크다.

③ 2016~2021년 중 직전년도 재고량이 가장 적은 연도는 2017년이다.

④ 2017년 이후 생산량의 전년 대비 감소율이 가장 높은 연도는 2018년이다.

⑤ 소비량 대비 재고량의 비율은 매년 증가한다.

3. 다음 〈그림〉과 〈표〉는 APEC 가입 국가 및 국내 자동차 산업 현황에 대한 자료이다. 제시된 〈그림〉과 〈표〉 이외에 〈보고서〉를 작성하기 위해 추가로 필요한 자료만을 〈보기〉에서 모두 고르면?

〈그림〉 APEC 가입 국가 자동차 생산량 추이

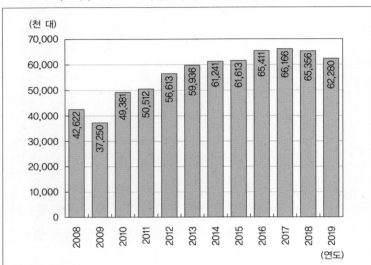

※ APEC 가입국은 21개국임.

〈표 1〉 연도별 국내 자동차 생산량
(단위: 천 대, %)

구분 연도	승용차	전년 대비 증가율	상용차	전년 대비 증가율
2016	3,860	−6.7	367	−12.8
2017	3,735	−3.2	380	3.5
2018	3,662	−2.0	367	−3.4
2019	3,613	−1.3	338	−7.9

※ 해당 연도 자동차 생산량=해당 연도 승용차 생산량+해당 연도 상용차 생산량

〈표 2〉 연도별 APEC 가입 아시아 국가별 한국 자동차 수입량
(단위: 대)

연도 국가	2016	2017	2018
브루나이	2,038	2,279	2,172
중국	3,864	3,018	625
홍콩	1,770	2,737	2,557
인도네시아	3,643	4,007	2,432
일본	371	250	97
말레이시아	4,284	5,391	6,986
필리핀	30,200	29,904	23,036
싱가포르	9,100	8,331	11,891
대만	2,540	2,121	4,257
태국	2,698	4,024	4,242
베트남	19,361	14,713	502
합계	79,869	76,775	58,797

※ APEC 가입 아시아 국가별 한국 승용차 및 상용차 수입량은 해외 현지 조립을 위한 기자재 분해 승용차 및 상용차 수입량을 제외한 수치임.

〈보고서〉

APEC 가입 국가 자동차 생산량은 2009년 이후 꾸준히 증가하였으나 2018년부터 감소하여 2019년 APEC 가입 국가 자동차 생산량은 62,280천 대를 기록하였다. APEC 가입국인 한국의 자동차 생산량은 2017년 전체 APEC 가입 국가 자동차 생산량 중 4위를 차지하고 있었으나, 자동차 생산량이 점차 감소하여 2019년 전체 APEC 가입 국가 자동차 생산량 중 5위를 차지하였다.

2016년 국내 자동차 생산량 중 승용차 생산량은 전년 대비 6.7% 감소하여 3,860천 대를 기록하였고, 상용차 생산량은 전년 대비 12.8% 감소하여 367천 대를 기록하였다. 국내 자동차 생산량은 2016년 이후 점차 감소하여 2019년 국내 자동차 생산량은 4,000천 대 이하로 줄어들었다.

또한 2017~2018년 APEC 가입 아시아 국가별 한국 자동차 수입량의 합은 전년 대비 매년 감소한 것으로 조사되었다. 특히 2017년 APEC 가입 아시아 국가별 한국 자동차 수입량의 합에서 베트남의 한국 자동차 수입량이 차지하는 비중은 약 19.2%였으나 2018년에는 약 0.9%로 급락하였다. 반면, 2017~2018년 APEC 가입국 중 캐나다와 러시아의 한국 자동차 수입량은 각각 전년 대비 매년 증가한 것으로 조사되었다. 2017년 캐나다와 러시아의 한국 자동차 수입량은 각각 약 144천 대, 58천 대였으며, 2018년에는 각각 약 150천 대, 95천 대로 전년 대비 증가하였다.

〈보 기〉

ㄱ. 2016~2019년 APEC 가입 국가별 자동차 생산량
ㄴ. 2016~2018년 APEC 가입 국가별 한국 자동차 수입량
ㄷ. 2016~2019년 베트남 자동차 생산량
ㄹ. 2016~2019년 국내 자동차 생산량

① ㄱ, ㄴ
② ㄱ, ㄷ
③ ㄱ, ㄹ
④ ㄴ, ㄷ
⑤ ㄴ, ㄹ

4. 다음 〈표〉는 2023년 '갑'국의 지역별 압류재산 공매 입찰에 관한 자료이다. 이를 근거로 지역별 낙찰률을 비교할 때, 낙찰률이 가장 높은 지역은?

〈표〉 2023년 '갑'국의 지역별 압류재산 공매 입찰

(단위: 건, 명, 명/건)

구분\n지역	입찰 건수	입찰 참가자 수	경쟁률
A	440	253	2.3
B	750	360	2.0
C	380	209	2.2
D	750	540	2.4
E	800	456	2.0

※ 1) 낙찰률(%) = $\dfrac{\text{낙찰 건수}}{\text{입찰 건수}} \times 100$

2) 경쟁률 = $\dfrac{\text{입찰 참가자 수}}{\text{낙찰 건수}}$

① A
② B
③ C
④ D
⑤ E

5. 다음 〈표〉는 2018년 A~I지역의 인구 수와 1인당 주거·상업·공업지역 및 녹지지역 면적에 관한 자료 중 일부이다. 이에 대한 〈보기〉의 설명 중 옳은 것만을 모두 고르면?

〈표 1〉 지역별 인구 수

(단위: 천 명)

순위	지역	인구
1	A	12,143
4	B	2,895
5	C	2,888
7	D	2,096
12	E	1,349

〈표 2〉 지역별 1인당 주거·상업·공업지역 및 녹지지역 면적

(단위: m²)

구분	순위	지역	면적
1인당\n주거·상업·공업지역	1	E	270.4
	2	D	189.5
	3	F	166.3
	4	G	157.3
	5	H	152.3
1인당 녹지지역	1	E	871.5
	2	D	651.2
	3	I	643.1
	4	G	632.0
	5	B	509.4

※ 1) 도시지역 면적(m²) = 주거·상업·공업지역 면적 + 녹지지역 면적
  2) 순위는 인구가 많은 지역, 면적이 큰 지역부터 순서대로 부여함.

〈보 기〉

ㄱ. 도시지역 면적은 지역 D가 지역 E보다 크다.
ㄴ. 지역 F의 인구 순위가 8위이고 지역 G의 인구 순위가 14위라면, 주거·상업·공업지역의 면적은 지역 F가 지역 G의 110% 이상이다.
ㄷ. 지역 G의 1인당 도시지역 면적은 지역 F의 1인당 도시지역 면적보다 크다.
ㄹ. 지역 B와 지역 E의 녹지지역 면적의 합은 지역 D의 녹지지역 면적의 2배보다 크다.

① ㄱ, ㄴ
② ㄱ, ㄷ
③ ㄴ, ㄹ
④ ㄱ, ㄴ, ㄷ
⑤ ㄴ, ㄷ, ㄹ

6. 다음 〈표〉는 2030년, 2040년, 2050년 A~E시의 시나리오별, 성별 추계 인구에 관한 자료이고, 〈보고서〉는 '갑'시의 추계 인구를 분석한 자료이다. 이를 근거로 판단할 때, A~E 중 '갑'시에 해당하는 시는?

〈표〉 2030년, 2040년, 2050년의
A~E시 시나리오별, 성별 추계 인구

(단위: 천 명)

시	시나리오	2030 남자	2030 여자	2040 남자	2040 여자	2050 남자	2050 여자
A	저위 추계	1,463	1,566	1,295	1,408	1,054	1,158
A	중위 추계	1,487	1,589	1,357	1,469	1,205	1,306
A	고위 추계	1,517	1,619	1,423	1,533	1,302	1,403
B	저위 추계	1,056	1,106	937	992	810	860
B	중위 추계	1,074	1,123	982	1,037	878	928
B	고위 추계	1,095	1,144	1,040	1,103	948	998
C	저위 추계	1,450	1,453	1,387	1,405	1,274	1,302
C	중위 추계	1,482	1,483	1,466	1,480	1,393	1,419
C	고위 추계	1,519	1,517	1,548	1,568	1,518	1,536
D	저위 추계	680	693	619	633	547	559
D	중위 추계	694	706	654	662	600	612
D	고위 추계	730	742	706	717	655	664
E	저위 추계	683	687	632	640	536	546
E	중위 추계	696	700	665	673	617	629
E	고위 추계	711	715	698	707	670	676

〈보고서〉

'갑'시의 장래 추계 인구를 살펴보면, 모든 시나리오에서 2030년, 2040년, 2050년 모두 여자 인구가 남자 인구보다 많다. 고위 추계를 기준으로 2030년과 2040년을 비교했을 때에는 남녀 인구의 차이가 벌어지지만, 2040년과 2050년을 비교하면 차이가 좁혀진다. 한편, 2040년의 각 성별 고위 추계 인구와 중위 추계 인구의 차이는 남녀 모두 5만 명 이상이고, 저위 추계를 기준으로 한 2030년 대비 2050년 전체 인구의 감소율은 25% 미만이다.

① A
② B
③ C
④ D
⑤ E

7. 다음 〈그림〉은 A~J국의 2018년 닭 사육량과 소 사육량, 가축 사육량에 관한 자료이다. 이에 대한 설명으로 옳은 것은?

〈그림 1〉 A~J국의 닭 사육량과 소 사육량

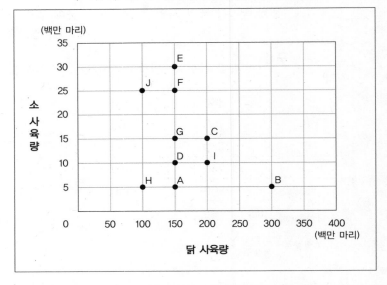

〈그림 2〉 A~J국의 소 사육량과 가축 사육량

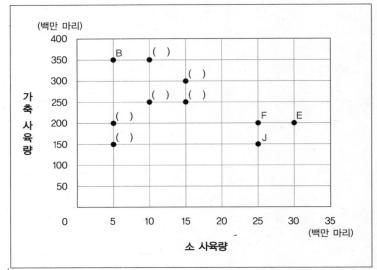

※ 가축 사육량=닭 사육량+소 사육량+돼지 사육량

① 돼지 사육량은 A국이 H국보다 많다.
② 돼지 사육량이 25백만 마리인 국가는 1개이다.
③ 닭 사육량이 200백만 마리 이상인 국가의 돼지 사육량은 각각 40백만 마리 이상이다.
④ 소 사육량 상위 3개 국가의 닭 사육량의 합은 350백만 마리 이하이다.
⑤ D국의 가축 사육량이 350백만 마리일 경우 A~J국 중 돼지 사육량이 가장 많은 국가는 D국이다.

8. 다음 〈표〉는 2021~2022년 1~4월 '갑'국의 전국 공동주택 분양실적에 관한 자료이다. 이에 대한 〈보고서〉의 설명 중 옳은 것만을 모두 고르면?

〈표 1〉 지역별 공동주택 분양실적 현황

(단위: 호)

지역＼구분	2022년		2021년	
	4월	4월 누계	4월	4월 누계
전국	13,620	78,894	26,962	99,191
수도권	4,374	42,374	11,900	43,752
서울	678	3,295	194	1,654
인천	469	7,648	4,893	10,407
경기	3,227	31,431	6,813	31,691
지방	9,246	36,520	15,062	55,439

※ 1) 전국은 수도권과 지방으로만 구분되고, 수도권은 서울, 인천, 경기로만 구분됨.
　 2) 4월 누계는 1~4월 동안 월별 분양실적의 합을 의미함.

〈표 2〉 분양유형별 전국 공동주택 분양실적 현황

(단위: 호)

분양유형＼구분	2022년		2021년	
	4월	4월 누계	4월	4월 누계
계	13,620	78,894	26,962	99,191
일반분양	11,148	62,583	24,327	75,957
임대주택	1,544	7,613	549	11,928
조합원분	928	8,698	2,086	11,306

〈보고서〉

2021~2022년 1~4월 '갑'국의 전국 공동주택 분양실적을 분석한 결과, 전국적으로 2022년 분양실적이 전년 대비 크게 감소한 것으로 나타났다. ㉠ 2022년 4월 누계 분양실적은 수도권의 경우 전년동기 대비 5% 미만 감소하였으나, 지방의 경우에는 전년동기 대비 30% 이상 감소하였다.

한편 ㉡ 2022년 4월 서울 분양실적의 전년동월 대비 증가율은 300% 이상인 것으로 확인되었다. 또한 ㉢ 2022년 4월 누계 분양실적 중 4월 분양실적이 차지하는 비중은 지방이 20% 이상이고, 수도권이 10% 이상으로 나타났다.

분양유형별로는 전국의 2021년 4월 분양실적이 일반분양, 조합원분, 임대주택 순으로 많았으나, 2022년 4월의 경우 일반분양이 가장 많고, 임대주택, 조합원분 순으로 나타났다. 특히 ㉣ 전국의 2022년 4월 일반분양 실적은 총 11,148호이었으며, 이 중 수도권의 분양실적은 2,000호 이상이었다.

① ㄱ, ㄴ
② ㄱ, ㄷ
③ ㄴ, ㄹ
④ ㄱ, ㄷ, ㄹ
⑤ ㄴ, ㄷ, ㄹ

9. 다음 〈표〉는 2018~2020년 동안 의료기기 생산액 상위 10개 업체의 업체명 및 생산액에 대한 자료이다. 〈조건〉을 이용하여 〈표〉의 B, D에 해당하는 업체명을 바르게 나열한 것은?

〈표〉 의료기기 생산액 상위 10개 업체의 업체명 및 생산액

(단위: 십억 원)

순위＼구분	2018년		2019년		2020년	
	업체명	생산액	업체명	생산액	업체명	생산액
1	O임플란트	649	O임플란트	689	O임플란트	874
2	S메디슨	239	S메디슨	281	S메디슨	306
3	K초음파	156	K초음파	152	B	172
4	A	109	B	149	K초음파	146
5	B	95	A	103	A	113
6	C	84	S전자	83	D	103
7	V의료기기	78	C	79	S전자	97
8	D	71	E	71	C	96
9	E	67	O테크	66	M테크	79
10	M임플란트	58	G시니어헬스	65	G시니어헬스	69

※ 1) 의료기기 생산 업체들은 2018~2020년 동안 새로 생기거나 없어지지 않는다고 가정함.
　 2) 순위의 숫자가 클수록 순위가 낮음을 의미함.

〈조 건〉

○ 2020년 생산액 상위 10개 업체 중 2019년 생산액이 전년 대비 감소하고 2020년 생산액이 전년 대비 증가한 업체는 'G헬스케어', 'H헬스', 'S의료기기' 이다.

○ 2019년 'I헬스'의 생산액은 'S의료기기'의 생산액보다 많았으나 2020년에는 'S의료기기'의 생산액이 'I헬스'의 생산액보다 많았다.

○ 2020년 생산액 상위 10개 업체 중 2018~2020년 동안 순위가 꾸준히 하락한 업체는 'H헬스'이다.

○ 2018년에는 'G헬스케어'의 순위가 'T임플란트'보다 높았으나 2019년에는 'T임플란트'의 순위가 'G헬스케어'의 순위보다 높았다.

	B	D
①	G헬스케어	I헬스
②	G헬스케어	S의료기기
③	T임플란트	H헬스
④	T임플란트	S의료기기
⑤	T임플란트	G헬스케어

10. 다음 〈보고서〉는 2021년 '갑'국의 교통사고 현황에 관한 자료이다. 〈보고서〉의 내용과 부합하는 자료는?

〈보고서〉

2021년 교통사고 통계에 따르면 '갑'국의 2018~2019년 교통사고 발생건수는 전년 대비 매년 증가하고, 2020~2021년 교통사고 발생건수는 전년 대비 매년 감소한 것으로 확인되었다. 2021년 교통사고로 인한 부상자수와 사망자수는 각각 2017년 대비 모두 감소하였으며, 2021년 교통사고 사상자수에서 사망자수가 차지하는 비중은 1% 미만이었다.

교통사고 사망자수 중 보행사망의 비중은 2018년 이후 전년 대비 매년 감소하였으며, 특히 2020년 교통사고 사망자수 중 보행사망 비중의 전년 대비 감소율은 10% 이상이었다. 노인과 어린이 교통사고 사망자수 역시 각각 2018년 이후 전년 대비 매년 감소하였으며, 2017년 대비 2021년 노인 교통사고 사망자수 감소율은 25% 이상, 어린이 교통사고 사망자수 감소율은 60% 이상이었다.

한편, 음주운전으로 인한 교통사고 사망자수는 2017년 이후 전년 대비 매년 감소하였으며, 그중 음주운전 교통사고 사망자수의 전년 대비 감소율은 2019년 이후 전년 대비 매년 9%p 이상씩 감소하여 2021년에는 4.2%에 그쳤다.

① 연도별 교통사고 발생건수

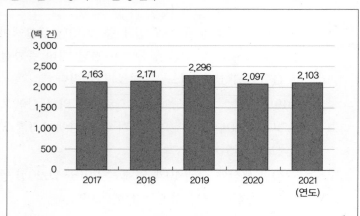

② 연도별 교통사고 사상자수

(단위: 백 명)

구분＼연도	2017	2018	2019	2020	2021
사상자수	3,270	3,268	3,450	3,093	2,945
부상자수	3,228	3,230	3,417	3,062	2,915
사망자수	42	38	33	31	30

③ 연도별 교통사고 사망자수 중 보행사망 비중

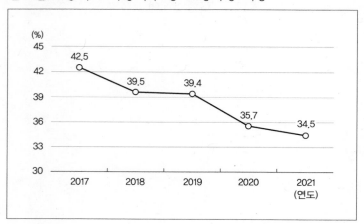

④ 연도별 노인 및 어린이 교통사고 사망자수

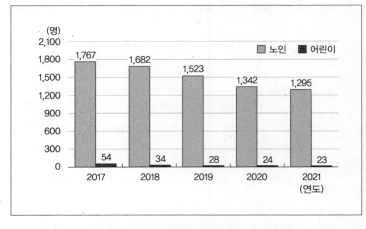

⑤ 연도별 음주운전 교통사고 사망자수의 전년 대비 감소율

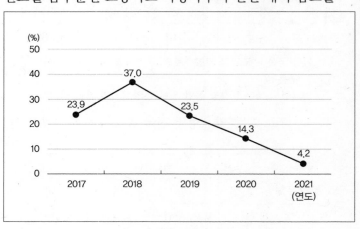

11. 다음 〈표〉는 2017~2019년 '갑'국 축구리그 A~D축구단의 관중 집계 현황 자료이다. 〈표〉와 〈조건〉에 근거하여 A~D에 해당하는 축구단을 바르게 나열한 것은?

〈표〉 '갑'국 축구리그 A~D축구단의 관중 집계 현황

(단위: 백 명)

구분 축구단 연도		유료 관중 수			무료 관중 수		
		일일권 구매자	연간 회원권 소지자	전체	군인	이벤트 당첨자	전체
2017	A	6,530	15,824	22,354	743	1,560	2,303
	B	3,944	12,811	16,755	1,483	1,472	2,955
	C	3,947	7,194	11,141	900	1,650	2,550
	D	407	1,226	1,633	31	57	88
2018	A	5,957	14,110	20,067	1,017	2,439	3,456
	B	2,726	11,280	14,006	1,532	1,307	2,839
	C	3,905	6,338	10,243	1,059	2,158	3,217
	D	370	1,103	1,473	41	165	206
2019	A	6,962	17,279	24,241	966	2,459	3,425
	B	4,334	13,002	17,336	1,500	1,176	2,676
	C	6,848	10,000	16,848	1,701	2,891	4,592
	D	548	1,585	2,133	32	593	625

※ 1) 총 관중 수=유료 관중 수+무료 관중 수
　2) 무료 관중은 군인과 이벤트 당첨자에 한함.

─〈조건〉─
○ 2017년 대비 2019년 연간회원권 소지자 수의 증가율은 '모터' 축구단이 세 번째로 크다.
○ 2017~2019년 '소울' 축구단의 무료 관중 수는 매년 증가하였다.
○ 2017~2019년 유료 관중 수의 합은 '날개' 축구단이 두 번째로 크다.
○ 2019년 이벤트 당첨자 수가 일일권 구매자 수보다 많은 구단은 '사자' 축구단이다.

	A	B	C	D
①	모터	날개	소울	사자
②	날개	모터	소울	사자
③	모터	날개	사자	소울
④	날개	모터	사자	소울
⑤	소울	모터	사자	날개

12. 다음 〈표〉는 2019년 주요 7개 지역(A~G)의 소방관서 및 구조활동 현황이다. 이에 대한 설명으로 옳지 않은 것은?

〈표〉 2019년 주요 7개 지역의 소방관서 및 구조활동 현황

(단위: 개, 명, 건)

구분 지역	소방관서	소방공무원 수	출동건수	구조건수
전국	3,074	55,964	893,606	719,228
A	287	( )	150,076	128,830
B	512	9,684	223,601	176,035
C	145	2,995	31,193	23,450
D	146	3,401	39,125	28,739
E	212	3,349	41,350	31,845
F	271	3,472	44,147	35,616
G	218	3,474	60,811	47,213

※ 구조율(%) = $\frac{구조건수}{출동건수} \times 100$

① 전국 소방공무원 수에서 A지역의 소방공무원 수가 차지하는 비중은 60% 이하이다.
② B지역 구조건수는 C지역과 D지역 구조건수의 합의 3배 이상이다.
③ D지역의 소방관서당 출동건수는 전국 소방관서당 출동건수보다 작다.
④ 주요 7개 지역 중 구조율이 가장 높은 지역은 D지역이다.
⑤ G지역의 구조율은 전국 구조율보다 낮다.

13. 다음 〈표〉는 '갑'국 토지 A~J의 면적, 용도지역, 행정구역에 관한 자료이다. 〈표〉와 〈조건〉에 근거한 〈보기〉의 설명으로 옳은 것만을 모두 고르면?

〈표〉 토지 A~J의 면적, 용도지역, 행정구역

(단위: m²)

토지	면적	용도지역	행정구역
A	50	주거지역	가
B	100	주거지역	다
C	140	상업지역	가
D	130	상업지역	나
E	170	상업지역	라
F	470	상업지역	마
G	220	공업지역	다
H	700	공업지역	라
I	70	녹지지역	나
J	100	기타지역	마

〈조 건〉

○ 토지거래허가 최소면적(m²)

= 용도지역별 토지거래허가구역 면적기준 × 행정구역별 토지거래허가구역 면적기준 적용비율

○ 용도지역별 토지거래허가구역 면적기준 조정안

(단위: m²)

용도지역	현행 기준	개정 기준
주거지역	180	60
상업지역	200	150
공업지역	660	150
녹지지역	100	200
기타지역	90	60

○ 행정구역별 토지거래허가구역 면적기준 적용비율

행정구역	면적기준 적용비율(%)
가	50
나	80
다	100
라	120

○ '갑'국에서 토지거래허가구역은 '가'~'라' 행정구역만 해당하며, 토지거래허가구역에 위치한 토지의 면적이 '토지거래허가 최소면적' 이상인 경우 해당 토지의 거래 시 행정당국의 허가가 필요함.

〈보 기〉

ㄱ. 토지거래허가구역 면적기준으로 현행 기준을 적용한 '가' 행정구역 주거지역의 토지거래허가 최소면적은 개정 기준을 적용한 '라'행정구역 주거지역의 토지거래허가 최소면적보다 넓다.

ㄴ. 토지거래허가구역 면적기준이 현행 기준에서 개정 기준으로 조정되면, 토지 D와 E는 토지 거래 시 행정당국의 허가가 필요하게 된다.

ㄷ. 개정 기준의 토지거래허가구역 면적기준을 따를 경우 토지 A~J 중 상업지역을 제외한 토지의 거래 시 행정당국의 허가가 필요한 토지는 3개이다.

① ㄱ
② ㄷ
③ ㄱ, ㄷ
④ ㄴ, ㄷ
⑤ ㄱ, ㄴ, ㄷ

14. 다음 〈표〉는 국가보훈처에서 제공한 보훈대상자 진료비 지원 실적에 관한 자료이다. 이에 대한 〈보기〉의 설명 중 옳은 것만을 모두 고르면?

〈표 1〉 보훈대상자 진료비 지원 인원

(단위: 천 명)

연도\구분	2017	2018	2019	2020	2021
진료비 지원 인원	8,432	8,332	8,928	8,103	7,686
보훈병원 국비진료	2,933	2,899	2,957	2,666	2,581
보훈병원 감면진료	1,255	1,373	1,511	1,366	1,369
위탁병원 진료	4,244	4,060	4,460	4,071	3,736

〈표 2〉 보훈대상자 진료비 지원액

(단위: 억 원)

연도\구분	2017	2018	2019	2020	2021
진료비 지원액	7,096	7,454	8,018	7,957	8,028
보훈병원 국비진료	4,216	4,297	4,464	4,368	4,416
보훈병원 감면진료	649	866	1,010	1,070	1,104
위탁병원 진료	2,231	2,291	2,544	2,519	2,508

〈보 기〉

ㄱ. 2018~2021년 동안 보훈병원 감면진료 지원액의 전년 대비 증가율은 매년 감소하였다.

ㄴ. 진료비 지원 인원 중 보훈병원 국비진료 인원이 차지하는 비중은 매년 30% 이상이다.

ㄷ. 2017~2021년의 연평균 위탁병원 진료 지원액은 2,400억 원 미만이다.

ㄹ. 2020년 진료비 지원 인원 1인당 진료비 지원액은 전년 대비 증가하였다.

① ㄱ, ㄴ
② ㄱ, ㄷ
③ ㄷ, ㄹ
④ ㄱ, ㄴ, ㄹ
⑤ ㄴ, ㄷ, ㄹ

15. 다음 〈표〉는 우리나라의 65세 이상 건강보험 적용 인구 및 진료 현황에 대한 자료이다. 이에 대한 〈보기〉의 설명 중 옳은 것만을 모두 고르면?

〈표〉 65세 이상 건강보험 적용 인구 및 진료 현황

(단위: 천 명, %, 억 원, 천 건)

구분	2014년	2015년	2016년	2017년	2018년
적용 인구	6,005	6,223	6,445	6,806	7,092
전체 대비 비율	11.9	12.3	12.7	13.4	13.9
진료 인원	6,071	6,332	6,536	6,897	7,199
전체 대비 비율	12.9	13.4	13.7	14.4	15.0
진료비	199,986	222,762	253,091	283,643	317,514
전체 대비 비율	36.4	37.8	38.8	40.0	40.9
지원액	152,838	169,241	191,408	214,479	243,484
급여 건수	363,343	371,532	385,535	400,472	416,239

※ 1) 적용 인구는 각 연도 말 건강보험 적용 인구를 의미하며 진료 인원은 1년간 진료를 받은 인원으로, 진료 인원이 적용 인구보다 많은 것은 해당 연도 내 사망자가 있기 때문임.
2) 전체 대비 비율은 건강보험의 전체에 해당하는 값 중 65세 이상 해당 값의 비율을 의미함.
3) 적용 인구 전체 대비 비율(%) $= \dfrac{65세 이상 건강보험 적용 인구}{전체 건강보험 적용 인구} \times 100$
4) 진료 인원 전체 대비 비율(%) $= \dfrac{65세 이상 건강보험 적용 인구 진료 인원}{전체 건강보험 적용 인구 진료 인원} \times 100$
5) 진료비 전체 대비 비율(%) $= \dfrac{65세 이상 건강보험 적용 인구 진료비}{전체 건강보험 적용 인구 진료비} \times 100$

〈보 기〉

ㄱ. 2014년 대비 2018년 전체 건강보험 적용 인구는 증가하였다.

ㄴ. 2015~2018년 동안 65세 이상 건강보험 적용 인구의 전년대비 증가폭이 가장 큰 해는 65세 이상 진료 인원의 전년대비 증가폭도 가장 크다.

ㄷ. 전체 건강보험 적용 인구의 진료비가 최초로 70조 원 이상인 해는 2016년이다.

ㄹ. 2016~2018년 동안 65세 이상 급여 건수 대비 지원액은 매년 증가하였다.

① ㄱ, ㄴ
② ㄱ, ㄷ
③ ㄴ, ㄹ
④ ㄱ, ㄴ, ㄷ
⑤ ㄱ, ㄴ, ㄹ

16. 다음 〈표〉는 2020년 '갑'국 특수교육대상자의 진학률 및 취업률에 관한 자료이다. 이에 대한 〈보기〉의 설명 중 옳은 것만을 모두 고르면?

〈표〉 특수교육대상자 진학률 및 취업률

(단위: 명, %)

구분	특수학교	일반학교	
		특수학급	일반학급
졸업자 수	2,386	3,796	1,157
진학자 수	1,316	1,705	669
진학률	55.2	( )	( )
취업자 수	64	( )	65
취업률	( )	34.2	( )

※ 1) 진학률(%) = $\dfrac{진학자\ 수}{졸업자\ 수} \times 100$

  2) 취업률(%) = $\dfrac{취업자\ 수}{졸업자\ 수 - 진학자\ 수} \times 100$

─〈보 기〉─

ㄱ. 진학률은 일반학교 내 일반학급이 특수학교보다 높다.

ㄴ. 특수교육대상자 전체의 진학률은 55% 이상이다.

ㄷ. 일반학교 내 특수학급의 취업자 수는 일반학교 내 일반학급의 진학자 수보다 많다.

ㄹ. 취업률은 일반학교 내 특수학급이 특수학교의 5배 이상이다.

① ㄱ, ㄴ

② ㄱ, ㄷ

③ ㄴ, ㄹ

④ ㄱ, ㄷ, ㄹ

⑤ ㄴ, ㄷ, ㄹ

17. 다음 〈그림〉과 〈표〉는 '갑'국의 인공지능 부문 사업체의 A~D 종사자 규모별 매출액 관련 자료이다. 이를 근거로 각 종사자 규모별 사업체의 전체 매출액 크기가 가장 큰 것부터 순서대로 나열한 것은?

〈그림〉 종사자 규모별 사업체 수 및 매출 발생 비율

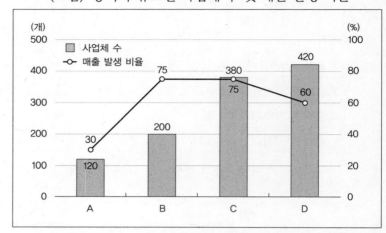

※ 매출 발생 비율(%)은 사업체 중 매출이 발생한 사업체의 비율을 의미함.

〈표〉 종사자 규모별 매출 발생 사업체의 평균 매출액

(단위: 백만 원)

종사자 규모	A	B	C	D
평균 매출액	3,000	1,400	600	250

① A − B − D − C

② B − A − C − D

③ B − C − A − D

④ C − A − D − B

⑤ C − B − A − D

18. 다음 〈표〉는 2011~2022년 '갑'국의 문화재 유형별 지정 현황에 관한 자료이다. 이에 대한 〈보기〉의 설명 중 옳은 것만을 모두 고르면?

〈표〉 문화재 유형별 지정 현황

(단위: 건)

문화재 유형 / 연도	국보	보물	사적	명승	천연 기념물	국가 무형 문화재	국가 민속 문화재	전체
2022	5	44	5	2	2	4	2	64
2021	3	( )	5	1	1	3	4	65
2020	1	( )	4	0	1	1	5	70
2019	4	( )	3	0	1	2	2	48
2018	0	42	3	3	1	1	6	56
2017	0	17	2	( )	6	3	2	( )
2016	1	57	5	7	7	2	5	84
2015	1	65	10	10	15	0	2	103
2014	1	100	1	5	3	1	1	112
2013	4	23	12	16	17	0	4	76
2012	0	68	4	21	10	1	1	105
2011	2	38	17	11	14	1	9	92
계	22	596	71	93	78	19	43	922

─────〈보 기〉─────

ㄱ. 2011~2015년 동안 문화재 지정 건수는 사적이 국가무형 문화재보다 매년 많다.

ㄴ. 2018년 이후 문화재 지정 건수에서 보물이 차지하는 비중은 매년 60% 이상이다.

ㄷ. 보물과 명승의 문화재 지정 건수가 같은 해에는 사적과 국가민속문화재의 문화재 지정 건수도 같다.

① ㄱ
② ㄴ
③ ㄷ
④ ㄱ, ㄷ
⑤ ㄴ, ㄷ

19. 다음 〈표〉는 2018년과 2021년 '갑'국 자동차 제조사 A~E의 국내 및 해외 판매량에 대한 자료이고, 〈보고서〉는 이 중 한 제조사의 국내 및 해외 판매량 변화를 분석한 자료이다. 〈보고서〉의 내용에 해당하는 제조사를 A~E 중에서 고르면?

〈표〉 2018년과 2021년의 자동차 제조사별 국내 및 해외 판매량

(단위: 천 대)

연도	2018		2021	
구분 / 제조사	국내 판매량	해외 판매량	국내 판매량	해외 판매량
A	631	3,832	750	5,299
B	547	4,820	640	6,110
C	665	4,812	709	6,815
D	517	3,959	564	5,388
E	393	3,500	486	5,710

※ 총판매량＝국내 판매량＋해외 판매량

─────〈보고서〉─────

이 제조사의 2018년과 2021년 자동차 판매량을 비교한 결과, 2018년 자동차 총판매량은 600만 대 미만이었으나, 2021년에는 총판매량이 600만 대 이상으로 증가하였다. 이는 국내 및 해외 판매량이 모두 증가하였기 때문이지만, 특히 해외 판매량 증가에 힘입은 결과로 분석된다. 이에 대한 구체적인 분석 내용은 다음과 같다.

2018년 대비 2021년 자동차 국내 판매량의 증가율은 20% 미만이고, 해외 판매량의 증가율은 30% 이상으로 해외 판매량의 증가율이 높게 나타났다. 또한, 글로벌 제조사로서 기존에도 해외 판매량의 비중이 컸으나, 최근 해외 판매량이 급격하게 증가함에 따라 2021년 총판매량 중 해외 판매량의 비중은 90%를 넘어선 것으로 나타났다.

① A
② B
③ C
④ D
⑤ E

20. 다음 〈표〉는 '갑'국의 온실가스 배출량에 대한 자료이다. 이에 대한 설명 중 옳은 것을 고르면?

〈표〉 2010~2017년 온실가스 배출량

구분 / 연도	총배출량 (만 톤CO2eq)	1인당 배출량 (톤CO2eq/명)	GDP당 배출량 (톤CO2eq/10억 원)
2010	65,761	13.2	519
2011	68,423	13.7	517
2012	68,747	13.6	512
2013	69,696	13.8	500
2014	69,046	13.6	480
2015	69,233	13.5	472
2016	69,257	13.5	458
2017	70,913	13.8	455

※ 1) 1인당 배출량 $= \dfrac{\text{총배출량}}{\text{총인구}}$

2) GDP당 배출량 $= \dfrac{\text{총배출량}}{\text{GDP}}$

① 2010년 대비 2017년 총인구는 감소하였다.

② GDP당 배출량은 2010년부터 2017년까지 매년 전년 대비 감소하였다.

③ 제시된 기간 동안 1인당 GDP는 매년 증가하였다.

④ 2015년 GDP는 전년 대비 감소하였다.

⑤ 2011~2017년 중 전년 대비 총배출량의 증가율이 가장 높은 연도는 2017년이다.

21. 다음 〈표〉는 음료 판매점의 메뉴별 판매가격과 재료 관련 정보를 나타낸 자료이다. 음료 판매점에서 판매하는 6개 메뉴에 대한 메뉴 한 잔당 이익의 합이 18,600원이 되도록 대표 메뉴의 판매가격을 결정할 때 그 금액은?

〈표〉 메뉴 한 잔당 판매가격 및 재료비, 사용재료

(단위: 원)

구분		대표 메뉴	레몬 에이드	자몽 에이드	레몬자몽 에이드	자몽 모히또	라임 모히또
판매가격		( )	3,500	3,500	4,000	4,300	4,300
재료비		( )	700	800	900	900	850
사용 재료	탄산수	○	○	○	○	○	○
	레몬	△	○	×	△	×	×
	자몽	×	×	○	○	○	×
	라임	○	×	×	×	×	○
	민트	○	×	×	×	○	○

※ 1) 메뉴별 이익=메뉴별 판매가격−메뉴별 재료비

2) 각 메뉴는 메뉴별 사용재료로 한 잔의 음료를 제조함. 이때 '○'는 해당 재료 1개 사용, '△'는 1/2개 사용, '×'는 사용하지 않음을 의미함.

3) 메뉴별 재료비는 메뉴 한 잔을 만들 때 사용하는 모든 재료에 대한 총비용임. 단, 재료 1/2개 사용 시 비용은 재료 1개 비용의 절반으로 간주하여 합함.

① 4,100원

② 4,200원

③ 4,250원

④ 4,350원

⑤ 4,400원

22. 다음 〈표〉와 〈그림〉은 2019년 A~I국가의 주요지표에 관한 자료이다. 이에 대한 〈보기〉의 설명 중 옳은 것만을 모두 고르면?

〈표〉A~I국가의 인구

(단위: 백만 명)

국가	A	B	C	D	E	F	G	H	I
인구	52	127	65	84	61	17	47	8	68

〈그림 1〉A~I국가의 인구 및 면적

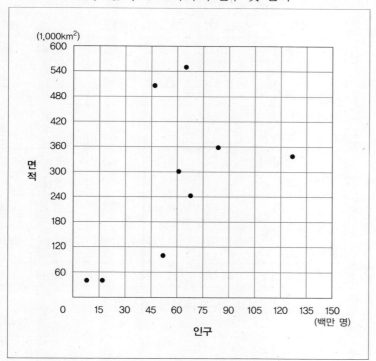

※ 인구밀도 = $\frac{인구}{면적}$

〈그림 2〉A~I국가의 인구 및 국내총생산

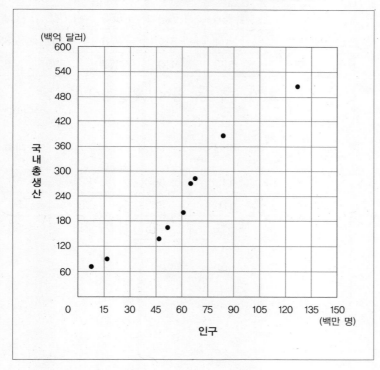

〈그림 3〉A~I국가의 국내총생산 및 국가채무비율

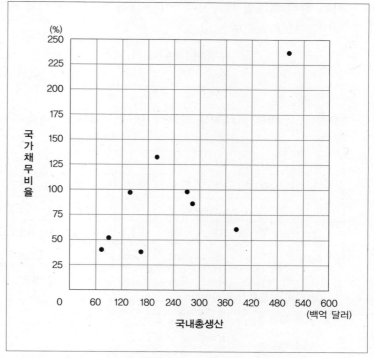

※ 국가채무비율(%) = $\frac{국가채무}{국내총생산} \times 100$

─────〈보 기〉─────
ㄱ. 인구밀도는 G국이 가장 높고 A국이 가장 낮다.
ㄴ. 인구 1인당 국내총생산이 가장 높은 국가는 H국이다.
ㄷ. D국의 국가채무는 E국의 국가채무보다 적다.
ㄹ. 국가채무비율이 가장 높은 국가가 면적도 가장 넓다.

① ㄱ, ㄹ
② ㄴ, ㄷ
③ ㄷ, ㄹ
④ ㄱ, ㄴ, ㄷ
⑤ ㄴ, ㄷ, ㄹ

23. 다음 〈표〉는 양궁 슈팅머신 A~E의 정확도 및 정밀도를 측정하기 위한 회차별 기록이다. 이에 대한 〈보기〉의 설명 중 옳은 것만을 모두 고르면?

〈표〉 슈팅머신 A~E의 회차별 기록

(단위: 점)

구분\n슈팅\n머신	1회차	2회차	3회차	4회차	5회차	대표 측정값
A	10	10	8	8	7	( )±1.12
B	10	9	9	9	9	9.2±( )
C	8	9	10	10	10	( )±0.72
D	7	10	9	10	( )	8.8±1.04
E	10	8	10	8	10	9.2±0.96

※ 1) $x \pm y$의 형태로 나타내는 대표 측정값에서 x는 기록의 평균값을, y는 기록의 평균편차를 의미함.

2) 기록 평균값 $= \dfrac{(\text{회차별 기록})\text{의 합}}{5}$,

기록 평균편차 $= \dfrac{(|\text{회차별 기록} - \text{기록 평균값}|)\text{의 합}}{5}$

3) 정확도(%) $= \dfrac{\text{기록 평균값}}{10} \times 100$

4) 정밀도는 기록 평균편차가 작을수록 높음.

─────〈보 기〉─────

ㄱ. A~E 중 C의 정확도가 가장 높다.

ㄴ. D의 5회차 기록은 B의 5회차 기록보다 낮다.

ㄷ. A~E 중 정밀도 상위 3개 슈팅머신의 정확도는 모두 90% 이상이다.

ㄹ. A~E 중 1회차 기록이 가장 낮은 슈팅머신의 정밀도는 5회차 기록이 가장 낮은 슈팅머신의 정밀도보다 낮다.

① ㄱ, ㄴ
② ㄱ, ㄷ
③ ㄴ, ㄹ
④ ㄷ, ㄹ
⑤ ㄱ, ㄴ, ㄷ

[24~25] 다음 〈표〉는 '갑'국의 2017~2021년 우주산업 분야별 수출액 및 직능별 인력 수와 2019~2021년의 우주산업 참여주체별 참여기관 수에 관한 자료이다. 다음 물음에 답하시오.

〈표 1〉 우주산업 분야별 수출액

(단위: 백만 원)

분야 ＼ 연도		2017	2018	2019	2020	2021
전체		1,818,397	1,778,020	1,274,357	688,025	607,452
우주\n기기\n제작	소계	18,762	31,369	44,237	53,864	38,592
	위성체\n제작	13,673	23,151	39,645	47,315	27,206
	발사체\n제작	0	0	20	0	9,283
	지상장비	2,373	8,218	4,572	3,663	2,103
	우주보험	2,716	0	0	2,886	0
우주\n활용	소계	1,799,635	1,746,651	1,230,120	634,161	568,860
	위성활용\n서비스	1,763,740	1,694,277	1,217,810	621,460	559,495
	과학연구	35,895	52,374	12,310	12,701	9,365

〈표 2〉 우주산업 직능별 인력 수

(단위: 명)

직능 ＼ 연도	2017	2018	2019	2020	2021
전체	7,665	7,673	7,835	7,440	8,492
연구기술직	4,587	4,726	5,179	4,922	5,572
사무직	1,736	1,723	1,560	1,042	1,252
생산직	804	814	719	641	830
기타	538	410	377	835	838

〈표 3〉 우주산업 참여주체별 참여기관 수

(단위: 개)

연도 ＼ 참여주체	전체	기업체	연구기관	대학
2019	449	360	33	56
2020	470	389	25	56
2021	541	455	31	55

24. 위 〈표〉를 이용하여 작성한 그래프로 옳지 않은 것은?

① 2017~2021년 우주산업 인력 1명당 수출액

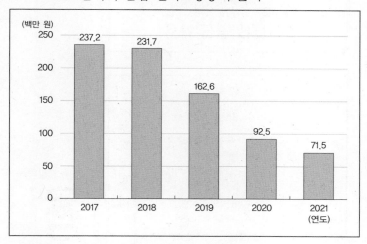

② 2021년 우주산업 직능별 인력 구성비

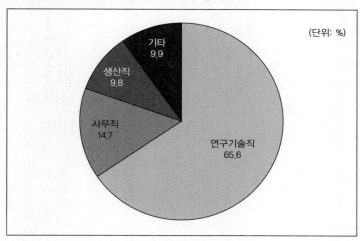

③ 2019~2021년 우주산업 참여주체별 참여기관 구성비

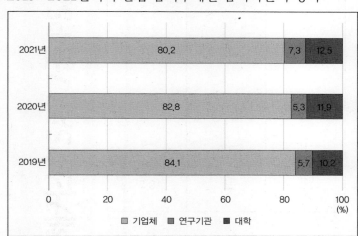

④ 2020년과 2021년 '우주기기제작' 분야 수출액 현황

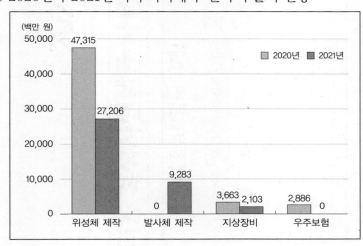

⑤ 2020년과 2021년 우주산업 참여 기업체 수 및 연구기관 수의 전년 대비 증가율

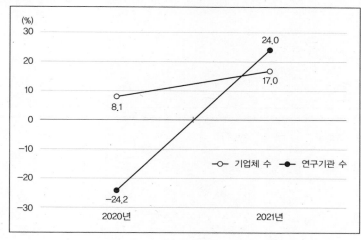

25. 위 〈표〉에 대한 〈보기〉의 설명 중 옳은 것만을 모두 고르면?

─〈보 기〉─

ㄱ. '우주활용' 분야의 수출액 중 '위성활용 서비스' 분야가 차지하는 비중은 매년 95% 이상이다.

ㄴ. 2021년 우주산업 참여기관 1개당 수출액은 전년 대비 감소하였다.

ㄷ. 2017~2021년 5년간 우주산업 분야별 수출액 합계는 '지상장비'가 '우주보험'의 4배 이상이다.

ㄹ. 2018년 이후 전년 대비 '연구기술직' 인력 수 증가폭이 가장 큰 해에 전년 대비 '연구기술직' 인력 수의 증가율도 가장 크다.

① ㄱ, ㄴ
② ㄱ, ㄷ
③ ㄷ, ㄹ
④ ㄱ, ㄴ, ㄹ
⑤ ㄴ, ㄷ, ㄹ

약점 보완 해설집 p.17

2024 해커스PSAT 7급 PSAT FINAL 봉투모의고사 (1회)

컴퓨터용 흑색사인펜만 사용

책형 ㉮ ㉯

성명

자필성명

시험장소

본인 성명 기재

응시번호

생년월일

※시험감독관 서명
(성명을 정자로 기재할 것)

책임 감독관 사용

언어논리(1~10번)

	①	②	③	④	⑤
1	①	②	③	④	⑤
2	①	②	③	④	⑤
3	①	②	③	④	⑤
4	①	②	③	④	⑤
5	①	②	③	④	⑤
6	①	②	③	④	⑤
7	①	②	③	④	⑤
8	①	②	③	④	⑤
9	①	②	③	④	⑤
10	①	②	③	④	⑤

언어논리(11~20번)

	①	②	③	④	⑤
11	①	②	③	④	⑤
12	①	②	③	④	⑤
13	①	②	③	④	⑤
14	①	②	③	④	⑤
15	①	②	③	④	⑤
16	①	②	③	④	⑤
17	①	②	③	④	⑤
18	①	②	③	④	⑤
19	①	②	③	④	⑤
20	①	②	③	④	⑤

언어논리(21~25번)

	①	②	③	④	⑤
21	①	②	③	④	⑤
22	①	②	③	④	⑤
23	①	②	③	④	⑤
24	①	②	③	④	⑤
25	①	②	③	④	⑤

상황판단(1~10번)

	①	②	③	④	⑤
1	①	②	③	④	⑤
2	①	②	③	④	⑤
3	①	②	③	④	⑤
4	①	②	③	④	⑤
5	①	②	③	④	⑤
6	①	②	③	④	⑤
7	①	②	③	④	⑤
8	①	②	③	④	⑤
9	①	②	③	④	⑤
10	①	②	③	④	⑤

상황판단(11~20번)

	①	②	③	④	⑤
11	①	②	③	④	⑤
12	①	②	③	④	⑤
13	①	②	③	④	⑤
14	①	②	③	④	⑤
15	①	②	③	④	⑤
16	①	②	③	④	⑤
17	①	②	③	④	⑤
18	①	②	③	④	⑤
19	①	②	③	④	⑤
20	①	②	③	④	⑤

상황판단(21~25번)

	①	②	③	④	⑤
21	①	②	③	④	⑤
22	①	②	③	④	⑤
23	①	②	③	④	⑤
24	①	②	③	④	⑤
25	①	②	③	④	⑤

자르는 선

2024 해커스PSAT 7급 PSAT FINAL 봉투모의고사 (1회)

컴퓨터용 흑색사인펜만 사용

[필적감정용 기재]
*아래 예시문을 옮겨 적으시오

본인은 OOO(응시자 성명)임을 확인함

기 재 란

책형	
㉮	㉯

성 명

본인 성명 기재

성 명	본인 성명 기재
자필성명	
시험장소	

응시번호

⓪	⓪	⓪	⓪	⓪	⓪
①	①	①	①	①	①
②	②	②	②	②	②
③	③	③	③	③	③
④	④	④	④	④	④
⑤	⑤	⑤	⑤	⑤	⑤
⑥	⑥	⑥	⑥	⑥	⑥
⑦	⑦	⑦	⑦	⑦	⑦
⑧	⑧	⑧	⑧	⑧	⑧
⑨	⑨	⑨	⑨	⑨	⑨

생년월일

⓪	⓪	⓪		⓪
①	①	①		①
②	②	②		②
③	③	③		③
④		④		④
⑤		⑤		⑤
⑥		⑥		⑥
⑦		⑦		⑦
⑧		⑧		⑧
⑨		⑨		⑨

※시험감독관 서명
(서명 정자체 기재할 것)

책임 감독관 서명

자료해석(1~10번)

1	①	②	③	④	⑤
2	①	②	③	④	⑤
3	①	②	③	④	⑤
4	①	②	③	④	⑤
5	①	②	③	④	⑤
6	①	②	③	④	⑤
7	①	②	③	④	⑤
8	①	②	③	④	⑤
9	①	②	③	④	⑤
10	①	②	③	④	⑤

자료해석(11~20번)

11	①	②	③	④	⑤
12	①	②	③	④	⑤
13	①	②	③	④	⑤
14	①	②	③	④	⑤
15	①	②	③	④	⑤
16	①	②	③	④	⑤
17	①	②	③	④	⑤
18	①	②	③	④	⑤
19	①	②	③	④	⑤
20	①	②	③	④	⑤

자료해석(21~25번)

21	①	②	③	④	⑤
22	①	②	③	④	⑤
23	①	②	③	④	⑤
24	①	②	③	④	⑤
25	①	②	③	④	⑤

자르는 선

| 언어논리영역·상황판단영역 |
1교시

실전모의고사
2회

문제책형
다

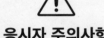

응시자 주의사항

1. **시험시작 전 시험문제를 열람하는 행위나 시험종료 후 답안을 작성하는 행위를 한 사람**은 「공무원 임용시험령」 제51조에 의거 **부정행위자**로 처리됩니다.

2. **답안지 책형 표기는 시험시작 전** 감독관의 지시에 따라 **문제책 앞면에 인쇄된 문제책형을 확인**한 후, 답안지 책형란에 해당 책형(1개)을 '●'로 표기하여야 합니다.

3. 시험이 시작되면 문제를 주의 깊게 읽은 후, **문항의 취지에 가장 적합한 하나의 정답만을 고르며**, 문제내용에 관한 질문은 할 수 없습니다.

4. **답안을 잘못 표기하였을 경우에는 답안지를 교체하여 작성하거나 수정할 수 있으며**, 표기한 답안을 수정할 때는 **응시자 본인이 가져온 수정테이프만을 사용**하여 해당 부분을 완전히 지우고 부착된 수정테이프가 떨어지지 않도록 손으로 눌러주어야 합니다. **(수정액 또는 수정스티커 등은 사용 불가)**

5. **시험시간 관리의 책임은 응시자 본인에게 있습니다.**
   ※ 문제책은 시험종료 후 가지고 갈 수 있습니다.

정답공개 및 해설강의 안내

1. 모바일 자동 채점 및 성적 분석 서비스
   • '약점 보완 해설집'에 회차별로 수록된 QR코드 인식 ▶ 응시 인원 대비 자신의 성적 위치 확인

2. 해설강의 수강 방법
   • 해커스PSAT 사이트(www.psat.Hackers.com) 접속 후 로그인 ▶ 우측 퀵배너 [쿠폰/수강권 등록] 클릭 ▶ '약점 보완 해설집'에 수록된 쿠폰번호 입력 후 이용

언어논리영역

1. 다음 글에서 알 수 있는 것은?

현재까지 전해지는 한반도 지도 중 가장 오래된 것은 조선방역지도이다. 제작 연도가 기록되어 있지는 않지만, 지명이나 제작에 참여한 사람들에 대한 기록을 통해 명종 연간인 1557년에 제작된 것으로 추정된다. 조선방역지도는 한반도의 해안선이나 산과 강의 경계를 자세히 나타내서, 현대의 전국 지도에 견줄 만큼 정확하다. 그리고 이 지도에는 조선 팔도의 군현, 수영(水營)과 병영(兵營) 등이 표시되어 있으며 남쪽으로는 제주도와 대마도까지 그려져 있다. 군현을 타원형으로 표시하고, 도에 따라 다른 색으로 칠해 팔도를 구분하였다. 조선방역지도는 임진왜란 때 일본에 유출된 것을 1930년에 되찾아왔다.

훗날 대동여지도 제작의 바탕이 된 것으로 알려진 동국지도는 정상기가 만든 원본이 전해지지는 않는다. 그러나 홍문관으로 하여금 이 지도를 모사하여 보관하도록 한 영조의 명에 따라 만들어진 동국대지도를 비롯하여 다수의 사본이 현전하기 때문에 원본의 내용을 알 수 있다. 동국지도는 1장의 전국도와 함께 도별로 1장씩, 동일하게 백리척이 사용된 8장의 도별도로 되어 있어 이 도별도를 모두 합치면 전국도가 된다. 여기서 백리척이란 정상기가 고안한 축척인데, 100리를 1척으로 하고 산지나 계곡처럼 굴곡이 있는 지형의 경우에는 1척을 120~130리로 하여 차이를 두었다. 이 지도에서 팔도는 각각 서로 다른 색으로 칠해져 있어 한눈에 알아보기가 쉬우며, 고갯길이나 봉수, 병영, 수영 등을 기호로 나타낸 점이 이전의 지도와 구별되는 특징이다. 또한, 동국지도는 울릉도 옆에 우산도를 정확히 그려 넣음으로써 독도가 우리 고유의 영토임을 분명히 드러낸 지도로 평가된다.

조선시대에는 한반도 지도뿐만 아니라 세계지도가 제작되기도 했다. 태종 2년인 1402년에 제작되었으며, 현존하는 동양 최고(最古)의 세계지도로 알려진 혼일강리역대국도지도가 그것이다. 이 지도 역시 원본은 전해지지 않으며, 15세기 후반에 만들어진 것을 포함해 4점의 필사본이 일본에 있다. 혼일강리역대국도지도는 중앙에 중국이 가장 크게 그려져 있고, 우리나라 영토가 아프리카 대륙보다도 크게 그려져 있는 점은 당시 조선의 세계관을 엿볼 수 있게 한다.

① 조선시대의 지도 중 현전하는 가장 오래된 지도는 일본에 반출되었다가 반환되었다.

② 조선방역지도가 제작될 당시 독도와 제주도가 조선의 영토로 인식되었다.

③ 영조는 군사시설을 표시할 수 있는 지도의 필요성을 느껴 정상기에게 지도 제작을 지시했다.

④ 동국지도에서 지형이 평평한 곳과 험준한 곳은 축척의 비를 다르게 했다.

⑤ 조선 전도 중에서 색깔을 이용해 팔도를 구분한 것은 동국지도가 유일하다.

2. 다음 글의 내용과 부합하는 것은?

7세기 백제는 당시 왕이었던 의자왕이 사치와 향락에 빠지고, 무리하게 왕권 강화를 시도하면서 귀족 내부에서도 분열이 일어나는 중이었다. 또한 의자왕은 성충과 흥수와 같은 충신들을 유배지로 보냈는데, 충신의 부재는 정국에 큰 혼란을 초래해 백제의 국운을 빠르게 쇠퇴시켰다. 이 틈을 노려 백제를 정벌하고자 했던 신라의 무열왕은 중국 대륙을 지배하고 있던 당(唐)나라와 연합하였고, 김유신을 필두로 한 신라군과 소정방을 필두로 한 당군이 모인 나·당 연합군은 백제를 향해 출병하였다.

그러나 연합군은 백제의 수도인 사비성으로 바로 진격하지 않았다. 신라군은 백제의 북쪽인 남천정으로 가서 대기하였고, 당군 역시 백제의 영토보다 고구려의 영토와 더 가까운 덕물도에 머물렀다. 연합군이 각자 남천정과 덕물도에 머문 뒤 상당 기간 동안 병력을 움직이지 않자, 백제는 연합군이 고구려를 칠 것이라고 판단하고 연합군의 동향을 의심하지 않았다. 사실 이것은 백제가 군사적 대응을 하지 못하도록 만드는 연합군의 기만 전술이었다. 결국 연합군이 백제의 군사적 요충지인 백강(白江)과 탄현(炭峴)을 향해 움직이기 시작하자, 상황을 뒤늦게 파악한 백제는 당군과 신라군 중 어느 쪽을 먼저 공격할지에 대해 의견을 모으지 못하고 내분이 발생하였다. 게다가 귀양 중인 흥수가 조정에 사람을 보내어 "백제군이 백강과 탄현을 먼저 선점하여 연합군이 진입하지 못하도록 막아야 합니다."라고 전하였으나, 조정의 대신들은 연합군이 백강과 탄현을 점령하더라도 백제군이 연합군을 막을 수 있다고 판단하여 흥수의 간언을 듣지 않았고, 그 사이 신라군은 이미 탄현을 빠르게 통과하였다.

백제는 좌평 의직을 중심으로 모인 백제군 2만여 명이 백강에서 당군을 격퇴하기로 하고, 좌평 충상, 달솔 상영, 계백 장군으로 하여금 백제군 5천여 명이 사비성과 가장 가까운 황산벌에서 신라군을 격퇴하도록 하였다. 그러나 좌평 의직의 백제군은 백강 전투에서 당군에게 전멸하였고, 황산벌에서 계백 장군이 이끈 백제군은 죽을 각오로 신라군에 맞섰으나 계백 장군은 전사하고 백제군은 전멸하게 되었다. 이후 백제의 사비성과 웅진성이 연달아 함락되면서 결국 멸망하게 되었다.

① 당군은 덕물도에 머무르다가 백제를 공격하기 위해 탄현을 통과하였다.

② 백제는 북쪽 지역으로 넘어온 연합군의 동향을 파악하여 군사적 대응을 하였다.

③ 계백 장군이 전사하였던 신라와의 전투는 백제의 수도 방어와 밀접한 관련이 있었다.

④ 의자왕이 사치와 향락에 빠진 원인은 백제 귀족의 분열을 막지 못한 것에서 비롯된 것이었다.

⑤ 흥수는 백제 조정의 대신들에게 군사적 요충지를 먼저 내준 후 연합군에 맞서라고 간언하였다.

3. 다음 글의 논지로 가장 적절한 것은?

경제학에서 합리적 인간의 의사결정 기준은 편익과 비용이다. 즉, 편익이 비용보다 크면 해당 행위를 하고 아니면 하지 않는다. 그러나 편익과 비용에 근거한 개인의 합리적 행위가 전체적으로는 불합리한 결과를 초래할 수 있다. 예를 들어 공연을 보고 있는 관객이 일어서는 경우 그 관객은 공연을 더 잘 볼 수 있다. 그러나 모든 사람들이 다 같이 일어서게 되면 결과적으로는 모두가 공연을 더 잘 볼 수 없게 될 뿐만 아니라 서서 공연을 봐야 하므로 오히려 더 피곤해진다. 이와 같이 개인의 입장에서는 편익이 비용보다 큰 행위지만, 모든 개인이 동일한 행동을 하면 오히려 비용이 편익보다 커지는 경우를 구성의 오류라 한다.

구성의 오류가 발생하는 것은 합리적 인간이 편익과 비용을 분석할 때 자신에게 돌아올 편익과 비용만 분석하지, 사회전체의 편익과 비용은 고려하지 않기 때문이다. 예컨대 일어나서 공연을 보려고 하는 관객은 자신이 얻을 편익만 고려하고, 뒤에 앉아 있는 관객의 비용은 고려하지 않음을 의미한다. 이런 점에서 정부 정책은 구성의 오류를 유도할 수 있다. 정부 정책은 개인의 편익과 비용에 영향을 미쳐 특정 행위를 유도하거나 억제할 수 있기 때문이다. 가령 대학 입학 기준이 여전히 시험 점수에 의존하게 하는 정부 정책은 개인들의 사교육 선택을 유도할 수 있다. 학력이 중요시되는 사회에서 사교육을 활용하면 시험 점수 상승에 도움을 받을 수 있어 개인이 사교육을 선택할 편익이 증가하기 때문이다. 문제는 개인의 입장에서는 합리적인 사교육 선택이 대학입시 경쟁 과열을 유도하여 사교육 비용을 지속적으로 증가시키면, 사회전체적으로는 비효율적인 결과를 가져오는 것이다. 즉, 정부 정책이 구성의 오류를 불러온 것이다.

이와 같이 정부 정책은 개인의 편익과 비용에 영향을 미쳐 개인의 행동 변화를 가져온다. 정부는 개인의 행동 변화로 인한 구성의 오류 발생 가능성을 염두에 두어야 한다. 즉, 어떤 행위를 하는 것이 개인에게 비용 대비 더 많은 편익을 가져온다고 하더라도, 이것이 사회 전체적으로 더 많은 비용을 가져온다면, 정부는 사회 전체의 비용을 우선하여 개인이 그 행위를 하지 못 하도록 경제적 유인을 제공해야 한다.

① 정부는 개인의 비용과 편익에 영향을 미치는 정책을 모두 폐지해야 한다.
② 정부는 교육을 통해 개인의 합리성을 높여 구성의 오류 발생을 방지해야 한다.
③ 정부는 사회 전체 편익을 위해 개인의 비합리적인 행위를 억제해야 한다.
④ 정부는 구성의 오류가 발생하지 않도록 정책이 개인의 행동에 미치는 영향을 고려해야 한다.
⑤ 정부는 사회 전체의 편익과 비용보다 개인의 편익과 비용을 더 중요하게 고려해야 한다.

4. 다음 글의 논지로 가장 적절한 것은?

인종주의는 특정 인종이 다른 인종보다 생물학적으로 우월하다고 보는 사상이다. 이에 따라 인종주의자는 유색인종이 백인종에 비해 지적으로 열등하다고 생각했다. 이들은 유전적 차이가 개인의 특성을 전적으로 결정한다고 믿었던 것이다. 그러나 이러한 견해는 정치적으로는 주목받았지만 이를 입증하는 과학적인 근거를 제시할 수는 없었다.

이후 최근에는 유전적 차이가 아닌 문화의 차이로 인종의 차이를 설명하는 문화주의가 등장했다. 문화주의자에 따르면 서로 다른 문화를 가지고 있는 인종은 서로 다른 행동 패턴을 가진다. 이러한 행동 패턴의 차이는 인간관계를 맺는 방식, 일을 처리하는 방식 등에도 통계적으로 유의미한 차이를 나타낸다. 문화주의자는 이러한 통계적 사실을 통해 인종의 차이뿐만 아니라 개인의 특성까지 설명할 수 있다고 주장한다. 예를 들어 동양인 영희는 유교 문화의 영향으로 서양인 제임스에 비해 인간관계에서 개인보다 유대감을 강조하는 반면, 합리주의 문화의 영향을 받은 제임스는 유대감보다 개인을 강조하기 때문에 영희에 비해 냉철하다.

문화주의자는 통계적 근거를 토대로 내린 이러한 평가가 합리적이라고 주장하지만, 실제로는 개인의 특성을 설명하기에는 부족하다. 오히려 문화주의는 문화의 차이에 따른 인종 차별을 정당화할 수 있다. 문화주의에 따르면 영국 기업은 동양인이 냉철하지 않다는 이유로 채용을 거부하며, 한국 기업은 서양인이 개인주의적이라는 이유로 채용에 소극적인 태도를 보일 것이기 때문이다. 또한 문화의 차이에 따른 인종의 차이가 통계적으로 사실인 것과는 별개로 각 개인의 특성은 각자의 독특한 개인사에 의해서 형성된다. 즉, 개인은 통계적인 평균값에서 벗어나는 경우가 많으므로 문화의 차이가 개인의 특성을 전적으로 결정짓는다고 할 수 없다. 영국 기업이 서양 문화에 맞게 인간관계가 냉철한 직원을 선호하는 것은 타당하다. 하지만 문화의 차이로 개인의 특성을 설명하는 시도는 합리적일 수 없다.

① 인종의 차이에 대한 규명은 인종 차별을 정당화한다.
② 문화의 차이에 따른 인종의 차이가 통계적으로 입증되더라도 이것으로 개인의 특성을 설명할 수는 없다.
③ 개인의 특성이 결정되는 요인을 설명하기 위해서는 과학적 근거를 제시해야 한다.
④ 유전적 요소가 개인의 특성을 결정짓는다는 근거가 없으므로 인종주의는 합리적이지 않다.
⑤ 문화의 차이는 개인의 행동 패턴에 가장 큰 영향을 미치는 요소이다.

5. 다음 글에서 알 수 없는 것은?

정부규제는 정부가 기업이나 일반국민에게 강제적으로 의무를 부과하는 것으로 일반적으로 법령의 형태로 나타난다. 이러한 규제는 크게 경제적 규제와 사회적 규제로 나눌 수 있지만, 현실적으로 다양한 의도를 포함하는 규제가 많아 명확한 구분이 어려운 경우가 많다.

경제적 규제는 일반적으로 시장의 자율성과 효율성의 한계를 고려해, 바람직한 시장 질서를 실현하고자 하는 정부의 개입이라고 할 수 있다. 이는 국민과 기업의 경제활동에 영향을 미치기 때문에 그 파급효과가 상당하다는 특징이 있다. 대표적으로는 특정 물품이나 서비스에 대한 최저 가격제 및 최고 가격제, 특정 산업 분야에서 신규 사업자의 진입을 막음으로써 기존 사업자를 보호하기 위한 인허가 제도 등이 있다.

사회적 규제는 대부분 환경오염, 안전사고 등의 시장실패를 해결하기 위한 것으로 환경 규제, 근로자의 안전에 대한 규제 등이 있다. 성장과 발전을 도모하기 위한 최근의 규제 완화 흐름 속에서도 사회적 규제는 오히려 강화하는 추세를 보인다. 사회적 거리두기나 산업안전 규제의 경우 이를 준수하기 위하여 사업자의 비용 부담이 발생한다는 점에서 경제적 규제라고 여길 수 있지만, 정부가 사회 구성원의 보건과 안전을 위해 규제하는 것이므로 사회적 규제로 분류된다.

한편 오늘날에는 규제 개선에 대한 논의가 활발해지고 있는데, 특히 양적 측면보다는 질적 측면의 개선이 보다 중요시된다. 과거에 만들어진 규제가 현재 상황에 적절하지 않은 경우 규제는 불필요한 비용을 발생시키기 때문이다. 일례로 일부 화학물질은 환경오염과 화학사고 가능성으로 인해 취급제한물질로서 정부에서 관리하고 있으므로 이를 취급하는 기업에서는 필수적으로 등록을 해야 한다. 하지만 등록해야 하는 화학물질의 수는 점차 늘어나는데 개별 시설에서 취급하는 화학물질의 특성이 고려되지 않은 획일적 규제가 이루어져, 기업의 비용 부담이 가중되고 실효성에 대한 의문도 제기되었다. 이에 고농도의 황산처럼 위험성이 큰 화학물질을 취급하는 시설과 저농도의 납처럼 상대적으로 덜 위험한 화학물질을 취급하는 시설에 대해서는 차등적인 기준을 적용하는 방향으로 규제가 개선되기도 했다.

① 정보 산업 분야의 기존 사업자를 보호하기 위한 진입 제한 규제는 바람직한 시장 질서를 실현하고자 하는 정부규제다.
② 경제적 규제이면서 사회적 규제인 경우 그 파급효과는 경제적 규제이기만 한 경우보다 더 크다.
③ 시장실패로 인한 문제를 해결하기 위해서 시행되는 정부규제는 규제 완화 흐름 속에서도 약화되지 않고 있다.
④ 정부의 산업안전 규제로 인해 기업이 시설개선 비용을 부담하더라도 이는 사회적 규제라고 보아야 한다.
⑤ 환경 보호를 위한 규제라고 할지라도 기업의 경제적 부담을 고려하여 규제를 재정비하는 경우가 있다.

6. 다음 글에서 알 수 없는 것은?

2000년대 이후의 국내 소비 트렌드는 소비자의 성향과 경제 상황에 따라 시시각각 변화하고 있다. 2000년대에는 주식시장이 호황을 유지하였으므로 정부는 신용카드 사용을 장려하거나 국내 소비 진작을 위한 산업 구조를 형성하고자 하였고, 이에 따라 명품 위주의 소비나 브랜드 상품에 대한 소비가 증가하였다.

그러나 2008년 발생한 금융위기로 인해 과시적이고 고급화된 소비는 줄고 상품의 이용 가치를 중시하거나 혹은 미래보다 현재 상태의 행복을 위해 소비하는 경향이 생겨났다. 2010년대 초반에는 소비자들이 상품 구매 대신 상품 대여 또는 공유 등 비용 대비 효율적인 소비를 하는 경우가 많았다. 즉, 비용을 적게 지출하되, 그 비용 대비 효용성이 높은 상품을 찾으려 한다는 것이다. 이에 따라 임대·렌털 서비스가 확대되었고, IT 기술이 발전하며 중고거래 플랫폼이 활성화되었다.

2010년대 후반에는 소비를 자제하고 절약적인 태도를 유지하는 것에 피로감을 느낀 소비자들이 명품이 아닌 작은 규모의 고급 상품을 구입함으로써 소유 욕구를 충족시키는 경향이 나타났다. 또한 1인 가구가 증가하고 미래보다는 현재 자기 자신만의 행복을 중시하려는 경향이 강해짐에 따라 저축 대신 자기 계발이나 취미 생활에 아낌없이 투자하는 소비가 증가하였다.

2020년 이후에는 경기 불황이 지속되고 코로나 유행으로 비대면 생활이 활성화됨에 따라 개인 위주의 사회가 극소 단위로 파편화되었다. 이로 인해 배달 및 무인 주문과 같은 비대면 서비스가 확대되었고, 디지털 플랫폼이 더욱 발달함에 따라 스트리밍 및 구독 서비스가 활성화되었다. 이는 개인주의화된 소비자들이 한정된 비용으로 많은 경험을 하고 싶어 하고, 영구적인 구매보다는 일시적으로 상품을 이용하는 구독 소비 경향이 강해진 결과이다. 향후에도 비대면 생활과 개인주의적 사회 경향이 지속될 가능성이 높으므로 소비 트렌드 역시 개인 위주의 소비 문화로 심화되고, 한정된 비용으로 효율적으로 소비하는 경향이 두드러질 것이다.

① 2000년대에 성행하였던 소비 성향은 2020년대로 갈수록 그 소비 성향이 두드러지고 있다.
② 2010~2020년대의 소비 플랫폼 및 서비스가 크게 발달한 주요 요인은 디지털 기술의 발전에 있다.
③ 2020년대 이후의 소비 트렌드는 개인주의적인 소비 성향을 가진 소비자가 더 많아질 것이다.
④ 2010년대에는 효용성을 강조하는 소비 성향과 현재 자신의 행복을 위해 투자하려는 소비 성향이 함께 드러났다.
⑤ 2000년대에 고급화된 소비가 증가한 이유는 정부가 경제 흐름에 따라 소비 장려 정책을 추진하였기 때문이다.

7. 다음 글의 〈표〉를 수정한 것으로 적절한 것만을 〈보기〉에서 모두 고르면?

○○처는 생명위협질환이나 중대한 질환 치료제 등 혁신성이 뛰어난 의약품을 신속하게 시장에 출시하고 환자에게 빨리 공급하기 위한 목적으로 2020년에 신속심사 제도를 도입해 운영하고 있다.

의약품 신속심사 지정을 위해서는 먼저 유효성을 입증할 수 있는 임상시험 자료 등을 첨부하여 지정 신청을 해야 한다. 신속심사 제도가 도입된 첫해에는 5품목의 지정 신청이 있었는데, 이듬해에는 그 수가 크게 증가했다. 왜냐하면 팬데믹 상황에 대응하기 위하여 코로나19 백신 6품목의 신속심사 지정이 이루어졌기 때문이다. 특히 신속심사는 일반심사 기간의 75% 이내에 심사 완료하는 것을 목표로 하는데, 코로나19 백신은 심사 기간을 최소화하여 2021년 하반기에 신속심사로 지정된 품목을 제외하고는 모두 그해에 허가까지 완료되었다.

2020~2021년 동안의 신청 건 중에서 근거 자료가 미비한 1품목을 제외하고 총 19품목이 신속심사로 지정되었다. 신속심사 지정 후에는 심사를 거쳐 허가를 받게 되는데, 2020년 신속심사 지정 의약품 가운데 허가 신청을 하지 않아 심사를 진행하지 않은 1품목을 제외하고 4품목 모두 2021년에 허가가 완료되었다. 또한, 2021년의 경우 상반기에 신속심사로 지정된 의약품 중 1품목은 허가 신청을 하지 않았으며, 2품목은 심사가 완료되지 않았다. 그 외의 7품목은 2021년에 허가까지 완료되었다. 한편 2021년 하반기 신속심사 지정 의약품은 코로나19 백신 1품목을 포함해 4개 품목 모두 해를 넘겨 2022년에 허가가 완료될 전망이다.

○○처 주무관 갑은 2020~2021년의 신속심사 지정 및 허가 현황을 아래와 같이 〈표〉로 작성하였으나 정확하지 않은 부분이 있어 수정이 필요하다.

〈표〉 2020~2021년 신속심사 지정 및 허가 현황

구분	지정 신청	신속심사 지정	허가 완료
2020년	5품목	4품목	4품목
2021년	15품목	15품목	11품목 (코로나19 백신 6품목 포함)

〈보 기〉

ㄱ. 신속심사 지정은 2020년 항목의 "4품목"을 "5품목"으로, 2021년 항목의 "15품목"을 "14품목"으로 수정한다.

ㄴ. 2020년 허가 완료 항목의 "4품목"을 "0품목"으로 수정한다.

ㄷ. 2021년 허가 완료 항목의 "코로나19 백신 6품목 포함"을 "코로나19 백신 5품목 포함"으로 수정한다.

① ㄱ   ② ㄷ   ③ ㄱ, ㄴ
④ ㄴ, ㄷ   ⑤ ㄱ, ㄴ, ㄷ

8. 다음 대화의 ㉠으로 적절한 것만을 〈보기〉에서 모두 고르면?

갑: 풍수해보험은 풍수해 발생 시 피해 복구 비용 일부를 정부에서 지원하는 재난지원금 제도를 보완하고, 재난관리에 대한 국민들의 책임 의식을 고취하기 위해 개발된 정책보험입니다. 보험료의 상당 부분을 국가 및 지자체에서 보조하여 낮은 보험료로 실질적인 보상을 받을 수 있음에도 불구하고, 풍수해보험의 낮은 가입률에 대한 지적이 계속되고 있는데요. 그 원인이 무엇일지에 대하여 논의해봅시다.

을: 풍수해보험에 대한 홍보가 부족하기 때문은 아닐까요? 풍수해보험의 피보험자는 대부분 지자체 공무원에 의해 단체보험 방식으로 가입하였다고 합니다. 즉, 풍수해보험은 정부의 위탁을 받은 민영보험사에서 운영하고 있으나, 실제 가입은 보험사의 판매 채널보다는 지자체를 통해서 주로 이루어지고 있습니다. 따라서 풍수해보험 가입률을 높이기 위해서는 지자체 차원에서 적극적인 홍보를 해야 할 것입니다.

병: 풍수해보험은 의무적으로 가입해야 하는 것이 아니기 때문에, 가입 여부를 판단함에 있어 자연재해 위험을 어느 정도로 인식하는지가 중요하게 작용한다고 생각합니다. 풍수해는 지역별로 발생 빈도나 피해 규모 측면에서 편차가 크기 때문에 자연재해 위험도에 대한 인식도 차이가 날 수밖에 없습니다. 이런 요소를 고려하지 않고 전체를 대상으로 보험 가입을 촉진하다 보니 성과를 내지 못한 것이므로, 풍수해가 자주 발생하여 이에 대한 체감 위험도가 높은 지역에 집중해야 가입률을 높이는 효과가 있을 것입니다.

정: 무상지원에 대한 기대심리는 재난피해를 줄이려 노력할 유인을 감소하게 만들 수 있습니다. 풍수해보험과 재난지원금은 모두 국가 및 지방자치단체의 재정 지원을 바탕으로 하기 때문에 중복 지원이 되지 않습니다. 따라서 과거의 재난지원금 수혜 실적이 풍수해보험 가입 여부와 무관하지 않을 것입니다. 아무리 피보험자가 부담해야 할 보험료가 적더라도, 풍수해보험에 가입하면 무상으로 제공되는 재난지원금을 포기해야 한다고 생각할 테니까요.

갑: 오늘 나온 의견과 관련하여 ㉠ 필요한 자료를 조사해보도록 하겠습니다. 감사합니다.

〈보 기〉

ㄱ. 지자체별 풍수해보험 홍보 예산 규모에 따른 풍수해보험 가입률

ㄴ. 자연재해에 취약한 지역과 그렇지 않은 지역의 풍수해보험 수요 차이

ㄷ. 전년도 풍수해 피해로 인한 재난지원금 수령자와 미수령자 각각의 풍수해보험 가입 희망자 비율

① ㄱ   ② ㄷ   ③ ㄱ, ㄴ
④ ㄴ, ㄷ   ⑤ ㄱ, ㄴ, ㄷ

9. 다음 글의 ㉠과 ㉡에 들어갈 말로 가장 적절한 것은?

소현세자가 갑작스럽게 세상을 떠난 후, 인조는 소현세자의 아들이 있었음에도 원손이 아니라 소현세자의 동생인 봉림대군을 세자로 책봉하여 효종이 즉위하였다. 그런데 효종의 사후에 조정에서는 효종의 계모인 자의대비의 복상기간, 즉 상복을 입는 기간을 두고 남인과 서인 간에 예송 논쟁이 일어나게 된다. 남인은 효종이 왕위의 대통을 이어받았다는 점을 들어, 장자나 다름없으므로 장자의 예를 따라 복상기간을 3년으로 해야 한다고 주장하였다. 반면에 서인은 부모가 장자에 대해서는 삼년상, 차자 이하의 아들에게는 기년상으로 한다는 『주자가례』를 근거로 1년의 복상기간을 주장하였다. 또한 삼년상을 할 수 없는 네 가지 이유인 사종지설(四種之說) 중 장자가 아닌 아들을 후사로 세운 경우인 체이부정(體而不正)에 해당한다고 보았다. 즉, 서인은 ┌─ ㉠ ─┐ 점을 강조한 것이다. 결국 이 사건은 장자든 차자든 기년복을 입는다는 『경국대전』의 규정을 채택하여 자의대비의 복상기간이 1년으로 정해졌다.

그로부터 15년 후 효종비인 인선왕후가 죽자 2차 예송 논쟁이 일어나 남인과 서인이 또 대립하게 된다. 1차 예송에서 명확히 해결되지 않은 효종의 장자·차자 문제가 다시금 수면 위로 떠오른 것이다. 효종을 장자로 본다면 자의대비의 복상기간은 1년으로 해야 하지만, 효종을 차자로 본다면 자의대비의 복상기간은 9개월이 되어야 한다. 전과 달리 안정된 왕권을 갖게 된 현종은 아버지인 효종이 장자의 권위를 계승했음을 인정하여 대공복이 아닌, 기년복을 하도록 했다. 이를 계기로 서인 세력이 대거 축출되고, 왕권 중심론의 남인이 득세하게 된다.

예송 논쟁은 단순히 장례에 관한 논쟁이 아니라 왕권을 바라보는 시각을 둘러싼 남인과 서인의 첨예한 논쟁이었다. 국왕의 지위가 종법보다 우선시될 수 없기에 차자의 예에 따라 복상기간을 정해야 한다는 주장의 기저에는 신권 중심이 깔려 있는 반면에, 왕가의 의례의 경우 변칙적으로 종법을 적용할 수 있다는 입장은 왕권과 결합해야 권력을 잡을 수 있는 소수파의 정치적 이해관계가 반영된 것이라고 할 수 있다. 그러므로 왕실 의례의 특수성을 강조하는 입장에서 보면 자의대비의 복상기간은 ┌─ ㉡ ─┐.

① ㉠: 효종이 인조의 맏아들은 아니지만, 왕위를 계승하였다는
   ㉡: 효종에 대해서는 3년복을, 효종비에 대해서는 기년복을 입어야 한다
② ㉠: 효종이 인조의 맏아들은 아니지만, 왕위를 계승하였다는
   ㉡: 효종에 대해서는 기년복을, 효종비에 대해서는 대공복을 입어야 한다
③ ㉠: 효종이 왕위를 계승한 적자이지만, 여전히 인조의 둘째 아들이라는
   ㉡: 효종에 대해서는 3년복을, 효종비에 대해서는 기년복을 입어야 한다
④ ㉠: 효종이 왕위를 계승한 적자이지만, 여전히 인조의 둘째 아들이라는
   ㉡: 효종에 대해서는 기년복을, 효종비에 대해서는 대공복을 입어야 한다
⑤ ㉠: 효종이 왕위를 계승한 적자이지만, 여전히 인조의 둘째 아들이라는
   ㉡: 효종과 효종비 모두에 대해서 기년복을 입어야 한다

10. 다음 글의 (가)와 (나)에 들어갈 말을 적절하게 나열한 것은?

미니멀리즘은 1960년대 미국에서 등장한 예술로, '매우 작은, 가장 작은, 최소의'라는 뜻을 가진 '미니멀(minimal)'이라는 용어에서 비롯되었다. 미니멀리즘은 원형이나 직각, 사각, 정육면체 등의 기하학이 강조되고 대상에 대한 세부적인 묘사가 결여되므로 단순하고 반복적인 표현 기법을 구사한다. 현대에 이르러 산업이 급속히 발전하면서 미니멀리즘은 사회에도 더 많은 영향을 끼치게 되었는데, 대표적인 예로 패션이 있다. 미니멀리즘 패션은 미니멀리즘에서 강조하고 있는 단순함과 최소화에 근간을 둔 채 발전한 것이다. 현대인들이 즐겨 입는 옷이 점차 단순하고 기능적인 스타일로 변화하게 되어 미니멀리즘 패션이 등장하게 된 것이다. 특히 세계적인 디자이너인 샤넬은 1990년대에 진취적으로 활동하는 여성들을 위해 형태가 단순하여 입고 다니기 편안한 디자인을 발표하였는데, 이는 미니멀리즘 패션이 [(가)]을 추구하는 특징에서 비롯된 것임을 알 수 있다.

그뿐만 아니라 미니멀리즘은 어떠한 형태가 일정한 질서를 갖추고 반복적으로 나타나는 디자인을 자주 구사하는데, 특히 조각 디자인에서 그 특징이 잘 드러난다. 미니멀아트 조각의 선구자인 도널드 저드는 유리, 베니어판 등의 산업 재료로 미니멀리즘을 표현하였는데, 색깔이 구분된 동일한 형태의 도형을 일정한 패턴으로 이어 붙임으로써 단순하지만 질서를 갖춘 디자인을 선보였다. 이는 자신의 작품이 특수한 조각의 부분으로 보이기보다는 하나의 물체나 구조물처럼 보이길 원하는 의도가 깔려 있다. 이처럼 반복적인 형태를 갖춘 디자인은 [(나)] 하나의 큰 공간으로 확장되는 성격을 갖기도 한다.

① (가): 장식성을 배제하고 실용성을 중시하는 디자인
   (나): 전체보다는 세밀화된 각각의 부분을 강조하게 되어

② (가): 장식성을 배제하고 실용성을 중시하는 디자인
   (나): 부분보다는 단일화된 전체 질서를 강조하게 되어

③ (가): 추상적인 면을 형상화하여 장식성을 강조하는 디자인
   (나): 각각의 구분되는 패턴이 드러나 개성을 강조하게 되어

④ (가): 장식성을 배제하고 실용성을 중시하는 디자인
   (나): 전체를 이루는 각 부분의 세밀함을 강조하게 되어

⑤ (가): 장식성을 강조하고 실용성을 배제하는 디자인
   (나): 부분보다는 단일화된 전체 질서를 강조하게 되어

11. 다음 글에서 추론할 수 있는 것만을 〈보기〉에서 모두 고르면?

우리나라가 근대 초기 외래 건축을 접하는 경로는 건축의 주체와 목적에 따라 크게 세 가지로 구분된다. 가장 먼저 지어진 것은 외국인들이 스스로를 위해 지은 건축물로 주로 개항장을 중심으로 조성된 조계(租界)나 외교와 상업 활동을 위해 건축된 건물이다. 이러한 경로의 대표적 건축물은 1901년 건축된 제물포 구락부가 있다. 조계 당사자들이 비공식 외교 활동을 하기 위한 사교 클럽으로 우크라이나의 건축가 사바틴이 건축한 것으로 알려져 있다.

두 번째는 외국인들이 선교나 교육 등을 목적으로 우리나라 사람들과의 접촉을 늘리고자 지은 근대적 공간이다. 기독교의 경우 도입 초기에는 박해를 받았으나, 1886년 한불수교 조약 체결로 인해 기독교는 우리나라에 적극적으로 유입되어 그와 관련된 건축물을 짓는 것이 가능해졌다. 이에 선교사를 중심으로한 지금의 명동성당이나 서울에 위치한 수녀원 등의 건물들이 지어졌다. 또한 이화학교, 연희전문학교 등의 교육기관 역시 이때 설립되었는데 그중 미국인 건축가에 의해 지어진 연희전문학교의 경우 건축적으로 뛰어나다고 알려져 있다. 선교를 목적으로 교회나 학교를 지을 때 외국 선교사들이 직접 짓거나 외국인 건축가에 의해 건축되는 경우가 많았지만, 보성전문학교의 본관 및 도서관, 영락교회, 남대문교회 등을 건축한 박동진처럼 서양식 건축 교육을 받거나 일본 등에서 유학을 마치고 돌아온 한국인 건축가들이 이러한 건축물을 설계하기도 하였다.

마지막으로는 외세에 대응해 주체적인 모습을 보이고자 새로 지은 왕궁이나 관청 혹은 궁전 내 건축물 등을 말한다. 대한제국의 주도로 경운궁 내에 지어진 석조전과 같은 서양식 건축물이 대표적인 사례다. 석조전은 근대화된 대한제국의 위용을 보여주기 위한 건축물로 영국인 건축가 하딩이 설계를 맡았다. 다만, 석조전은 당초 고종 황제와 황후가 머무는 황궁의 용도로 지어졌지만 일제에 국권을 빼앗긴 직후 준공됨에 따라 애초의 목적대로는 한 번도 사용하지 못했다.

〈보 기〉
ㄱ. 근대 초기에 선교나 교육 목적으로 우리나라에 지어진 서양식 건축물은 모두 외국인에 의해 건축되었다.
ㄴ. 제물포 구락부에서의 비공식 외교 활동이 이뤄지던 시기에 기독교는 박해를 받지 않았다.
ㄷ. 석조전은 우리나라의 자주성을 보이고자 지은 건축물임에도 외국인 건축가의 설계로 지어졌다는 이유로 본래의 목적대로 사용되지 못했다.

① ㄱ
② ㄴ
③ ㄱ, ㄷ
④ ㄴ, ㄷ
⑤ ㄱ, ㄴ, ㄷ

12. 다음 논쟁에 대한 분석으로 가장 적절한 것은?

> 갑: 고통은 악이고 쾌락은 선이므로 쾌락은 삶의 궁극적인 목적이자, 인생을 살아가며 취할 행동의 기준이 된다. 우리가 추구해야 할 쾌락은 단순히 고통이 없는 정신적 상태가 아니며, 감각적이고 육체적인 쾌락을 추구해야 한다. 그렇기 때문에 금욕, 절제와 같이 소극적인 태도보다는 적극적인 쾌락의 추구가 필요하다.
>
> 을: 쾌락이 행복한 삶을 사는 데 있어 필수적이며, 쾌락을 추구하는 것이 삶의 목표가 되어야 한다는 데에는 이견이 없다. 하지만 쾌락은 이성적이고 정의로운 삶에서 지향해야 할 대상으로, 도덕적으로 살지 않으면 참된 쾌락에 이를 수 없다. 쾌락은 정신적으로 고통과 불안이 없는 상태인 완전한 쾌락과 그렇지 않은 상태인 불완전한 쾌락을 구분된다. 그중 순간적이고 감각적인 욕구를 충족함으로써 얻어지는 쾌락은 후자에 해당하므로 지양해야 한다. 그리고 완전한 쾌락을 추구하기 위해 불완전한 쾌락을 가려낼 수 있는 이성을 갖추어야 한다.
>
> 갑: 쾌락을 얻는 데에 있어 이성이 필요한 이유는 이성을 사용함으로써 더 강렬한 쾌락을 얻을 수 있기 때문이다. 또한, 쾌락을 극대화하기 위함이라면 비도덕적이거나 반사회적인 행위라 할지라도 행해야 한다. 어떤 행위를 통해 쾌락이 생산되었는지에 관계없이 그 자체로 최고의 선이기 때문이다. 그래서 덕이나 우정과 같은 것들 역시 쾌락을 생산하는 데에 도움이 되는 경우에만 추구해야 한다.
>
> 을: 우정을 쌓고 덕을 발휘하여 그 자체로 정신적인 고통과 불안이 없는 상태로 이어진다면 이는 쾌락을 추구하는 것으로 봐야 한다. 간혹 쾌락을 추구하는 것을 사치와 향락을 추구하는 것과 동일시하여 비판하는 자들이 있다. 그러나 이는 불완전한 쾌락을 가려내지 못함으로 인한 것일 뿐이다. 부와 명예를 탐닉하는 것과 같이 불필요한 욕구는 결코 충족될 수 없기에 이러한 욕구를 억제하고, 살아가는 데 있어 기본적이며 필연적인 욕구를 충족시키는 데에 노력을 기울여야 한다.

① 갑에 따르면 사회적 규범에 어긋나지 않는 행위보다는 비도덕적인 행위를 통해 얻은 쾌락이 더 크다.

② 을에 따르면 이성을 갖추는 것은 완전한 쾌락을 추구하기 위한 필요조건이다.

③ 갑과 달리 을은 고통은 회피해야 할 대상이며, 쾌락을 추구하기 위해 이성이 필요하다고 여긴다.

④ 을과 달리 갑은 덕과 우정을 추구하는 것이 쾌락을 얻는 행위가 아닐 수 있다고 여긴다.

⑤ 갑의 입장에서는 쾌락을 위한 것이지만, 을의 입장에서는 그렇지 않은 행위라면 이는 비도덕적이거나 반사회적인 행위일 것이다.

13. 다음 글에서 추론할 수 없는 것은?

> A 대학교는 장애학생에 대한 장학제도를 운영 중이다. 최근 신입생 모집 기준의 변경에 따라 장학제도의 개편이 이뤄져 장애학생에 대한 장학제도 역시 아래와 같이 개정되었다.

〈표〉 A 대학교 장애학생 장학제도

구분	지급 대상	금액
2019학년도 입학자까지 적용	장애등급 1급	120만 원
	장애등급 2급	110만 원
	장애등급 3급	100만 원
	장애등급 4급	90만 원
2020학년도 입학자부터 적용	장애등급 무관	110만 원

> 입학 연도에 관계없이 모든 장애학생은 장학금을 신청하려면 다음의 규정을 준수해야 한다. 첫째, 모든 장애학생은 본인이 직접 장학금을 신청해야 한다. 둘째, 모든 신청자는 장애인 증명서를 제출해야 하며, 장애등급에 따라 장학금을 차등 지급받는 학생의 경우 장애등급 증빙 서류를 추가로 제출해야 한다. 셋째, 직전 학기에 12학점 이상을 수강해야만 장학금 지원 대상이 되나, 4학년 학생의 경우 취업 관련 서류 제출 시 학점 이수 조건은 면제된다.
>
> 2019학년도 입학자까지는 1~2학년 학생의 경우 성적에 대한 제한은 따로 없으나 3~4학년 학생의 경우 직전 학기 평점 평균이 3.0 이상인 학생만 장학금 선발 대상이 된다. 2020년도 입학자부터는 지원 시 별도의 성적 기준은 없으나, 만약 지원자가 선발 인원보다 많을 시 성적이 높은 순으로 장학금 지급 대상자를 선정한다.

① 2015학년도에 입학한 1급 장애를 가진 3학년 학생은 장학금을 받기 위해 장애등급 증빙 서류를 추가로 제출해야 한다.

② 2016학년도에 입학한 4급 장애를 가진 4학년 학생의 직전 학기 평점 평균이 2.8이라면 장학금 지원 대상에 해당하지 않는다.

③ 2019학년도에 입학한 3급 장애를 가진 1학년 학생이 직전 학기에 15학점을 수강했더라도 평점 평균이 2.9라면 장학금을 받을 수 없다.

④ 2020학년도에 입학한 2급 장애를 가진 2학년 학생은 별도의 장애등급 증빙 서류를 제출하지 않고도 110만 원의 장학금을 지급받을 수 있는 대상자에 해당한다.

⑤ 2021학년도에 입학한 3급 장애를 가진 4학년 학생은 직전 학기에 15학점을 수강했더라도 장학금을 지급받지 못할 수도 있다.

14. 다음 글의 내용이 참일 때, 반드시 참인 것은?

> 민기, 진솔, 윤후, 지윤 네 사람은 스위스, 스페인, 미국, 프랑스를 여행한 후 귀국하였다. 그리고 네 사람이 여행한 국가에 관해 다음의 사실이 확인되었다.
> ○ 여행한 국가는 한 사람당 최소 한 개, 최대 두 개이다.
> ○ 민기와 윤후는 여행 내내 동행하였다.
> ○ 진솔과 윤후가 여행한 국가는 겹치지 않았다.
> ○ 지윤이 여행한 국가는 민기와 진솔이 여행한 국가와 겹치지 않았다.
> ○ 최소 두 사람이 스위스를 여행하였다.
> ○ 최소 두 사람이 스페인을 여행하였다.
> ○ 최소 한 사람이 프랑스를 여행하였다.
> ○ 미국은 한 사람만 여행하였다.

① 스위스를 방문한 사람은 세 사람이다.
② 스페인을 방문한 사람은 윤후와 지윤이다.
③ 미국을 방문한 사람은 진솔이다.
④ 프랑스를 방문한 사람은 한 사람이다.
⑤ 프랑스를 방문한 사람은 지윤이다.

15. 다음 대화의 ㉠과 ㉡에 들어갈 말을 가장 적절하게 나열한 것은?

> 갑: 커피전문점 프랜차이즈 업계의 친환경 경영 흐름에 발맞추어 자사도 재활용 가능한 종이 빨대를 도입하고자 합니다. 그래서 종이 빨대를 제조하는 A, B, C, D 4개의 회사 중 어떤 곳을 납품 업체로 선정할지 검토하였습니다. 이에 따라 A와 B 모두를 선정하지 않을 경우에만 D를 선정할 예정입니다.
> 을: C를 선정하거나 D를 선정하지 않기로 했다고 들었는데, 사실인가요?
> 갑: 네, 맞습니다.
> 을: 그렇다면 D는 선정하지 않겠군요.
> 갑: ㉠   때문이죠?
> 을: 그렇습니다.
> 갑: 말씀드리는 것을 깜빡하였는데, D를 선정하지 않을 경우 A를 선정하지 않거나 C를 선정해야 합니다. 그리고   ㉡   는 점도 확정되었습니다.
> 을: 지금까지 말씀하신 것이 모두 참이라면 B는 선정하게 되겠군요.

① ㉠: C를 선정하면 B도 선정해야 하기
  ㉡: A를 선정한다
② ㉠: C를 선정하면 B도 선정해야 하기
  ㉡: C를 선정하지 않는다
③ ㉠: B를 선정하면 C도 선정해야 하기
  ㉡: A를 선정하지 않는다
④ ㉠: A와 B 중에서 적어도 한 업체는 선정해야 하기
  ㉡: A를 선정한다
⑤ ㉠: A와 B 중에서 적어도 한 업체는 선정해야 하기
  ㉡: C를 선정한다

16. 다음 글의 내용이 참일 때, 반드시 참인 것만을 〈보기〉에서 모두 고르면?

> A 레스토랑은 오픈 1주년 기념으로 월요일부터 금요일까지 총 5일간 이벤트를 진행하였다. 이는 특정 요일에 레스토랑에 방문하면 그날의 정해진 할인율을 적용하는 이벤트였다. 이때 할인율은 10%, 20%, 30%, 40%, 50%로 총 다섯 가지였으며 요일별로 할인율이 모두 달랐다. 이 이벤트 기간에 A 레스토랑을 방문한 가은, 나경, 다연, 라윤은 다음과 같은 대화를 나누었다.
> ○ 가은: 내가 방문한 날 중 하루는 할인율이 50%였어.
> ○ 나경: 딱 한 번 방문해서 20% 할인을 적용받았는데, 그 바로 전날은 할인율이 10%였다고 들었어.
> ○ 다연: 수요일과 목요일을 포함해 총 사흘 방문했는데, 할인율이 10%나 40%였던 날은 없었어.
> ○ 라윤: 화요일과 금요일에만 방문했는데, 그 이틀 중 할인율이 더 낮은 날은 20% 할인이 적용되었어.

〈보 기〉
> ㄱ. 나경이 방문했던 날과 그 바로 다음 날에 가은이 방문하지 않았다면, 할인율이 50%인 날은 목요일이다.
> ㄴ. 다연이 방문했던 3일 모두 다연을 포함해 2명 이상이 방문하였다.
> ㄷ. 라윤이 방문했던 날 중 할인율이 더 높은 날은 40% 할인이 적용되었다.

① ㄱ
② ㄴ
③ ㄱ, ㄴ
④ ㄱ, ㄷ
⑤ ㄴ, ㄷ

17. 다음 글에서 추론할 수 있는 것만을 〈보기〉에서 모두 고르면?

> 인체는 여러 환경 변화에 대응하여 생명 현상이 제대로 일어날 수 있도록 일정한 상태를 유지한다. 예를 들어 혈중 칼슘 농도가 높을 때 칼시토닌 분비가 촉진되고 파라토르몬 분비가 억제되어 경골에서의 칼슘 용출을 차단하며, 동시에 콩팥에서는 칼슘의 재흡수를 억제하여 결과적으로 혈액 내 칼슘의 농도가 낮아지게 된다. 반대로 혈중 칼슘 농도가 저하되었을 때는 파라토르몬 분비가 촉진되고 칼시토닌 분비가 억제되어 결과적으로 체내 칼슘 농도가 일정하게 유지된다. 이를 항상성 유지라고 한다.
> 항상성은 자율신경계와 내분비계가 함께 작용하여 유지되며, 그 조절 중추는 간뇌 시상하부이다. 신경계의 작용은 뉴런을 통해 신호를 전달하여, 뉴런의 연결 부위에서만 효과가 나타나 작용 범위가 좁다. 또한, 매우 빠르게 전달되고 효과가 빠르게 사라진다. 반면에 호르몬은 내분비샘에서 생성되어 분비된 후 혈액을 통해 이동하여 전달 속도는 느리지만, 호르몬 수용체를 가진 모든 표적 기관에 작용하여 그 작용 범위가 넓고 효과가 오래 지속된다.
> 자율신경계와 내분비계에 의해 항상성을 유지할 수 있는 이유는 길항 작용과 음성 피드백 원리가 작동하기 때문이다. 길항 작용은 하나의 기관에 두 가지 상반된 요인이 함께 작용할 때, 한쪽이 기관의 기능을 촉진하면 다른 한쪽은 기관의 기능을 억제하는 것이다. 일부 신경계와 호르몬이 길항 작용으로 항상성을 유지하는데, 심장 박동을 촉진하는 교감 신경과 심장 박동을 억제하는 부교감 신경이 그 대표적인 예이다. 음성 피드백은 어떤 원인으로 나타난 결과가 다시 그 원인을 약화시키는 방향으로 작용하는 것으로, 대부분의 호르몬은 음성 피드백에 의해 분비가 조절된다. 일례로 시상하부에서 갑상샘 자극 호르몬 TRH가 분비되면 뇌하수체 전엽에 작용하여 갑상샘 자극 호르몬 TSH가 분비되고, TSH가 갑상샘에 작용하여 티록신이 분비된다. 이에 따라 혈중 티록신 농도가 높아지면 음성 피드백으로 시상하부에서 TRH 분비와 뇌하수체 전엽에서 TSH 분비가 억제되어 티록신의 분비량이 줄어듦으로써 일정한 농도가 유지되는 것이다.

〈보 기〉
> ㄱ. 칼시토닌과 파라토르몬을 통한 혈중 칼슘 농도 조절은 길항 작용에 해당한다.
> ㄴ. 혈관에 티록신을 주사할 경우 TRH와 TSH의 분비량이 증가한다.
> ㄷ. 신경계의 작용은 호르몬의 작용에 비해 전달 속도는 빠르고 효과의 지속성은 낮다.

① ㄱ
② ㄴ
③ ㄱ, ㄴ
④ ㄱ, ㄷ
⑤ ㄴ, ㄷ

18. 다음 글에서 추론할 수 있는 것만을 〈보기〉에서 모두 고르면?

우리 몸의 유전자 중에는 암의 발생을 억제하는 유전자가 존재한다. 이러한 암 억제인자 중에 가장 대표적인 것이 p53이다. p53은 세포의 상태를 모니터링하며 DNA 손상이나 비정상적인 성장 신호를 감지한다. 그리고 손상된 DNA를 수선하는 단백질을 활성화하거나 DNA 복구가 불가능한 세포의 자살을 유도한다. 왜냐하면 DNA가 심각하게 손상된 세포가 분열하면 암세포로 발전하기 때문이다. 그래서 p53 유전자가 제 기능을 하지 못하는 경우 암세포가 증식할 가능성이 높으며, 실제로 대부분의 암세포가 p53 유전자의 상실 또는 변이로 인해 생긴다고 알려져 있다.

한편 5-FU 기반의 항암제는 대장암 환자에게 많이 사용되는 화학 치료법이다. 5-FU는 암세포 성장을 억제하는 항암 물질이다. 그러나 동시에 5-FU가 암 줄기세포의 활성화를 유발함으로써 새로운 암세포가 형성되기 때문에 암의 재발을 야기하기도 한다고 알려져 있다.

이에 한 연구팀은 암이 재발하는 과정에서 p53의 역할을 확인하기 위한 연구를 진행하였다. 대장암 환자의 암세포를 배양하여 장기유사체인 오르가노이드를 제작하고 5-FU 처리를 하였다. 그러자 5-FU 치료 과정에서 p53이 전사인자로 작용하여 WNT 신호전달체계가 활성화되었고, 치료 후에는 암 줄기세포가 증가한 것이 확인되었다. 이때 WNT 신호전달체계는 암의 발생 및 진행에 있어 중요한 역할을 하며, 대장암을 비롯한 대부분의 암 환자의 경우 APC 유전자의 돌연변이로 인해 WNT 신호전달체계가 활성화되어 있다. 그에 비하여 대장암 환자의 암세포 유래 오르가노이드에 5-FU와 WNT 억제제를 복합 처리하자, 5-FU 단독 처리 시에 비하여 5-FU에 의한 암 줄기세포 활성화가 저해되는 것으로 나타났다.

〈보 기〉
ㄱ. 5-FU 기반의 항암제를 사용할 경우 p53은 DNA 손상 세포를 수선하는 기능을 잃게 된다.
ㄴ. WNT 억제제와의 병용치료를 통해 5-FU의 항암 치료 효과를 높이고 대장암 재발 가능성을 낮출 수 있다.
ㄷ. 암세포가 재성장하는 과정에서 WNT 신호전달계가 암의 줄기세포 활성화에 관여한다.

① ㄱ
② ㄴ
③ ㄱ, ㄴ
④ ㄱ, ㄷ
⑤ ㄴ, ㄷ

19. 다음 글에서 추론할 수 있는 것은?

적당한 운동은 수면에 도움을 주는 것으로 알려져 있으며, 불면증을 해소하기 위한 방법의 하나로 가벼운 운동을 권하기도 한다. 한 연구팀은 운동이 수면에 어떤 영향을 주는지 알아보기 위해 다음과 같은 실험을 수행하였다. 먼저 참가자를 A~D의 네 개의 그룹으로 나누어 다음과 같이 운동 방식을 다르게 하였다.

A 그룹은 일주일에 3회씩, 한 번 운동할 때마다 1시간 동안 달리기, 수영, 자전거 타기 등과 같은 유산소 운동만 하였다. B 그룹은 일주일에 3회씩, 한 번 운동할 때마다 1시간 동안 웨이트 머신을 이용하거나 런지, 스쿼트을 하는 등 근력 운동만 하였다. C 그룹은 일주일에 3회씩, 한 번 운동할 때마다 1시간 동안 운동을 하되, 유산소 운동과 근력 운동을 각 30분씩 하였다. D 그룹은 운동을 전혀 하지 않았다.

총수면 시간의 증가는 수면의 질이 개선되었음을 나타내므로 실험 전후의 총수면 시간 변화를 조사하였는데, 총수면 시간이 A 그룹은 평균 23분, B 그룹은 평균 40분, C 그룹은 평균 17분 늘었으며, D 그룹은 유의미한 변화가 없었다. 이때 운동을 한 그룹 내에서도 평소에 잠을 잘 자는 사람보다 잠을 잘 자지 못하는 사람들의 수면 시간 증가 폭이 더 크게 나타났다. 한편 총수면 시간과 더불어 수면의 질이 개선되었는지를 판단할 수 있는 수면 중 깨어나는 횟수를 확인해본 결과, B 그룹과 C 그룹은 자다가 깨어나는 횟수가 줄어들었으며, 나머지 두 그룹은 변화가 없었다.

① 유산소 운동과 근력 운동을 병행하는 경우 근력 운동을 먼저 해야 수면의 질 개선에 도움이 된다.
② 유산소 운동으로 수면 시간이 늘어나는 효과를 내기 위해서는 1시간 이상 유산소 운동을 해야 한다.
③ 밤에 자다가 자주 깨는 사람은 근력 운동만 하는 것보다 유산소 운동과 근력 운동을 병행하는 것이 좋다.
④ 수면의 질을 높이기 위해 한 가지 운동을 한다면, 유산소 운동보다는 근력 운동을 하는 것이 더 효과가 있다.
⑤ 운동을 통한 수면의 질 향상 효과는 평소 잠이 부족한 사람보다 잠을 충분히 자는 사람에게서 더 크게 나타난다.

20. 다음 글의 ㉠과 ㉡에 대한 평가로 적절한 것만을 〈보기〉에서 모두 고르면?

공룡은 골반 구조에 따라 용반류와 조반류로 분류된다. 이때 골반의 형태가 도마뱀과 유사한 공룡이 용반류이고, 새와 유사한 공룡이 조반류이다. 또한, 용반류는 다시 네 발로 걷는 용각류와 두 발로 걷는 수각류로 나뉘는데, 육식공룡은 모두 수각류에 해당한다. 현생 조류는 이 수각류 공룡에서 나온 것으로 알려져 있다. 그런데 조류는 바깥 온도와 관계없이 항상 일정한 체온을 유지하는 항온동물이다. 반면 공룡 화석이 파충류 두개골의 특성을 보이는 등 파충류와의 유사성 때문에 초기 연구에서는 공룡을 파충류라고 보았다. 이에 따르면 공룡은 체온을 조절하는 능력이 없어서 바깥 온도에 따라 체온이 변하는 변온동물일 것이다. 이렇듯 공룡의 체온은 오랜 기간 논쟁의 대상이었다.

최근에는 공룡이 변온동물도, 항온동물도 아닌 중온동물이라는 ㉠주장이 제기되었다. 그 근거가 되는 것은 공룡의 뼈를 통해 파악한 성장률이었다. 동물의 신진대사량과 성장률은 비례하여, 성장률이 높으면 신진대사도 활발해 스스로 체온을 유지할 수 있다. 반면에 변온동물은 스스로 체온을 올릴 만큼 신진대사가 빠르지 못해 추운 기후에서 살아남지 못한다. 공룡과 현생 동물의 성장률을 비교한 결과, 공룡의 성장률은 변온동물과 항온동물의 중간쯤이었다. 이를 통해 공룡은 변온동물보다 높지만 항온동물보다는 낮은 중간 정도의 체온을 일정하게 유지할 수 있었다는 결론을 도출할 수 있다.

한편 공룡 화석에 남아 있는 노폐물 분자를 분석한 결과를 바탕으로 공룡의 체온이 종에 따라 다르다는 ㉡주장도 제기되었다. 산소를 흡입할 때 체내의 단백질, 당, 지질과 반응해 노폐물이 나타나기 때문에 노폐물 분자의 양은 흡입한 산소의 양과 비례한다. 항온동물은 체온 유지를 위해 산소 호흡을 많이 할 수밖에 없고 변온동물은 그렇지 않으므로, 산소 호흡의 결과로 생긴 노폐물 분자를 통해 대사율을 측정하여 항온동물과 변온동물을 가릴 수 있는 것이다. 이 측정 결과에 따르면 공룡은 현생 포유류보다 대사율이 높았는데, 예외적으로 조반류 공룡인 트리케라톱스와 스테고사우루스는 변온동물에 가까울 정도로 대사율이 매우 낮은 것으로 나타났다.

〈보 기〉

ㄱ. 수각류인 오비랍토르의 알과 그 화석이 발견된 주변 토양을 분석한 결과, 알을 낳았을 당시 오비랍토르의 체온은 파충류와 조류의 중간 정도인 31.9도였으며 당시 해당 지역의 기온은 26.3도였다는 연구 결과는 ㉠을 약화한다.

ㄴ. 북극 근처에서 발견된 화석을 조사한 결과, 변온동물의 화석은 나오지 않고 항온동물의 화석만이 발견되는 지역에서 공룡 화석이 발견되었다는 연구 결과는 ㉡을 약화하지 않는다.

ㄷ. 체온이 높을수록 발생속도도 빨라 조류는 파충류보다 알의 부화기간이 짧은데, 비슷한 크기의 조반류 공룡알과 파충류알의 부화기간을 비교한 결과 조반류 공룡알의 부화기간은 파충류알의 부화기간과 비슷하거나 더 길었다는 연구 결과는 ㉠과 ㉡을 모두 약화한다.

① ㄱ
② ㄴ
③ ㄱ, ㄴ
④ ㄱ, ㄷ
⑤ ㄱ, ㄴ, ㄷ

[21~22] 다음 글을 읽고 물음에 답하시오.

1884년 윌리엄 제임스는 〈감정이란 무엇인가〉라는 논문에서 정서의 유발 과정에 대한 하나의 가설을 제안했다. 그것은 외부 자극에 대하여 신체적 변화가 나타나며, 이 신체적 변화를 지각함으로써 정서가 생긴다는 주장이었다. 이에 따르면 사람이 맹수를 마주치면 심장이 빠르게 뛰며, 심장이 빠르게 뛰기 때문에 공포감을 느끼게 된다. 다시 말해 사람들은 기쁨이라는 감정 때문에 웃고 슬픔이라는 감정 때문에 우는 것이 아니라, 웃고 있기 때문에 기쁨을 느끼고 울고 있기 때문에 슬픔을 느낀다. 또 다른 심리학자 칼 랑게 역시 제임스와 마찬가지로 신체적인 반응과 정서의 관련성을 주장하여, 이 이론은 ㉠ 제임스-랑게 이론으로 명명되었다.

제임스-랑게 이론은 이후 여러 비판을 받게 되는데, 대표적인 것이 바로 ㉡ 캐논-바드 이론이다. 이 이론에 따르면 지각과 감정이 순차적으로 일어나는 것이 아닌, 지각과 감정이 동시에 일어난다. 즉, 맹수를 마주쳤을 때 심장이 빠르게 뛰는 생리적 변화와 공포감을 느끼는 정서적 체험이 함께 발생한다는 것이다. 실제로 척수가 손상되어 신체의 생리적 변화를 뇌에서 감지하지 못하는 사람이라도 감정을 느낄 수 있으며, 그렇기 때문에 정서의 발생은 생리적 상태와 관련된 것이 아니라는 주장에 힘이 실리게 되었다. 캐논-바드 이론에 따르면 정서 행동은 뇌의 시상하부에서 기인한다. 말초신경을 통해 유입된 모든 감각 정보는 시상을 거쳐 대뇌로 가는데, 이때 자율신경을 조절하는 시상하부에도 그 정보가 전달된다. 그래서 동시에 전달된 감각 정보에 의하여 대뇌피질에서는 감정을 느끼고, 시상하부를 통해 자율신경이 작동하여 감정과 관련된 신체적 반응이 나타나게 된다.

한편 심리학자 스탠리 샤흐터와 제롬 싱어는 정서에 있어 생리적 반응뿐만 아니라 인지가 중요함을 지적하였다. 정서의 2요인 이론이라고도 불리는 ㉢ 샤흐터-싱어 이론은 신체적으로 각성이 일어나고, 인지적으로 그 각성이 무엇인지 명명해야 자신의 감정이 무엇인지 이해한다는 것이다. 샤흐터와 싱어의 주장은 다음과 같은 실험을 통해 증명되었다. 이 실험에서 피험자들에게는 교감 신경을 흥분시켜 심장박동 증가, 혈관 수축 등을 유발하는 아드레날린 약물이 투여되었다. 그리고 연구자는 피험자들을 3개의 집단으로 나누어 첫 번째와 두 번째 집단에는 그 약물이 비타민이라고 속였고, 세 번째 집단에는 투여한 약물에 대해 사실대로 말해주었다. 그리고 피험자들에게 여러 가지 질문으로 구성된 설문 조사지를 나누어주고 답하게 하였다. 이때 피험자 중에는 연구자가 심어놓은 연기자가 섞여 있었다. 설문 조사를 할 때 첫 번째 집단의 연기자는 콧노래를 부르는 등 긍정적인 감정을 표출했고, 두 번째 집단의 연기자는 화를 내는 등 부정적인 감정을 표출했다. 그 결과 세 집단 모두 투여된 약물로 인해 동일한 신체 반응이 나타났지만, 그에 대한 해석은 차이가 있었다. 설문 조사가 어땠는지 묻자 첫 번째 집단은 기분이 좋았다고 답했으며, 두 번째 집단은 기분이 나빴다고 답했고, 세 번째 집단은 기분이 좋지도 나쁘지도 않았다고 답했다. 주변

환경에 맞는 해석을 통해 자신의 정서를 판단한 집단과 달리, 왜 자신이 흥분 상태에 있는지를 정확히 알고 있을 경우 감정의 원인을 혼동하지 않은 것이다.

21. 위 글의 ㉠~㉢에 대한 평가로 적절한 것만을 〈보기〉에서 모두 고르면?

〈보 기〉
ㄱ. 같은 만화를 보더라도, 무표정으로 만화를 보게 한 집단보다 웃는 표정을 짓고 만화를 보게 한 집단이 만화가 더 재미있었다고 평가했다는 실험 결과는 ㉠을 강화한다.
ㄴ. 동물의 뇌에서 대뇌피질만을 제거하고 부정적인 감정을 유발하는 자극을 줄 경우 대뇌피질이 제거되기 전과 동일한 감정의 신체 반응을 보였다는 실험 결과는 ㉡을 약화한다.
ㄷ. 평지에서 이성을 만났을 때와 달리, 심장이 뛰게 하는 흔들 다리의 한가운데서 이성을 만났을 때 이성 때문에 심장이 두근거린다고 생각해 상대를 더 매력적이라고 평가했다는 실험 결과는 ㉢을 약화하지 않는다.

① ㄱ
② ㄴ
③ ㄱ, ㄴ
④ ㄱ, ㄷ
⑤ ㄱ, ㄴ, ㄷ

22. 위 글에 대한 분석으로 적절한 것만을 〈보기〉에서 모두 고르면?

〈보 기〉
ㄱ. 제임스-랑게 이론에서는 외부 자극에 대한 지각과 심리적으로 느껴지는 정서는 동시에 발현된다고 본다.
ㄴ. 캐논-바드 이론에서는 척수가 손상된 사람이더라도 맹수를 마주치면 생리적 상태에 관계없이 무서운 감정을 느끼게 된다고 본다.
ㄷ. 샤흐터-싱어 이론에서는 신체적 각성이 발생한 뒤 해당 각성을 명명하지 않을 경우 주변 환경에 따라 자신의 정서를 판단할 수 있다고 본다.

① ㄱ
② ㄴ
③ ㄱ, ㄷ
④ ㄴ, ㄷ
⑤ ㄱ, ㄴ, ㄷ

23. 다음 (가)의 〈A 부서 지출업무 매뉴얼〉과 (나)의 〈B 부서 공문〉으로부터 추론할 수 있는 것은?

> (가) 〈A 부서 지출업무 매뉴얼〉
> ○ 사업비 지출 요청에 관하여 사업명, 사업 목적, 지급처, 지급액, 예산과목 등이 누락되지 않고 정확히 작성되었는지 확인한다.
> ○ 사업부서가 필요한 구비서류를 첨부하였는지 확인하고, 구비서류의 내용과 요청사항의 내용이 일치하는지 확인한다.
> ○ 사업비의 예산과목이 급여, 보조금, 출연금과 같이 사업부서의 사전절차 없이 A 부서에 직접 지출 요청이 가능한 것인지 확인한다.
>
> (나) 〈B 부서 공문〉
> 제목: 빅데이터 기반 혁신 사업 추진에 관한 사업비 지출 요청
> 1. B 부서에서 2021년 빅데이터 기반 혁신 사업을 추진하기 위해 사업비 지출을 요청드립니다.
> 2. A 부서로부터 제출 요청받은 C 부서에서 평가한 사업 평가서, B 부서와 사업위탁기관과의 업무협약서, 사업비 청구서, 사업위탁기관의 사업자 등록증 및 통장사본 등 구비서류를 첨부하였습니다.
> 3. 필요한 사업비를 사업위탁기관에 지급하기 위해 A 부서에 구비서류의 확인과 사업비의 지출을 요청하오니 다음 내용을 검토 부탁드립니다.
> 다 음
> 가. 사업명: 빅데이터 기반 혁신 사업
> 나. 사업 목적: 빅데이터 분석을 통해 정부·민간의 R&D 효율성 제고
> 다. 사업부서: B 부서
> 라. 사업위탁기관: 주식회사 D
> 　　(사업자등록번호: xxx-xxxxxxx)
> 마. 협약기간: 2021.03.01. ~ 2022.02.28.
> 바. 지급액: 3천만 원
> 사. 지급처: 주식회사 D(계좌번호: xxx-xxxx-xxxx)
> 아. 예산과목: 민간자본사업보조금
> 붙임 1. 사업평가서 1부.
> 　　　 2. 사업비 청구서, 사업자 등록증(주식회사 D), 통장사본(주식회사 D) 각 1부. 끝.

① A 부서는 B 부서에 사업비의 지급액을 명시하도록 재요청할 것이다.

② A 부서는 B 부서가 사업비에 관한 사전절차를 진행하도록 답변할 것이다.

③ A 부서는 B 부서의 사업비 지출 요청에 따라 B 부서에 사업비를 지출할 것이다.

④ A 부서는 B 부서가 요청한 사업비가 사업 목적에 맞게 책정되었는지 평가할 것이다.

⑤ A 부서는 B 부서에 사업위탁기관과 진행한 업무협약서 구비서류의 첨부를 재요청할 것이다.

24. 다음 대화의 빈칸에 들어갈 내용으로 가장 적절한 것은?

> 갑: 우리 시에서는 주거환경개선사업 구역 내 주택을 수리할 경우 집수리 비용의 일부 또는 전부를 지원하는 사업을 시행하고 있습니다. 집수리 비용 지원 사업에 대한 보도자료가 배포된 후 이에 대해 문의하는 민원인이 많습니다. 주거환경개선사업 구역 내 주택에 거주하는 A씨는 신청 자격 및 지원 내용에 대해 문의하였습니다.
> 을: 주거환경개선사업 구역 내 모든 주택이 지원 대상은 아니며, 준공 이후 20년이 경과한 노후주택이어야 합니다. 또한, 재개발이나 재건축 등 개발 예정 지역일 경우 대상에서 제외됩니다.
> 갑: A씨가 거주 중인 주택은 30년 전에 준공되었으며, 해당 지역은 개발 예정 지역이 아닌 점을 확인했습니다. 그런데 단독주택이 아니라 공동주택이라고 하는데 신청자 요건이 어떻게 되나요?
> 을: 집수리 비용 지원 사업은 단독주택일 경우에는 건축물 소유자가 신청할 수 있습니다. 그리고 공동주택이라면 수리하려는 부분이 전유 부분일 경우 개별 세대의 소유자가, 공용 부분일 경우에는 구분 소유자의 동의서를 받아 개별 세대 소유자 중 1명이 대표로 신청할 수 있습니다. 혹시 공사 내용도 확인되었나요?
> 갑: 공용 부분이라고 했으나 구체적인 공사 범위는 파악되지 않았습니다.
> 을: 공사 내용에 따라 지원 비율이 상이한데요. 본 사업에 신청하여 대상자로 선정될 경우 지붕·방수·단열·외부창호 등 공용 부분의 성능개선 집수리라면 공사비의 50%를 지원받을 수 있고, 담장 철거나 담장 철거 후 재조성 등 외부 담장공사 비용은 전액 지원됩니다. 다만, 공사비 전부를 지원받은 부분에 대해서는 2년간 유지해야 한다는 추가 조건이 있습니다.
> 갑: 네, 그렇다면 설명해주신 내용을 바탕으로 A씨에게 ▢▢▢▢고 말씀드리겠습니다.

① 거주 중인 주택이 준공 이후 20년이 경과하지 않아서 신청할 수 없다

② 공용 부분의 성능개선 집수리 비용을 지원받으면 해당 부분은 2년간 유지해야 한다

③ 집수리 비용 지원의 대상자가 되어 공동주택 공용 부분을 수리할 경우 공사 비용 전액을 지원받을 수 있다

④ 주거환경개선사업 구역 내 노후한 단독주택 소유자이므로 공사 비용의 1/2만 부담하면 집수리를 할 수 있다

⑤ 해당 건축물의 구분 소유자 동의서를 받아 신청 후 대상자로 선정 시 집수리 공사 비용의 50% 또는 전액이 지원된다

25. 다음 ㉠의 내용으로 가장 적절한 것은?

> 우리의 뇌는 위치에 따라 좌뇌와 우뇌로 구분되며, 두 부분은 기능상 차이가 존재한다. 대표적인 예로 좌뇌는 우측 신체, 우뇌는 좌측 신체의 움직임을 담당한다. 우리가 오른손으로 물건을 들어 올릴 때는 좌뇌에서 움직임을 담당하는 운동피질이 작용한다. 반대로 왼손을 움직일 때는 우뇌의 운동피질이 작용한다. 이는 시각에 있어서도 마찬가지다. 오른쪽 눈으로 받아들인 시각 정보는 좌뇌에서 처리하고, 왼쪽 눈으로 받아들인 시각 정보는 우뇌에서 처리한다. 그리고 이렇게 분리된 좌뇌와 우뇌의 기능을 결합해주는 기관이 바로 뇌량이다.
>
> 뇌전증 환자의 경우 치료를 위해 뇌량 절제술을 시행하는 경우가 있는데, 이렇게 뇌량이 절제된 환자는 분리 뇌 증상이 나타나게 된다. 분리 뇌 환자들의 좌뇌와 우뇌는 제 기능을 하지만, 기능한 결과가 서로 교환되지 않아 표현에 어려움이 생긴다. 일반 사람들은 양쪽 눈으로 받아들인 정보가 뇌량을 통해 좌뇌와 우뇌로 교환되기 때문에 어떤 사물이 왼쪽에 있든 오른쪽에 있든 온전한 형태를 지각하고 말로 정확히 표현할 수 있다. 그러나 분리 뇌 환자들은 사물이 어느 쪽 시야에 제시되는지에 따라, 그것을 손으로 가리키거나 잡을 수는 있어도 그것이 무엇인지 말하지는 못할 수 있다.
>
> 분리 뇌 환자에게 왼쪽 시야와 오른쪽 시야를 분리시킨 뒤, 왼쪽 시야에는 '연필'이라는 단어를, 오른쪽 시야에는 '지우개'라는 단어를 제시하는 실험을 가정해보자. 이때 환자의 앞에는 연필과 지우개를 포함한 여러 가지 물건들이 놓여 있다. 그리고 나서 분리 뇌 환자에게 자신이 보고 있는 단어를 말하고, 왼손으로 해당 물건을 집어 들라고 지시한다. 그러면 다음과 같은 ㉠ 결과가 나오게 되는데, 이는 뇌의 좌반구가 언어를 통제한다는 근거가 된다.

① "지우개"라고 말하며, 왼손으로 연필을 집어 든다.
② "지우개"라고 말하며, 왼손으로 지우개를 집어 든다.
③ "연필"이라고 말하며, 왼손으로 연필을 집어 든다.
④ "연필"이라고 말하며, 왼손으로 지우개를 집어 든다.
⑤ "모르겠다"고 말하며, 아무것도 집어 들지 못한다.

상황판단영역

1. 다음 글을 근거로 판단할 때 옳은 것은?

> 제00조 ① 개발제한구역의 해제에 관한 도시·군관리계획(이하 '도시·군관리계획'이라 한다)은 해당 도시지역을 관할하는 특별시장·광역시장·특별자치시장·특별자치도지사·시장 또는 군수(이하 '입안권자'라 한다)가 입안한다. 다만, 국가계획과 관련된 경우에는 국토교통부장관이 직접 도시·군관리계획을 입안하거나 관계 중앙행정기관의 장의 요청에 따라 관할 특별시장·광역시장·특별자치시장·도지사·특별자치도지사(이하 '시·도지사'라 한다), 시장 및 군수의 의견을 들은 후 도시·군관리계획을 입안할 수 있으며, 광역도시계획과 관련된 경우에는 도지사가 직접 도시·군관리계획을 입안하거나 관계 시장 또는 군수의 요청에 따라 관할 시장이나 군수의 의견을 들은 후 도시·군관리계획을 입안할 수 있다.
> ② 입안권자는 제1항에 따라 개발제한구역의 해제에 관한 도시·군관리계획을 입안하는 경우에는 개발제한구역 중 해제하고자 하는 지역(이하 '해제대상지역'이라 한다)에 대한 개발계획 등 구체적인 활용방안과 해제대상지역이 아닌 지역으로서 개발제한구역 내 다음 각 호의 어느 하나에 해당하는 훼손된 지역(이하 '훼손지'라 한다)의 복구계획 등 주변 개발제한구역에 대한 관리방안을 포함하여야 한다. 이 경우 복구하고자 하는 훼손지의 범위는 해제대상지역 면적의 100분의 10부터 100분의 20까지에 상당하는 범위 안에서 중앙도시계획위원회의 심의를 거쳐 국토교통부장관이 입안권자와 협의하여 결정한다.
>   1. 건축물 또는 공작물 등 각종 시설물이 밀집되어 있거나 다수 산재되어 녹지로서의 기능을 충분히 발휘하기 곤란한 곳
>   2. 도시·군관리계획으로 결정된 공원으로서 훼손된 녹지를 복원하거나 녹지기능을 제고하기 위하여 공원으로 조성이 시급한 곳
> ③ 제2항 후단에 따라 복구하기로 한 훼손지는 해제대상지역의 개발사업에 관한 계획의 결정을 받은 개발사업자(이하 '개발사업자'라 한다)가 복구하여야 한다. 이 경우 훼손지 복구에 소요되는 비용은 개발사업자가 부담한다.
> ④ 입안권자 또는 개발사업자는 제2항 및 제3항의 규정에도 불구하고 국토교통부장관이 중앙도시계획위원회의 심의를 거쳐 해당 시·군·구 및 인접 시·군·구에 훼손지가 없는 등 부득이한 사유가 있다고 인정하는 경우에는 제2항에 따른 훼손지의 복구계획을 제시하지 아니하거나 제3항에 따른 훼손지의 복구를 하지 아니할 수 있다.

① 훼손지의 복구에 소요되는 비용은 해당 도시·군관리계획의 입안자가 부담한다.

② 국토교통부장관은 광역도시계획과 관련된 도시·군관리계획을 직접 입안할 수 있다.

③ 해제대상지역의 면적이 10km²인 도시·군관리계획에는 1km² 이상의 훼손지에 대한 복구계획을 반드시 포함해야 한다.

④ 입안권자가 부득이한 사유가 있다고 인정하는 경우, 개발사업자는 훼손지의 복구를 하지 않을 수 있다.

⑤ 관계 중앙행정기관의 장은 국가계획과 관련된 도시·군관리계획의 입안을 국토교통부장관에게 요청할 수 있다.

2. 다음 글을 근거로 판단할 때 옳은 것은?

> 제00조(투표·개표의 참관) ① 후보자는 선거인 중에서 투표소마다 2명 이내의 투표참관인을 선정하여 선거일 전 2일까지, 개표소마다 2명 이내의 개표참관인을 선정하여 선거일 전일까지 관할위원회에 서면으로 신고하여야 한다. 이 경우 개표참관인은 투표참관인이 겸임하게 할 수 있다.
> ② 관할위원회는 제1항에 따라 신고한 투표참관인·개표참관인이 투표 및 개표 상황을 참관하게 하여야 한다.
> ③ 후보자 또는 후보자의 배우자와 위탁단체의 임직원은 투표참관인·개표참관인이 될 수 없다.
> 제00조(투표소의 설치 등) ① 관할위원회는 위탁단체와 투표소의 설치 수, 설치장소 등을 협의하여 선거일 전일까지 투표소를 설치하여야 한다.
> ② 관할위원회는 공정하고 중립적인 사람 중에서 투표소마다 투표에 관한 사무를 관리할 투표관리관 1명과 투표사무를 보조할 투표사무원을 위촉하여야 한다.
> 제00조(개표소의 설치 등) ① 관할위원회는 해당 관할구역에 있는 위탁단체의 시설 등에 개표소를 설치하여야 한다.
> ② 관할위원회는 개표사무를 보조하게 하기 위하여 개표사무를 보조할 능력이 있는 공정하고 중립적인 사람을 개표사무원으로 위촉할 수 있다.
> ③ 개표사무원은 투표사무원이 겸임하게 할 수 있다.
> 제00조(개표관람) ① 누구든지 관할위원회가 발행하는 관람증을 받아 구획된 장소에서 개표상황을 관람할 수 있다.
> ② 관할위원회는 투표와 개표를 같은 날 같은 장소에서 실시하는 경우에는 관람증을 발급하지 아니한다. 이 경우 관할위원회는 관람인석과 투표 및 개표 장소를 구분하여 관람인이 투표 및 개표 장소에 출입할 수 없도록 하여야 한다.

※ 위탁단체란 임원 등의 선출을 위한 선거의 관리를 선거관리위원회에 위탁하는 공공단체 등을 말함.

① 선거인 중에서 위탁단체의 임직원은 투표참관인 또는 개표참관인이 될 수 있다.
② 관할위원회가 투표에 관한 사무를 관리할 투표관리관을 위촉할 경우 투표사무원은 위촉하지 않을 수 있다.
③ 관할위원회가 개표사무를 보조하게 하기 위하여 개표사무원을 위촉하려는 경우, 개표사무원은 투표관리관이 겸임하게 할 수 있다.
④ 투표와 개표를 같은 날 같은 장소에서 실시하는 경우, 관할위원회는 관람인이 투표 및 개표 장소에 출입할 수 없도록 해야 한다.
⑤ 후보자는 투표소마다 2명 이내의 투표참관인을 선정하여 선거일 전일까지 관할위원회에 서면으로 신고해야 한다.

3. 다음 글을 근거로 판단할 때 옳은 것은?

> 제00조 생명이 위급한 응급환자에게 다음 각 호의 어느 하나에 해당하는 응급의료 또는 응급처치를 제공하여 발생한 재산상 손해와 사상에 대하여 그 행위자는 민사책임과 상해에 대한 형사책임을 지지 아니하며 사망에 대한 형사책임은 감면한다.
>   1. 응급의료종사자에 해당하지 아니하는 자가 한 응급처치
>   2. 응급의료종사자가 업무수행 중이 아닌 때 본인이 받은 면허 또는 자격의 범위에서 한 응급의료
> 제00조 ① 응급의료종사자는 다음 각 호의 어느 하나에 해당하는 경우를 제외하고는 응급환자에게 응급의료에 관하여 설명하고 그 동의를 받아야 한다.
>   1. 응급환자가 의사결정능력이 없는 경우
>   2. 설명 및 동의 절차로 인하여 응급의료가 지체되면 환자의 생명이 위험하여지거나 심신상의 중대한 장애를 가져오는 경우
> ② 응급의료종사자는 응급환자가 의사결정능력이 없는 경우 법정대리인이 동행하였을 때에는 그 법정대리인에게 응급의료에 관하여 설명하고 그 동의를 받아야 하며, 법정대리인이 동행하지 아니한 경우에는 동행한 사람에게 설명한 후 응급처치 또는 응급진료를 할 수 있다.
> 제00조 ① 의료인은 해당 의료기관의 능력으로는 응급환자에 대하여 적절한 응급의료를 할 수 없다고 판단한 경우에는 지체 없이 그 환자를 적절한 응급의료가 가능한 다른 의료기관으로 이송하여야 한다.
> ② 의료기관의 장은 제1항에 따라 응급환자를 이송할 때에는 응급환자를 이송받는 의료기관에 진료에 필요한 의무기록을 제공하여야 한다.
> ③ 의료기관의 장은 이송에 든 비용을 환자에게 청구할 수 있다.

① 응급의료종사자가 아닌 甲이 생명이 위급한 응급환자에 응급의료를 제공하다가 해당 환자가 상해를 입은 경우, 甲의 형사책임은 면제된다.
② 응급의료종사자 乙이 업무수행 중이 아닌 때 본인이 받은 자격의 범위에서 응급의료를 제공하다가 해당 환자가 사망한 경우, 乙의 민사책임은 면제된다.
③ 응급의료종사자 丙이 의사결정능력이 있는 응급환자에게 응급의료를 제공하는 경우, 반드시 응급의료에 관한 동의를 받아야 한다.
④ 응급의료종사자 丁은 의사결정능력이 없는 응급환자의 법정대리인이 동행하지 않은 경우, 동행한 사람의 동의가 있어야 응급처치 또는 응급진료를 할 수 있다.
⑤ 의료기관장 戊가 자신의 의료기관에서는 적절한 응급의료를 할 수 없는 응급환자를 다른 의료기관으로 이송한 경우, 그 비용은 戊가 부담해야 한다.

4. 다음 글을 근거로 판단할 때 옳은 것은?

> 제00조 지방보조사업이란 지방보조금이 지출되거나 교부되는 사업 또는 사무를 말한다.
>
> 제00조 지방보조사업을 수행하는 자(이하 '지방보조사업자'라 한다)는 법령, 지방보조금 교부 결정의 내용 또는 법령에 따른 지방자치단체의 장의 처분에 따라 선량한 관리자의 주의로 지방보조사업을 수행하여야 하며, 해당 지방보조금을 다른 용도에 사용하여서는 아니 된다.
>
> 제00조 ① 지방보조사업자는 지방보조금으로 취득한 것으로서 중요한 재산(이하 '중요재산'이라 한다)에 대하여 그 현재액과 증감을 명백히 하여야 하고, 그 현황을 지방자치단체의 장에게 보고하여야 한다.
>
> ② 제1항에 따른 중요재산의 현황 보고는 다음 각 호의 구분에 따른다. 다만, 제2호에 따른 보고의 경우 중요재산의 현황에 변동이 없는 경우에는 생략할 수 있다.
>
>   1. 취득 현황 보고: 중요재산 취득 후 15일 이내
>
>   2. 변동 현황 보고: 매년 6월 및 12월
>
> ③ 지방보조사업자는 해당 지방보조사업을 완료한 후에도 지방자치단체의 장의 승인 없이 중요재산에 대하여 다음 각 호의 행위를 하여서는 아니 된다.
>
>   1. 지방보조금의 교부 목적 외의 용도로 사용
>
>   2. 양도, 교환 또는 대여
>
>   3. 담보의 제공
>
> ④ 지방보조사업자가 지방보조금의 전부를 지방자치단체에 반환한 경우에는 지방자치단체의 장의 승인을 받지 아니하고도 제3항 각 호의 행위를 할 수 있다.
>
> ⑤ 지방자치단체의 장은 지방보조사업자가 해당 지방보조사업을 완료한 후에도 지방자치단체의 장의 승인 없이 중요재산에 대하여 제3항 각 호의 행위를 한 경우에는 다음 각 호의 금액의 전부 또는 일부의 반환을 명할 수 있다.
>
>   1. 중요재산을 취득하기 위하여 사용된 지방보조금에 해당하는 금액
>
>   2. 중요재산의 양도, 교환, 대여 또는 담보 제공을 통하여 얻은 재산상의 이익에 해당하는 금액

① 지방보조사업을 수행하는 甲이 2023년 5월 15일에 중요재산을 취득한 경우 2023년 6월에 중요재산의 현황 보고를 하여야 한다.

② 2023년에 지방보조사업자 乙이 중요재산을 새로 취득하지 않았고, 기존에 보유한 중요재산에도 변동이 없는 경우 그 해 12월에 기존 중요재산의 현재액을 지방자치단체의 장에게 보고하여야 한다.

③ A시가 교부한 지방보조금으로 중요재산을 취득한 丙이 지방보조사업 완료 후 교부되었던 지방보조금 전액을 A시에 반환했다면 그 중요재산을 담보로 제공할 수 있다.

④ 지방보조사업자 丁이 B시로부터 교부받은 지방보조금의 일부를 사용하여 중요재산을 취득한 후, 임의로 그 중요재산을 타인에게 대여한 경우 B시 시장은 丁에게 교부한 지방보조금 전액의 반환을 명할 수 있다.

⑤ 지방보조사업을 수행하고 있는 戊는 그 지방보조사업이 완료된 후에 지방자치단체의 장이 승인하더라도 지방보조금으로 취득한 중요재산을 다른 사람에게 양도할 수 없다.

2024년도 국가공무원 7급 공채 선발 필기시험 대비

5. 다음 글을 근거로 판단할 때 옳은 것은?

> 카페인은 정신을 맑게 하는 데 도움을 주지만 과다 복용 시 불안 증폭, 수면 장애 등 부작용을 일으킬 수 있다. 이에 따라 부작용에 대한 걱정 없이도 기호 식품으로써 커피를 즐길 수 있도록 커피에서 카페인을 제거한 디카페인 커피가 개발되었다. 디카페인 커피는 로셀리우스에 의해 1902년에 최초로 개발되었으나, 로셀리우스 방식은 인간에게 유해한 벤젠을 용매로 사용했기에 현재는 금지되었다. 용매는 물처럼 특정 물질을 녹일 수 있는 매개체를 의미하는데, 카페인을 녹여 제거하는 용매로는 염화 메틸렌이 주로 사용되고 있다.
>
> 현재 전 세계에 유통되는 디카페인 커피는 화학 용매를 활용하는지 여부에 따라 용매 기반 방식, 혹은 비용매 기반 방식으로 만들어진다. 대표적인 용매 기반 방식으로 직접 용매 방식이 있다. 카페인은 물에 녹는 수용성 물질이지만 커피에는 카페인 외에도 설탕, 단백질 등 다양한 수용성 물질이 포함되어 있어 카페인만을 쉽게 제거하기 위해서는 화학 물질인 용매를 이용해야만 한다. 화학 용매를 이용하는 방식은 별다른 기구를 필요로 하지 않기 때문에 여타 다른 방식에 비해 비용이 저렴하다는 특징이 있다. 직접 용매 방식은 커피콩을 직접 염화 메틸렌에 담가 카페인을 녹여낸 후, 커피콩을 볶으며 커피콩에 남아 있는 염화 메틸렌을 제거하는 방법이다. 염화 메틸렌은 휘발성이 높아 커피콩을 볶는 과정에서 대부분 증발된다.
>
> 비용매 기반 방식으로는 스위스 워터 방식과 이산화탄소 추출법이 있다. 스위스 워터 방식은 1930년대 초에 개발된 방식이다. 커피콩을 매우 뜨거운 물에 담근 뒤, 흡착력이 강한 활성탄 필터로 물을 거르면 필터의 작용으로 카페인만 걸러지고 커피콩 특유의 맛과 향은 그대로 남아 있게 된다. 이를 통해 일반 커피와 향미가 유사한 디카페인 커피를 만들 수 있다. 이산화탄소 추출법은 화학 용매 대신 이산화탄소를 사용해 카페인을 제거하는 방식이다. 특수 장치를 통해 이산화탄소에 압력을 주면, 이산화탄소는 액체가 되어 커피콩에서 카페인 분자만을 흡수할 수 있게 된다. 액체 이산화탄소를 따로 옮긴 후 다시 특수 장치를 사용해 가해진 압력을 제거하면 이산화탄소는 흡수했던 카페인을 외부로 배출하며 기체 상태로 되돌아간다. 이산화탄소 추출법은 스위스 워터 방식에 비해 일반 커피와 더욱 유사한 맛과 향을 가진 디카페인 커피를 만드나, 특수 장치를 사용해야 한다는 점에서 비용 부담이 있다.

① 이산화탄소 추출법은 용매 기반 방식에 비해 많은 비용이 든다.

② 최초의 디카페인 커피는 1930년대 이후에 개발되었다.

③ 커피콩을 볶으면 염화 메틸렌이 모두 제거되어 안전성이 보장된다.

④ 스위스 워터 방식으로 만든 디카페인 커피의 향이 일반 커피와 가장 유사하다.

⑤ 용매를 이용하지 않고 커피콩에서 카페인을 제거할 수는 없다.

6. 다음 글을 근거로 판단할 때, 甲이 인간 마을의 금으로 교환할 금의 무게는?

> 도깨비 마을은 금화, 은화, 동화를 화폐로 사용한다. 세 화폐의 무게는 동일하게 10근이며, 금화 1개는 은화 20개의 가치와 동일하고, 은화 1개는 동화 25개의 가치와 동일하다. 인간 마을에서 도깨비 마을과 화폐 거래를 할 때는 금, 은, 동을 사용한다. 인간 마을에서 금 1근은 은 10근의 가치와 동일하고, 은 1근은 동 100근의 가치와 동일하다. 과거에는 인간 마을과 도깨비 마을이 서로 화폐를 거래할 때, 같은 무게를 가진 인간 마을의 은과 도깨비 마을의 은화 간의 교환만 가능했지만, 오늘날에는 같은 무게를 가진 인간 마을의 동과 도깨비 마을의 동화 간의 교환만 가능하다. 이에 따라 과거에 교환한 도깨비 마을의 은화를 가진 인간이 해당 은화를 인간 마을 화폐로 교환하고자 한다면, 도깨비 마을에 가서 은화를 도깨비 마을의 동화로 교환한 후, 다시 도깨비 마을의 동화를 인간 마을의 동으로 교환해야 한다.
>
> 인간 甲은 과거에 인간 마을의 금 10근을 동일한 가치의 은으로 교환한 후 도깨비 마을의 은화와 교환했는데, 그 도깨비 마을의 은화를 오늘날 다시 인간 마을의 금으로 교환하고자 한다.

① 2.5근

② 5근

③ 7.5근

④ 10근

⑤ 12.5근

7. 다음 글을 근거로 판단할 때, 甲이 차량을 대여할 렌터카 업체는?

○ 甲은 렌터카를 대여하여 왕복 거리가 120km인 □□해수욕장으로 여행을 가려고 한다.
○ 甲은 렌터카 업체 A~E를 비교하여 비용이 가장 저렴한 업체로부터 렌터카를 대여한다. 단, 비용은 대여료와 보험료, 주행 거리에 따른 업체별 주유비의 합이다.
○ 다음은 렌터카 업체 A~E의 요금에 관한 정보이다.

업체	대여료	보험료	주유비	비고
A	50,000원	10,000원	주행거리 5km당 1,000원	–
B	45,000원	주행거리 10km당 500원	주행거리 10km당 1,500원	–
C	70,000원	대여료의 20%	주행거리 20km당 2,000원	회원으로 등록된 경우 전체 비용을 30% 할인
D	100,000원	20,000원	별도 부과 없음	대여자의 운전 경력이 10년 이상이면 대여료를 50% 할인
E	40,000원	20,000원	주행거리 10km당 1,000원	주행거리 30km까지 주유비 무료

○ 甲은 운전 경력이 12년이고, C업체에 회원으로 등록이 되어있다.
○ 甲은 □□해수욕장까지 왕복할 때만 렌터카를 이용한다.

① A
② B
③ C
④ D
⑤ E

8. 다음 글과 〈상황〉을 근거로 판단할 때, 2023년 3월 1일 현재를 기준으로 甲~戊 중 청년채용장려금 신청이 가능한 회사에 근무하는 사람을 고르면?

〈2023년 청년채용장려금 모집 공고〉
□ 사업 목적
 – 청년을 정규직으로 채용한 중소·중견 기업에 인건비를 지원함으로써 양질의 청년 일자리 창출을 위함
□ 지원 대상
 – 청년(만 15~34세)을 정규직으로 신규 채용한 5인 이상의 중소·중견 기업
  단, 성장유망업종, 벤처기업으로 인증받은 기업 등은 5인 미만이라도 지원 가능
□ 지원 요건
 – 아래 요건을 모두 충족해야 함
  ○ 청년 정규직 신규 채용: 2021.12.01.~2022.12.31. 기간 동안 청년을 정규직으로 신규 채용하고 6개월 이상 고용을 유지. 단, 사업주, 법인의 대표이사의 배우자, 4촌 이내의 친·인척 등은 지원 제외
  ○ 신청기한: 채용 후 6개월 또는 12개월이 되는 날이 속한 달의 다음 달부터 3개월 이내 1회 신청. 단, 2021년 12월 채용자에 대해서는 2022년 9월 말일까지 신청 가능

〈상 황〉
 甲~戊는 서로 다른 회사에 근무하고 있으며, 각 회사에서 甲~戊만 정규직 신규 채용 입사자이다. 甲~戊의 근로 정보 및 회사의 정보는 다음과 같다.

구분	입사 당시 나이	입사일	기업 유형/ 직원 수	비고
甲	만 34세	2022.09.19.	대기업/ 5,600명	
乙	만 32세	2022.04.22.	중소기업/ 4명	벤처기업 인증 기업
丙	만 22세	2022.08.01.	중견기업/ 630명	대표이사의 아들
丁	만 33세	2021.11.01.	중소기업/ 20명	
戊	만 30세	2022.07.04.	중소기업/ 65명	

① 甲
② 乙
③ 丙
④ 丁
⑤ 戊

[9~10] 다음 글을 읽고 물음에 답하시오.

소행성은 태양 주위를 공전하는 태양계 천체로 행성보다 작은 천체를 일컫는다. 소행성이 몰려있는 소행성대(Asteroid Belt)는 태양으로부터 2.06AU 떨어진 화성과 3.27AU 떨어진 목성의 공전 궤도 사이에 있다.

AU는 천문 단위로는 149,597,870,700m이며 이는 지구와 태양과의 거리의 2~3배에 해당한다. 소행성은 별빛의 스펙트럼에서 나타나는 흡수선의 종류와 세기에 따라 크게 C-형, S-형으로 구분하는데, 대부분의 소행성은 C-형이다. C-형 소행성은 전체 소행성의 약 4분의 3을 차지하고 있으며, 반사도가 낮아 외관이 매우 어둡고 탄소질이 풍부하다. 반면 S-형은 전체 소행성의 약 4분의 1을 차지하고 있으며, 반사도가 높아 외관이 밝고 규산철과 규산마그네슘을 많이 포함하고 있다.

일반적으로 새로운 소행성이 발견되면 임시 명칭을 먼저 붙인 후, 소행성의 정확한 궤도가 파악될 때 고유 명칭을 부여한다. 2017년 3월 통계에 따르면, 발견된 소행성 중 고유 명칭으로 번호가 붙여진 소행성은 488,449개, 번호 외의 이름이 붙여진 소행성은 20,570개가 있고, 임시 명칭이 붙여진 소행성은 241,177개가 있다. 소행성의 임시 명칭은 새로 발견된 소행성과 기존의 소행성들을 구별하기 위해 붙이는 데, 명칭 부여 방법에는 특정한 체계가 존재한다.

예를 들어 새로 발견된 소행성의 임시 명칭이 '2022CH$_{118}$'이라고 할 때 앞의 '2022'는 소행성이 발견된 연도를 가리킨다. 첫 번째 알파벳은 천체를 발견한 반월(半月)을 가리키며 총 24개 문자를 순서대로 사용하여 표시한다. 'A'는 1월 1일부터 15일까지인 1월의 전반기를 가리키고, 'B'는 1월 16일부터 31일까지인 1월의 후반기를 가리킨다. 반월은 항상 각 달의 15일을 기준으로 나누는데, 숫자 1과 혼동되는 알파벳 'I'는 건너뛰고 표시한다. 두 번째 알파벳은 해당 반월의 기간 안에서 소행성이 발견된 순서를 가리킨다. 만약 첫 번째로 발견되었다면 'A', 열 번째로 발견되었다면 'K'가 사용되며 첫 번째 알파벳과 같이 'I'를 제외하고 표시한다. 이때 'A~Z'까지 모두 사용한 후에는 알파벳 아래에 숫자를 추가로 사용한다. 소행성이 발견된 순서가 26번째인 A$_1$부터 50번째인 Z$_1$까지, 다시 51번째인 A$_2$부터 75번째인 Z$_2$와 같이 진행된다. 따라서 발견된 소행성 '2022CH$_{118}$'는 2022년 2월 전반기(C)에 2,958번째(H$_{118}$)로 발견한 것을 알 수 있다.

9. 윗글을 근거로 판단할 때, 〈보기〉에서 옳은 것만을 모두 고르면?

〈보 기〉
ㄱ. C-형 소행성은 외관이 밝고 규산철이 많이 포함되어 있다.
ㄴ. 2022년까지 발견된 소행성의 수는 75만 개 이상이다.
ㄷ. 2022년 5월 13일에 새로운 소행성이 발견되었다면, 해당 소행성의 임시 명칭 중 첫 번째 알파벳은 'J'로 표시될 것이다.
ㄹ. 태양으로부터 2.24AU 떨어진 곳에서 발견된 소행성은 화성과 목성의 공전 궤도 사이에 위치한다.

① ㄱ, ㄴ
② ㄴ, ㄷ
③ ㄷ, ㄹ
④ ㄱ, ㄴ, ㄷ
⑤ ㄴ, ㄷ, ㄹ

10. 윗글과 다음 〈상황〉을 근거로 판단할 때, 새로 발견된 소행성의 임시 명칭은?

〈상 황〉
최근 ○○천문연구원은 새로운 S-형 소행성을 2022년 4월 27일에 발견하여 임시 명칭을 표시하였다. 해당 소행성은 해당 반월의 기간 안에서 323번째 발견된 소행성으로 태양으로부터 2.06~3.27AU 떨어진 소행성대에 위치하고 있다.

① 2022GX$_{12}$
② 2022GY$_{12}$
③ 2022HX$_{12}$
④ 2022HY$_{12}$
⑤ 2022HZ$_{12}$

11. 다음 글을 근거로 판단할 때 옳은 것은?

> 제○○조 댐 및 주변지역 친환경 활용 사업을 시행하려는 댐 주변지역과 관련된 특별시장·광역시장·특별자치시장·도지사·특별자치도지사(이하 '시·도지사'라 한다)·시장·군수·자치구의 구청장(이하 '시장·군수·구청장'이라 한다) 또는 댐 수탁관리자는 댐 친환경 활용 사업의 시행자(이하 '사업시행자'라 한다)로서 댐 친환경 활용 계획을 수립하여 환경부장관에게 승인을 받아야 한다.
>
> 제□□조 ① 사업시행자가 댐 친환경 활용 사업을 시행하려는 경우에는 댐 친환경 활용 사업 실시계획(이하 '실시계획'이라 한다)을 수립하여 환경부장관에게 승인을 신청하여야 한다.
>
> ② 실시계획은 제○○조에 따른 댐 친환경 활용 계획의 내용을 반영하여 작성하여야 한다.
>
> 제△△조 ① 사업시행자는 실시계획의 작성 등을 위한 조사·측량 또는 댐 친환경 활용 사업의 시행을 위하여 필요한 경우에는 타인이 소유하거나 점유하는 토지에 출입하거나 타인이 소유하거나 점유하는 토지를 재료적치장·임시통로 또는 임시도로로 일시 사용할 수 있으며, 특히 필요한 경우에는 나무·흙·돌, 그 밖의 장애물을 변경하거나 제거할 수 있다.
>
> ② 제1항에 따라 타인의 토지에 출입하는 경우에는 미리 해당 토지의 소유자 또는 점유자에게 통지하여야 하며, 일시 사용 또는 장애물을 변경·제거하려는 경우에는 토지 소유자 또는 점유자의 동의를 받아야 한다. 다만, 해당 토지의 소유자 또는 점유자의 부재나 주소불명 등으로 동의를 받을 수 없는 때에는 행정청인 사업시행자는 관할 시장·군수·구청장에게 그 사실을 통지하여야 하며, 행정청이 아닌 사업시행자는 미리 관할 시장·군수·구청장의 허가를 받아 출입하여야 한다.
>
> ③ 해뜨기 전 또는 해진 후에는 해당 토지의 소유자 또는 점유자의 승낙 없이 택지 또는 담으로 둘러싸인 타인의 토지에 출입할 수 없다.
>
> 제◇◇조 ① 제△△조에 따른 행위로 인하여 손실을 받은 자가 있는 때에는 사업시행자가 그 손실을 보상하여야 한다.
>
> ② 제1항에 따른 손실보상에 관하여는 사업시행자와 손실을 받은 자가 협의하여야 한다.
>
> ③ 사업시행자 또는 손실을 받은 자는 제2항에 따른 협의가 성립되지 아니하거나 협의를 할 수 없는 때에는 토지·물건 등에 관하여 관할 토지수용위원회에 재결을 신청할 수 있다. 이 경우 재결의 신청은 해당 댐 친환경 활용 사업의 시행기간 내에 할 수 있다.

① 사업시행자 甲이 댐 친환경 활용 사업의 시행을 위하여 乙이 점유 중인 토지에 출입이 필요한 경우 乙에게 이에 대한 동의를 미리 받아야 한다.

② A도에 위치한 댐의 수탁관리자 丙이 댐 친환경 활용 계획을 수립하여 환경부장관의 승인을 받았다면, 이 사업에 대한 실시계획은 별도로 제출하지 않을 수 있다.

③ 행정청인 사업시행자 丁이 B자치구에 위치한 토지를 임시도로로 일시 사용하려는 경우, B자치구를 관할하는 시·도지사에게 이 사실을 통지하여야 한다.

④ 사업시행자가 토지의 장애물을 변경하는 과정에서 토지 소유자 戊가 손실을 입은 경우, 戊는 해당 사업의 시행완료 후에 토지수용위원회에 재결을 신청해야 한다.

⑤ 사업시행자 己가 실시계획의 작성을 위한 측량을 이유로 해가 진 이후에 택지에 출입하려면 택지 점유자의 승낙을 받아야 한다.

12. 다음 글을 근거로 판단할 때 옳은 것은?

> 제○○조 ① 근로자는 자유로이 노동조합을 조직하거나 이에 가입할 수 있다.
> ② 사업 또는 사업장에 종사하는 근로자(이하 '종사근로자'라 한다)가 아닌 노동조합의 조합원은 사용자의 효율적인 사업 운영에 지장을 주지 아니하는 범위에서 사업 또는 사업장 내에서 노동조합 활동을 할 수 있다.
> ③ 종사근로자인 조합원이 해고되어 노동위원회에 부당노동행위의 구제신청을 한 경우에는 중앙노동위원회의 재심판정이 있을 때까지는 종사근로자로 본다.
> 제□□조 노동조합을 설립하고자 하는 자는 신고서를 연합단체인 노동조합과 2 이상의 특별시·광역시·특별자치시·도·특별자치도에 걸치는 단위노동조합은 고용노동부장관에게, 2 이상의 시·군·구(자치구를 말한다)에 걸치는 단위노동조합은 특별시장·광역시장·도지사에게, 그 외의 노동조합은 특별자치시장·특별자치도지사·시장·군수·구청장(자치구의 구청장을 말한다)에게 제출하여야 한다.
> 제△△조 ① 고용노동부장관, 특별시장·광역시장·특별자치시장·도지사·특별자치도지사 또는 시장·군수·구청장(이하 '행정관청'이라 한다)은 제□□조의 규정에 의한 설립신고서를 접수한 때에는 제2항 전단의 경우를 제외하고는 3일 이내에 신고증을 교부하여야 한다.
> ② 행정관청은 설립신고서 또는 규약이 기재사항의 누락등으로 보완이 필요한 경우에는 20일 이내의 기간을 정하여 보완을 요구하여야 한다. 이 경우 보완된 설립신고서 또는 규약을 접수한 때에는 3일 이내에 신고증을 교부하여야 한다.
> ③ 노동조합이 신고증을 교부받은 경우에는 설립신고서가 접수된 때에 설립된 것으로 본다.

① 종사근로자가 아닌 노동조합의 조합원은 사업 또는 사업장 내에서는 노동조합 활동을 할 수 없다.
② 종사근로자인 조합원이 해고되어 구제신청을 한 경우, 중앙노동위원회의 재심판정이 있기 전까지는 해고된 것으로 본다.
③ A특별시와 B도에 걸쳐 있는 단위노동조합을 설립하고자 하는 자는 연합단체인 노동조합과 A특별시장, B도지사에게 각각 신고서를 제출하여야 한다.
④ 단위노동조합 설립신고서의 기재사항이 보완되어 접수된 경우, 이를 접수받은 행정관청은 3일 이내에 신고증을 교부하여야 한다.
⑤ 노동조합을 설립하려는 자가 신고서를 제출한 날부터 3일 후에 행정관청이 신고증을 교부한 경우, 노동조합은 신고증을 교부받은 때에 설립된 것으로 본다.

13. 다음 글을 근거로 판단할 때, ㉠+㉡의 값은?

> ○ 甲대학교 □□과에서는 신입생 오리엔테이션 행사(OT)에 사용한 예산을 결산하고자 한다.
> ○ 다음은 □□과 OT의 인원 편성에 대한 정보이다.
> – OT에 참석한 새내기는 100명 이하였다.
> – OT에 참석한 모든 새내기는 A반 또는 B반에 배정되었다.
> – 각 반은 ㉠개의 조로 구성되었고, 각 조에는 ㉡명의 새내기가 소속되었다.
> – 모든 새내기는 하나의 조에만 소속되었고, 모든 조는 하나의 반에만 속했다.
> ○ 다음은 □□과 OT의 예산에 대한 정보이다.
> – OT 예산은 대관비용, 간식비용, 웰컴키트비용으로 구성된다.
> – 대관비용은 각 반별로 50만 원씩 지출했다.
> – 간식비용은 각 조별로 10만 원씩 지출했다.
> – 웰컴키트비용은 OT에 참석한 새내기 1명당 2만 원씩 지출했다.
> – □□과 OT에 사용된 예산 총액은 496만 원이었다.

① 14
② 15
③ 16
④ 17
⑤ 18

14. 다음 글을 근거로 파악할 때, 甲사가 하루에 소각처리 해야 하는 최소한의 폐기물량은?

> A시가 8월의 2일부터 7일까지는 여름축제를 개최하였고, 8월 15일에는 광복절을 맞이하여 광복절 축제를 개최할 예정이다. 여름축제 기간에 관련 폐기물은 매일 30t씩 발생하였으며, 이를 광복절 축제 전일까지 모두 소각처리 하고자 한다.
> 甲사는 A시에서 폐기물 소각처리를 전담하고 있다. 이에 여름축제를 마친 다음 날인 8월 8일부터는 여름축제에서 발생한 폐기물만 소각처리를 하기 시작하였다. 甲사는 매일 동일한 양만큼의 폐기물을 소각처리 할 수 있지만, 주말에는 소각처리를 하지 않는다.

① 26t
② 30t
③ 34t
④ 36t
⑤ 38t

15. 다음 글을 근거로 판단할 때, 甲과 乙의 승리 횟수의 차이는?

　　甲과 乙은 각각 풀, 불, 물이 그려진 카드 1장씩을 가지고 있다. 두 사람은 각 게임마다 본인이 가지고 있는 3장의 카드 중 1장을 내게 되고, 카드 간의 우위 관계에 따라 승패를 결정한다. 이때 두 사람 중 한 사람이 우위 관계에 있는 카드를 낼 경우 해당 사람이 승리하며, 상대방은 패배한다. 또한 두 사람이 동일한 카드를 낸 경우 서로 비긴다. 풀은 물에 우위 관계, 불은 풀에 우위 관계, 물은 불에 우위 관계에 있다. 甲과 乙이 실시한 10회에 대한 정보는 다음과 같다.

○ 甲은 풀 카드 6회, 불 카드 3회, 물 카드 1회를 냈다.
○ 乙은 풀 카드 4회, 불 카드 2회, 물 카드 4회를 냈다.
○ 甲과 乙이 서로 같은 카드를 낸 적은 10회 동안 한 번도 없었다.

① 3
② 4
③ 5
④ 6
⑤ 7

16. 다음 글을 근거로 판단할 때, 甲의 전화번호를 구성하는 11개 숫자를 모두 합한 값의 최댓값은?

　　甲의 전화번호는 11자리의 숫자로 구성되어 있고, 첫 세 자리 숫자는 010이다. 다음은 甲의 전화번호에 관한 정보이다.

○ 네 번째 자리 숫자부터 열한 번째 자리 숫자까지 8자리는 1부터 9까지의 숫자 중 5개로 구성되어 있고, 5개의 숫자 중 홀수가 3개이다.
○ 전화번호에는 숫자 6이 한 번 이상 사용된다.
○ 전화번호를 구성하는 다섯 숫자 중 3번 이상 사용되는 숫자는 없다.
○ 전화번호를 구성하는 다섯 숫자 중 세 번째로 큰 수는 짝수이다.

① 51
② 52
③ 53
④ 54
⑤ 55

17. 다음 글과 〈甲 대학교 각 단과대학 및 동아리연합회 인원〉을 근거로 판단할 때, 甲 대학교 문과대학에 지급된 학생회비의 금액이 총 666만 원이라면 甲 대학교 총 학생회비의 금액은?

> 甲 대학교는 학생회비를 배분하려고 하며, 배분 방법은 다음과 같다.
> ○ 甲 대학교는 총 학생회비를 집행기구에 40%, 산하기구에 40%, 기타기구에 20% 비율에 따라 배분한다.
> ○ 甲 대학교의 산하기구란 각 단과대학 학생회와 동아리연합회를 말하며, 산하기구에 배분된 학생회비를 각 단과대학 학생회와 동아리연합회에 다음과 같이 배분한다.
>   - 1단계: 산하기구에 배분된 금액 중 20%를 동아리연합회에 지급한다.
>   - 2단계: 산하기구에 배분된 금액 중 500,000원씩을 각 단과대학 학생회에 기본 운영금으로 지급한다.
>   - 3단계: 산하기구에 배분된 금액 중 1단계와 2단계를 통해 지급되고 남은 금액은 각 단과대학의 인원 비율에 따라 배분하여 지급한다.

〈甲 대학교 각 단과대학 및 동아리연합회 인원〉

단과대학	문과대학	2,800명
	이과대학	3,100명
	공과대학	2,200명
	사회과학대학	1,900명
동아리연합회		5,000명

※ 甲 대학교의 단과대학은 문과대학, 이과대학, 공과대학, 사회과학대학으로만 구분됨.

① 7,000만 원
② 7,500만 원
③ 8,500만 원
④ 9,000만 원
⑤ 9,500만 원

18. 다음 글을 근거로 판단할 때, 최종 선호도가 가장 높은 정책은?

> 甲국은 상반기에 실시되었던 정책의 결과를 평가하기 위해 정책 평가 조사를 실시하여 다음과 같은 〈정책 평가 결과표〉를 만들었다. 甲국은 정책 평가 결과에 따른 각 정책의 기준별 점수의 합인 합산점수에 〈분야별 전문가 피드백〉을 반영하여 정책별 총점을 계산한 후, 총점이 가장 높은 정책을 최종 선호도가 가장 높은 정책으로 평가하고자 한다.

〈정책 평가 결과표〉

기준 \ 정책	A	B	C	D	E
1) 목표 달성 처음 달성하고자 했던 목표를 충족했는가	상	중	중	상	하
2) 비용 효과성 최소 비용으로 최대의 효과를 냈는가	하	상	하	중	상
3) 국민 만족도 정책의 혜택을 입은 국민이 만족했는가	상	상	중	하	중
4) 현실적합성 현실에 적합한 정책이었는가	중	하	상	하	중

※ 상: 5점, 중: 3점, 하: 1점

〈분야별 전문가 피드백〉
- ○○분야 전문가: 공약의 실천 여부로 정책의 신뢰도가 높아지므로 목표 달성 정도가 '상'인 정책은 합산점수에 합산점수의 10%를 추가로 부여하여 총점을 계산할 것
- △△분야 전문가: 정책 실행의 지속 여부는 국민의 만족도에 달려 있으므로 국민 만족도에서 '하'를 받은 정책은 제외할 것
- □□분야 전문가: 정책 집행의 효율성은 국민의 세금을 적절하게 사용하는 데에 있으므로 비용 효과성이 '상'인 정책은 합산점수에 2점을 추가로 부여하여 총점을 계산할 것

① A
② B
③ C
④ D
⑤ E

19. 다음 글과 〈교육시설 현황〉을 근거로 판단할 때, 2012년 총 전자기기 지원금 대비 2022년 총 전자기기 지원금이 가장 많이 증가한 교육시설은?

> □□부는 10년에 한 번씩 교육시설에 전자기기 지원금을 지급하며, 2022년 각 교육시설에 지급되는 전자기기 지원금의 산정방법은 다음과 같다.
> ○ 각 교육시설이 PC와 TV를 구입한 비용을 '지출액'이라 한다.
> ○ PC와 TV의 구매가는 1개당 각각 100만 원, 200만 원이다.
> ○ 2022년 각 교육시설에 지급되는 전자기기 지원금은 2012년 지출액과 동일한 액수로 산정된다.
> ○ 2012년 대비 2022년 교육시설의 학생 수가 20% 이상 증가한 교육시설의 경우, 2022년 전자기기 지원금의 30%를 추가 지원금으로 지급한다. 단, 2022년 교육시설의 학생 수가 500명 이하인 경우, 추가 지원금을 지급하지 않는다.

〈교육시설 현황〉

교육시설	2012년도 학생 수 (명)	2022년도 학생 수 (명)	2012년도 총 전자기기 지원금 (백만 원)	2012년도 PC 구입 대수(개)	2012년도 TV 구입 대수(개)
가	300	600	30	15	10
나	900	1,000	75	40	10
다	700	900	55	20	15
라	350	500	35	30	5
마	1,500	1,000	100	55	30

① 가
② 나
③ 다
④ 라
⑤ 마

20. 다음 글과 〈상황〉을 근거로 판단할 때, 가족요양비 지급 대상이면서 의사소견서 제출 제외 대상에도 해당하는 지역만을 모두 고르면?

> 장기요양급여란 혼자서 일상생활을 수행하기 어려운 노인에게 신체활동 또는 가사활동 지원을 제공하는 것으로, 방문요양이나 시설급여를 제공하는 장기요양기관이 부족한 지역에 거주하는 수급자의 경우 가족요양비 지급 대상이 된다. 한편 장기요양급여를 받기 위해서는 의사소견서를 제출해야 하지만, 의료기관을 방문하기 어려운 지역에 거주하는 경우 의사소견서 제출 제외 대상이 된다. 벽지 지역의 가족요양비 지급 대상 여부와 의사소견서 제출 제외 대상 여부를 정하는 배점기준 및 판단기준은 다음과 같다.
> ○ 배점기준

기준요소	1점	2점	3점	4점	5점
㉮ 대중교통수단 이용지점까지의 거리(km)	2 미만	2 이상 3 미만	3 이상 4 미만	4 이상 5 미만	5 이상 6 미만
㉯ 1일 대중교통 운행 횟수(회)	8 이상	6~7	4~5	2~3	1 이하
㉰ 방문요양기관까지의 소요 시간(분)	20 미만	20 이상 40 미만	40 이상 60 미만	60 이상 90 미만	90 이상
㉱ 시설급여기관까지의 소요 시간(분)	20 미만	20 이상 40 미만	40 이상 60 미만	60 이상 90 미만	90 이상
㉲ 의료기관까지의 소요 시간(시)	1 미만	1 이상 2 미만	2 이상 3 미만	3 이상 4 미만	4 이상

> ※ 대중교통수단 이용지점까지의 거리의 경우 6km 이상은 1km당 1점씩 가산한다. 예를 들어 6km 이상 7km 미만은 1점을 가산한다.
>
> ○ 판단기준
> – 가족요양비 지급 대상: ㉮, ㉯, ㉰, ㉱의 합산점수가 12점 이상인 지역
> – 의사소견서 제출 제외 대상: ㉮, ㉯, ㉲의 합산점수가 10점 이상인 지역

〈상 황〉

> 甲주무관은 벽지 지역(A~E)에 대한 아래의 정보를 바탕으로 가족요양비 지급 대상이면서 동시에 의사소견서 제출 제외 대상에 해당하는 지역만을 정리하려고 한다.

지역 \ 기준요소	㉮	㉯	㉰	㉱	㉲
A	7.2km	8회	130분	40분	50분
B	5.4km	3회	60분	15분	230분
C	2.7km	5회	100분	30분	100분
D	3.4km	7회	80분	25분	250분
E	4.9km	4회	40분	60분	200분

① A, D
② B, C
③ B, E
④ A, C, E
⑤ B, D, E

21. 다음 글을 근거로 판단할 때, 甲의 여행 마지막 날은 무슨 요일인가?

> 직장인 甲은 현재 참여 중인 프로젝트가 종료된 다음 날 이후에 5일간의 여행을 계획하고 있다. 해당 프로젝트는 6월 14일 월요일에 종료되고, 6월의 마지막 수요일에는 협력업체와의 미팅이 예정되어 있어, 미팅에 참석하기 위해 甲은 협력업체와의 미팅일 전에 여행에서 돌아와야 한다. 甲이 여행 일정을 결정하는 데에 있어 고려하는 요소는 맑은 날씨이므로 여행을 떠나는 날의 강수확률은 프로젝트 종료일의 강수확률과 같거나 그보다 낮아야 한다. 또한, 여행 기간 중 강수확률이 30% 이하인 날이 최소 이틀은 포함되어야 하지만, 강수확률이 70% 이상인 날은 하루도 포함되지 않게 여행 일정을 잡으려고 한다. 6월의 11일부터 30일까지의 강수확률은 다음과 같다.

날짜	11일	12일	13일	14일	15일	16일	17일	18일	19일	20일
강수확률	70%	20%	40%	35%	35%	40%	75%	30%	20%	55%
날짜	21일	22일	23일	24일	25일	26일	27일	28일	29일	30일
강수확률	60%	50%	45%	30%	80%	20%	40%	30%	40%	60%

① 토요일
② 일요일
③ 월요일
④ 화요일
⑤ 수요일

22. 다음 글을 근거로 판단할 때, 〈보기〉에서 옳은 것만을 모두 고르면?

> ○ 甲과 乙은 1부터 8까지의 숫자가 적힌 카드 8장으로 게임을 한다.
> ○ 두 사람은 무작위로 4장씩 카드를 나누어 갖는다.
> ○ 두 사람은 나누어 가진 카드를 자신이 원하는 순서대로 나열하고, 나열한 숫자들 사이에 한 장의 더하기 카드를 끼워 넣는다. 단, 더하기 카드는 맨 앞이나 맨 뒤에는 끼워 넣을 수 없다.
> ○ 완성된 덧셈식을 계산하여 도출한 숫자를 최종숫자라 한다.
> ○ 최종숫자가 100에 가까운 사람이 게임에서 승리하며, 두 사람의 최종숫자가 같은 경우에는 8이 적힌 카드를 가지고 있지 않은 사람이 게임에서 승리한다.
> ○ 甲과 乙은 게임에서 승리하기 위해 최선을 다한다.

〈보 기〉

> ㄱ. 甲이 나누어 가진 카드에 적힌 숫자가 3, 4, 7, 8이라면, 甲은 게임에서 승리한다.
> ㄴ. 甲의 최종숫자가 120 이상이라면, 甲은 게임에서 승리할 수 없다.
> ㄷ. 甲의 최종숫자가 99이고 甲이 나누어 가진 카드에 적힌 숫자 4개 중 3개가 1, 2, 7이라면, 甲은 게임에서 승리한다.

① ㄱ
② ㄴ
③ ㄷ
④ ㄱ, ㄴ
⑤ ㄱ, ㄷ

23. 다음 글을 근거로 판단할 때 옳지 않은 것은?

> A국은 국왕의 대관식에 각국의 사절단을 초청했고, 甲, 乙, 丙, 丁, 戊 다섯 개의 국가에서 사절단을 파견했다. A국은 대관식에서 각국 사절단 대표를 1~5번 자리로 배치하려는데, 사절단 대표의 자리는 다음과 같은 원칙에 따라 배치된다.
> ○ 최근 A국과 무역분쟁을 겪고 있는 乙국과 戊국 사절단의 대표는 1번 자리에 배치하지 않는다.
> ○ 서로 외교 관계가 좋지 않은 나라의 사절단 대표는 옆자리에 붙여서 배치하지 않는다. 현재 서로 외교 관계가 좋지 않은 나라는 甲국과 丁국, 乙국과 戊국이다.
> ○ 각 국의 왕가가 서로 친척 관계인 경우에는 사절단의 대표를 옆자리에 붙여서 배치한다. 甲국과 戊국의 왕은 서로 외삼촌과 조카 관계이고, 丙국과 丁국의 왕은 서로 사촌 형제 관계이다.
>
> 〈사절단 자리〉
>
> | 구분 | 1 | 2 | 3 | 4 | 5 |
> |---|---|---|---|---|---|
> | 자리 | | | | | |

① 甲국 사절단의 대표는 반드시 1번 자리나 4번 자리에 배치된다.

② 乙국 사절단의 대표는 3번 자리에 배치될 수 있다.

③ 丙국 사절단의 대표는 5번 자리에 배치될 수 있다.

④ 丁국 사절단의 대표는 5번 자리에 배치될 수 없다.

⑤ 戊국 사절단의 대표는 4번 자리에 배치될 수 없다.

24. 다음 글을 근거로 판단할 때, ㉠과 ㉡에 해당하는 수를 옳게 짝지은 것은?

> 甲의 시계에는 숫자가 1부터 12까지 적혀있고 시침, 분침, 초침이 각각 일정한 속도로 움직인다. 이 시계는 분침과 초침이 겹칠 때를 제외하고, 시침과 분침이 이루는 각도와 시침과 초침이 이루는 각도가 같아지는 순간마다 알람이 한 번 울린다. 따라서 3시 정각부터 4시 정각까지 알람은 총 ㉠번 울리고, 3시 정각부터 4시 정각 사이에 알람이 울린 시각 중 시침과 분침이 이루는 각도가 가장 좁았을 때는 3시 정각 이후 ㉡번째 알람이 울린 때이다.

	㉠	㉡
①	59	16
②	59	17
③	60	15
④	60	16
⑤	60	17

25. 다음 글을 근거로 판단할 때 옳은 것은?

제○○조 ① 다음 각 호의 어느 하나에 해당하는 경우에 변호인이 없는 때에는 법원은 직권으로 국선변호인을 선정하여야 한다.
1. 피고인이 구속된 때
2. 피고인이 70세 이상인 때
3. 피고인이 심신장애가 있는 것으로 의심되는 때
4. 피고인이 사형, 무기 또는 단기 3년 이상의 징역이나 금고에 해당하는 사건으로 공소제기된 때

② 법원은 피고인이 빈곤이나 그 밖의 사유로 변호인을 선임할 수 없는 경우에 피고인이 청구하면 국선변호인을 선정하여야 한다.

③ 법원은 피고인의 나이·지능 및 교육 정도 등을 참작하여 권리보호를 위하여 필요하다고 인정하면 피고인의 명시적 의사에 반하지 아니하는 범위에서 국선변호인을 선정하여야 한다.

제□□조 ① 재판장은 공소제기가 있는 때에는 변호인이 없는 피고인에게 다음 각 호의 취지를 고지한다.
1. 제○○조 제1항 제1호 내지 제4호의 어느 하나에 해당하는 때에는 변호인 없이 개정할 수 없는 취지와 피고인 스스로 변호인을 선임하지 아니할 경우에는 법원이 국선변호인을 선정하게 된다는 취지
2. 제○○조 제2항에 해당하는 때에는 법원에 대하여 국선변호인의 선정을 청구할 수 있다는 취지
3. 제○○조 제3항에 해당하는 때에는 법원에 대하여 국선변호인의 선정을 희망하지 아니한다는 의사를 표시할 수 있다는 취지

② 제1항의 고지는 서면으로 하여야 한다.

③ 법원은 제1항의 고지를 받은 피고인이 변호인을 선임하지 아니한 때 및 제○○조 제2항의 규정에 의하여 국선변호인 선정청구가 있거나 같은 조 제3항에 의하여 국선변호인을 선정하여야 할 때에는 지체없이 국선변호인을 선정하고, 피고인 및 변호인에게 그 뜻을 고지하여야 한다.

④ 공소제기가 있은 후 변호인이 없게 된 때에도 제1항 내지 제3항의 규정을 준용한다.

제△△조 제○○조 제2항에 의하여 국선변호인 선정을 청구하는 경우 피고인은 소명자료를 제출하여야 한다. 다만, 기록에 의하여 그 사유가 소명되었다고 인정될 때에는 그러하지 아니하다.

※ 개정: 법정을 열어 재판을 시작하는 것.
※ 공소제기: 검사가 특정 피고인의 형사사건에 대하여 유죄판결을 요구하는 것. 약칭 '기소'라고 함.

① 변호인이 없는 75세 피고인 甲에게 재판장은 변호인 없이 재판을 시작할 경우 불리할 수 있음을 서면으로 고지해야 한다.
② 피고인 乙이 경제적인 어려움으로 인해 법원에 국선변호인 선정을 청구하는 경우 기록에 의해 사유가 소명되지 않는다면 소명자료를 함께 제출해야 한다.
③ 피고인 丙이 국선변호인 선정을 희망하지 않는다는 명시적 의사 표시를 하더라도, 丙의 권리보호를 위해 필요하다고 인정되면 법원은 국선변호인을 선정해야 한다.
④ 무기 징역에 해당하는 사건으로 기소된 피고인 丁이 고지를 받은 후에도 변호인을 선임하지 않은 경우 법원은 국선변호인을 선정하지 않을 수 있다.
⑤ 기소된 피고인 戊의 변호인이 사임하여, 구속 상태의 戊에게 변호인이 없는 경우 법원은 별도의 취지를 고지하지 않고 국선변호인을 선정할 수 있다.

| 자료해석영역 |

2교시

응시번호

성명

실전모의고사 **2회**

문제책형 **다**

⚠️ **응시자 주의사항**

1. **시험시작 전 시험문제를 열람하는 행위나 시험종료 후 답안을 작성하는 행위를 한 사람**은 「공무원 임용시험령」 제51조에 의거 **부정행위자**로 처리됩니다.

2. **답안지 책형 표기는 시험시작 전 감독관의 지시에 따라 문제책 앞면에 인쇄된 문제책형을 확인**한 후, **답안지 책형란에 해당 책형(1개)을 '●'로 표기**하여야 합니다.

3. 시험이 시작되면 문제를 주의 깊게 읽은 후, **문항의 취지에 가장 적합한 하나의 정답만을 고르며**, 문제내용에 관한 질문은 할 수 없습니다.

4. **답안을 잘못 표기하였을 경우에는 답안지를 교체하여 작성하거나 수정할 수 있으며**, 표기한 답안을 수정할 때는 **응시자 본인이 가져온 수정테이프만을 사용**하여 해당 부분을 완전히 지우고 부착된 수정테이프가 떨어지지 않도록 손으로 눌러주어야 합니다. **(수정액 또는 수정스티커 등은 사용 불가)**

5. **시험시간 관리의 책임은 응시자 본인에게 있습니다.**
   ※ 문제책은 시험종료 후 가지고 갈 수 있습니다.

ⓘ **정답공개 및 해설강의 안내**

1. 모바일 자동 채점 및 성적 분석 서비스
   • '약점 보완 해설집'에 회차별로 수록된 QR코드 인식 ▶ 응시 인원 대비 자신의 성적 위치 확인

2. 해설강의 수강 방법
   • 해커스PSAT 사이트(www.psat.Hackers.com) 접속 후 로그인 ▶ 우측 퀵배너 [쿠폰/수강권 등록] 클릭 ▶ '약점 보완 해설집'에 수록된 쿠폰번호 입력 후 이용

1. 다음 〈표〉는 나노융합산업 유형별 특허 현황에 대한 자료이다. 〈표〉와 〈조건〉을 근거로 하여 A와 D에 해당하는 유형을 바르게 나열한 것은?

〈표〉 나노융합산업 유형별 특허 현황

(단위: 건)

구분 유형	전체 특허		나노 특허	
	국내등록	해외등록	국내등록	해외등록
A	8,837	1,804	2,120	292
B	9,815	471	4,406	247
C	2,018	506	647	212
D	3,566	576	1,680	333

※ 나노 특허는 전체 특허 중 하나임.

―〈조 건〉―
○ 전체 특허의 해외등록 건수 대비 국내등록 건수가 5건 이상인 유형은 '나노 전자'와 '나노 장비'이다.
○ 전체 특허의 해외등록 건수에서 나노 특허의 해외등록 건수가 차지하는 비중이 50% 미만인 나노융합산업은 '나노 소재'와 '나노 바이오'이다.
○ 전체 특허의 국내등록 건수는 '나노 소재'가 '나노 바이오'와 '나노 장비'의 합보다 많다.
○ 나노 특허의 해외등록 건수는 '나노 전자'가 '나노 바이오'보다 많고 '나노 소재'보다 적다.

	A	D
①	나노 소재	나노 장비
②	나노 소재	나노 전자
③	나노 전자	나노 바이오
④	나노 바이오	나노 전자
⑤	나노 바이오	나노 장비

2. 다음 〈표〉는 2023년 '갑'국의 전력발전 실적에 관한 자료이다. 5월과 11월의 소내전력률 차이는?

〈표〉 2023년 '갑'국의 전력발전 실적

(단위: GWh)

구분 월	발전량	소내전력량
1	183	4.5
2	177	4.9
3	172	4.2
4	165	5.1
5	175	( )
6	181	4.8
7	186	4.6
8	195	5.3
9	172	4.9
10	167	5.5
11	( )	4.5
12	188	5.2
계	2,141	58.4

※ 소내전력률(%) = $\dfrac{\text{소내전력량}}{\text{발전량}} \times 100$

① 0.2%p
② 0.3%p
③ 0.4%p
④ 0.5%p
⑤ 0.6%p

3. 다음 〈표〉는 2020~2021년 A시험의 성별 응시인원 및 합격 인원에 관한 자료이다. 이에 대한 〈보기〉의 설명 중 옳지 않은 것만을 모두 고르면?

〈표〉 A시험의 성별 응시인원 및 합격인원 현황

(단위: 명)

구분 연도	응시인원			합격인원		
	남성	여성	성비	남성	여성	성비
2020	1,500	( )	1.5	600	( )	1.2
2021	( )	( )	0.9	( )	600	1.4

※ 1) 성비 = $\frac{남성인원}{여성인원}$

2) 합격률(%) = $\frac{합격인원}{응시인원} \times 100$

〈보 기〉

ㄱ. 2020년 합격률은 남성이 여성보다 높다.

ㄴ. 각 성별에서 2021년 합격인원이 2020년 합격인원보다 많다.

ㄷ. 2021년 여성 합격률이 50%라면, 전체 합격률은 70%보다 높다.

ㄹ. 2021년 전체 응시인원이 1,900명이라면, 성별 합격률의 차이는 30%p 이상이다.

① ㄱ, ㄷ
② ㄱ, ㄹ
③ ㄴ, ㄷ
④ ㄴ, ㄹ
⑤ ㄷ, ㄹ

4. 다음 〈표〉는 도서 A~E에 대한 만족도에 대한 자료이다. 이에 대한 〈보기〉의 설명 중 옳은 것만을 모두 고르면?

〈표〉 도서 A~E에 대한 만족도

(단위: 점)

도서 독자	A	B	C	D	E	독자 만족도 평균
갑	1.8	8.9	3.1	5.9	1.8	4.3
을	1.5	8.8	1.9	4.7	2.1	3.8
병	2.7	6.3	1.7	9.5	2.3	( )
정	( )	9.0	2.6	4.7	( )	4.1
무	2.3	7.9	1.7	8.4	1.2	4.3
기	1.2	4.1	( )	6.4	( )	3.0
도서 만족도 평균	2.1	7.5	2.1	6.6	1.7	–

※ 1) 각 도서에 대한 독자별 만족도 만점은 10.0점임.
2) 독자 만족도 평균은 도서 A~E에 대한 각 독자 만족도의 산술 평균임.
3) 도서 만족도 평균은 각 도서에 대한 독자 '갑'~'기'의 만족도의 산술 평균임.

〈보 기〉

ㄱ. 도서 C에 대한 독자 '갑'의 만족도는 도서 C에 대한 독자 '기'의 만족도의 1.5배 이상이다.

ㄴ. 도서 A에 대한 만족도가 가장 높은 독자와 도서 E에 대한 만족도가 가장 높은 독자는 동일하다.

ㄷ. 독자 만족도 평균이 4.0점 이상인 독자는 총 4명이다.

ㄹ. 독자 '기'의 만족도 중 만족도가 가장 낮은 도서는 E이다.

① ㄱ, ㄴ
② ㄱ, ㄷ
③ ㄴ, ㄷ
④ ㄴ, ㄹ
⑤ ㄷ, ㄹ

5. 다음 〈보고서〉는 2022년 청년층(15~29세) 인구의 경제활동 상태 및 일자리 관련 조사결과이다. 〈보고서〉의 내용과 부합하지 않는 자료는?

─────〈보고서〉─────

2022년 청년층 인구는 전년 대비 감소한 반면, 청년층 경제활동참가율은 51.5%, 청년층 고용률은 47.8%로, 전년 대비 각각 2.5%p, 3.4%p 상승하였다. 또한, 2022년 청년층 취업자는 410만 4천 명으로 전년 대비 증가하였으며, 청년층 실업자는 전년 대비 8만 2천 명 감소하여, 실업률 또한 전년 대비 20% 이상 하락하였다.

한편 2022년 청년층 비경제활동인구 중 취업시험 준비자 비율은 16.9%이었으며, 취업시험 준비분야별 비율은 일반직 공무원이 가장 높고, 그다음 일반기업체 순이었지만, 준비분야 중 일반직공무원의 비율은 전년 대비 가장 큰 폭으로 감소하였다.

청년층의 첫 취업 및 첫 일자리에 대해 살펴보면, 2020년 이후 첫 취업 평균 소요기간과 첫 일자리 평균 근속기간은 각각 증가하는 추세이며, 연도별 첫 취업 평균 소요기간과 첫 일자리 평균 근속기간 격차는 매년 줄어들고 있다. 또한, 2022년에는 첫 일자리를 그만둔 사유로 보수, 근로시간 등 '근로여건 불만족'이 건강, 육아, 결혼 등 '개인·가족적 이유' 의 2.5배 이상으로 가장 높았다.

① 청년층 취업자 및 실업자 현황

(단위: 만 명, %)

구분\n연도	취업자	실업자	실업률
2021	390.8	40.2	9.3
2022	410.4	32.0	7.2

② 청년층 경제활동참가율과 고용률

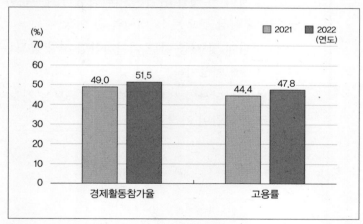

③ 청년층 인구의 첫 취업 평균 소요기간 및 첫 일자리 평균 근속기간

구분\연도	2020	2021	2022
첫 취업 평균 소요기간	10.0개월	10.1개월	10.8개월
첫 일자리 평균 근속기간	1년 5.5개월	1년 6.2개월	1년 6.8개월

④ 청년층 인구가 첫 일자리를 그만둔 사유

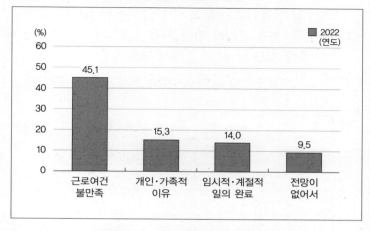

⑤ 청년층 비경제활동인구 중 취업시험 준비분야 비율

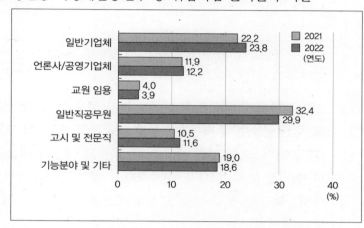

6. 다음 〈표〉는 공공기관 정책 인식도 조사에 관한 응답 집단 A~E
   의 응답 비율이고, 〈보고서〉는 '가' 응답 집단에 대해 분석한 자
   료이다. 이를 근거로 판단할 때, 〈보고서〉의 내용에 해당하는
   '가' 응답 집단을 A~E 중에서 고르면?

〈표〉 응답 집단 A~E의 조사 부문별 응답 비율

(단위: %)

응답 집단 \ 조사 부문 응답 내용	조직·인력 규모		평균보수	
	많다	적다	높다	낮다
A	55	6	14	44
B	48	8	61	7
C	71	12	31	39
D	40	17	13	46
E	52	23	33	57

※ 조사 부문별 응답 내용은 '많다/높다', '적다/낮다', '적정하다' 중 하나이며,
   무응답 및 중복응답은 없음.

〈보고서〉

2022년 공공기관 정책 인식도 조사 부문 중 '조직·인력 규
모'와 '평균보수'에 대한 '가' 응답 집단의 조사 결과는 다음과
같다. 먼저 '조직·인력 규모'의 경우 응답 내용의 비율은 '많
다'가 가장 높고, 그다음 '적정하다', '적다' 순으로 나타났다.
특히, '많다'는 응답 비율이 '적다'의 5배 이상으로 크게 차이
나는 편이었다.

한편 '평균보수'에 대한 조사 부문에서는 다른 양상이 분석
되었다. 응답 내용 중 '낮다'의 비율이 가장 높은 것으로 확인
되었기 때문이다. 또한, '낮다'는 응답 비율은 '적정하다'는
비율과 5%p 이상 차이 나고, '높다'는 비율과는 30%p 이내로
차이 나는 특징이 있다.

① A
② B
③ C
④ D
⑤ E

7. 다음 〈그림〉은 '갑'국의 데이터산업 시장 규모 및 구성비에 관한
   자료이다. 이에 대한 〈보기〉의 설명 중 옳은 것만을 모두 고르면?

〈그림 1〉 연도별 데이터산업 시장 규모

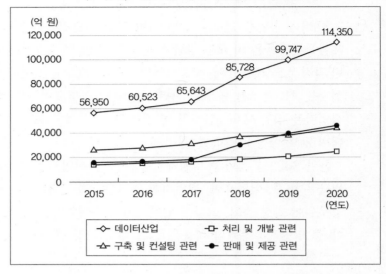

〈그림 2〉 2020년 데이터산업 3개 분야 및 8개 세부분야 구성비

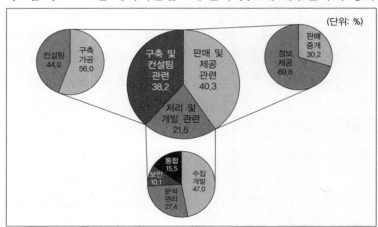

〈보 기〉

ㄱ. 2020년 데이터산업 시장 규모에서 구축 및 컨설팅 관련
   규모는 45,000억 원 미만을 차지한다.
ㄴ. 2020년 처리 및 개발 관련 데이터산업의 세부분야 중 수
   집개발의 시장 규모는 12,000억 원 이상이다.
ㄷ. 2020년 판매 및 제공 관련 데이터산업 시장 규모는 2017
   년 대비 2배 이상이다.
ㄹ. 2020년 데이터산업 세부분야별 시장 규모는 정보제공이
   가장 크고 보안이 가장 작다.

① ㄱ, ㄴ
② ㄱ, ㄹ
③ ㄴ, ㄷ
④ ㄱ, ㄷ, ㄹ
⑤ ㄴ, ㄷ, ㄹ

8. 다음 〈표〉는 1978년 계기관측 이후 국내에서 발생한 지진 중 규모 기준 상위 11위에 해당하는 지진에 관한 자료이다. 이에 대한 설명으로 옳지 않은 것은?

〈표〉 규모 기준 상위 11위 지진의 정보

발생연월일	규모 (Ml)	진앙		
		위도 (°N)	경도 (°E)	발생지역
1978. 9. 16.	5.2	36.60	127.90	경북 상주시 북서쪽 32km 지역
1978. 10. 7.	5.0	36.60	126.70	충남 홍성군 동쪽 3km 지역
1980. 1. 8.	5.3	40.20	125.00	북한 평안북도 삭주 남남서쪽 20km 지역
1994. 7. 26.	4.9	34.90	124.10	전남 신안군 흑산면 서북서쪽 128km 해역
2003. 3. 23.	4.9	35.00	124.60	전남 신안군 흑산면 서북서쪽 88km 해역
2003. 3. 30.	5.0	37.80	123.70	인천 백령도 서남쪽 88km 해역
2004. 5. 29.	5.2	36.80	130.20	경북 울진군 동남동쪽 74km 해역
2013. 5. 18.	4.9	37.68	124.63	인천 백령도 남쪽 31km 해역
2013. 4. 21.	4.9	35.16	124.56	전남 신안군 흑산면 북서쪽 101km 해역
2014. 4. 1.	5.1	36.95	124.50	충남 태안군 서격렬비도 서북서쪽 100km 해역
2016. 7. 5.	5.0	35.51	129.99	울산 동구 동쪽 52km 해역
2016. 9. 12.	5.1	35.77	129.19	경북 경주시 남남서쪽 8.2km 지역
2016. 9. 12.	5.8	35.76	129.19	경북 경주시 남남서쪽 8.7km 지역
2017. 11. 15.	5.4	36.11	129.37	경북 포항시 북구 북쪽 8km 지역
2021. 12. 14.	4.9	33.09	126.16	제주 서귀포시 서남쪽 41km 해역

※ 1) 규모가 같은 지진의 순위는 동순위로 판별함. 예를 들어 규모 5.0Ml, 5.0Ml, 4.9Ml의 지진이 발생한 경우 5.0Ml의 지진은 규모 순위 1위, 4.9Ml의 지진은 규모 순위 3위에 해당함.
2) 지역은 위도(°N)의 숫자가 클수록 북쪽에 위치하고, 경도(°E)의 숫자가 클수록 동쪽에 위치함.

① 규모 기준 상위 11위 지진 중 경북에서 발생한 지진은 모두 규모 5.1Ml 이상이다.

② 규모 기준 상위 11위 지진 중 진앙의 위치가 가장 서쪽인 지진은 2003년에 발생하였다.

③ 규모 기준 상위 11위 지진 중 해역에서 발생한 지진의 건수는 지역에서 발생한 지진의 건수의 1.5배 이상이다.

④ 규모 기준 상위 11위 지진 중 진앙의 위도가 35.00~37.00°N 인 지진은 65% 이상을 차지한다.

⑤ 1978년 이후 국내에서 발생한 지진 중 규모가 가장 큰 지진은 2017년 포항에서 발생한 지진이다.

9. 다음 〈표〉는 2012~2017년 총 활동기업 수 및 창업률과 소멸률에 대한 자료이다. 이에 대한 〈보기〉의 설명 중 옳은 것만을 모두 고르면?

〈표〉 2012~2017년 총 활동기업 수 및 창업률과 소멸률

(단위: 천 개, %)

연도\구분	2012	2013	2014	2015	2016	2017
총 활동기업 수	5,379	5,377	5,559	5,554	5,776	6,051
창업률	14.3	13.9	15.2	14.6	15.2	15.1
소멸률	13.8	12.4	14.0	11.5	10.8	11.5

※ 1) 창업률(%) = $\dfrac{\text{해당연도 신생기업 수}}{\text{해당연도 총 활동기업 수}} \times 100$

2) 소멸률(%) = $\dfrac{\text{해당연도 소멸기업 수}}{\text{해당연도 총 활동기업 수}} \times 100$

〈보 기〉

ㄱ. 2012~2017년 동안 창업률은 소멸률보다 매년 높다.

ㄴ. 2017년 총 활동기업 수의 전년 대비 증가율은 2014년 총 활동기업 수의 전년 대비 증가율의 1.5배 이상이다.

ㄷ. 연도별 신생기업 수와 소멸기업 수의 합은 2013년이 2015년보다 크다.

ㄹ. 2017년 신생기업 수는 90만 개 이상이다.

① ㄱ, ㄴ

② ㄱ, ㄷ

③ ㄱ, ㄹ

④ ㄴ, ㄷ

⑤ ㄴ, ㄹ

10. 다음 〈표〉는 '갑'국의 2021년 분기별 구직급여 신청 및 지급 현황에 관한 자료이다. 이를 바탕으로 작성한 〈보고서〉의 설명 중 옳지 않은 것은?

〈표 1〉 2021년 분기별 구직급여 신청 및 지급 현황

(단위: 명, 억 원)

구분	1분기	2분기	3분기	4분기
신규 신청자	470,196	280,389	269,063	269,061
지급자	2,127,614	2,135,950	1,937,374	1,631,006
지급액	34,541	33,302	30,518	25,215

※ 1) 구직급여는 실업 상태일 때 신청 가능함.
　 2) 지급자는 신규 신청자 중 구직급여를 지급받은 자뿐만 아니라 기존 신청자 중 지급받은 자를 포함한 값임.

〈표 2〉 2021년 유형별 구직급여 신규 신청자 현황

(단위: 명)

유형	구분	1분기	2분기	3분기	4분기
연령대	20대 이하	78,300	50,119	48,907	48,644
	30대	76,750	52,128	47,782	47,043
	40대	89,976	56,426	51,011	51,470
	50대	108,860	66,206	61,408	63,444
	60대 이상	116,310	55,510	59,955	58,460
성별	남성	224,182	142,606	133,086	130,679
	여성	246,014	137,783	135,977	138,382
사업장 규모	30인 미만	241,336	159,980	152,184	145,937
	30~299인	113,713	66,926	60,397	60,926
	300인 이상	115,147	53,483	56,482	62,198

※ 사업장 규모는 구직급여 신규 신청자가 실업 상태 직전 근무했던 사업장의 규모를 의미함.

〈보고서〉

　2021년 '갑'국의 구직급여 신규 신청자 수는 사분기 중 1분기에 집중된 것으로 나타났다. 분기별 신규 신청자 현황을 살펴보면, ㉠ 2분기는 1분기 대비 30% 이상 감소하였고, 이후 매 분기 30만 명 이하의 신규 신청자 수를 기록하였다.
　2021년 구직급여 신규 신청자의 연령대별 분포를 살펴보면, ㉡ 40대 이상은 매 분기 신규 신청자의 60% 이상 차지하는 것으로 나타났다. 특히 50대의 경우 2분기, 3분기, 4분기에 모든 연령대 중 신규 신청자 수가 가장 많았다.
　2021년 구직급여 신규 신청자의 성별 분포를 살펴보면, ㉢ 남성과 여성은 각각 60만 명 이상을 기록하였고, 남성보다는 여성이 더 많았다. 사업장 규모별로는 ㉣ 실업 상태 직전 30인 미만 사업장에 근무했던 신규 신청자 수가 30인 이상 사업장에 근무했던 신규 신청자 수보다 많았다.
　한편 구직급여 지급액은 지속적으로 감소하는 추세이지만, ㉤ 지급자 1명당 지급액의 규모는 4분기에 150만 원을 초과하며 1분기 대비 증가하는 모습을 보였다.

① ㉠　　　　　② ㉡　　　　　③ ㉢
④ ㉣　　　　　⑤ ㉤

11. 다음 〈표〉와 〈조건〉은 A수술에 대한 의료기관의 상대가치점수와 건강보험수가 산정에 관한 자료이다. 이를 근거로 판단할 때, 〈보기〉의 설명 중 옳은 것만을 모두 고르면?

〈표 1〉 A수술 1건당 부문별 상대가치점수

부문	업무량	진료비용	위험도
점수(점)	115	1,270	35

〈표 2〉 의료기관별 점수당 단가 및 가산율

(단위: 원, %)

구분 　의료기관	점수당 단가	가산율
의원	81.5	15
일반병원	73.5	20
종합병원	73.5	25
상급종합병원	73.5	30

〈조 건〉

○ 건강보험수가 = 상대가치점수 × 점수당 단가 × (1 + 가산율)
○ 상대가치점수 = 수술 1건당 상대가치점수 × 수술 건수
○ 수술 1건당 상대가치점수 =
　업무량 점수 + 진료비용 점수 + 위험도 점수

〈보 기〉

ㄱ. A수술 1건당 건강보험수가는 상급종합병원이 일반병원 대비 5% 이상 크다.
ㄴ. 종합병원에서 A수술 150건을 시행하였다면 건강보험수가는 2천만 원 미만이다.
ㄷ. A수술 1건당 상대가치점수 중 업무량과 위험도 점수가 2배가 된다면, 의원의 A수술 1건당 건강보험수가는 기존 대비 10% 이상 상승한다.

① ㄱ
② ㄷ
③ ㄱ, ㄴ
④ ㄴ, ㄷ
⑤ ㄱ, ㄴ, ㄷ

12. 다음 〈표〉는 2020~2022년 각국의 총의원 수와 여성의원 비율 및 순위에 관한 자료이다. 이에 대한 〈보기〉의 설명 중 옳은 것만을 모두 고르면?

〈표〉 각국의 총의원 수, 여성의원 비율 및 순위

(단위: 위, 명, %)

연도	2020			2021			2022		
구분 국가	순위	총의원수	여성의원비율	순위	총의원수	여성의원비율	순위	총의원수	여성의원비율
스웨덴	7	349	47.0	7	349	47.0	12	349	46.1
노르웨이	17	169	41.4	14	169	44.4	15	169	45.0
오스트리아	28	183	39.3	24	183	39.9	24	183	41.5
네덜란드	40	150	33.3	( )	150	33.3	26	150	40.7
독일	48	709	31.2	49	709	31.5	43	736	34.9
영국	39	650	33.9	39	650	33.9	45	649	34.4
미국	82	431	23.4	67	433	27.3	72	433	27.7
한국	124	295	17.3	121	300	19.0	124	295	18.6
일본	165	464	9.9	166	464	9.9	166	465	9.7

※ 1) 여성의원 비율(%)= $\frac{여성의원 수}{총의원 수} \times 100$

2) 여성의원 비율이 높은 국가일수록 높은 순위를 차지함.

─〈보 기〉─

ㄱ. 제시된 국가 중 2020년의 여성의원 수가 한국보다 적은 국가는 2개이다.

ㄴ. 제시된 국가 중 2020~2022년 동안 순위가 꾸준히 상승한 국가는 1개이다.

ㄷ. 제시된 국가 중 2020년 대비 2022년 순위가 가장 큰 폭으로 변동된 국가는 네덜란드이다.

① ㄱ
② ㄴ
③ ㄱ, ㄷ
④ ㄴ, ㄷ
⑤ ㄱ, ㄴ, ㄷ

13. 다음 〈표〉와 〈조건〉은 2021년 ○○시 A~H구의 쓰레기 종량제 봉투 판매량에 관한 자료이다. 이에 근거하여 A~H구 중 용량이 20L 이하인 쓰레기 종량제 봉투 판매량이 네 번째로 많은 구와 여섯 번째로 많은 구를 바르게 연결한 것은? (단, ○○시의 쓰레기 종량제 봉투 판매량은 천 매 단위로 집계한다)

〈표 1〉 A~H 지역별 주민 수와 쓰레기 종량제 봉투 판매량

(단위: 천 명, 천 매)

지역 구분	A구	B구	C구	D구	E구	F구	G구	H구	○○시
주민 수	75	341	165	143	437	417	545	262	2,385
판매량	866	1,839	1,104	1,063	2,607	4,442	( )	1,554	17,075

〈표 2〉 쓰레기 종량제 봉투 용량별 판매량

(단위: 천 매)

용량 지역	20L 이하	20L 초과 30L 이하	30L 초과 50L 이하	50L 초과
A구	( )	160	336	( )
B구	( )	432	( )	688
C구	( )	337	361	( )
D구	228	219	358	258
E구	( )	653	966	( )
F구	2,940	( )	802	( )
G구	673	796	985	1,146
H구	( )	247	477	( )
○○시	4,215	2,967	( )	4,926

─〈보 기〉─

○ A구에서 판매된 20L 이하 용량의 쓰레기 종량제 봉투의 양은 A구에서 판매된 20L 초과 30L 이하 용량의 쓰레기 종량제 봉투의 30%이다.

○ B구에서 30L 초과 50L 이하 용량의 쓰레기 종량제 봉투는 주민 1인당 2매씩 판매되었다.

○ C구에서 판매된 50L 초과 용량의 쓰레기 종량제 봉투의 양은 C구에서 판매된 20L 이하 용량의 쓰레기 종량제 봉투의 13배이다.

○ A~H구 중 20L 초과 30L 이하 용량의 쓰레기 종량제 봉투 판매량이 두 번째로 많은 지역이 20L 이하 용량의 쓰레기 종량제 봉투 판매량은 가장 적다.

	네 번째로 많은 구	여섯 번째로 많은 구
①	A	B
②	D	A
③	D	B
④	H	A
⑤	H	E

14. 다음 〈표〉와 〈보고서〉는 2020년 어업인의 업무상 손상자 현황에 관한 자료이다. 제시된 〈표〉 이외에 〈보고서〉를 작성하기 위해 추가로 이용한 자료만을 〈보기〉에서 모두 고르면?

〈표〉 2020년 어업 유형별 업무상 손상자 현황

(단위: 명)

구분 ＼ 어업유형	어선어업	양식어업	나잠어업	기타어업	합계
어업인 수	41,725	25,938	3,132	12,415	83,210
업무상 손상자 수	1,167	867	100	244	2,378

※ 업무상 손상 발생률(%) = $\dfrac{\text{업무상 손상자 수}}{\text{어업인 수}} \times 100$

〈보고서〉

2020년 어업인의 업무상 손상 조사 결과에 따르면, 전국 어업인 83,210명 중 2,378명이 업무상 손상을 경험한 것으로 나타났다. 어업유형별로 살펴보면, 이 중 양식어업과 나잠어업에 종사하는 어업인의 업무상 손상 발생률은 3% 이상인 것으로 확인되었다.

어업인의 종사기간별 업무상 손상자 현황을 살펴보면, 종사기간이 길수록 업무상 손상자 수도 많은 것으로 나타났다. 특히 2019년과 2020년 모두 종사기간이 30년 이상인 어업인의 업무상 손상 발생률이 종사기간이 10년 미만인 어업인의 업무상 손상 발생률 대비 2배 이상이었다. 마찬가지로 종사기간이 길수록 업무상 손상자의 연령도 높은 것으로 나타나, 고령 어업인에 대한 사고 방지 및 피해 지원 대책이 시급한 실정이다.

한편, 지역별 현황을 살펴보면, 업무상 손상자 수가 200명 이상인 지역은 총 4곳이다. 또한 전국에서 업무상 손상 발생률이 가장 높은 지역은 전북으로, 이는 업무상 손상 발생률이 가장 낮은 지역인 제주 대비 7배 이상이었다.

어업인의 건강수준을 ‘매우 좋음’, ‘좋음’, ‘보통’, ‘나쁨’, ‘매우 나쁨’의 항목으로 조사한 결과, 건강수준을 ‘좋음’이라고 응답한 어업인 수가 가장 많았으며, ‘매우 나쁨’이라고 응답한 어업인의 업무상 손상 발생률은 20% 이상으로 매우 높게 나타났다.

〈보 기〉

ㄱ. 2019~2020년 어업인 종사기간별 업무상 손상자 현황

(단위: 명)

연도 ＼ 구분 ＼ 종사기간	2019		2020	
	어업인 수	업무상 손상자 수	어업인 수	업무상 손상자 수
10년 미만	9,460	145	7,865	132
10년 이상 30년 미만	41,371	978	39,477	733
30년 이상	34,151	1,625	35,868	1,513
전체	84,982	2,748	83,210	2,378

ㄴ. 2019~2020년 어업인 연령별 업무상 손상 발생률

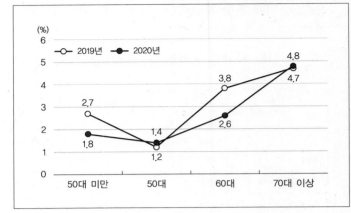

ㄷ. 2020년 어업인 건강수준별 업무상 손상자 현황

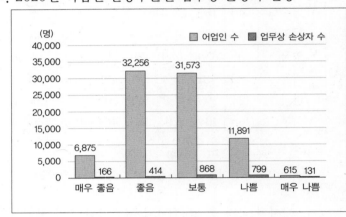

ㄹ. 2020년 지역별 업무상 손상자 현황

(단위: 명, %)

구분 ＼ 지역	어업인 수	업무상 손상자 수	업무상 손상 발생률
경인	3,923	72	1.8
강원	2,492	100	4.0
충청	13,568	282	2.1
전북	5,444	292	5.4
전남	32,466	882	2.7
경북	3,917	55	1.4
경남	16,562	663	4.0
제주	4,838	32	0.7
전체	83,210	2,378	2.9

① ㄱ, ㄷ
② ㄴ, ㄷ
③ ㄷ, ㄹ
④ ㄱ, ㄴ, ㄹ
⑤ ㄱ, ㄷ, ㄹ

15. 다음 〈표〉는 2019년 '갑'국의 지역별 동물 치료소 현황에 관한 자료이다. 이에 대한 〈보기〉의 설명 중 옳은 것만을 모두 고르면?

〈표〉 '갑'국의 지역별 동물 치료소 현황

(단위: 개소)

지역＼동물 치료소	동물병원	축산관련기관	관리단체·동물보호단체	합
가	17	( )	0	19
나	( )	0	1	14
다	3	0	1	4
라	2	0	1	3
마	( )	( )	0	( )
바	5	0	1	6
사	4	0	( )	( )
기타	117	18	9	144
전국	171	21	14	206

※ '갑'국의 동물 치료소는 동물병원, 축산관련기관, 관리단체·동물보호단체만 있음.

〈보 기〉

ㄱ. 전국 동물병원 수에서 '나' 지역의 동물병원의 수가 차지하는 비중은 5% 이상이다.

ㄴ. 전체 동물 치료소 수는 '마' 지역이 '사' 지역의 2배 이상이다.

ㄷ. '사' 지역의 전체 동물 치료소 수에서 동물병원의 수가 차지하는 비중은 '바' 지역의 전체 동물 치료소 수에서 동물병원의 수가 차지하는 비중보다 크다.

ㄹ. 축산관련기관의 수는 '마' 지역이 '가' 지역보다 많다.

① ㄱ, ㄴ
② ㄴ, ㄷ
③ ㄷ, ㄹ
④ ㄱ, ㄴ, ㄷ
⑤ ㄱ, ㄴ, ㄹ

16. 다음 〈표〉는 '갑'식당 직원에 대한 분야별 평가 점수에 관한 자료이다. 이를 근거로 직원 A~F를 총 평가 점수가 높은 직원부터 순서대로 나열하면?

〈표〉 '갑'식당 직원에 대한 분야별 평가 점수

(단위: 점)

분야＼직원	A	B	C	D	E	F
어학 능력	60	85	70	50	75	80
친절	80	80	90	80	90	80
청결	90	75	70	90	80	70
체력	100	90	60	80	90	90
총 평가 점수	( )	81.5	( )	77	( )	( )

※ 총 평가 점수=(어학 능력 분야 평가 점수×0.2)+(친절 분야 평가 점수×0.3)+(청결 분야 평가 점수×0.3)+(체력 분야 평가 점수×0.2)

① E-A-B-F-D-C
② E-B-D-A-F-C
③ E-A-B-D-C-F
④ A-E-B-C-D-F
⑤ A-B-E-F-C-D

17. 다음 〈그림〉은 근로자의 평균연령, 평균근속년수, 학력별 평균 월급에 관한 자료이다. 이에 대한 〈보기〉의 설명 중 옳은 것만을 모두 고르면?

〈그림 1〉 근로자 평균연령 및 평균근속년수

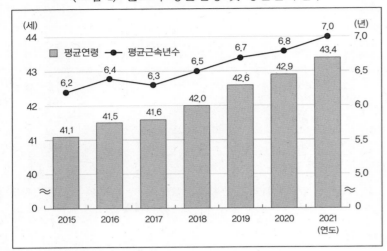

〈그림 2〉 근로자 학력별 평균 월급

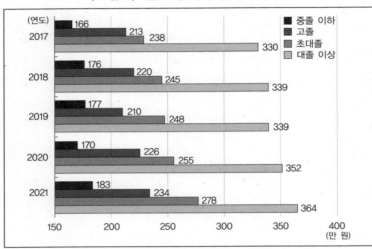

─────〈보 기〉─────

ㄱ. 2016~2021년 동안 근로자 평균근속년수의 전년 대비 증가율이 가장 큰 해는 2016년이다.

ㄴ. 근로자 평균연령의 전년 대비 증가율은 2016년이 2021년보다 크다.

ㄷ. 2021년 근로자 평균 월급은 '대졸 이상'이 '초대졸'의 1.3배 이상이다.

ㄹ. 2018~2021년 동안 '대졸 이상'을 제외한 학력별 평균 월급의 합은 매년 전년 대비 증가하였다.

① ㄱ, ㄴ
② ㄱ, ㄷ
③ ㄴ, ㄹ
④ ㄱ, ㄷ, ㄹ
⑤ ㄴ, ㄷ, ㄹ

18. 다음 〈표〉는 2020년 상반기 온라인쇼핑 해외직접판매액에 대한 자료이다. 이에 대한 설명으로 옳은 것은?

〈표 1〉 국가(대륙)별 온라인쇼핑 해외직접판매액

(단위: 백만 원)

국가(대륙)		1/4분기	2/4분기
합계		1,525,487	1,273,753
미국		48,277	63,218
아시아	중국	1,327,577	1,094,521
	일본	40,385	51,570
	아세안 (ASEAN)	55,127	27,546
	중동	3,284	2,519
EU		11,024	9,518
중남미		3,445	2,457
대양주		3,169	3,845
기타		33,199	18,559

〈표 2〉 상품군별 온라인쇼핑 해외직접판매액

(단위: 백만 원)

상품군	1/4분기	2/4분기
합계	1,525,487	1,273,753
컴퓨터 및 주변기기	4,142	3,776
가전·전자·통신기기	12,866	13,970
소프트웨어	183	227
서적	6,730	6,678
사무·문구	1,622	1,445
음반·비디오·악기	32,898	44,713
의류 및 패션관련 상품	87,086	87,735
스포츠·레저용품	4,102	4,300
화장품	1,312,146	1,075,338
아동·유아용품	4,201	4,060
음·식료품	15,261	2,445
농축수산물	32	40
생활용품 및 자동차용품	10,236	9,223
기타	33,982	19,803

① 2020년 2/4분기 전체 온라인쇼핑 해외직접판매액 중 아시아의 온라인쇼핑 해외직접판매액의 비중은 90% 미만이다.

② 2020년 1/4분기 중국에서 화장품을 제외한 나머지 상품군들의 온라인쇼핑 해외직접판매액의 합은 적어도 150억 원 이상이다.

③ 기타 상품군을 제외한 2020년 1/4분기 상위 3개 상품군의 온라인쇼핑 해외직접판매액의 합은 전체 온라인쇼핑 해외직접판매액의 95% 이상이다.

④ 2020년 2/4분기 미국에서 온라인쇼핑으로 판매된 화장품의 해외직접판매액은 적어도 130억 원 이상이다.

⑤ 2020년 2/4분기 중국에서 화장품을 제외한 나머지 상품군들의 온라인쇼핑 해외직접판매액의 합은 적어도 200억 원 이상이다.

19. 다음 〈표〉와 〈조건〉은 물체 '갑', '을', '병'의 역학적에너지를 측정하기 위한 자료이다. 이에 근거하여 역학적에너지 크기가 가장 큰 물체부터 순서대로 나열하면?

〈표〉 물체 '갑', '을', '병'의 세부 정보

(단위: kg, m, m/s)

물체 \ 구분	질량	높이	속력
갑	10	40	20
을	30	20	10
병	20	10	25

〈조 건〉
○ 역학적에너지 = 운동에너지 + 위치에너지
○ 운동에너지 = $\dfrac{\text{질량} \times \text{속력}^2}{2}$
○ 위치에너지 = 질량 × 중력가속도 × 높이
(단, 중력가속도는 $10m/s^2$으로 가정)

① 갑, 을, 병
② 을, 갑, 병
③ 을, 병, 갑
④ 병, 갑, 을
⑤ 병, 을, 갑

20. 다음 〈표〉는 2022년 '갑'국의 연간 장학금 지급액 상위 8개 대학의 학기별 장학금 지급액에 대한 자료이다. 〈표〉와 〈조건〉에 근거하여 A~D에 해당하는 대학을 바르게 나열한 것은?

〈표〉 2022년 연간 장학금 지급액 상위 8개 대학의 학기별 장학금 지급액

(단위: 백만 원, %)

구분 \ 대학	1학기	2021년 1학기 대비 변화율	2학기	2021년 2학기 대비 변화율
열정대	43,050	-12.4	47,113	9.3
A	41,069	11.6	44,850	15.0
B	38,994	-3.0	46,410	27.5
C	34,176	-4.0	37,100	32.5
소망대	39,175	19.8	29,494	2.7
D	28,310	-16.0	33,500	40.0
정의대	30,075	8.8	28,660	10.2
노력대	33,778	30.3	23,889	28.1

※ 대학 A~D는 각각 칭찬대, 성취대, 믿음대, 도전대 중 하나에 해당함.

〈조 건〉
○ 성취대와 믿음대의 2021년 1학기 장학금 지급액은 각각 350억 원 이상이다.
○ 칭찬대와 도전대의 2022년 1학기 대비 2022년 2학기 장학금 지급액의 증가율은 각각 10% 이상이다.
○ 2022년 1학기 장학금 지급액은 믿음대가 소망대보다 10% 이상 적다.
○ 칭찬대와 정의대는 2022년 1학기 장학금 지급액이 2021년 2학기 장학금 지급액보다 각각 40억 원 이상 많다.

	A	B	C	D
①	성취대	칭찬대	믿음대	도전대
②	성취대	도전대	믿음대	칭찬대
③	믿음대	칭찬대	성취대	도전대
④	믿음대	도전대	성취대	칭찬대
⑤	도전대	성취대	칭찬대	믿음대

21. 다음 〈표〉는 '갑'국의 문학도서 유형 분류별 및 장르별 출판 현황에 관한 자료이다. 〈표〉를 이용하여 작성한 그래프로 옳지 않은 것은?

〈표 1〉 2018~2022년 문학도서 유형별 출판 현황
(단위: 권)

유형		연도				
대분류	중분류	2018	2019	2020	2021	2022
국내도서	일반 단행본	6,846	7,409	7,727	8,048	9,024
	아동 단행본	1,471	1,468	1,974	2,113	2,200
	소계	8,317	8,877	9,701	10,161	11,224
번역도서	일반 단행본	2,214	2,097	2,293	2,223	1,727
	아동 단행본	1,254	1,181	1,157	1,340	1,316
	소계	3,468	3,278	3,450	3,563	3,043

※ 문학도서 유형은 각 2개의 대분류와 중분류, 4개의 소분류로 구분함.

〈표 2〉 2022년 문학도서 장르별 출판 현황
(단위: 권)

유형		장르						
대분류	중분류	시	소설	수필	평론	희곡	기타	계
국내도서	일반 단행본	3,628	1,883	3,048	361	97	7	9,024
	아동 단행본	345	1,729	113	4	8	1	2,200
	소계	3,973	3,612	3,161	365	105	8	11,224
번역도서	일반 단행본	66	1,360	159	67	70	5	1,727
	아동 단행본	9	1,302	5	0	0	0	1,316
	소계	75	2,662	164	67	70	5	3,043

〈표 3〉 2021년 문학도서 아동 단행본의 장르별 출판 현황
(단위: 권)

유형		장르						
대분류	소분류	시	소설	수필	평론	희곡	기타	계
국내도서	유아	10	679	3	1	2	5	700
	초등	263	780	51	2	6	0	1,102
	중등	42	148	30	5	1	0	226
	고등	22	27	36	0	0	0	85
	소계	337	1,634	120	8	9	5	2,113
번역도서	유아	0	806	0	0	0	3	809
	초등	2	415	5	0	0	1	423
	중등	3	99	4	1	0	0	107
	고등	1	0	0	0	0	0	1
	소계	6	1,320	9	1	0	4	1,340

① 2018~2022년 일반 단행본 출판 권수

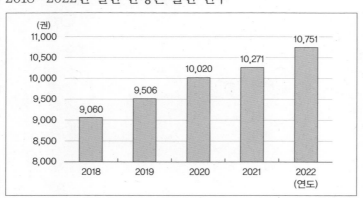

② 2021년 중등 아동 단행본의 장르별 출판 비중

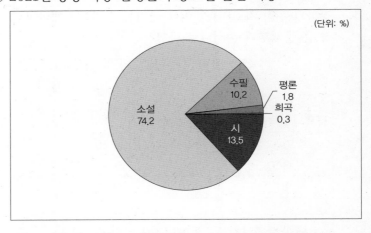

③ 2018~2022년 번역도서 출판 권수 대비 국내도서 출판 권수 비

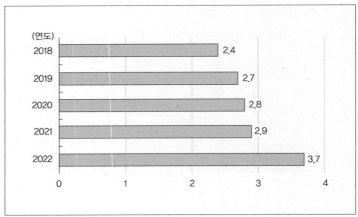

④ 2021년 대비 2022년 국내도서 아동 단행본의 장르별 출판 권수의 증가율

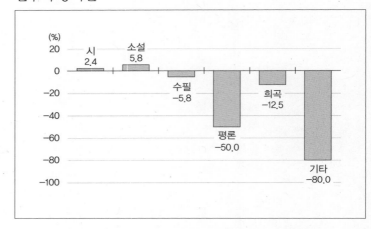

⑤ 2022년 장르별 국내도서 출판 권수의 일반 단행본 비중

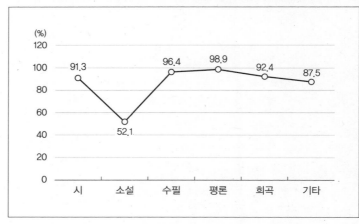

22. 다음 〈표〉는 '갑'국의 업종별 정보화 수준 종합 점수 산출을 위한 항목별 가중치와 정보화 수준 종합 순위 1~10위 업종의 항목 순위 및 원점수에 관한 자료이다. 이에 대한 설명으로 옳지 않은 것은?

〈표 1〉 정보화 수준 종합 점수 산출을 위한 항목별 가중치

항목	정보화 전략수집	정보화 추진환경	정보화 구축현황
가중치	0.5	0.2	0.3

〈표 2〉 정보화 수준 평가대상 업종 중 종합 순위 1~10위 업종의 항목 순위 및 점수

(단위: 점)

구분 순위	종합 점수	업종	정보화 전략수집		정보화 추진환경		정보화 구축현황	
			순위	원점수	순위	원점수	순위	원점수
1	58.88	C	1	71.8	2	54.0	2	40.6
2	( )	E	2	69.6	4	53.0	1	41.6
3	56.84	J	3	69.3	1	54.1	8	37.9
4	56.19	A	4	68.2	12	50.9	3	39.7
5	( )	B	5	67.5	3	53.2	15	36.0
6	55.14	D	8	66.6	7	52.2	7	38.0
7	55.03	G	6	67.3	5	52.6	14	36.2
8	( )	H	12	65.9	10	51.2	5	39.2
9	( )	F	7	67.2	9	51.3	11	36.8
10	( )	I	13	65.5	6	52.5	6	38.8

※ 1) 점수가 높을수록 순위가 높음.
　2) 항목 점수＝항목 원점수×항목 가중치
　3) 종합 점수는 3개 항목 점수의 합임.

① 정보화 수준 평가대상 업종은 15개 이상이다.
② 종합 순위 1~10위 업종의 종합 점수 합은 570점 이하이다.
③ 종합 순위 1~10위 업종 중 업종별 각 항목 순위에서 '정보화 전략수집' 항목 순위가 가장 높은 업종은 3개이다.
④ 종합 순위가 I 업종보다 낮은 업종 중에 '정보화 구축현황' 항목 점수가 I 업종보다 높은 업종이 있다.
⑤ F 업종의 '정보화 추진환경' 항목 점수가 G 업종의 '정보화 추진환경' 항목 점수로 같아지면 종합 순위는 바뀐다.

23. 다음 〈표〉는 '갑'국의 불법복제물 이용에 관한 자료이다. 이에 대한 〈보기〉의 설명 중 옳은 것만을 모두 고르면?

〈표〉 저작권 종류별 불법복제물 이용 현황

(단위: 천 개, %)

구분 저작권 종류	콘텐츠 이용량	합법저작물 이용량	불법복제물 이용량	불법복제물 이용률
전체	6,667	5,200	1,467	22.0
영화	126	72	54	( )
음악	4,950	4,030	( )	18.6
게임	37	28	9	24.3
방송	1,472	1,010	462	31.4
출판	82	( )	22	26.8

※ 1) 콘텐츠 이용량＝합법저작물 이용량＋불법복제물 이용량

2) 불법복제물 이용률(%)＝$\dfrac{\text{불법복제물 이용량}}{\text{콘텐츠 이용량}} \times 100$

3) 합법저작물 이용률(%)＝$\dfrac{\text{합법저작물 이용량}}{\text{콘텐츠 이용량}} \times 100$

〈보 기〉

ㄱ. 합법저작물 이용률은 저작권 종류 중 방송이 가장 낮다.
ㄴ. 출판의 합법저작물 이용량과 불법복제물의 이용량은 모두 게임의 2배 이상이다.
ㄷ. 전체 합법저작물 이용량에서 음악이 차지하는 비중은 전체 불법복제물 이용량에서 음악이 차지하는 비중보다 낮다.
ㄹ. 게임 콘텐츠 이용량 대비 영화 콘텐츠 이용량 비율은 방송 불법복제물 이용량 대비 전체 불법복제물 이용량 비율보다 크다.

① ㄱ, ㄴ
② ㄱ, ㄹ
③ ㄴ, ㄷ
④ ㄴ, ㄹ
⑤ ㄷ, ㄹ

[24~25] 다음 〈표〉는 2022년 기준 '갑'국 콘텐츠산업 현황에 관한 자료이다. 다음 물음에 답하시오.

〈표 1〉 2022년 콘텐츠산업 분야별 현황

구분 / 분야	사업체 수 (개)	종사자 수 (명)	매출액 (십억 원)	부가가치액 (십억 원)	부가가치율 (%)
출판	25,244	185,444	21,649	8,759	40.5
만화	6,144	11,230	1,534	563	36.7
음악	33,138	65,464	6,065	1,983	32.7
영화	916	10,497	2,987	1,016	34.0
게임	11,541	83,303	18,885	8,321	44.1
애니메이션	490	5,472	553	233	42.1
방송	1,070	50,239	21,965	7,700	( )
광고	6,337	68,888	17,422	5,875	33.7
캐릭터	2,700	36,505	( )	4,864	40.0
지식정보	9,949	93,182	19,373	8,686	44.8
콘텐츠솔루션	2,022	31,863	5,635	2,820	( )
전체	99,551	642,087	128,228	50,820	39.6

※ 부가가치율(%)=$\frac{부가가치액}{매출액}×100$

〈표 2〉 2018~2022년 콘텐츠산업 분야별 수출액

(단위: 만 달러)

연도 / 분야	2018	2019	2020	2021	2022
출판	18,739	22,095	24,899	21,473	34,596
만화	3,248	3,526	4,050	4,601	6,272
음악	44,257	51,258	56,424	75,620	67,963
영화	4,389	4,073	4,161	3,788	5,416
게임	327,735	592,300	641,149	665,778	819,356
애니메이션	13,562	14,487	17,452	19,415	13,453
방송	41,121	36,240	47,845	53,921	69,279
광고	10,980	9,323	6,129	13,908	11,994
캐릭터	61,284	66,385	74,514	79,134	71,582
지식정보	56,641	61,606	63,388	64,962	69,199
콘텐츠솔루션	18,850	20,151	21,493	22,788	23,320
전체	600,806	881,444	961,504	1,025,388	1,192,430

〈표 3〉 2018~2022년 콘텐츠산업 분야별 수입액

(단위: 만 달러)

연도 / 분야	2018	2019	2020	2021	2022
A	1,367	1,383	1,388	1,377	1,215
B	69	74	885	891	947
콘텐츠솔루션	55	57	1,354	1,341	1,337
영화	4,484	4,316	3,627	3,843	2,833
C	37,922	32,218	28,523	27,603	9,867
출판	25,601	26,411	26,811	27,543	25,437
만화	655	657	659	658	649
캐릭터	17,045	17,249	16,763	16,695	15,842
D	12,911	11,020	10,600	9,737	6,097
E	732	760	788	878	779
게임	14,736	26,291	30,578	29,813	27,079
전체	115,577	120,436	121,976	120,379	92,082

24. 위 〈표〉에 근거한 〈보기〉의 설명 중 옳은 것만을 모두 고르면?

〈보 기〉
ㄱ. 11개 분야 중 2022년 사업체 수 상위 5개 분야와 종사자 수 상위 5개 분야는 동일하다.
ㄴ. 2022년 부가가치율이 가장 높은 분야는 콘텐츠솔루션이다.
ㄷ. 2022년 매출액이 콘텐츠산업 평균 매출액보다 큰 분야는 총 5개이다.
ㄹ. 2018년 수출액이 가장 큰 분야의 2018년 대비 2022년 수출액 증가율은 140% 이상이다.

① ㄱ, ㄴ
② ㄱ, ㄷ
③ ㄴ, ㄹ
④ ㄷ, ㄹ
⑤ ㄱ, ㄴ, ㄹ

25. 위 〈표〉와 다음 〈보고서〉를 근거로 '방송'에 해당하는 콘텐츠산업 분야를 〈표 3〉의 A~E 중에서 고르면?

〈보고서〉
2018~2022년 동안 '갑'국 콘텐츠산업의 전체 수출액은 꾸준히 증가하였으나 전체 수입액은 증가하다가 2021년부터 감소하였다. 이러한 추세로 인한 콘텐츠산업의 전체 수출액에서 수입액을 뺀 수출입 차액은 2018년 500,000만 달러 미만에서 2022년 1,000,000만 달러 이상으로 크게 증가하였다. 11개 분야 콘텐츠산업의 분야별 수출액 및 수입액에 대한 분석 내용은 다음과 같다.
2018년 대비 2022년 콘텐츠산업 분야별 수출액은 '애니메이션'을 제외한 모든 분야에서 증가하였고, 증가한 분야 중 만화, 게임, 지식정보, 콘텐츠솔루션 분야는 2019년 이후 수출액이 매년 증가하였다. 한편 2018년 대비 2022년 수입액이 증가한 콘텐츠산업 분야는 게임, 애니메이션, 지식정보, 콘텐츠솔루션 4개 분야이고, 나머지 7개 분야의 수입액은 감소하였다. 2022년 수입액을 전년도 수입액과 비교해보면, 2022년 수입액이 전년 대비 증가한 콘텐츠산업 분야는 지식정보가 유일하며, 2022년 수입액의 전년 대비 감소율이 가장 큰 콘텐츠산업 분야는 광고인 것으로 나타났다. 2022년 콘텐츠산업 분야별 수입액 대비 수출액이 콘텐츠산업 전체보다 큰 분야는 음악, 게임, 애니메이션, 지식정보, 콘텐츠솔루션이다.

① A
② B
③ C
④ D
⑤ E

약점 보완 해설집 p.39

2024 해커스PSAT 7급 PSAT FINAL 봉투모의고사 (2회)

컴퓨터용 흑색사인펜만 사용

책형

㉮

㉯

[필적감정용 기재]
*아래 예시문을 옮겨 적으시오

본인은 OOO(응시자성명)임을 확인함

기 재 란

성 명	
자필성명	본인 성명 기재
시험장소	

응시번호

생년월일

※시험감독관 서명
(성명을 정자로 기재할 것)

감독관 확인 사인

언어논리(1~10번)

1	① ② ③ ④ ⑤
2	① ② ③ ④ ⑤
3	① ② ③ ④ ⑤
4	① ② ③ ④ ⑤
5	① ② ③ ④ ⑤
6	① ② ③ ④ ⑤
7	① ② ③ ④ ⑤
8	① ② ③ ④ ⑤
9	① ② ③ ④ ⑤
10	① ② ③ ④ ⑤

언어논리(11~20번)

11	① ② ③ ④ ⑤
12	① ② ③ ④ ⑤
13	① ② ③ ④ ⑤
14	① ② ③ ④ ⑤
15	① ② ③ ④ ⑤
16	① ② ③ ④ ⑤
17	① ② ③ ④ ⑤
18	① ② ③ ④ ⑤
19	① ② ③ ④ ⑤
20	① ② ③ ④ ⑤

언어논리(21~25번)

21	① ② ③ ④ ⑤
22	① ② ③ ④ ⑤
23	① ② ③ ④ ⑤
24	① ② ③ ④ ⑤
25	① ② ③ ④ ⑤

상황판단(1~10번)

1	① ② ③ ④ ⑤
2	① ② ③ ④ ⑤
3	① ② ③ ④ ⑤
4	① ② ③ ④ ⑤
5	① ② ③ ④ ⑤
6	① ② ③ ④ ⑤
7	① ② ③ ④ ⑤
8	① ② ③ ④ ⑤
9	① ② ③ ④ ⑤
10	① ② ③ ④ ⑤

상황판단(11~20번)

11	① ② ③ ④ ⑤
12	① ② ③ ④ ⑤
13	① ② ③ ④ ⑤
14	① ② ③ ④ ⑤
15	① ② ③ ④ ⑤
16	① ② ③ ④ ⑤
17	① ② ③ ④ ⑤
18	① ② ③ ④ ⑤
19	① ② ③ ④ ⑤
20	① ② ③ ④ ⑤

상황판단(21~25번)

21	① ② ③ ④ ⑤
22	① ② ③ ④ ⑤
23	① ② ③ ④ ⑤
24	① ② ③ ④ ⑤
25	① ② ③ ④ ⑤

2024 해커스PSAT 7급 PSAT FINAL 봉투모의고사 (2회)

2024 해커스PSAT 7급 PSAT FINAL 봉투모의고사 (2회)

컴퓨터용 흑색사인펜만 사용

책형

※시험감독관 서명
(성명을 정자로 기재할 것)

감독관 확인란

[필적감정용 기재]

*아래 예시문을 옮겨 적으시오

본인은 OOO(응시자 성명)임을 확인함

기 재 란

성 명	
자필성명	본인 성명 기재
시험장소	

생년월일

응시번호

자료해석(1~10번)

	①	②	③	④	⑤
1	①	②	③	④	⑤
2	①	②	③	④	⑤
3	①	②	③	④	⑤
4	①	②	③	④	⑤
5	①	②	③	④	⑤
6	①	②	③	④	⑤
7	①	②	③	④	⑤
8	①	②	③	④	⑤
9	①	②	③	④	⑤
10	①	②	③	④	⑤

자료해석(11~20번)

	①	②	③	④	⑤
11	①	②	③	④	⑤
12	①	②	③	④	⑤
13	①	②	③	④	⑤
14	①	②	③	④	⑤
15	①	②	③	④	⑤
16	①	②	③	④	⑤
17	①	②	③	④	⑤
18	①	②	③	④	⑤
19	①	②	③	④	⑤
20	①	②	③	④	⑤

자료해석(21~25번)

	①	②	③	④	⑤
21	①	②	③	④	⑤
22	①	②	③	④	⑤
23	①	②	③	④	⑤
24	①	②	③	④	⑤
25	①	②	③	④	⑤